Dietz

Forschungsinstitut der Friedrich-Ebert-Stiftung
Reihe Politik- und Gesellschaftsgeschichte, Band 52

Herausgegeben von Dieter Dowe und Michael Schneider

Uli Schöler

Ein Gespenst verschwand in Europa

Über Marx
und die sozialistische Idee
nach dem Scheitern
des sowjetischen
Staatssozialismus

Verlag J. H.W. Dietz Nachfolger

Für Norbert und Ulla,

Carla und Lorenz

Die Deutsche Bibliothek – CIP-Einheitsaufnahme

Schöler, Uli:
Ein Gespenst verschwand in Europa : über Marx und die sozialistische Idee nach dem Scheitern des sowjetischen Staatssozialismus / Uli Schöler. - Bonn : Dietz, 1999
ISBN 3-8012-4095-9
ISSN 0941-7621

Verlag J.H.W. Dietz Nachf. GmbH
In der Raste 2, 53129 Bonn
Lektorat: Dr. Dieter Dowe
Umschlaggestaltung: Manfred Waller, Reinbek
Titelfoto: © Martin Fejér, Bildarchiv Der Spiegel
Druck und Verarbeitung: Koninklijke Wöhrmann B.V.

Printed in the Netherlands 1999

Inhalt

1 Thematische und methodische Einführung

1.1 Das Problem mit dem kurzen Gedächtnis

„Ein Gespenst geht um in Europa...", mit diesen Worten hatten Karl Marx und Friedrich Engels in der Mitte des vergangenen Jahrhunderts am Vorabend der europäischen bürgerlichen Revolutionen ihr berühmt gewordenes „Kommunistisches Manifest" beginnen lassen. Dieses kommunistische Gespenst ist wahrhaftig sehr lebendig geworden, hat die gesellschaftlichen Verhältnisse in Europa – aber nicht nur dort – vor allem in diesem Jahrhundert mächtig in Bewegung gebracht. Wenn hier von „Kommunismus" die Rede ist, dann gilt es jedoch zu beachten, daß dieser Begriff 1848 noch einen anderen Inhalt hatte als etwa gegen Ende des 19. Jahrhunderts oder gar nach dem Ende des ersten Weltkrieges 1918/19. Als das Manifest erschien – so Friedrich Engels 1890 – hätte es nicht „Sozialistisches Manifest" heißen dürfen. Zu diesem Zeitpunkt seien mit diesem Attribut jene Utopisten und „sozialen Quacksalber" versehen worden, die – außerhalb der Arbeiterbewegung stehend – Unterstützung bei den gebildeten Klassen gesucht hätten. Es sei also eine „Bourgeoisbewegung" gewesen, während sich der Teil der Arbeiter, der eine gründliche Umgestaltung der Gesellschaft anstrebte, „kommunistisch" genannt habe.[1] Gegen Ende des Jahrhunderts hatte sich jedoch der Begriff „sozialdemokratisch" für diese Bewegung durchgesetzt.

Einhundertfünfzig Jahre später fragt im Zweifel niemand mehr danach, ob es nun ein kommunistisches, ein sozialistisches oder ein sozialdemokratisches Gespenst gewesen sein mag. Werfen wir einen Blick in die verschiedenen „Gedenkartikel" zum Jahr des Erscheinens des „Manifests", so ist zwar die nahezu übereinstimmende Auffassung, daß sich Marx und Engels insofern als glänzende Analytiker kapitalistischer Verhältnisse erwiesen haben, als sie die Ausdehnung eines kapitalistischen Weltmarkts rund um diesen Globus mit seinen widersprüchlichen (destruktiven wie bereichernden) Erscheinungsformen glänzend vorausgesagt haben. Mit ihren politischen Prognosen einer sich daraus ableitenden sozialistischen Perspektive, zudem noch herbeigeführt durch ein seine eigenen Interessen in die Hand nehmendes Proletariat, gelten sie dagegen durchgängig als gescheitert.[2]

1 Vgl. Engels, Vorwort zur 4. deutschen Ausgabe des „Manifests der Kommunistischen Partei" (1890), MEW Bd. 22, S. 58. Zur Zitierweise folgender Hinweis: Gewöhnlich werden die Literaturangaben mit Verfassernamen, Jahr und Seitenzahl angegeben. Die vollständige Titelangabe findet sich im Literaturverzeichnis im Anhang. Nur die Arbeiten von Marx und Engels bzw. Lenin werden mit vollständiger Fundstelle zitiert, da dies sonst das Literaturverzeichnis sprengen würde.

2 Vgl. u.a. Deppe 1998; Greffrath 1998; Grobe 1998; Hobsbawm 1998; Meyer 1998; Misik 1998; Rorty 1998; Strützel/Hesselbarth 1998; Weber 1998; anders im wesentlichen Ritter 1998.

Mit den Ereignissen in Deutschland – dem Fall der Mauer 1989 – und dem Zusammenbruch der Sowjetunion und ihrer „realsozialistischen" Satellitenstaaten in kurzer zeitlicher Folge war es bereits zuvor gewissermaßen zum öffentlich kommunizierten „Gemeingut" geworden, daß *„der* Sozialismus tot ist". Ralf Dahrendorf hatte zudem bereits in den frühen achtziger Jahren das Ende des sozialdemokratischen Jahrhunderts verkündet.[3] Und der nie um eine kabarettreife Formulierung verlegene Norbert Blüm hatte den zeitweiligen „common sense" mit der griffigen Formel auf den Punkt gebracht: „Marx ist tot, Jesus lebt."[4]

Der ehemals wenigstens wortgewaltigen intellektuellen Linken im Westen hatte es hingegen lange Zeit weitgehend die Sprache verschlagen. Sicherlich: In unzähligen Artikeln, Broschüren und Essays wurden bald die ersten Versuche unternommen, neuen theoretischen Boden unter die Füße zu bekommen.[5] Nur wenige von ihnen genügen allerdings – wie wir noch sehen werden – im engeren Sinne den Anforderungen, die aus sozialwissenschaftlicher Sicht an eine bereits *wissenschaftlich-theoretisch* durchdringende Aufarbeitung der europäischen Umbrüche zu stellen wären. Zudem haben wir es in diesem Jahrzehnt seit 1989 mit – für eine Umbruchperiode geradezu typischen – schnell wechselnden Paradigmen öffentlicher Debatten zu tun. Die ersten Jahre markieren geradezu einen „Triumphzug" des Paradigmas des „freien" Marktes, der sich jedweden Formen sozialer oder gar sozialistischer Gestaltungsansprüche gegenüber als überlegen erwiesen habe. Aus heutiger Sicht würde man wohl von einem zunächst ungebrochenen Siegeszug eines „neoliberalen" Paradigmas sprechen. Bezogen auf Deutschland, drückt sich dies in einer sich daran anschließenden „Standortdebatte" aus, in der vorrangig die Frage erörtert wird, inwieweit die nationale Steuer-, Abgaben- und Lohnpolitik noch ausreichend die Bedingungen der internationalen Wettbewerbsfähigkeit für die deutschen Unternehmen gewährleistet. Privatisierung, Deregulierung, Senkung von Unternehmenssteuern und maßvolle Lohnpolitik sind in dieser Debatte die prägenden Leitbegriffe.

Erst allmählich verändert sich in den Folgejahren die Überschrift des Diskurses: Aus der „Standortdebatte" wird die Debatte um „Globalisierung". Dem erweiterten Blickfeld entspricht auch eine Erweiterung des Ideengehalts: Nicht mehr nur nationale Wettbewerbsfähigkeit ist jetzt das Thema, sondern endlich werden auch wieder Fragen sozialer und ökologischer Standards – im nationalen wie im internationalen Maßstab – Gegenstand des öffentlichen Nachdenkens. Die im Herbst 1997 plötzlich ausbrechende Krise der ostasiatischen Finanzmärkte mit ihren mittelbaren Folgen auch für die europäischen und nordamerikanischen Ökonomien verändert nochmals das Paradigma: Nunmehr wird – bis weit in bürgerliche Kreise hinein –

3 Dahrendorf 1983; zur Kritik vgl. zuletzt Albers 1998.

4 Zur Kritik siehe Thierse 1994.

5 Vgl. die zahllosen Titel des Literaturverzeichnisses im Anhang, die sicherlich wiederum nur eine Auswahl der veröffentlichten Literatur darstellen.

auch wieder die Notwendigkeit einer (sogar internationalen) Regulierung der Wirtschaftsabläufe und der an sie gebundenen (wie von ihr abgekoppelten) Finanztransaktionen ernsthaft diskutiert.[6]

Dieser allmählichen Perspektivenverschiebung entspricht auch ein sukzessiver Wandel auf der politischen Bühne. Sich in diesen Prozessen selbst langsamer oder schneller verändernde sozialdemokratische Parteien reüssieren (überwiegend) bei Wahlen in Finnland, Norwegen, Schweden, Dänemark, den Niederlanden, Belgien, Österreich, Italien, Griechenland, Portugal, Irland, Luxemburg, Großbritannien, Frankreich und Deutschland und sind zumeist führend an den nationalen Regierungen beteiligt. Die Themen, mit denen sie in ihren Wahlkämpfen antreten bzw. die in ihrem Regierungshandeln im Vordergrund stehen, bleiben aber nahezu ausschließlich auf die unmittelbaren Tagesaufgaben beschränkt: Bekämpfung der Arbeitslosigkeit, Impulse für Wachstum und Beschäftigung, Abbau von Arbeitskosten, Steuerreform, Erhalt und Umbau des Sozialstaats, Impulse für Innovation, Forschung und Bildung usw. Von den früheren Träumen eines *anderen* Gesellschaftsmodells, von einer „neuen Ordnung von Wirtschaft und Gesellschaft", wie es etwa noch im Berliner Grundsatzprogramm der SPD von 1989 heißt, weil „Reparaturen am Kapitalismus nicht genügen"[7], ist der sozialdemokratische Teil der Linken in Europa wie speziell in Deutschland weit entfernt.

Bleiben wir in Deutschland: Der beschriebene Paradigmenwechsel gilt auch für die anderen Parteien im Spektrum der politischen Linken. War für die westdeutschen „Grünen" in den achtziger Jahren noch eine „ökosozialistische" Orientierung programmatische Grundlage ihres Handelns, ist von derartigen Entwürfen in den Neunzigern kaum noch etwas zu lesen. Die aus der Staatspartei SED hervorgegangene ostdeutsche PDS hingegen versucht sich zwar weiterhin in der Proklamierung eines nunmehr „demokratischen" (hin und wieder auch „libertären") Sozialismus. Schaut man sich die entsprechenden Programme genauer an, wird man hier allerdings nicht viel mehr finden als umgearbeitete linkssozialdemokratische und ökosozialistische Theorieversatzstücke der bundesrepublikanischen Theoriedebatten der achtziger Jahre, deren Tauglichkeit im Angesicht der veränderten Problemkonstellationen unseres Jahrzehnts zumindest in Zweifel zu ziehen sind.[8] Schlimmer noch – dadurch, daß sie als eine Partei, die nicht wirklich mit ihrer Vergangenheit gebrochen hat, derartige Vorstellungen und Ideen aufgreift, „kompromittiert" sie sie zugleich ganz beträchtlich.[9]

Mit Blick auf die praktisch-politisch sicher relevantere Sozialdemokratie hat Peter Glotz Recht mit seiner skeptischen Beobachtung: „Produktiv wäre es, wenn New Labour, PS und SPD und manche andere Gruppierungen der europäischen

---

6 Vgl. nur beispielhaft Heuser 1998 und Heuser/Pinzler 1998.
7 Grundsatzprogramm 1989, S. 6.
8 Vgl. u.a. PDS 1997; Bisky 1997.
9 So der der PDS durchaus mit Sympathie gegenüber stehende Ditfurth 1998, S. 276.

Linken gemeinsam versuchen würden, neue Antworten auf den brutalen Globalisierungskapitalismus zu finden. Noch kann von einer ‚neuen Sozialdemokratie' im Sinne eines neuen Paradigmas keine Rede sein. Noch werden nur verbrauchte Regierungsparteien in die Wüste geschickt."[10] Unter – unterschiedlich weitreichender – Abkehr von ihren Traditionsbeständen[11] haben sich die europäischen sozialdemokratischen Parteien auf den neuen Konsensus einer Defensivstrategie verständigt, deren wesentliche Bestandteile von Donald Sassoon zutreffend so aufgelistet werden: die Akzeptanz, daß Marktkräfte reguliert, aber nicht eliminiert werden können; daß eine solche Regulierung oft mit anderen Ländern koordiniert werden muß; daß das Wachstum der öffentlichen Ausgaben eingedämmt werden muß; daß der Wohlfahrtsstaat verteidigt, aber nicht ausgebaut werden kann; daß Privatisierung möglicherweise unvermeidlich und – wenn sie Monopolisierungen entgegenwirkt – sogar wünschenswert ist; daß (gesellschaftliche) Gleichheit zwar ein allgemeines Ziel bleibt, aber zurückstehen muß, wo es um die Erhaltung von Anreizen und Wettbewerb geht; daß die Macht der internationalen Finanzinstitutionen – und vor allem: der Finanzmärkte – eingegrenzt werden sollte, aber wenn überhaupt, dann nur über internationale Vereinbarungen und nicht über nationalstaatliches Handeln; daß die europäische Integration Chancen enthält, die auf nationalem Level nicht mehr existieren.[12]

Sassoon hält eine solche Strategie in einer Zeit, in der sich der „Kapitalismus" als weltweit triumphierend und auf dieser Ebene ohne Gegner zeige, für weniger bescheiden als man annehmen könnte. Wir wollen dem zunächst gar nicht widersprechen, nur darauf verweisen, daß in diesem Prozeß Erinnerungen geradezu wie ausgelöscht erscheinen, die sich auf einen Zeithorizont von gerade einmal einem Jahrzehnt beziehen. Immerhin waren wir auch in der zweiten Hälfte der achtziger Jahre Zeugen von Veränderungen, die wir als nicht minder revolutionär wahrnahmen als das, was uns in den vergangenen zehn Jahren beschäftigt hat. Sie sind durch den großen Zusammenbruch erdrückt, ja geradezu aus unserem Gedächtnis verschwunden. Am 9. August 1991 vermeldete die Frankfurter Allgemeine Zeitung etwas, was selbst zu diesem Zeitpunkt noch fast ungeheuerlich klang: Das neue Parteiprogramm der KPdSU verändere deren Gesicht grundlegend, zeuge von einem entscheidenden Sieg der Reformkommunisten um Gorbatschow über den orthodoxen Teil der Partei. Die Partei gebe sich nunmehr „sozialdemokratisch" und verurteile den Stalinismus ohne irgendwelche Zugeständnisse an „positive Seiten".[13]

Wir wissen, daß dies heute allenfalls für eine Fußnote in der Geschichte taugt. Die Orthodoxen in der KPdSU bereiteten dieser Veränderung der eigenen Partei,

---

10 Glotz 1997.

11 Vgl. dazu neuerdings eingehend Meyer 1998; Sassoon 1996 und zur Kritik letzterer Arbeit Eley 1998; Therborn 1998.

12 Sassoon 1998, S. 96.

13 Vgl. FAZ, 9.8.1991.

ihrer Umorientierung hin zu einer sozialdemokratischen Partei europäischen Zuschnitts sowie dem parallel verlaufenden Versuch, durch einen neuen Unionsvertrag die Beziehungen der Einzelstaaten in der Union zueinander auf eine neue, freiwillige Grundlage zu stellen, ein Ende und brachten durch ihren Putsch im Spätsommer 1991 den gesamten Reformprozeß unter Michail Gorbatschow zum Scheitern.[14] Aber so sehr sich bei näherer Betrachtung in der Sicht auf diese Phase die Illusionen der politischen Akteure und ihrer wissenschaftlichen Berater[15] wie auch und gerade der kritischen Linken in Ost und West[16] widerspiegeln, so sehr braucht letztere doch die selbstkritische Rückerinnerung daran, um möglicherweise darin Anknüpfungspunkte zur Überwindung eigener Irrtümer in gesellschaftsanalytischer wie politisch-strategischer Hinsicht zu überwinden. Dies kann und darf zudem nicht nur ein Feld der Auseinandersetzung für Parteipolitik und Publizistik sein. Vielmehr steckt darin ebensosehr eine Aufgabe, der sich die sozialwissenschaftliche Forschung begleitend in Auswertung dieser Prozesse zu stellen hat.

Erlauben wir uns also zur Schärfung des Blicks und zur Konkretisierung des Problemzusammenhangs noch einmal einen Blick zurück ins Jahr 1989. Ende Oktober veröffentlichte die Prawda einen Artikel Michail Gorbatschows, der Anfang 1990 in deutschen Blättern nachgedruckt wurde. Er galt zu Recht als kleine Sensation, räumte der Autor darin doch in einer Grundsätzlichkeit mit bisher als unerschütterlich feststehenden Dogmen auf, die hierzulande – überwiegend – gleichermaßen Erstaunen wie Begeisterung auslöste. Erstmals sprach sich da ein KPdSU-Generalsekretär für einen *demokratischen* Sozialismus aus, eine Vokabel, die bisher als zum ideologischen Arsenal des Klassenfeindes gehörig betrachtet wurde. Er plädierte für die Überwindung des Widerspruchs zwischen formaler und realer Demokratie, für radikalste Veränderungen auf den Gebieten der Ideologie, der Kultur und der Bildung. Wiederum in scharfem Gegensatz zur bisherigen Weltanschauung wurde nunmehr die *Freiheit* zum entscheidenden Spezifikum des Sozialismus erklärt.

Die Einbeziehung der Menschen selbst in diesen Prozeß begründete Gorbatschow mit der Notwendigkeit der Überwindung der Entfremdung, der Diskrepanz zwischen allgemeinen und persönlichen Interessen und der Erhöhung der persönlichen Aktivität. Nötig seien ein energischer Abbau der Bürokratie und das bewußte Offenhalten des weiteren Umgestaltungsprozesses. Er gestand ausdrücklich ein, daß

---

14 Vgl. dazu u.a. Alexandrowa/Vogel 1991; Bergmann 1992b; Bracher 1991; Brie 1991; Haug 1991; Ingrao 1991; Johnstone 1991; Reinhold 1991; Reissig 1991; Ruge 1991; Segbers 1991c.

15 Siehe etwa Gorbatschow 1987a/b/c/1989 sowie seine selbstkritischen Rückblicke 1995a/b; Afanassjew 1988; Aganbegjan 1989; Saslawskaja 1987/1989; Tschepurenko 1990; Wolkow 1988; Zipko 1990.

16 Aus der Vielzahl der Literatur seien hier nur beispielhaft genannt: Albers/Schöler 1988; ders./Deppe/Stamm 1989; Brandt 1991; Breitschwerdt 1989; Ferenczi/Löhr 1987; Haug 1989a; Kopelew 1987; Mlynar 1989; Müller/Klose/Heimann/Maldaner 1986/1987; Schmidt-Häuer 1986; SPD-Materialien 1989.

man die zivilisatorischen Errungenschaften des Westens bislang immer unterschätzt habe. Das Wesen der Perestroika, der ökonomischen Umgestaltung, bestehe in der Schaffung eines demokratischen, selbstverwalteten gesellschaftlichen Organismus, der allerdings erst im Laufe einer längeren Etappe zu erreichen sei. Wenn auch noch sehr unkonkret wurde das Erfordernis vielfältiger Formen des Eigentums beschrieben, letztlich also die Perspektive einer gemischten Eigentumsordnung. Gorbatschow räumte ein, daß man den Strukturbruch in der Produktionsweise des Westens, wie er mit den 70er Jahren eingesetzt habe, völlig fehleingeschätzt und verschlafen habe. Auch das eigene Entwicklungsmodell müsse künftig ressourcensparend ausgerichtet werden.[17]

Natürlich waren all diese für die Sowjetunion der späten achtziger Jahre geradezu revolutionären Postulate immer noch mit einer Reihe von ideologischen Bezugnahmen auf Lenin garniert, wurde die Demokratisierung noch im Rahmen des Einparteiensystems für möglich erachtet (ein Dogma, das schon bald darauf fallen sollte) und die Avantgarderolle der KPdSU beschworen. Man mag einwenden, daß darin unvereinbare Widersprüche zum Ausdruck kamen, und hätte sicherlich – theoretisch wie praktisch – recht damit. Nur darf nicht verkannt werden, daß alle Erneuerungs- und Veränderungsversuche dieser Zeit (zumal von seiten des KPdSU-Generalsekretärs) *von innen heraus* in Angriff genommen werden mußten, also nicht im Frontalangriff gegen die restliche Führung und den Apparat der herrschenden Partei entwickelt werden konnten, diese vielmehr in einem widersprüchlichen Prozeß hätten mitgenommen und umgestaltet werden müssen. Einem aufmerksamen Beobachter wie Egon Bahr galten diese Äußerungen damals als geradezu ungeheuerlich und revolutionär, als Auftakt eines neuen „geschichtlichen Abschnitts". Die Neuorientierung auf Demokratie bedeute das Ende der Diktatur des Proletariats: „Wenn der Papst der Kommunisten sozialdemokratisch wird, ist das so, wie wenn der Papst Protestant wird. Dann ist das das Ende der katholischen Kirche."[18]

Wir wissen, daß dieser Versuch einer völligen Umorientierung der sowjetischen Politik in Wirtschaft und Gesellschaft bald darauf gescheitert ist. Insbesondere die ökonomischen Strukturen erwiesen sich – wie noch genauer zu belegen sein wird – als weitgehend reformresistent und entwicklungsunfähig. Warum also noch die Zeit damit verschwenden?[19] Viele sehen darin keinen Sinn mehr, haben damit vor allem das „Projekt Sozialismus" in Ost wie West ein für alle Male abgehakt. Es könnte aber doch sein, daß gerade in diesen Irrtümern und Illusionen Teile von Antworten verborgen sind, die zur Bearbeitung der vor uns liegenden unbewältig-

---

17 Gorbatschow 1990a.

18 Zit. nach Süddeutsche Zeitung-Magazin vom 10. November 1995; vgl. dazu auch Schöler 1996.

19 Es ist nicht verwunderlich, daß eher außerhalb der praktischen Politik stehende Persönlichkeiten wie Richard von Weizsäcker geneigt sind, an die von Gorbatschow gesetzten Impulse heute wieder anzuknüpfen; vgl. Weizsäcker 1997.

ten Lebens- und Überlebensfragen auf unserem Globus von Bedeutung sein könnten. In diesem – historisch gesehen – kurzen Frühling der Blütenträume von Glasnost und Perestroika erschien es immerhin vielen ernstzunehmenden Beobachtern so, als ergebe sich eine neue Chance für einen europäischen demokratischen Sozialismus, als zeichne sich ein Ende des mörderischen und selbstmörderischen Schismas in der Arbeiterbewegung, der Spaltung in Sozialdemokraten und Kommunisten. ab. Politiker wie Willy Brandt und Egon Bahr, Wissenschaftler wie Eric Hobsbawm erlaubten sich diesen – wenn auch kurzlebigen – Traum.[20]

Anders als es heute vielfach wahrgenommen oder im Rückblick noch zugestanden wird, wurde in den Jahrzehnten vor 1989 die europäische Geschichte dieses Jahrhunderts immer noch als *gemeinsame* erlebt und beurteilt. Dies gilt zumindest dort weiterhin, wo Weichenstellungen der Geschichte Anlaß zu historischem Erinnern geben. Die zahllosen Veranstaltungen wie Publikationen insbesondere des „Jubiläumsjahres" 1996 zur SED-Gründung 1946 – für die einen eine Zwangsvereinigung, für die anderen die Verwirklichung des Traums von der Einheit der Arbeiterklasse – belegen eindrucksvoll diesen Befund und demonstrieren, wie tief dieses Thema auch einige Jahre nach dem Zusammenbruch des „SED-Staates" und fünfzig Jahre nach dem Ereignis selbst noch die Gemüter bewegt.

Es ist mit Sicherheit zumindest *eines* der Motive sozialdemokratischer Ost- und Entspannungspolitik insbesondere der sechziger und siebziger Jahre gewesen, die politischen und ideologischen Blockaden, die sich in den Jahrzehnten zuvor auch aufgrund derartiger Geschehnisse wie der Zwangsvereinigung aufgebaut hatten, durch eine Politik der Verständigung in kleinen Schritten wieder abzubauen. Sei es in diesem Politikansatz, sei es in dem, was wissenschaftlich „Konvergenztheorie" genannt wurde – in beidem war der Gedanke lebendig, trotz aller unüberwindbar scheinenden Gegensätze auf beiden Seiten den kapitalistisch geprägten Westen ein Stück zu „sozialisieren" und den „staatssozialistischen" Osten ein Stück zu „demokratisieren", also einem nicht mehr künstlich geteilten Europa auf diese Weise eine gemeinsame demokratisch-sozialistische Perspektive zu geben. Linkssozialistisch geprägte Sozialdemokraten (und Teile der sich „eurokommunistisch" neu orientierenden Kommunistischen Parteien im Westen) knüpften dabei theoretisch an Überlegungen des führenden österreichischen Sozialdemokraten der Zwischenkriegszeit Otto Bauer über einen möglichen „integralen Sozialismus" an.[21] Er entwickelte die Vorstellung von einem „beidseitigen Lernprozeß" von Sozialdemokraten und Kommunisten nach der Niederlage gegenüber dem Nationalsozialismus, der in eine gemeinsame demokratisch-sozialistische Perspektive münden sollte.

Nun wissen wir, daß der eine Teil da, wo er staatslenkend die Geschicke bestimmen konnte, grausam gescheitert ist. Aber auch für den anderen Teil hat sich die Lage grundlegend verändert. Fast wie eine bittere Ironie der Geschichte mag es

---

20 Vgl. dazu näher Schöler 1996.

21 Vgl. dazu Bauer 1936; Albers 1983b; Schöler 1987, 1995b.

klingen, wenn diejenigen, die in dieser historischen Auseinandersetzung wohl eher recht behalten haben, nun ihrerseits vor einer ganz grundlegenden Gefährdung ihres Projekts eines „sozialstaatlich gebändigten Kapitalismus" stehen. Auch insoweit erweist sich bis heute die Richtigkeit eines *gesamt*europäischen Blickwinkels. Denn hinter dem „Eisernen Vorhang" drohte ein ganz anderes Modell, das bürgerlich-kapitalistischer Betätigung jeglichen Bewegungsspielraum genommen hatte. Diese wenig verlockende Perspektive machte in Westdeutschland wie in Westeuropa insgesamt so manchen sozialstaatlichen Kompromiß zwischen den Sozialpartnern wie den unterschiedlichen politischen Kräften (ihre konservativ-christdemokratischen wie wirtschaftsliberalen Teile eingeschlossen) möglich, der nunmehr – nach der Implosion der „realsozialistischen" Staaten – von der Aufkündigung bedroht ist. Die – abgesehen von Teilen Asiens und Kuba – umfassende Ausdehnung des kapitalistischen Weltmarkts mit all seinen Folgeerscheinungen (ungehemmter Kapitaltransfer, Produktions- und Arbeitsplatzverlagerungen, Billiglohnkonkurrenz, Sozial- und Umweltdumping, Währungsschwankungen usw.) gefährdet auf elementare Weise das europäisch-sozialstaatliche Projekt.

Das „kurze Gedächtnis" führt im Gefolge zu einem weiteren, nur auf den ersten Blick paradoxen Phänomen: War in den ersten Jahren nach dem Zusammenbruch der „realsozialistischen Systeme" auch auf Seiten der politischen und intellektuellen Linken bei den ernst zunehmenden Diskutanten vor allem vom Scheitern des zentralistischen Planmodells die Rede bzw. wurde ernsthaft die Frage erörtert, welche Aussagekraft die politischen Kategorien „links" und „rechts" weiterhin haben[22], so haben sich in den Folgejahren die Debatteninhalte verschoben. Nachdem notwendigerweise die ersten Blütenträume über die „Segnungen eines freien, ungezügelten Marktes", wie sie die offizielle Politik versprach, schnell zerstoben sind, die mittel- und osteuropäischen Länder (einschließlich der neuen Bundesländer in Deutschland) mit Deindustrialisierung, sozialer Desintegration, Arbeitslosigkeit und wachsender Kriminalität zu kämpfen haben, rückt erneut die – vielfach eher moralische, ja fast bewußtlose – Anklage und Kritik der Verheerungen und Verwüstungen des „globalen Kapitalismus" ins Zentrum mancher linker Debattenbeiträge und geht mit einer neuerlichen undifferenzierten und abstrakten Marktkritik einher. Die Verkürzung auf eine Kritik der wahrlich beklagenswerten realen Zustände „erlaubt" damit vielfach das Abbrechen auch der letzten Versuche einer Aufarbeitung der linken Illusionen und Irrtümer sowie die Einstellung des kritischen Nachdenkens darüber, wie denn die eigene Veränderungsperspektive nach „Abschaffung" der angeklagten realen Verhältnisse auszusehen hätte, wie ein anderer Mechanismus

22 Bobbio 1994; Eyl/Voigt/Winkler 1990; Kowalsky/Schroeder 1993 und neuerdings wiederum Giddens 1997a. In der Frankfurter Allgemeinen Zeitung wurde etwas zeitversetzt zu einer doppeldeutigen Debatte „What's left" (was ist links bzw. was ist übriggeblieben; vgl. Bobbio u.a. 1993) auch eine gleichermaßen wortspielerische Debatte über „What's right" (was ist richtig bzw. was ist rechts) geführt.

gesellschaftlicher Reichtumsproduktion und deren Verteilung funktionieren könnte. Es ist nicht nur, aber auch diesem mangelnden kritisch-theoretischen Diskurs geschuldet, wenn etwa in Ostdeutschland heute wieder eine ernstzunehmend wachsende Zahl das Staatseigentum an Produktionsmitteln für die überlegenere Variante hält.[23] Nochmals bezogen auf Ostdeutschland (aber nicht nur dort) geht dies mit einer zunehmenden „ostalgischen" Verklärung der Zustände und „Errungenschaften" in der DDR einher.[24]

Schärfen wir nochmals die Fragestellung: Warum aber ein nochmaliges Beschäftigen ausgerechnet mit den Gründen für das Scheitern des Modells des sowjetischen Staatssozialismus? Zumindest die Sozialdemokratie könnte sich schließlich mit unbestreitbarem Recht darauf berufen, daß sie seit Jahrzehnten an ihrer Ablehnung dieses Weges keine Zweifel gelassen hat. Und schließlich finden sich in dem zitierten Aufsatz Gorbatschows – wenn man so will – spiegelbildlich fast alle die Einwände wieder, die gegen diesen Weg von sozialdemokratischer Seite immer vorgebracht worden sind. Eine erste Antwort darauf lautet: Wenn es richtig ist, daß auch das „sozialdemokratische Modell" heute an gewisse Grenzen stößt, dann braucht es eine Neuvergewisserung darüber, wie das Scheitern der unterschiedlichen prägenden Elemente des Projektes zu beurteilen ist, das das „Kapitalismus" genannte System nicht nur zügeln, sondern abschaffen, überwinden wollte. Soll also eine Antwort auf die aktuellen Herausforderungen über den begrenzten Rahmen des bisherigen „sozialdemokratischen Projektes" hinaus weisen, dann muß sie Möglichkeiten und Grenzen der in diesem Jahrhundert schon einmal versuchten „Totalalternative" zur herrschenden Produktionsweise ausgelotet haben. Wenn *beide* „Modelle" heute keine ausreichenden Antworten mehr geben, dann muß die Suche nach neuen Antworten an den gescheiterten Bestandteilen des einen wie an den neuen Blockaden des anderen ansetzen.

Daraus ergibt sich auch: Zu unterscheiden wäre dabei, welchen Anteil an diesem Scheitern die besonderen, rückständigen Ausgangsbedingungen Rußlands am Beginn dieses Jahrhunderts hatten, welche falschen Wege beschritten wurden, die der besonderen sowjetrussischen Theorietradition in der Arbeiterbewegung geschuldet sind (bei Lenin wie bei Stalin) und welches die Bestandteile sind, die allgemeiner in der sozialistischen und sozialdemokratischen Bewegung akzeptiert wurden (auf Marx zurückgehend, aber nicht nur auf ihn) und einer kritischen Revision bedürfen. Es dürfte verständlich sein, daß das Schwergewicht des Interesses auf letzterem Gesichtspunkt liegen muß. Mit anderen Worten: Es bedürfte einer kritischen Bestandsaufnahme der verschränkten Theorie- und Verwirklichungsgeschichte des Sozialismus mindestens in diesem Jahrhundert[25], bevor eine politische

23 38 Prozent glauben an die Überlegenheit von Privateigentum an Produktivvermögen, 32 Prozent an die des Staatseigentums und 30 Prozent sind unsicher; vgl. Körber 1998.

24 Vgl. z.B. PDS 1998.

25 So auch Thierse 1993, S. 210ff.; GWK 1994c, S. 3.

Bewegung es überhaupt wagen wollte und dürfte, erneut für eine dezidiert sozialistische Perspektive zu werben. Hierzu kann und muß sozialwissenschaftliche Forschung sicherlich einen wesentlichen Beitrag zu leisten. Dazu soll mit der vorliegenden Arbeit ein erster bescheidener Versuch unternommen werden.

1.2 Zur Methodik

Der Anspruch der „Bescheidenheit" ist dabei mehr als „understatement". Es braucht nämlich die nötige Distanziertheit des Blicks dafür, daß es in politischen wie gesellschaftlichen Umbruchzeiten allzu vermessen wäre, wollte man glauben, bereits zu einigermaßen gesicherten Erkenntnissen gelangen zu können. Bereits der Blick auf die eingangs geschilderten raschen Paradigmenwechsel der gesellschaftlichen wie sozialwissenschaftlichen Debatten (und ihre Themen ließen sich unschwer weiter ergänzen) läßt es angeraten erscheinen, nur sehr vorsichtige Schlüsse zu ziehen. Uns geht es darum, eine erste Zwischenbilanz zu ziehen, die ihre Schwerpunkte gewissermaßen auf den Ecken eines Dreiecks findet:

- dem – auf die sozio-ökonomische Seite konzentrierten – Blick auf das realhistorische Scheitern des sowjetischen Modells in diesem Jahrhundert;
- einer Neulektüre und – in der kritischen Sozialwissenschaft so wohl erstmalig vorgenommenen – Systematisierung der aus der analytischen Betrachtung der bürgerlich-kapitalistischen Gesellschaftsformation gewonnenen Überlegungen von Karl Marx und Friedrich Engels über Funktion und Struktur einer sozialistischen Übergangsökonomie wie -gesellschaft;
- dem Versuch einer systematischen Verknüpfung beider Auswertungen mit der perspektivischen Fragestellung, welche Aussagekraft „klassisch-sozialistische" Theorie- und Strategieansätze, die sich auf den Impuls des Marx-/Engelsschen Denkens zurückführen lassen, für die im 21. Jahrhundert vor uns stehenden Herausforderungen noch zu bieten haben.

Mit Blick auf diese drei Schwerpunkte ist unschwer erkennbar, daß hierbei Bearbeitungen auf ganz unterschiedlichen Ebenen vorzunehmen sind, also jeweils aufs Neue ein Perspektivenwechsel zu erfolgen hat. „Realgeschichte" wird als Hintergrundfolie für eine Neuvergewisserung über ältere theoretische Denkanstöße verwendet, und die dabei gewonnenen Ergebnisse werden mit wiederum neuen (diesmal sogar „globusumspannenden") Herausforderungen in Beziehung gesetzt. Diese methodische Herangehensweise mag gewagt erscheinen. Sie ist aber beileibe nicht willkürlich gewählt, sondern entspricht in Wahrheit ziemlich genau dem Anspruch, den sich Marx und Engels selbst für ihr Arbeits- und Forschungsprogramm gestellt hatten, bewegt sich also durchaus auf der Ebene einer *immanenten* Kritik der theoretischen Ansätze derjenigen Autoren, die für die russischen Revolutionäre wie die sowjetischen Staatslenker die Impuls- und Ideengeber – zumindest dem Anspruch nach – für deren eigenes Handeln waren:

„Die Frage, ob dem menschlichen Denken gegenständliche Wahrheit zukomme – ist keine Frage der Theorie, sondern eine *praktische* Frage. In der Praxis muß der Mensch die Wahrheit, i.e. Wirklichkeit und Macht, Diesseitigkeit seines Denkens beweisen. Der Streit über die Wirklichkeit oder Nichtwirklichkeit des Denkens – das von der Praxis isoliert ist – ist eine rein *scholastische* Frage."[26]

Aus diesem, dem Marx-/Engelsschen Denken entsprechenden immanenten Zugang ergeben sich zugleich eine Reihe methodischer Beschränkungen, die wir hier vorab kenntlich machen wollen. Wir haben – wie bereits begrifflich benannt – im zweiten Kapitel einen vorrangig *realhistorischen* Zugang gewählt. Uns interessierte also weniger, was die unterschiedlichen Akteure *gewollt* haben, sondern vorrangig, was sie *bewirkt* haben. Dies erschien uns auch deswegen in der Herangehensweise angemessener, weil – wie im einzelnen zu zeigen sein wird – die theoretische Verarbeitung den konkreten Handlungen bzw. realhistorischen Abläufen zumeist nicht voraufging, sondern ihnen hinterherhinkte. Immer wieder wurden getroffene Maßnahmen erst nachträglich theoretisiert und – wie es dem eigenen Anspruch entsprach – *„marxistisch"* legitimiert. Dies heißt nicht, daß es nicht von ungeheurem theoriegeschichtlichen wie auch für die sowjetische Realgeschichte selbst bedeutsamen Interesse wäre, diese Theoriebildungsprozesse (im Vergleich zu und in Weiterverarbeitung von Theoremen von Marx und Engels) im Detail zu rekonstruieren. Aber für unseren Untersuchungsgegenstand ist dies von untergeordneter Bedeutung.

Aus einem ähnlichen Grunde haben wir es unterlassen, diesem Kapitel eine problematisierende Einführung in die Debatte um den Formationscharakter des sowjetischen Modells voranzustellen. Diese Frage hat Generationen von Sozialwissenschaftlerinnen und Sozialwissenschaftlern jahrzehntelang beschäftigt. Die Literatur dazu ist kaum zu überschauen. Uns interessiert allerdings nicht auf's Neue, *was* es war, wie es sich formationstheoretisch auf einen *Begriff* bringen ließe, sondern im Mittelpunkt unseres Interesses stehen vielmehr die konkreten sozioökonomischen *Bestandteile* dieses Modells und die Gründe, warum es am Ausgang der achtziger Jahre an seine Grenzen stieß, seine Entwicklungsfähigkeit eingebüßt hatte. Wenn wir also Begriffe wie „staats-" oder „realsozialistische" Systeme verwenden, hat dies nur beschreibenden Charakter. Keinesfalls soll damit schon etwas über den realen „sozialistischen" Charakter dieser Systeme ausgesagt werden.

Wir können diesbezüglich hier nur andeuten, daß uns gerade in der Rückschau auf dieses „kurze Jahrhundert" (Eric Hobsbawm) und die darin enthaltene Rolle des sowjetischen „Jahrhundertexperiments" die bereits in den siebziger Jahren vorgenommene vorsichtige Herangehensweise Ernest Mandels ein hohes Maß an Plausibilität aufzuweisen scheint. Mit vergleichendem Blick auf die von Marx so klassifizierten großen „progressiven Epochen der ökonomischen Gesellschaftsformation" hat er zu zeigen versucht, daß es auch zwischen diesen jeweilige *Übergangsepochen*

26 Marx/Engels, Thesen über Feuerbach (1845/46), MEW Bd. 3, S. 5.

und damit auch *Übergangsgesellschaften* gegeben habe, denen eine gegenüber der zurückliegenden wie der (möglichen) zukünftigen je eigene unterschiedliche Struktur, vor allem aber ein unterschiedlicher Grad der Festigkeit eigen sei.[27] Zumindest für letzteren Befund bietet die Lebensgeschichte wie die des Scheiterns der sowjetischen Systeme ein hohes Maß an Evidenz.

Nun bedarf es aber noch einer weiteren Erklärung dafür, daß wir uns im folgenden Kapitel weitgehend auf den sozio-ökonomischen Bereich konzentriert haben. Hierfür sprachen mehrere Gründe. Vorwegzuschicken ist die Einschätzung, daß es natürlich ein ganzes Set von Bedingungen, Komponenten gibt, die nur zusammen, in ihrer Summe, wirklich das Scheitern der sowjetischen Systeme erklären können. Schließlich ist die Sowjetunion nicht nur ökonomisch, sie ist auch politisch (im demokratischen Sinne), kulturell, ökologisch, ethisch und moralisch gescheitert. Sie hat keine wirkliche Gleichberechtigung der Geschlechter hervorgebracht, und ihr ist keine dauerhafte Versöhnung der unterschiedlichen nationalen Kulturen im Sinne eines friedlichen Zusammenlebens in einem größeren Staatenbund gelungen.

Unsere Konzentration hat mit der spezifischen Fragestellung dieser Arbeit zu tun: Im Vordergrund steht die Frage nach den Gründen des Scheiterns eines alternativen sozio-ökonomischen Entwicklungsmodells unter sozialistischen Vorzeichen. Wir halten es für geradezu evident, daß dieses Scheitern in bezug auf eine ganze Reihe der zuvor genannten Faktoren bereits lange vor dem Zusammenbruch 1991 feststand. Unter jedwedem sozialistischen Anspruch (sei es mit Bezug auf Marx und Engels, sei es unter Berücksichtigung anderer Traditionen) konnte nach Jahrzehnten der Existenz der Sowjetunion keine Rede davon sein, daß die sozialistischen Ideale einer freieren und demokratischeren Gesellschaft eingelöst worden wären. Damit sind eine ganze Reihe von Faktoren angesprochen, die hiermit unmittelbar verknüpft sind: das Problem von Demokratie und Diktatur, das der Räte (in Wirtschaft und Gesellschaft), das des Terrors und der Bürokratie, das der ethischen und moralischen Ressourcen einer Gesellschaft.

Wir haben hierzu bereits eine noch vor dem sowjetischen Zusammenbruch fertiggestellte detaillierte Untersuchung vorgelegt, die sich mit all diesen Fragestellungen im einzelnen befaßt und auf deren Ergebnisse in der vorliegenden Arbeit bei Bedarf im einzelnen zurückgegriffen werden konnte.[28] In ähnlicher Weise gilt der Befund eines schon länger evidenten Scheiterns im übrigen für die – jeweils mit der sozio-ökonomischen verknüpfte – Frage der Geschlechterbeziehungen bzw. der einer ökologisch orientierten Produktionsweise. Hierzu wären sicherlich Detailstudien wünschenswert, würden aber nichts an dem Befund einer unabweisbaren

---

27 Mandel 1973, S. 15f.

28 Schöler 1991a. Die Arbeit wurde im Herbst 1989 abgeschlossen, aber erst knapp zwei Jahre später publiziert; vgl. zu ihrer breiten Aufnahme in Wissenschaft und Publizistik u.a. Becker 1994; Euchner 1993; Glotz 1992a; Grebing 1993; Haug 1993; Klein 1995; Kuczynski 1992; Mappes-Niediek 1992; Miller 1993; Oertzen 1993b; Olczyk 1992; Riberi 1993; Steinberg 1993; Steiner 1992. In eine ähnliche Richtung zielen weiterhin die Arbeiten von Beyerstedt 1987; Linden 1992; Zarusky 1992.

Evidenz ändern, daß die in der sozialistischen Ideengeschichte angelegten Vorstellungen auf diesen Feldern in der sowjetischen Gesellschaft weitgehend keine Realisierung fanden.

Dies bedeutet beileibe nicht, daß damit in bezug auf dieses ganze Set von Fragestellungen bereits alles Wesentliche gesagt wäre. Im Gegenteil. Die Öffnung der sowjetischen bzw. russischen Archive hat erst jetzt einen Prozeß eingeleitet, in dem es der sozialwissenschaftlichen Forschung möglich sein wird, bisherige Annahmen genauer und zugleich materialgesättigt zu überprüfen. Dieser Prozeß beginnt allerdings gerade erst, kommt nur schleppend in Gang, was sicherlich nicht zuletzt mit der neu zu bearbeitenden Materialfülle aus den Archiven zusammenhängt. Es liegen mittlerweile auch schon neuere Detailuntersuchungen vor, die aber allesamt noch den Charakter einer gewissen Vorläufigkeit tragen, da noch immer nicht alle Archive vollständig zugänglich sind.[29]

Innerhalb des folgenden zweiten Kapitels wird also eine Leitfrage im Mittelpunkt stehen: die des Verhältnisses von Plan und Markt in der sowjetischen Ökonomie. Wir halten sie für – im Zusammenhang mit den Gründen des Scheiterns – bedeutsamer als die der (mangelnden) Wirtschaftsdemokratie (ohne zugleich behaupten zu wollen, daß sich beide Faktoren eindeutig voneinander trennen ließen). Nur läßt sich eben für letztere bereits an dieser Stelle festhalten, daß letzte ernsthafte Impulse bereits in den zwanziger Jahren versandeten. Die „Wiederentdeckung" erfolgte erst in den späten achtziger Jahren, ohne daß sich daraus noch merkliche Umsetzungen in die Lebenswirklichkeit ergeben hätten. Im Mittelpunkt aller Reformbemühungen der sowjetischen Ökonomie stehen jedoch – sei es in den zwanziger, den sechziger oder den achtziger Jahren – die Versuche, Marktelemente in eine weitgehend staatlich-zentralistisch verwaltete Planökonomie einzubauen. Diesen Versuchen gilt im übrigen auch zeitgenössisch vorrangig die Aufmerksamkeit derjenigen in der sozialwissenschaftlichen Forschung, die (durchaus in Anknüpfung an Marx) im Angesicht dieser Anstrengungen nach Auswegen in Richtung auf eine „sozialistische Marktwirtschaft" suchen. Unsere – zu untersuchende – Hypothese ist die, daß hier eines der zentralen Schlüsselmomente für das Scheitern des sowjetischen Weges liegt (in diesem Sinne allerdings durchaus verknüpft mit dem Fehlen von Wirtschaftsdemokratie) und daß dies auf eine besondere Weise mit den theoretischen Vorgaben von Marx und Engels verknüpft ist.

Nach einer ersten Zwischenbilanz am Ende dieses Kapitels werden wir dann den beschriebenen ersten Perspektivenwechsel vornehmen. Dies geht zugleich mit einer stufenweisen Ausdehnung des Blickwinkels in unserem Forschungsansatz einher. Dieser ergibt sich auch – aber nicht alleine – aus dem Zielpunkt unserer

29 Der erste Versuch einer umfassenden Gesamtgeschichtsschreibung der Sowjetunion nach ihrem Zusammenbruch (Hildermeier 1998) konnte, da erst verlagsseitig angekündigt und noch nicht erschienen, zum Zeitpunkt der Fertigstellung der vorliegenden Arbeit nicht mehr berücksichtigt werden.

Untersuchung: der Frage der Brauchbarkeit „klassischer sozialistischer" Theorieansätze für die Herausforderungen des 21. Jahrhunderts, die sich damit zugleich auf eine andere *Zeit* wie auf einen anderen *Raum* beziehen. Räumlich wendet sich der Blick von der untergegangenen Sowjetunion nunmehr – jetzt notwendig ausgehend vom Standpunkt des Betrachters – auf eine nicht mehr zwei- oder dreigeteilte Weltgesellschaft, sondern die *eine* Welt mit ihrem globusumspannenden Weltmarkt. Es liegt auf der Hand, daß sich daraus thematische Schwerpunktverlagerungen ergeben.

Aber schon bei der kritischen Rekonstruktion des Marx-/Engelsschen Denkens selbst ergibt sich eine immanente Notwendigkeit zur Perspektivenerweiterung. Beide Theoretiker haben keine „Kritik der politischen Ökonomie einer nachkapitalistischen oder sozialistischen Produktionsweise" entwickelt. Mag es angesichts der vielen – wie wir noch sehen werden: unzutreffenden –, durch gelegentliche Äußerungen von Marx und Engels selbst genährten Einschätzungen, sie hätten keinerlei „Rezepte für die Garküche der Zukunft" geliefert, schon als waghalsig erscheinen, gleichwohl eine derartige Rekonstruktion ihrer Vorstellungen des sozialistischen Übergangs zu versuchen, so wäre dies allerdings vollends zum Scheitern verurteilt, würden wir dies nicht in den Zusammenhang ihrer „Kritik der politischen Ökonomie der bürgerlich-kapitalistischen Produktionsweise" stellen, ohne die ihre Übergangsvorstellungen weder darzustellen noch zu verstehen sind.

Müssen wir also aus den genannten Gründen analytische Teile des Marx-/Engelsschen Denkens mit in unsere Darstellung im dritten Kapitel mit einbeziehen, so ergibt sich dies für die dort genauer behandelten weiteren Fragestellungen aus verwandten Gesichtspunkten. Obwohl die sowjetischen Gesellschaften in einer Reihe von Feldern nicht wirklich vorangekommen sind, zu nennen sind nochmals die einer ökologische Belange berücksichtigenden Produktionsweise, der Geschlechterbeziehungen und (damit z.T. verknüpft) der Aufhebung unterschiedlicher Formen (despotischer) Arbeitsteilung, so sind diese Themen gleichwohl nicht von dem Marxschen Analyse- wie Perspektivenzusammenhang zu lösen. Sie sind zugleich im Rahmen eines „sozialistischen" Theorieverständnisses notwendig an die Frage gekoppelt, welches denn die Trägerinnen und Träger gesellschaftlicher Veränderung in diesen Feldern sein könnten. Sie weisen damit – was wir schon angemerkt hatten – nochmals in nicht zu umgehender Weise auf die mit dem 21. Jahrhundert verknüpften Herausforderungen hin.

Summarisch betrachtet, nehmen wir also in dieser Arbeit Schritt für Schritt eine Erweiterung des Blickwinkels und der behandelten Themenfelder vor. Dies gilt mit einer Ausnahme: dem Bereich landwirtschaftlicher Produktion und seiner Organisationsformen (in der „klassischen" Diktion: der Bauernfrage). Versucht man eine realhistorisch-analytische Betrachtung der Entwicklung der sowjetischen Ökonomie, dann ist dies nicht zu leisten ohne die Einbeziehung des Stadt-Land-Verhältnisses, des Verhältnisses vom ersten zum sekundären ökonomischen Sektor. Das zaristische Rußland war – von seiner Bevölkerungs- wie seiner ökonomischen

Struktur her – im wesentlichen noch ein Agrarstaat. Die verschiedenen Wendungen der sowjetrussischen Wirtschaftspolitik sind ohne die Schwierigkeiten im Umgang mit der agrarischen Produktion nicht zu begreifen. Insoweit lohnt auch ein Vergleich mit den diesbezüglichen Überlegungen von Marx und Engels, weil sich auch daran viel über den „sozialistischen" Charakter von getroffenen Maßregeln an historischen Wendepunkten ablesen läßt.

Für „moderne" sozialistische Politik in den entwickelten Zentren des Westens (also dem Ausgangspunkt unserer Überlegungen in den letzten beiden Kapiteln der Arbeit) spielt dieser Sektor keine wirklich relevante Rolle mehr. Am Ausgang unseres Jahrhunderts ist in den entwickelten Industrieländern nur noch eine verschwindende Minderheit von Menschen, nämlich weniger als 5 Prozent, mit Ackerbau und Viehzucht beschäftigt. Und dort, wo agrarische Produktion in größerem Umfang betrieben wird, ist diese durchindustrialisiert, gestaltet von den Saatgut- und Düngemittelmultis, von den Landmaschinen- und großen Nahrungsmittelkonzernen abhängig, die die Agrarprodukte verarbeiten.[30] Zumindest in dieser Hinsicht – so viel kann an dieser Stelle schon vorweggenommen werden – haben sich die Prognosen von Marx und Engels über einen entsprechenden Bedeutungsverlust eindrücklich bewahrheitet. Die Sowjetunion, die auch an ihrem Ende ihre landwirtschaftliche Produktion noch mit einem weit größeren personellen Aufwand betrieb (ein Ausdruck noch immer relativ niedriger Arbeitsproduktivität), erwies sich auch in dieser Hinsicht als der Entwicklung hinterher laufend.

Kapitel vier bringt Praxis und Theorie im Sinne der zweiten Feuerbachthese von Marx und Engels in einen systematischen Vergleichszusammenhang – nicht im Sinne eines schematischen Rasters, sondern schon mit dem Blick auf die notwendige Differenzierung in bezug auf die besonderen Ausgangsbedingungen des sowjetischen Experiments, auf „aus der Not geborene" Maßnahmen, nachträgliche Legitimierungen und Theoretisierungen wie solche, die bewußt unter Anknüpfung an Marx und Engels als Maßnahmen „sozialistischen Charakters" begriffen wurden. Es wird also der Versuch einer gleichzeitigen „Evaluierung" des Marx-/Engelsschen Analyse- und Theoriezusammenhangs unternommen, die in Kapitel fünf nochmals genauer unter systematischen, theoriebezogenen Gesichtspunkten erfolgt.

Bevor wir uns an die bereits umschriebene Zwischenbilanz im Sinne von „Lehren aus dem ‚kurzen' 20. Jahrhundert" wagen wollten, erschien es uns zweckmäßig, in Kapitel sechs zunächst noch einmal in exemplarischer Weise sieben höchst unterschiedliche Verarbeitungsversuche heranzuziehen, die sich – noch in der letzten Phase des sowjetischen Niedergangs bzw. kurz nach dem Zusammenbruch – in einer ähnlichen Weise wie wir einer Gesamtbetrachtung dieses Scheiterns auf der einen und dessen Zusammenhang mit den theoretischen Ansätzen von Marx und Engels genähert haben. Sie leisten diese Verarbeitung sowohl methodisch wie bezogen auf ihre Erträge in durchaus weit auseinanderliegender Qua-

30 Altvater 1998a, S. 135f.

lität und mit ganz unterschiedlichen Ergebnissen. Gleichwohl erschien es uns Sinn zu machen, die darin steckenden jeweiligen Anregungen in die sich im folgenden, siebten Kapitel anschließende summarische Auswertung mit aufzunehmen.

Diese versucht nun die drei beschriebenen Pole unserer Untersuchung zusammenzuführen: das Scheitern des sowjetischen Weges und seine Gründe; die Neulektüre der theoretischen Ansätze von Marx und Engels; und schließlich die verknüpfende Bilanzierung mit ihren Auswirkungen auf die verbleibenden Perspektiven für „sozialistisches Denken" im 21. Jahrhundert. Dies berührt notwendigerweise die Frage, ob dieses „sozialistische Denken" noch in einer Weise vorstellbar ist, wie es das 19. und 20. Jahrhundert geprägt hat: als eine die unterschiedlichen Felder von Wirtschaft, Gesellschaft, Politik und Kultur zu einem einzigen Projekt zusammenfassende „große Erzählung". Unweigerlich stecken wir damit zugleich mitten in einem weiteren, geradezu epochalen Diskurs: dem über Moderne und Postmoderne. Es wäre allzu vermessen, hätte auch dieser in der vorliegenden Arbeit auch nur in Ansätzen eine angemessene Einbeziehung oder gar Würdigung finden sollen.[31] Dies würde den schon weit gefaßten thematischen Bogen vollends sprengen.

Wir nehmen von unserem Resumée nicht zu viel vorweg, wenn wir bereits hier unsere große Skepsis gegenüber einer solchen „neuen großen Erzählung" – wenigstens für den aktuellen Stand „sozialistischer" Theorieentwicklung – zum Ausdruck bringen. Dies ist mit ein Grund dafür, daß wir nur sehr vorsichtig von „Lehren" im Sinne allenfalls einer „Zwischenbilanz" zu sprechen bereit sind. Damit ist keinerlei Parteinahme im Ringen um Moderne und Postmoderne verbunden. Dies hätte – im Sinne einer Verabschiedung (von) der Moderne – auch etwas Absurdes an sich, ist doch die gesamte sozialistische Theorieentwicklung nicht anders denn als ein Teil der Moderne zu verstehen. Das schließt aber unseres Erachtens nicht aus, durchaus Elemente postmoderner Diskurse mit in unsere Überlegungen zu einzelnen Politikfeldern – die wir in Kapitel acht die „großen Herausforderungen unserer Zeit" genannt haben – mit einzubeziehen. Wir haben es für notwendig gehalten, die Arbeit mit einem solchen „Ausblick" zu beschließen, weil es sich nur in diesen konkret zu bestimmenden Feldern erweisen wird, ob „sozialistisches Denken" im nächsten Jahrhundert wirklich noch etwas zu sagen hat, gesellschaftsveränderndeingreifend wirksam werden kann.

---

31 Vgl. im übrigen genauer zu diesem Diskurs die Einführung bei Peters 1993, S. 11ff., wo u.a. auf die Schwierigkeiten einer klaren Zuordnung zu „Moderne" und „Postmoderne" zutreffend hingewiesen wird.

2 *Die Praxis:* *Die Herausbildung des „staatssozialistischen Typus" und die Bedingungen seines Scheiterns*

Da Michail Gorbatschow bei seinem Amtsantritt 1985 weder vom Himmel gefallen ist, noch eine augenfällige Plausibilität dafür spricht, daß Reformimpulse ausgerechnet an der Spitze einer Gesellschaft beginnen, muß der Veränderungsdruck in der Sowjetunion dieser Periode schon außerordentlich groß gewesen sein. Geben wir zunächst eine summarische Bilanz der Krisensituation Mitte der achtziger Jahre, die in dieser Allgemeinheit zudem (natürlich mit einer ganzen Reihe jeweiliger Differenzierungen) für alle Länder des sogenannten „realen Sozialismus" Geltung beanspruchen kann:

- Auf wirtschaftlichem Gebiet: erhebliche und weiter zunehmende Rückstände im Entwicklungsniveau der Produktivkräfte, Vorherrschen überalterter Produktionsanlagen, Innovationsunfähigkeit und mangelnde Effektivität des Wirtschaftssystems, gravierende strukturelle Disproportionen, ausgeprägte Leistungsdefizite in der Landwirtschaft, im Bauwesen, in der Nahrungsmittel- und Leichtindustrie, verrottende Infrastruktur, fortgeschrittene ökologische Schäden, Verödung großer Regionen, Verschuldungskrise, wachsende wirtschaftliche Abhängigkeit von den entwickelten Industrieländern;
- auf sozialem Gebiet: akute Versorgungsmängel und -krisen, Sinken des Reallohnniveaus, Arbeitslosigkeit, „Parasitismus" und zugleich soziale Degradierung wachsender Gruppen der Bevölkerung, Wohnungsnot, Mangel an Krankenhäusern, an Baulichkeiten im Schul- und Vorschulbereich;
- auf politischem Gebiet: autoritäre Herrschaftsstrukturen, mangelnde Demokratie und Öffentlichkeit, wachsende Verquickung des Parteiapparats mit dem Staats- und Sicherheitsapparat, Instrumentalisierung der gesellschaftlichen Organisationen, Degradierung der Volksvertretungen zu bloßen Abstimmungsmaschinen, politische Desorientierung der großen Mehrheit der Bevölkerung, wachsender Nationalismus, zunehmende Nationalitätenkonflikte;
- auf geistigem Gebiet: das Beharren auf dem Wahrheitsmonopol der Kommunistischen Partei, Intoleranz und Unterdrückung systemkritischen Gedankenguts, Instrumentalisierung der Gesellschaftswissenschaften.[32]

Der Katalog ist sicher nicht vollständig, illustriert aber hinreichend, in welchem Ausmaß sich die Krise des sowjetischen Wirtschafts- und Gesellschaftstyps entwikkelt und ausgebreitet hatte. Diese Bilanz, die sich nicht exakt, aber im wesentlichen

32 Vgl. Reißig 1991, S. 395; Conert 1991c, S. 62f.

schon mit der eigentlichen „Schlußbilanz" des Jahrhundertexperiments Sowjetunion Anfang der neunziger Jahre deckt, ist erschreckend. Immerhin war „der Sozialismus" im vergangenen Jahrhundert mit dem Ziel angetreten, eine gesellschaftliche Reichtumsproduktion zu entfalten, die der des Kapitalismus strukturell und materiell weit überlegen sein sollte. Nicht umsonst lautete die Maxime mit Blick auf die entwickelten Industrieländer des Westens über Jahrzehnte hinweg „Einholen und Überholen". Eines können wir bereits jetzt, bevor wir einen genaueren Blick sowohl auf die Entstehungsbedingungen dieser Krisensituation wie auf die „Reformrezepte" werfen, feststellen: Es ist in der „Reformära Gorbatschow" nicht gelungen, eine wirkliche Trendumkehr zu erreichen. Alle Versuche des Systemwandels blieben letztlich stecken, blieben vergeblich, so daß spätestens seit 1991 von einem Systembruch, einem Systemwechsel gesprochen werden muß. Von „Sozialismus" ist seitdem – zutreffenderweise – nicht mehr die Rede. Inwieweit dieser Systemwechsel gelingt, ob er die Gesellschaft Rußlands (und entsprechend der anderen GUS-Staaten) aus der Krise herauszuführen vermag, ist wohl ebenfalls sehr skeptisch zu beurteilen, kann aber nicht Gegenstand dieser Untersuchung sein.[33] Daß in einer Gesellschaft mit weitgehend destruierten zivilgesellschaftlichen Strukturen „Kapitalismus und Korruption" eine ganz eigentümliche Symbiose eingehen können, scheint allerdings zu den ersten Gewißheiten über diese neue Phase zu gehören.[34]

Bevor wir uns zunächst der Entwicklungsgeschichte des sowjetischen „Modells" zuwenden, gilt es noch eine grundlegende Fragestellung aufzugreifen, die wir bereits kurz gestreift haben. Wenn nämlich die vielfach vertretene These zutreffend ist, daß dieser ganze Weg der Oktoberrevolution nichts als ein einziger Irrtum war, mit dem „wahren Sozialismus" in Wirklichkeit gar nichts zu tun hatte[35], so könnten wir uns eine Menge Arbeit sparen. Vergröbert dargestellt, lassen sich in der Literatur zu dieser Frage folgende Antworten unterscheiden. Für die einen war es bereits Marx selbst, der eine ursprünglich kritisch-sozialistische Theorie in eine totalitäre Ideologie verwandelt hatte. Entsprechend habe ein zur Alleinherrschaft gelangter „Marxismus" seine Gegner nicht widerlegt, sondern millionenfach vernichtet.[36] In dieser Auffassung gibt es also eine gerade Linie von Marx über Lenin zu Stalin und unmittelbar hinein in den GULAG. Wir halten diese Auffassung für theorie- wie realgeschichtlich in einer Weise pauschalierend und undifferenziert, daß an dieser

---

33 Vgl. dazu frühe Trendanalysen u.a. bei Brie 1992; ders./Böhlke 1992: ders./Klein 1992; Conert 1992a; DIW 1993; Offe 1991; Segbers 1992/1993; Trautmann 1994 sowie zu den ersten Entwicklungen des neuen Parteiensystems Babst 1994; Duka 1992; Eichwede 1994; Luchterhand 1992.

34 Vgl. Kerneck 1995; Raith 1994; Vogel 1995 sowie generell zu den Transformationsperspektiven und -problemen Offe 1994; Klönne 1995.

35 Die entsprechende Literatur hier aufzuführen, würde den Rahmen sprengen. Insofern muß auf die Literaturübersicht im Anhang verwiesen werden.

36 Vgl. etwa Lübbe 1989.

Stelle eine nähere Beschäftigung mit ihr noch unterbleibt. Sie ergibt sich aber im folgenden aus dem Gesamtkontext dieser Arbeit.

Eine Gegenposition bezieht sich vorrangig auf die emanzipatorische Seite der Marxschen Theorieentwürfe, vor allem seine in den Frühschriften besonders stark entwickelte Entfremdungskritik, und kommt zu dem Ergebnis, daß Marx nicht als der „Stammvater" der stalinistischen Diktatur gelten kann, der „Marxismus" den Kommunisten nur zur Verschleierung und Rechtfertigung ihrer Politik diente, nicht aber als wirkliche politische Zielsetzung.[37] Gerade mit Marx müsse man aber die Akteure nach ihren Taten und nicht ihren Ideologien beurteilen.[38] Andere verweisen auf den grundsätzlich unterschiedlichen Wertehorizont innerhalb des sowjetischen Systems und der gesamten westlichen sozialistischen Theorie.[39] Diese – in vielen Detailaspekten durchaus differierenden – Auffassungen sind insoweit zutreffend, als sich relativ problemlos eine ganze Reihe von Gesichtspunkten anführen läßt, die belegen, daß der sowjetische Weg etwas grundlegend anderes war als das, was sich die Theoretiker des Sozialismus im 19. und zu Beginn des 20. Jahrhunderts darunter vorgestellt hatten. Dies gilt für Marx und Engels, dies gilt in gleichem Maße für andere Vordenker, sei es in der frühen Sozialdemokratie, sei es in anderen Strömungen und Richtungen der Arbeiterbewegung wie dem Anarchismus oder dem Syndikalismus. Und dies gilt – so paradox es klingen mag – sogar für weite Teile der theoretischen Vorarbeiten von bolschewistischen „Köpfen" wie Lenin oder Trotzki.

Erwähnen wir nur die offensichtlichsten Diskrepanzen: Nahezu alle sozialistischen Theoretikerinnen und Theoretiker vertraten die Auffassung, daß eine sozialistische Entwicklung erst ab einem bestimmten *hohen* Entwicklungsgrad der Produktivkräfte möglich werde. Davon konnte im zaristischen Rußland zur Zeit des Weltkriegs noch keine Rede sein. Korrespondierend damit prognostizierte man eine kapitalistische Entwicklung, die aufgrund ihrer eigenen inneren Dynamik das Proletariat zur Mehrheit des Volkes machen, dem Sozialismus damit eine Massenbasis verleihen würde. Sozialismus in einem Land mit einer neun Zehntel der Gesamtbevölkerung zählenden, zersplittert auf dem Land lebenden Bauernbevölkerung hätte als schlichte Phantasterei gegolten. Weitgehend unbestritten war auch die Vorstellung, daß sich das sozialistische Prinzip nur international werde durchsetzen lassen. Theoretische Vorarbeit für einen „Sozialismus in einem Land" war also aus verständlichen Gründen unterblieben. Und schließlich stellten sich alle Theoretiker Sozialismus als eine Erweiterung der bisher beschränkten demokratischen Möglichkeiten vor, als Aufhebung von entfremdeten Herrschaftsverhältnissen und Erweiterung von Freiheitsspielräumen. Eine auf Jahrzehnte etablierte Erziehungsdiktatur im Rahmen einer Einparteienherrschaft dürfte jenseits der Vor-

37 Vgl. u.a. Weber 1992; Altvater 1991a; Negt 1990.

38 Sichtermann 1992.

39 So etwa Schöpflin 1990, S. 51.

stellungswelt sicherlich der meisten sozialistischen Theoretiker des 19. Jahrhunderts gelegen haben.

Dies war also definitiv *nicht* der Sozialismus, wie er in der Arbeiterbewegung ersehnt wurde und erkämpft werden sollte. Wir könnten somit die Überlegungen eigentlich abschließen. Wenn wir es nicht tun, so hat dies auch mit einem Argument zu tun, auf das Joachim Hirsch zu Recht aufmerksam gemacht hat (wobei wir gleich vorwegschicken wollen, daß seine Kritik sicherlich nicht generell für diejenigen gilt, die starken Wert auf die Betonung der Differenz von Marxschem Denken und Sowjetsozialismus Wert legen). Er hält die Behauptung, dieses sei überhaupt kein Sozialismus gewesen, für einen spezifischen Fall linker Problemverdrängung. Ungeachtet aller Deformationen und Fehlentwicklungen sei das, was mit der Oktoberrevolution begonnen habe, von der Marxschen Theorietradition nicht abzulösen, was daher auch heiße, daß die Kritik vor eben dieser nicht haltmachen dürfe.[40] Auch das Argument, für die bolschewistischen Theoretiker sei der Bezug zur Marxschen Theorie im wesentlichen zu Legitimations- und Verschleierungszwekken erfolgt, beleuchtet nur die eine Seite des Problems. Denn dies beantwortet ja noch nicht die Frage, welche „Einfallstore“ das Marxsche Denken möglicherweise für derartige Umdeutungen bot. Wenn wir also die Notwendigkeit betonen, diesen Zusammenhängen genauer nachzugehen, dann gehen wir dabei nicht so weit zu behaupten, daß in dem Maße, wie die Marxschen Schriften mehr und mehr zur Legitimation der Herrschaft der Kommunistischen Partei benutzt wurden, der Leninismus bereits die Verwendungsfähigkeit der Marxschen Theorie für diese Zwecke *unter Beweis gestellt* habe, schon dadurch die Marxsche Theorie *mitschuldig* geworden sei.[41]

Ähnlich der Auffassung von Hirsch gibt es zwischen den beiden eingangs geschilderten Extrempositionen weitere differenzierende Standpunkte. Relativ verbreitet ist die Sichtweise, daß – sehr allgemein formuliert – Marx weiterhin als großartiger Analytiker der gesellschaftlichen und ökonomischen Zustände des 19. Jahrhunderts Bestand habe, aber eine ganze Reihe seiner hypothetischen wie prognostischen Annahmen überholt sind bzw. der kritischen Überprüfung bedürfen.[42] Diese Auffassungen haben mit Sicherheit den Vorteil der größten Offenheit für sich und tragen zudem die Chance zu genauerer Differenzierung in sich. Sie bedürfen aber – jenseits des allgemeinen Postulats, dessen konkrete Ausfüllung zumeist nicht erfolgt – einer Ausgestaltung im Besonderen, damit erkennbar wird, was von Marx bleibt und was nicht.

Es gibt schließlich eine weitere Auffassung, die die sozialistische Theorieentwicklung der letzten eineinhalb Jahrhunderte in eine wertebezogen-emanzipato-

40 Hirsch 1992, S. 30.

41 So aber Görg 1992a, S. 12.

42 Nur stellvertretend seien hier so unterschiedliche Autoren wie Grebing 1991, 1992; Schneider 1992; Reinhold 1991 oder Glotz 1990 genannt.

rische, d.h. reformsozialistische, und eine marxistisch-ökonomistische Richtung unterscheidet. Unausgesprochen wird damit letztlich das Marxsche Denken selber geteilt. Mit dem Sowjetsystem – so diese Auffassung – sei das „auf der ökonomischen Theorie des Marxismus gegründete Wirtschaftssystem" gescheitert. Unter der ökonomischen Theorie des „Marxismus" wird hier die Formel „Sozialismus = Sozialisierung der Produktionsmittel plus Planwirtschaft" verstanden.[43] Nun könnte man gegen diese Auffassung schon berechtigterweise einwenden, daß der Marxsche Begriff der Sozialisierung – wie wir noch genauer untersuchen werden – nicht mit dem einer total verstaatlichten Ökonomie identisch ist. Zudem unterschlägt diese Auffassung – wie wir ebenfalls noch genauer sehen werden –, daß „Sozialisierung" und Plan keine Spezifika nur der Marxschen Sozialismusvorstellungen waren. Allerdings liegt der Vorteil dieser Auffassung darin, daß sie uns die *Anknüpfungspunkte* liefert, wo bei Marx und Engels genauer hingeschaut werden muß – nicht, um die *Zwangsläufigkeit* einer Entwicklung der Marxschen ökonomischen Theorie hin zur gescheiterten Sowjetökonomie beweisen zu wollen, sondern um Bruchstellen, Schwachstellen, offene Stellen herauszuarbeiten, die von all denen zu beachten wären, die auch heute noch die Vorstellung von einer gerechteren, sozialeren, humaneren Gesellschafts- *und* Wirtschaftsordnung nicht aufgegeben haben.

Wenn wir schon hier und damit noch ungeprüft den Gedanken der Zwangsläufigkeit zurückweisen, dann zum einen deswegen, weil die Geschichte nicht die – je nach Betrachtungsweise – angenehme oder unangenehme Eigenschaft hat, nach vorgefertigten Mustern abzulaufen. Wohl noch nie sind gesellschaftliche Zustände genau vorweggeplant und diese Pläne dann auch nur in Annäherung in die gesellschaftliche Wirklichkeit umgesetzt worden. Unbestreitbar ist, daß die Oktoberrevolution mit einem *sozialistischen Versuch* verbunden war. Zumindest können wir an ihm das Deformationspotential studieren, was nicht wenig ist.

Der zweite Grund ist allerdings gravierender und wird die weiteren Schwerpunkte dieser Arbeit prägen. So offensichtlich die Diskrepanz des sowjetischen Weges zu ursprünglich-sozialistischen Auffassungen in der Frage der Demokratie und sein Scheitern gerade auf diesem Sektor ist, und so plausibel auch die bereits vorliegenden Erklärungsansätze für sein ökonomisches Scheitern sind, so undurchsichtig sind noch immer die daraus zu ziehenden Schlußfolgerungen für die Funktionsbedingungen einer „sozialistischen Ökonomie". Die Formel von „Sozialismus = Sozialisierung plus Planwirtschaft" läßt sich eben nicht nur auf Marx zurückführen (und stellt gewiß auch eine Verkürzung seines kritischen Gesellschaftsentwurfs dar), wurde nicht nur bei den Bolschewiki akzeptiert, sondern galt für lange Zeit auf den verschiedenen Flügeln der Arbeiterbewegung als gemeinsames Leitziel.

Zur Veranschaulichung sei aus dem Görlitzer Programm der deutschen Mehrheitssozialdemokratischen Partei von 1921 zitiert, wo die „Überführung der großen

43 Heimann 1990a/b; vgl. genauer Heimann 1991; zur Kritik vgl. Schöler/Thierse 1993.

konzentrierten Wirtschaftsbetriebe in die Gemeinwirtschaft und darüber hinaus die fortschreitende Umformung der gesamten [!] kapitalistischen Wirtschaft zur sozialistischen" als Ziel und „notwendiges Mittel" festgehalten ist, „um das schaffende Volk aus den Fesseln der Kapitalherrschaft zu befreien". Friedrich Stampfer, Mitautor und Kommentator, sieht gerade in dieser Passage das eigentlich „Sozialdemokratische" an dem Programm, weil alle anderen Forderungen auch von fortschrittlichen bürgerlichen Liberalen mit getragen werden könnten.[44] Als sozialistische Wirtschaft wurde bei Stampfer und im Görlitzer Programm die „Gemeinwirtschaft" verstanden: „Gemeinwirtschaft ist im sozialdemokratischen Sinne erst dort vorhanden, wo an der Stelle des kapitalistischen Unternehmers *der Staat* (Reich oder Land) oder die Gemeinde oder etwa eine unter öffentlicher Aufsicht stehende, nicht auf Erzielung von Profit gerichtete Genossenschaft tritt."[45] Hier wird zwar dem Staat auf seinen verschiedenen Ebenen die ökonomische Trägerschaft zugewiesen, aber es ist schon nicht mehr ein vorrangig zentralstaatlich ausgerichtetes Modell. Überlegungen in Richtung auf eine „gemischte Wirtschaft" *unter Einschluß privatwirtschaftlicher Unternehmensformen* setzten sich in der Sozialdemokratie aber erst nach dem zweiten Weltkrieg durch. Ohne schon die Erörterung vorwegzunehmen, in welchem Verhältnis Verstaatlichung und Sozialisierung zueinander stehen, soll hier das Resumée genügen, daß aus den genannten Gründen für diejenigen, die sich Sozialismus auch weiterhin als eine *ökonomische* Alternative zum kapitalistischen Akkumulationstypus vorstellen, eine Auswertung des sowjetischen Weges unerläßlich ist.

Diese Bemerkungen machen schon deutlich, worauf im folgenden der Schwerpunkt gelegt wird. In einem ersten Schritt soll herausgearbeitet werden, wie sich die Besonderheiten des sowjetischen Wirtschaftstypus herausgebildet haben, welche verändernd-eingreifenden Reformbemühungen es gab, warum gleichwohl der bereits beschriebene dramatische Krisenbefund der achtziger Jahre nicht verhindert werden konnte und wie das Scheitern der letzten Reformphase unter Gorbatschow begriffen werden kann.

---

44 Stampfer 1922, S. 27f.

45 Ebda., S. 29 [Hervorhebung im Original].

2.1 Schaffung einer weitgehend verstaatlichten Wirtschaft im Gefolge von Oktoberrevolution und „Kriegskommunismus" nach 1917[46]

Im Vergleich zu anderen großen europäischen Nationen entwickelte sich in Rußland der „Kapitalismus" mit erheblicher Verspätung. Von einer im eigentlichen Sinne kapitalistischen Entwicklung läßt sich erst ab Mitte des 19. Jahrhunderts sprechen. Erst die – zumindest formelle – Aufhebung der Leibeigenschaft der Bauern im Jahre 1861 schaffte die Vorbedingung für eine expandierende kapitalistische Produktionsweise, den „doppelt freien" (Marx) Lohnarbeiter. Der zurückgebliebenen ökonomischen Struktur entsprach ein politisches Regime der Zarenherrschaft, das mit eiserner Hand regierte. Schon die zweite Hälfte des 19. Jahrhunderts wird von wiederkehrenden Revolten und Gewaltausbrüchen geprägt. Die erste russische Revolution von 1905 ist der noch unkoordinierte Versuch der Auflehnung verschiedener Bewegungen gegen die zaristische Alleinherrschaft: bürgerlicher Liberaler, der Arbeiter Petersburgs und der Masse der russischen Bauern. In dieser Revolution tritt zum ersten Mal eine Institution in Erscheinung, die für die kommende Entwicklung von großer Bedeutung werden sollte: Die Petersburger Arbeiter wählten sich ihren ersten Rat (Sowjet) der Arbeiterdeputierten. Doch mehr als einige – weitgehend folgenlose – verfassungsrechtliche Zugeständnisse erreichte diese erste Revolution nicht. Ihre wichtigste Folge bestand in der Veränderung der Agrarpolitik der zaristischen Regierung.

Die sog. Stolypinsche Agrarreform von 1906 ermöglichte es den Bauern erstmalig, mit eigenen Landanteilen aus der Dorfgemeinde, dem Mir, auszuscheiden. Zwar wurde so ein wesentliches Hemmnis für die Entwicklung einer bäuerlichen Struktur auf der Grundlage des Privateigentums und der Entstehung von Marktbeziehungen beseitigt. Die wesentlichste Ursache der bäuerlichen Armut und der feudalen Agrarstruktur blieb aber unangetastet: der große Grundbesitz des Adels. Obwohl die russische Industrie in den Jahren zwischen 1909 und 1913 einen kräftigen Entwicklungssprung machte, bestand weiterhin ein großer Abstand zu den führenden Großmächten. Ihr Anteil an der industriellen Bruttoproduktion der fünf wichtigsten Großmächte (USA, Deutschland, Großbritannien, Frankreich, Rußland) betrug 1913 gerade 4,2 Prozent. Das technologische Durchschnittsniveau lag weit zurück. Hauptanteil an der Produktion hatten Konsumgüter (Textil- und Nahrungsmittelindustrie). Das Land blieb so bezüglich seiner industriellen Ausrüstung mit Maschinen stark vom Ausland abhängig. Entsprechend gestaltete sich 1913 die Sozialstruktur des russischen Reiches. Von 165,7 Millionen Einwohnern (ohne Finnland) lebten gerade 26,3 Millionen (16 Prozent) in den Städten. Das russische Proletariat war zwar außergewöhnlich stark konzentriert – mehr als die Hälfte

46 Vgl. Carr 1980, S. 9ff.; Lorenz 1976, S. 14ff., 61ff.; Chamberlin 1958, Bd. I, S. 205ff., 324ff.; Haumann 1974.

waren in Betrieben mit über 500 Personen beschäftigt –, aber es war zugleich nur eine verschwindende Minderheit der Gesamtbevölkerung. Drei Viertel stellte dagegen die Bauernschaft.

Die Februarrevolution im Jahre 1917 war von ähnlichen Faktoren wie die des Jahres 1905 bestimmt. Hinzu kam allerdings der für die Alleinherrschaft bedrohliche Faktor der allgemeinen Kriegsmüdigkeit. Die revolutionäre Flut konnte zumindest vorläufig durch die Abdankung des Zaren aufgehalten werden. Es wurde eine provisorische Regierung gebildet, gestützt auf das ständische Parlament, die Duma. An ihr beteiligten sich zwischen dem Februar und dem Oktober gemeinsam mit den bürgerlichen Kadetten auch Vertreter des menschewistischen Teils der Sozialdemokratischen Partei. In der Februarrevolution entstand aber zugleich der Petrograder Arbeiterrat neu. Dieses Beispiel zeitigte Folgen. Auch in anderen Städten entstanden Betriebskomitees. Soldaten und Matrosen gründeten entsprechende Organe zur Vertretung ihrer Interessen gegenüber der militärischen Führung. Im Mai 1917 tagte in Petrograd der erste gesamtrussische Kongreß der Bauerndeputierten. Eine Massenbewegung war entstanden, aus drei wesentlichen Faktoren gespeist: der Meuterei der Armee, der Rebellion der Bauern und der Radikalisierung der Arbeiterschaft. Die soziale Basis der provisorischen Regierung schwand dahin. Aufgrund innerer Gegensätze blieb sie weitgehend handlungsunfähig. Sie war weder bereit, sofortigen Frieden zu schließen, noch eine umfassende Agrarreform durchzusetzen. So entwickelte sich eine regelrechte Doppelherrschaft.

Beide Flügel der sozialistischen Arbeiterbewegung, Menschewiki und Bolschewiki, gingen zunächst davon aus, daß der rückständige Charakter der russischen Produktivkräfte eine sozialistische Revolution noch nicht zulasse, daß zunächst die bürgerliche Revolution in Rußland zuende geführt werden müsse. Erst Lenins Rückkehr aus dem Schweizer Exil im April 1917 änderte die Haltung der Bolschewiki. Er setzte seine – neu entwickelte – Auffassung durch, die die Revolution in zwei Phasen teilte. Nach der Machterlangung der Bourgeoisie in der ersten Phase müsse die Revolution in ihrer zweiten Phase die Macht in die Hände des Proletariats und der ärmsten Schichten der Bauernschaft legen. Die Entwicklung des Imperialismus zeige, daß die Kette gerade an ihrem schwächsten Glied reißen könne. Dies sei der Auftakt der proletarischen Revolution im europäischen Maßstab. Die russische Revolution könne dann mit der Hilfe der entwickelten europäischen Nationen rechnen. Die unmittelbare Aufgabe sei nicht die „Einführung" des Sozialismus, sondern augenblicklich nur der Übergang zur Kontrolle über die gesellschaftliche Produktion und die Verteilung der Erzeugnisse durch die Sowjets.[47] Allerdings seien das, neben der anzugehenden Nationalisierung von Grund und Boden bzw. sämtlicher Banken und Syndikate, „Schritte zum Sozialismus".[48] Bei der

47 Vgl. Lenin, Über die Aufgaben des Proletariats in der gegenwärtigen Revolution (7. April 1917), AW Bd. II, S. 40 ff.

48 Ders., Die Aufgaben des Proletariats in unserer Revolution (Sept. 1917), ebda., S. 67.

Eröffnung der Sitzung des Sowjetkongresses am 5. Oktober 1917 heißt es aber schon: „Wir beginnen jetzt mit dem Aufbau der sozialistischen Ordnung."[49]

Seit dem September 1917 stellten die Bolschewiki die Mehrheit im Moskauer und Petrograder Arbeiterrat. Ihre Parole, die rasch Zustimmung in den Massen gewann, lautete nun: „Alle Macht den Räten." Lenin setzte im Zentralkomitee seiner Partei den Beschluß durch, sich auf die Machtergreifung vorzubereiten. Am 25. Oktober russischer Zeitrechnung (nach westlicher Zeitrechnung, die bald darauf eingeführt wurde, am 7. November) besetzte die im wesentlichen aus Fabrikarbeitern bestehende Rote Garde alle Schlüsselstellungen in Petrograd und stürmte das Winterpalais. In einem unblutigen Handstreich wurden einige Minister verhaftet, der Ministerpräsident Kerenski floh ins Ausland. Der gleichzeitig tagende zweite Allrussische Kongreß der Arbeiter- und Soldatendeputierten, auf dem die Bolschewiki die Mehrheit besaßen, proklamierte als neue provisorische Arbeiter- und Bauernregierung einen Rat der Volkskommissare.

Wollte die Sowjetregierung darangehen, die ökonomischen Zustände im Land neu zu ordnen, bedurfte sie dringend eines Friedensschlusses. Ausgelöst durch ihre einseitige Friedensproklamation (die u.a. die Gleichheit und Souveränität aller Völker Rußlands und deren Recht auf freie Selbstbestimmung bis zur Lostrennung und Bildung selbständiger Staaten postulierte), begannen Ende Dezember 1917 Friedensverhandlungen in Brest-Litowsk, die am 3. März 1918 mit insbesondere von Deutschland diktierten Bedingungen abgeschlossen wurden. Durch diesen Friedensschluß verlor Rußland 26 Prozent seines Territoriums, 27 Prozent des anbaufähigen Landes, 26 Prozent des Eisenbahnnetzes, 33 Prozent der Textilindustrie, 3 Prozent der Eisenindustrie und 75 Prozent der Kohlebergwerke.

Die „Atempause", die der Brester Friede den Bolschewiki gewährte, dauerte nicht sehr lange. Bereits im März 1918 besetzten britische, französische und amerikanische Streitkräfte Häfen und Städte. Im April landeten japanische Truppen in Wladiwostok. Gleichzeitig unterstützten die verschiedenen imperialistischen Mächte – Deutschland eingeschlossen – offen oder versteckt alle Versuche, in Rußland selbst Bürgerkriegsarmeen gegen die neue Regierung aufzubauen. Unter derartigen Bedingungen war es natürlich schwer bis unmöglich, die nötigen Kraftanstrengungen für den Wiederaufbau der schon durch den Krieg stark zerstörten Wirtschaft zu mobilisieren. Die wirtschaftspolitischen Vorstellungen der Bolschewiki sahen zunächst keine vollständige Enteignung aller privatwirtschaftlich geführten Unternehmen vor. Zum Teil wurden sie jedoch durch die spontanen Betriebsübernahmen durch die Arbeiter überrollt. Das Dekret über die Arbeiterkontrolle von Mitte November 1917 legalisierte diese Bestrebungen zur Inbesitznahme der Industrie. Danach durften die Betriebskomitees die Anordnungen der Eigentümer aufheben und durch eigene Verfügungen ersetzen. Man wollte sich der technischen und organisatorischen Fähigkeiten der alten Betriebsleiter durchaus weiter

49 Ders., zit. nach Rubel 1984, S. 317.

bedienen. Da die Arbeiter sich aber nicht mit der Kontrolle begnügten und auf der anderen Seite die Unternehmer und leitenden Angestellten oft jede Mitarbeit verweigerten, lief eine Welle spontaner Enteignungen durch das Land, die der russischen Bourgeoisie die ökonomische Grundlage entzog. So wurde zwar die alte Macht gebrochen, aber man war zugleich nicht in der Lage, an deren Stelle einen eigenen, das ganze Land umspannenden Verwaltungs- und Leitungsapparat aufzubauen.

Erst Ende Juni 1918 wurden per Dekret die Betriebe aller wichtigen Sektoren auch offiziell verstaatlicht. Die Schwierigkeiten wurden dadurch verstärkt, daß die Produktion schon durch die Umstellung auf die militärischen Bedürfnisse im Krieg stark beeinträchtigt war. Mit dem Brester Frieden verlor das Land große Randgebiete mit wichtigen Rohstoffvorkommen. Die Wirren der Revolution, die spontanen Enteignungen, der lang andauernde Bürgerkrieg vervollständigten das Bild wirtschaftlicher, sozialer und finanzieller Auflösung. Für weite Teile der Bevölkerung standen Hunger und Frost auf der Tagesordnung. Es war kaum möglich, durch zentrale staatliche Maßnahmen gegenzusteuern. Es gelang kaum, Steuern einzutreiben; einen Staatshaushalt aufzustellen erwies sich als unmöglich. Über die Notenpresse wurden die laufenden Ausgaben finanziert. Die Regierung hatte die Banken verstaatlicht, die Großunternehmen in der Industrie dem Obersten Volkswirtschaftsrat unterstellt und die Anerkennung der Auslandsschulden des alten Regimes verweigert. Aber all diese Maßnahmen konnten den ökonomischen Niedergang nicht aufhalten. Moskau verlor von 1918 bis 1920 44,5, Petrograd/Leningrad 57,5 Prozent seiner Bevölkerung.

Alle Versuche, auf staatlichem oder genossenschaftlichem Wege die Güterverteilung neu aufzubauen, blieben Stückwerk. Auch die Androhung drastischer Strafen konnte das Aufkommen eines Schwarzmarktes, von Korruption und Wucher nicht verhindern. Die Erfordernisse des Bürgerkrieges, eine neue Armee aufzubauen, die hungernden Städte zu ernähren, führten zu gewaltsamen Requirierungen von Getreideüberschüssen durch Arbeitertrupps auf dem Lande. Das System der Arbeiterkontrolle in den Betrieben war nicht in der Lage, auf dem Wege der freiwilligen Selbstdisziplin den Wiederaufbau und die Arbeitsabläufe in den Betrieben zu organisieren. Mit Zustimmung Lenins wurde es so sehr bald wieder durch das System der „Ein-Mann-Betriebsführung“ ersetzt. Akkordlöhne und Taylor-System erhielten erneut Einzug. Das Prinzip der gleichmäßigen Bezahlung jeder Arbeit mit Facharbeiterlohn wurde wieder abgeschafft, Betriebsleiter und Ingenieure mit höheren Gehältern an ihre alten Arbeitsstätten zurückgeholt. Nach Beendigung des Bürgerkrieges wurde der Versuch unternommen, die Wiederankurbelung der daniederliegenden Wirtschaft durch ein System der „Militarisierung der Arbeit“ (zwangsweise Zuteilung von Arbeitskräften, Arbeitsbataillone usw.), ein auf Trotzki zurückgehender Vorschlag, in Angriff zu nehmen.

Vor besondere Schwierigkeiten wurde die Sowjetregierung auf dem Lande gestellt. Erst im Jahre 1861 war in Rußland die Leibeigenschaft der Bauern formell aufgehoben worden, de facto bestand sie aber in verschiedenen Formen der Abhängigkeit, etwa der sog. „zeitweiligen Verpflichtung", weiter. Das in der Folgezeit dominierende Pachtsystem, innerhalb dessen Gutsbesitzer und besitzender Adel die Klein- und Mittelbauern Teile ihre Landes mit deren eigenem Inventar bearbeiten ließen, unterschied sich kaum von den früheren Formen der direkten Leibeigenschaft. Die ärmsten Bauern ohne eigenes Inventar wurden dabei durch geringen Ernteanteil entlohnt. In weiten Teilen existierte noch die traditionelle Dorfgemeinde, die auch nach 1861 als Eigentümerin des bäuerlichen Anteillandes fungierte und dieses periodisch umverteilte. Alle diese Faktoren behinderten in erheblichem Maße eine Rationalisierung und Maschinisierung der russischen Landwirtschaft in Richtung auf einen fortgeschrittenen „Agrarkapitalismus" und waren Ausdruck des rückständigen Charakters der existierenden Produktionsweise. Die Umverteilungen der Dorfgemeinde förderten die agrarische Überbevölkerung, die – nach offiziellen Angaben – bereits um die Jahrhundertwende bei einer Gesamtdorfbevölkerung von knapp 100 Millionen etwa 23 Millionen Menschen ausmachte.

Erst die Agrarreform des Ministers Stolypin von 1906 hatte dem Bauer das Ausscheiden aus der Dorfgemeinde ermöglicht und die Bildung einer wohlhabenden Bauernschicht sowie die Entwicklung von Marktbeziehungen gefördert. Da jedoch der große Grundbesitz des Adels nicht beseitigt wurde, blieb die überwiegende Mehrheit der Bauernschaft weiterhin einem Verelendungsprozeß ausgesetzt. Fast drei Viertel der Bevölkerung des russischen Reiches lebten von und in der Landwirtschaft, aber unter vor- bzw. allenfalls frühkapitalistischen Verhältnissen. Nur auf den Riesenlatifundien verschiedener Großgrundbesitzer ging man allmählich, mehr und mehr zu kapitalistischen Wirtschaftsmethoden über, gründete parallele Handels- und Industrieunternehmen und produzierte für den Markt.

Im Januar 1918 erließ die Sowjetregierung das Grundgesetz über die Sozialisierung des Bodens. Das darin enthaltene Programm war im wesentlichen die Übernahme der Vorstellungen der Sozialrevolutionären Partei. Einerseits wurde zwar das gesamte Privateigentum an Grund und Boden aufgehoben, gleichzeitig wurde dieser aber an diejenigen verteilt, die ihn bestellten. Danach konnte jeder, der Anspruch darauf erhob, über ein Stück Land verfügen. Ursprüngliche Vorstellungen, die großen Betriebe der Adligen und Gutsbesitzer kollektiv, d.h. durch freiwillige Zusammenschlüsse von Bauern bzw. als Staatsbetriebe, fortführen zu lassen und damit eine höhere Produktivität zu erhalten, erwiesen sich schnell als Illusion. Sie wurden zumeist von den Klein- und Mittelbauern besetzt und samt Inventar aufgeteilt. Dadurch, daß sich der Kreis der Landanteilsberechtigten erhöhte, daß durch den Zusammenbruch der Industrie und den Hunger in den Städten weitere Millionen Menschen aufs Land drängten, erhöhte sich die Zahl der Höfe um einige Millionen. Die Folge war, daß kaum noch landwirtschaftliche Großbetriebe existierten, die für den Markt produzieren konnten.

Gleichzeitig verschärfte der Bürgerkrieg die Versorgungsschwierigkeiten und die Lebensmittelnot in der Stadt. Da die Stadt kaum noch Industriewaren liefern konnte, hielten die Bauern ihre Produkte zurück, denn als Gegenwert gab es nur wertloses Papiergeld. In den Städten wuchs der Hunger. Als Folge erließ die Sowjetregierung ab Mai 1918 eine Reihe von Maßnahmen, die faktisch eine „Ernährungsdiktatur“ herstellten. In den Fabriken wurden Lebensmitteltrupps zusammengestellt, die auf dem Land bei den wohlhabenden Bauern und Spekulanten überschüssiges Getreide requirieren sollten. Der private Getreidehandel wurde illegalisiert, alle überschüssigen Getreidevorräte mußten zu festen niedrigen Preisen an den Staat abgeliefert werden. Zuwiderhandlungen wurden unter hohe Strafen gestellt. Durch die Gründung von Komitees der Dorfarmen, die das Einsammeln, das Verteilen und den Abtransport des Getreides überwachen sollten, wurde der gewaltsame Klassenkampf um das Getreide in das Dorf selbst getragen. Kurzfristig gelang so zwar eine leichte Verbesserung der Ernährungslage der Städte, die mittelfristige Folge war jedoch, daß die landwirtschaftliche Produktion weiter zurückging, jeder nur noch für den privaten Bedarf und den Austausch im Dorf produzierte. Auch eine im Oktober 1918 eingeführte Naturalsteuer und die im Januar 1919 diktierte allgemeine bäuerliche Ablieferungspflicht boten nicht mehr als kurzfristige Abhilfen, brachten aber die Masse der Mittelbauern immer mehr gegen die Sowjetregierung auf. Gleichzeitige Versuche, zumindest auf einem Teil der Adelsgüter staatliche Musterbetriebe (Sowchosen) bzw. Kollektivwirtschaften (Kolchosen) zu errichten und Überschüsse für die städtische Versorgung erwirtschaften zu lassen, blieben ohne nennenswerten Erfolg. Es fehlte ihnen vor allem an lebendem und totem Inventar.

2.2 Rückkehr zu Marktbeziehungen in der Phase der Neuen Ökonomischen Politik der 20er Jahre[50]

Erst im Herbst 1920 gelang es der von Trotzki aufgebauten und geführten Roten Armee, die letzten militärischen Widerstände im Bürgerkrieg zu brechen. Durch die Kämpfe waren jedoch ganze Regionen des Landes vollständig verwüstet worden. Zusammen mit den Opfern des Bürgerkriegs hatte Rußland durch den Krieg seit 1914 mehr als 20 Millionen Menschen verloren. Ökonomisch bot sich eine verzweifelte Lage. Die meisten Werke oder Fabriken standen entweder völlig still oder arbeiteten nur wenige Tage im Monat. Die Produktion der Großindustrie erreichte etwa ein Siebtel des Vorkriegsumfangs. In ganz Rußland war kaum noch ein Hochofen in Betrieb. In der Sowjetpresse selbst wurden folgende Zahlen für den Vergleich der Produktion von 1920 gegenüber 1913 genannt: Eisenerz 2,25 Prozent; Salz 17 Prozent; Rohöl 40 Prozent; Kohle 20 Prozent; Roheisen 2,12

50 Vgl. Carr 1980, S. 36ff.; Lorenz 1976, S. 118ff.; siehe auch Schröder 1982.

Prozent; Maschinen 25 Prozent; Baumwollgarn 5,6 Prozent; Leinengarn 2 Prozent; Zucker 6 Prozent.[51]

Ein vergleichbar schlechtes Bild bot sich in der Landwirtschaft. Die Ernteerträge gingen um fast ein Drittel zurück, was – bezogen auf den Vorkriegsstand – noch nicht einmal den bäuerlichen Eigenbedarf deckte. Die schlechte Lage führte zu einer wachsenden Unzufriedenheit bei den Arbeitern in den großen Städten. Streiks, Demonstrationen und Versammlungen, in denen bolschewistische Redner oft nicht mehr zu Wort kamen, häuften sich. Auf dem Lande wehrten sich die Bauern gegen die Fortsetzung der Zwangsrequirierungen. Bereits das Jahr 1920 hatte eine schlechte Ernte gebracht. Lokale Bauernerhebungen weiteten sich über das ganze Land aus. In den ersten Monaten des Jahres 1921 gab es kaum noch ein Gouvernement, in dem die Bauern sich nicht gegen die Staatsorgane auflehnten. Eine größere Dürreperiode brachte eine erneute katastrophale Ernte, wie sie Rußland seit drei Jahrzehnten nicht mehr erlebt hatte. Ihre Folge war eine entsetzliche Hungersnot, die mehr als dreißig Gouvernements mit insgesamt 30 Millionen Menschen erfaßte. Bis zum Frühjahr 1922 verhungerten mehr als eine Million Menschen. In manchen Landstrichen kam es zu Kannibalismus.

Den Höhepunkt des Widerstands gegen die Sowjetregierung bildete Ende Februar die Erhebung der Feste Kronstadt, die als Stützpunkt der gesamten baltischen Flotte diente und den Schlüssel zu Petrograd bildete. Zunächst forderten die meist kommunistischen Matrosen nur eine bessere Lebensmittelversorgung und in diesem Zusammenhang die Wiederzulassung des freien Handels zwischen Stadt und Land. Später kam die Forderung nach Neuwahlen zu den Sowjets und Wiederzulassung aller sozialistischen Organisationen hinzu. Die Revolte wurde erst am 18. März endgültig von Einheiten der Roten Armee niedergeschlagen. Parallel zur ökonomischen Entwicklung hatten sich auch im politischen Bereich tiefgreifende Veränderungen vollzogen. Gewerkschaften und Betriebskomitees waren weitgehend in Exekutivorgane der Parteiführung verwandelt worden. Die Macht der Sowjets war hinter der der Partei verschwunden. Die Partei war einem zunehmenden Bürokratisierungsprozeß ausgesetzt.

Noch während des Kronstädter Aufstands leitete Lenin einen prinzipiellen wirtschaftspolitischen Kursschwenk ein. Er zielte auf den Ausbau der staatlichen Großindustrie sowie die Vergenossenschaftung der Bauern, wobei die Beziehungen zwischen Stadt und Land nun auf der Grundlage eines Äquivalententauschs mit staatlich regulierter Ware-Geld-Beziehung organisiert werden sollten. Der Aufbau sollte langsamer und durch Wiederherstellung des Bündnisses mit der Bauernschaft erfolgen. Teil dieses Konzeptes war eine (begrenzte) Wiederzulassung des „Kapitalismus", den – so Lenin – „ [...] wir zulassen können und müssen, denn dieser Kapitalismus ist notwendig für die breite Bauernschaft und das Privatkapital, das so Handel treiben soll, daß die Bedürfnisse der Bauernschaft befriedigt wer-

51 Zit. nach Bauer 1921, S. 434.

den".[52] Lenin hoffte dabei zunächst auf eine Fortentwicklung und Belebung des Elementes des „Staatskapitalismus" in der Grundlagenindustrie durch Konzessionierung an ausländisches Kapital, in dem er bereits in einer Schrift des Jahres 1918 eine Übergangsstufe zum Sozialismus gesehen hatte.[53] Die einzig vernünftige Politik sei nicht, den Kapitalismus zu verbieten, sondern ihn in das Fahrwasser des Staatskapitalismus zu leiten. Die Konzessionen seien ein Vertrag, ein Bündnis der Sowjetmacht mit dem Staatskapitalismus gegen das patriarchalische und kleinbürgerliche Element in der Wirtschaft.[54] Da diese Öffnung für ausländisches Kapital aber nicht die gewünschten Ergebnisse brachte, vollzog Lenin Anfang 1923 insofern eine Umorientierung, als er nun das Schwergewicht dieser „Neuen Ökonomischen Politik" (NÖP) auf die Aufgabe verlegte, die „Beteiligung ausnahmslos der gesamten Bevölkerung an den Genossenschaften herbeizuführen", wozu es einer ganzen Epoche bedürfe, im günstigsten Falle zweier Jahrzehnte. Zusammenfassend heißt es jetzt:

„Aber ein System zivilisierter Genossenschaftler bei gesellschaftlichem Eigentum an den Produktionsmitteln, beim Klassensieg des Proletariats über die Bourgeoisie – das ist das System des Sozialismus."[55]

Um zu ermessen, welch erhebliches Stück Weg zwischen dieser Neubestimmung seines Sozialismusverständnisses und seiner früheren Auffassung liegt, sei zur Kontrastierung nochmals eine Schlüsselpassage aus einer Schrift des Jahres 1918 zitiert:

„Der Staatskapitalismus steht *ökonomisch* unvergleichlich höher als unsere jetzige Wirtschaftsweise […] [In Deutschland] haben wir das ‚letzte Wort' moderner großkapitalistischer Technik und planmäßiger Organisation, die dem *junkerlich-bürgerlichen Imperialismus unterstellt* sind. Man lasse die hervorgehobenen Wörter aus, setze an Stelle des militärischen, junkerlichen, bürgerlichen, imperialistischen Staates ebenfalls einen Staat, aber einen Staat von anderem sozialen Typus, mit anderem Klasseninhalt, den Sowjetstaat, d.h. einen proletarischen Staat, und man wird die *ganze* Summe der Bedingungen erhalten, die den Sozialismus ergibt. Sozialismus ist undenkbar ohne großkapitalistische Technik, die nach dem letzten Wort modernster Wissenschaft aufgebaut ist, ohne planmäßige staatliche Organisation, die Dutzende Millionen Menschen zur strengsten Einhaltung einer einheitlichen Norm in der Erzeugung und Verteilung der Produkte anhält."[56]

---

52 Lenin, Politischer Bericht des Zentralkomitees der KPR(B) an den XI. Parteitag, 17. März 1922, LW Bd. 33, S. 265.

53 Ders., Über die Naturalsteuer (1921), AW Bd. 3, S. 668ff. mit ausführlicher Zitierung aus der Broschüre von 1918 „Die Hauptaufgaben unserer Tage".

54 Ebda., S. 682f.; zum Leninschen Verständnis des Begriffs „Staatskapitalismus" vgl. Olle 1974, S. 120ff.

55 Ders., Über das Genossenschaftswesen (1923), ebda., S. 861f.

56 Ders., Über „linke" Kinderei und über Kleinbürgerlichkeit (Mai 1918), LW Bd. 27, S. 331.

Im einzelnen wurde 1921 zunächst die bäuerliche Ablieferungspflicht durch eine Naturalsteuer ersetzt, die erheblich niedriger lag, d.h. die Bauern durften über die Überschüsse frei verfügen. In der Folge wurde der freie Markt- und Geldverkehr im Lande legalisiert. Kleinhandel und Kleingewerbe wurden fast vollständig reprivatisiert. Der Staat behielt die gesamte Groß- und Mittelindustrie, das Verkehrswesen, das Bank- und Kreditsystem, das Außenhandelsmonopol sowie zum überwiegenden Teil den Großhandel in seinen Händen. Die Staatsbetriebe wurden auf wirtschaftliche Rechnungsführung umgestellt und mußten sich am Rentabilitätsprinzip orientieren. Die Entlohnung der Arbeiter erfolgte wieder in Geldform, die Rekrutierung der Arbeitsarmeen wurde eingestellt. Auf dem Lande wurden einige Jahre später (1924/25) Bodenpacht sowie Lohnarbeit wieder zugelassen, die Naturalsteuer in eine Geldsteuer umgewandelt. Auf diese Weise erholte sich die Landwirtschaft schnell und erreichte – bezogen auf das Gesamtprodukt – 1926 etwa den Vorkriegsstand. Aussaatfläche und Viehbestand lagen schon leicht darüber. Die industrielle Entwicklung vollzog sich zunächst insbesondere in der reprivatisierten Klein- und Heimindustrie, die nur wenig Kapital, Rohstoffe und Brennmaterial benötigte. Ähnliche Erfolge erzielte der Teil der Großindustrie, der Massenbedarfsgüter erzeugte, die auf dem neuen Markt schnellen Absatz zu hohen Preisen fanden. Eine erste Absatzkrise entstand 1923 aus der sich entwickelnden „Schere" zwischen Industrie- und Agrarpreisen, weil letztere zurückblieben.

Die ökonomische Lockerung des Systems war allerdings nicht von einer gleichzeitigen politischen Liberalisierung begleitet. Die Sozialdemokratische (menschewistische) Partei, die als einzige die Bürgerkriegsperiode mal legal, mal in halber Illegalität überstanden hatte, wurde 1921 endgültig in die Illegalität gedrängt. Die neu einsetzenden Repressalien trafen sie mit besonderer Härte. Die Bolschewiki setzten nicht auf eine politische Öffnung, sondern auf ein ökonomisch begründetes Bündnis mit der Bauernschaft, sicherten die in diese Richtung gemachten Zugeständnisse aber gleichzeitig durch eine stärkere zentralistische Kontrolle des öffentlichen politischen Lebens ab. Der 10. Parteitag der KPdSU faßte angesichts der politisch zugespitzten Lage des Kronstädter Aufstands ein Fraktionsverbot für die eigene Partei (das erst am Ende der Gorbatschow-Ära wieder aufgehoben werden sollte).

1926 hatten die Arbeitslöhne im Durchschnitt das Vorkriegsniveau erreicht, wobei inzwischen Acht-Stunden-Tag, bezahlter Jahresurlaub und Sozialversicherung eingeführt worden waren. Insgesamt betrachtet war damit – trotz größerer Kriegszerstörungen – der Wiederaufbauprozeß nach dem Kriege in Rußland mit diesem Zeitpunkt früher abgeschlossen als in den meisten anderen Ländern. Dennoch blieb die UdSSR ein rückständiges Agrarland, in dem die kleine Warenproduktion bei weitem überwog. Ende Dezember 1926 lebten von den 147 Millionen Einwohnern noch mehr als 120 Millionen im Dorf. Die Zahl der Industriearbeiterschaft lag mit knapp 2,5 Millionen auf dem Stand von 1913. Die Produktionskosten der Großindustrie übertrafen die in den westlichen Ländern um das Zwei- bis

Dreifache. Die entsprechend hohen Lieferpreise bewirkten eine Fortdauer des Problems der „Preisschere" mit der Folge eines regelrechten „Warenhungers" insbesondere im Dorf. Dadurch stagnierten die Austauschbeziehungen zwischen Stadt und Land. Im Wirtschaftsjahr mit den höchsten Getreidebeschaffungsergebnissen seit der Oktoberrevolution, 1926/27, erreichte die Getreidemenge, die außerhalb des Dorfes in den Handel kam, nur etwa die Hälfte der Vorkriegsquote.

Die Probleme der Landwirtschaft lagen insbesondere auf zwei Gebieten: einer starken Bodenzersplitterung und mangelnder technischer Ausrüstung. Von 16,8 Millionen Pflügen im Jahre 1927 waren 5,2 Millionen altertümliche Hakenpflüge. Etwa ein Drittel der Bauernwirtschaften besaß überhaupt keinen Pflug. Die Zahl der verfügbaren Traktoren betrug gerade einmal 27.000. So erreichte die durchschnittliche Arbeitsproduktivität in der Landwirtschaft kaum ein Zwölftel der industriellen Produktivität. Gleichwohl verzeichnete der Agrarsektor in den Jahren der NÖP einen deutlichen Aufschwung, wobei die allgemeine Hebung des bäuerlichen Wohlstands von einer zunehmenden sozialen Differenzierung der Bauernschaft begleitet war. Der neuen bäuerlichen Oberschicht, den Kulaken, gehörten zwar nur vier Prozent der Höfe, diese verfügten aber über 13 Prozent der gesamten Nutzfläche und lieferten im Wirtschaftsjahr 1926/27 zwanzig Prozent des Marktgetreides. 1927 waren zudem mehr als 40 Prozent der Bauern gezwungen, Zugvieh und Inventar – meist gegen Abarbeit – auszuleihen.

Die Frage, welche Gefahr diese Entwicklung in sich barg, bildete einen der Streitpunkte zwischen rechtem und linkem Flügel der KPdSU. Ab 1927 wurden erste restriktive Maßnahmen gegen den Einfluß der Kulaken ergriffen. Die ökonomische Fragestellung, vor der die regierende Partei ab Mitte der zwanziger Jahre stand, war die, in welchem Verhältnis Industrie- und Landwirtschaftsentwicklung vorangetrieben werden sollten. Einigkeit bestand darüber, daß der Sinn der Entwicklung einer Großindustrie in der Umgestaltung der Landwirtschaft auf einer neuen Grundlage liege, ihrer Ausrüstung mit modernen Produktionsgeräten. Angesichts des Scheiterns der Konzessionspolitik und nur geringen Handelsbeziehungen zu den westlichen Industrieländern war die Sowjetunion auf eigene innere Akkumulation angewiesen. Die beiden Extrempositionen vertraten Preobraschensky auf der Linken und Shanin auf der Rechten.

Ersterer sah die Hauptaufgabe der NÖP darin, in kürzester Frist ein Maximum an Akkumulationsmitteln für die Expansion der staatlichen Großindustrie bereitzustellen. Mangels externer Quellen kam dabei für diese „ursprüngliche sozialistische Akkumulation" (eine historische Analogie zum „Frühkapitalismus") nur die rückständige Landwirtschaft in Frage, der – angesichts einer nur sehr begrenzten eigenen Akkumulationsmöglichkeit der staatlichen Großindustrie – die Funktion einer Art innerer Kolonie zukam. Shanin hingegen ging von der Notwendigkeit eines zunächst zu bewirkenden allgemeinen Aufschwungs der landwirtschaftlichen Produktivkräfte aus. Nur eine entwickelte Landwirtschaft könne langfristig eine rasche Industrialisierung gewährleisten. Bereits mit geringen Investitionsmitteln könne in der Landwirtschaft eine schneller wachsende Produktivität als in der Industrie erreicht werden. Angesichts der Aufnahmefähigkeit des Weltmarkts für russische Agrarerzeugnisse biete sich die Möglichkeit, die Industrialisierung durch den Agrarexport zu finanzieren.[57]

2.3 Abrupte Wende: forcierte Industrialisierung und Zwangskollektivierung ab 1929 – die Stalin-Ära[58]

Die Führung der Partei um Rykow, Bucharin und Stalin verfolgte zunächst einen Mittelkurs, Aufbau der Produktionsmittelindustrie und Förderung der Landwirtschaft sollten Hand in Hand gehen. Die Planbarkeit dieses Prozesses sollte dadurch in Angriff genommen werden, daß schon 1925 der Staatlichen Plankommission (Gosplan) und dem Obersten Volkswirtschaftsrat der Auftrag zur Erarbeitung eines wirtschaftlichen Perspektivplanes erteilt wurde. Während sämtliche Entwürfe zunächst von einer „abklingenden" Wachstumskurve ausgingen (aufgrund der bevorstehenden Erschöpfung des alten Grundkapitals), sah die im Frühjahr 1929 endgültig verabschiedete Fassung eine ansteigende Kurve vor. Diesem Wendepunkt hin zu einer forcierten Industrialisierung (begleitet dann von einer zwangsweise durchgesetzten Kollektivierung der Landwirtschaft in großem Maßstab, die so im Plan nicht vorgesehen war), ging folgende Entwicklung voraus:

Das nach einer mittleren Ernte erwartete hohe Getreideangebot 1927/28 erfolgte nicht, die Bauern hielten ihr Getreide zurück. Die sowjetische Führung behalf sich erneut mit den Mitteln des Zwangs. Dennoch lag das Ergebnis weit unter dem des Vorjahres. Obwohl sich die Zwangseintreibungen formell nur gegen die Kulaken richteten, waren davon de facto alle Bauern betroffen, in erster Linie aber die Mittelbauern. Der Beschluß über die Aufhebung aller außerordentlichen Maßnahmen im Juli 1928 war nur von kurzer Dauer. Trotz Erhöhung der Getreidepreise blieb auch das Beschaffungsergebnis im Winter 1928/29 unzureichend. Die Folge waren erneute Zwangsmittel. Der Getreidemarkt brach vollends zusammen, das ganze Industrialisierungsprogramm war in Frage gestellt. Bereits in dieser Phase dehnte der sowjetische Staat durch die Übernahme neuer ökonomischer Funktionen seine Herrschaft erheblich aus. Im Zusammenhang mit der zwangsweisen Getreidebeschaffung entstand ein umfangreicher Expropriations- und Repressionsapparat, der auch die ländlichen Sowjets einschloß. Die Gewerkschaften verloren dadurch ihre relative Autonomie, bekamen neue (und zugleich eingeschränktere) Funktionen in Richtung auf die Verbesserung der Produktionsergebnisse und die Disziplinierung der Arbeiterschaft zugewiesen. Während der rechte Parteiflügel um

57 Vgl. zu dieser Debatte Erlich 1971; Dobb 1973.

58 Vgl. zu diesem Abschnitt insbes. Lorenz 1976, S. 182ff.; siehe auch Schröder 1988 sowie zur Rolle der Arbeiterklasse insbesondere Süss 1985.

Rykow, Tomski und Bucharin in dieser Krisensituation für eine Rückkehr zu den Marktbeziehungen der NÖP und die Abkehr von den Zwangsmaßnahmen eintrat, setzte die Gruppe um Stalin schließlich die beschriebene Wende hin zur forcierten Industrialisierung und Zwangskollektivierung durch. Der Ausschaltung der linken Opposition um Trotzki Ende 1927, bei der die Gruppe um Bucharin Stalin noch behilflich gewesen war, folgte 1929 die politische Ausschaltung der Rechtsopposition. Die Weichen für die eigentliche „Stalin-Ära" waren gestellt.

Bereits der 24. Kongreß der KPdSU im Dezember 1925 hatte die beschleunigte Industrialisierung als Ziel proklamiert, ohne allerdings schon konkrete Beschlüsse zu ihrer Umsetzung zu fassen. Erst zwei Jahre später, im Dezember 1927, billigte der 25. Parteikongreß Richtlinien für die Ausarbeitung des genannten Fünfjahrplanes. Nachdem die Zwangsrequirierungen von Getreide im Jahr 1928 nicht die gewünschten Erfolge gebracht hatten, ging die staatliche Politik ab der zweiten Hälfte des Jahres 1929 zur raschen und breiten Kollektivierung der Landwirtschaft unter Anwendung aller nur denkbaren gewaltsamen Methoden über. Der Begriff *forcierte* Industrialisierung bezieht sich auf die Tatsache, daß Stalin im gleichen Zeitraum durch willkürliche Vorgaben beständig die zunächst eher moderat und realistisch gesetzten Planziele innerhalb des Fünfjahrplanes nach oben schraubte. Auch gegen die damit einhergehende Mißachtung der realen ressourcenmäßigen, personellen, qualifikatorischen u.a. Restriktionen sowie der erforderlichen Entwicklungsproportionen (zwischen Landwirtschaft und Industrie, Leicht- und Schwerindustrie, Geldumlauf und Güterproduktion usw.) hatte sich die „rechte Opposition" vergeblich zur Wehr gesetzt.

Betrachten wir zunächst etwas eingehender die Situation auf dem Lande. Die dortige Produktionsbasis der Landwirtschaft war bereits durch die im Gefolge der Requirierungen vollzogene Liquidierung und Selbstliquidierung der größeren bäuerlichen Wirtschaften stark eingeschränkt worden. Die Folge war ein unkontrollierter Verfalls- und Zersplitterungspozeß der verbliebenen Mittel- und Kleinbetriebe, der die gesamte Landwirtschaft in eine immer tiefere Krise trieb. Die Antwort der politischen Führung bestand in einer fast panischen Flucht nach vorn. Sie trieb die Bauern mit massenhaftem Zwang in neue riesige Kollektivbetriebe hinein. Diejenigen, die sich weigerten, wurden mit der Enteignung als „Kulaken" bedroht, auch wenn sie gar nicht zu dieser Gruppe der Großbauern zählten. Deren Hofzahl war noch im Sommer mit 1,1 Millionen beziffert worden, sie wurde aber im Gefolge der wirtschaftlichen und politischen Boykottkampagne drastisch reduziert. Kulaken, die Widerstand leisteten, wurden einfach erschossen oder in Konzentrationslagern zusammengefaßt. Andere wurden in weit entlegene Landesteile verbannt, wo sie in anderen Bereichen arbeiten mußten. Bei diesen Massendeportationen kamen ungezählte Bauern ums Leben. Eine dritte Gruppe von Kulaken erhielt nach ihrer Enteignung eine Hofstelle außerhalb des Kolchossystems zugewiesen, wo sie ohne eine ausreichende Produktionsgrundlage arbeiten mußten. Angesichts dieser terroristischen Verfolgung wurde auch der Widerstand vieler anderer Bauern gebrochen. Die Masse der Mittelbauern sah nun auch keinen anderen Ausweg, als sich für die neuen Kolchosen registrieren zu lassen. Not und Hoffnungslosigkeit, administrativer Druck und Propaganda trieben die Bauern in solchen Massen in die Kolchosen, daß sich die Bewegung völlig überstürzte und schließlich jeder Kontrolle entglitt. Nicht nur das gesamte Land, auch Gerät, Zugvieh und sogar Saatgut, Futtermittel und Kleinvieh wurden in die „Kollektivierung" mit einbezogen, so daß diese für die betroffenen Bauern einer Komplettenteignung gleichkam. Viele begegneten dem mit der Abschlachtung oder dem Verkauf des Viehs vor dem Eintritt in die Kolchose.

Gleichzeitig führte die Kampagne zur Orientierung an immer neuen, gigantomanen Größenordnungen der Kollektivbetriebe. Betriebsgrößen von 40-50.000 Hektar verhinderten von vorne herein jedwede Möglichkeit genossenschaftlicher Ansätze oder freiwilliger bäuerlicher Kooperationsformen. Selbst die Kollektivwirtschaften, die bereits früher entstanden waren, wurden wieder aufgelöst und in die neuen Großkolchosen eingegliedert. Zudem unterlagen die neuen Kolchosen von Anfang an staatlichen Reglementierungen, so daß sie sich in ihrer Funktionsstruktur kaum von den Staatsbetrieben (Sowchosen) unterschieden. Die Bauern selbst hatten keinerlei Einfluß auf die Betriebsführung. Ziele waren eindeutig die fortschreitende Industrialisierung auch der Landwirtschaft und die weitere Proletarisierung der Bauernschaft. Das spiegelte sich vor allem in den großen Agrar-Industrie-Kombinaten wider. In der ersten Phase wurde von täglich 30.000 sich „zusammenschließenden" Bauernschaften berichtet. Im März 1930 hatte die Kollektivierungswelle bereits 58 Prozent der Höfe erfaßt. Stalin erklärte im selben Monat, daß die grundlegende Wende des Dorfes zum Sozialismus nun als gesichert betrachtet werden könne. 1932 bearbeiteten Kolchosen und Sowchosen knapp vier Fünftel der Gesamtanbaufläche. An der Jahreswende 1940/41 umfaßten die 235.500 Kolchosen bereits 96,9 Prozent aller Bauernhöfe. Daneben bestanden 4.159 Sowchosen sowie einige Tausend spezielle städtische Versorgungsbetriebe und etwa 7.000 Maschinen-Traktoren-Stationen.

Anders als die Propaganda es wiedergab, waren die ersten Auswirkungen allerdings katastrophal. Innerhalb weniger Monate wurde die völlige Zerrüttung der landwirtschaftlichen Produktion erreicht. Trotz gewisser Erfolge im Mechanisierungsprozeß in den Folgejahren und bei der Ausdehnung der Anbaufläche durch Neulandgewinnung entsprach die Leistungsfähigkeit des neuen Agrarsystems keineswegs den ursprünglichen Erwartungen. Schlechte Betriebs- und unrationelle Wirtschaftsorganisation prägten das Bild. Es mangelte an erfahrenen Betriebsleitern. Im Prozeß der Kollektivierung war es damit zu einer massenhaften Vernichtung von Produktivkräften gekommen. Die Viehbestände schrumpften zwischen 1928 und 1932 um die Hälfte. Trotz großbetrieblicher Wirtschaftsweise lagen die Ergebnisse der Getreideernte nicht nur unter denen der NÖP-Periode, sondern sogar unterhalb des extrem niedrigen Vorkriegsstands. Einen negativen Begleiteffekt bildete zudem die Zerstörung der traditionellen Dorfindustrie und des ländlichen Heimgewerbes, die vor allem in bezug auf den Anbau von Flachs, Hanf oder Baumwolle eine wichtige Rolle gespielt hatten. Im Winter 1932/33 brach in weiten Teilen der Sowjetunion eine Hungersnot aus, die Millionen Opfer forderte. Auch die Normalisierung der Folgejahre brachte keine durchschlagenden Erfolge. Die durchschnittliche Produktionsleistung der Landwirtschaft hatte sich auch Anfang der vierziger Jahre gegenüber den zwanziger Jahren noch kaum erhöht.

Schlechte Produktions- und Ernteergebnisse führten erneut zu einem wachsenden Übergreifen staatlicher Instanzen auf die landwirtschaftlichen Produktionseinheiten. Das bestehende industrielle Leitungs- und Verwaltungssystem wurde so gleichsam auf die Landwirtschaft übertragen. Je stärker der bäuerliche Widerstand war, um so mehr häuften sich die bürokratischen Eingriffe. Das so beständig wachsende bürokratische Verwaltungssystem war nicht nur ungeheuer schwerfällig und kostspielig, es erstickte auch jede Eigeninitiative und erzog zu völliger Verantwortungslosigkeit, zumal die Kolchosbauern auch von jedwedem relevanten innerbetrieblichen Entscheidungsprozeß ausgeschlossen waren. Seit 1933 reagierte der Staat mit der Installierung zeitweiliger besonderer Politischer Abteilungen, deren wichtigste Aufgabe in der Verfolgung nachlässiger und mangelhafter Arbeit als konterrevolutionärer Sabotage und dem Aufspüren entsprechender „Schädlingselemente" bestand. Die gesamt Landwirtschaft sah sich so in eine Art Belagerungszustand versetzt. Lorenz vergleicht ihre innere Verfassung zunehmend mit einem „riesigen Zwangsarbeitslager".[59] Die Kollektivierung erwies sich dabei als eine besondere Methode der Verstaatlichung, die durch die formal genossenschaftliche Organisation der Kolchose nur verschleiert wurde. Das Kolchossystem ermöglichte es zudem dem Staat, die gesamte Bauernschaft dem Produktions- und Ablieferungszwang zu unterwerfen, ohne daß er hierfür eine Verpflichtung zu Lohnzahlungen zu übernehmen brauchte.

Auch wenn man also für diesen Prozeß der Zwangskollektivierung zu einem durchgehend negativen Resultat gelangt, war er für den sowjetischen Staat in einer anderen Hinsicht durchaus „erfolgreich". Mit Hilfe eines mehrstufigen Erfassungssystems, in dessen Zentrum die obligatorische Ablieferungspflicht des größeren Teils der Ernteerträge stand, gelang es, die letzten Reserven aus der Landwirtschaft herauszupressen und eine – weitgehend unabhängig vom jeweiligen Produktionsergebnis – eine wachsende Menge an Nahrungsmitteln und Rohstoffen für die Stadt bzw. den industriellen Sektor zur Verfügung zu stellen. Der Eigenverbrauch der Bauern wurde gesenkt, ihre Vorratsbildung verhindert und ihr Einfluß auf dem „Markt" ausgeschaltet. Die nichtäquivalenten Austauschbeziehungen zwischen Stadt und Land wurden so auf eine neue Basis gestellt und die Umverteilung zugunsten der Industrie gesichert. Der Staat erzielte durch die systematische Unterbewertung der Agrarerzeugnisse und relativ hohen Weiterverkauf immense Gewinnspannen. Die zwangsweise Aneignung der landwirtschaftlichen Produkte auf

59 Ebda., S. 206.

der Basis der Ausplünderung der Arbeitskräfte und Ressourcen ermöglichte so zwar kurzfristig eine gesicherte Unterstützung der Industrialisierung, sie führte jedoch längerfristig zu einer Stagnation der Agrarproduktion, die schließlich auch die weitere industrielle Entwicklung gefährden mußte.

Wenden wir uns dem industriellen Sektor zu. Der Begriff der forcierten Industrialisierung verweist auf die Abkehr von einer Konzeption, die darauf gerichtet war, den industriellen Aufbau im Rahmen eines dynamischen wirtschaftlichen Gleichgewichts zu vollziehen. Nunmehr sollte ein noch schnellerer Fortschritt durch die stoßartige Entwicklung einzelner ausgewählter Produktionszweige, insbesondere im Bereich der Schwerindustrie, erzwungen werden. Gigantische Projekte wurden in Angriff genommen: neue Traktorenwerke, metallurgische Fabriken, der Bau der Turkestanisch-Sibirischen Eisenbahn auf einer Länge von fast 1.500 Kilometern, riesige Automobilwerke, Werke des Schwermaschinenbaus, Hütten- und Stahlwerke, Schachtanlagen, Erzbergwerke und Chemiekombinate. Der voluntaristische Charakter dieses Konzepts drückte sich insbesondere in seinem Umgang mit den Planungsgrößen innerhalb des ersten (aber auch des zweiten) Fünfjahrplanes aus. Der Wirtschaftsplan 1929/30 setzte alle Ziele gegenüber den Ziffern des Fünfjahrplans um die Hälfte herauf, wobei sich der Schwerpunkt der Investitionen noch stärker in Richtung Schwerindustrie verlagerte. Durch Pflichtzahlungen, Zwangsanleihen und obligatorische Sparkasseneinlagen wurden auch die allerletzten finanziellen Mittel der Bevölkerung ausgeschöpft. Da auch dies nicht reichte, wurde der überschießende Bedarf über die Notenpresse „finanziert“, was natürlich die Inflation anheizte und schließlich zum Zusammenbruch des gesamten Finanz- und Kreditsystems führte.

Dieser faktischen Ausschaltung der Ware-Geld-Beziehung entsprach die fortgesetzte Konzentration aller ökonomischen Leitungs- und Verwaltungsfunktionen in den Händen des Staates. Mit der Verbindung von administrativen Methoden und naturalwirtschaftlichen Rechnungs- und Austauschformen verlor die Geldrechnung weiter an Bedeutung. Bei der Aufstellung von Produktionsprogrammen und -bilanzen rechnete man vorwiegend in Naturaleinheiten. Die Werke und Fabriken wurden nicht mehr über den Markt, sondern durch ein zentralisiertes Verteilungssystem mit Rohstoffen und Materialien versorgt und mußten sämtliche Erzeugnisse abliefern. Die meisten Betriebe hörten entsprechend auf, Gewinne und Verluste zu berechnen. Das Geld erhielt damit nur noch den Charakter einer nominellen Verrechnungseinheit, dem kein realer Gegenwert mehr gegenüberstand. Es sollte zudem perspektivisch durch Arbeitswertmarken ersetzt werden. Bereits 1932 wurde die gesamte industrielle Verwaltungsstruktur reorganisiert, wobei an die Stelle des Obersten Volkswirtschaftsrates und seiner Organe ein neues zentralisiertes Leitungssystem trat, das sich am Produktionsprinzip orientierte und durch Industriezweigministerien realisiert wurde. Auf betrieblicher Ebene wurde das sog. Einzelleitungsprinzip verstärkt.

Mit Hilfe dieses auf dem Prinzip des „bürokratischen Zentralismus“ beruhenden administrativen Systems gelang es immerhin, innerhalb kürzester Frist einen modernen industriellen Produktionsapparat aus dem Boden zu stampfen. Dessen Leistungsfähigkeit blieb jedoch vergleichsweise (international betrachtet) außergewöhnlich niedrig. Die technisch vorausgesetzten neuen Fertigungsverfahren stießen vielfach auf größte Schwierigkeiten. Nur zu einem Bruchteil stand das benötigte Potential an qualifizierten Facharbeitern und Ingenieuren zur Verfügung. Gleichwohl hatte sich die Industrie zum dominierenden Produktionszweig entwickelt, und innerhalb der Industrie dominierte bereits 1932/33 die Produktionsmittelerzeugung mit 53,4 gegenüber erst 39,5 Prozent im Jahre 1928.

Der Bedarf des Landes an Dampf- und Elektroloks, Automobilen, Traktoren, landwirtschaftlichen Maschinen, Ausrüstungen für Hochöfen, Blockstraßen, Turbinen, Meßgeräten und vielen anderen Erzeugnissen wurde nun aus eigener Produktion gedeckt. Allerdings existierten weiter in erheblichem Maße Disproportionen, die die Arbeitsfähigkeit des gesamten Produktionsapparats beeinträchtigten, die Kosten vervielfachten und das Entwicklungstempo letztlich verlangsamten. In der Regel wurden weder die anfänglichen Zielsetzungen des Fünfjahrplans noch die erhöhten Produktionsziffern erreicht. in einzelnen Produktionszweigen kam es zeitweilig sogar zu einem vorübergehenden Produktionsrückgang, insbesondere in der Leichtindustrie. Die quantitativen Erfolge wurden im übrigen vielfach durch die ständige Verschlechterung der durchschnittlichen Qualität der Industrieerzeugnisse wieder geschmälert. Die Arbeitsproduktivität hinkte ständig hinter den durch die Installation neuester Techniken gebotenen Möglichkeiten hinterher. Schließlich darf nicht unerwähnt bleiben, daß der Aufbau der Schwerindustrie mit dem Verfall der traditionellen russischen Klein- und Handwerksindustrie einherging, deren Produktionsausfälle mit kompensiert werden mußten.

Trotz aller Einschränkungen und teilweisen Mißerfolge erklärte die sowjetische Führung den zweiten Fünfjahrplan 1937 für erfüllt. Damit habe die Sowjetgesellschaft, so Stalin bereits Ende 1936, den Sozialismus im wesentlichen schon verwirklicht, die sozialistische Gesellschaftsordnung errichtet. Mit der restlosen Beseitigung der kapitalistischen Produktionsverhältnisse sei der vollständige und allseitige Sieg des Sozialismus durchgesetzt. Bereits der Märzparteitag der KPdSU von 1937 propagierte nun den allmählichen Übergang zum Kommunismus. In 10-15 Jahren wollte man die fortgeschrittenen kapitalistischen Länder eingeholt und überholt haben. Dieser Aufgabe war der dritte Fünfjahrplan für 1938 bis 1942 gewidmet, der natürlich infolge des Kriegsbeginns und des Überfalls Hitlerdeutschlands auf die Sowjetunion im Jahre 1941 nicht in der vorgesehenen Weise weiterverfolgt werden konnte.

Ähnlich wie auf dem Dorf war auch die Entwicklung in der Industrie, also in der Stadt, von einer zunehmenden Welle der Repression und Einschüchterung begleitet. Um jede aktuelle und potentielle Opposition gegen den neuen Kurs zu unterdrücken, wurden zahlreiche führende Spezialisten verhaftet und bereits 1930/31 in ersten Schauprozessen verurteilt. Hatten derartige Massenrepressalien zunächst noch die Funktion, Sündenböcke für die zahlreichen wirtschaftlichen Schwierigkeiten zu finden und abzustempeln, so nahm in den Folgejahren ihr Charakter allgemeiner politischer Einschüchterung und Disziplinierung immer mehr zu. Sie richteten sich insbesondere in den Jahren 1937 und 1938 mit den großen Schauprozessen als sichtbarstem Ausdruck zunehmend auch gegen den gesamten Staats- und Parteiapparat sowie gegen alle Schichten der Bevölkerung. Millionen Menschen wurden verhaftet, zu Zwangsarbeit verbannt oder umgebracht. Da diesem Massenterror auch die Mehrzahl der führenden technischen und wirtschaftlichen Spezialisten sowie Hunderttausende von Facharbeitern zum Opfer fielen, herrschte in der Industrie bald völlige Desorganisation, die jeden substantiellen Fortschritt verhinderte. Durch das ständige Auswechseln von Personal sank das Niveau der industriellen Arbeit stark ab. Die industrielle Wachstumsrate sank von 29 Prozent 1936 auf 11 Prozent 1937 und stagnierte auch in den Folgejahren. In vielen Produktionszweigen gab es kein Wachstum mehr, in manchen kam es sogar zu einem absoluten Produktionsrückgang, z.B. im Jahre 1939 in der Roheisen-, Stahl- und Walzguterzeugung. Entsprechend verringerte sich der Produktionsausstoß z.B. bei Automobilen und Traktoren.

Lorenz zieht ein Resumée mit widersprüchlichen Bestandteilen: Um die Jahreswende 1940/41 verfügte die Sowjetunion über einen modernen Produktionsapparat, der einem Vergleich mit den fortgeschrittenen kapitalistischen Ländern durchaus standhielt. Sie hatte dem Produktionsumfang nach sogar Frankreich, England und Deutschland überholt und nahm damit den ersten Platz in Europa und nach den USA den zweiten in der Welt ein. Die sowjetische Industrie war in hohem Grade zentralisiert und konzentriert, ihre Produktionsgütererzeugung betrug über 60 Prozent. Allerdings wies ihre Arbeits- wie Kapitalproduktivität noch immer ein vergleichsweise außerordentlich niedriges Niveau auf. Sie hatte sich vor allem auf extensive Weise, also durch die Einbeziehung immer neuer Arbeitskräfte und natürlicher Ressourcen entwickelt. Sie erreichte ihre hohen Wachstumsraten vor allem durch die Ausplünderung dieser Ressourcen, nicht aber durch eine – gegenüber der kapitalistischen Produktion – effektivere Organisation.[60]

Dies konnte schon deswegen nicht gelingen, weil der beschrittene Weg die Installierung eines riesigen bürokratischen Apparats mit sich brachte, durch den sich die Produktionskosten außerordentlich erhöhten. Dies alles vollzog sich auf der Basis einer industriellen Arbeitsverfassung, die jede innerbetriebliche Demokratie radikal ausschloß und die Tätigkeit der unmittelbaren Produzenten streng auf die Ausführung ihrer Arbeitsfunktionen beschränkte. Da die Industrie ihre neuen Arbeitskräfte im wesentlichen aus den Reihen der Landbevölkerung rekrutierte, kam es zu vielfältigen Fehlfunktionen im Produktions- und Arbeitsprozeß. Sie beherrschten nicht die Anforderungen, um mit neuen Techniken umzugehen, und

---

60 Ebda., S. 234f.

fühlten sich vielfach auch nicht für ihre Arbeit verantwortlich. So herrschte in den meisten Fabriken und Werken eine beträchtliche Desorganisation, es kam zu massenhafter Beschädigung von Maschinen, Werkbänken und Werkzeugen. Die Nichtgewöhnung an den industriellen Arbeitsprozeß führte zu großen Disziplinproblemen und häufigem Arbeitsplatzwechsel. Erst mit dem Mitte 1940 erlassenen Verbot des eigenmächtigen Wechsels des Arbeitsplatzes wurde etwas mehr Kontinuität erreicht, zugleich aber der letzte verbliebene Rest eines freien Arbeitsverhältnisses aufgehoben. Es bestanden nun alle Voraussetzungen für eine umfassende Zwangsorganisation der Arbeit. Die Betriebsverfassung glich so weitgehend einem militärischen Gehorsamsverhältnis.

2.4 Charakteristika des sowjetischen Systems der Planung und Wirtschaftsleitung[61]

Bereits in der Phase des von voluntaristisch nach oben verschärften Zielen geprägten ersten und zweiten Fünfjahrplanes bildete sich das für die künftige sowjetische Wirtschaftsverfassung charakteristische und prägende Planungs- und Leitungssystem heraus. Seine Grundstrukturen sollten sich als so veränderungsresistent erweisen, daß sie – sicherlich mit diversen Modifikationen – auch noch in den achtziger Jahren das Gesicht der sowjetischen Ökonomie prägten. Ähnlich der Situation unmittelbar nach der Revolution, in der das schnelle Herbeiführen einer Staatswirtschaft nicht geplant wurde, sondern aus den chaotischen Bedingungen heraus entstand, war auch dieser neue Wirtschaftsmechanismus nicht die Folge planvoller Ausarbeitungen, sondern entwickelte sich eher aus dem Zusammenwirken von realen ökonomischen Bedingungen und der hier skizzierten Politik einer voluntaristisch forcierten Industrialisierung. Dabei sind zwei Momente charakteristisch: Die extreme Zentralisierung der Entscheidungs- und Verfügungsmacht über alle ökonomischen Ressourcen drückte die Entschlossenheit der politischen Führung aus, in Anbetracht der allseitigen Knappheit die definierten Entwicklungsprioritäten gegen welchen Widerstand auch immer durchzusetzen. Und die Fixierung auf quantitativ bestimmte Produktionsziele führte zwangsläufig zur Nachordnung und tendenziell zur Negierung von Aspekten der Erzeugnisqualität und Ökonomisierung der Aufwandfaktoren. Hier ist die Geburtsstätte für das, was später abwertend und treffend zugleich „Tonnenideologie" genannt wurde.

Betrachten wir zunächst das Planungssystem. Die dafür in der wissenschaftlichen Diskussion als charakterisierend verwendeten Attribute sind „zentralistisch, direktiv und administrativ". Sie sollen zunächst im folgenden knapp erläutert werden:

---

61 Vgl. zu diesem Abschnitt insbes. Conert 1990a, S. 19ff. sowie Süss 1989; Zaleski 1980.

- Mit „zentralistisch“ wird das Phänomen der Konzentration der Entscheidungs- und Verfügungskompetenz über alle relevanten Ressourcen, Prozesse und Resultate bei einer geringen Anzahl eng kooperierender Führungs- und Leitungsinstanzen der zentralstaatlichen Ebene beschrieben. Die dort gefällten Entscheidungen sind für alle nachrangigen Instanzen verbindlich.
- Das Attribut „direktiv“ drückt den verpflichtenden Charakter dieser Anweisungen aus. Sie sind Bestandteil der Wirtschaftspläne und haben die Rechtskraft von Gesetzen. Nicht Verbraucherbefriedigung ist der orientierende Maßstab, sondern Planerfüllung.
- Das Charakteristikum „administrativ“ bezieht sich vor allem auf die Methoden der Wirtschaftspläne. Im Gegensatz zu ökonomischen Indikatoren, in denen z.B. Lohnerhöhungen in Relation zum Anstieg der Arbeitsproduktivität gesetzt würden, setzen administrative Indikatoren absolute Planaufgaben.

Zu diesen drei Grundcharakteristiken des sowjetischen Planungssystems kommen weitere hinzu:

- Die prioritär *naturalwirtschaftliche Ausrichtung* der Planung: Naturale stoffliche Ziele bilden den Ausgangspunkt der Planentscheidungen und -formulierungen, auch wenn die Produktionspläne in doppelter Form, also noch einmal in Wertgrößen, ausgewiesen werden.
- Die *Detailliertheit*, der umfassende Charakter der sowjetischen Wirtschaftsplanung: Sie resultiert aus der Ressourcenknappheit der Ausgangssituation, weshalb alles geplant und planmäßig verteilt und verarbeitet werden sollte.
- Die *relativ kurzen Planperioden*: Den entscheidenden Orientierungspunkt für die einzelnen Wirtschaftssubjekte bilden die Jahres-, nicht die Fünfjahrespläne. Für manche Betriebe gelten sogar verbindliche Quartals- bzw. Monatspläne.
- Die *Wachstumsfixiertheit* der Planziele: Mangels anderer Zielvorgaben bleibt für die Betriebsleiter der wachsende Umfang der Produktion die einzig reale Orientierungsgröße.

Die sich in dieser Phase herausbildende Struktur der Wirtschaftsleitung ist nicht in gleichem Maße auf begriffliche Charakteristika zu bringen. Sie ist zudem in den späteren Phasen weit stärker immer neuen Umstrukturierungen unterworfen gewesen. Grob läßt sich die Grundstruktur der Hierarchie der Wirtschaftsverwaltung so zusammenfassen: Auf der zentralen Ebene sind die sog. Staatskomitees angesiedelt (etwa die Planbehörde Gosplan). Der Konzeption nach unterliegt ihnen die Ausarbeitung der wirtschaftsadministrativen Instrumente der Steuerung und der materiellen Gewährleistung der betrieblichen Wirtschaftsprozesse. Auf der Ebene darunter fungieren „funktionale“ Ministerien (z.B. das Finanz- oder das Außenhandelsministerium der UdSSR), denen wiederum sogenannte Zweigministerien auf Unionsebene unterstehen. Denen können Betriebe direkt unterstellt sein. Diese können aber auch entsprechenden Ministerien auf der Ebene der Einzelrepubliken bzw. einem lokal oder regional zwischengeschalteten Organ (etwa der Wirtschaftsabteilung beim Exekutivkomitee eines Gebiets- oder Stadtsowjets) zugeordnet sein.

2.5 Erste Ausbruchsversuche: vier Wirtschaftsreformanläufe 1957 bis 1979[62]

Wir lassen im Zusammenhang unserer Darstellung die Phase des Zweiten Weltkrieges außer Betracht, liegen den hier zu treffenden Entscheidungen über wirtschaftliche Maßnahmen und Abläufe doch Zwänge zugrunde, die für unsere Untersuchung nicht von vorrangiger Bedeutung sind. Allerdings läßt sich auch feststellen, daß die beschriebenen, seit dem Übergang von den späten zwanziger zu den dreißiger Jahren entwickelten Formen der Wirtschaftsplanung und -steuerung diese Periode nicht nur überdauerten und in den fünfziger Jahren im wesentlichen unverändert wieder anzutreffen sind, sondern daß sie sich auch aufgrund ihres zentralistischen Charakters zumindest für eine „Kriegswirtschaft" als vielfältig funktional erwiesen. Natürlich war es im Krieg wesentlich darum gegangen, unter Mobilisierung aller Reserven den deutschen Überfall zu überleben und zurückzuschlagen, was nicht zuletzt durch Auflockerung des Wirtschaftsmechanismus gelang.

Erstes Ziel der Anstrengungen nach 1945 war also naturgemäß der möglichst schnelle Wiederaufbau nach all den Kriegszerstörungen. Aufgrund der neuen bipolaren Struktur der Weltmachtverteilung entschied sich die sowjetische Führung für die Fortsetzung einer stark auf Kontroll- und Sicherheitsinteressen ausgerichteten, Rüstungsaspekte bevorzugenden Wirtschaftsstrategie, die immer noch extensiv ausgelegt war. Wirtschaftszuwächse gelangen im wesentlichen über die vermehrte Zufuhr bzw. Erweiterung von Produktionsfaktoren (Rohstoffe, Kapital, Boden, Arbeitskraft) und kaum über eine Erhöhung der Produktivität des Wirtschaftens. Entsprechend waren die Ergebnisse des fünften Fünfjahrplanes (1951-55) zumindest quantitativ erfolgreich. Es gelang eine Verdoppelung der Investitionen gegenüber dem Vorplan.

Bereits in dieser Phase wurden erste Schritte in Richtung auf eine Stärkung betrieblicher und regionaler Kompetenzen versucht. Zwischen 1953 und 1956 wurde die Zahl der zentral geplanten Güter von 5000 auf 1500 reduziert, die detaillierten statistischen Kennziffern der Jahrespläne beinahe halbiert. Die Unionsrepubliken erhielten stärkeren Einfluß auf die Tätigkeit der in ihren Grenzen arbeitenden Betriebe. Veränderungen gab es auch für die zentrale Planung: Gosplan, das staatliche Planungskomitee, war nur noch für die Perspektivplanung zuständig, und eine neu geschaffene Staatswirtschaftskommission sollte die laufende Planung und Steuerung erledigen.

Ein erster Versuch, die Defizite des damit noch nicht wirklich strukturell veränderten, aus der Frühphase der forcierten Industrialisierung ererbten Wirtschaftsmechanismus zu reformieren und zu effektivieren, wurde 1957 in Angriff genommen. Die Kritik hatte sich daran entzündet, daß die beiden zentralen Planinstanzen weiterhin die Besonderheiten der einzelnen Wirtschaftszweige zu wenig berücksich-

62 Die Darstellung dieses Abschnitts folgt im wesentlichen Segbers 1989.

tigten, die Verbindung mit den örtlichen und den Republikorganen sowie mit den Betrieben und Forschungsorganen nur schwach entwickelt und schließlich die Produktions-, Investitions- und Versorgungspläne fehlerhaft seien. Die Staatswirtschaftskommission wurde wieder aufgelöst bzw. mit Gosplan zusammengelegt, das so erneut zum alleinigen Planungsgremium wurde. Die meisten, vor allem wirtschaftsbezogenen Ministerien der UdSSR wurden aufgelöst oder in Staatskomitees umgewandelt. Die überkommene Hierarchie der Wirtschaftsadministration wurde durch neu eingerichtete regionale Volkswirtschaftsräte abgelöst. Damit sollte die Überzentralisierung der Wirtschaftssteuerung beendet und eine horizontal und vertikal abgestimmte Wirtschaftspolitik ermöglicht werden. Hauptsächlicher Initiator dieser Reform war der neue Parteisekretär Nikita Chruschtschow, der sich in der innerparteilichen Auseinandersetzung nach Stalins Tod ein Jahr zuvor durchgesetzt hatte. Letztlich blieb der Reformansatz allerdings widersprüchlich: Der grundsätzliche Dezentralisierungskurs wurde durch teilweise rezentralisierende Elemente flankiert. Summarisch kann festgehalten werden, daß das neue System eine Abwertung der (zentralen) operativen Autorität mit einer Aufwertung der zentralen Planinstanzen und einer starken Betonung der technologiepolitischen Ausrichtung verband.

Mit Modifikationen, die noch im Verlauf des Reformprozesses initiiert wurden, unternahm man den Versuch, auf auftretende Defekte zu reagieren. Denn das neue System der lokalen Volkswirtschaftsräte förderte die Atomisierung der Sowjetunion in zahlreiche kleine Wirtschaftseinheiten und erschwerte die intraregionale Zusammenarbeit, vor allem aber das Zulieferwesen. Zudem gelang es mit diesem Reformversuch nicht, die Planerfüllung und den Rhythmus der Industrieproduktion wesentlich zu verbessern. Die Auswirkungen auf die einzelnen Betriebe dürften denkbar gering geblieben sein. Selbst im Zuständigkeitsbereich des jeweiligen lokalen Volkswirtschaftsrats gelang keine Verbesserung von Planung und Zusammenarbeit. Die Vermischung der zentralen Planungen und Entscheidungen, die sich nach wie vor an den einzelnen Industriebranchen orientierten, mit der regionalen Teildezentralisierung gemäß dem Territorialprinzip führte zu ernsten Friktionen und in der Folge zu einer allmählichen Zurücknahme der Reform. Sie wurde begleitet von einem erneuten Anwachsen der Einflußnahme der Partei auf die mittleren und unteren Wirtschaftseinheiten.

Dem zweiten Reformanlauf nach dem Zweiten Weltkrieg ging ein erneuter politischer Machtwechsel vorauf. Dem gestürzten Partei- und Regierungschef Chruschtschow folgten Leonid Breschnew und Alexej Kossigin. Angeregt durch die Beiträge u.a. der Ökonomie-Professoren Nemschimow und Liberman, sollte auf die hinter den Erwartungen zurückbleibenden Zwischenergebnisse des laufenden Fünfjahrplans reagiert werden. Ab 1958 näherten sich nämlich die bis dahin hohen sowjetischen Wachstumsraten den unteren Werten der OECD-Staaten. Während die Wirtschaft nach eigenen Angaben zwischen 1956 und 1960 um durchschnittlich 8,2 Prozent wuchs, fiel diese Rate zwischen 1961 und 1965 auf 6 Prozent. Die westlichen Angaben dazu liegen nochmals um ca. einen Prozentpunkt darunter. Der Zuwachs in der Landwirtschaft betrug nur noch 2 Prozent. Arbeits- und Kapitalproduktivität sanken, in erheblichem Ausmaß geschah dies auch bei den Investitionsraten (von 16 Prozent 1958 über 8 Prozent 1960 auf 5 Prozent 1962/63). Sowohl auf der wissenschaftlichen wie auf der politischen Ebene setzte sich die abstrakte Einsicht durch, daß man am Ende der Phase extensiven Wachstums angekommen sei.

Liberman hatte daraufhin vorgeschlagen, einen Kapitalzins einzuführen, um den Kapitaleinsatz effektiver zu machen, die Rolle von Gewinnen als Indikator der betrieblichen Leistung zu erhöhen und den Entscheidungsspielraum der Betriebsleiter (Manager) zu erweitern. Das im Oktober 1965 formell beschlossene Maßnahmenbündel sah zunächst insofern eine Wiedereinrichtung des alten Systems vor, als die örtlichen Volkswirtschaftsräte wieder abgeschafft und die Wirtschaftsaktivitäten erneut den Zweigministerien zugeordnet wurden. Eine Revision der Industriepreise wurde von der Einrichtung einer neuen zentralen Agentur, dem Staatskomitee für Preise, begleitet. Die Rationierung von Produktionsgütern sollte künftig durch das Staatskomitee für materialtechnische Versorgung (Gosnab) erhöht werden. Die operative Rolle des Fünfjahrplans wurde insofern erhöht, als er auf detaillierten, langfristigen wissenschaftlichen und technischen Voraussagen beruhen sollte. Für die Betriebe wurde ein neues Anreizsystem eingeführt, das weitgehend auf Absatz und Rentabilität (Kapitalertrag) orientiert war. Und schließlich gab man den Betrieben etwas mehr Freiheit beim Einsatz von Arbeitskräften und Investitionen. Entsprechend verringerten sich deren verbindliche Kennziffern auf ein Fünftel. Gewinnabhängige Betriebsfonds und eine Erhöhung des Prämienanteils am Arbeitslohn sollten die „materielle Interessiertheit" der Werktätigen erhöhen.

Zusammengefaßt: Ziele waren eine administrative Reorganisation der wirtschaftssteuernden Bürokratie, eine gewisse Dezentralisierung von Planungs- und Entscheidungsabläufen hin zu den Betrieben, ein Wechsel der betrieblichen Erfolgskriterien, eine Neubestimmung der Großhandelspreise und die Zulassung von Kapitalzinsen sowie eine Reform des Versorgungssystems für die Industrie. Auch diesmal standen also de- und rezentralisierende Elemente des Reformpakets nebeneinander. Eine Verringerung der Zahl der Kennziffern ging mit einer Stärkung ihrer Verbindlichkeit einher. Die Implementierung der Reform erfolgte nur schrittweise. Ende 1967 dürfte erst etwa die Hälfte der Fabriken von ihr erfaßt gewesen sein. Erst 1970 wurde sie im wesentlichen abgeschlossen.

Der mit diesem Reformansatz verbundene Versuch der Einführung von Marktelementen in das Planungssystem zeigte anfangs einige positive Ergebnisse. Die Stärkung der betrieblichen Selbstfinanzierung gelang zunächst in bemerkenswertem Umfang. Allerdings blieb die Versorgung der Betriebe mit Vor- und Zwischenprodukten sowie mit Produktionsmitteln ein Dauerproblem. Im Verlauf der Reform erweiterte sich der Katalog der Funktionsdefizite. In einer Umfrage unter sowjetischen Managern wurden folgende Faktoren genannt: unzureichende Höhe des Anreizfonds, weiterhin zu geringe Unabhängigkeit des Unternehmens bzw. Verletzungen des Betriebsstatuts durch höhere Instanzen, weiter anhaltende Praxis unrealistischer Planung „von oben“, zu geringe Verkaufspreise, Instabilitäten und Inkonsistenzen der Pläne und mangelnde organisatorische und methodologische Hilfe bei der Konversion. Der so gebremste Reformprozeß kam schon bald – spätestens wohl 1970 – ganz zum Erliegen. Von den zunächst gewonnenen zusätzlichen Kompetenzen der Betriebsleiter war kaum noch etwas übriggeblieben.

Anfang der siebziger Jahre stand die Sowjetunion somit vor der schwierigen Situation, daß alle relevanten Wirtschaftsindikatoren für den Verlauf der vergangenen zwanzig Jahre kontinuierlich nach unten zeigten. Die durchschnittlichen jährlichen Wachstumsraten für Industrieprodukte sanken zwischen 1951 und 1972 von 10,3 auf 5,1 Prozent, für Produkte des zivilen Maschinenbaus von 12,1 auf 8,1 Prozent (bei den langlebigen Konsumgütern in diesem Sektor sogar von 23 auf 10 Prozent), bei den verbrauchsbestimmten Konsumgütern von 10,5 auf 1,5 Prozent, bei den verarbeiteten Nahrungsmitteln von 9,6 auf 2,2 Prozent und bei der zivilen Industrieproduktion von 10,7 auf 5,0 Prozent.

Mit dem 1973 neu in Angriff genommenen Reorganisationsversuch des Wirtschaftsprozesses sollten als Konsequenz die durchschnittliche Betriebsgröße erweitert, Produktions-, Forschungs- und Entwicklungseinrichtungen zusammengefaßt, unerwünschte administrative Barrieren überwunden und übertriebener Interventionismus auf lokaler Ebene verhindert werden. Die aufgeblähten zentralen Steuerungsapparate sollten entschlackt und dadurch effektiver gemacht werden. Am Ausgangspunkt standen etwa 1000 „Konzerne“ mit ca. 3700 Betrieben. Es folgte zwischen 1974 und 1976 ein größerer Konzentrationsschub, an dessen Ende rund 40 Prozent der Produktion und der Beschäftigten auf Produktionsvereinigungen entfielen. Mitte der achtziger Jahre waren ca. 50 Prozent erfaßt. Die Veränderung der Organisationsstruktur erfolgte auf zweierlei Weise: erstens die stärkere Zusammenfassung der unteren Wirtschaftseinheiten, und zwar unter Einschluß von Produktionsstätten, wissenschaftlichen und Konstruktions-Einrichtungen. Und zweitens sollten die mittleren Verwaltungs- und Leitungsebenen zwischen Ministerium und Betrieb bzw. Produktionsvereinigung gestrafft und von einem administrativen zu einem wirtschaftlichen Subjekt werden. Die zeitgenössische sowjetische Kritik vermerkte als Hauptproblem bei der Umsetzung ein Zögern, Funktionen zu zentralisieren und die Produktion in bereits bestehenden Vereinigungen zu spezialisieren und zu konzentrieren.

Die Strukturreform von 1973 brachte erneut keine durchgreifende Verbesserung der ökonomischen Rahmendaten. Der langfristige Trend der abflachenden Wachstumsraten setzte sich ungebremst fort. Die Ist-Zahlen des neunten Fünfjahrplans (1971-75) blieben deutlich hinter den Plandaten zurück, gleiches gilt für das folgende Planjahrfünft. Bezogen auf die Industriebruttoproduktion hatten sich die Zuwächse zwischen 1961 und 1980 fast halbiert, in der Gruppe der Produktions-

mittel sogar mehr als halbiert. Der entsprechende Wert für die Arbeitsproduktivität war im gleichen Zeitraum von 4,6 auf 3,2 Prozent gefallen. Die Dramatik dieser Entwicklung tritt erst dann in aller Klarheit zutage, wenn man mit berücksichtigt, daß die Plandaten für den 1976 beginnenden Fünfjahrplan deutlich nach unten korrigiert, also realistischer gefaßt worden waren. Aber auch diese Vorgaben konnten nicht eingehalten werden.
Es ergab sich folgende Problemlage:

- Fast alle Wirtschaftsbereiche waren von ernsthafter Stagnation betroffen.
- Hauptengpässe einer dynamischeren Wirtschaftsentwicklung stellten die geringe Zunahme der Arbeitsproduktivität und die rückläufige Kapitalproduktivität dar.
- Der mit dem zehnten Fünfjahrplan angestrebte Durchbruch zu intensiverer, produktivitätsorientierter Wirtschaftsentwicklung ließ sich nicht erreichen.
- Mit dem bisherigen Instrumentarium der Wirtschaftspolitik ließen sich die vielschichtigen Aufgaben der Wachstums- und Strukturpolitik in der immer komplexer werdenden Wirtschaft nicht bewältigen.
- Schlüssige Konzepte für zukünftige wirtschaftspolitische Alternativen waren nicht in Sicht.

Das nun endlich als Hauptproblem erkannte Dilemma des nicht gelingenden Übergangs zu einer Intensivierung des Wirtschaftens sollte mit dem 1979 beschlossenen Maßnahmebündel nunmehr durch Veränderungen vor allem des Kennziffersystems, der Anreizstrukturen und der Finanzierungsmodalitäten erreicht werden. Produktionserhöhungen sollten mit Kosten- und Materialsenkungen, Verbesserungen der Produktqualität, der Vertragseinhaltung und des technischen Fortschritts einher gehen. In der 1983 zunächst im wissenschaftlichen Bereich einsetzenden Diskussion über Stand und Perspektiven der Reform wurde eine (bezogen auf die Gesamtheit der seit den fünfziger Jahren in Angriff genommenen Reformversuche) ernüchternde und deprimierende Bilanz gezogen:

„In der Führung der Industrie dominiert nach wie vor die kleinliche administrative Bevormundung der Tätigkeit der Vereinigungen und Unternehmen seitens der Ministerien, die Selbständigkeit der erstgenannten hat sich nicht vergrößert. Die Arbeit der Branchen, Vereinigungen und Betriebe ist in unzureichendem Ausmaß auf die Befriedigung der steigenden gesellschaftlichen Bedürfnisse ausgerichtet. Das Primat der Produzenten bleibt gewahrt, in einer schlechteren Lage befinden sich die Verbraucher, die gezwungen sind, die ihnen zustehenden Fonds an Rohstoffen und Material ‚herauszuschlagen' […]"[63]

Das „klassische Negativsyndrom" – wie es Klaus Segbers nennt – oder anders ausgedrückt der circulus vitiosus des sowjetischen Wirtschaftsmechanismus ist am Ende dieser Periode, d.h. 1985 von einem westlichen Beobachter absolut zutreffend so auf den Punkt gebracht worden:

63 Adirim, zit. nach Segbers 1989, S. 73.

„Die Verbindung von unzulänglicher Information, übertriebener Anspannung und schlechter Koordination der verschiedenen Planungsaspekte verursacht den verbreiteten chronischen Mangel an Produktionsgütern, Transportkapazitäten, Brennstoffen und Konsumgütern. Dieser Mangel wiederum führt umgekehrt zu schlechter Vertragsdisziplin, zum Widerstand der Betriebsleitungen gegen Spezialisierung und Abhängigkeit von auswärtigen Zulieferern [...]; zum Horten von Materialien mit der Folge wachsender Lagerkosten und einer Verringerung des Kapitalumschlags; zur Suche nach Materialien [...] außerhalb offizieller Kanäle; zu schlechter Arbeitsdisziplin; zu Qualitätsverschlechterungen; zu Verletzungen der Preiskontrollen; zu schwarzen Märkten; und zur unfreiwilligen Akkumulation flüssigen Vermögens in den Haushalten."[64]

Alle bisherigen Reformversuche, so läßt sich summarisch feststellen, verharrten innerhalb der Logik des Systems indirekter Zentralisierung von Wirtschaftsplanung und -leitung. Der beschriebene circulus vitiosus läßt sich deshalb vereinfachend nochmals so charakterisieren: Bei allen bisherigen Ansätzen erschienen die intendierten ökonomischen Resultate jeweils weitgehend als Vorbedingungen der zu ihrer Erzielung in Gang gesetzten Prozesse.[65] Die Sowjetunion hatte das Ende ihrer Sackgasse erreicht. Zu Recht wird deshalb für die Breschnew-Ära (insbesondere in ihrer Schlußphase) von einer lähmenden „Stagnationsperiode" gesprochen.[66] Ihre innersowjetisch wohl ungeschminkteste Beschreibung mit ihren Krisenphänomenen findet diese Periode in der berühmt gewordenen Studie von Nowosibirsk.[67]

2.6 Die Perestroika[68]

Mit der Wahl Michail Gorbatschows, der den jeweils nur kurz amtierenden Breschnew-Nachfolgern Andropow und Tschernenko im Jahre 1985 folgte, beginnt eine bisher in der Geschichte der Sowjetunion einmalige Phase dauerhafter Reformversuche. Im Rückblick läßt sie sich nochmals in drei Perioden unterteilen:

- ab 1985 der Versuch der „Systemmodernisierung",
- ab 1987 der Versuch des „Systemwandels"
- und ab 1989 der Übergang zum „Systemwechsel", zum „Systemaustausch".

---

64 Bornstein, zit. nach ebda., S. 76.

65 Conert 1990a, S. 126.

66 Vgl. hierzu Höhmann 1981/1984/1985.

67 Studie 1984.

68 Die wohl fundiertesten und detailliertesten Analysen des Reformprozesses unter Gorbatschow liefern Segbers 1989 und Conert 1990a (sowie weitere im Anhang aufgeführte Arbeiten dieser Autoren), deren Ergebnisse wir hier in gedrängter Form zusammenfassen; vgl. zur Kritik der Arbeit Conerts u.a. Altvater 1991b; Hoffer 1990; Katzenstein 1991.

2.6.1 Die Phase ab 1985: Versuch der Systemmodernisierung

Für die erste Phase wird der Begriff „Systemmodernisierung" benutzt, weil in dieser Zeit die bereits für frühere Reformversuche charakteristischen Begriffe der Beschleunigung und Effektivierung eine Neuauflage erlebten. Beseitigt werden sollten insbesondere folgende Funktions- und Resultatsmängel des Wirtschaftsprozesses: Ressourcenvergeudung, Ausschußproduktion und Qualitätsmängel zahlreicher Erzeugnisarten, geringe Arbeitsdisziplin, bürokratische Arbeits- und Leitungsmethoden der Wirtschaftsadministration, Mißachtung ökologischer Erfordernisse sowie der Versorgung und der sozialen und kulturellen Ansprüche der Bevölkerung. Im Zentrum stand der nun als immer dringlicher empfundene Aspekt des Übergangs zu einer intensiven Form der Wirtschaftsentwicklung. Bei Michail Gorbatschow liest sich das bereits 1984 so:

„Der Kurs auf Intensivierung wird durch objektive Bedingungen, durch den gesamten Verlauf der Entwicklung des Landes diktiert. Eine Alternative dazu gibt es nicht. Nur eine intensive Wirtschaft, die sich auf modernster wissenschaftlich-technischer Grundlage entwickelt, kann als zuverlässige Basis für die Erhöhung des Lebensstandards der Werktätigen, für die erfolgreiche Realisierung der sozialen Aufgaben der Gesellschaft dienen."[69]

Angestrebt wurden folgende Ziele:

- eine Reduktion der Hierarchie der Wirtschaftsverwaltung u.a. durch die Beseitigung der zwischen Branchenministerien und Betrieben fungierenden Leitungsebene;
- eine Veränderung der Funktionen der zentralen Planungs- und Leitungsorgane im Sinne einer Konzentration auf langfristige Planung zur Lösung langfristiger sozial-ökonomischer und wissenschaftlich-technischer Aufgaben und der Suche nach wirksameren Formen der Vereinigung von Wissenschaft und Produktion;
- eine Erweiterung der ökonomischen Kompetenzen der Betriebe in Richtung auf mehr Verantwortlichkeit und Interessiertheit der Arbeitskollektive auf der Basis wirtschaftlicher Rechnungslegung;
- eine neue Investitions- und Strukturpolitik zur Modernisierung der veralteten Produktionsanlagen und Schwerpunktverlagerung auf den Maschinenbausektor;
- eine Beschleunigung des wissenschaftlich-technischen Fortschritts durch die Errichtung zweigübergreifender wissenschaftlich-technischer Zentren und die Angliederung von Forschungs- und Entwicklungszentren an Betriebe und Produktionsvereinigungen;
- eine Verbesserung der landwirtschaftlichen Versorgung durch die Vereinheitlichung der Leitung der agrar-industriellen Komplexe bei Erweiterung der Selbständigkeit der Agrargenossenschaften und Staatsgüter auf der Basis wirklicher Wirtschaftsrechnung;

---

69 Gorbatschow 1984, zit. nach Segbers 1989, S. 206.

- eine Verbesserung des materiellen Lebensniveaus und der sozialen Leistungen u.a. zur Gewährleistung der aktiven Unterstützung der Reformbemühungen seitens der Werktätigen.

Die hier knapp zusammengefaßten Ziele geben allerdings zunächst einmal nur die Reform*vorstellungen* wieder, wie sie Gorbatschow nach seinem Amtsantritt in zahlreichen Reden skizzierte. Die in der ersten Phase beschlossenen und umgesetzten Maßnahmen blieben aber schon weit hinter diesen Zielvorgaben zurück. Auf den zentralen Gebieten der Planung und der Struktur der staatlichen Leitung fanden keine nennenswerten Veränderungen statt. Außer der Auflösung der Leitungsebene der Unions-Industrievereinigungen gab es keine weiteren Maßnahmen zum Abbau der Hierarchie, im Gegenteil, mit der Einrichtung mehrerer „Superministerien" wurde die Zentralisierung sogar noch weiter verschärft. Insgesamt gesehen verblieb der Reformansatz damit erneut in den Grenzen eines Modells des Übergangs von direkt zentraler zu indirekt zentraler Planung und Leitung.

Erstmalig wurden allerdings die Möglichkeiten für private und genossenschaftliche Aktivitäten vorsichtig ausgeweitet. Dabei blieb jedoch die Einstellung Dritter, d.h. Lohnarbeit, in der Regel weiter verboten. Zugelassene Bereiche für individuelle Wirtschaftstätigkeit waren vor allem das Handwerk, Dienstleistungen und Kultur bzw. Kunsthandwerk. Damit wurde ein gewisser Teil bisheriger „schattenwirtschaftlicher" Tätigkeiten legalisiert. Genossenschaften wurden zunächst für drei Bereiche erlaubt: die der „öffentlichen Beköstigung", der Erzeugung von Massenbedarfsgütern und des Angebots von Dienstleistungen. Eine weitere vorsichtige Öffnung der ersten Phase stellte die gesetzliche Zulassung sog. joint ventures, d.h. von gemeinsamen Unternehmen unter Beteiligung sowjetischer Organisationen und von Firmen aus (auch kapitalistischen) Drittländern dar. Ihnen war die Produktion sowohl für den Export wie für den inländischen Bedarf erlaubt. In der ersten Phase blieb eine sowjetische Mehrheitsbeteiligung von mindestens 51 Prozent Pflicht, die Leiter mußten sowjetische Staatsbürger sein.

Alle Maßnahmen dieser ersten Phase tragen das Element einer gewissen Vorläufigkeit, Unentschiedenheit und Halbherzigkeit in sich. Es wurde sehr bald deutlich, daß mit ihnen noch kein tiefgreifender Umschwung einzuleiten war. Zwar verbesserten sich eine Reihe wichtiger wirtschaftlicher Kennziffern im Verlaufe des Jahres 1986 vorsichtig im Vergleich zum Vorjahresergebnis. Das produzierte Nationaleinkommen wuchs um 4,1 statt der geplanten 3,9 Prozent und damit um ein Prozent gegenüber 1985, die Industrieproduktion um 4,9 statt geplanter 4,3 Prozent und die landwirtschaftlichen Erträge um 5,3 gegenüber 1,4 Prozent in 1985. Aber dies bedeutete keineswegs eine Trendwende. Im Rückblick wird man zudem eher Faktoren wie den mit dem Amtsantritt Gorbatschows erfolgten „Ruck" als Ausdruck einer allgemeinen Klimaverbesserung, der durch die ganze Gesellschaft ging, verantwortlich machen müssen.

Ein Blick auf Vergleichsdaten zur anderen Weltmacht, den USA, verdeutlicht die strukturelle Seite der Probleme. Noch immer fand ein übermäßiger Verbrauch von Rohstoffen, Vorprodukten und Energie statt. 1987 wurden in der UdSSR 162 Mio. Tonnen Stahl gegossen, in den USA nur knapp die Hälfte (und weitere 18 Mio. t importiert). Die Erzeugung des Maschinenbausektors und der anderen metallverarbeitenden Bereiche erreichte in der UdSSR aber nur 75-80 Prozent des Umfangs der USA. Eine vergleichbare Disproportion zeigt die Arbeitsproduktivität. Während sie in der UdSSR in den 50er Jahren noch um Raten wuchs, die 40 Prozent über denen der USA lagen, übertrafen sie diese in der ersten Hälfte der achtziger Jahre nur noch um 5 Prozent. Absolut gesehen bedeutete dies das Erreichen eines Standes von 55 Prozent der amerikanischen im Jahre 1986, in der Landwirtschaft von ganzen 20-25 Prozent.

Mit letzterer Ziffer korrespondierte der weiterhin außerordentlich hohe Anteil des Agrarsektors am sowjetischen Nationaleinkommen. Er lag 1986 bei 20,6, in den USA dagegen nur noch bei unter 3 Prozent. Wie weit die UdSSR zugleich in der technologischen Entwicklung, d.h. hinsichtlich des Verlassens des schwerindustriell geprägten Akkumulationstyps, zurückgeblieben war, läßt sich ferner aus folgenden Zahlen ablesen: Die Industrie der USA war 1987 an deren Gesamtsozialprodukt nur noch mit 23 Prozent beteiligt, der tertiäre Bereich dagegen bereits mit 52,2 Prozent. Eine genaue Vergleichsgröße für die UdSSR gibt es wegen unterschiedlicher Zuordnungsmodalitäten nicht. Es lassen sich aber mit anderen Zahlen wenigstens in der Tendenz die gravierenden Unterschiede zeigen. Die UdSSR übertraf die USA in diesem Zeitpunkt in der Erdölförderung um 40, bei der Erdgasgewinnung um 33, bei der Erzeugung von Gußeisen um 186, von Stahl um 114, von Zement um 68 und bei der Förderung von Eisenerz um 400 Prozent. Dagegen betrug ihre Produktion von Kunstfasern nur 39 Prozent von der der USA, bei den synthetischen Harzen und Plasten waren es gerade einmal 19 Prozent. Gleichwohl erreichte die sowjetische Industrieproduktion ihrem Wertumfang nach nur etwa 80 Prozent der amerikanischen, ihre Arbeitsproduktivität sogar nur 40 Prozent der der USA.

2.6.2 Die Phase ab 1987: Versuch des Systemwandels

Der – noch zu hinterfragende – Begriff des „Systemwandels“[70] für die zweite Periode soll hier zunächst die Tatsache umschreiben, daß seit Mitte 1987 zwei Aspekte stärker in den Vordergrund rückten, die bisher nicht im Zentrum der Reformbemühungen gestanden hatten: die Betonung des Interessenaspekts und des Zusammenhangs von Demokratisierung und wirtschaftlichen Reformen. Die dafür gewählte Zielformulierung lautete so:

„Der Inhalt der radikalen Umgestaltung der Leitung der Wirtschaft des Landes besteht im Übergang von den vorherrschenden administrativen zu den ökonomischen Leitungsmethoden auf allen Ebenen, zur Lenkung der Interessen und über

70 Meissner spricht vorsichtiger von einer „neuen Etappe“; Meissner 1997; vgl. auch ders. 1988.

die Interessen, zu einer breiten Demokratisierung der Leitung, zur größtmöglichen Aktivierung des Faktors Mensch."[71]

Ausgangspunkt dieser Neubestimmung war eine nach dem 27. Parteitag im Februar 1986 so intensiv wie nie zuvor einsetzende Reformdiskussion. Erstmalig wurden selbst bisher völlig tabuisierte Fragen wie die des Eigentums und der Verfügung über Produktionsmittel erörtert. In diesen Debatten wird deutlich, daß es nicht nur um die Überwindung von Dogmatismus und Stagnation ging, sondern daß es um die Entwicklung von Konzeptionen für eine völlig neue Wirtschaftsordnung gehen mußte und daß dabei überhaupt nicht klar war, was an ihr „sozialistisch" sein werde und was nicht. Es begann auch auf der wissenschaftlichen Ebene etwas, was man am ehesten mit dem Begriff „Suchbewegung" umschreiben kann.

Diese neue Offenheit beschränkte sich nicht auf den Bereich der Ökonomie. Vielfach vergessen ist heute die Aufbruchstimmung des „Moskauer Frühlings" im Jahre 1987, das kulturelle und politische Erwachen breiter Schichten der Gesellschaft, was sich in den verschiedenen gesellschaftlichen Sphären wie der Presse, dem Film, der Literatur oder einer sich neu bildenden autonomen Jugendkultur ausdrückte. Ein (teilnehmender) westlicher Beobachter schreibt, daß wohl nie mehr seit den 20er Jahren die historische Entwicklung so offen, die Öffentlichkeit so breit, das gesellschaftliche Klima so entspannt gewesen sei.[72]

Einen nur knappen und summarischen Überblick über dieses neue Klima der Offenheit, begrifflich gefaßt unter dem schwer zu übersetzenden Wort „Glasnost"[73], das vor allem auch den Umgang mit der eigenen Geschichte erfaßte, bekommt man angesichts des Blicks auf eine Reihe ausgewählter Nachrichten und Berichte einer westdeutschen Tageszeitung zwischen dem Herbst 1987 und dem im Folgejahr. Da fordert im November 1987 der Direktor des Instituts für Marxismus-Leninismus Smirnow die Neubewertung der militärischen Niederschlagung des Prager Frühlings 1968. Im gleichen Monat erfolgt in der sowjetischen Presse die erste offene Schilderung der Zustände in der Psychiatrie mit der Folge, daß bereits im März über das Inkrafttreten eines Gesetzes zum Schutz politischer Gefangener vor der Einweisung in psychiatrische Anstalten berichtet werden kann. Aus dem Februar 1988 datiert der Bericht, wonach der außenpolitische Berater Gorbatschows Nikolai Portugalow den Einmarsch in Afghanistan im Jahr 1979 als einen schweren Fehler bezeichnet. Im Mai 1988 lesen wir von der Forderung eines hochrangigen sowjetischen Staatsrechtlers, es solle eine neue Organisation, eine demokratische Massenorganisation für Parteilose geschaffen werden. Im gleichen

---

71 Zit. nach Segbers 1989, S. 208.

72 Ders. 1987b, S. 28; vgl. auch Engelbrecht 1987 sowie die sorgfältige Beleuchtung aus dem Blickwinkel einer neu entstehenden Bürgerrechtsbewegung: Eichwede 1988.

73 Mommsen charakterisiert sie als „neue kritische Öffentlichkeit", die den „Ruf nach Wahrheit und Gerechtigkeit" einschließt; vgl. Mommsen 1989, S. 76.

Monat bekennt der Historiker Daschitschew in der „Literaturnaja Gazeta", daß das sowjetische Hegemonial- und Großmachtstreben jahrzehntelang den Frieden gefährdet habe. Im Folgemonat bringt die Regierungszeitung „Iswestija" eine scharfe Kritik von Alexander Bowin an der Stationierung der SS-20-Raketen und dem Einmarsch in Afghanistan. Und schließlich lautet im September 1988 die Meldung, in der UdSSR werde das Streikrecht erwogen.[74]

Wir hatten bereits darauf hingewiesen, daß wir uns in dieser Arbeit nicht zentral mit den Themenfeldern „Demokratie" und „Öffentlichkeit" beschäftigen wollen, weil uns in dieser Hinsicht die – je nach Geschmack – „Abweichungen" oder „Unvereinbarkeiten" des sowjetischen Weges und „klassischer" Sozialismusvorstellungen zu offensichtlich auf der Hand zu liegen scheinen. Für den sowjetischen Reformversuch von 1987 hat dieser Aspekt allerdings – und dies in der sowjetischen Geschichte erstmalig – eine zentrale Bedeutung gehabt und durfte nicht völlig unerwähnt bleiben. Geradezu zum Fanal wurde ja Gorbatschows Diktum aus dem Januar 1987, der Sozialismus brauche die Demokratie wie die Luft zum Atmen.[75] Im Aprl 1987 wies er nochmals auf die Verknüpfung beider Momente des Umgestaltungsprozesses hin:

„Mehr Sozialismus – das bedeutet mehr dynamische Tatkraft, Organisiertheit und Ordnung [...], Initiative in der Wirtschaft, Effektivität in der Leitung. Mehr Sozialismus – das bedeutet mehr Demokratie, Transparenz, Kollektivgeist in unserem Gemeinschaftsleben, mehr Kultur, Menschlichkeit [...], mehr Würde und Selbstachtung der Persönlichkeit."[76]

Die in der *ökonomischen* Reformdebatte entwickelten Neuorientierungen finden ihre komplexeste Zusammenfassung in den auf dem ZK-Penum vom Juni 1987 beschlossenen „Grundbestimmungen einer radikalen Umgestaltung der Wirtschaftsleitung". Darin sind folgende Zielbestimmungen festgehalten:

Die Betriebe bzw. Betriebsvereinigungen werden eine wesentlich größere Rolle im Wirtschaftsprozeß spielen. Sie sollen auf der Grundlage der vollen wirtschaftlichen Rechnungsführung und der Selbstfinanzierung arbeiten. Sie haben sich an den Interessen der Abnehmer (und weniger an den Vorgaben höherer Instanzen) zu orientieren. Die Versorgung mit Rohmaterialien und Zwischenprodukten soll nicht mehr nur durch zentrale Zuweisung, sondern zunehmend durch einen Großhandel mit Produktionsmitteln erfolgen. Entsprechend diesen Prinzipien sollen die Betriebe auch die volle wirtschaftliche Verantwortung für ihre Arbeitsergebnisse tragen.

---

74 Vgl. Frankfurter Rundschau (FR) vom 6.11.1987, 12.11.1987, 15.2.1988, 3.3.1988, 17.5.1988, 25.5.1988, 18.6.1988, 16.9.1988. Der Artikel Daschitschews löste im übrigen in der „orthodoxen" Westlinken helle Empörung aus, vgl. Fülberth 1988, S. 42. Derselbe Autor bekannte im übrigen freimütig, daß Perestroika und Glasnost mit der Einführung von Markt, westlicher Demokratie und Menschenrechten Linke von „seiner Sorte" in Argumentationsschwierigkeiten brächten, ebda., S. 38.

75 Gorbatschow 1987b.

76 Ders., zit. nach Conert 1990a, S. 212.

Das heißt, daß ein Verlustausgleich aus dem Staatshaushalt in der Regel ausgeschlossen ist.

Die zentrale Wirtschaftssteuerung soll auf wenige, aber wichtige Fragen beschränkt werden: auf die Ausarbeitung der allgemeinen Entwicklungsstrategie und die Sicherung der wirtschaftlichen Rahmenbedingungen. Insoweit soll an einer Makroplanung, die als „wichtigste Errungenschaft und Vorzug des sozialistischen Systems“ bezeichnet wird, festgehalten werden. Ihre Aufgabe wird jedoch nicht mehr die Vorgabe und Kontrolle konkreter Produktionsaufgaben sein, sondern sie soll Prioritäten und Entwicklungsziele setzen, indem sie die Richtungen der Struktur- und Investitionspolitik sowie des wissenschaftlich-technischen Fortschritts, die Ziele der sozialen Entwicklung, die Aufgaben der Stärkung des Bildungs- und Kulturpotentials und der Unterhaltung der Landesverteidigung festlegt.

Diese „allgemeinen Interessen“ sollen im wesentlichen durch eine indirekte Steuerung über verläßliche Fünfjahrpläne mit in der Regel nicht mehr verbindlichen Kontrollziffern (Produktionsaufgaben im Naturalausdruck) und mit langfristigen und stabilen „Normativen“ (das sind Richtwerte etwa für das Verhältnis von Fondsanteilen und Ertrag) realisiert werden, außerdem über vorrangig zu behandelnde Staatsaufträge und durch Gebühren für die Nutzung natürlicher Ressourcen.[77]

Die Maßgaben für die betriebliche Ebene wurden durch ein zum 1.1.1988 wirksam werdendes neues Unternehmensgesetz rechtlich umgesetzt. Darin wird auch die Erweiterung der Rechte der Belegschaften geregelt. Sie können nun den Betriebsleiter auf fünf Jahre wählen. Zu ihren Kompetenzen gehört ferner die Erörterung und Bestätigung der wirtschaftlichen und sozialen Entwicklungspläne, die Wahl eines Rats des Arbeitskollektivs und die Billigung des Kollektivvertrags mit der Betriebsleitung. Als ein zentraler Schwachpunkt erwies sich bereits auf den ersten Blick die letztlich ungeklärte Frage der Preisbildung, vor allem das Verhältnis von zentral festgesetzten, vertraglichen und frei gebildeten Preisen. Im Beschluß vom Sommer hieß es, die Preisreform solle in Kürze stattfinden, es blieb aber offen, wie diese Preisbildung vonstatten gehen solle. Ohne eine Preisreform entbehren aber letztlich die volle wirtschaftliche Rechnungsführung und die Selbstfinanzierung der Betriebe ihrer materiellen Grundlage. Unklar und im Dunkeln blieben ferner die Finanz- und Kreditmechanismen. Das Instrument der Staatsaufträge erhielt für viele Betriebe einerseits den Status quo, lud andererseits zum Mißbrauch ein. Der Großhandel mit Produktionsmitteln wurde zwar postuliert, de facto aber nicht geregelt bzw. in die Tat umgesetzt. Damit enthielt das Gesetz Vorkehrungen, die mit einer Marktreform vereinbar waren, und solche, die auf eine Fortsetzung der zentral verwalteten Ressourcenzuteilung schließen ließen.

Im Mai 1988 wurde nach längerer kontroverser Diskussion (ebenfalls ein Novum) zusätzlich ein neues Genossenschaftsgesetz verabschiedet. Danach wurden

77 Vgl. Segbers 1989, S. 240f.

genossenschaftliche und staatliche Betriebe grundsätzlich gleichgestellt. Beschränkungen hinsichtlich der Größe, der Beschäftigtenzahl, des Wirtschaftsbereichs oder der Anlagen wurden aufgehoben. Das genossenschaftliche Eigentum wurde garantiert und mit staatlichem Rechtsschutz versehen. Zur Gründung bedurfte es keiner Genehmigung einer Behörde mehr, nur einer Registrierung. Die Grundsätze der Selbständigkeit, der Selbstfinanzierung und Eigenfinanzierung galten selbstverständlich auch für die Genossenschaften. Sie erhielten die Kompetenz zugesprochen, selbst ihre Preise festzusetzen und eigenständig außenwirtschaftliche Beziehungen aufzunehmen und zu unterhalten. Das gesamte Regelungspaket sollte auch auf die landwirtschaftlichen Genossenschaften Anwendung finden.

Summarisch gesprochen litt dieser Reformversuch von vorne herein an fehlender innerer Kohärenz. Dies zeigte sich etwa daran, daß sich zwar die ökonomische Eigenständigkeit der Betriebe tatsächlich durchsetzte, allerdings nicht in der konzeptionell vorgesehenen geregelten und begrenzten Weise, sondern naturwüchsig und ohne an der mangelnden Eigenverantwortung Grundlegendes zu ändern. Zudem mangelte es an begrifflicher Eindeutigkeit. Anstelle konkreter und präziser Festlegung von Rechtsbeziehungen finden sich häufig an die Adresse der Rechtssubjekte gerichtete Postulate. Die Normen stehen teilweise in eklatantem Gegensatz zur eingeübten Praxis ökonomischer Beziehungen, ohne daß durch den neuen Beschluß bzw. das darauf fußende Gesetz rechtlich sichergestellt wäre, daß die Bedingungen zur Änderung dieser Praxis geschaffen werden. Ein weiterer begleitender Beschluß wie der über die „Umgestaltung der Planung" verschaffte nur insofern Klarheit, als seine Aussagen über Funktionen, Methoden, Verfahrensweisen und Verantwortlichkeiten erkennen ließen, daß von einer neuen Planungskonzeption nicht die Rede sein konnte, obwohl die bisherige Planungspraxis darin scharf kritisiert wurde.

So kann es nicht verwundern, daß die Parteikonferenz im Juni 1988 feststellen mußte, daß alle bisherigen Anstrengungen allenfalls zu geringen Veränderungen des Wirtschaftsprozesses geführt hatten. Ernüchtert hieß es in einem entsprechenden Beschluß:

„Die Wirtschaftsstruktur behält im großen und ganzen [ihren] aufwandsfördernden Charakter bei. Der wissenschaftlich-technische Fortschritt entfaltet sich nur langsam, die Planaufgaben für die Steigerung des Nationaleinkommens und die Ressourceneinsparungen werden nicht erfüllt. In der Qualität der Erzeugnisse ist keine Verbesserung zu beobachten. Die Finanzlage des Landes bleibt kompliziert. Die Spannung in der Versorgung mit Lebensmitteln und Konsumgütern besteht fort, die Bevölkerungsnachfrage nach Dienstleistungen wird nicht befriedigt. Das Wohnungsproblem ist weiter aktuell."[78]

78 Zit. nach ebda., S. 250.

Obwohl die mangelnde Umsetzung der Reformpläne sicherlich auf ein ganzes Geflecht von Ursachen zurückgeht, läßt sich doch eine ganze Reihe offen zutage liegender Gründe zusammenstellen:

- Es wurde weiter nach dem Prinzip „vom erreichten Stand“ geplant.
- Maßgebliche Bewertungskennziffer blieb die Bruttoproduktion.
- Die Pläne der Betriebe wurden weiterhin ständig geändert.
- Die von den Betrieben erstellten Pläne wurden von den Ministerien ignoriert oder verändert.
- Traditionelle Planvorgaben wurden lediglich in die Form der neuen Instrumente „übersetzt“.
- Es blieb bei der direktiven Planung auch solcher Produkte, an denen kein Mangel bestand.
- Der nahezu unverändert hohe Anteil der Staatsaufträge zementierte die direktive Planung.
- Entgegen dem Gesetzeswortlaut wurden Genossenschaftsgründungen weiter be- oder verhindert.
- Sie wurden bei der Ressourcenzuteilung vielfach nicht berücksichtigt und mußten sich ihren Bedarf auf zweifelhaften Wegen besorgen.

Die wirtschaftlichen Daten für 1987 vermitteln ein zwiespältiges Bild. Die Rahmendaten waren deutlich schlechter als die des Vorjahres und die Planvorgaben. Insbesondere der Investitionszuwachs sank von 8 Prozent in 1986 auf 4,7 Prozent. Während sich der Brennstoff- und Energiebereich positiv entwickelten, blieb die Leistung des Maschinenbaus, der ja gerade vorangebracht werden sollte, zurück, ebenfalls die Konsumgüterproduktion. Positiv zu Buche schlugen allerdings der sparsamere Umgang mit Energieträgern, die Verringerung der Selbstkosten der Industrieproduktion und erstmals eine absolute, d.h. produktivitätswirksame „Freisetzung“ von Arbeitskräften.

Bestand 1989 noch Hoffnung, daß sich diese Ergebnisse später einmal als „Wendejahr auf niedrigem Niveau“ würden bewerten lassen[79], waren spätestens zwei Jahre später derartige Hoffnungen in alle Winde zerstoben. Denn im Verlauf des Jahres 1988 trat die sowjetische Wirtschaft in die Phase einer sich zunehmend verallgemeinernden und vertiefenden Krise ein.[80] Ein beträchtlicher Kaufkraftüberhang im gesamtwirtschaftlichen Maßstab, mit ausgelöst durch die „Umverteilung“ zugewiesener Eigenmittel der Betriebe an die Beschäftigten, führte ab der zweiten Jahreshälfte zu einem sich ständig verschärfenden Warenmangel. Anfang 1989 übertrafen die Spareinlagen der Bevölkerung die volkswirtschaftlichen Warenvorräte um das Fünffache. Zwar lagen die Produktionsziffern des Jahres noch im Durchschnitt der vergangenen Jahre, jedoch ging das Wachstum der Investitionen weiter zurück, stagnierte die Zahl der fertiggestellten Investitionsobjekte, und si-

---

79 So Segbers 1989, S. 249.

80 Vgl. hierzu und zum folgenden Conert 1991a; Brie 1991b.

gnalisierte der zugleich erheblich vergrößerte Einzelhandelsumsatz das Ausmaß der einsetzenden Hamsterkäufe. 1989 nahmen die Zuwachsraten des Sozialprodukts, der Erzeugung der Gesamtindustrie sowie der gesamtwirtschaftlichen Arbeitsproduktivität deutlich ab, um ab 1990 in einen sich beschleunigenden absoluten Produktionsrückgang überzugehen.

Der zunächst noch wachsende Konsumgüterbereich wurde ab dem ersten Quartal 1991 ebenfalls vom „Negativwachstum" erfaßt. Die Anlageinvestitionen stagnierten 1989 faktisch, sie gingen 1990 leicht und im ersten Quartal 1991 dramatisch zurück. Der bereits 1989 absolut rückläufige Anlagenbau zeigte 1991 einen geradezu katastrophalen Leistungsabfall. Ein besonderes Problem bildete dabei die mangelnde Effektivität der sowjetischen Investitionen. Waren 1986 noch 2,19 Rubel Investitionsaufwand erforderlich, um einen Rubel Produktionswert zusätzlich zu erzeugen, so lag dieser Wert 1990 bei fast 4 Rubeln. Verantwortlich dafür ist der stark modernisierungsbedürftige Produktionsapparat. Die Hälfte der Anlagen war zu über 50 Prozent abgenutzt, ein Fünftel zu 51 bis 75 Prozent und 16,6 Prozent mußten als vollständig verschlissen gelten. Der Koeffizient der jährlichen Anlagenerneuerung war jedoch weiter rückläufig. Er betrug 1980 noch 8,8, sank 1986 auf 7,8 und 1990 auf 6,9 Prozent. Da die jährliche Ausscheidungsrate gleichbleibend unter 2 Prozent stagnierte, nahm absolut gesehen des Maß des Verschleißes weiter zu.

Besonders dramatisch entwickelte sich die Finanzlage des Staatshaushaltes. Das Defizit wurde für 1989 offiziell mit 30 Mrd. Rubel angegeben, eine Summe, die später nach oben korrigiert werden mußte. Für 1989 ging man bereits von 120 Mrd. Rubel aus. Diese Rekordsumme (die real etwas gedrückt werden konnte), wurde für 1990 auf etwa 60 Mrd. Rubel heruntergefahren. 1991 stiegen die Haushaltsdefizite im Vergleich zu den Prognosen erneut deutlich an. Die Explosion der Krisensymptome machen insbesondere die Daten über die Außenwirtschaftsbeziehungen deutlich. Die Zahlungsbilanz, die 1986 noch mit einem Plus von 2,3 Mrd. US-Dollar abgeschlossen hatte, dürfte nach den verschiedenen Prognosen in 1991 ein Defizit von 12,5 Mrd. Dollar eingefahren haben. Die Außenschuld wuchs im gleichen Zeitraum von 1,4 auf 80 Mrd. Dollar (insbesondere gegenüber Hartwährungsländern), der Schuldendienst zwischen 1986 und 1991 von 7,8 auf 13,3 Mrd. Dollar.

Fragt man nach den Ursachen, so läßt sich zunächst folgender – hier schematisiert dargestellter Prozeßverlauf – beobachten:

- Da ein Teil der aufgrund des Reformbeschlusses von 1987 bereitgestellten betrieblichen Eigenmittel zur Erhöhung von Löhnen, Gehältern und Prämien verwandt wurde, kommt es zu einer *Nachfrageexplosion.*
- Die so angeschobene *Anreizwirkung* veranlaßt viele Betriebe, billige Erzeugnisse durch teurere zu ersetzen, da der bisher zentrale Gratifikationsmechanismus über die Planerfüllung durch das Element des Betriebsüberschusses (Gewinn) abgelöst wurde.

- Es kommt zur fortschreitenden Ausbildung einer *Schattenwirtschaft.*[81] Es entsteht der Anreiz, halb- oder illegal einen Teil der Erzeugnisse an den höhere Preise bietenden Schwarz- oder Genossenschaftshandel zu verkaufen. Der Preisdruck überträgt sich auf das volkswirtschaftliche Preisniveau, zugleich spitzt sich der Mangel weiter zu.
- Die allgemeine Mangelsituation befördert Tendenzen zu regionaler, lokaler und sogar betrieblicher Autarkie. Dies führt zum *Abbruch von Wirtschaftsbeziehungen.*
- Die Folge der Auflösung eingespielter Lieferbeziehungen ist die Häufung von Produktionsstillstand infolge Ressourcenmangels (*Produktionsunterbrechungen*) und im Resultat verminderte Erzeugung.
- Zur Befriedung wachsender sozialer Unruhe lenken die staatlichen Instanzen finanzielle und materielle Ressourcen von der investiven Bestimmung und aus dem Produktionsgütersektor über in den Konsumgüterbereich, ein Phänomen folgenschwerer *Deinvestition.*
- Aus ähnlichen Motiven heraus nimmt der Staat eine *wachsende Auslandsverschuldung* in Kauf. Importe aus Hartwährungsländern treiben die Außenhandelsbilanz in einen Negativsaldo und die Schulden auf ein bedenkliches Niveau.[82]

Bevor wir später noch einmal auf eine Bewertung des gesamten Reformprozesses der achtziger Jahre im Rahmen der Fragestellung zurückkommen, welche verallgemeinerungsfähigen Lehren sich daraus für sozialistische Theoriebildung überhaupt ziehen lassen, können an dieser Stelle allerdings schon einige Erklärungen für den besonderen Zusammenhang dieses 1987 begonnenen Reformversuchs und der in seinem Gefolge sich einstellenden Krisensituation benannt werden. Hansgeorg Conert hat dazu zutreffend vier Gesichtspunkte herausgefiltert:[83]

- Erstens nennt er als Grund die Umsetzung eines unzureichend fundierten, in sich nicht stimmigen ökonomischen Reformprogramms in einer Weise, die selbst neue Ungleichgewichte zu bereits bestehenden und damit zusätzliche Probleme hervorrief.
- Zweitens führt er die zugleich erfolgende Auflösung der über Jahrzehnte hinweg fest eingefahrenen staatlich-politischen Machtstruktur an, deren Organe sich in bezug auf die Wirtschaft zwar als inflexibel und als unfähig zu Impulsen für leistungs- und effizienzgerichtete Eigeninitiativen der unterstellten Betriebe und Produktionsvereinigungen erwiesen hatten, die jedoch immerhin über Kompetenzen und Mittel verfügten, die bedrohlichsten Fehlentwicklungen (wenn oft auch nur verzögernd und verlagernd) zu korrigieren. Die Zwänge (und damit Chancen) des Marktes waren nicht so rasch wie erhofft freizusetzen, um nahtlos an die Stelle der politisch-administrativen zu treten.

---

81 Vgl. zu diesem Phänomen eingehend Cassel 1989.

82 Siehe zu den einzelnen Krisenmomenten auch Steffen 1991.

83 Conert 1991a, S. 510.

- Drittens listet er diejenigen unter den krisenhaften Bedingungen verschärft hervortretenden ökonomischen und sozialen Wirkungen auf, die auf weit früher zurückreichende bzw. entstandene Fehlentscheidungen, Disproportionen und Funktionsmängel zurückzuführen sind: das enorme Übergewicht des schwerindustriellen Sektors; der ungenügende infrastrukturelle Ausbau; die Unfähigkeit, die landwirtschaftliche Erzeugung trotz enormer Subventionen und Investitionen ertragssichernd zu organisieren; das Unvermögen, angewandte Forschung und Produktentwicklung resultatsgerichtet zu forcieren und die Ergebnisse in breite technische Erneuerung der Anlagen und Ausrüstungen umzusetzen.
- Und viertens nennt er die sachlich mangelhaften oder aber nicht durchsetzbaren, hinsichtlich der Folgen verkannten oder in den positiven Resultaten weit überschätzten Entscheidungen und Ressourcenbeanspruchungen auch noch in der Phase der Perestroika und nach Eintritt der Wirtschaftskrise.

2.6.3 Die Phase ab 1989: Übergang zum Systemwechsel[84]

Natürlich erzeugte dieser dramatisch-krisenhaft verlaufende Reformprozeß trotz aller Fehleinschätzungen und Illusionen einen erheblichen Handlungsdruck auf die Staats- und Parteiführung. Allerdings versetzte die sich nunmehr offen manifestierende Krise zunächst Ökonomen wie Politiker in einen fast einjährigen Zustand bewegungsunfähiger Starre. Erst danach setzte in der eingangs als dritte Phase gekennzeichneten Periode ab Ende 1989 eine hektische Periode neuer Programmerarbeitungen ein, wobei verstärkt Reformvarianten diskutiert wurden, die weit über den bisherigen Ansatz hinausgingen.[85] Vorweg ist dazu zu bemerken, daß schon wegen des sich gleichermaßen krisenhaft zuspitzenden politischen Prozesses, der 1991 mit der Auflösung der Sowjetunion ein vorläufiges Ende fand, keiner der in diesem Zeitraum entwickelten Programmvorschläge eine nennenswerte Umsetzung erfahren hat, insbesondere nicht mehr die, die unter „sozialistischen" Vorzeichen entwickelt wurden. Unter diesen Vorzeichen steht noch das halb regierungsoffizielle Programm vom Oktober 1989, schon eher fraglich ist diese Charakterisierung für die verschiedenen Varianten eines „500-Tage-Programms" für den Übergang zum Markt, dessen letzte Fassung aus dem September 1990 datiert. Besondere Aufmerksamkeit zog dann noch einmal das amerikanisch-sowjetische Projekt „Window of Opportunity" von Mai/Juni 1991 auf sich. Insgesamt sollen in diesem kurzen Zeitraum bis zu 20 unterschiedliche Programmvorschläge vorgelegt worden sein. Diese Phase war letztlich bereits durch die Vorbereitung auf den – relativ ungeregelten – Übergang zu einer Wirtschafts- und Gesellschaftsordnung *kapitalistisch*-marktwirtschaftlichen Typs gekennzeichnet. *Diese* Transformation lief allerdings nochmals unter völlig anderen Voraussetzungen, Bedingungen und

84 Vgl. zu dieser Phase Conert 1992a.
85 Z.B. Schatalin u.a. 1990.

Schwierigkeiten ab, die weit über den Rahmen unserer Themenstellung hinausgehen.

Deshalb soll für diese dritte Phase nur noch dasjenige Programm eine kurze Erörterung finden, das noch ausdrücklich als *sozialistisch*-marktwirtschaftlicher Transformationsversuch angelegt wurde. Das der Mitte November 1989 unter Beteiligung von Vertretern der Partei- und Staatsführung stattfindenden „Wissenschaftlich-praktischen Allunionskonferenz" zum Thema „Die radikale Wirtschaftsreform – entschiedene Beschleunigung" vorgelegte Konzeptpapier zielte auf eine Reformvariante ab, die sich von der 1987 beschlossenen mehr als graduell unterschied. Statt der bisherigen Modelle „indirekt zentralisierter Wirtschaftsplanung und -leitung" wurde nunmehr ein Vorschlag zur Durchsetzung einer „gemischtwirtschaftlichen Ordnung" entworfen. Die Hauptkonturen wurden in eingangs vorangestellten fünf Punkten skizziert:

1. Vielgestaltige Formen gesellschaftlichen Eigentums, 2. Arbeit als Grundlage des Eigentums, der Produktion und Verteilung, 3. Nutzung des Marktes als Hauptform der Koordination der Tätigkeit der Teilnehmer an der gesellschaftlichen Produktion, 4. ein System sozialer Garantien (Gleichgewicht von wirtschaftlicher Effektivität und sozialer Gerechtigkeit), 5. Staatliche Regulierung ökonomischer Prozesse auf der Grundlage langfristiger Wirtschafts- und Sozialplanung.

Bei den verschiedenen Eigentumsformen war an eine Umwandlung bisheriger Staatsbetriebe in Genossenschaften, Aktiengesellschaften, Gemeinschaftsbetriebe, Individualfirmen und Formen der Verpachtung gedacht worden. In unmittelbarer Verfügung des Staates sollten nur noch das einheitliche Energiesystem, der Bahn-, Luft- und Meerestransport, die Telekommunikation, die Rüstungsindustrie und einige andere unbedeutendere Zweige verbleiben. Besondere Bedeutung wurde der Entstaatlichung der Landwirtschaft zuerkannt. Gegenüber allen bisherigen Ansätzen geradezu revolutionär liest sich der Vorschlag für die Umgestaltung des Finanz- und Kreditsystems: Vorgesehen war die Errichtung von Banken als nach ökonomischen Grundsätzen arbeitende Institutionen der Akkumulation und Distribution von Geld und Anlagemitteln und die Schaffung eines einheitlichen Steuersystems. Weiter enthält das Papier Vorschläge zur Flexibilisierung des Lohn- und Beschäftigungssystems, es bleibt allerdings vage in bezug auf die überfällige Preisreform.

Wie schon vielfach zuvor geriet dieser erste ernsthafte Versuch eines Übergangs zu marktwirtschaftlichen Strukturen im Rahmen eines sozialistischen Systems sofort in die Mühlen der unterschiedlichsten Interessen in Staatsbürokratie und -führung. Entscheidende Programmpunkte wurden erst gar nicht zur Gesetzesreife weiter getrieben. Mit der Aufgliederung des Programms in vier Reformetappen sollte abermals ein vorsichtiger Übergang versucht werden, wobei sich bereits bei der Vorstellung durch Ministerpräsident Ryschkow der Eindruck einprägen mußte, daß vorerst alles beim Alten bleiben würde. Die dramatische Zuspitzung der ökonomischen, sozialen und politischen Lage hatte zudem dazu geführt, daß das Vertrauen in den Reformprozeß bei den politisch Agierenden wie in der breiten Bevölkerung enorm eingebüßt hatte, so daß sich im öffentlichen Diskurs mehr und mehr zwei andere, polarisierende Lager entwickelten: die Verfechter der „guten alten" Kommandowirtschaft auf der einen und sich radikalisierende Befürworter eines unabweisbaren Übergangs zu auf privatem Produktionsmitteleigentum gegründeter „reiner" oder „freier" Marktwirtschaft auf der anderen Seite. Als „Königsweg" und gleichzeitig Schocktherapie wurde von vielen nun die sofortige und übergangslose Konvertibilität des Rubel eingefordert.

Die weiteren Etappen sind bekannt. Ermöglicht durch die politische Lockerung, befördert durch die ökonomische Entwicklung, machten sich in den einzelnen Teilstaaten zunehmend Tendenzen zu nationaler Autonomie breit. Gorbatschow, dessen Reformkurs mehr und mehr an Anhängern verlor, versuchte sich durch beständiges Hin- und Herlavieren in seiner Machtposition zu halten, setzte eine Zeitlang auf eine autoritäre Atempause im Reformprozeß.[86] Aber auch damit war die einmal eingeleitete Dynamik nicht mehr aufzuhalten. Ein letzter Versuch, das sich abzeichnende gewaltförmige Austragen der verschiedenen divergierenden Interessen im Wege eines gesellschaftlichen Kompromisses aufzuhalten, wurde mit dem sogenannten 9+1-Abkommen, der Absichtserklärung zu einem neuen Unionsvertrag, unternommen. Seine Ratifizierung sollte mit dem Putsch der konservativ-kommunistischen Kräfte Ende August 1991 verhindert werden. Es war das letzte Aufbäumen des „alten Systems", ein gescheiterter Versuch, der letztlich den Sturz Gorbatschows und den Zusammenbruch der UdSSR zur Folge hatte. Der „reale" oder „Staatssozialismus" hatte damit in Europa endgültig seinen letzten Lebenshauch getan.

2.7 Eine erste Zwischenbilanz

Versuchen wir eine erste, vorläufige summarische Bilanz, die insbesondere auf die Fragestellungen der folgenden Kapitel ausgerichtet sein soll, d.h. der Untersuchung, inwieweit dieser Weg und sein Scheitern Bezugspunkte in der durch Marx geprägten sozialistischen Theorieentwicklung findet (und wo er „besonderen" Ausgangsbedingungen und späteren Schwierigkeiten geschuldet ist, die nicht zu verallgemeinern sind) und welche Konsequenzen daraus für künftige sozialistische Theoriebildung zu ziehen wären.

Gehen wir also zurück an den Ausgangspunkt. Schon mit Blick auf ihn wird deutlich, daß wir es wohl in jeder Phase der sowjetrussischen Entwicklung mit einer Verschränkung von ganz spezifischen (rückständigen) Bedingungen auf der einen Seite und ihrer „Theoretisierung" noch im Prozeß, oder aber danach, auf der anderen Seite zu tun haben. Lenins Vorstellungen in der Oktoberrevolution waren

86 Vgl. Burtin 1991; Jakowlew 1991; Segbers 1991a.

zwar zunächst noch von der Unmöglichkeit einer sozialistischen Revolution und Perspektive in Rußland als isoliertem Land geleitet. Das (im Vergleich zu den anderen europäischen Industrienationen) noch relativ unentwickelte Stadium des russischen „Kapitalismus", sein geringes technologisches Niveau, eine noch nicht einmal in Ansätzen stattgefundene Urbanisierung, das Proletariat als gegenüber den Bauern zahlenmäßig noch unbedeutende gesellschaftliche Klasse – all dies ließ eigentlich nur den Schluß zu, daß „sozialistische" Transformationsvorstellungen ins Reich der Phantasie gehörten. Lenins gegenüber anderen sozialistischen Theoretikern anderer Ausgangspunkt war jedoch die Vorstellung, daß die Gliederkette des Imperialismus an seiner schwächsten Stelle, also gerade der des rückständigen, „halbzivilisierten" zaristischen Rußland reißen werde. Tragfähig war diese Vorstellung insofern, als der Verlauf des Jahres 1917 gezeigt hatte, daß sich die alte Ordnung (einschließlich der Übergangsregierung nach dem Februar) im Angesicht der zu lösenden Aufgaben als nicht lebensfähig erwies. Wenn man so will, konnte das Alte nicht mehr leben, „reife" Verhältnisse bzw. überlebensfähige Vorstellungen für das Neue lagen allerdings auch bei den Hauptakteuren und -initiatoren der Umwälzung nicht vor.

Bereits in den ersten Wochen nach der Revolution war aber dann plötzlich doch schon von der Inangriffnahme „sozialistischer" Maßnahmen die Rede – wobei hierzu in Rechnung zu stellen ist, daß man annahm, die russische Revolution werde sich bald in die breitere europäische einreihen können. Es kann allerdings keine Rede davon sein, daß die Bolschewiki nun planmäßig an den – womöglich schon theoretisch ausgearbeiteten – Aufbau einer zentral gelenkten, vollständig verstaatlichten Wirtschaft gegangen wären. Sie waren eher die Gejagten denn die Agierenden. Die sich in der anschließenden Phase des sog. „Kriegskommunismus" vielfach spontan vollziehenden Enteignungen, das Davonjagen der alten Betriebsleiter und Betriebsübernahmen durch die Belegschaften setzten sie unter erheblichen Zugzwang, hierfür per Dekret Regelungen zu schaffen bzw. „herrenlos" gewordene Fabriken in staatliches Eigentum zu überführen. Diese aus der Not geborenen Maßregeln wurden erst nachträglich zur staatskapitalistischen Übergangsphase „theoretisiert", deren Unterscheidungskriterien zu einer sozialistischen Ökonomie auch bei Lenin eher verschwommen blieben.

Das hat seinen Grund auch und gerade darin, daß er – wie im übrigen eine Reihe sozialistischer Theoretiker auf der Linken wie der Rechten in Deutschland – gerade in Teilen der deutschen verstaatlichten (Kriegs-)Wirtschaft (das häufig zitierte Beispiel der Post) eine Art Zwischenstufe, wenn nicht sogar ein Vorbild für die Organisationsformen einer künftigen sozialistischen Wirtschaft sah. Unabweisbar ist aber die Tatsache, daß die faktische Abschaffung der Ware-Geld-Beziehung durch den Zusammenbruch der ökonomischen Funktionsabläufe, das Zum-Erliegen-Kommen marktförmigen Austauschs und – mit dem Unterbinden des Schwarzmarkts – das Erlöschen auch noch der letzten übrig gebliebenen Marktbeziehungen überhaupt nicht vor allem als besorgniserregende Funktionsstörungen begriffen wurden, sondern eher als Chancen zu einer Unterbindung „kapitalistischer" Wirtschaftsmechanismen. Zugleich wurde der Versuch unternommen, durch die Einführung eines allgemeinen Facharbeiterlohns für alle in den Betrieben Tätigen, durch das Prinzip kollektiver Betriebsführung erste „sozialistische" Maßregeln in die Tat umzusetzen. Beide mußten noch in dieser ersten kurzen Phase unter dem Druck mangelnder Effizienz der ökonomische Prozesse wieder zurückgenommen werden.

Waren die ökonomischen Ausgangsbedingungen Rußlands schon alles andere als das, was man sich in der sozialistischen Theorietradition als „reif" für den Sozialismus vorstellte, so taten die Zerstörungen des Weltkrieges, des Bürgerkrieges und die Verluste industrialisierter Territorien durch den Brester Frieden ein übriges. Die Neuorientierung ab dem Jahre 1921, die Wiederzulassung von Marktbeziehungen und „kapitalistischen" Privateigentums, die Propagierung einer gemischten Wirtschaft und die Förderung von Genossenschaften waren erneut in erster Linie Resultat dramatischer ökonomischer Zwänge: des Zusammenbruchs weiter Teile der Ökonomie am Ende der kriegskommunistischen Phase. Dazu gehört auch die Entwicklung auf dem Agrarsektor. Die Verteilung des Landes an die Bauern war nicht den eigenen sozialistischen Programmvorstellungen gefolgt, sondern stellte eine Konzession an die Ziele und Wünsche der politischen Vertretung der Bauern, der Sozialrevolutionären Partei dar. Diese konkrete Art der Agrarreform mußte aber ohne gleichzeitige funktionierende Marktbeziehungen zwischen Stadt und Land ins Leere laufen. Auch auf diesen Funktionsmangel war also die NÖP eine Antwort.

Wiederum wurde allerdings das unabweisbar Notwendige nachträglich in eine theoretische Form gegossen. Bis heute dauert der wissenschaftliche Streit darüber an, ob dieser Schwenk Lenins einer gewesen sei, der endgültig und ernsthaft eine andere langfristige Perspektive sozialistischen Wirtschaftens im Rahmen einer Kombination von Plan- und Marktelementen einleiten sollte. Auch wenn wir ihn hier nicht zu entscheiden haben, ist doch unbestreitbar, daß sowohl seine Neukonzeption als auch die gesamte Industrialisierungsdebatte der zwanziger Jahre von der Vorstellung geprägt war, daß die NÖP nur eine Art „Ruhepause" bedeute, später, nach einer Erholung und Beruhigung der wirtschaftlichen Lage, erneut der Übergang zu „wirklichen", endgültig sozialistischen ökonomischen Verhältnissen in Angriff genommen werden könne und müsse. Lenins Hinwendung zu genossenschaftlichen Überlegungen erfolgte im übrigen erst, als sich eine Ausweitung des „staatskapitalistischen" Sektors durch ausländische Konzessionierungen als nicht machbar erwies. Es kann zudem keine Rede davon sein, daß bei Lenin oder überhaupt in der Folgedebatte um die NÖP konzeptionelle Vorstellungen über eine *dauerhafte* sozialistische Marktökonomie entwickelt worden wären. Dies ist *auch* ein Grund dafür, daß beim Auftreten erster größerer Schwierigkeiten im Rahmen der NÖP, der Preisschere und den Versorgungsschwierigkeiten am Ende der zwanziger Jahre, nicht primär mit Vorstellungen eines anderen Modells sozialistischer Entwicklung gegen die Stalinsche Trendwende argumentiert und gekämpft wurde, sondern mit dem – nicht minder ernsthaften, aber eher – pragmatischen Gesichtspunkt der Gefährdung des Bündnisses mit der Bauernschaft. Man sah zwar, daß die neu entstandenen Marktbeziehungen die wirtschaftliche Erholung befördert hatten, beobachtete aber zugleich mit großem Argwohn die mit ihr einhergehende fortschreitende soziale Differenzierung insbesondere auf dem Lande.

Bedeutsam bleibt jedoch, daß die Reprivatisierung von Kleinbetrieben und -handel, die Zulassung und Förderung von Genossenschaften, die Einführung der wirtschaftlichen Rechnungsführung für die Betriebe, die Reinstallierung der Ware-Geld-Beziehung mit realen Austauschverhältnissen, also Marktbeziehungen zwischen Stadt und Land, beträchtliche Erfolge vorweisen konnten, auch wenn es bald zu Disproportionen in der Entwicklung der einzelnen Sektoren kam. Mit Blick auf das spätere Scheitern des sowjetischen Weges darf an dieser Stelle nicht ausgeblendet bleiben, daß diese ökonomische Liberalisierung mit einer politischen Verengung einherging: Verbot aller anderen Parteien, Fraktionsverbot in der allein herrschenden Partei, Bürokratisierung des Parteiapparats, schrittweise Durchsetzung der alleinigen Macht der Stalinschen Zentrale, Verquickung von Partei- und Staatsapparat, langsame „Verstaatlichung" anderer Organisationen wie Gewerkschaften und Genossenschaften. Zusammengefaßt verlief hier parallel ein Prozeß der Verarmung bis hin zur faktischen Abschaffung des öffentlichen Lebens, insbesondere durch die Eliminierung all dessen (sei es durch Verbot, sei es durch Ausschaltung der eigenständigen kritischen Substanz), was in entwickelten kapitalistischen Ländern zum Bereich der zivilgesellschaftlichen (Vermittlungs-)Strukturen gezählt wird. Seitdem fehlen innergesellschaftliche Korrektive, ein Problem, was sich erst in der Wende zu den neunziger Jahren mit voller Wucht stellen sollte, als es um Alternativen zur herrschenden Bürokratie gegangenen wäre, die das Land in die Stagnation geführt hatte, aber selbst keine Wege mehr heraus fand.

Die Stalinsche Wende als Antwort auf die neuen Schwierigkeiten hatte gegenüber den konkurrierenden Konzepten den argumentativen „Vorteil", daß sie den Gedanken zentralstaatlicher Planung als Bestandteil sozialistischen Gedankenguts gegenüber den Marktprozessen wieder stärker ins Blickfeld rückte und ihm größere Bedeutung verschaffen wollte. Daß es sich hierbei um alles andere als eine seriöse wissenschaftliche Rahmenplanung, vielmehr um ausgeprägten Planungsvoluntarismus handelte, wurde erst im Verlaufe des Prozesses deutlich. Stalins Kursschwenk war von dem einen großen Ziel geleitet: dem Aufbau einer den fortgeschrittenen westlichen Industrieländern vergleichbaren Schwerindustrie als Basis für die weitere Entwicklung gesellschaftlichen Reichtums. Diesem Ziel wurden alle anderen untergeordnet, es wurde mit dem genannten und oben im einzelnen beschriebenen Planvoluntarismus und allen denkbaren Mitteln des Arbeitszwangs durchgepeitscht. Die brutal, mit Millionen von Opfern durchgesetzte Zwangskollektivierung diente vor allem dem Zweck, den bäuerlichen Widerstand gegen die wieder verstärkt staatlich diktierten Preise zu brechen, das Zurückhalten von Getreide zu verhindern und die ernährungspolitischen Probleme der vergangenen Jahre ein für alle Male zu beenden. Daß dabei zugleich zumindest dem Begriff nach die sozialistische Vorstellung kollektiver Eigentums- und Arbeitsformen in der Landwirtschaft mit propagiert werden konnten, hatte zwar in begrenztem Umfang diesen propagandistischen Effekt, dürfte aber letztlich kaum handlungsleitend gewesen sein. Gleichzeitig konnten auf diese Weise die für den rasch wachsenden schwerindustriellen Bereich benötigten Arbeitermassen rekrutiert werden. Mit der freien Entfaltung des Individuums in einer sozialistischen Gesellschaft hatte dies sicherlich wenig zu tun. Gleichwohl wurden auch für diese Konzepte Theorien einer ursprünglichen „sozialistischen" Akkumulation entwickelt.

Wir haben gesehen, daß sich gerade in dieser Phase diejenigen Mechanismen der Wirtschaftsplanung und -leitung herausbildeten, an denen sich die Reformer der Nachkriegsperiode in immer neuen Anläufen abarbeiteten: ein System zentraler, direktiver und administrativer Planung. Festzuhalten bleibt allerdings, daß es sich hierbei nicht um die gezielte, so vorgedachte Installierung eines gesamtgesellschaftlichen, alle Bereiche umfassenden Planmechanismus handelte, sondern daß auch hier die realen ökonomischen Schwierigkeiten an der Wiege Pate standen. Nicht so sehr die bewußte Vorstellung von der Sinnhaftigkeit einer Detailliertheit der Planung bis in die letzte Sphäre der Gesellschaft hinein bestimmte den Weg, vielmehr entwickelte sich diese Detailliertheit gerade aus der Ressourcenknappheit, die von Beginn an als Ausgangslage den Planprozessen den Rahmen vorgab. Marktbeziehungen wurden dagegen weitgehend abgeschafft. Produktionsdaten, Preise sowie Löhne und Prämien wurden nach ökonomisch eher voluntaristisch zu nennenden Kriterien festgelegt, ihres rationalen Wertgehalts beraubt.

Diese gewaltsame ursprüngliche Akkumulation „gelang" insofern, als sie zunächst erhebliche Wachstumsraten vorweisen konnte. Insbesondere in den dreißiger Jahren, als die kapitalistischen Ökonomien der entwickelten europäischen Industrieländer mit den heftigen Folgen der großen Weltwirtschaftskrise, vor allem aber einer riesigen Massenarbeitslosigkeit und stagnierenden Wachstumsraten zu kämpfen hatten und auf der politischen Ebene autoritäre bzw. faschistische Regierungen installiert wurden, lösten diese ökonomischen „Erfolge" bei vielen auch nichtkommunistischen Linken in Europa eine Welle der Hoffnung und Begeisterung aus. Auf der *politischen* Ebene folgte hier sehr bald die Ernüchterung durch die Rolle der UdSSR im Spanischen Bürgerkrieg, die Moskauer Schauprozesse und 1939 den Hitler-Stalin-Pakt. Erst heute wissen wir zudem genauer, mit welch ungeheuren Opfern an Menschen und zugleich materiellen Vergeudungen dieser Prozeß der schnellen Industrialisierung und Kollektivierung erkauft worden ist.

Erst der genauere Vergleich mit der Entwicklung in den Folgejahrzehnten, das offensichtliche Scheitern des sowjetischen Systems bei dem Versuch, aus einer Phase extensiven zu einer solchen intensiven Wachstums überzugehen, läßt zudem Rückschlüsse darauf zu, wozu dieses System in der Lage war und wozu nicht. Zwei Gesichtspunkte scheinen uns hier zentral zu sein: Zum einen macht eine straffe, zentralistische Diktatur kurze Entscheidungswege möglich. Längere Verfahren der Meinungsbildung und Entscheidungsfindung bleiben ihr „erspart“, ein „Vorteil“, der sich dann, wenn nach neuen Wegen und Auswegen gesucht werden muß, bitter rächen kann und wird. Geht es aber zunächst „nur“ darum, Prozesse ursprünglicher Akkumulation in Gang zu bringen, Ressourcen zu verteilen, Großprojekte zu planen und in Angriff zu nehmen, Arbeitskräfte hin und her zu verschieben, Produktionsunterbrechungen durch Rohstoffmangel oder Streiks zu verhindern – ist das Reservoir an Instrumentarien, die einer Diktatur zur Verfügung stehen, allemal breiter und „effektiver“ als das einer demokratischen Gesellschaft. Zum anderen ermöglicht es die Diktatur, mit Mitteln des rigiden wie des sanften Zwangs und der Massensuggestion (man denke nur an die real vorhandene Massenbegeisterung in bestimmten Phasen der Stalin-Ära, die Stachanow-Bewegung, den Aufbaumythos) weit mehr an Arbeitsleistung wie Entbehrung aus den Menschen heraus- bzw. ihnen abzupressen, als dies in einer offenen Gesellschaft mit entwickelten Gegenmachtstrukturen möglich wäre.[87]

Bereits in den fünfziger Jahren zeigten sich die ersten Krisensymptome dieses Akkumulationstyps. Seit diesem Zeitpunkt wurde in immer neuen Anläufen der Versuch unternommen, die immer offensichtlicher werdenden Unzulänglichkeiten und Strukturmängel des zentralistischen Planungsmodells durch Maßnahmen der Dezentralisierung und solche der Konkurrenzbelebung, der Anreize und der Eigenverantwortlichkeit der Betriebe zu beheben. Bei aller Inkonsistenz und Zaghaftigkeit war diesen Anläufen eines gemeinsam: Es waren jeweils immer wieder Versuche (sicherlich im Bewußtsein gewisser Erfahrungen in der Phase der NÖP), erneut Marktmechanismen in den Planungsprozeß zu integrieren. Anfang der sechziger Jahre, nachdem die Wiederaufbauphase nach den Zerstörungen und Verwüstungen des Zweiten Weltkrieges als vorläufig abgeschlossen gelten konnte, wurde es zur Gewißheit, daß die Wachstumsziffern ohne grundlegende Veränderungen weiter zurückgehen würden, daß die Phase extensiven Wachstums ihr Ende erreicht hatte, daß der vorhandene Wirtschaftsmechanismus aus sich heraus keine Anreize zu einer *Intensivierung* des Akkumulationsmodus schaffte. Alle seitdem diskutierten und erprobten Reformversuche zielten deshalb darauf ab, über die genannten Marktelemente eine Effektivierung der Wirtschaftsabläufe und eine Intensivierung der Wirtschaftsentwicklung zu erreichen.

Als – bezogen auf dieses Ziel – ausgesprochen kontraproduktiv erwies sich allerdings die Wirtschaftsreorganisation Anfang der siebziger Jahre. Die Zusammenfassung kleinerer Wirtschaftseinheiten zu sog. Konzernen bzw. Kombinaten hatte eine Reihe folgenschwerer Konsequenzen. Obwohl mit dieser Maßnahme eigent-

87 Es wäre wichtig, unter diesem Gesichtspunkt einmal vergleichend zu untersuchen, welche dieser „Vorteile“ bei der nachholenden Industrialisierung verschiedener südostasiatischer Staaten zur Verfügung standen und ob sich daraus auch für sie bestimmte Entwicklungsgrenzen ergeben könnten, falls ihnen in diesen Prozessen keine Öffnung ihrer Gesellschaften gelingt.

lich an eine Konzentration der Kräfte, also – wenn man so will – eine Effektivierung der gesellschaftlichen Arbeitsteilung gedacht war, wurde das genaue Gegenteil bewirkt. Aufgrund anhaltender Zulieferprobleme entwickelte sich in diesen Kombinaten ein erhebliches Autarkiestreben, wurden sowohl eine Reihe benötigter Fremderzeugnisse gleich mit hergestellt und auch in der Forschung und Entwicklung die Räder gleich mehrfach neu erfunden. Auf diese Weise war die Reform mit einer ungeheuren Zunahme der Fertigungstiefe verbunden. Hinzu kam, daß jedes Kombinat für den eigenen Bedarf forschte und deshalb insbesondere in dem zunächst sehr kostenintensiven Bereich mikroelektronischer Entwicklung und Steuerung keine Konzentration der Kapazitäten zustande kam, die Herstellung von weltmarktfähigen Produkten aufgrund der exorbitanten Kosten blankes Wunschdenken blieb.

Als Land mit riesigen Erdöl- und Erdgasvorräten glaubte sich die Sowjetunion zudem – anders als die westlichen Industriestaaten – nicht genötigt zu sehen, aufgrund des Ölpreisschocks zu einer energie- und ressourcensparenden Produktionsweise umsteuern zu müssen. Sie verpaßte damit international auf zweierlei Weise nicht wieder einholbar den Anschluß: erstens im Hinblick auf den Intensivierungschub durch die „mikroelektronische Revolution" (im Westen zugleich verbunden mit einer Umstrukturierung der Unternehmensorganisation in Richtung auf flexiblere Strukturen und einen Abbau der Fertigungstiefe), zweitens im Hinblick auf den Übergang zu einem energie- und ressourcenschonenden Akkumulationstyp. Der zentralisierte und bürokratisierte sowjetische Staats- und Leitungsapparat konnte aus sich heraus keine Impulse für wirkliche Neuerungen hervorbringen, im Gegenteil, es waren immer wieder gerade auch die Widerstände innerhalb des bürokratischen Apparats, die Reformansätze zum Erlahmen, Ersticken, zum Scheitern brachten.

Zumindest kann so viel an dieser Stelle festgehalten werden: Während das kapitalistische Modell mit dem Prinzip der Konkurrenz einen Mechanismus enthält, der den jeweiligen Wirtschaftsakteur dazu zwingt, Arbeitskräfte- und Materialeinsatz kontinuierlich zu „rationalisieren", um gegenüber dem Mitkonkurrenten einen Vorteil zu erzielen und den größtmöglichen Profit herauszuschlagen, ist es den staatssozialistischen Systemen trotz aller Versuche seit den sechziger Jahren nicht wirklich gelungen, ihr ökonomisches Handeln in einer vergleichbaren Weise rational und effektiv zu machen. Während die Arbeitsproduktivität nur noch eine geringe Zunahme verzeichnete, war die Kapitalproduktivität mittlerweile sogar rückläufig. Politisch bzw. ideologisch erwies sich diese Entwicklung als zusätzlich fatal, da die frühe sozialistische Bewegung mit dem Impetus angetreten war, den gesellschaftlichen Reichtum durch die Ausschaltung der „Anarchie" der Konkurrenz und des Marktes zu erhöhen. Deshalb wurde auch über die Jahrzehnte hinweg die Parole des „Einholens und Überholens" immer schwächer und schließlich kleinlaut ganz fallengelassen.

Ökonomisch wurde dies erst lebensbedrohlich, als die kapitalistischen Industriegesellschaften auf die Ölkrise der siebziger Jahre mit ihrem technologischen, ressourcen- und energiesparenden Modernisierungsschub reagierten, dieser sog. dritten (aber im eigentlichen Sinne nicht mehr *industriellen*) Revolution, dem Übergang zur mikroelektronischen Steuerung, und damit letztlich dem Übergang ins Medien- und Dienstleistungszeitalter. Die staatssozialistischen Systeme sind nicht nur, wie alle ökonomischen Rahmendaten zeigen, in dieser Phase hoffnungslos abgehängt worden, sie haben sich zugleich als Reaktion darauf (und mußten es zur Erhaltung ihres jeweiligen binnengesellschaftlichen „Stillhalteabkommens" wohl auch) stärker den Prozessen des Weltmarktes geöffnet und für technologische Importe eine wachsende Auslandsverschuldung hingenommen. Sie konnten damit jedoch den Prozeß der ökonomischen Stagnation, der ökologischen Vergeudung und „Verwüstung" und des politischen Legitimationsverlustes nicht aufhalten.

Die als Endpunkt dieser Entwicklung in den achtziger Jahren feststellbaren Schwierigkeiten und systeminhärenten Entwicklungsblockaden lassen sich folgendermaßen klassifizieren[88]:

- Die Kompetenzlosigkeit der ökonomischen Grundeinheiten in bezug auf alle Momente der Wirtschaftstätigkeit trägt zur Ineffizienz des gesamten Wirtschaftsmechanismus bei.
- Die Dominanz von Umfangkennziffern zur Bewertung der betrieblichen Arbeitsresultate gab keinerlei Anreiz für die Arbeitskollektive zur Ökonomisierung (Minimierung) des Produktionsaufwands.
- Die Hypertrophie der Daten- und Berichtsanforderungen und der Kontrollen, deren Effektivität erheblich zu wünschen übrig ließ, beeinträchtigte die eigentliche Tätigkeit von Direktoren, Ökonomen, Ingenieuren und Werkleitern zu Lasten der Forschungs- und Entwicklungsarbeit, der Arbeitsorganisation und der Planungs- und Leitungsfunktionen.
- Die Verselbständigung der Wirtschaftszweige als Folge u.a. der dauerhaften Schwierigkeiten beim rechtzeitigen, ausreichenden und sortimentsgerechten Bezug von Rohstoffen und Vorprodukten beförderte die Neigung zur „Fremderzeugung" in der jeweiligen Branche (Autarkiestreben) und nahm so den erreichten (und möglichen) Grad gesellschaftlicher Arbeitsteilung in der Produktion zurück und wirkte volkswirtschaftlich kontraeffizient.
- Das System der administrativen, „fondierten" Zuteilung ökonomischer Ressourcen trug erheblich zur Reproduktion von Knappheit und Mangel bei, indem es Ministerien und Betriebe veranlaßte, mehr Rohstoffe und Materialien als benötigt anzufordern und – soweit möglich – Vorräte in einem Ausmaß zu horten, das unter anderen Voraussetzungen ökonomisch unsinnig wäre.[89]

---

88 Vgl. Conert 1990a, S. 24 ff.

89 So auch Kurz 1991, S. 110, 112.

- Der unverändert nahezu ausschließlich „extensiv" ausgerichtete Wachstumstyp drückte sich u.a. darin aus, daß die Steigerung des Produktionspotentials vorwiegend in Form der Neuerrichtung oder der Erweiterung von Anlagen und in deutlich geringerem Maße als modernisierende Erneuerung der bereits vorhandenen erfolgte. Unter dem Druck hoher Produktionsziele – und folglich nie ausreichender Kapazitäten – wurden veraltete Anlagen nur in geringen Raten ausgeschieden.
- Die altersmäßige Struktur der produktiven Grundfonds, der hohe Anteil vielfach vernutzter Maschinen und Anlagen bedingte einen entsprechend hohen Reparaturaufwand. Permanente Zulieferunterbrechungen minimierten den Auslastungsgrad der Produktionsanlagen.
- Da nicht die Ansprüche der Benutzer im Falle von Produktinnovationen und nicht die realen ökonomischen Resultate von Prozeßinnovationen für die Gratifikation der Erzeuger ausschlaggebend waren, sondern die Einhaltung förmlicher Mindestnormen, orientierten sich die Hersteller und die technische Umrüstungen vornehmenden Betriebsleiter an diesen und nicht am Maßstab maximaler Qualität und bestmöglicher Effektivität.
- Eine für die technische Optimierung und ökonomische Effektivierung von Innovationen erforderliche intensive Kommunikation zwischen Erzeugern und künftigen Anwendern oder Konsumenten fand aufgrund der zentralplanerischen Struktur nicht statt. In den Bereichen der Produktionsgüterindustrie waren zudem viele Erzeuger in der Lage von Angebotsmonopolisten.
- Die Innovationsträgheit resultierte ferner daraus, daß die zunächst für die Sphäre der materiellen Produktion geschaffenen Leitungsstrukturen und die aus ihr erwachsenden Strukturprinzipien auch weitgehend in den Wissenschaftssektor übertragen wurden. Fachübergreifende Kommunikation bzw. stimulierende Konkurrenz fand kaum statt. Technologische Neuerungen wurden nur in sehr geringem Umfang und nach überlangen Verzögerungen in die Produktion eingeführt, erreichten so nur einen außerordentlich geringen ökonomischen Effekt.

Die Reformanläufe der Gorbatschow-Ära unterschieden sich zwar in ihren Inhalten, nicht aber in ihren Maßnahmebündeln bzw. in den Verläufen ihres Scheiterns substantiell von denen der voraufgegangenen Perioden. Beseitigung der Ressourcenvergeudung, der Ausschußproduktion und der Qualitätsmängel, Verbesserung der geringen Arbeitsdisziplin, Abbau der bürokratischen Leitungsmethoden, Berücksichtigung der ökologischen Erfordernisse und der sozialen und kulturellen Ansprüche der Bevölkerung – so lauteten die Maxime, mit denen Michail Gorbatschow antrat. Die Zulassung von Genossenschaften erfolgte nur zögerlich, ihre spätere Gleichstellung mit Staatsbetrieben blieb eine papierne Forderung. Neu war auch die stärkere Betonung des Interessenaspekts und der Notwendigkeit einer betrieblichen wie gesellschaftlichen Demokratisierung. Wir haben eingangs beschrieben, welche „demokratisch-sozialistischen Blütenträume" hier geweckt wurden. Die Maßnahmenpakete blieben inkohärent, scheiterten vielfach schon im Prozeß der Gesetzwerdung. Das Primat der Staatsaufträge zementierte die direktiven Planungsmöglichkeiten. Die explodierende Staatsverschuldung beraubte die zentrale Führung schließlich zunehmend ihrer eigenen Handlungsspielräume. Eine wirklich kohärente, auf gemischtwirtschaftliche Strukturen setzende, unterschiedliche Eigentumsformen zulassende Konzeption, die auf reale und nicht nur simulierte Marktbeziehungen zielte, wurde erst zu einem Zeitpunkt vorgelegt, als ihre Realisierungschancen gegen Null gingen.

Das staatsbürokratische System hatte im Verlauf seiner Entstehung alle Konkurrenten und Alternativen eliminiert. Zivilgesellschaftliche Strukturen waren weitestgehend zurückgedrängt worden. Es hatte sich damit aber zugleich eine eigene bzw. eigentümliche Stabilität geschaffen, auf deren Basis zwar das Land in die Periode der Stagnation und des Niedergangs hineingeführt worden war, die auch keinen Ausbruch zu einem anderen, intensiven Akkumulationstypus zustande brachte, dessen Strukturen aber immer noch stark genug waren, sich jedweden substantiellen Veränderungen zu widersetzen, die zugleich einen Abbau der staatsbürokratischen Strukturen bedeutet hätten, hätten bedeuten müssen. Die auch als Folge des rapide zunehmenden Legitimitätsverfalls sich gleichwohl vollziehende Destabilisierung führte schließlich – statt über Perestroika und Glasnost zu neuen „sozialistischen Ufern“ – in den Kollaps, an dessen Zustandekommen die Kräfte der Beharrung mit ihrem Putsch an vorderster Stelle beteiligt waren.

Die staatssozialistischen Systeme sind nahezu leise zusammengebrochen, ihre eigentliche Ablösung fand zunächst im wesentlichen unblutig statt. Allerdings haben sie ein Vakuum hinterlassen, in dem mangels funktionierender ökonomischer Mechanismen, sozialer Sicherungen und zivilgesellschaftlicher Regelungsorte die Austragung der Konflikte um die Richtung der Neuorientierung (auch mangels eines anderen oder gar neuen ideologischen Kitts) vielfach auf primitiv-nationalistischer Basis und blutig-militärisch stattfand.[90] Für den einen oder anderen Betrachter ist dies Ausdruck der Tatsache, daß „der Kapitalismus“, die Verbindung von marktwirtschaftlicher Regulierung und demokratischer Staatsverfassung noch weit weniger als das alte System in der Lage sei, die gesellschaftlichen Probleme zu lösen und allgemeinen Wohlstand herbeizuführen. Dieser richte nun erst die eigentliche Zerstörung an. Dabei wird allzu leicht übersehen, daß das alte System sein eigenes Scheitern selbst herbeigeführt hat, keine Entwicklungsperspektive nach vorne bot. Und vergessen wird auch, daß weder marktwirtschaftliche (auf der ökonomischen Seite) noch demokratische Systeme (auf der politischen Seite) historisch gesehen voraussetzungslos entstanden sind bzw. existieren können.[91] Gerade darin liegt aber auch eine der Erbschaften des bürokratisch-staatssozialistischen

---

90 Siehe u.a. Erler 1990; Segbers 1991b; Geyer 1992; Grobe 1992 sowie zur Problemlage bereits in der Gorbatschow-Ära Halbach 1989.

91 Sehr allgemein dargestellt aber immer noch mit Gewinn zu lesen: Moore 1987.

Systems, daß es Bestandteile dessen, was zu diesen Voraussetzungen gehört, in einem Jahrzehnte dauernden Prozeß mit Stumpf und Stiel ausgerottet hat.

3 Die Theorie: Sozialismus nach Marx und Engels und sowjetischer „Staatssozialismus"

Wir hatten bereits eingangs eine Reihe von Gesichtspunkten genannt, aus denen sich schon auf den ersten Blick ergibt, daß von einer Identität des sowjetischen Sozialismusmodells mit den Vorstellungen von Karl Marx und Friedrich Engels nicht die Rede sein kann. Es liegt auf der Hand, daß aus der Sowjetunion keine Assoziation geworden war, in der „die freie Entwicklung eines jeden die Bedingung für die freie Entwicklung aller" geworden war.[92] In diesem Kapitel soll es nun darum gehen, die bereits angesprochenen Anknüpfungspunkte herauszufinden, die es den Bolschewiki möglich machten, sich in ihrem Handeln immer wieder auf Marx und Engels zu berufen. Insgesamt gesehen soll in diesem Teil deshalb der Versuch gemacht werden, deren Vorstellungen vom Übergang zum Sozialismus möglichst systematisch darzustellen.

Ein derartiger Versuch birgt eine Reihe von Risiken. An keiner Stelle ihres Werkes haben Marx und Engels – aus noch darzulegenden Gründen – einen systematischen Entwurf einer Übergangsgesellschaft zusammenhängend skizziert. Wir stehen also vor der ausgesprochen mühsamen Aufgabe, aus den vielfältigen, weit verstreuten theoretischen Erwägungen, Aussagen und Gelegenheitsbemerkungen ein Gesamtbild zusammenzusetzen, das eher einem unvollständigen Mosaik denn einer fertigen Gemäldeskizze ähnelt. Einzelne Bemerkungen liegen Jahrzehnte auseinander. Jede für sich genommen verdiente eine genauere Betrachtung hinsichtlich ihrer historischen Zeit- und Ereignisgebundenheit. Auch wichtige Gedanken entstammen zudem nicht immer systematischen oder theoretischen, sondern vielfach aktuellen politischen Zusammenhängen, vor deren Folie sie erst in allen ihren Facetten wie Widersprüchen zu verstehen sind. Seien es die Phasen des Vormärz und der 1848er Revolution, die Auseinandersetzungen in der I. Internationale etwa um den Vorbildcharakter der Pariser Kommune – sie können hier nur erwähnt werden, weil ein derartiger textkritischer wie theoriegeschichtlicher Zugriff jeweils im Detail den Rahmen unserer Untersuchung sprengen würde. Beachtet werden muß ferner der Gesichtspunkt der sich wandelnden Erkenntnisprozesse bei Marx und Engels selbst – im Miteinander wie in Differenz zum jeweils anderen.

Wenn wir trotz dieser Schwierigkeiten den Versuch einer derartigen systematisierenden Darstellung wagen, dann nicht, um doch den Eindruck eines womöglich „geschlossenen" gesellschaftlichen Zukunftsbildes von Marx und Engels zu erwek-

92 Marx/Engels, Manifest der Kommunistischen Partei (1847/48), MEW, Bd. 4, S. 482.

ken. Wohl aber erschien uns eine Untersuchung zulässig, die – trotz all dieser notwendigen Widersprüchlichkeiten und offenen Fragen – die Frage aufwirft, ob sich bei einer derartigen Gesamtschau (die, auch darauf muß einschränkend hingewiesen werden, zeitgenössisch sicherlich nur eingeschränkt rezipierbar war) gleichwohl ein Weg abzeichnet, wie er von Lenin und seinen bolschewistischen Mitstreitern beschritten wurde. Wir werden dabei etwas zu beachten haben, worauf Marx und Engels selbst immer wieder Wert gelegt haben:

„[...] wir haben kein Endziel. Wir sind *Evolutionisten*, wir haben nicht die Absicht, der Menschheit endgültige Gesetze zu diktieren. Vorgefaßte Meinungen in Bezug auf die Organisation der zukünftigen Gesellschaft im einzelnen? Davon werden Sie bei uns keine Spur finden. Wir sind schon zufrieden, wenn wir die Produktionsmittel in die Hände der ganzen Gesellschaft gebracht haben [...]"[93]

Aus dieser und ähnlichen Aussagen ist bis heute vielfach geschlossen worden, Marx und Engels hätten als „wissenschaftliche" Sozialisten keine Zukunftsentwürfe oder Zukunftsvorstellungen über bzw. für die neue, sozialistische Gesellschaft entwickelt.[94] Aber dem muß hier strikt widersprochen werden. Engels hat mit der zitierten Passage nur insoweit recht, als die Überführung der Produktionsmittel in gesellschaftliche Hände dabei eine zentrale Rolle einnimmt. Wir werden aber noch im einzelnen sehen, daß sowohl er als auch Marx mehr als nur „Spuren" von gesellschaftlichen Zukunftsentwürfen hinterlassen haben, auch wenn beide sie nicht in *systematischer* Form niedergelegt haben. Nur insofern ist es auch zutreffend, wenn Marx in einer Randglosse schreibt, er habe „niemals ein ‚sozialistisches System' aufgestellt".[95] Die Schwerpunkte unserer zusammenfassenden und systematisierenden Darstellung sind dabei durch den voraufgegangenen Teil und die Systematik ihres Denkens selbst vorgegeben: Ihre Vorstellungen von „Sozialismus" sind nicht darzulegen ohne ihre Analyse und Kritik der Funktionsweise der bürgerlich-kapitalistischen Gesellschaft und ihrer sich in Widersprüchen vollziehenden Entwicklungsdynamik (unserer Themenstellung entsprechend sicherlich nicht in der gleichen, ihnen im Werk von Marx und Engels selbst beigemessenen Ausführlichkeit und Bedeutung). Wir werden dabei – wie bereits im Einleitungskapitel erläutert – auch die Fragestellungen behandeln, welche Bedeutung sie dabei dem Verhältnis der Menschen zu ihrer unmittelbaren natürlichen Lebensumwelt (also dem ökologischen Zusammenhang) sowie den verschiedenen Formen der Teilung der Arbeit (einschließlich der aus dem Geschlechterverhältnis hervorgehenden Arbeitsteilung) zumaßen.

93 Interview Friedrich Engels' mit dem Korrespondenten der Zeitung „Le Figaro" am 8.5.1893, MEW, Bd. 22, S. 542.

94 Vgl. u.a. Vollgraf 1993, S. 45.

95 Marx, Randglossen zu A. Wagners „Lehrbuch der politischen Ökonomie" (aus dem handschriftlichen Nachlaß), MEW, Bd. 19, S. 357.

Sodann muß es um das Subjekt bzw. die Subjekte der prognostizierten Umwälzung gehen sowie die Herrschaftsmethoden und die Rolle des Staates in diesem Prozeß wie nach der vollzogenen Umwälzung. Im Mittelpunkt stehen müssen angesichts der besonderen Schwierigkeiten der sowjetischen ökonomischen Entwicklung die Marxschen Voraussagen über eine sozialistische bzw. kommunistische Produktionsweise, über mögliche Übergangsformen, insbesondere natürlich das Verhältnis von Plan und Markt, die Organisationsformen bezogen auf die (De-)Zentralisierung der Produktionsmittel bzw. die Genossenschaften und die Eigentumsfrage. Wir werden der Frage nachspüren, ob Marx und Engels Vorstellungen über die Entwicklungschancen einer „sozialistischen" Ökonomie – insbesondere unter den Gesichtspunkten „extensiv" und/oder „intensiv" – hatten. Zu interessieren haben schließlich der Gesichtspunkt der gesellschaftlichen Arbeitsteilung sowie die Rolle von Arbeit in einer „neuen" Gesellschaft. Dies alles soll in einem möglichst systematischen Gesamtzusammenhang aufgefächert werden – immer schon mit dem Blick darauf, welche Wege der „Sowjetsozialismus" gegangen ist und welche verallgemeinerungsfähigen Schlüsse und Antworten aus dessen Erfahrungen dabei gezogen bzw. gefunden werden können.

3.1 Methodische Vorüberlegung: über den Funktionsverlust des Begriffs „Marxismus"

Dazu sind einige methodische Vorbemerkungen erforderlich. Bei einer Rekonstruktion der Vorstellungen von Marx und Engels zu den dargestellten Fragestellungen taucht natürlich sogleich die Frage auf, ob es sich hierbei um das Gesamtgebäude dessen handelt, was gemeinhin mit dem Begriff „Marxismus" umschrieben wird. Es mag dem einen Leser oder der anderen Leserin vielleicht schon aufgefallen sein, daß in dieser Arbeit bislang der Begriff „Marxismus" immer in Anführungszeichen gesetzt worden ist. Der Autor hat sich selbst viele Jahre lang in einem kritischen Sinne als „Marxist" verstanden. Soll dieser Begriff mehr als eine Tautologie sein, wäre darunter wohl eine möglichst authentische, unverfälschte, von Auslassungen oder Beimengungen gleichermaßen freie Rekonstruktion des theoretischen Erbes des Denkers Karl Marx zu verstehen. Nun ist aber nicht zu bestreiten, daß „Marxismus" als theoriegeschichtlicher Begriff immer schon weit mehr transportiert hat. In der überwiegenden Zahl der Fachstudien werden darunter sowohl die Denkgebäude aller an Marx (und Engels) anknüpfenden Rezipienten der nachfolgenden Perioden mit verstanden, als auch die politische Bewegung, die sich – mit welchem Recht auch immer – auf Marx als politisch-theoretische Leitfigur bezog.[96] Alleine dies nimmt dem Begriff schon fast jegliche

96 Marx hatte schon zeitgenössisch durchaus einige Mühe, sich seiner „marxistischen" Anhänger zu erwehren. Bei Engels lesen wir: „Auch die materialistische Geschichtsauffassung hat deren heute

Trennschärfe, was – wenn man ihm noch irgendeine Bedeutung zumessen will – wohl nicht völlig außer Betracht bleiben kann und darf. Fleischer hat dazu zutreffend darauf aufmerksam gemacht, daß „Marxismus" in diesem historischen Sinne ein Dominant-Werden der darin steckenden Doktrinreste bedeutete, daß in diesem Prozeß die theoretischen Potenzen zurückgingen, während die Ideologie über die Ideologiekritik siegte.[97]

Es kommt aber ein weiteres hinzu. In der kommunistischen Bewegung – sei es in den „staatssozialistischen" Ländern, sei es im Westen – war der Begriff „Marxismus" als solcher jahrzehntelang faktisch abgeschafft. Er lebte nur in der veränderten oder ergänzten (um nicht zu sagen: deformierten) Form des „Marxismus-Leninismus" weiter. Dementsprechend findet man das eigenständige Stichwort „Marxismus" in den einschlägigen Wörterbüchern auch nicht verzeichnet. Damit wurde sicherlich zunächst einmal nur ein ganz realer Sachverhalt abgebildet. Die Eigenständigkeit des Marxschen Theorieansatzes war dort de facto aufgehoben worden zugunsten *einer* Interpretation und Fortentwicklung (in mancher Hinsicht auch Verfälschung) des Marxschen Gedankengebäudes: der Lenins und phasenweise auch Stalins. Alle anderen Interpretationen oder Weiterentwicklungen, selbst diejenigen, die auf einer vom Leninschen Denken getrennten Aneignungsweise beharrten, wurden als revisionistische oder wie auch immer klassifizierte Abweichungen denunziert. Dies ließ für die damalige Periode sinnvolle Unterscheidungen zu. Diejenigen, die die Leninsche Überformung als zwar in Teilen diskussionswürdige, aber in vielfältiger Hinsicht eher abzulehnende Variante innerhalb der sozialistischen Denkschulen betrachteten, hatten aufgrund der Selbstdefinition als „Marxismus-Leninismus" keinen besonderen Anlaß, ihre Differenzen dazu auch noch auf der begrifflichen Ebene darzulegen.

Gleichwohl trat im Verlaufe aller Versuche einer kritischen Rekonstruktion des Denkens von Marx *und* vieler seiner Nachfolger in den siebziger und achtziger Jahren im Westen mehr und mehr das Bedürfnis zutage, die Heterogenität des Denkens, das Herausbilden unterschiedlicher Denkschulen nach Marx, aber in Anknüpfung an Marx, auch begrifflich zu fassen. Es sind hierzu eine Reihe durchaus sinnvoller und diskussionswürdiger Vorschläge entwickelt worden. Sie reichen von dem Appell, Marx und den „Marxismus historisch zu denken"[98], über den Be-

---

eine Menge, denen sie als Vorwand dient, Geschichte *nicht* zu studieren. Ganz wie Marx von den französischen ‚Marxisten' der letzten 70er Jahre sagte: ‚Tout ce que je sais, c'est que je ne suis pas Marxiste.'„ [Alles, was ich weiß, ist, daß ich kein Marxist bin; U.Sch.]; Engels, Brief an Conrad Schmidt vom 5.8.1890, MEW Bd. 37, S. 436; vgl. ebenso in ders., Brief an Paul Lafargue, vom 27.8.1890, a.a.O., S. 450; ders., Brief an Eduard Bernstein vom 2./3.11.1882, MEW Bd. 35, S. 388 (mit dem Marx-Zitat über den französischen „Marxismus": „[...] wenn das Marxismus ist, bin ich kein Marxist").

97 Fleischer 1996, S. 33.

98 Albers 1983a.

griff des „pluralen Marxismus“[99] bis hin zu der Feststellung, daß es eben verschiedene, nebeneinander existierende „Marxismen“ gebe, geben dürfe und müsse.[100] Die Sinnhaftigkeit eines solchen Differenzierungs- und Präzisierungsprozesses in der Phase vor 1989 soll hier keinesfalls bestritten werden. Immerhin gelang es auf diese Weise, alte Blockaden beiseitezuräumen und den politischen und wissenschaftlichen Diskurs über zuvor existierende und kaum überwindbare Gräben hinweg neu zu öffnen. Es fiel damit auch das in durchaus unterschiedlichen, sich an Marx orientierenden Theorieansätzen zuvor vielfach transportierte Postulat der Wahrheit und Wahrhaftigkeit im nur je eigenen Theorieansatz.

Aber streng genommen steckte bereits zu diesem Zeitpunkt in der Formel von der Pluralität der Marxismen ein nicht auflösbarer Widerspruch. Helmut Fleischer erinnert an seine schon in den siebziger Jahren erhobenen Einwände gegen den „paradoxen“ Vorgang, daß ein Denker, der die Produktionen des Denkens so nachdrücklich auf die wirkliche Bewegung im Lebensprozeß der Menschen hin relativiert hatte, ebenso wie auch die Wirksamkeit herausragender Einzelpersonen auf die Handlungsdispositionen großer sozialer Klassen hin, zum Zentrum eines reichlich idealistischen Ideen- und Personenkults hatte werden können. Und er fügt nun für die beschriebene Folgedebatte zutreffend hinzu:

„Noch ein kleiner Schritt weiter, und der Mythos von Marx als dem ‚Begründer des Marxismus‘ und vom Marxismus als der ‚Lehre von Marx‘ löst sich vollends auf. Er hat sich bereits aufgelöst, sobald man mit einer Pluralität von *Marxismen* rechnet – für diese Pluralität kann Marx ja schwerlich als der singuläre Begründer fungieren. Marx ist weder vom Ursprung her noch in einer heutigen Retrospektive das Maß aller marxistischen Dinge. Sinn hat es allenfalls, von mehr ‚marxnahen‘ und mehr ‚marxfernen‘ Marxismen zu sprechen, sie sind jedoch alle durch eine kardinale *historische Differenz* von Marx getrennt und essentiell verschieden.“[101]

Wenn wir diesen Gedankengang zustimmend zitiert haben, dann zum einen wegen der schon formallogisch nicht von der Hand zu weisenden Überlegung, daß es nicht den singulären Gründer für je unterschiedliche Marxismen im Sinne von „Lehren“ geben kann (als *Anknüpfungspunkt* für unterschiedliche *weiterführende* Denkschulen ist dies jedoch nicht a priori ausgeschlossen). Zum anderen erscheint uns der Verweis auf die historische Differenz von Gewicht zu sein. Wir können Fleischer allerdings da nicht folgen, wo er die Unterscheidung in mehr „marxnahe oder -ferne Marxismen“ in seinen Gedankengang mit einbezieht. Dies würde ja bedeuten, es könne eine Instanz geben, die befähigt wäre, über diese jeweilige Distanz von auf Marx bezogenen Denkansätzen zu befinden. Gerade aber der Umstand dieser Unmöglichkeit macht für uns ein weiteres Argument dafür aus, den Begriff des „Marxismus“ grundlegend in Frage zu stellen.

---

99 Haug 1983/1987.

100 Vgl. so auch Schöler 1991a, S. 4.

101 Fleischer 1996, S. 27f.

Mehr denn je zeigt sich unseres Erachtens nach 1989 die Brüchigkeit aller Versuche, den Begriff des „Marxismus“ durch öffnende Überlegungen und seine „Pluralisierung“ zu retten. Es ist mehr als symptomatisch, daß die Phase nach 1989 mit einer vollständigen Umwälzung auch der Begriffe einhergeht. Begriffe werden aufgegeben, okkupiert, uminterpretiert, zurechtgebogen, ihres Sinnes beraubt. Viele derjenigen, die noch am ehesten hätten beanspruchen können, glaubwürdig für einen von den Verbrechen des Stalinismus (in der Lebensphase seines Namensgebers) und des Poststalinismus (in den nachfolgenden Jahrzehnten der nicht gelingenden Abkehr von seinen die Gesellschaften prägenden wie zersetzenden Strukturmerkmalen) freien Sozialismus oder „Marxismus“ einzutreten oder eingetreten zu sein, haben sich im Gefolge der Ereignisse nach 1989 von diesen Projekten oder „Ismen“ abgewandt. Damit tritt auf der ideologischen – oder genauer: theoretischen – Ebene das gleiche Phänomen auf wie auf der parteipolitischen. Die Nachfolgepartei der poststalinistischen SED maßt sich, ohne mit ihrer Vorgängerin radikal genug gebrochen zu haben, den Namen „Partei des *Demokratischen* Sozialismus“ an. Und einige derjenigen, die an den Theorie- und Geschichtsinstituten der alten Partei für die Kanonisierung des „Marxismus-Leninismus“ zuständig waren, haben zwar mittlerweile die Bindestrich-Ideologie abgelegt, verkaufen aber nunmehr ihre vom „alten Denken“ vielfach nur notdürftig entschlackten Theorieprodukte als solche „des Marxismus“. Wenn schon alle Traditionen und Werte der alten Gesellschaft – so wird dabei oftmals argumentiert – der „Abwicklung“ anheimfallen, dann will man wenigstens an dieser Theorietradition weiter fest- und die Fahne hochhalten.

Die Skepsis, ob es heute noch Sinn macht, „Marxismus“ als positiven und aussagefähigen Begriff zu verwenden, rührt aber nicht in erster Linie daraus her, daß ihn heute möglicherweise die „Falschen“ zur Selbstcharakterisierung benutzen. Bedeutsamer ist, daß es nahezu keine Frage von aktuell-politischer oder allgemeintheoretischer Bedeutung mehr gibt, die nicht unter Bezugnahme auf Marx oder den „Marxismus“ mit jeweils diametral entgegengesetzten Antworten versehen würde (teilweise mit einer sich neu entwickelnden Unduldsamkeit und einem Wahrheitsanspruch, als hätte die sozialistische Bewegung nicht allen Anlaß, den Zweifel an die erste Stelle ihrer Prioritätenliste zu stellen). Seien es die Fragen von Krieg und Frieden (Irak/Israel/USA; Ex-Jugoslawien), die von Internationalität und Nationsbildung; Vorrang globaler (u.a. ökologischer) oder der von „Klassen“-Fragen; europäische Integration ja oder nein; Arbeiterklasse als historisches Subjekt ja oder nein; Marktsozialismus und/oder Festhalten an Planwirtschaft usw. usw. – alle diese heute durchaus bedeutsamen Zukunfts- und Überlebensfragen finden „Marxisten“ auf der einen wie auf der anderen Seite des Diskurses, mit sich meist ausschließenden Positionen (in der Theorie wie in den praktischen Konsequenzen). Vielfach werden dabei Bezugnahmen auf Marx und eigene – oft mit dessen Denken unvereinbare – Vorstellungen in einer Weise verquickt, daß eine Entschlüsselung faktisch fast unmöglich wird.

Eine derartige – durchaus in sympathischer Absicht unternommene – Überladung des Begriffs „Marxismus" findet auch dort statt, wo er als Arbeitsbegriff für das bedeutsame Projekt eines „Historisch-kritischen Wörterbuchs des Marxismus" gerettet werden soll. Im Sinne eines positiven Verständnisses scheint es uns zunächst schon nicht sonderlich viel Sinn zu machen, die „Einsperrung in den Begriff Marxismus" nun gerade übelmeinenden Kräften von außen zuzuschreiben, die – angeblich zur Stigmatisierung – herrschaftskritisches Denken insgesamt mit dem Begriff „Marxismus" versehen. Daraus wird nun nicht der Schluß gezogen, diesen stigmatisierten Begriff als unbrauchbar fallen zu lassen. Vielmehr wird er nun von den Autoren selbst im Umkehrschluß mit all dem aufgeladen, was ihn angeblich stigmatisiert:

„Es sind u.a. die unter dem Schulnamen Marxismus versammelten Denkvorschläge, die nicht dem Vergessen preisgegeben werden sollen, wie es umgekehrt die unter dem gleichen Namen veranstalteten Fehler und Dogmatismen sind, die es aufzuarbeiten, zu kritisieren gilt. Insofern ist das Projekt des Historisch-kritischen Wörterbuchs des Marxismus zugleich eines, welches sowohl die unter dem Namen von Marx und in seiner Tradition geschriebenen und politisch vertretenen Paradigmen diskutiert als auch alles herrschaftskritische Denken aufnimmt und in die Zukunft und für sie aufzubereiten sucht."[102]

Die Volte ist schon recht merkwürdig zu nennen. Weil alles herrschaftskritische Denken mit dem Begriff „Marxismus" stigmatisiert wird, wird diesem nun einfach selbst in aller Breite der Begriff übergestülpt. Danach macht es allerdings nun überhaupt keinen Sinn mehr, nach Abgrenzungen wie Übereinstimmungen zu anderen philosophischen wie politischen Denkrichtungen – seien sie innerhalb des Sozialismus, des Kommunismus, des Anarchismus usw. oder außerhalb angesiedelt (etwa ökologische oder liberale herrschaftskritische Ansätze) – zu suchen. „Marxismus" als Begriff nimmt damit endgültig die Form absoluter Beliebigkeit an. Im übrigen halten wir das Argument des Stigmas nur für bedingt zutreffend. Denn es betrifft ja nur die „Gegenseite". „Marxismus" als Selbstcharakterisierung ist jedoch für viele Individuen wie Gruppen auf der Linken vielfach immer noch so etwas wie ein „Qualitätssiegel", ohne das man nicht auszukommen können glaubt. Was allerdings ein Begriff noch zu leisten vermag, der in mittlerweile derartig eklatanter Weise der Beliebigkeit anheimfällt, ist in den letzten Jahren nicht wirklich neu beantwortet worden.[103]

An anderer Stelle wird – sicherlich in gewisser Übereinstimmung mit der von uns im methodischen Einleitungsteil zitierten zweiten Feuerbach-These – darauf

102 Haug/Krätke 1996, S. 8. Krätke weist an anderer Stelle selbst zutreffend darauf hin, daß sich etwa Rudolf Hilferding bereits 1910 entschieden gegen die falsche Auffassung gewandt habe, „Marxismus mit Sozialismus schlechthin zu identifizieren"; vgl. Krätke 1996, S. 74. Ausgesprochen anregend ist im übrigen sein Versuch einer Periodisierung der „Geschichte des Marxismus", ebda., S. 81ff.

103 Vgl. zu diesem Zusammenhang auch Schöler 1995b, S.621f.

verwiesen, daß „Marxismus" kein Gütesiegel sei, sondern als Kriterium „die Praxis" habe.[104] Das mag berechtigt sein, würde aber – mit Blick auf die verbliebenen Reste sozialistischer Bewegungen, die sich selbst noch mit dem Begriff „marxistisch" klassifizieren – ausgesprochen traurig ausfallen. Heute noch ernsthaft von einer relevanten politischen Bewegung zu sprechen, die unter der Leitorientierung eines „marxistischen" Gesellschaftsverständnisses aktiv und erkennbar wirksam wäre, erscheint im nationalen wie im internationalen Zusammenhang – mit Verlaub – eher lächerlich. Mein Eindruck und meine subjektive Erfahrung ist eher die, daß am ehesten da, wo sich einzelne aus den gedanklichen Zusammenhängen – um nicht zu sagen: Zwängen – der „Ismen" herausgearbeitet haben, das Denken als neugierige Suche unter Einschluß und angetrieben von Zweifeln und Fragen eine neue produktive Qualität gewinnt (und in diesem – methodischen – Sinne dem kritischen Denker Marx am ehesten gerecht wird).

Nun gibt es den in diesem Zusammenhang abschließend zu erörternden, sicherlich berechtigten und verständlichen Versuch, den Begriff „Marxismus" nur noch auf seinen theoretischen Ursprung, d.h. das Werk von Marx und Engels selbst, zu beziehen, „im Original und ohne Zusätze oder Interpretationen durch andere".[105] Verständlich ist der Versuch aus den bereits dargelegten Gründen. Es muß allerdings darauf hingewiesen werden, daß eine derartige Orientierung im Sinne eines „Zurück zum authentischen Marx" noch jede Debatte um die „Krise des Marxismus" begleitet hat, sei es in den zwanziger, sei es in den vierziger, sei es in den achtziger Jahren.[106] Die Lage ist seitdem sicherlich nicht übersichtlicher geworden. Es fragt sich zudem, ob dieser Versuch gelingen kann. Wir müssen hinzufügen, daß es dabei darum gehen soll, die ganzheitliche Struktur, d.h. ihre dialektische Seite, herauszuarbeiten.[107] Genau da entstehen allerdings erneut unsere Zweifel. Die Schwierigkeiten beginnen bereits damit, daß jede Rekonstruktion einen subjektiven Anteil enthält: Was wähle ich aus, was lasse ich weg, welche Schwerpunkte setze ich, wie gehe ich mit gedanklichen Weiterentwicklungen und Brüchen im Denken von Marx und Engels um, wähle ich eine statische oder dynamische Darstellungsweise? Sicher, der Begriff der Dialektik legt letzteres nahe. Aber ist dessen Identifikation mit „ganzheitlich" wirklich zutreffend oder gar zulässig?

Ein gewichtiger Einwand besteht schon darin, daß selbst das Marxsche „Hauptwerk", beginnend mit dem „Kapital", unvollendet geblieben ist. Ursprünglich hatte Marx nämlich beabsichtigt, daneben fünf weitere Bände über das Grundeigentum, die Lohnarbeit, den Staat, den Außenhandel und den Weltmarkt zu

---

104 Bergmann 1996, S. 14.

105 Oertzen 1994b, S. 6.

106 Vgl. für die jeweiligen Phasen nur exemplarisch Bauer 1923, Frölich 1949, Haug 1983.

107 Oertzen 1994b, a.a.O.

schreiben.[108] Auch Engels hat den vorläufigen, unabgeschlossenen Charakter der eigenen theoretischen Anstrengungen schonungslos zugestanden:

„Die politische Ökonomie als die Wissenschaft von den Bedingungen und Formen, unter denen die verschiednen menschlichen Gesellschaften produziert und ausgetauscht und unter denen sich demgemäß jedesmal die Produkte verteilt haben – die politische Ökonomie in dieser Ausdehnung soll jedoch erst geschaffen werden. Was wir von ökonomischer Wissenschaft bis jetzt besitzen, beschränkt sich fast ausschließlich auf die Genesis und Entwicklung der kapitalistischen Produktionsweise."[109]

Im übrigen ist es fast eine Banalität festzustellen (und nur aufgrund früherer „Kanonisierungen" überhaupt erwähnenswert), daß auch Engels zu unterschiedlichen Zeiten unterschiedlich gedacht hat. Gleiches gilt natürlich für Marx. Zudem haben sie sich zwar immer wieder neu miteinander verständigt, sich vergewissert, aber es lassen sich unschwer Differenzen des Denkens des einen zu dem des anderen aufzeigen. Wie sollte es auch anders sein! Wenn wir den Begriff des „Ganzheitlichen" positiv verwenden wollen, dann allenfalls in der Weise, daß sich ihr Denken auf die „Totalität" gesellschaftlicher Verhältnisse bezog, also keine voneinander getrennte Analysen und damit Fachpolitiken kennt (woraus sich – wie wir noch sehen werden – zugleich gravierende Probleme ergeben).

Aber schon hinsichtlich der Konsequenzen aus dieser Einsicht wird es problematisch. Soll dies so verstanden werden, daß mit der Falsifizierung nur eines Teils der Marxschen Theorie das gesamte Gebäude stürzt, dann können wir bereits jetzt vorwegnehmend sagen, daß es gemeinsam mit dem tönernen Koloß „Sowjetsozialismus" implodiert wäre. Ganzheitlichkeit des Marxschen Denkens kann sich also wohl kaum auf ein hermetisches Abgeschlossensein, auf eine zwingende, formallogisch aufgebaute Gedankenkette beziehen. Sie würde der dem Marxschen Denken selbst eigenen Herausarbeitung der historischen und gesellschaftlichen Bedingtheit von Erkenntnis im übrigen zutiefst widersprechen. Marx und Engels haben immer wieder geirrt (auch „Marxisten" sollten dies problemlos zugestehen), aber sie haben methodisch den Irrtum, die Frage und die Kritik zu außerordentlich produktiven Faktoren des Erkenntnisfortschritts entwickelt. Oskar Negt ist ausdrücklich zuzustimmen, wenn er darauf hinweist, daß man den ganzen Theoriezusammenhang verdreht, nicht nur Nuancen verändert, wenn man die *Kritik* als Bewegung aus der Marxschen Theorie herausnimmt und damit auch die Radikalität der Kritik an den jeweiligen Verhältnissen.[110]

Wir haben im Zusammenhang unserer Überlegungen selbst hin und wieder den Begriff der *Marxschen Theorie* verwendet. Streng genommen, muß auch diese Kate-

108 Vgl. Vollgraf 1993, S. 42 sowie Jungnickel 1993.

109 Engels, Herrn Eugen Dührings Umwälzung der Wissenschaft (1878), MEW, Bd. 20, S. 139.

110 Negt 1992, S. 26. Dieser Hinweis ist weder hier noch bei Negt als Einwand gegen die Auffassung Oertzens, a.a.O., gemeint, der diese Einsicht sicherlich teilen dürfte.

gorisierung problematisiert werden, enthält sie doch – wie Helmut Fleischer zu Recht herausstellt – ebenfalls zumindest die Suggestion einer gewissen Geschlossenheit, einer „integral-systemischen Einheit“, wie er es nennt. Eine solche habe aber das analytische und das praxisbegleitende theoretische Denken von Marx in seiner Historizität schlechterdings gar nicht gehabt.[111] Diese Sichtweise entspricht uneingeschränkt unserem bisherigen Gedankengang. Wenn hier also von „Marxscher Theorie“ die Rede ist, dann meint dies nicht mehr als die Gesamtheit des – durchaus inhomogenen – Denkens von Marx (oft verknüpft mit dem von Engels).

Insoweit bleibt die eigentliche Aktualität des Marschen Denkens als *Methode* kritischer Gesellschaftsanalyse und -theorie. Ja, Georg Lukacs war sogar der Auffassung, daß sich die Orthodoxie in Sachen Marxismus „ausschließlich auf die Methode“ beziehe, daß man orthodoxer Marxist bleiben könne, auch wenn die „neuere Forschung […] die sachliche Unrichtigkeit sämtlicher einzelner Aussagen von Marx einwandfrei nachgewiesen“ hätte.[112] Lukacs ist sicherlich insoweit zuzustimmen, als die Methode des „historischen Materialismus“, wie sie auch genannt wird, wohl am ehesten die Zeiten und die wissenschaftliche Kritik überdauert hat und überdauern wird. Mit Sicherheit steckt hier der bleibende Kern des Marxschen Denkens. Dafür braucht es aber keiner Überhöhung zu einem „Ismus“. Unter den geschilderten Bedingungen schadet und verschleiert der Begriff „Marxismus“ mehr, als er sinnvoll zu beschreiben in der Lage wäre. Wenigstens vorübergehend sollte sich eine politische und intellektuelle Linke, die ernst genommen werden will, von ihm verabschieden. Die positive Bedeutung gerade der Marxschen Methode mit ihren Potentialen und ihren Grenzen hat unseres Erachtens schon frühzeitig am klarsten (und noch ein Stück differenzierter als Lukacs) der theoretische Kopf der österreichischen Sozialdemokraten der Zwischenkriegszeit (aufgrund ihrer eigenständigen Theorieentwicklung „Austromarxisten“ genannt) Otto Bauer auf den Punkt gebracht und damit – sicher, ohne es zu wollen – ebenfalls faktisch für eine Überwindung eines „Marxismus“ plädiert, eines Begriffes, den er allerdings selber weiter verwendete:

„Das ist die Aufgabe, die nun Marxens Schule gestellt ist: Mit den Arbeitsmitteln, die Marx uns gelehrt, mit den schöpferischen Methoden historischer und ökonomischer Forschung, die wir von Marx gelernt, die neuen Tatsachen zu erforschen, die neuen Erfahrungen zu verarbeiten, die neuen Tatsachen des kapitalistischen Wirtschaftslebens, die neuen Erscheinungen der Massenbewegung des Proletariats, die neuen Erfahrungen der Revolution. Kein Zweifel: Solche Bearbeitung von Erfahrung wird so manchen Satz Marxens, der aus ganz anderen Erfahrungen geschöpft war, berichtigen. […] Nicht wenn wir an Marxens Worten haften, sondern wenn wir Marxens Methoden anwenden, um die neue Welt zu begreifen, die neue Zeit zum Bewußtsein ihrer selbst zu bringen, erfüllen wir Marxens Vermächt-

111 Fleischer 1996, S. 35.
112 Lukacs 1923, S. 13.

nis. Und wenn, wie es schlechthin unvermeidlich ist, diese Arbeit in manchem Belange über Marxens eigene Erkenntnis weit hinausführt, so manche von Marxens Vorstellungen ergänzt oder berichtigt, offenbart sich doch erst darin die schöpferische Energie Marxens Geistes: Es ist Marxens Methode, die über Marxens Thesen hinweg weiterführt; es ist Marx, der Marx überwindet."[113]

3.2 Der „Kern" der Marxschen Geschichtsphilosophie

Genug der methodischen Vorüberlegungen, zurück zu Marx und Engels selbst (und in einer Fassung, wie es uns in bezug auf „Authentizität" und mit Blick auf unseren Untersuchungsgegenstand am angemessensten erscheint). Worin diese Methode besteht, wodurch ihr Denken geleitet wird, erfahren wir auf komprimierte Weise anhand einer Textstelle, die wegen ihrer Klarheit und Komplexität immer wieder zitiert wird:

„Die Produktionsweise des materiellen Lebens bedingt den sozialen, politischen und geistigen Lebensprozeß überhaupt. Es ist nicht das Bewußtsein der Menschen, das ihr Sein, sondern umgekehrt ihr gesellschaftliches Sein, das ihr Bewußtsein bestimmt. Auf einer gewissen Stufe ihrer Entwicklung geraten die materiellen Produktivkräfte der Gesellschaft in Widerspruch mit den vorhandenen Produktionsverhältnissen oder, was nur ein juristischer Ausdruck dafür ist, mit den Eigentumsverhältnissen, innerhalb derer sie sich bisher bewegt hatten. Aus Entwicklungsformen der Produktivkräfte schlagen diese Verhältnisse in Fesseln derselben um. Es tritt dann eine Epoche sozialer Revolution ein. Mit der Veränderung der ökonomischen Grundlage wälzt sich der ganze ungeheure Überbau langsamer oder rascher um [...]

Eine Gesellschaftsformation geht nie unter, bevor alle Produktivkräfte entwickelt sind, für die sie weit genug ist, und neue höhere Produktionsverhältnisse treten nie an die Stelle, bevor die materiellen Existenzbedingungen derselben im Schoß der alten Gesellschaft ausgebrütet worden sind [...]

[Es] wird sich stets finden, daß die Aufgabe selbst nur entspringt, wo die materiellen Bedingungen ihrer Lösung schon vorhanden oder wenigstens im Prozeß ihres Werdens begriffen sind."[114]

Es gibt wohl keine Stelle im Marxschen Werk, in der die verschiedenen grundlegenden Gesichtspunkte seines Denkansatzes so komprimiert und konsistent zugleich zusammengefaßt sind. Arbeiten wir also die für unseren weiteren Gedankengang wesentlichen Aspekte heraus: Der Textausschnitt läßt schon erkennen, daß – so sehr auch ein ethischer und moralischer Impuls in diesem Denken steckt – Marx darin jedoch nicht die eigentlichen Antriebskräfte des historischen Prozesses sieht.

113 Bauer 1923, S. 50f.

114 Marx, Vorwort zur Kritik der Politischen Ökonomie (1858/59), MEW, Bd. 13, S. 8f.

Ihm geht es um das Aufspüren des jeweiligen gesellschaftlichen Widerspruchspotentials in den verschiedenen Epochen, aus dem sich für ihn zugleich das Veränderungspotential entwickelt. Damit unterscheidet er seinen Denkansatz bewußt und gewollt von all denjenigen, die er und Engels im „Kommunistischen Manifest" mit diversen, wenig schmeichelhaften Charakterisierungen wie „reaktionärer", „feudaler" oder auch „kritisch-utopischer" Sozialismus belegen[115], die – insbesondere letztere – aus der Wahrnehmung der schreienden Ungerechtigkeit ungleicher Reichtumsverhältnisse (seien sie materieller oder kultureller Natur) Vorstellungen über eine bessere, gerechtere, sozialere Gesellschaft entwickeln, sozialistische „Zukunftsvisionen" entwerfen. Wir werden noch sehen, daß darin Stärken und Schwächen des Marxschen Sozialismusverständnisses zugleich stecken. Es sind für Marx und Engels dabei die ökonomischen Verhältnisse, denen ihr besonderes Augenmerk gilt, weil sie „in letzter Instanz" ausschlaggebend für die weiteren gesellschaftlichen Prozesse sind.

Daß es dabei um kein eindimensionales, mechanistisches Abhängigkeitsverhältnis geht, sondern um eine dialektische Beziehung, hat Friedrich Engels in Beantwortung kritischer Einwände bzw. Anfragen zu erläuternder Aufklärung später noch einmal klarstellend dargelegt: Nach materialistischer Geschichtsauffassung sei das *in letzter Instanz* bestimmende Moment in der Geschichte die Produktion und Reproduktion des wirklichen Lebens. Die Auffassung, das ökonomische Moment sei das *einzig* bestimmende, verwandele diesen Satz in eine nichtssagende, abstrakte, absurde Phrase, vielmehr gebe es eine Wechselwirkung der verschiedenen Momente der Basis wie des Überbaus.[116]

3.3 Die Widerspruchsdynamik der kapitalistischen Produktionsweise

Marx schildert in seinem ökonomischen Hauptwerk „Das Kapital" ausführlich den historischen Prozeß der Herausbildung einer dominierend kapitalistischen Produktionsweise im Gefolge sogenannter ursprünglicher Akkumulation. Sobald dieser Umwandlungsprozeß nach Tiefe und Umfang die alte Gesellschaft hinreichend zersetzt hatte, sobald die Arbeiter in Proletarier, ihre Arbeitsbedingungen in Kapital verwandelt wurden, sobald die kapitalistische Produktionsweise auf eigenen Füßen stand, gewannen die weitere Vergesellschaftung der Arbeit und die weitere Verwandlung der Erde und anderer Produktionsmittel in gesellschaftlich ausgebeutete, also gemeinschaftliche Produktionsmittel und daher die weitere Expropriation bisheriger Privateigentümer eine neue Form. Was – so Marx – als Aufgabe jetzt ansteht, was jetzt zu expropriieren ist, ist nicht mehr länger der selbstwirtschaftende Arbeiter, sondern der viele Arbeiter ausbeutende Kapitalist. Diese Expropriation

---

115 Marx/Engels, Manifest ..., a.a.O., S. 482ff.

116 Engels, Brief an Joseph Bloch vom 21.9.1890, MEW, Bd. 37, S. 463.

vollzieht sich durch das Spiel der immanenten Gesetze der kapitalistischen Produktion selbst, durch die *Zentralisation* der Kapitale. Je ein Kapitalist schlägt viele tot. So entwickele sich die kooperative Form des Arbeitsprozesses auf stets wachsender Stufenleiter, die Ökonomisierung aller Produktionsmittel durch ihren Gebrauch als Produktionsmittel kombinierter, gesellschaftlicher Arbeit, die Verschlingung aller Völker in das Gesetz des Weltmarkts und damit der internationale Charakter des kapitalistischen Regimes. Je weiter dieser Prozeß voranschreite, um so mehr nähere man sich dem Punkt, wo die Zentralisation der Produktionsmittel und die Vergesellschaftung der Arbeit unverträglich werden mit ihrer kapitalistischen Hülle: Sie wird gesprengt. Die Stunde des kapitalistischen Privateigentums schlägt. Die Expropriateurs werden expropriiert.[117]

Was sich hier zunächst wie eine zwangsläufig verlaufende Entwicklung von Konzentration und Zentralisation des Kapitals liest, die schließlich unweigerlich auf einen Umschlagspunkt zutreibt (und vielfach auch so interpretiert worden ist), ist von Marx selbst in seinen Vorarbeiten zum „Kapital" gedanklich differenzierter, wenn man so will: dialektischer, entwickelt worden. Hier schreibt er:

„Eben die Productivität und daher Masse der Production, Masse der Bevölkerung und Masse der Surplusbevölkerung, die diese Productionsweise entwickelt, ruft mit frei gewordnem Capital und freigewordner Arbeit beständig neue Geschäftszweige hervor, in denen das Capital wieder auf kleiner Stufenleiter arbeiten kann und wieder die verschiednen Entwicklungen durchlaufen, bis auch in diesen neuen Geschäftszweigen mit der Entwicklung der capitalistischen Production die Arbeit auf gesellschaftlicher Stufenleiter betrieben [...] Dieser Prozeß beständig."[118] Und in einem ähnlichen Zusammenhang heißt es dann: „Wäre dies nicht der Fall, so wäre die bürgerliche Production sehr einfach und bald bei ihrer Katastrophe angelangt."[119]

Nimmt man diese Überlegung ernst, dann gibt es keine *absolute* Schranke für die Kapitalverwertung und damit auch keinen zwangsläufigen Umschlagspunkt, denn es handelt sich um einen beständigen Prozeß. Diese Passagen finden sich allerdings nur in den Vorstudien zum „Kapital", nicht aber in seiner publizierten Fassung. Dort lesen wir nur eine diesen Zusammenhang allerdings argumentativ stützende Passage, in der die Öffnung neuer Märkte durch neu entwickelte gesellschaftliche Bedürfnisse beschrieben wird.[120] Diese Tatsache des Nicht-Publizierten der zitierten Schlüsselpassage macht es durchaus erklärlich, daß in der tradierten Fassung auch

117 Marx, Das Kapital. Kritik der politischen Ökonomie, Erster Band (1867/1890), MEW, Bd. 23, S. 790f.

118 Ders., Zur Kritik der politischen Ökonomie (Manuskript 1861-1863), MEGA, Abt. II, Bd. 3, Teil 6, Berlin 1982, S. 2143. Uns sind die Gründe nicht bekannt, die Marx dazu bewogen haben, diesen Gedankengang nicht ins „Kapital" mit aufzunehmen und auch ansonsten nicht weiter zu systematisieren.

119 Ebda., S. 2273.

120 Ders., Das Kapital ... Erster Band, a.a.O., S. 61.

des sozialdemokratischen „Parteimarxismus“ Kautskyscher oder Bebelscher Prägung so häufig von der „Naturnotwendigkeit“ des kapitalistischen Zusammenbruchs die Rede ist.

Die ganze Imperialismusdebatte der Zweiten und Dritten Internationale lebt ja gerade von dem Streit um die Frage, welche tatsächlichen Schranken einer kapitalistischen Ausdehnung entgegenstehen, ob seine Ausdehnungsgrenze erreicht ist, wenn er sich als weltumspannendes System entwickelt hat.[121] Es ist in diesem Zusammenhang kein Zufall, daß der ursprünglich in der deutschen Übersetzung korrekt wiedergegebene Titel der Leninschen Schrift „Der Imperialismus als *jüngste* Etappe des Kapitalismus“ später in ein *höchstes* Stadium verändert, um nicht zu sagen verfälscht wurde[122], um das bevorstehende Ende der kapitalistischen Formation klarer auf den Begriff zu bringen. Selbst Friedrich Engels ist die Bedeutung dieser Vorarbeiten von Marx – sollte er sie gekannt haben – nicht aufgegangen. 1892 schreibt er, die kapitalistische Produktion könne nicht stabil werden, sie müsse wachsen und sich ausdehnen, oder sie müsse sterben. Der notwendig dynamische Charakter dieser Produktionsweise ist damit zutreffend beschrieben. Aber im Anschluß daran heißt es dann – stichwortgebend für alle „Zusammenbruchstheoretiker“: „[...] diese fortwährende Ausdehnung wird jetzt unmöglich.“[123]

Wir werden zu diesem Problemkomplex aus einem zentralen Grund später noch einmal genauer zurückkehren müssen: Wenn es richtig war, daß der „imperialistische Kapitalismus“ sein letztes oder „höchstes“ Stadium erreicht hatte, dann war es natürlich durchaus naheliegend, seinen Zusammenbruch, die „Sprengung der kapitalistischen Hülle“, etwas zu beschleunigen, nicht auf das „Reifen“ der Zustände zu warten. Für Marx selber hingegen gilt, daß er einen gewichtigen Grund für eine nicht durch abstrakte Schranken begrenzte Entwicklungsfähigkeit der kapitalistischen Produktionsweise durchaus erkannt hatte. Anders als es die hier von Engels zitierte Verwendung des Begriffs „Ausdehnung“ nahelegt[124], hatte Marx im zweiten Band des „Kapitals“ eine differenzierte Sichtweise darauf vorgestellt. Er nennt dies „Reproduktion auf erweiterter Stufenleiter“. Der wieder in Geld verwandelte Teil des fixen Kapitalwerts könne nämlich sowohl dazu dienen, das Geschäft

---

121 Vgl. u.a. Lenin 1926; Luxemburg 1913; Sternberg 1926.

122 Lenin 1926 und ders., Der Imperialismus als höchstes Stadium des Kapitalismus. Gemeinverständlicher Abriß (1917), in: LW, Bd. 22 (1971), S. 189ff.

123 Engels, Vorwort zur 2. deutschen Ausgabe der „Lage der arbeitenden Klasse“ (1892), MEW Bd. 22, S. 327.

124 Daß Engels der Gedanke der Effektivierung durch Intensivierung der Produktion durchaus bekannt war, läßt sich in einer seiner populärsten Arbeiten nachlesen. Dort ist auch von einem quantitativen und qualitativen Ausdehnungsbedürfnis die Rede; vgl. Engels, Herrn Eugen Dührings Umwälzung der Wissenschaft (1878), MEW, Bd. 20, S. 256f. Es steht zu vermuten, daß die zuvor zitierte Bemerkung mit seiner Neigung korrespondierte, eine *ökonomische* Begründung für seine mehrfach geäußerte *politische* Prognose zu liefern, wonach die proletarische Umwälzung in dem einen oder anderen Land bevorstehe.

zu erweitern, als auch dazu, Verbesserungen an den Maschinen anzubringen, welche deren Wirksamkeit vermehren.

Damit sind zwar nicht alle Möglichkeiten einer *intensiven* Ausdehnung des Produktionsmechanismus – etwa durch eine Intensivierung nicht nur der Maschinerie, sondern auch der Ausnutzung von Energie oder der Arbeitskraft[125] – benannt, aber gleichwohl ist ein entscheidender Unterschied herausgearbeitet, der die einer bloß extensiven Entwicklung gesetzten Schranken wieder aufhebt. W.B. Adams zitierend, ist denn auch von „unbegrenzter Ausdehnung" die Rede. Die Unterscheidung in den Worten von Marx: „In kürzren oder längren Abschnitten findet so Reproduktion statt, und zwar – vom Standpunkt der Gesellschaft betrachtet – Reproduktion auf erweiterter Stufenleiter; extensiv, wenn das Produktionsfeld ausgedehnt; intensiv, wenn das Produktionsmittel wirksamer gemacht."[126]

Marx spricht allerdings auch von einer „Schranke" der kapitalistischen Produktion, die aber nicht in gleicher Weise, wie wir es bei Engels gesehen haben, als absolute Schranke verstanden werden kann. Für ihn stellt das Kapital selbst die „wahre Schranke" der kapitalistischen Produktion dar, nämlich daß das Kapital und seine Selbstverwertung als Ausgangspunkt und Endpunkt, als Motiv und Zweck der Produktion erscheinen; daß die Produktion nur Produktion für das Kapital ist und nicht umgekehrt die Produktionsmittel bloße Mittel für eine stets sich erweiternde Gestaltung des Lebensprozesses für die Gesellschaft der Produzenten sind. Marx nennt als Beispiel die Möglichkeit des Kapitaltransfers ins Ausland, wenn es dort zu einer höheren Profitrate beschäftigt werden kann.[127] Diese Schranke gilt aber gerade nicht als „heilige Grenze", sie ist vielmehr eine des Verhältnisses der Produzenten des gesellschaftlichen Reichtums zu den Produkten ihrer Arbeit, wenn man so will: der entfremdeten Verhältnisse, unter denen sie arbeiten, und somit aufhebbar. Das arbeitende Individuum verhält sich zu den Produktivkräften des allgemeinen Reichtums, des Wissens usw. nicht als zu den Bedingungen seines eigenen, sondern fremden Reichtums und seiner eigenen Armut.[128] Es geht also in diesem Zusammenhang nicht um eine abstrakte Grenze, an die die Ausdehnung der Produktionsmöglichkeiten stößt. Wir werden auf diesen Zusammenhang noch zurückkommen.

Marx arbeitet wie kein zweiter die Janusköpfigkeit der sich durch die kapitalistische Entwicklung herausbildenden Resultate heraus. Jedes Ding scheine zur Zeit – so führt er 1856 in einer Rede aus – mit seinem Gegenteil schwanger zu gehen. Die Maschinerie, die mit der wundervollen Kraft begabt sei, die menschliche Arbeit zu verringern und fruchtbarer zu machen, lasse sie zugleich verkümmern und zehre sie

---

125 Was – bezogen auf letztere – Marx als Möglichkeit auch gesehen hat, vgl. Marx, Das Kapital ... Erster Band, a.a.O., S. 469.

126 Ders., Das Kapital. Kritik der politischen Ökonomie. Zweiter Band (1893), MEW, Bd. 24, S. 172.

127 Ders., Das Kapital. Kritik der politischen Ökonomie. Dritter Band (1894), MEW, Bd. 25, S. 260, 266.

128 Ders., Grundrisse der Kritik der politischen Ökonomie (1857/58), MEW, Bd. 42, S. 447.

bis zur Erschöpfung aus. Die neuen Quellen des Reichtums verwandelten sich so durch einen seltsamen Zauberbann zu Quellen der Not. Die Siege der Wissenschaft erschienen erkauft durch einen Verlust an Charakter. Selbst das reine Licht der Wissenschaft scheine nur auf dem dunklen Hintergrund der Unwissenheit leuchten zu können. Dieser Antagonismus zwischen moderner Industrie und Wissenschaft auf der einen und modernem Elend und Verfall auf der anderen Seite und damit der Antagonismus zwischen den Produktivkräften und den gesellschaftlichen Beziehungen der gegenwärtigen Epoche sei eine handgreifliche, überwältigende und unbestreitbare Tatsache.[129]

Dem persönlichen Widerpart des arbeitenden Individuums, dem Fabrikanten oder „Kapitalisten", gilt Marxens Aufmerksamkeit nur in geringem Maße. Sie sind ihm weniger handelnde Personen als selbst Gefangene der stummen Gesetze der kapitalistischen Produktion, die sie – bei Zuwiderhandlung – zum Untergang verurteilen. Die kapitalistische Leitung der Produktion bezeichnet er ihrem Inhalt nach als zwieschlächtig – und zwar wegen der Zwieschlächtigkeit des zu leitenden Produktionsprozesses selbst; denn der ist einerseits gesellschaftlicher Arbeitsprozeß, andererseits Verwertungsprozeß des Kapitals. Nur ihre Form ist eindeutig, nämlich despotisch. Der Kapitalist wird von der Handarbeit entbunden und tritt die Beaufsichtigungsfunktion häufig an besondere Lohnarbeiter (Dirigenten, Manager, Aufseher) ab. Seine eigene Stellung ist nicht rational vermittelt: Er ist nicht Kapitalist, weil er industrieller Leiter ist, sondern er wird industrieller Befehlshaber, weil er Kapitalist ist.[130] Erfolgt die Produktion auf großer Stufenleiter, tritt er den Produzenten endgültig als „Nichtarbeiter" gegenüber.[131]

3.4 Prozesse kapitalistischer Vergesellschaftung

Die in der kapitalistischen Produktionsweise zu beobachtende Tendenz zur Konzentration und Zentralisation betrachten Marx und Engels als wachsende „Vergesellschaftung" der Produktion. Die Produktion ist ein gesellschaftlicher Akt geworden, nur der Austausch und mit ihm die individuelle Aneignung der Waren bleiben individuelle Akte. Das gesellschaftliche Produkt hingegen wird angeeignet vom Einzelkapitalisten. Darin, d.h. dem gesellschaftlichen Charakter der Produktion und der privaten Aneignung der Erzeugnisse, liegt der *„Grundwiderspruch"*, aus dem alle anderen Widersprüche entspringen, in denen die zeitgenössische Gesellschaft sich bewegt und die die große Industrie offen an den Tag bringt.[132]

---

129 Ders., Rede auf der Jahresfeier des „People's Paper" am 14.4.1856 in London, MEW, Bd. 12, S. 3f.

130 Ders., Das Kapital ... Erster Band, a.a.O., S. 351f.

131 Ders., Zur Kritik der politischen Ökonomie (Manuskript 1861-1863), a.a.O., S. 2144.

132 Engels, Die Entwicklung des Sozialismus von der Utopie zur Wissenschaft (1880), MEW, Bd. 19, S. 227. Die Auffassung von Oertzens, der von Marx und Engels entwickelte Grundwiderspruch

Aus diesem Grundwiderspruch erwächst einmal der Gegensatz von Proletariat und Bourgeoisie und ferner der Widerspruch der gesellschaftlichen Organisation in der einzelnen Fabrik und der gesellschaftlichen Anarchie in der Gesamtproduktion. Damit gehen eine Reihe wesentlicher Begleiterscheinungen einher: Die Vervollkommnung der Maschinerie, durch die Konkurrenz zum Zwangsgebot für jeden einzelnen Fabrikanten gemacht, bedeutet zugleich immer wieder Entlassung von Arbeitern, d.h. die Schaffung einer industriellen Reservearmee. Gleichzeitig gehört die schrankenlose Ausdehnung der Produktion zum Zwangsgesetz der Konkurrenz für jeden Fabrikanten, d.h. von beiden Seiten gibt es eine unerhörte Entwicklung der Produktivkräfte. Die Folge ist ein eigentümlicher, sich stetig neu reproduzierender Krisenzyklus: Überschuß des Angebots über die Nachfrage, Überproduktion, Überfüllung der Märkte, zehnjährige Krisen, fehlerhafter Kreislauf: Überfluß hier, von Produktionsmitteln und Produkten – Überfluß dort, von Arbeitern ohne Beschäftigung und ohne Existenzmittel. Diese Widersprüche werden erst in der proletarischen Revolution aufgehoben.[133] Eine Ausweichmöglichkeit, die in der kapitalistischen Gesellschaft angesichts der ständigen Vermehrung von Produktions- und Lebensmitteln bei *relativ abnehmender Arbeiterzahl* bleibt, ist die Ausdehnung der Arbeit in Industriezweige, deren Produkte – wie Kanäle, Warendocks, Tunnels, Brücken usw. – erst in ferner Zukunft Früchte tragen.[134]

Zum Phänomen der Ausdehnung der kapitalistischen Produktionsweise gehört auch der Vorgang, daß sie sich – vollzogen durch die große Industrie – als Weltmarkt ausdehnt.[135] Es klingt vielfach wie eine Beschreibung der Zustände am Ausgang des zwanzigsten Jahrhunderts – und wurde anläßlich der hundertfünfzigjährigen Wiederkehr des Erscheinungsjahrs des „Manifests" auch vielfältig so kommentiert[136] – und weniger wie eine solche der realen Zustände Mitte des vergangenen Jahrhunderts, wenn Marx und Engels die Phänomene dessen beschreiben, was wir heute „globalisierten Weltmarkt" nennen würden. Zur Veranschaulichung ihres prognostischen Weitblicks, der zugleich etwas über ihre analytischen Fähigkeiten aussagt, sei an dieser Stelle ein längeres Zitat erlaubt:

„Die Bourgeoisie kann nicht existieren, ohne die Produktionsinstrumente, also die Produktionsverhältnisse, also sämtliche gesellschaftlichen Verhältnisse fortwährend zu revolutionieren [...] Die fortwährende Umwälzung der Produktion, die ununterbrochene Erschütterung aller gesellschaftlichen Zustände, die ewige Unsicherheit und Bewegung zeichnet die Bourgeoisepoche vor allen anderen aus [...]

Das Bedürfnis nach einem stets ausgedehnten Absatz für ihre Produkte jagt die Bourgeoisie über die ganze Erdkugel. Überall muß sie sich einnisten, überall anbau-

---

sei nicht dieser, sondern eigentlich der zwischen immenser Reichstumsproduktion und Massenarmut, ist also so nicht ganz zutreffend, vgl. Oertzen 1994b, S. 15.

133 Ebda., S. 227f.

134 Marx, Das Kapital ... Erster Band, a.a.O., S. 469.

135 Ders./Engels, Manifest ..., S. 463.

136 Vgl. die in der Einleitung zitierte Literatur.

en, überall Verbindungen herstellen. Die Bourgeoisie hat durch ihre Exploitation des Weltmarkts die Produktion und Konsumtion aller Länder kosmopolitisch gestaltet. Sie hat zum großen Bedauern der Reaktionäre den nationalen Boden der Industrie unter den Füßen weggezogen. Die uralten nationalen Industrien sind vernichtet worden und werden noch täglich vernichtet. Sie werden verdrängt durch neue Industrien, deren Einführung zu einer Lebensfrage für alle zivilisierten Nationen wird, durch Industrien, die nicht mehr einheimische Rohstoffe, sondern den entlegensten Zonen angehörige Rohstoffe verarbeiten und deren Fabrikate nicht nur im Lande selbst, sondern in allen Weltteilen zugleich verbraucht werden. An die Stelle der alten, durch Landeserzeugnisse befriedigten Bedürfnisse treten neue, welche die Produkte der entferntesten Länder und Klimate zu ihrer Befriedigung erheischen. An die Stelle der alten lokalen und nationalen Selbstgenügsamkeit und Abgeschlossenheit tritt ein allseitiger Verkehr, eine allseitige Abhängigkeit der Nationen voneinander [...]

Die Bourgeoisie reißt durch die rasche Verbesserung aller Produktionsinstrumente, durch die unendlich erleichterten Kommunikationen alle, auch die barbarischsten Nationen in die Zivilisation. Die wohlfeilen Preise ihrer Waren sind die schwere Artillerie, mit der sie alle chinesischen Mauern in den Grund schießt [...] Mit einem Wort, sie schafft sich eine Welt nach ihrem eigenen Bilde."[137]

Marx und Engels halten nichts davon, sich künstlich gegen die in der kapitalistischen Produktionsweise enthaltene Dynamik zu stemmen, und sei sie auch noch so zerstörerisch. Die freie Konkurrenz sei die letzte, höchste, entwickeltste Existenzform des Privateigentums. Alle Maßregeln also, die von der Basis des Privateigentums ausgehen und doch gegen die freie Konkurrenz gerichtet seien, seien reaktionär, suchten nur niedrigere Stufen des Eigentums wiederherzustellen, die dann schließlich erneut der Konkurrenz unterlägen, also den alten Zustand wiederherstellten.[138]

Die alte Produktionsweise bereitet ihre eigene Aufhebung aber zum einen durch die Aneignung der großen Produktions- und Verkehrsorganismen, zuerst durch Aktiengesellschaften, später durch Trusts und schließlich durch den Staat, selber vor. In den Trusts schlage die freie Konkurrenz um ins Monopol, kapituliere die planlose Produktion der kapitalistischen Gesellschaft vor der planmäßigen der hereinbrechenden sozialistischen. Da die vorherigen Funktionen der Bourgeoisie jetzt durch besoldete Angestellte erfüllt würden, erweise diese sich bereits als überflüssige Klasse. Die Bildung von Aktiengesellschaften bedeute die Aufhebung des Kapitals als Privateigentum bereits innerhalb der Grenzen der kapitalistischen Produktionsweise selbst. In ihnen komme es zu einer Trennung in wirklich fungierende Kapitalisten als bloße Dirigenten, als Verwalter fremden Kapitals (die entlohnt würden) und bloße Geldkapitalisten, die über den Zins für ihr Kapitaleigentum

137 Ebda., S. 465f.

138 Engels, Die Kommunisten und Karl Heinzen (1847), MEW, Bd. 4, S. 317.

vergütet würden. Ihre einzig verbliebene Funktion beschränke sich auf eine lockere und meist oberflächliche Kontrolle. Somit mache die Entwicklung des kapitalistischen Produktionssystems den Kapitalisten ebenso überflüssig wie den Handweber. In dieser Vergesellschaftungsform noch unter kapitalistischen Verhältnissen erblickte auch Marx einen notwendigen Durchgangspunkt zur Rückverwandlung des Kapitals in Eigentum der Produzenten selbst, eine Übergangsform der kapitalistischen Produktionsweise in die assoziierte.[139]

Während in diesen Aktiengesellschaften der Gegensatz zwischen Arbeit und Kapital erst negativ aufgehoben sei, sei dies in den Kooperativfabriken bereits positiv geschehen, wenn auch nur in der Form, daß die Arbeiter als Assoziation ihr eigener Kapitalist seien, d.h. die Produktionsmittel zur Verwertung ihrer eigenen Arbeit verwendeten. Beide seien Übergangsformen der kapitalistischen Produktionsweise in die assoziierte. Gerade funktionierende Produktiv- und Distributivgenossenschaften seien der Beweis – so Engels 1890 – daß die Umwälzung „schon morgen" erfolgen könne. Ähnlich hatte Marx u.a. schon 1864 festgestellt, sie seien von hohem Wert, da sie durch die Tat bewiesen hätten, daß Produktion auf großer Stufenleiter und mit dem Fortschritt moderner Wissenschaft betrieben werden könne ohne die Existenz einer „Klasse von Meistern". Alleine seien sie aber als Ansatzpunkt noch nicht ausreichend, um die Entwicklung des kapitalistischen Monopols aufzuhalten. Immerhin erblickte er in ihnen – innerhalb der alten Form – das erste Durchbrechen dieser alten Form, obgleich sie überall gezwungen seien, alle Mängel des bestehenden Systems zu reproduzieren.[140]

Zusammengefaßt können wir also festhalten, daß Marx und Engels in den beiden „vergesellschafteten" Formen der Produktion, in der Aktiengesellschaft wie in der Kooperativfabrik, Übergangsformen hin zur neuen Produktionsweise sahen. Aus sich heraus, d.h. „von unten" her, glaubten sie aber nicht, daß sich die genossenschaftliche Form der Produktion würde ausbreiten und durchsetzen können. Engels plädierte zwar für die Subventionierung von Arbeitergenossenschaften, um so den allmählichen Übergang der gesamten Produktion in genossenschaftliche einzuleiten. Aber Marx hatte stets betont, daß sich das Kooperativsystem nur durch eine solche staatliche Förderung und als Entwicklung auf nationaler Stufenleiter verwirklichen lasse, und dies erfordere nach wie vor die vorherige Eroberung der politischen Macht durch die Arbeiterklasse.[141]

139 Ders., Die Entwicklung ..., a.a.O., S. 220, 228; ders., Notwendige und überflüssige Gesellschaftsklassen (1881), MEW, Bd. 19, S. 289; Marx, Das Kapital ... Dritter Band, a.a.O., S. 452f., 456; ders., Das Kapital ... Erster Band, a.a.O., S. 351f.

140 Ders., Brief an Otto v. Boenigk vom 21.8.1890, MEW Bd. 37, S. 447; Marx, Inauguraladresse der Internationalen Arbeiter-Assoziation (1864), MEW, Bd. 16, S. 11f.; ders., Das Kapital ... Dritter Band, a.a.O., S. 456.

141 Marx, Inauguraladresse ..., a.a.O., S. 12; Engels, Brief an August Bebel vom 30.12.1884, MEW, Bd. 36, S. 261.

3.5 Kapitalistische Vergesellschaftung und natürliche Lebensumwelt

Kommen wir zu einer Frage, die sich unmittelbar im Zusammenhang mit der Art und Weise des bisherigen Produzierens stellt: die Auswirkungen kapitalistischer Vergesellschaftung auf die Natur bzw., modern ausgedrückt, die ökologischen Folgen der herrschenden Produktionsweise. Dabei sollte vorausgeschickt werden, daß es vermessen wäre, wollte man bei Marx und Engels ein ähnliches Bewußtsein ökologischer Zusammenhänge voraussetzen, wie wir es in den letzten Jahrzehnten aufgrund einer ganzen Folge zunehmender ökologischer Krisenmomente entwikkelt haben. Es kann an dieser Stelle auch nicht darum gehen, eine möglichst systematische Darstellung ihrer Überlegungen im Geflecht der Beziehungen Mensch – Natur – Produktionsweise vorzustellen.[142]

Ohne daß davon gesprochen werden könnte, daß Marx und Engels eine ihrer Analyse der ökonomischen wie gesellschaftlichen Verhältnisse vergleichbare systematische Durchdringung des Austauschprozesses zwischen Mensch und Natur geliefert hätten, läßt sich zunächst doch zeigen, daß ihre Überlegungen immer auf der Vorstellung der Naturbedingtheit und Naturvermitttheit der menschlichen Gattung und der von ihr initiierten Vergesellschaftungsprozesse beruhten: „Alle Produktion ist Aneignung der Natur von seiten des Individuums innerhalb und vermittelst einer bestimmten Gesellschaftsform.“[143] Und so heißt es auch zu ihrem Geschichtsverständnis: „Wir kennen nur eine einzige Wissenschaft, die Wissenschaft der Geschichte. Die Geschichte kann von zwei Seiten aus betrachtet, in die Geschichte der Natur und in die Geschichte der Menschen abgeteilt werden. Beide Seiten sind indes nicht zu trennen; solange Menschen existieren, bedingen sich Geschichte der Natur und Geschichte der Menschen gegenseitig.“[144]

Bereits die zuvor schon einmal zitierte Passage über die „möglichst rationelle“ Regelung des menschlichen Verhältnisses zur Natur zeigt ihr Problembewußtsein, wenn auch zunächst noch in allgemeinster Form. Im „Kapital“ entwickelt Marx seine Vorstellungen auf der Basis, daß die Erde – verstanden als Synonym für die Gesamtheit der Naturstoffe und -energien – neben der Arbeit allen Gesellschaftsformationen als notwendige Existenzbedingung gemeinsam sei. Deshalb könne auch die Produktion selbst immer nur entsprechend den gegebenen Gesetzmäßigkeiten der Natur verfahren.[145] Aber seine Überlegungen gehen noch weiter und weisen aus, daß er sogar Anhaltspunkte dafür bietet, seinen Denkansatz mit dem Enthropiegedanken zu verknüpfen:

„Und jeder Fortschritt der kapitalistischen Agrikultur ist nicht nur ein Fortschritt in der Kunst, den Arbeiter, sondern zugleich in der Kunst, den Boden zu berauben,

---

142 Vgl. hierzu u.a. Schmidt 1978; Mehte 1981; Tjaden 1990a; Albers/Peter 1986.
143 Marx, Grundrisse ..., a.a.O., S. 9.
144 Ders./Engels, Die deutsche Ideologie (1845/46), MEW, Bd. 3, S. 18.
145 Ders., Das Kapital. ... Erster Band, a.a.O., S. 192.

jeder Fortschritt in Steigerung seiner Fruchtbarkeit für eine gegebne Zeitfrist zugleich ein Fortschritt im Ruin der dauernden Quellen dieser Fruchtbarkeit. Je mehr ein Land [...] von der großen Industrie als dem Hintergrund seiner Entwicklung ausgeht, desto rascher dieser Zerstörungsprozeß. Die kapitalistische Produktion entwickelt daher nur die Technik und Kombination des gesellschaftlichen Produktionsprozesses, indem sie zugleich die Springquellen allen Reichtums untergräbt: die Erde und den Arbeiter."[146]

Engels bestimmt es als notwendiges Ziel, daß der Mensch auch die entfernteren natürlichen Nachwirkungen wenigstens seiner gewöhnlichsten Produktionshandlungen kennen und damit beherrschen lernen müsse. Je mehr dies geschehe, desto mehr würden sich die Menschen wieder als eins mit der Natur nicht nur fühlen, sondern auch wissen. Hinter dieser Auffassung verbirgt sich aber kein fortschrittsgläubiger Wissenschafts- und Technikoptimismus. Er sieht es nämlich durchaus kritisch, daß alle bisherigen Produktionsweisen nur auf das Erzielen des nächsten, unmittelbarsten Nutzeffekts der Arbeit ausgerichtet gewesen seien. Die weiteren, erst in späterer Zeit eintretenden, durch allmähliche Wiederholung und Anhäufung wirksam werdenden Folgen seien dagegen gänzlich vernachlässigt worden.[147] Engels warnt noch an gleicher Stelle:

„Schmeicheln wir uns indes nicht zu sehr mit unseren menschlichen Siegen über die Natur. Für jeden solchen Sieg rächt sie sich an uns. Jeder hat in erster Linie zwar Folgen, auf die wir gerechnet, aber in zweiter und dritter Linie hat er ganz andre, unvorhergesehene Wirkungen, die nur zu oft jene ersten Folgen wieder aufheben [...] Und so werden wir bei jedem Schritt daran erinnert, daß wir keineswegs die Natur beherrschen, wie ein Eroberer ein fremdes Volk beherrscht, wie jemand der außer der Natur steht – sondern daß wir mit Fleisch und Blut und Hirn ihr angehören und mitten in ihr stehen, und daß unsere ganze Herrschaft über sie darin besteht, im Vorzug vor allen anderen Geschöpfen ihre Gesetze erkennen und richtig anwenden zu können."[148]

Marx und Engels kannten durchaus die ökologischen Zerstörungen, die in den vorkapitalistischen Perioden angerichtet worden waren – etwa die katastrophalen Auswirkungen auf die Bodenqualität, die Verkarstung ganzer Landstriche in Spanien und Istrien durch das massenhafte Abholzen von Wäldern für den Flottenbau. Sie interessierte aber vor allem die neue oder – anders ausgedrückt – besondere Qualität dieser Prozesse unter kapitalistischen Bedingungen: Wo nämlich einzelne Kapitalisten um des unmittelbaren Profits willen produzierten und austauschten, könnten in erster Linie nur die nächsten, unmittelbarsten Resultate in Betracht

146 Ebda., S. 529f.

147 Engels, Dialektik der Natur (1873-83), MEW, Bd. 20, S. 453f. Daß Engels in dieser Schrift ansonsten weder methodologisch noch fachwissenschaftlich auf der Höhe der Zeit war, zeigt Wahsner 1992.

148 Ebda., S. 452f.

kommen. Wenn der einzelne Fabrikant oder Kaufmann die hergestellte oder eingekaufte Ware mit dem üblichen Profit verkaufe, so sei er zufrieden, und es kümmere ihn nicht, was nachher aus der Ware und dem Käufer werde. Ebenso verhalte es sich mit den natürlichen Wirkungen derselben Handlungen. Den spanischen Pflanzern in Kuba, die die Wälder an den Abhängen niedergebrannt und in der Asche genug Dünger für eine Generation höchst rentabler Kaffeebäume vorgefunden hätten, seien die Folgen ihres Tuns höchst gleichgültig geblieben: nämlich daß nachher die tropischen Regengüsse die nun schutzlose Dammerde herabschwemmten und nur nackten Felsen hinterließen. Gegenüber der Natur wie der Gesellschaft komme bei der heutigen Produktionsweise vorwiegend der erste, der handgreiflichste Erfolg in Betracht.[149]

Engels beobachtete derartige Prozesse nicht nur in der Ferne. Schließlich waren auch die zeitgenössischen europäischen Fabrikanlagen keine Stätten eines sorgsamen Umgangs mit der Natur. Er beschreibt im „Anti-Dühring" die Tendenz des kapitalistischen Betriebs, auf der Suche nach reinem Wasser die Produktion aufs Land zu verlagern. Schließlich führe die Gesamtproduktion der Fabrikstadt überall zu einer stinkenden Jauche. Nur durch eine Verschmelzung von Stadt und Land werde die Beseitigung der Luft-, Boden- und Wasservergiftung möglich. Eine Lösung dieser Probleme sei aber nur gesellschaftlich erreichbar.[150]

Einen ganz wesentlichen Schluß aus diesen Überlegungen im Zusammenhang mit der ökologischen Frage hat schließlich Marx gezogen, nämlich daß „[...] selbst eine ganze Gesellschaft, eine Nation, ja alle gleichzeitigen Gesellschaften zusammengenommen [...] nicht die Eigentümer der Erde [sind]. Sie sind nur ihre Besitzer, ihre Nutznießer und haben sie als boni patres familias [„gute Familienväter", U.Sch.] den nachfolgenden Generationen *verbessert* zu hinterlassen."[151]

3.6 „Kapitalismus" und Markt

Nähern wir uns nun der Frage, was alles von dieser „großen Umwälzung" erfaßt werden sollte. Mit Bedacht hatten wir bislang zumeist von „kapitalistischer Produktionsweise" gesprochen. Daraus lassen sich zwei Fragestellungen entwickeln: Wie verhält es sich mit dem, was formationstheoretisch gemeinhin mit „Kapitalismus" bezeichnet wird, d.h. was verstanden Marx und Engels darunter, und war die Überwindung einer solchen Formation ihr Ziel? Und zweitens: Welche Rolle spielt für sie die Sphäre der Distribution (wobei wir uns hier zunächst auf die Phase vor der prognostizierten „proletarischen Revolution" beschränken wollen)?

149 Ebda., S. 455.
150 Ders., Herrn Eugen Dührings ..., a.a.O., S. 276.
151 Marx, Das Kapital ... Dritter Band, a.a.O., S. 784 (Hervorhebung von mir, U.Sch.).

Es dürfte manchen überraschen, daß Marx und Engels – wenn wir es denn richtig überblicken – den in Deutschland in den 1860er Jahren durch Johann Karl Rodbertus eingeführten, u.a. auch von Wilhelm Liebknecht aufgegriffenen und später in den Debatten der Zweiten Internationale unmittelbar nach ihnen absolut gängigen Begriff des „Kapitalismus" nicht verwendet haben.[152] Diesem am nächsten kommt der der „kapitalistischen Ära"[153]. Ansonsten sprechen sie von einer „Gesellschaftsform, worin die kapitalistische Produktionsweise vorherrscht"[154], bzw. direkt von einer „kapitalistischen Gesellschaft".[155] Man mag sich fragen, ob hier nicht allzusehr begriffliche Kaffeesatzleserei betrieben wird. Schließlich haben uns Marx und Engels keinerlei Erläuterungen dazu hinterlassen, warum sie diesen „Ismus" nicht verwendet haben. Es gibt allenfalls Hinweise, aus denen aber ablesbar ist, warum wir diesem Gesichtspunkt eine gewisse Bedeutung zumessen. Zunächst einmal ist daran zu erinnern – eigentlich eine Selbstverständlichkeit –, daß Marx von dem historischen Prozeß dieser sich erst langsam durchsetzenden Produktionsweise ausgeht. Kapitalistische Produktion habe es zwar schon in einigen Mittelmeerstädten im 14. und 15. Jahrhundert gegeben, die „kapitalistische Ära" datiere aber erst ab dem 16. Jahrhundert.[156] Der eigentlich „kapitalistische" Charakter der Produktion fußt auf dem *industriellen* Kapital, das nicht nur Aneignung von Mehrwert, sondern auch Schöpfung von Mehrprodukt ist.[157] Zwar drängt dieses industrielle Kapital dazu, sich als Prinzip allen Produzierens durchzusetzen, zu einer „Totalität" zu werden, in diesem Sinne also – wenn man so will – zum umfassenden „Kapitalismus". Er beschreibt diese Tendenz so:

„Wenn im vollendeten bürgerlichen System jedes ökonomische Verhältnis das andre in der bürgerlich-ökonomischen Form voraussetzt und so jedes Gesetzte zugleich Voraussetzung ist, so ist das mit jedem organischen System der Fall. Dies organische System selbst als Totalität hat seine Voraussetzungen, und seine Entwicklung zur Totalität besteht eben [darin], alle Elemente der Gesellschaft sich unterzuordnen oder die ihm noch fehlenden Organe aus ihr heraus zu schaffen. Es wird so historisch zur Totalität. Das Werden zu dieser Totalität bildet ein Moment seines Prozesses, seiner Entwicklung."[158]

---

152 Dies gilt mit einer Ausnahme. In einem Interview der New Yorker „Tribune" lesen wir: „Sie dürfen nicht vergessen, daß für Deutschland im Gegensatz zu anderen Ländern der moderne *Kapitalismus* [Hervorhebung von mir, U.Sch.] etwas völlig Neues ist." Interview der „Tribune" mit Karl Marx, 18.12.1878, MEW, Bd. 34, S. 512. Da es sich nicht um einen von Marx selbst verfaßten Text handelt und wir nichts über eine Autorisierung des Textes bzw. seiner Übersetzung wissen, kann es sich auch um einen Übertragungsfehler bzw. eine eigene Formulierung des interviewenden Journalisten handeln.

153 Marx, Das Kapital ... Erster Band, a.a.O., S. 791.

154 Ders., Theorien über den Mehrwert. Erster Teil (1862/63), MEW, Bd. 26.1, S. 384.

155 Ders., Das Kapital ... Erster Band, a.a.O., S. 743.

156 Ebda.

157 Ders., Das Kapital ... Zweiter Band, a.a.O., S. 61.

158 Ders., Grundrisse ..., a.a.O., S. 203; zur Kritik an diesem Totalitätsbegriff vgl. schon Brie 1991.

Aber trotz dieser – in seinen Worten – „zwieschlächtig“ zu nennenden Darstellung eines Dranges zur Totalität, der sogar historisch zur Totalität wird, einer sich kaum so widerspruchsfrei durchsetzenden Unterordnung *aller* Elemente der Gesellschaft unter eine bestimmte Logik und der problematischen Stilisierung zu einem „organischen System“, behält Marx doch noch den Blick darauf gerichtet, daß sich dies in einem Geflecht von Ungleichzeitigkeiten, des Nebeneinanderexistierens unterschiedlicher Formationen vollzieht (woran wir nicht nur, aber auch die Widersprüchlichkeiten seines eigenen Denkens studieren können):

„Innerhalb seines Zirkulationsprozesses, wo das industrielle Kapital entweder als Geld oder als Ware fungiert, durchkreuzt sich der Kreislauf des industriellen Kapitals, sei es als Geldkapital oder Warenkapital, mit der Warenzirkulation der verschiedensten sozialen Produktionsweisen, soweit letztre zugleich Warenproduktion ist [...] Der Charakter des Produktionsprozesses, aus dem sie herkommen, ist gleichgültig: als Waren fungieren sie auf dem Markt, als Waren gehen sie ein in den Kreislauf des industriellen Kapitals, wie in die Zirkulation des von ihm getragenen Mehrwerts.“[159]

Mit diesen Ausführungen sind wir bei dem Verhältnis von Produktions- und Distributionssphäre im Verständnis von Marx angelangt. Natürlich weiß er, daß das Phänomen des „Marktes“ älter ist als die kapitalistische Produktionsweise, bereits in der Antike existierte. Schon dort sei die Stufenleiter der Arbeitsteilung vom Umfang des Marktes abhängig gewesen.[160] Markt ist für ihn zunächst einmal nur „der allgemeine Ausdruck für die Circulationssphäre überhaupt, im Unterschied zur Productionssphäre“.[161] Markt und Produktion seien grundsätzlich betrachtet „zwei gegeneinander gleichgültige [Momente]“. Da die verschiedenen Prozesse der Warenproduktion auseinanderfallen könnten, erscheine der Markt auch als eine Vielheit von Märkten. Die Warenvielfalt und -masse auf dem Markt hänge wiederum auch davon ab, in welchem Grade die kapitalistische Produktionsweise, die ihre Produkte nur als Ware produziert, entwickelt sei, und von dem Grade, worin sie sich bereits aller Produktionssphären bemächtigt habe. Das Produkt sei nämlich keinesfalls als solches schon Ware und daher eo ipso gegen andere Produkte austauschbar. Die Zirkulationssphäre, d.h. der Markt, sei auch räumlich wie zeitlich von der Produktionssphäre unterschieden.[162]

Der zunächst nüchtern-neutrale Blick Marxens auf das Marktgeschehen zeigt sich auch daran, wie er das Verhältnis von Markt und Produktionsergebnis beschreibt: Die Vorgänge auf dem Markt bewerkstelligen nur den Umsatz der einzelnen Bestandteile der Jahresproduktion, schicken sie von einer Hand in die andere,

---

159 Ders., Das Kapital ... Zweiter Band, a.a.O., S. 113. Zur Erläuterung sei noch angemerkt, daß dieser Text später als vorstehender verfaßt wurde.

160 Ders., Das Kapital ... Erster Band, a.a.O., S. 388; ders., Grundrisse ..., a.a.O., S. 90.

161 Ders., Ökonomische Manuskripte (1863/67), MEGA ,Abt. II, Bd. 4, Teil 1, Berlin 1988, S. 189.

162 Ders., Theorien über den Mehrwert. Zweiter Teil (1861/63), MEW, Bd. 26.2, S. 525.

aber sie können weder die Gesamt-Jahresproduktion vergrößern, noch die Natur der produzierten Gegenstände ändern. Welcher Gebrauch also von dem jährlichen Gesamtprodukt gemacht werden kann, das hängt von dessen eigener Zusammensetzung ab, keineswegs aber von der Zirkulation.[163] Der Blick richtet sich also vorrangig auf die Gegenwart, denn die Käuferreaktionen auf dem Markt können zwar an der bestehenden Produktion nichts mehr ändern, entscheiden aber mit über das Ausmaß des Absatzes dieser Produktion und das künftig angebotene Sortiment. Daß dies Marx nicht völlig entgeht, zeigt sich daran, daß er die Öffnung neuer Märkte durch neu entwickelte gesellschaftliche Bedürfnisse beschreibt.[164]

Weitaus weniger nüchtern und weitaus weniger neutral beschreibt Friedrich Engels die Begleiterscheinungen der Herausbildung von Marktbeziehungen. In der Phase der frühen Zivilisation bilde sich aufgrund einer neuen Stufe der Arbeitsteilung eine neue Klasse heraus, die sich nicht mehr mit der Produktion beschäftige, sondern nur mit dem Austausch der Produkte: die Kaufleute. Damit trete zum ersten Mal eine Klasse auf, die – ohne an der Produktion irgendwie Anteil zu nehmen – sich deren Leitung im großen und ganzen erobere und die Produzenten ökonomisch unterwerfe. Sie mache sich zum unumgänglichen Vermittler zwischen je zwei Produzenten und beute beide aus. Diese Kaufleute sind für Engels bloße Schmarotzer, Parasiten, die als Lohn für sehr geringe wirkliche Leistungen sowohl von der heimischen wie von der fremden Produktion den Rahm abschöpften, dabei immer reicher würden und deren einziges Produkt darin bestehe, periodische Handelskrisen zutage zu fördern.[165]

Marx hingegen betrachtet das Handels- und Marktgeschehen auch in seinen Einzelwirkungen sehr viel abgeklärter. Er weiß auch die durchaus rationale Wirkung der Marktpreise als ausgleichenden Faktor zu schätzen. Abgesehen von der Wirkung von Monopolen und einigen anderen Modifikationen, werden dadurch alle Gattungen von Waren im Durchschnitt zu ihren respektiven Werten oder natürlichen Preisen verkauft.[166] Er beschreibt die beständigen Oszillationen der Marktpreise, ihr Steigen und Sinken, ihre gegenseitige Kompensation, ihr wechselseitiges Sich-Aufheben, ihr Sich-Reduzieren zum Durchschnittspreis, und hebt diese wichtige „Leitstern"-Funktion für jeden Kaufmann und Industriellen hervor.[167]

Was wir allerdings bei Marx feststellen können, ist, daß ihn ansonsten die verschiedenen Ausprägungen von Märkten nicht besonders interessieren. Es sind für ihn dieselben Umstände, die auf der einen Seite die Grundbedingungen der kapitalistischen Produktion hervorrufen und die auf der anderen Seite alle diejenige Warenproduktion allmählich zerstören, die auf Selbstarbeit der Produzenten gründet

163 Ders., Das Kapital ... Erster Band, a.a.O., S. 606.

164 Ebda., S. 641.

165 Engels, Der Ursprung der Familie, des Privateigentums und des Staates (1884), MEW, Bd. 21, S. 161.

166 Marx, Lohn, Preis und Profit (1865), MEW, Bd. 16, S. 128.

167 Ders., Das Kapital ... Erster Band, a.a.O., S. 180.

oder bloß auf dem Verkauf des überschüssigen Produkts als Ware.[168] Damit bleibt – perspektivisch – nur der kapitalistisch geprägte Weltmarkt übrig. Ja, hierin liegt sogar ein Wesenszug, der die ganze Periode charakterisiert: „Das Wesentliche für die kapitalistische Produktion ist die Entwicklung des Produkts zur Ware, die wesentlich mit der Ausdehnung des Markts, Schöpfung des Weltmarkts, also foreign trade, verbunden."[169] Abgesehen von der frühen Entwicklung kapitalistischer Produktion sieht er das dynamische Moment in der Sphäre der *Produktion*, beobachtet damit vorrangig die Funktionsbedingungen von Märkten unter den Bedingungen kapitalistischer Produktionsverhältnisse bzw. das Wechselverhältnis der beiden Sphären zueinander.

Ursprünglich sei der Handel die Voraussetzung für die Verwandlung der zünftigen, ländlich-häuslichen und feudalen Agrikulturproduktion in kapitalistische Produktion gewesen. Er habe das Produkt zur Ware entwickelt, teils indem er ihm einen Markt schaffte, teils durch Schaffung neuer Warenäquivalente. Die Herstellung von Weltmärkten, der Vergleich von Weltmarktpreisen und ihre Realisierung waren in der Frühphase kapitalistischer Entwicklung Aufgaben des Handelskapitals, die diesem so die Herrschaft über das produktive Kapital sicherten. Die Stunde der Maschinerie, d.h. des industriellen Kapitals, schlug in dem Moment, wo die bloß brutale Ausbeutung des Arbeitsmaterials, mehr oder minder schon begleitet von systematisch entwickelter Arbeitsteilung, dem *wachsenden Markt* und der noch rascher wachsenden Konkurrenz der Kapitalisten nicht länger genügte. Jetzt, als große Industrie, schafft sie sich ihrerseits den Markt, erobert ihn, öffnet sich teils gewaltsam Märkte, die sie aber durch ihre Waren selbst erobert. Hat das Handelskapital den äußeren Markt geschaffen, schafft sich das industrielle Kapital den inneren Markt durch die Expropriation eines Teils des Landvolks selbst, und zwar als Arbeitskräfte- wie als Warenmarkt. Es entsteht aus der bisherigen, auf viele lokale und regionale Märkte zerstreuten Kund- wie Anbieterschaft ein großer, vom industriellen Kapital versorgter Markt.[170] Dadurch wird der Handel zum Diener der industriellen Produktion, für die umgekehrt ein stets erweiterter Markt Lebensbedingung geworden ist.[171] Andererseits ist es aber gerade ein Ausdruck der Krisenanfälligkeit des Gesamtsystems, daß der Markt in der Phase kapitalistischer Überproduktion nicht Schritt halten kann.[172]

Sollten diese Passagen den Eindruck entstehen lassen, es gebe eine völlig einseitige Dominanz der Produktionssphäre gegenüber dem Markt, so wäre dies wohl falsch. Zwar gilt, daß für Marx eine bestimmte Produktion eine bestimmte Konsumtion, Distribution, einen bestimmten Austausch prägt und deren Verhältnisse

---

168 Ders., Das Kapital ... Zweiter Band, a.a.O., S. 41f.

169 Ders., Theorien über den Mehrwert. Zweiter Teil, a.a.O., S. 425.

170 Ders., Das Kapital ... Erster Band, a.a.O., S. 775.

171 Ders., Theorien über den Mehrwert. Dritter Teil (1861/63), MEW, Bd. 26.3, S. 461f.; ders., Das Kapital ... Erster Band, a.a.O., S. 495.

172 Engels, Die Entwicklung ..., a.a.O., S. 218f.

zueinander. Aber es hat unmittelbare Rückwirkungen auf die Produktion, wenn der Markt sich ausdehnt.[173] Und es ist umgekehrt der Austausch – und damit der Markt –, der erst im Laufe dieser historischen Entwicklung mehr und mehr über alle Produktionsverhältnisse „übergreift".[174] Dieser Austausch korrespondiert mit dem Zwangsgesetz der Konkurrenz, dem sich jeder Produzent bei Strafe des Untergangs zu unterwerfen hat.[175] Produktion und Markt stehen also in der bürgerlichen Gesellschaft in einem wechselseitigen Bedingungsverhältnis zueinander, allerdings – in der entwickelten kapitalistischen Gesellschaft – mit dem Produktionssektor als bestimmender Größe. Welche Rolle Marx Markt- bzw. Austauschverhältnissen in einer künftigen Gesellschaft zumaß, werden wir später zu untersuchen haben.

3.7 Teilung der Arbeit

Das Bedingungsgefüge der verschiedenen Sphären zueinander drückt sich auch darin aus, daß Marx Austausch und Teilung der Arbeit für die notwendigen zwei Seiten einer Medaille hält.[176] Und Gleiches gilt wiederum für die Teilung der Arbeit und das Privateigentum. Beides seien identische Ausdrücke. In dem einen wird in Beziehung auf die Tätigkeit dasselbe ausgesagt wie in dem andern in bezug auf das Produkt der Tätigkeit.[177] Wenn wir verstehen wollen, worin für Marx der besondere Funktionszusammenhang der kapitalistischen Produktionsweise liegt, müssen wir uns seiner zentralen Kategorie der Arbeitsteilung näher zuwenden. Marx unterscheidet zwei Formen der Arbeitsteilung: die im Innern der Gesellschaft und die innerhalb der Werkstatt (bzw. der Fabrikorganisation), die nicht nur graduell, sondern wesentlich verschieden seien. Die gesellschaftliche Arbeitsteilung hat sich als solche von Viehzüchtern, Gerbern, Schustern usw. entwickelt. Während letztere noch nicht von ihren Arbeitsprodukten entfremdet sind, vollzieht sich der Zusammenhang ihrer verschiedenen Arbeiten dadurch, daß ihre Produkte zu *Waren* werden. So ist die Teilung der Arbeit im Innern der Gesellschaft vermittelt durch den Kauf und Verkauf der Produkte verschiedener Arbeitszweige. Der Zusammenhang der Teilarbeiten in der Manufaktur bzw. der Fabrikorganisation hingegen ist vermittelt durch den Verkauf verschiedener Arbeitskräfte an denselben Kapitalisten, der sie als kombinierte Arbeitskräfte verwendet. Erstere Form der Arbeitsteilung ist eine freiwillige, letztere eine despotische. Denn die manufakturmäßige Teilung der Arbeit setzt die unbedingte Autorität des Kapitalisten über Menschen voraus, während die gesellschaftliche Teilung der Arbeit voneinander unabhängige Warenpro-

173 Marx, Einleitung zur Kritik der Politischen Ökonomie (1857/58), MEW, Bd. 13, S. 631.
174 Ders., Grundrisse ..., a.a.O., S. 90.
175 Engels, Herrn Eugen Dührings ..., a.a.O., S. 252.
176 Marx, Grundrisse ..., a.a.O., S. 91.
177 Ders./Engels, Die deutsche Ideologie, a.a.O., S. 32.

duzenten gegenüberstellt, die keine andere Autorität anerkennen als die der Konkurrenz, also den Zwang, den der Druck ihrer wechselseitigen Interessen auf sie ausübt.[178]

Die eine der beiden Arbeitsteilungen ist althergebracht: Die gesellschaftliche gehört – ob vermittelt oder unvermittelt durch den Warenaustausch – den verschiedenartigsten ökonomischen Gesellschaftsformationen an. Die manufaktur- oder fabrikmäßige Arbeitsteilung hingegen ist eine spezifische Schöpfung der kapitalistischen Produktionsweise.[179] Wenden wir uns also den Folgen der neuartigen Form der Arbeitsteilung zu. Marx beschreibt den damit einhergehenden fortschreitenden Entfremdungsprozeß für die in der industriellen Arbeit Tätigen:

„Die geistigen Potenzen der Produktion erweitern ihren Maßstab auf der einen Seite, weil sie auf vielen Seiten verschwinden. Was die Teilarbeiter verlieren, konzentriert sich ihnen gegenüber im Kapital. Es ist ein Produkt der manufakturmäßigen Teilung der Arbeit, ihnen die geistigen Potenzen des materiellen Produktionsprozesses als fremdes Eigentum und sie beherrschende Macht gegenüberzustellen. Dieser Scheidungsprozeß [...] vollendet sich in der großen Industrie, welche die Wissenschaft als selbständige Produktionspotenz von der Arbeit trennt und sie in den Dienst des Kapitals preßt."[180]

3.8 Teilung der Arbeit und Geschlechterbeziehungen

Marx und Engels war natürlich bewußt, daß die Teilung der Arbeit in der vorfindlichen Gesellschaft wie historisch betrachtet noch eine andere, weiter gefaßte Dimension enthielt. Sehen wir zunächst ihren Zugang zu dieser Frage in der allgemeinsten Form:

„Nach der materialistischen Geschichtsauffassung ist das in letzter Instanz bestimmende Moment in der Geschichte: die Produktion und Reproduktion des unmittelbaren Lebens. Diese ist aber selbst wieder doppelter Art. Einerseits die Erzeugung von Lebensmitteln, von Gegenständen der Nahrung, Kleidung, Wohnung und den dazu erforderlichen Werkzeugen; andrerseits die Erzeugung von Menschen selbst, die Fortpflanzung der Gattung. Die gesellschaftlichen Einrichtungen, unter denen die Menschen einer bestimmten Geschichtsepoche und eines bestimmten Landes leben, werden bedingt durch beide Arten der Produktion: durch die Entwicklungsstufe einerseits der Arbeit, andrerseits der Familie."[181]

In seiner großen (und zugleich umstrittenen), sich an den Forschungen Lewis H. Morgans orientierenden Untersuchung über die historische Genesis u.a. des

---

178 Ders;, Das Kapital ... Erster Band, a.a.O., S. 375ff.

179 Ebda., S. 380.

180 Ebda., S. 382.

181 Engels, Der Ursprung ..., a.a.O., S. 28f.

Geschlechterverhältnisses geht Engels von einer ersten Arbeitsteilung schon in der „urkommunistischen" Gesellschaftsformation aus, die er für „rein naturwüchsig" hält: Sie bestehe nur zwischen den beiden Geschlechtern. Der Mann führe den Krieg, gehe jagen und fischen, beschaffe den Rohstoff der Nahrung und die dazu nötigen Werkzeuge. Die Frau besorge das Haus und die Zubereitung der Nahrung und Kleidung, koche, webe, nähe. Jedes von beiden Geschlechtern sei Herr (!) auf seinem Gebiet, der Mann im Walde, die Frau im Hause. Jedes von ihnen sei Eigentümer der von ihm verfertigten und gebrauchten Werkzeuge: der Mann der Waffen, des Jagd- und Fischzeugs, die Frau des Hausrats. Die Haushaltung sei kommunistisch, werde für mehrere, oft viele Familien erledigt.[182]

Dieser gesellschaftlichen Phase der „Wildheit" habe die sog. „Gruppenehe", der „Barbarei" die „Paarungsehe" und der „Zivilisation" die „Monogamie" entsprochen, letztere aber real nur für die Frau, also „ergänzt" durch Ehebruch des Mannes und Prostitution.[183] Da in ersten beiden Formen zwar die jeweiligen Mütter der Kinder (nicht aber unbedingt der Vater) identifizierbar waren, galt das „Mutterrecht". Von ihr wurde auch das jeweilige Eigentum an die Nachkommen weitergegeben. Dieses Mutterrecht fiel – so Engels –, als im Zuge des Voranschreitens gesellschaftlicher Arbeitsteilung eine Steigerung in allen Zweigen der Produktion gelang: Viehzucht, Ackerbau und häusliches Handwerk. Herden wurden zu neuen Erwerbsmitteln, Kriege lieferten Sklaven zur Ausbeutung fremder Arbeit. Da dem Mann aufgrund von Zähmung und Wartung das Vieh gehörte (und die dagegen eingetauschten Waren und Sklaven), verschwand im Gefolge die Bedeutung der Hausarbeit neben der Erwerbsarbeit des Mannes. Weil die Arbeitsteilung außerhalb der Familie eine andere geworden war, stellte sie auch das bisherige häusliche Verhältnis auf den Kopf. Der Mann übernahm die faktische Herrschaft auch im Hause, das Mutterrecht fiel – es war die „weltgeschichtliche Niederlage des weiblichen Geschlechts". Seitdem datiere die Alleinherrschaft der Männer.[184]

Die Monogamie ist für Engels die erste Familienform, die nicht auf natürliche, sondern auf ökonomische Bedingungen gegründet war, nämlich auf den Sieg des Privateigentums über das ursprüngliche, naturwüchsige Gemeineigentum. Herrschaft des Mannes in der Familie und Erzeugung von Kindern, die nur die seinen sein konnten und die zu Erben seines Reichtums bestimmt waren – dies allein seien die bereits von den Griechen in der klassischen Antike unumwunden ausgesprochenen Zwecke der Einzelehe gewesen. Sie trete damit auf als Unterjochung des einen Geschlechts durch das andere, als Proklamation eines bisher in der ganzen Vorgeschichte unbekannten Widerstreits der Geschlechter. Zugespitzt formuliert er (anknüpfend an Marx):

182 Ebda., S. 155.
183 Ebda., S. 76.
184 Ebda., S. 59ff., 157f. (Zitat: S. 61).

„Die erste Teilung der Arbeit ist die von Mann und Weib zur Kinderzeugung [...] Der erste Klassengegensatz, der in der Geschichte auftritt, fällt zusammen mit der Entwicklung des Antagonismus von Mann und Weib in der Einzelehe, und die erste Klassenunterdrückung mit der des weiblichen Geschlechts durch das männliche."[185]

Die auch in der bürgerlichen Gesellschaft fortbestehende rechtliche Ungleichheit der Geschlechter sei im übrigen nicht die Ursache, sondern die Wirkung der ökonomischen Unterdrückung der Frau. In der alten kommunistischen Haushaltung sei die von den Frauen wahrgenommene Führung des Haushalts (der viele Personen umfaßt habe) ebensogut eine öffentliche, eine gesellschaftlich notwendige „Industrie" gewesen wie die Beschaffung der Nahrungsmittel durch die Männer. Erst später habe die Führung des Haushalts diesen Charakter verloren, sei ein Privatdienst geworden, die Frau eine Dienstbotin, aus der Teilnahme an der gesellschaftlichen Produktion verdrängt. Die große Industrie habe zwar der Proletarierin wieder den Weg zur gesellschaftlichen Produktion eröffnet, aber nur zu dem Preis der notwendigen Vernachlässigung ihrer „Pflichten im Privatdienst der Familie".[186]

3.9 Das revolutionäre Subjekt: verelendete Masse oder entwickelte Individuen?

Marx war sich durchaus dessen bewußt, daß der bereits beschriebene Prozeß fortschreitender Verwissenschaftlichung und Rationalisierung des Kapitals, den er in einer Richtung als Prozeß der Entfremdung und Verelendung beschreibt, auch zu Lasten der benötigten Menge lebendiger Arbeit gehen würde. Dies erlaube u.a., einen stets größeren Teil der Arbeiterklasse unproduktiv zu verwenden und so namentlich die alten Haussklaven unter dem Namen „dienende Klasse" wie Bedienstete, Mägde, Lakaien usw. stets massenhaft zu reproduzieren.[187] Während also auf der einen Seite durch die Konzentration und Zentralisation des Kapitals die Zahl der Kapitalmagnaten beständig abnehme, wachse die Masse des Elends, des Drucks, der Knechtschaft, der Entartung, der Ausbeutung, aber auch der Empörung der stets anschwellenden Arbeiterklasse.[188] Bei Engels lesen wir noch knapper davon, daß die kapitalistische Produktionsweise eine „unerträglichen Klassenlage" erzeugt habe, nämlich den „sich täglich verschärfenden Gegensatz von immer wenigern, aber immer reicheren Kapitalisten und von immer zahlreicheren und im ganzen und großen immer schlechter gestellten besitzlosen Lohnarbeitern."[189] Die

185 Ebda., S. 68.
186 Ebda., S. 75.
187 Marx, Das Kapital ... Erster Band, a.a.O., S. 469.
188 Ebda., S. 790f.
189 Engels, Herrn Eugen Dührings ..., a.a.O., S. 140.

Maschinerie werde zum machtvollsten Kriegsmittel gegen die Arbeiterklasse. Sei sie eigentlich ein gewaltiges Mittel zur Verkürzung der Arbeitszeit, schlage sie unter den gegebenen Verhältnissen um in das unfehlbarste Mittel, alle Lebenszeit des Arbeiters und seiner Familie in disponible Arbeitszeit für die Verwertung des Kapitals zu verwandeln. Gleichzeitig wachse die Verkümmerung des Menschen im selben Maße wie die Arbeitsteilung. Denn die Maschinerie der großen Industrie degradiere den Arbeiter aus einer Maschine zum bloßen Zubehör einer Maschine.[190] Die industrielle Revolution habe aber nicht nur die Folge, daß die Bourgeoisie sich entwickele und reicher, sondern auch, daß das Proletariat zugleich zahlreicher werde. Die Vermehrung des Proletariats halte genau Schritt mit der Vermehrung des Kapitals. Diese größer werdende Masse werde dazu noch – wie die Bourgeoisie auch – in großen Städten zusammengezogen. Das Proletariat bekomme so das Bewußtsein der eigenen Stärke. Und je mehr sich die Industrie entwickele und je mehr Maschinen erfunden würden, desto mehr drücke die große Industrie den Lohn auf ein Minimum herab und mache die Lage der Proletarier mehr und mehr unerträglich. Durch beide Prozesse, die wachsende Unzufriedenheit wie die wachsende Macht des Proletariats, bereite die industrielle Revolution eine Revolution der Gesellschaft durch das Proletariat vor.[191]

Es kann an dieser Stelle nur darauf verwiesen werden, daß es in der sozialistischen Strategiediskussion immer eine der umstrittensten Fragen war, inwieweit diese Verelendungsperspektive – sei sie nun als absolute oder relative Verelendung aufzufassen – zutreffend war und ist und welche Konsequenzen sich daraus für die Konstituierung eines revolutionären Subjekts ergeben konnten und mußten. Immerhin sollte ja eine – so Marx – „durch den Mechanismus des kapitalistischen Produktionsprozesses selbst geschulte, vereinte und organisierte Arbeiterklasse" nicht nur die gesamten gesellschaftlichen Verhältnisse umwälzen, sondern auch die Gesamtheit der neuen Produktionsprozesse lenken und leiten. War dies durch eine Bewegung möglich, die durch „Masse" und aus tendenzieller „Verelendung" resultierende Unzufriedenheit gekennzeichnet war? Wir werden auch auf diesen Gesichtspunkt noch zurückkommen.

An dieser Stelle ist aber zunächst von Bedeutung, daß es neben diesem Verelendungszusammenhang einen zweiten Strang der Argumentation bei Marx und Engels gibt, der in eine andere Richtung weist. Er findet sich – allerdings in einem ganz anderen Kontext – bereits in einer ihrer Früh-„Schriften", der „Deutschen Ideologie", angelegt. Da heißt es, die Individuen müßten sich die vorhandene Totalität der Produktivkräfte aneignen, und zwar nicht nur, um zu ihrer Selbstbetätigung zu kommen, sondern schon um überhaupt ihre Existenz sicherzustellen. Diese Aneignung sei zuerst bedingt durch den anzueignenden Gegenstand, die zu einer Totalität entwickelten und nur innerhalb eines universellen Verkehrs existierenden

190 Ders., Herrn Eugen Dührings ..., a.a.O., S. 256, 272; Marx, Grundrisse ..., a.a.O., S. 593.
191 Engels, Grundsätze des Kommunismus (1847), MEW, Bd. 4, S. 368f.

Produktivkräfte. Und im Anschluß daran fahren sie fort: „Die Aneignung dieser Kräfte ist selbst weiter nichts als die Entwicklung der den materiellen Produktionsinstrumenten entsprechenden individuellen Fähigkeiten. Die Aneignung einer Totalität von Produktionsinstrumenten ist schon deshalb die Entwicklung einer Totalität von Fähigkeiten in den Individuen selbst."[192]

Entgegen der sonst bei Marx und Engels zu findenden Darstellung, daß mit der Entwicklung der modernen Maschinerie und Industrie ein unmittelbarer Entfremdungs- und Verelendungsprozeß verbunden ist, wird hier die *potentielle* Perspektive eines Zu-sich-selbst-Kommens der Individuen aus der Entwicklung der modernen Produktivkräfte heraus entwickelt. Ihre wirkliche Entfaltung – so sind die sich anschließenden Erörterungen zu deuten – kann diese Perspektive erst in der neuen Gesellschaft, nach der Revolution, erreichen. Gleichwohl liest sich dieser Zusammenhang nicht als Umschlagen nach der Revolution, dem zuvor die unerhörte Steigerung von Entfremdung und Verelendung voraufgegangen war. Denn: Sowohl zur massenhaften Durchsetzung dieses kommunistischen Bewußtseins wie zur Durchsetzung der Sache selbst ist eine massenhafte Veränderung der Menschen nötig, die nur in einer praktischen Bewegung – in diesem Sinne: der Revolution – vor sich gehen kann.[193]

Marx greift diesen Gedankengang an einer anderen Stelle seines Werkes nochmals auf und verknüpft ihn diesmal sogar mit dem, was wir „Verelendungsansatz" genannt haben. Hier, in den „Grundrissen", wird zunächst in aller Ausführlichkeit das Besondere an der neuen Maschinerie dargelegt. Anders als die herkömmlichen einfachen Arbeitsmittel vermitteln sie nicht mehr die Tätigkeit des Arbeiters auf das Objekt, sondern sie treten neben den Arbeitenden in einer Weise, daß dieser nur noch die Arbeit der Maschine überwacht und sie vor Störungen bewahrt. Nicht mehr von der Virtuosität des Arbeiters im Gebrauch seines Handwerkszeugs hängt das Gelingen ab, sondern die Maschine, die für den Arbeiter Geschick und Kraft besitzt, ist selbst der Virtuose. Dadurch, daß die mit der Maschine verknüpfte, in ihr verarbeitete Wissenschaft nicht mehr im Bewußtsein des Arbeiters steckt, wirkt diese als fremde Macht auf ihn, als Macht der Maschine selbst, und verwandelt die lebendige Arbeit in bloßes Zubehör dieser Maschinerie.[194] Bis hierhin hatten wir die Gedankenführung bereits kennengelernt. Marx führt aber hieran anschließend diesmal nicht den Gedanken der Degradierung des Arbeiters fort, sondern den der fortschreitenden Verwissenschaftlichung der Produktion. Symptomatisch für den Perspektivenwechsel ist, daß da, wo gerade noch von dem „Arbeiter" die Rede ist, unvermittelt der „Mensch" die Bühne betritt. Lesen wir Marx selbst:

„In dem Maße aber, wie die große Industrie sich entwickelt, wird die Schöpfung des wirklichen Reichtums abhängig weniger von der Arbeitszeit und dem Quan-

---

192 Marx/Engels, Die deutsche Ideologie, a.a.O., S. 67f.
193 Ebda, S. 70.
194 Marx, Grundrisse ..., a.a.O., S. 593.

tum angewandter Arbeit als von der Macht der Agentien, die während der Arbeitszeit in Bewegung gesetzt werden und die selbst wieder [...] abhängt vom allgemeinen Stand der Wissenschaft und dem Fortschritt der Technologie, oder der Anwendung dieser Wissenschaft auf die Produktion [...] Es ist nicht mehr der Arbeiter, der den modifizierten Naturgegenstand als Mittelglied zwischen das Objekt und sich einschiebt; sondern den Naturprozeß, den er in einen industriellen umwandelt, schiebt er als Mittel zwischen sich und die unorganische Natur, deren er sich bemeistert. Er tritt neben den Produktionsprozeß, statt sein Hauptagent zu sein. In dieser Umwandlung ist es weder die unmittelbare Arbeit, die der Mensch selbst verrichtet, noch die Zeit, die er arbeitet, sondern die Aneignung seiner eignen allgemeinen Produktivkraft, sein Verständnis der Natur und die Beherrschung derselben durch sein Dasein als Gesellschaftskörper – in einem Wort die Entwicklung des gesellschaftlichen Individuums, die als der große Grundpfeiler der Produktion und des Reichtums erscheint."[195]

Hier wird sehr viel deutlicher, worin die Jahrzehnte früher eher angedeutete Aneignung liegen könnte und sollte. Es ist nicht getan mit der Aneignung im Sinne der (mehr oder weniger gewaltsamen) Inbesitznahme der Arbeits- und Produktionsmittel durch die Arbeitenden selbst, sondern im Kern geht es um die Aneignung der verwissenschaftlichten Produktionsbedingungen, von deren „Totalität", wie es in der „Deutschen Ideologie" heißt, durch die ihre Fähigkeiten entwickelnden und ausbildenden Individuen. Nun können wir auch besser verstehen, von welcher „Schranke" des Kapitals Marx gesprochen hat:

„Die Schranke des *Kapitals* ist, daß [...] das Herausarbeiten der Produktivkräfte, des allgemeinen Reichtums etc., Wissens etc., so erscheint, daß das arbeitende Individuum selbst sich *entäußert*; zu den aus ihm herausgearbeiteten nicht als den Bedingungen *seines eignen*, sondern *fremden Reichtums* sich verhält. Diese gegensätzliche Form aber ist verschwindend und produziert die realen Bedingungen ihrer eignen Aufhebung. Resultat ist: die ihrer Tendenz und [der Möglichkeit] nach allgemeine Entwicklung der Produktivkräfte – des Reichtums überhaupt – als Basis, ebenso die Universalität des Verkehrs, daher der Weltmarkt als Basis. Die Basis als Möglichkeit der universellen Entwicklung des Individuums und die wirkliche Entwicklung der Individuen von dieser Basis aus als beständige Aufhebung ihrer *Schranke*, die als Schranke gewußt ist, nicht als *heilige Grenze* gilt. Die Universalität des Individuums nicht als gedachte oder eingebildete, sondern als Universalität seiner realen und ideellen Beziehungen."[196]

Auch wenn die Vollendung dieses Prozesses für Marx sicherlich in der neuen Gesellschaft liegen dürfte, beschreibt er ihn hier als einen sich noch in der alten herausbildenden Vorgang. Denn es ist ja das Anrennen gegen das als *aufhebbare* Schranke begriffene Kapitalverhältnis, das die entwickelten Individuen auf der Basis

195 Ebda., S. 601.
196 Ebda., S. 446f.

voraufgegangener universeller Entwicklung begreifen und als Voraussetzung ihrer Befreiung in Angriff nehmen. Selbst da, wo – wie im „Kapital" – eher die Verelendungstendenz beschrieben wird, finden sich zudem Ansatzpunkte für in die gleiche Richtung zielende Überlegungen. Dort wird nämlich die technische Basis der großen Industrie insofern als revolutionär beschrieben, als sie zugleich beständig die Teilung der Arbeit in der Gesellschaft revolutioniere und dadurch immer wieder den Wechsel der Arbeit, den Fluß der Funktion und die allseitige Beweglichkeit des Arbeiters erzeuge, die auf eine größtmögliche Vielseitigkeit des Arbeiters hinziele.[197]

Beide Tendenzen, die der Proletarisierung, des Herabdrückens des Lohns, der Entwertung in der Arbeit, des Abgedrängtwerdens in unqualifizierte „dienende" Tätigkeiten und in das Heer der industriellen Reservearmee, der Massenarbeitslosigkeit, d.h. die der „Verelendung" des Proletariats, *und* die der universellen Entwicklung des arbeitenden Individuums sind in den Schriften von Marx und Engels zu finden – und sie stehen ziemlich unvermittelt nebeneinander. Die einzige Stelle, die hierauf eine auflösende Antwort zu geben scheint, gibt sie eben nur scheinbar, weil sie nicht den Zeitpunkt und – abgesehen von dem Verweis auf polytechnische und agronomische Schulen – nicht die Bedingungen benennt, durch die dieser Widerspruch aufgehoben werden könnte (ob schon vor, in oder sogar erst nach der Revolution):

„Sie [die große Industrie] macht es zu einer Frage von Leben oder Tod, die Ungeheuerlichkeit einer elenden, für das wechselnde Exploitationsbedürfnis des Kapitals in Reserve gehaltnen disponiblen Arbeitsbevölkerung zu ersetzen durch die absolute Disponibilität des Menschen für wechselnde Arbeitserfordernisse; das Teilindividuum, den bloßen Träger einer gesellschaftlichen Detailfunktion, durch das total entwickelte Individuum, für welches verschiedne gesellschaftliche Funktionen einander ablösende Betätigungsweisen sind."[198]

Engels sprach es jedoch in aller Klarheit aus. Die jetzigen Menschen sind für die gemeinschaftliche Produktion nicht ausgebildet. Das Dilemma wird bei ihm dadurch auf die Spitze getrieben (und ebenfalls nicht aufgelöst), daß er zugleich schreibt, daß aber die neue gesellschaftliche Produktion diesen neuen Menschen bereits *voraussetzt*:

„Ebenso wie die Bauern und Manufakturarbeiter des vorigen Jahrhunderts ihre ganze Lebensweise veränderten und selbst ganz andere Menschen wurden, als sie in die große Industrie hineingerissen wurden, ebenso wird der gemeinsame Betrieb der Produktion durch die ganze Gesellschaft und die daraus folgende neue Entwicklung der Produktion ganz andere Menschen bedürfen und auch erzeugen. Der gemeinsame Betrieb der Produktion kann nicht durch Menschen geschehen, wie die heutigen, deren jeder einem einzigen Produktionszweig untergeordnet, an ihn gekettet, von ihm ausgebeutet ist [...] Die gemeinsam und planmäßig von der

---

197 Ders., Das Kapital ... Erster Band, a.a.O., S. 511f.

198 Ebda., S. 512.

ganzen Gesellschaft betriebene Industrie setzt vollends Menschen voraus, deren Anlagen nach allen Seiten hin entwickelt sind, das gesamte System der Produktion überschauen.[199]

Wir erhalten dafür auch keine Auflösung, wenn Marx im „Kapital“ von der durch den Mechanismus des kapitalistischen Produktionsprozesses selbst geschulten, vereinten und organisierten Arbeiterklasse spricht – ist es die Schulung durch die zuvor beschriebene Ausbeutungserfahrung oder die Schulung der Aneignung des Produktionsprozesses? Eine klare Antwort gibt es wohl nicht. Die Aufgabe dieses Proletariats oder – wie es Engels weit pathetischer ausdrückte – sein „geschichtlicher Beruf“ zu dieser „weltbefreienden Tat“[200] ist es aber, der neuen Gesellschaft zum Durchbruch zu verhelfen: „Die Zentralisation der Produktionsmittel und die Vergesellschaftung der Arbeit erreichen einen Punkt, wo sie unverträglich werden mit ihrer kapitalistischen Hülle. Sie wird gesprengt. Die Stunde des kapitalistischen Privateigentums schlägt. Die Expropriateurs werden expropriiert.“[201] Die neuen Kräfte der Gesellschaft bräuchten, um richtig zur Wirkung zu kommen, nur neuer Menschen, die „ihrer Meister werden“, und das seien die Arbeiter.[202]

Marx und Engels erläutern in der „Deutschen Ideologie“, warum das Proletariat Subjekt und Träger dieser Umwälzung sein muß und wird: Nur die von aller Selbstbetätigung vollständig ausgeschlossenen Proletarier der Gegenwart seien imstande, ihre vollständige, nicht mehr bornierte Selbstbetätigung, die in der Aneignung dieser Totalität von Produktivkräften und der damit gesetzten Entwicklung einer Totalität von Fähigkeiten bestehe, durchzusetzen. Jede frühere revolutionäre Umwälzung hingegen habe durch die Bildung neuen Eigentums neue bornierte Verhältnisse hervorgebracht. Das Proletariat ist die Klasse der Gesellschaft, die durch den historischen Prozeß zur Mehrheit der Gesellschaft wird, aber alle ihre Lasten zu tragen hat, ohne ihre Vorteile zu genießen. Von ihm geht das Bewußtsein über die Notwendigkeit einer gründlichen Revolution aus, das sich – so fügen die Autoren an – natürlich auch unter den anderen Klassen vermöge der Anschauung der Stellung dieser Klasse bilden kann.[203] Die besondere Rolle des Proletariats bei dieser Umwälzung bedeutet also nicht, daß sie als exklusive anzusehen, daß eine breitere soziale Bewegung, die sich auf Angehörige verschiedener Klassen stützt, im Sinne dieser Analyse ausgeschlossen wäre.

---

199 Engels, Grundsätze ..., a.a.O.,S. 376.
200 Engels, Herrn Eugen Dührings ..., a.a.O., S. 265.
201 Marx, Das Kapital ... Erster Band, a.a.O., S. 791.
202 Ders., Rede auf der Jahresfeier ..., a.a.O., S. 4.
203 Ders./Engels, Die deutsche Ideologie, a.a.O., S. 68f.

3.10 Soziale Revolution und „Diktatur des Proletariats"

Die erwartete Umwälzung hat Marx so beschrieben: „Zwischen der kapitalistischen und der kommunistischen Gesellschaft liegt die Periode der revolutionären Umwandlung der einen in die andre. Der entspricht auch eine politische Übergangsperiode, deren Staat nichts anderes sein kann als *die revolutionäre Diktatur des Proletariats.*"[204]

Die Literatur über das Marxsche Verständnis der Diktatur des Proletariats ist unüberschaubar. Wir haben die verschiedenen Aspekte an anderer Stelle – einschließlich der Differenzen dazu in den Konzeptionen Lenins – ausführlich dargelegt.[205] Für unseren Zusammenhang genügen einige wenige Hinweise. Diktatur des Proletariats ist bei Marx und Engels – unabhängig von den jeweiligen kontextgebundenen Modifikationen in ihren Aussagen – das dialektische Gegenstück zur Diktatur der Bourgeoisie, deren ökonomische Herrschaft in der Fabrikorganisation despotischen Charakter trägt. Vermittelst dieser ökonomischen Herrschaft ist sie auch in der Lage, die politische Herrschaft in ihrem Sinne zu formen. Aufgrund des Anwachsens des Proletariats zur Majorität innerhalb einer Nation wird die proletarische Revolution zur „selbständige[n] Bewegung der ungeheuren Mehrzahl im Interesse der ungeheure[n] Mehrzahl."[206] Diktatorisch ist diese neue Herrschaft insofern, als sie ihre ökonomische Aufgabe, die Sprengung der kapitalistischen Hülle, nur „vermittelst despotischer Eingriffe in das Eigentumsrecht und in die bürgerlichen Produktionsverhältnisse" erfüllen kann. Hat sie diese Aufgabe erfüllt, tritt sie ab. Es handelt sich bei ihr nur um eine „kurze, etwas knappe, aber jedenfalls moralisch sehr nützliche Übergangszeit".[207]

Zusammengenommen erklären diese Momente, warum Diktatur des Proletariats in diesem Sinne nicht als Gegensatz zur Demokratie verstanden wurde. Bei Engels heißt es dazu bereits 1847, die Revolution werde vor allen Dingen eine demokratische Staatsverfassung herstellen. Direkte politische Herrschaft des Proletariats sei zuerst in England möglich, weil es dort bereits die Majorität des Volkes bilde.[208]

---

204 Ders., Kritik des Gothaer Programms (1875), MEW, Bd. 19, S. 28.

205 Vgl. Schöler 1991a, Bd. 1, S. 256ff.

206 Marx/Engels, Manifest ..., a.a.O., S. 473.

207 Engels, Einleitung zu Marx' „Lohnarbeit und Kapital" (1891), MEW, Bd. 22, S. 209.

208 Ders., Grundsätze des Kommunismus (1847), MEW, Bd. 4, S. 372. Der hier wiedergegebene, auf die Darstellung durchaus vorhandener kontextgebundener Differenzen und Widersprüchlichkeiten verzichtende, ganz grundsätzlich doch auf demokratische Mehrheitsherrschaft zielende Kontext der Marxschen und Engelsschen Transformationsvorstellungen läßt sich – wenigstens – an einer Stelle nicht unzweideutig nachvollziehen. Marx meint dort, daß da, wo der Bauer – wie auf dem europäischen Kontinent – noch eine mehr oder weniger große Majorität bilde, das Proletariat als Regierung Maßnahmen ergreifen müsse, wodurch der Bauer seine Lage unmittelbar verbessert finde, die aber zugleich im Keim schon den Übergang aus dem Privateigentum an Boden in Kollektiveigentum erleichtern sollten; Marx, Konspekt von Bakunins Buch „Staatlichkeit und Anarchie" (1874/75), MEW, Bd. 18, S. 633. Im Sinne der Immanenz seines Denkens, die das

Und 1891 schreibt er im gleichen Sinne: „Wenn etwas feststeht, so ist es dies, daß unsere Partei und die Arbeiterklasse nur zur Herrschaft kommen kann unter der Form der demokratischen Republik. Diese ist sogar die spezifische Form für die Diktatur des Proletariats ...“[209] Aber auch diese demokratische Republik galt Marx und Engels nicht als ein politisch-institutioneller Endzustand der neuen Gesellschaft. Da die Demokratie selbst eine Herrschaftsform sei, erstmalig allerdings eine Mehrheitsherrschaft, werde sie in der Gesellschaft der Zukunft wie alle Herrschaft ihre Existenz verlieren. Denn: Sobald die verschiedenen gesellschaftlichen Funktionen aufgehört haben, politische (im Sinne von Herrschaft) zu sein, „[...] existiert 1. keine Regierungsfunktion; 2. die Verteilung der allgemeinen Funktionen ist Geschäftssache geworden, die keine Herrschaft gibt; 3. die Wahl hat nichts von heutigem politischem Charakter.“ Ja, selbst der sogenannte „Volkswillen“ verschwindet nach Auffassung von Marx auf der Basis des Kollektiveigentums, um dem wirklichen Willen der Kooperativen Platz zu machen.[210]

Die einer solchen Entwicklung vorausgehende proletarische Revolution hing allerdings von einer ganzen Reihe von Voraussetzungen ab. Die mit ihr verbundene Aufhebung der entfremdeten Verhältnisse sei nur möglich, so lesen wir schon in der „Deutschen Ideologie“, wenn eine große Steigerung der gesellschaftlichen Produktivkraft, ein hoher Grad ihrer Entwicklung erreicht ist, „weil ohne sie nur der Mangel verallgemeinert, also mit der Notdurft auch der Streit um das Notwendige wieder beginnen und die ganze alte Scheiße sich herstellen müßte [...]“[211] Dieser Grad sei dann erreicht, wenn die Aneignung der Produktionsmittel und der Produkte, der politischen Herrschaft, des Monopols der Bildung und der geistigen Leitung durch eine besondere Gesellschaftsklasse nicht nur überflüssig, sondern auch ökonomisch, politisch und intellektuell ein Hindernis der weiteren Entwicklung geworden sei. Diesen Punkt hielt Engels 1880 für erreicht.[212] In der Phase der europäischen bürgerlichen Revolutionen hatte seine Einschätzung dagegen noch einen anderen Akzent. Damals hielt er – so muß man es wohl verstehen – die noch ungenügende Entwicklung nicht für ein absolutes Hindernis für eine revolutionäre Umwälzung. Da meint er nämlich, die künftige Revolution des Proletariats werde nur allmählich die jetzige Gesellschaft umgestalten und erst dann das Privateigen-

---

Recht auf Revolution einschloß (wohl auch für Minderheiten), wäre weniger nach der bloßen Legitimität als danach zu fragen, wie denn ein Proletariat bei derartig „unreifen“ Bedingungen an die Macht gekommen sein soll und warum es sie ergreifen sollte. Es ist allerdings zu beachten, daß es sich nicht um eine veröffentlichte Bemerkung von Marx handelt.

209 Engels, Zur Kritik des sozialdemokratischen Programmentwurfs 1891, MEW, Bd. 22, S. 235.

210 Ders., Konspekt von Bakunins Buch ..., a.a.O., S. 635; zur Kritik vgl. Demirovic 1991.

211 Marx/Engels, Die deutsche Ideologie, a.a.O., S. 34f.

212 Engels, Die Entwicklung ..., a.a.O., S. 225. Da es sich hierbei um einen Text handelt, der sich primär an das deutsche Publikum richtet, ist diese gewagte Behauptung schon erstaunlich. Marx wird zwei Jahre zuvor mit der – sicherlich zutreffenderen – Interviewäußerung wiedergegeben, für Deutschland sei der moderne Kapitalismus im Gegensatz zu anderen Ländern noch etwas völlig Neues; vgl. Marx, Interview der „Tribüne“ ..., a.a.O., S. 512.

tum abschaffen können, wenn die dazu nötige Masse von Produktionsmitteln geschaffen sei.[213]

Da, wie Marx geschrieben hatte, eine Gesellschaftsformation nie untergeht, bevor alle Produktivkräfte entwickelt sind, für die sie weit genug ist, hielten Engels und er nichts davon, Revolutionen „zu machen". Sie würden nicht absichtlich und willentlich gemacht, sondern seien überall und zu jeder Zeit die notwendige Folge von Umständen gewesen, die von dem Willen und der Leitung einzelner Parteien und ganzer Klassen unabhängig sind. Es gehe dabei auch nicht darum, irgendwelche Ideale zu verwirklichen, sondern nur darum, die Elemente der neuen Gesellschaft in Freiheit zu setzen, die sich bereits im Schoße der zusammenbrechenden Bourgeoisgesellschaft entwickelt hätten. Der Kommunismus sei kein Ideal[214], wonach sich die Wirklichkeit zu richten haben werde, sondern die wirkliche Bewegung, die den jetzigen Zustand aufhebe.[215]

Als weitere Voraussetzung der prognostizierten proletarischen Umwälzung ist ihr internationaler Charakter und Zusammenhang zu nennen. Er ergibt sich bereits aus der universellen Entwicklung der Produktivkräfte und damit dem universellen Verkehr der Menschen. Durch die Entwicklung der allgemeinen Konkurrenz, des Weltmarkts, werde jede Umwälzung innerhalb eines Volkes von denen der anderen abhängig gemacht. Alles, was in den zivilisierten[216] Ländern geschehe, wirke notwendig auf alle anderen Länder zurück. Die Geschichte habe damit weltgeschichtliche Individuen an die Stelle lokaler gesetzt. Deshalb sei der Kommunismus empirisch nur als die Tat der herrschenden Völker auf einmal und gleichzeitig möglich.[217] Die Befreiung der Arbeiter könne zwar in einzelnen Ländern beginnen (England oder Frankreich), weite sich dann aber notwendig auf die anderen aus. Es handele sich eben nicht um eine lokale oder nationale, sondern um eine *soziale* Aufgabe, und ihre Lösung hänge vom praktischen und theoretischen – was immer

---

213 Ders., Grundsätze ..., a.a.O., S. 372.

214 Ethische Normative wie Wahrheit, Gerechtigkeit und Sittlichkeit sollten allerdings innerhalb der Bewegung selbst als Regeln der Mitglieder zueinander und zu allen Menschen, ohne Rücksicht auf Farbe, Glauben oder Nationalität gelten; vgl. Marx, Provisorische Statuten der Internationalen Arbeiter-Assoziation (1864), MEW, Bd. 16, S. 15.

215 Engels, Grundsätze ..., a.a.O., S. 372; Marx, Vorwort Zur Kritik ..., a.a.O., S. 9; ders., Der Bürgerkrieg in Frankreich (1871), MEW, Bd. 17, S. 343; ders./Engels, Die deutsche Ideologie, a.a.O., S. 35.

216 Es kann an dieser Stelle nur darauf hingewiesen werden, daß Marx und Engels einen aus unserer Sicht durchaus problematischen „Zivilisationsbegriff" verwendeten. Inwieweit – nach diesem Verständnis – „unzivilisierte" Völker nicht der westlichen Zivilisation einiges an Kultur- und Naturverständnis voraushaben, ist vor der Geschichte noch nicht entschieden. Einen weit kritischeren Zivilisationsbegriff vertrat im übrigen Rosa Luxemburg; vgl. Neusüß 1985, S. 309ff.

217 Im Sinne einer Rechtfertigung des sowjetrussischen Weges ist es zwar verständlich, dem Zusammenhang der Gedankenführung von Marx und Engels aber kaum entsprechend, wenn es in der Kommentierung zu dieser Passage im Anhang der Werkausgabe heißt, dies sei nur für die Phase des vormonopolistischen Kapitalismus richtig gewesen; vgl. MEW, Bd. 3, S. 549.

das hieß – Zusammenwirken der fortgeschrittensten Länder ab. Zu unterschiedlichen Zeiten nannte Engels insbesondere England, Frankreich und Deutschland (sowie Amerika).[218] Ihre Perspektive für die „zurückgebliebenen" Länder fußte auf der Vorstellung, daß sie den ganzen kapitalistischen Entwicklungsgang nur unter bestimmten Voraussetzungen nicht würden nachvollziehen müssen[219]:

„Nur wenn die kapitalistische Wirtschaft in ihrer Heimat und in den Ländern ihrer Blüte überwunden ist, nur wenn die zurückgebliebenen Länder an diesem Beispiel sehn, ‚wie man's macht', wie man die modernen industriellen Produktivkräfte als gesellschaftliches Eigentum in den Dienst der Gesellschaft stellt, nur dann können sie diesen abgekürzten Entwicklungsprozeß in Angriff nehmen."[220]

Engels war in dieser Hinsicht durchaus optimistisch. Seien Europa und Nordamerika erst reorganisiert – so schrieb er 1882 an Karl Kautsky – , so ergebe das eine so kolossale Macht und ein solches Exempel, daß die „halbzivilisierten" Länder ganz von selbst ins Schlepptau kommen würden, alleine schon durch die persönlichen Bedürfnisse. Welche sozialen und politischen Phasen diese Länder durchzumachen hätten, bis sie ebenfalls zur sozialistischen Organisation kämen, darüber könne man zur Zeit nur müßige Hypothesen aufstellen. Und er fügte die (prophetische) Warnung an: „Nur das eine ist sicher: das siegreiche Proletariat kann keinem fremden Volk irgendwelche Beglückung aufzwingen, ohne damit seinen eignen Sieg zu untergraben."[221]

3.11 Übergangsmaßregeln und Rolle des Staates

Wir hatten gesehen, daß die Diktatur des Proletariats im Verständnis von Marx und Engels nur als kurze Phase gedacht war. In bezug auf die Revolution ist hingegen von einem „langen Entwicklungsprozeß" die Rede, von einer „Epoche sozialer Revolution". Mit der Veränderung der ökonomischen Grundlage wälze sich der ganze ungeheure Überbau langsamer oder rascher um. Man habe dabei lange Kämpfe, eine „ganze Reihe geschichtlicher Prozesse" durchzumachen, durch welche die Menschen wie die Umstände gänzlich umgewandelt würden.[222] Aber worin sollte nun diese Umwälzung, diese gänzliche Umwandlung im einzelnen bestehen?

---

218 Marx, Engels, Die deutsche Ideologie, a.a.O., S. 35; Engels, Grundsätze ..., a.a.O., S. 367, 374; ders., Einleitung zur englischen Ausgabe der „Entwicklung des Sozialismus von der Utopie zur Wissenschaft" (1892), MEW, Bd. 22, S. 311; Marx, Provisorische Statuten ..., a.a.O., S. 14.

219 Zu den Vorstellungen von Marx und Engels über Bedingungen und Perspektiven einer russischen Revolution vgl. ausführlich Schöler 1991a, Bd. 1, S. 69ff.

220 Engels, Nachwort zu „Soziales aus Rußland" (1894), MEW, Bd. 22, S. 428f.

221 Ders., Brief an Karl Kautsky vom 12.9.1882, MEW, Bd. 35, S. 358.

222 Marx, Erster Entwurf zum „Bürgerkrieg in Frankreich" (1871), MEW, Bd. 17, S. 546; ders., Vorwort Zur Kritik ..., a.a.O., S. 9; ders.; Der Bürgerkrieg in Frankreich, a.a.O., S. 343.

Bevor wir uns der Beantwortung dieser Frage näher zuwenden, müssen wir nochmals auf einen bereits kurz gestreiften Zusammenhang zurückkommen. Marx und Engels haben es immer als den Vorzug ihrer Anschauung verstanden, daß sie den Sozialismus „wissenschaftlich" herleite und begründe. Kommunismus sei kein Zustand, der hergestellt werden solle, kein Ideal, wonach sich die Wirklichkeit zu richten haben werde, sondern die wirkliche Bewegung, die den jetzigen Zustand aufhebe.[223] Man habe keine utopistischen Systeme für die Einrichtung der künftigen Gesellschaft zu machen. Nichts sei im übrigen unpraktischer als zuvor ausgeklügelte praktische Lösungen. Voraussetzung sei dagegen die richtige Erkenntnis der kapitalistischen Produktionsweise. „Eine Arbeiterklasse, die hierin Bescheid weiß, wird im gegebnen Falle nie in Verlegenheit sein, gegen welche sozialen Institutionen und in welcher Weise sie ihre Hauptangriffe zu richten hat."[224] Entgegen dem hier erzeugten Eindruck lassen sich dennoch – allerdings weit verstreut im Werk von Marx und Engels – zahlreiche Überlegungen finden, nach welchen „Prinzipien" die neue Gesellschaft in ihren Produktions- und Verteilungsverhältnissen funktionieren sollte.[225]

Die zitierten einschränkenden Hinweise von Engels machen allerdings ein konstitutives Moment und ein darin liegendes Dilemma dieser Prinzipien deutlich: Es sind jeweils Vorstellungen, die aus den alten Verhältnissen heraus entwickelt werden. Historische Subjekte jedoch, deren Wissen sich zunächst darauf beschränkt, *wogegen* sich ihre Maßnahmen zu richten haben, sind beim Aufbau einer neuen Gesellschaft hilfloser allein gelassen, als Engels es sich vorzustellen vermochte. Die im folgenden wiedergegebenen Maßregeln und Ziele stehen noch unter dem weiteren – sicherlich im Prinzip sinnvollen – Vorbehalt, daß es selbst für die Übergangsmaßregeln keine allgemeingültigen Vorschläge geben kann, da sie sich überall nach den augenblicklich bestehenden Verhältnissen zu richten haben, z.B. in Ländern kleinen Grundeigentums wesentlich andere sein müssen als in solchen mit großem Grundbesitz.[226]

Lesen wir zunächst die „Übergangsvorstellungen" in der allgemeinsten Form: „Das Proletariat wird seine politische Herrschaft dazu benutzen, der Bourgeoisie nach und nach alles Kapital zu entreißen, alle Produktionsinstrumente in den Händen des Staats, d.h. des als herrschende Klasse organisierten Proletariats, zu zentralisieren [...]"[227] In dieser knappsten Form sind schon die wesentlichsten Bereiche angesprochen, die von der Veränderung erfaßt werden sollen: der Staat und die

---

223 Ders./Engels, Die deutsche Ideologie, a.a.O., S. 35.

224 Engels, Zur Wohnungsfrage (1872), MEW, Bd. 18, S. 226, 287.

225 Der Auffassung von Vollgraf (1993, S. 45), sie hätten keine positiven Vorstellungen über eine sozialistische Gesellschaft entwickelt, kann deshalb – wie noch zu zeigen sein wird – nicht gefolgt werden. Vgl. mit entgegengesetzter Auffassung auch SOST 1993, allerdings ohne dem eigenen Anspruch, diese vorstellen zu wollen, auch nur in Ansätzen zu genügen.

226 Engels, Zur Wohnungsfrage ..., a.a.O., S. 285.

227 Marx/Engels, Manifest ..., a.a.O., S. 481.

Produktionsinstrumente; nur hinsichtlich der Ebene der Zirkulation finden wir darin noch keine Aussage. Beginnen wir mit dem Verständnis des Staates und dessen Rolle bei der ökonomischen Umgestaltung. Dazu schreibt Engels:

„Das Proletariat ergreift die Staatsgewalt und verwandelt die Produktionsmittel zunächst in Staatseigentum. Aber damit hebt es sich selbst als Proletariat, damit hebt es alle Klassenunterschiede und Klassengegensätze auf und damit auch den Staat als Staat [...]

Der erste Akt, worin der Staat wirklich als Repräsentant der ganzen Gesellschaft auftritt – die Besitzergreifung der Produktionsmittel im Namen der Gesellschaft –, ist zugleich sein letzter selbständiger Akt als Staat [...] An die Stelle der Regierung über Personen tritt die Verwaltung von Sachen und die Leitung von Produktionsprozessen. Der Staat wird nicht ‚abgeschafft', er stirbt ab."[228]

An anderer Stelle heißt es ähnlich, daß die Gesellschaft, die die Produktion auf Grundlage freier und gleicher Assoziation der Produzenten neu organisiere, die ganze Staatsmaschine dahin versetze, wo sie hingehöre: ins Museum der Altertümer, neben das Spinnrad und die bronzene Axt.[229] Diese Vorstellungen vom Absterben des Staates sind nicht als das Ende jedweder gesellschaftlicher Organisiertheit zu verstehen. Vielmehr kann man diese Auffassung nur begreifen, wenn man Engels' Staatsverständnis in den Zusammenhang der Herausbildung einer besonderen Staatsform an Stelle der alten Gentilordnung stellt. Für ihn war es die historisch gewachsene Teilung der Arbeit und ihr Ergebnis, die Spaltung der Gesellschaft in Klassen, die die Ersetzung der alten Gentilverfassung durch den Staat erforderlich machte. Der Staat sei deshalb keineswegs eine der Gesellschaft von außen auferzwungene Macht, auch keine „sittliche Idee", wie Hegel meine, sondern ein Produkt der Gesellschaft auf einer bestimmten Entwicklungsstufe. Folgendermaßen charakterisiert er seine Besonderheiten (gerade auch im Unterschied zur Gentilverfassung):

- Er teilt die Staatsangehörigen nach dem Gebiet, nicht nach Gens oder Stamm ein.
- Er unterhält eine öffentliche Gewalt (Gefängnisse und andere Zwangsanstalten eingeschlossen), die nicht mehr mit der sich selbst als bewaffnete Macht organisierenden Bevölkerung unmittelbar zusammenfällt. Dies ist nötig wegen der Klassenspaltung der Gesellschaft.
- Um diese öffentliche Macht aufrechtzuerhalten, muß er Steuern erheben, eine Erscheinung, die früher unbekannt gewesen sei. Ferner ziehe er Wechsel auf die Zukunft, mache Anleihen, Staatsschulden.
- Er setzt seine Beamten als Organe der Gesellschaft über die Gesellschaft, denen die freiwillige Achtung nicht mehr genügen könne.

---

228 Engels, Die Entwicklung ..., a.a.O., S. 223f.
229 Ders., Der Ursprung ..., a.a.O., S. 168.

Entstanden aus dem Bedürfnis, Klassengegensätze im Zaum zu halten, sei dieser Staat in der Regel Staat der mächtigsten, ökonomisch herrschenden Klasse. Nur im Ausnahmefall gebe es Perioden eines Klassengleichgewichts, in denen er als scheinbarer Vermittler eine gewisse Selbständigkeit gegenüber den streitenden Klassen erhalte.[230] Wenn vom Absterben des Staates die Rede ist, dann sind es diese Charakteristika, die von der Bildfläche verschwinden, nicht aber gesellschaftlich regelnde Organisationsformen überhaupt. Marx nennt es die Notwendigkeit, die bloß unterdrückenden Organe der alten Regierungsmacht abzuschneiden und ihre berechtigten Funktionen einer Gewalt, die über der Gesellschaft zu stehen beanspruchte – also dem Staat –, zu entreißen und sie den verantwortlichen Dienern der Gesellschaft zurückzugeben.[231]

Der Staat ist im Rahmen dieser Vorstellungen nur ein vorübergehendes, noch aus den alten Verhältnissen zur Verfügung stehendes Hilfsmittel zur Beförderung der ökonomischen Umwälzung. „Staatssozialistische" Vorstellungen im Sinne eines Endzustandes sind Marx und Engels fremd. Gesellschaft und Staat seien nicht identisch, schreibt Engels an Eduard Bernstein und spottet über die Vorstellung, möglichst viele Proletarier in vom Staat abhängige Beamte und Pensionäre zu verwandeln und damit neben dem disziplinierten Kriegs- und Beamtenheer auch ein entsprechendes Arbeitsheer zu organisieren. „Wahlzwang durch staatliche Vorgesetzte statt durch Fabrikaufseher – schöner Sozialismus!" Dahin aber komme man, wenn man dem Bourgeois glaube, was der selbst nicht glaube, sondern nur vorgebe: Staat sei Sozialismus![232] An „staatssozialistischen" Interpretationen war aber gerade Engels nicht ganz unschuldig. So finden sich bei ihm immer wieder Passagen, in denen von der fortschreitenden Konzentration allen Kapitals, allen Ackerbaus, aller Industrie, allen Transports und allen Austauschs in den Händen des Staats bzw. dem Betrieb der großen Industrie und der Eisenbahnen durch den Staat nach der Erringung der Demokratie die Rede ist, auch wenn es dann im selben Text an anderer Stelle wieder heißt, daß die neue Gesellschaftsordnung den Betrieb der Industrie und aller Produktionszweige überhaupt durch die ganze Gesellschaft und für gemeinschaftliche Rechnung betreiben lassen müsse.[233]

Ohne den Eindruck erwecken zu wollen, daß sich Engels' Widersprüche „dialektisch" einfach auflösen ließen, müssen wir nochmals einen Blick auf seine Vorstellungen über den realen Vergesellschaftungsprozeß in der Industrie werfen, um seine Auffassung besser zu verstehen. In seinem „Anti-Dühring" bzw. der weitgehend inhaltlich identischen Schrift über „Die Entwicklung des Sozialismus von der Utopie zur Wissenschaft" zeichnet Engels in langen Linien den Fortgang der

230 Ebda., S. 164ff.

231 Marx, Der Bürgerkrieg in Frankreich, a.a.O., S. 30; vgl. ferner die einzelnen Aufgaben, die Marx dort einer gesellschaftlichen Vertretungskörperschaft zuweist: ebda., S. 339f.

232 Engels, Brief an Eduard Bernstein vom 12.3.1881, MEW, Bd. 35, S. 170.

233 Ders., Grundsätze ..., a.a.O., S.. 370, 374; ders., Die Kommunisten und Karl Heinzen, a.a.O., S. 317.

kleinen Produktion hin zur großen Industrie. Die kapitalistische Produktionsweise dränge selbst mehr und mehr auf die Verwandlung der großen, vergesellschafteten Produktionsmittel in Staatseigentum. In derartigen Staatsbetrieben etwa im Verkehrsbereich bzw. in der Post erblickt er eine bereits über die Vergesellschaftungsform der Aktiengesellschaft hinausweisende Einrichtung. Diese Verstaatlichung erfolge dann, wenn die entsprechenden Verkehrs- oder Produktionsmittel auch der Leitung durch Aktiengesellschaften entwachsen seien. Der Staat entwickele sich so in Richtung auf einen wirklichen „Gesamtkapitalisten". Dies stellt für ihn sowohl einen ökonomischen Fortschritt als auch eine Vorstufe zur Besitzergreifung aller Produktivkräfte durch die Gesellschaft selbst dar. Diese müsse von den modernen Produktivkräften offen und ohne Umwege Besitz ergreifen – allerdings nur von solchen, die bereits jeder anderen Leitung entwachsen seien. Die Verstaatlichung als solche sei aber noch nicht sozialistisch. „Das Kapitalverhältnis wird nicht aufgehoben, es wird vielmehr auf die Spitze getrieben. Aber auf der Spitze schlägt es um. Das Staatseigentum an den Produktivkräften ist nicht die Lösung des Konflikts, aber es birgt in sich das formelle Mittel, die Handhabe der Lösung."[234]

Wie wenig Engels selbst klar war, wie lange denn die Phase des Staatseigentums dauern sollte, läßt sich nochmals zwei Briefpassagen entnehmen, die allerdings auch einige Jahre auseinander liegen und nochmals veranschaulichen, wie stark situationsverhaftet viele derartiger Aussagen bewertet werden müssen. In einem Brief an August Bebel beruft er sich für seine Auffassung, daß sich mit der Einführung der „sozialistischen Gesellschaftsordnung" (ein Terminus, den nur er – nicht Marx – und dazu erst relativ spät benutzt) der Staat von selbst auflöse und verschwinde, auf das gemeinsam mit Marx verfaßte „Kommunistische Manifest". In einem Brief aus dem Jahre 1890 charakterisiert er hingegen die „Organisation der Produktion auf Grundlage des Gemeineigentums zunächst der Nation an allen Produktionsmitteln" (was kaum anders als durch eine fortexistierende staatliche Organisationsform interpretiert werden kann) als das Wesen dieser sozialistischen Gesellschaftsordnung.[235] Daß er es mit dem sofortigen Verschwinden des Staates auch in den späteren Jahren doch nicht mehr so ganz ernst meint, läßt sich aus

234 Ders., Herrn Eugen Dührings ..., a.a.O., S. 259f. (Zitat: 260); ders., Die Entwicklung ..., a.a.O., S. 221f. Es ist im Sinne eines „Reinwaschens" von Engels von den Vorwürfen, für die staatssozialistische Entwicklung des Sowjetsystems mit verantwortlich zu sein, verständlich, wenn man – wie es verschiedentlich geschieht – dieses Zitat mit dem ersten Satzteil enden läßt und den Hinweis auf „die Handhabe der Lösung" unterschlägt. Zu seriösen wissenschaftlichen Klärungen trägt dies allerdings nicht bei. Vgl. das identische Vorgehen bei Schneider 1992, S. 63; Bischoff/Menard 1990, S. 153. Der an gleicher Stelle unternommene Exkulpationsversuch für Marx ist auch nur halb zutreffend, weil er an der zitierten Stelle nicht „zwei Entwicklungsmöglichkeiten für die Regierung auf der Grundlage der Gemeinsamkeit der Produktionsmittel" erörtert, sondern sich gegen den Vorschlag der Saint-Simonisten zur Errichtung einer Stundenzettel ausgebenden Zentralbank wendet; vgl. Schneider 1992, S. 64 und Marx, Grundrisse ..., a.a.O., S. 89.

235 Ders., Brief an August Bebel vom 18./28.3.1875, MEW, Bd. 34, S. 129; ders., Brief an Otto v. Boenigk vom 21.8.1890, MEW, Bd. 37, S. 447.

folgender, an die Adresse der Anarchisten gerichteter Passage ablesen (in der auf einmal und erstmalig von „Funktionsänderungen“ und „neuen Funktionen“ die Rede ist, was sich kaum noch mit „Absterben“ in Einklang bringen läßt):

„Die einzige Organisation, die das Proletariat nach seinem Siege fertig vorfindet, ist eben der Staat. Dieser Staat mag sehr bedeutender Änderungen bedürfen, ehe er seine neuen Funktionen erfüllen kann. Aber ihn in einem solchen Augenblick zerstören, das hieße den einzigen Organismus zerstören, vermittelst dessen das siegreiche Proletariat seine eben eroberte Macht geltend machen, seine kapitalistischen Gegner niederhalten und diejenige ökonomische Revolution der Gesellschaft durchsetzen kann, ohne die der ganze Sieg enden müßte in einer neuen Niederlage […]“[236]

Eine letzte Bemerkung zur staatlichen Ebene: Eine frühe gemeinsame Äußerung von Marx und Engels gab Anlaß zu Deutungen, sie träten für ein zentralistisches Staatsmodell ein. Da hieß es nämlich, die Arbeiter müßten auf die entschiedenste Zentralisation der Gewalt in die Hände der Staatsmacht hinwirken, und sie argumentierten gegen das Gerede von der Freiheit der Gemeinden und von Selbstregierung.[237] Erst über dreißig Jahre später gab Engels dazu eine Erläuterung, die die Passage als „Mißverständnis“ deklarierte. Lokale und provinziale Selbstregierung widerspreche nicht einer politischen, nationalen Zentralisation. Sie sei aber ebensowenig notwendig mit der aus der Schweiz bekannten bornierten kantonalen oder kommunalen Selbstsucht verknüpft.[238] In einem späteren Brief lobte er entsprechend den Rest von lokaler und provinzieller Selbstregierung in Holland ohne eigentliche Bürokratie im französischen oder preußischen Sinn. Dies sei ein Vorteil für die Entwicklung des Nationalcharakters wie für die Zukunft. Mit wenigen Änderungen werde sich hier die freie Selbstverwaltung durch das arbeitende Volk herstellen lassen. Damit biete sich auch das beste Werkzeug bei der Umgestaltung der Produktionsweise.[239] Die unterschiedlichen Wertungen unterstreichen nochmals die Notwendigkeit der Beachtung des Kontextes solcher Positionsbestimmungen. Die Deklarierung als „Mißverständnis“ ist nur insofern nicht ganz von der Hand zu weisen, als auch Marx in seiner „Kommune“-Schrift deren Kommunalverfassung zustimmend als Versuch kommentierte, die Einheit der Nation nicht zu brechen, sondern zu organisieren. In der „Kommune“ erblickte er die „lokale Selbstregierung“, die nun nicht mehr in der Rolle eines Gegengewichts zu der überflüssig gemachten Staatsgewalt stehe.[240]

Resümieren wir nochmals bis hierhin (notwendigerweise verkürzt und existierende kontextgebundene Widersprüchlichkeiten „einebnend“): Nach der Revolu-

---

236 Ders., Zum Tode von Karl Marx (1883), MEW, Bd. 19, S. 345.
237 Marx/Engels, Ansprache der Zentralbehörde an den Bund vom März 1850, MEW Bd. 7, S. 252f.
238 Engels, Anmerkungen zur Ausgabe von 1885, ebda.
239 Ders., Brief an Ferdinand Domela Nieuwenhuis vom 4.2.1886, MEW, Bd. 36, S. 434.
240 Marx, Der Bürgerkrieg in Frankreich, a.a.O., S. 340f.

tion nimmt die zur gesellschaftlichen Mehrheit gewordene Arbeiterklasse vermittelst des Staates nach und nach alle Produktionsmittel in ihren Besitz. Anschließend, mit dem „Absterben“ des Staates, gehen sie unmittelbar in gesellschaftlichen Besitz über. Letztes Ziel dieser Umwälzung – jenseits aller Zwischenstationen und Kompromisse – ist „die Abschaffung der Klassen, die Errichtung einer Gesellschaft, worin kein Privateigentum an der Erde und an den Produktionsmitteln mehr existiert.“[241]

Verbleiben wir zunächst bei den Zwischenstationen. Engels gibt darüber die ausführlichsten Hinweise in dem Text, in dem er zugleich die Möglichkeit angedeutet hat, daß die „Schaffung der nötigen Masse der Produktionsmittel“ erst nach der Revolution des Proletariats erfolge. Die ersten, direkt das Privateigentum angreifenden Maßregeln seien folgende: Progressivsteuern, eine starke Erbschaftssteuer, Zwangsanleihen; ferner die allmähliche Expropriation der bisherigen Eigentümer (teils durch die Konkurrenz der Staatsindustrie, teils direkt gegen Entschädigung in Assignaten); die Organisation der Arbeit bzw. der Beschäftigung der Proletarier auf den Nationalgütern, in den Fabriken und Werkstätten und dadurch ihrer Konkurrenz untereinander; der Zwang für die verbliebenen privaten Fabrikanten, die entsprechenden, gleichen, höheren Löhne zu zahlen; gleicher Arbeitszwang für alle bis zur vollständigen Aufhebung des Privateigentums; Bildung industrieller Armeen für die Agrikultur; Einrichtung einer Nationalbank bei Unterdrükkung aller Privatbanken und Bankiers; Vermehrung der Nationalfabriken; Zusammenlegung von Erziehung und Fabrikation; Errichtung von Wohnpalästen auf den Nationalgütern; Konzentration allen Transportwesens in den Händen der Nation.[242] Zur Frage der Entschädigung bemerkte er später einmal, dies hänge ganz von den Umständen ab. Marx habe dazu einmal erklärt, man komme „am wohlfeilsten weg, wenn wir die ganze Bande auskaufen könnten“.[243]

Später – nach der Übernahme des Genossenschaftsgedankens durch Marx und ihn – ergänzt er seine Vorschläge um die Bewilligung von Subventionen und Zuschüssen an Arbeitergenossenschaften; nicht so sehr, um neue Geschäfte zu gründen, sondern um einerseits Domänen (oder andere Landgüter) in Pacht zu nehmen und genossenschaftlich zu bewirtschaften, sowie um Fabriken, deren Eigentümer den Betrieb einstellen oder die sonst zum Verkauf kommen, für eigne oder Staatsrechnung anzukaufen und genossenschaftlich zu betreiben und so den allmählichen Übergang der gesamten Produktion in genossenschaftliche einzuleiten. Im Prinzip könne die Vergabe aller öffentlichen Arbeiten an Genossenschaften erfolgen.[244] Den Hinweis von Engels über die Errichtung einer Nationalbank konkretisiert Marx an

---

241 Ders., Flüchtlingsliteratur (1874/75), MEW, Bd. 18, S. 533.

242 Engels, Grundsätze ..., a.a.O., S. 373f. Bei den „Grundsätzen“ muß man aber im Auge behalten, daß sie als Programmschrift des Bundes vorgesehen waren und daher dort „mehrheitsfähig“ sein sollten, also Ansichten der übrigen Bundesmitglieder teilweise mit aufnehmen mußten.

243 Ders., Die Bauernfrage in Frankreich und Deutschland (1894), MEW, Bd. 22, S. 504.

244 Ders., Brief an August Bebel vom 30.12.1884, a.a.O., S. 261.

anderer Stelle. Das Kreditwesen, das bereits unter den alten Bedingungen die materielle Entwicklung der Produktivkräfte und die Herstellung des Weltmarkts beschleunigt habe, werde auch als ein „mächtiger Hebel" in der Phase des Übergangs zur neuen Produktionsweise dienen – allerdings nur als ein Element im Zusammenwirke mit anderen und nur solange, bis die Produktionsmittel aufgehört haben, sich in Kapital zu verwandeln.[245] Engels schließt seine frühen Überlegungen mit der Perspektive, daß sich das Proletariat gezwungen sehen werde, immer mehr alles Kapital, allen Ackerbau, alle Industrie, allen Transport, allen Austausch in den Händen des „Staates" zu konzentrieren. Wenn schließlich alles in den Händen der „Nation" zusammengedrängt sei, sei das Privateigentum von selbst weggefallen, das Geld überflüssig geworden und die Produktion so weit vermehrt und die Menschen so weit verändert, daß auch die letzten Verkehrsformen der alten Gesellschaft fallen könnten.[246]

Nimmt man dieses Übergangsprogramm ernst, dann geht es um eine allmähliche, schrittweise Politik der Zurückdrängung des Privateigentums an *allen* Produktions- und Transportmitteln, ihre Überführung zunächst in Staatseigentum, was folglich eine längere Lebensdauer dieses Staates und wohl auch eines Teils der „alten Verkehrsformen" einschließen muß. Erst im Zeitpunkt der Zusammenfassung aller Produktionsmittel in den Händen der Nation (hier ausdrücklich als Begriff identisch mit dem des Staates verwendet) kann also dessen „Absterben" beginnen. Dies ist durchaus eine andere zeitliche Lebensperspektive für den Staat unter den Bedingungen einer notwendigen Übergangsperiode, als wir sie in den Texten von 1878/80 kennengelernt hatten, wo Engels den Entwicklungsgrad der Produktivkräfte bereits als hoch genug für einen unmittelbaren Übergang zu den neuen Produktionsverhältnissen ansah. Aber selbst in dieser späten Periode legen Äußerungen von Engels nahe, daß er weiterhin an einen langsamen Prozeß des Übergangs dachte. Noch 1890 ist nämlich von der sehr raschen Vergesellschaftung zunächst der großen Industrie und des große Latifundienackerbaus die Rede. Das andere – so schreibt er – folge dann bald – rascher oder langsamer – nach. Mit der Großproduktion habe man aber das Heft in der Hand.[247]

3.12 Individuelles oder unmittelbar gesellschaftliches Eigentum?

Da bereits hinreichend oft von der „Abschaffung des Privateigentums" die Rede war, haben wir noch zu klären, was Marx und Engels darunter verstanden und was an seine Stelle treten sollte. Kritisch vermerkt Marx zur gängigen Lehrmeinung: „Die politische Ökonomie verwechselt prinzipiell zwei sehr verschiedene Sorten

---

245 Marx, Das Kapital ... Dritter Band, a.a.O., S. 457, 621.
246 Engels, Grundsätze ..., a.a.O., S. 374.
247 Ders., Brief an Otto v. Boenigk ..., a.a.O., S. 448.

Privateigentum, wovon das eine auf eigner Arbeit des Produzenten beruht, das andre auf der Ausbeutung fremder Arbeit."[248] Nur letzteres ist nach dieser Auffassung für die bürgerlich-kapitalistische Gesellschaft charakteristisch. Die erste Form ist vor allem eine der vorkapitalistischen Ära, wie sie sich z.B. im Handwerk findet. Das Privateigentum des Arbeiters an seinen Produktionsmitteln ist – so Marx im „Kapital" – die Grundlage des Kleinbetriebs. Die von Marx und Engels angestrebte Aufhebung des Privateigentums bezieht sich hingegen nicht auf diese vergangene bzw. vergehende Form, sondern auf das *bürgerliche* Eigentum, das sie vom persönlichen Eigentum unterscheiden. Der Kommunismus schaffe nicht das Eigentum überhaupt, sondern nur das bürgerliche ab. Von dem Augenblick an, wo das persönliche Eigentum nicht mehr in bürgerliches umschlagen kann, wo die Arbeit nicht mehr in Kapital, Geld, Grundrente, kurz, in eine monopolisierbare gesellschaftliche Macht verwandelt werden kann, ist das Privateigentum aufgehoben. Der Kommunismus nehme also keinem die Macht, sich gesellschaftliche Produkte anzueignen, er nehme nur die Macht, sich durch diese Aneignung fremde Arbeit zu unterjochen.[249] Die Eigentumsfrage habe vor allem den Sinn, die Aufhebung derjenigen Kollisionen zu bewirken, die aus der großen Industrie, der Entwicklung des Weltmarkts und der freien Konkurrenz hervorgegangen sind. Marx nennt als herausragende Beispiele die Kollisionen des Kreditwesens und die Spekulation in Nordamerika.[250]

Was aber sollte nun an die Stelle des Privateigentums treten? Beginnen wir mit einer Textpassage aus dem „Kapital", die – wie wir noch sehen werden – zu außerordentlicher Verwirrung beigetragen hat. Dort heißt es, die Revolution stelle nicht das – auf eigener Arbeit beruhende – Privateigentum wieder her, wohl aber das *individuelle* Eigentum auf Grundlage der Errungenschaft der kapitalistischen Ära: der Kooperation und des Gemeinbesitzes der Erde und der durch die Arbeit selbst produzierten Produktionsmittel.[251] Da hier nur vom Gemeinbesitz der Erde die Rede ist, könnte also durchaus eine Interpretation naheliegen, es solle „individuelles Eigentum" wiederhergestellt werden. Ähnlich hatte es an anderer Stelle geheißen, die Pariser Kommune habe das „individuelle Eigentum" zu einer Wahrheit machen wollen, indem sie die Produktionsmittel, den Erdboden und das Kapital in bloße Werkzeuge der freien und assoziierten Arbeit verwandelte.[252] Was aber meinte dann der Zusatz „auf der Grundlage der Errungenschaft der kapitalistischen Ära"?

248 Marx, Das Kapital ... Erster Band, a.a.O., S. 792.

249 Ebda., S. 789; ders./Engels, Manifest ..., a.a.O., S. 475ff.

250 Ders., Die moralisierende Kritik und die kritisierende Moral (1847), MEW, Bd. 4, S. 342.

251 Ders., Das Kapital ... Erster Band, a.a.O., S. 791.

252 Ders., Der Bürgerkrieg in Frankreich, a.a.O., S. 342; vgl. auch die fast wortgleiche Wiedergabe dieses Gedankens, nun aber bezogen nicht auf die Kommune, sondern die Internationale in einer Rede Engels': Wiedergabe einer Rede von Friedrich Engels über die Beziehungen Mazzinis zur Internationale (1871), MEW, Bd. 17, S. 645.

Marx erläuterte 1880 in programmatischer Form genauer, was er unter individuellem Eigentum verstand:

„In Erwägung [...], daß es nur zwei Formen gibt, in denen ihnen [den Produzenten] die Produktionsmittel gehören können:

1. die individuelle Form, die niemals allgemeine Erscheinung war und durch den industriellen Fortschritt mehr und mehr überwunden wird;
2. die kollektive Form, deren materielle und geistige Elemente durch die Entwicklung der kapitalistischen Gesellschaft selbst geschaffen werden [...]“[253]

Anknüpfend daran, schlägt er der französischen sozialdemokratischen Partei die Formulierung vor, daß sich die französischen Arbeiter auf wirtschaftlichem Gebiet die Rückkehr (!) aller Produktionsmittel in Kollektiveigentum zum Ziel ihrer Anstrengungen gesetzt hätten. Die Perspektive ist also eindeutig und klar: Das Ziel ist Kollektiveigentum, nicht individuelles Eigentum, weil dieses durch den industriellen Fortschritt selbst überwunden wird. Seine Wiederherstellung hält Marx auch für alles andere als wünschenswert. Diese frühere Produktionsweise unterstellt nämlich Zersplitterung des Bodens und der übrigen Produktionsmittel, schließt deren Konzentration, schließt Kooperation und Teilung der Arbeit innerhalb derselben Produktionsprozesse, gesellschaftliche Beherrschung und Regelung der Natur aus. Sie ist nur verträglich mit engen, naturwüchsigen Schranken der Produktion und der Gesellschaft. Sie verewigen wollen – so schließt Marx an dieser Stelle – hieße „die allgemeine Mittelmäßigkeit dekretieren“.[254]

Die Formulierung der „Rückkehr“ ist allerdings wenig gelungen, da sich aus dem vorher Entwickelten gerade erst das Neue des Kollektiveigentums ergibt. Gleichwohl war Engels noch ein Jahr später begeistert über dieses „Meisterstück schlagender Beweisführung“, das Marx in seinem und Lafargues Beisein Guesde in die Feder diktiert habe. Für ihn ist die individuelle Besitzform bereits durch die ökonomische Entwicklung überwunden und wird es täglich mehr. Was bleibe, sei nicht der individuelle, sondern der gemeinsame Besitz.[255] Und er polemisierte gegen die Auffassungen Proudhons, der für eine „Ablösung“ des bürgerlichen Eigentums in der Weise eintrat, daß die Arbeiter wieder Eigentümer der Wohnung, des Bauernhofs oder des Arbeitsinstruments würden. Nein, durch die proletarische Revolution werde das arbeitende Volk Gesamteigentümer der Häuser, Fabriken und Arbeitsinstrumente. Allenfalls Nießbrauchsüberlassung gegen Entschädigung während der Übergangszeit komme in Frage.[256] Engels befand sich damit durchaus in Übereinstimmung mit Marx. Im dritten Band des „Kapital“ nennt der nämlich die Aktiengesellschaften ein „notwendiges Durchgangsstadium zur *Rück*verwandlung des Kapitals in Eigentum der Produzenten, aber nicht mehr als das Privateigentum

253 Ders., Einleitung zum Programm der französischen Arbeiterpartei (1880), MEW, Bd. 19, S. 238.
254 Ders., Das Kapital ... Erster Band, a.a.O., S. 789.
255 Engels, Brief an Eduard Bernstein vom 25.10.1881, MEW, Bd. 35, S. 232.
256 Ders., Zur Wohnungsfrage, a.a.O., S. 282.

vereinzelter Produzenten, sondern als das Eigentum ihrer als assoziierter, als *unmittelbares* [Hervorhebung von mir, U.Sch.] Gesellschaftseigentum."[257]

Der gedankliche Zusammenhang läßt sich so konkretisieren: Das ursprüngliche individuelle Eigentum des Kleinproduzenten wird vom bürgerlichen Privateigentum in der Großproduktion verdrängt und abgelöst. Dieses schafft wiederum selbst die Voraussetzung für seine Ersetzung durch das unmittelbar-gesellschaftliche Eigentum. Auch in den Marxschen Manuskripten „Zur Kritik der politischen Ökonomie" lesen wir, daß die Arbeiter die Produktionsmittel künftig *gesellschaftlich* und nicht als Privatindividuen besitzen werden. Was die neue Gesellschaft aufhebt, ist die Trennung des einzelnen Arbeitenden von seinem Produkt, die in der vorkapitalistischen Periode beim Handwerker bzw. Kleinproduzenten noch nicht existierte. Da diese Form des Produzierens im Verschwinden begriffen ist, wird sie auch nicht künstlich wiederhergestellt, sondern die Trennung wird im gesellschaftlichen Eigentum beendet:

„Das capitalistische Eigenthum ist nur ein gegensätzlicher Ausdruck dieses ihres gesellschaftlichen – i.e. negierten Einzeleigenthums an den Productionsbedingungen. (Daher am Product. Denn das Product wandelt sich beständig in den Productionsbedingungen um.) Es zeigt sich zugleich, daß diese Verwandlung eine bestimmte Entwicklungsstufe der materiellen Productivkräfte erheischt. Z.B. beim kleinen peasant [Bauer, U.Sch.] ist das Stück Grund, das er bebaut, sein. Das Eigenthum an ihm als seinem Productionsinstrument nothwendiger Sporn und Bedingung seiner Arbeit. Dito so beim Handwerk. In der grossen Agricultur, wie in der grossen Industrie sind diese Arbeit und das Eigenthum an den Productionsbedingungen nicht erst zu trennen, sie sind faktisch getrennt, diese Trennung von Eigenthum und Arbeit [...] nothwendiger Durchgang zur Verwandlung des Eigenthums an den Productionsbedingungen in gesellschaftliches Eigenthum [...] Das fremde Eigenthum des Capitalisten an dieser Arbeit nur aufzuheben indem sich sein Eigenthum als das des Nicht-Einzelnen in seiner selbständigen Einzelheit, also des associierten, gesellschaftlichen Individuums umgestaltet."[258]

3.13 Die Rolle der Genossenschaften

Die nächste uns interessierende Frage ist die, in welcher Weise dieses gesellschaftliche Eigentum ausgestaltet, wie damit der Produktionsprozeß geregelt werden soll. Engels schreibt 1847, die Gesellschaft werde alle Produktionszweige durch die ganze Gesellschaft, d.h. für gemeinschaftliche Rechnung, nach gemeinschaftlichem Plan und unter Beteiligung aller Mitglieder der Gesellschaft betreiben lassen müs-

257 Marx, Das Kapital ... Dritter Band, a.a.O., S. 453.
258 Ders., Zur Kritik der politischen Ökonomie, a.a.O., S. 2144f.

sen. Sie werde die Konkurrenz aufheben und die Assoziation an ihre Stelle setzen.[259] Sowohl in diesem frühen Konzept als auch in späteren ist also an eine unmittelbar gesellschaftliche Produktion gedacht: „direkt gesellschaftliche Aneignung als Mittel zur Erhaltung und Erweiterung der Produktion“[260]. Es werden dabei aber kaum nähere Überlegungen darüber angestellt, wie dies konkret von statten gehen könnte. Noch 1868 heißt es bei Marx in aller Allgemeinheit, die nationale Zentralisation der Produktionsmittel, d.h. der Landwirtschaft, des Bergbaus und der Industrie, werde die natürliche Basis einer Gesellschaft werden, die sich aus Assoziationen freier und gleichgestellter, nach einem gemeinsamen und rationellen Plan bewußt tätiger Produzenten zusammensetze.[261] Erst 1871 wird der relativ abstrakte Gedanke der Assoziation erstmalig sehr viel konkreter in Richtung auf genossenschaftliche Produktion erweitert. Marx schreibt nun, Kommunismus sei gleichbedeutend mit der Verdrängung des kapitalistischen Systems durch die genossenschaftliche Produktion, mit der Regelung der nationalen Produktion durch die Gesamtheit der Genossenschaften. Die auf Gemeingut an den Produktionsmitteln gegründete gilt nun zugleich als genossenschaftliche Gesellschaft.[262]

Wir hatten bereits gesehen, daß Marx und Engels die Möglichkeit einer „Vergenossenschaftlichung“ der Gesellschaft von unten her ausgeschlossen hatten. Entsprechend skeptisch waren sie da, wo es um die Debatte über den Gedanken einer „Föderation selbstverantwortlicher Wirtschaftskommunen“ ging. Das ablehnende Argument war relativ einfach: Eine solche Organisationsform lasse die Konkurrenz verschiedener Produzenten fortbestehen und führe in der Konkurrenz zu armen und reichen Kommunen.[263] Engels wandte sich generell gegen die Vorschläge etwa Lassalles oder Schulze-Delitzschs, kleine Genossenschaften (mit oder ohne Staatshilfe) neben der bisherigen Produktion zu fördern oder zu gründen. Sein eigener Vorschlag lautete: Einrücken der Genossenschaften in die bestehende Produktion. Man müsse den genossenschaftlichen Betrieb als Mittelstufe beim Übergang in die volle kommunistische Wirtschaft in ausgedehntem Maß anwenden. Dies hätten er und Marx nie bezweifelt. Aber:

„Nur muß die Sache so eingerichtet werden, daß die Gesellschaft, also zunächst der Staat, das Eigentum an den Produktionsmitteln behält und so die Sonderinteressen der Genossenschaft, gegenüber der Gesellschaft im Ganzen, sich nicht festsetzen können.“[264]

Das, was wir hier an Positionsbestimmungen für gesellschaftliches bzw. Staatseigentum und Genossenschaften im industriellen Bereich kennengelernt haben, ha-

---

259 Engels, Grundsätze ..., a.a.O., S. 370.

260 Ders., Herrn Eugen Dührings ..., a.a.O., S. 261.

261 Marx, Über die Nationalisierung des Grund und Bodens (1868), MEW, Bd. 18, S. 62.

262 Ders., Der Bürgerkrieg in Frankreich, a.a.O., S. 343; ders., Kritik des Gothaer Programms (1875), MEW Bd. 19, S. 19.

263 Engels, Herrn Eugen Dührings ..., a.a.O., S. 269.

264 Ders., Brief an August Bebel vom 20.-23.1.1886, MEW, Bd. 36, S. 426.

ben Marx und Engels – mit einigen wichtigen Modifikationen – auch für den Agrarsektor vertreten. Allerdings hatte Marx in seinem ersten Entwurf zum „Bürgerkrieg in Frankreich“ Formulierungen gewählt, die – wäre der Text so veröffentlicht worden – später wohl ähnliche Irritationen wie die über das „individuelle Eigentum“ ausgelöst hätten. Darin beschreibt er zunächst den Prozeß, daß der Bauer durch die Konkurrenz der großen Farmer, das Steuersystem und die städtischen Hypothekengläubiger in seiner Stellung herabgedrückt werde. Das bäuerliche Eigentum selbst sei damit nominell geworden, indem es dem Bauer allenfalls noch die Illusion des Eigentums lasse. Die Pariser Kommune sei die einzige, die ihn retten könne, denn sie könne sein nominelles Eigentum am Boden in wirkliches Eigentum an den Früchten seiner Arbeit verwandeln, könne die Vorteile der modernen Agronomie, die von gesellschaftlichen Bedürfnissen diktiert würden und ihn täglich wie einen Feind bedrohten, mit der Erhaltung seiner Stellung als wirklich unabhängiger Produzent verbinden.[265] Sicher, wenn man die entsprechenden Überlegungen zu individuellem und gesellschaftlichem Eigentum studiert hat, kann man auch hier herauslesen, daß sicherlich nicht die Wiedereinsetzung des Bauern in sein dann nicht mehr bedrohtes Kleineigentum gemeint war. Aber die Formulierung läßt durchaus Interpretationsspielräume zu. Drei Jahre zuvor hatte Marx in einem veröffentlichten Artikel allerdings keine Unklarheiten über seine Vorstellungen zur Lösung der Agrarfrage gelassen:

„Die Zukunft wird entscheiden, daß der Boden nur nationales Eigentum sein kann. Das Land an assoziierte Landarbeiter zu übergeben, würde heißen, die ganze Gesellschaft einer besonderen Klasse von Produzenten auszuliefern. Die Nationalisierung des Grund und Bodens wird eine vollkommene Änderung in den Beziehungen zwischen Kapital und Arbeit mit sich bringen und schließlich die gesamte kapitalistische Produktion beseitigen, sowohl in der Industrie wie in der Landwirtschaft.“[266]

Engels hatte sich jedoch fast zur gleichen Zeit durchaus vorsichtiger, weniger apodiktisch geäußert. Ihm schwebten durchaus Übergangsmaßregeln vor, die je nach den Bedingungen anders sein müßten, z.B. in Ländern kleinen Grundeigentums andere als in solchen mit überwiegend großem Grundbesitz.[267] Er trat deshalb auch später – etwa für Deutschland – für eine schnelle Vergesellschaftung nur des großen Latifundienbesitzes insbesondere der ostelbischen Junker ein, der ohne Schwierigkeit unter entsprechender technischer Anleitung und staatlicher Leitung den jetzigen Tagelöhnern bzw. dem Hofgesinde in Pacht gegeben und von ihnen bebaut werden könne. Der Staat müsse aber Eigentümer des Bodens bleiben.[268]

---

265 Marx, Erster Entwurf zum „Bürgerkrieg ...“, a.a.O., S. 552.
266 Ders., Über die Nationalisierung ..., a.a.O., S. 62.
267 Engels, Zur Wohnungsfrage, a.a.O., S. 285.
268 Ders., Brief an Otto v. Boenigk ..., a.a.O., S. 448; ders., Brief an August Bebel vom 20.-23.1.1886, a.a.O., S. 426.

Das, was Marx im zitierten „Entwurf“ mißverständlich und widersprüchlich formuliert hatte, erläuterte Engels in einer seiner Spätschriften sehr viel genauer und klarer. Die Hauptsache bei der Bauernfrage sei, ihnen begreiflich zu machen, daß ihr Haus- und Feldbesitz nur gerettet, erhalten werden könne durch genossenschaftlichen Besitz und Betrieb. Während der kapitalistische Großbetrieb sie einfach verdränge, böten die Sozialdemokraten ihnen die Möglichkeit, ihn selbst für ihre eigene, gemeinsame Rechnung einzuführen. Uns erscheint es ein durchaus sehr wesentlicher Gesichtspunkt zu sein, daß Engels hierbei ausschließlich auf Überzeugung, nicht aber auf Druck oder gar Gewalt setzt, was zugleich einschließt, daß es sich bei dieser Umwandlung von kleinbäuerlichem in genossenschaftliches Eigentum um einen längeren Prozeß in der Übergangsperiode handeln muß:

„Wir können ihnen nur versprechen, daß wir *nicht wider ihren Willen* gewaltsam in ihre Eigentumsverhältnisse eingreifen werden [...] Und wir stehn ja entschieden auf der Seite der Kleinbauern [gegen die Kapitalisten und Großgrundbesitzer, U.Sch.]; wir werden alles nur irgend Zulässige tun, um sein Los erträglicher zu machen, um ihm den Übergang zur Genossenschaft zu erleichtern, falls er sich dazu entschließt, ja sogar um ihm, falls er diesen Entschluß noch nicht fassen kann, eine verlängerte Bedenkzeit auf seiner Parzelle zu ermöglichen. Wir tun dies nicht nur, weil wir den selbstarbeitenden Kleinbauer als virtuell zu uns gehörend betrachten, sondern auch aus direktem Parteiinteresse. Je größer die Anzahl der Bauern ist, denen wir den wirklichen Absturz ins Proletariat ersparen, die wir schon als Bauern für uns gewinnen können, desto rascher und leichter vollzieht sich die gesellschaftliche Umgestaltung.“[269]

Da Engels die „ökonomische Gewißheit“ hegte, daß letztlich auch der Groß- und Mittelbauer vor der Konkurrenz des kapitalistischen Betriebs erliegen müsse, sah er auch hier eine realistische Genossenschaftsperspektive in der Form der Zusammenlegung und allmählichen Verwandlung in gleichberechtigte und gleichverpflichtete Zweige der „großen nationalen Produktionsgenossenschaft“. Von einer gewaltsamen Expropriation werde man auch bei diesem Teil der Bauern wahrscheinlich absehen und im übrigen darauf rechnen können, daß die ökonomische Entwicklung auch diese „härteren Schädel“ der Vernunft zugänglich machen werde. Nur beim Großgrundbesitz als unverhüllt kapitalistischem Betrieb hätten in dieser Hinsicht keine Skrupel zu gelten.[270]

---

269 Ders., Die Bauernfrage ..., a.a.O., S. 501.
270 Ebda., S. 503.

3.14 Wirtschaftsplanung und Rechnungsführung

Haben wir uns bisher mit den Organisationsformen einer „sozialistischen" Ökonomie beschäftigt, wenden wir uns nun dem Gesichtspunkt der Steuerung und Planung des ökonomischen Geschehens zu. Noch sehr allgemein lesen wir dazu schon früh bei Engels: Betreiben aller Produktionszweige durch die ganze Gesellschaft, d.h. für gemeinschaftliche Rechnung, nach gemeinschaftlichem Plan und unter Beteiligung aller Mitglieder der Gesellschaft.[271] Dieser Produktionsplan wird im Voraus entworfen und wird „eingerichtet" nach den Produktionsmitteln, wozu insbesondere auch die Arbeitskräfte gehören.[272] Die Gesellschaft verteilt Arbeitskraft und Produktionsmittel in die verschiedenen Geschäftszweige hinein.[273] Damit ist allerdings noch nichts über die Ebene gesagt, auf der diese Planung stattfinden soll. Der jeweilige Zusammenhang, in dem diese Passagen stehen, läßt am ehesten an eine gesellschaftliche Planung auf der Ebene des Nationalstaates denken. Da Marx und Engels allerdings immer den internationalen Charakter der bevorstehenden Revolution betonten, bleibt zumindest offen, in welcher Weise hier Planung und Koordinierung stattfinden sollte. Ganz früh hatte Engels einmal den Gedanken *kommunaler* Planung entwickelt, ist – soweit wir es richtig überblicken – darauf aber später nicht wieder zurückgekommen. Danach hat die Gemeinde zu berechnen, was sie mit den ihr zu Gebote stehenden Mitteln erzeugen kann, und nach dem Verhältnis dieser Produktionskraft zur Masse der Konsumenten zu bestimmen, inwieweit sie die Produktion zu steigern oder nachzulassen, inwieweit sie dem Luxus nachzugeben oder ihn zu beschränken hat.[274]

Dabei ist jedoch noch offen, in welchen Wertgrößen (und ob überhaupt in solchen) die gesellschaftliche Planung und Rechnungsführung von statten gehen sollte. In der Logik der kapitalistischen Produktionsweise war es ja die Arbeitszeit, die einerseits als einziges Maß und einzige Quelle des Reichtums gesetzt wurde, andererseits durch die Logik der kapitalistischen Akkumulation tendenziell immer wieder deren Minimierungstendenz unterlag.[275] Wir erfahren allerdings bei Marx und Engels – abgesehen von der Berechnung der Verteilungsmodi (siehe dazu unten) – kaum etwas über die Berechnungsmodalitäten innerhalb des Planungsprozesses, und wenn, dann Gegensätzliches. Engels mokiert sich über die Begriffsverwirrung derjenigen, die glaubten, von einer sozialistischen Werttheorie sprechen zu müssen. Dies beruhe auf der falschen Auffassung, daß in der sozialistischen Gesellschaft weiter Tauschwerte, also Waren, zum Verkauf produziert würden und die Preise der Arbeit fortbestünden.[276] Wenn auch nicht im Sinne einer Warenproduktion,

271 Ders., Grundsätze ..., a.a.O., S. 370.
272 Marx, Das Kapital ... Dritter Band, a.a.O., S. 271; Engels, Herrn Eugen Dührings ..., a.a.O., S. 288.
273 Ders., Das Kapital ... Zweiter Band, a.a.O., S. 358.
274 Engels, Umrisse zu einer Kritik der Nationalökonomie (1843/44), MEW, Bd. 1, S. 516.
275 Marx, Grundrisse ..., a.a.O., S. 601.
276 Engels, Juristen-Sozialismus (1886), MEW, Bd. 21, S. 499.

sondern im Sinne einer Bilanzierung für die Planung, spricht Marx hingegen durchaus davon, daß eine Wertbestimmung vorherrschend in dem Sinne bleibe, daß die Regelung der Arbeitszeit und die Verteilung der gesellschaftlichen Arbeit unter die verschiedenen Produktionsgruppen und schließlich die Buchführung hierüber wesentlicher denn je werden würden.[277]

3.15 Aufhebung von Arbeitsteilung und Arbeit

Die Umwälzung des gesamten Produktionssystems im Sinne von Marx und Engels sollte allerdings mehr umfassen als nur die Veränderung der Eigentumsformen sowie der Formen der Planung und Lenkung der Produktion. Schon in der „Deutschen Ideologie" beschreiben sie das umfassende Ziel: Subsumierung der sachlichen Mächte wieder unter die Individuen und Aufhebung der Teilung der Arbeit. In allen bisherigen Revolutionen sei die „Art der Tätigkeit" unangetastet geblieben, sei es nur um eine neue Verteilung der Arbeit an andere Personen gegangen.[278] An anderer Stelle lesen wir hingegen (argumentativ gegen die bürgerlichen Ökonomen gerichtet):

„Als wäre Teilung der Arbeit nicht ebensowohl möglich (obgleich sie historisch nicht so at first [zuallererst so, U.Sch.] erscheinen konnte, vielmehr erst als Konsequenz der kapitalistischen Produktion so erscheinen kann), wenn ihre Bedingungen den assoziierten Arbeitern gehörten und sie sich zu ihnen verhielten als das, was sie [in] natura sind, ihren eignen Produkten und den gegenständlichen Elementen ihrer eignen Tätigkeiten."[279]

Ein Widerspruch? Die Auflösung ergibt sich hier, wenn wir uns daran erinnern, daß Marx von zwei Arten der Arbeitsteilung gesprochen hat: einer in der Gesellschaft und einer in der Fabrikorganisation. Was wir also aus vorstehendem Zitat entnehmen können, ist, daß an eine Aufhebung der gesellschaftlichen Arbeitsteilung nicht gedacht ist. Diese wird vielmehr ausdrücklich als Errungenschaft der voraufgegangenen Entwicklung der kapitalistischen Produktionsweise betrachtet, die es auch unter den neuen Produktionsbedingungen fortzusetzen gilt, aber eben jetzt unter Bedingungen assoziierter Produktion. Was dagegen abgeschafft wird und werden muß, ist die Teilung der Arbeit, die sich aus der Entwicklung der Maschinerie und der Fabrikorganisation ergibt.

Diese durch die Maschinen schon jetzt untergrabene Teilung der Arbeit, die den einen zum Bauern, den andern zum Schuster, den dritten zum Fabrikarbeiter und den vierten zum Börsenspekulanten mache, werde gänzlich verschwinden.[280] Es sei

277 Marx, Das Kapital ... Dritter Band, a.a.O., S. 859.
278 Ders./Engels, Die deutsche Ideologie, a.a.O., S. 69, 74.
279 Ders., Theorien über den Mehrwert. Dritter Teil, a.a.O., S. 269.
280 Engels, Grundsätze ..., a.a.O., S. 376.

zwar für die „gelehrten Klassen" eine Ungeheuerlichkeit, daß es einmal keine Karrenschieber und keine Architekten von Profession mehr geben solle, aber nicht für den Sozialismus. Es werde so sein, daß der Mann, der eine halbe Stunde lang als Architekt Anweisungen gegeben hat, auch eine zeitlang die Karre schiebt, bis seine Tätigkeit als Architekt wieder in Anspruch genommen wird. „Ein schöner Sozialismus, der die Karrenschieber von Profession verewigt!"[281] Die neue Gesellschaft bedürfe und erzeuge Menschen, deren Anlagen nach allen Seiten hin entwickelt und die imstande seien, das gesamte System der Produktion zu überschauen.[282]

Dies ist die Sicht der Dinge von der gesellschaftlichen Seite und ihren Anforderungen her. Von der subjektiven Seite aus betrachtet, vertritt Engels die Auffassung, daß sich die Gesellschaft nicht befreien kann, ohne daß jeder einzelne befreit wird. Die neue Gesellschaft muß jedem einzelnen die Gelegenheit bieten, seine sämtlichen Fähigkeiten, körperliche und geistige, nach allen Richtungen hin auszubilden und sich darin zu betätigen, so daß die Arbeit aus einer Last zu einer Lust werde. Als das wesentlichste Mittel dafür betrachtet Engels die radikale Kürzung der Arbeitszeit.[283] Marx steuert die Vorstellung bei, daß in der neuen Gesellschaft auch deshalb mit einer besseren oder neuen Arbeitsmoral gerechnet werden könne, weil die Form des gesellschaftlichen Eigentums, die das Eigentum zum Attribut der Arbeit mache, die Moral des Individuums von ihren Klassenschranken befreien werde.[284] Die Arbeit erhalte dadurch einen ganz anderen, *freien Charakter*, daß sie auf „normales" Maß beschränkt werde, nicht für einen anderen geschehe. Zusammen mit der Aufhebung der sozialen Gegensätze zwischen Herr und Knecht werde sie damit wirklich *soziale* Arbeit und endlich bloße Basis der „disposable time", der frei verfügbaren Zeit.[285] Die Reduktion der notwendigen Arbeit der Gesellschaft auf ein Minimum, der dann die künstlerische, wissenschaftliche usw. Ausbildung der Individuen durch die für sie alle frei gewordene Zeit entspricht, schafft erst die freie Entwicklung der Individualitäten.[286] In diesem Sinne ist der prognostizierte Übergang aus dem Reich der Notwendigkeit ins Reich der Freiheit zu verstehen und die Perspektive der Abschaffung der „Arbeit" überhaupt[287], die – solange noch Mangel existiert – Ausdruck dieses Reichs der Notwendigkeit ist:

---

281 Ders., Herrn Eugen Dührings ..., a.a.O., S. 186. Es kann hier nur am Rande darauf hingewiesen werden, daß schon die auf den „Mann" reduzierte Begrifflichkeit offenbart, daß es Engels in diesem Zusammenhang offensichtlich nicht in den Sinn gekommen ist, die Frage zu untersuchen, welcher Anstrengungen es bedürfte, um bisher Männern vorbehaltene Professionen auch für Frauen zu öffnen und damit die *geschlechtsspezifische* Seite der bisherigen Teilung der Arbeit in gleicher Weise in den Mittelpunkt zu stellen. Welche Schlußfolgerungen er in dieser Hinsicht zog, wird am Ende dieses Abschnitts kurz erörtert.

282 Ders., Grundsätze, a.a.O., S. 376.

283 Ders., Herrn Eugen Dührings ..., a.a.O., S. 273f.

284 Marx, Erster Entwurf zum „Bürgerkrieg in Frankreich" (1871), MEW, Bd. 17, S. 563.

285 Ders., Theorien über den Mehrwert. Dritter Teil (1861/63), MEW, Bd. 26.3, S. 253.

286 Ders., Grundrisse ..., a.a.O., S. 601.

287 Ders./Engels, Die deutsche Ideologie, a.a.O., S. 70.

„Das Reich der Freiheit beginnt in der Tat erst da, wo das Arbeiten, das durch Not und äußere Zweckmäßigkeit bestimmt ist, aufhört; es liegt also der Natur der Sache nach jenseits der Sphäre der eigentlichen materiellen Produktion [...] Die Freiheit in diesem Gebiet kann nur darin bestehn, daß der vergesellschaftete Mensch, die assoziierten Produzenten, diesen ihren Stoffwechsel mit der Natur rationell regeln, unter ihre gemeinschaftliche Kontrolle bringen statt von ihm als von einer blinden Macht beherrscht zu werden; ihn mit dem geringsten Kraftaufwand und unter den ihrer menschlichen Natur würdigsten und adäquatesten Bedingungen vollziehn. Aber es bleibt dies immer ein Reich der Notwendigkeit. Jenseits desselben beginnt die menschliche Kraftentwicklung, die sich als Selbstzweck gilt, das wahre Reich der Freiheit, das aber nur auf jenem Reich der Notwendigkeit als seiner Basis aufblühn kann. Die Verkürzung des Arbeitstags ist die Grundbedingung."[288]

In diesem Sinne ist es zumindest begrifflich problematisch und widersprüchlich, wenn Marx an anderer Stelle schreibt, erst in der entwickelten Form, der kommunistischen Überflußgesellschaft, werde die *Arbeit* nicht nur Mittel zum Leben, sondern das erste Lebensbedürfnis geworden sein.[289] Schließlich sollte sie durch Verkürzung der Arbeitszeit, durch Reduzierung des *not*wendigen Teils der menschlichen Tätigkeit fortschreitend „abgeschafft" werden. Die kommunistische Gesellschaft – so heißt es entsprechend auch wieder in der „Deutschen Ideologie" – ist die, wo erstmalig

„[...] jeder nicht einen ausschließlichen Teil der Tätigkeit hat, sondern sich in jedem beliebigen Zweige ausbilden kann, die Gesellschaft die allgemeine Produktion regelt und mir eben dadurch möglich macht, heute dies, morgen jenes zu tun, morgens zu jagen, nachmittags zu fischen, abends Viehzucht zu treiben, nach dem Essen zu kritisieren, wie ich gerade Lust habe, ohne je Jäger, Fischer, Hirt oder Kritiker zu werden."[290]

Untersuchen wir abschließend die Überlegungen, die hinsichtlich der überlieferten geschlechtsspezifischen Teilung der Arbeit angestellt wurden, welche Neuentwicklungen die neue Gesellschaft hier einleiten sollte. Engels zog aus seiner historischen Analyse die folgenden Schlußfolgerungen: Die Befreiung der Frau habe zur ersten Vorbedingung die Wiedereinführung des ganzen weiblichen Geschlechts in die öffentliche Industrie, was wiederum die Beseitigung der Eigenschaft der Einzelfamilie als wirtschaftlicher Einheit der Gesellschaft erfordere. Erst bei der Möglichkeit der Beteiligung der Frau an der Produktion in großem, gesellschaftlichem Maßstab und ihrer nur noch unbedeutenden Inanspruchnahme durch die häusliche Arbeit werde ihre Befreiung möglich. Die große Industrie strebe zudem dazu, die private Hausarbeit mehr und mehr in eine „öffentliche Industrie" aufzulö-

288 Ders., Das Kapital ... Dritter Band, a.a.O., S. 828.
289 Ders., Kritik des Gothaer Programms, a.a.O., S. 21.
290 Ders./Engels, Die deutsche Ideologie, a.a.O., S. 33.

sen. Die Pflege und Erziehung der Kinder werde nach der bevorstehenden gesellschaftlichen Umwälzung zur öffentlichen Angelegenheit; die Gesellschaft sorge für alle Kinder gleichmäßig, seien sie eheliche oder uneheliche.[291]

Die in der modernen bürgerlichen Gesellschaft hergestellte Rechtsgleichheit von Vertragspartnern, also auch der Ehepartner, betrachtet Engels nur als einen – zudem ausschließlich formalen – Zwischenschritt zu wirklich freien Beziehungen der Geschlechter. Die realen Bedingungen dafür würden erst durch die mit der Einführung der großen Industrie verbundenen Entwicklungen und die Beseitigung der kapitalistischen Produktion geschaffen. Seitdem diese die Frau aus dem Hause auf den Arbeitsmarkt und in die Fabrik versetzt habe und sie oft genug zur Ernährerin der Familie mache, sei „dem letzten Rest der Männerherrschaft in der Proletarierwohnung aller Boden entzogen – es sei denn etwa noch ein Stück der seit Einführung der Monogamie eingerissenen Brutalität gegen Frauen." Erst im Proletariat könne sich zudem die Einzelehe auf der Basis freiwilliger individueller Geschlechtsliebe (im Gegensatz zur durch die Eltern auf der Basis der Konvenienz vollzogenen Eheschließung) entfalten, wodurch die bisher nur für die Frau geltende Monogamie auch für den Mann Geltung bekomme. Als freiwillige Ehe sei sie aber auch jederzeit wieder lösbar.[292] Zusammengefaßt:

„Was aber von der Monogamie ganz entschieden wegfallen wird, das sind alle die Charaktere, die ihr durch ihr Entstehen aus den Eigentumsverhältnissen aufgedrückt wurden, und diese sind erstens die Vorherrschaft des Mannes und zweitens die Unlösbarkeit. Die Vorherrschaft des Mannes in der Ehe ist einfache Folge seiner ökonomischen Vorherrschaft und fällt mit dieser von selbst."[293]

Mit weiteren Voraussagen blieb Engels vorsichtig:

„Was wir also heutzutage vermuten können über die Ordnung der Geschlechtsverhältnisse nach der bevorstehenden Wegfegung der kapitalistischen Produktion ist vorwiegend negativer Art, beschränkt sich meist auf das, was wegfällt. Was aber wird hinzukommen? Das wird sich entscheiden, wenn ein neues Geschlecht herangewachsen sein wird: ein Geschlecht von Männern, die nie in ihrem Leben in den Fall gekommen sind, für Geld oder andre soziale Machtmittel die Preisgebung einer Frau zu erkaufen, und von Frauen, die nie in den Fall gekommen sind, weder aus irgendwelchen andern Rücksichten als wirklicher Liebe sich einem Mann hinzugeben, noch dem Geliebten die Hingabe zu verweigern aus Furcht vor den ökonomischen Folgen. Wenn diese Leute da sind, werden sie sich den Teufel darum scheren, was man heute glaubt, daß sie tun sollen; sie werden sich ihre eigne Praxis und ihre danach abgemeßne öffentliche Meinung über die Praxis jedes einzelnen selbst machen – Punktum."[294]

---

291 Engels, Der Ursprung ..., a.a.O., S. 76f., 158.

292 Ebda., S. 73f., 82 f. (Zitat: S. 74).

293 Ebda., S. 83.

294 Ebda.

3.16 „Sozialismus" und Markt

Gehen wir von der Sphäre der Produktion und Reproduktion über zu der der Zirkulation. Mit der Aufhebung der „Basis", sprich der kapitalistischen Weise der Produktion – so lesen wir in der „Deutschen Ideologie" – löst sich die Macht des Verhältnisses von Nachfrage und Zufuhr in Nichts auf.[295] Unter der Fragestellung, ob eine solche sozialistische oder kommunistische Produktionsweise weiter Marktverhältnisse, d.h. Austausch, beibehält, sind hier noch zwei Interpretationen denkbar. Zum einen könnte man daraus entnehmen, daß nicht dieses Verhältnis selbst als Regelungsmechanismus der Zirkulation aufgelöst wird, sondern nur die darüber erzeugte Macht. Zum anderen läßt sich diese Aussage so interpretieren, daß Marktverhältnisse insgesamt verschwinden. Erstere Interpretation könnte darin eine Stütze finden, daß Marx in den „Grundrissen" schreibt: „Der private Austausch aller Arbeitsprodukte, Vermögen und Tätigkeiten steht im Gegensatz [...] zu dem *freien Austausch von Individuen* [Hervorhebung von mir, U.Sch.], die assoziiert sind auf der Grundlage der gemeinsamen Aneignung und Kontrolle der Produktionsmittel."[296]

Die Deutung im Sinne eines Fortwirkens von – nicht mehr vermachteten – Marktverhältnissen als Regelungsmechanismus der Zirkulationssphäre wäre sicherlich dann einfacher und naheliegend, wenn sich für die Produktionssphäre hätte feststellen lassen, daß Marx „individuelles Eigentum" als Zielvorstellung in der neuen Gesellschaft vorgeschwebt hätte. Auf der Basis individuellen Eigentums ließe sich sicherlich auch individueller Austausch organisieren. Auch wegen der hier anstehenden Frage haben wir so viel Aufwand auf die Untersuchung der Frage des „individuellen Eigentums" verwandt. Das Ergebnis war allerdings ein anderes: In der neuen Gesellschaft gibt es nur unmittelbar gesellschaftliches Eigentum. Deswegen müssen wir uns auch die hier gewählte Formulierung von Marx genauer anschauen. Er spricht nämlich nicht von „individuellem Austausch", sondern von freiem Austausch von Individuen. Dies ist insofern mehr als begriffliche Spiegelfechterei, als er an gleicher Stelle in den „Grundrissen" bereits den Tauschwert und das Geld als seine Ausdrucksform definitiv ausschließt.[297] Schon in einer Frühschrift hatte er sogar dem „individuellen Tausch" eine eindeutige Absage erteilt. An gleicher Stelle wird auch deutlich, warum: In der neuen Gesellschaft werden eben keine Produkte bzw. Waren mehr ausgetauscht, sondern nur noch „Arbeitsstunden". Die die formelle Gleichheit der Arbeitenden herstellende *vorherige* Übereinkunft über die (je gleiche) Stundenzahl, die sich in ihrer Höhe nach den Produktionserfordernissen richtet, schließt aber den individuellen Tausch aus.[298]

---

295 Ders./Engels, Die deutsche Ideologie, a.a.O., S. 35.

296 Ders., Grundrisse ..., a.a.O., S. 92.

297 Ebda.

298 Ders., Das Elend der Philosophie (1846/47), MEW, Bd. 4, S. 104; ebenso ders., Kritik des Gothaer Programms, a.a.O., S. 19.

Marx glossiert deshalb auch die „Pfiffigkeit des kleinbürgerlichen Sozialismus“, der einerseits die Warenproduktion verewigen und andererseits den Gegensatz von Ware und Geld, also das Geld selbst, abschaffen wolle: „Ebensowohl könnte man den Papst abschaffen und den Katholizismus bestehen lassen.“[299] Da sich für ihn Austausch und Teilung der Arbeit wechselseitig bedingen, kann die mit letzterer einhergehende Entfremdung nicht ohne Abschaffung des ersteren aufgehoben werden: „Es kann also nichts falscher und abgeschmackter sein, als auf der Grundlage des Tauschwerts, des Geldes, die Kontrolle der vereinigten Individuen über ihre Gesamtproduktion vorauszusetzen [...]“[300] Und noch schärfer: „Es ist ein ebenso frommer wie dummer Wunsch, daß der Tauschwert sich nicht zum Kapital entwickele oder die den Tauschwert produzierende Arbeit zur Lohnarbeit.“[301] Die wohl prägnanteste Erklärung für dieses definitive Ausschließen von Austauschformen als Regelungsmechanismen der Zirkulationssphäre liefert Engels kurz nach dem Tode von Marx. Schon bei den alten Griechen – so schreibt er in seiner großen, sicher nicht in allen Teilen unumstrittenen historischen Untersuchung – sei folgender Zusammenhang sichtbar geworden:

„Sobald die Produzenten ihr Produkt nicht mehr direkt selbst verzehrten, sondern es im *Austausch* aus der Hand gaben, verloren sie die Herrschaft darüber [...] Die Möglichkeit war gegeben, daß das Produkt dereinst verwandt werde gegen den Produzenten, zu seiner Ausbeutung und Unterdrückung. Darum kann keine Gesellschaft auf die Dauer die Herrschaft über ihre eigne Produktion und die Kontrolle über die gesellschaftlichen Wirkungen ihres Produktionsprozesses behalten, die nicht den Austausch zwischen einzelnen abschafft.“[302]

Selbst wenn die einschränkende Formulierung „auf die Dauer“ wiederum auf eine gewisse Vorsicht hindeuten könnte, hat Engels auf diesem Hintergrund doch nur Spott für diejenigen, die die Auffassung vertreten, auch in einer „sozialistischen Gesellschaft“ würden Tauschwerte, also Waren zum Verkauf, produziert werden und die Preise der Arbeit fortbestehen.[303] Marx verdeutlicht dazu, daß nicht die Macht oder Möglichkeit, sich gesellschaftliche Produkte anzueignen, ausgeschaltet wird, sondern die, sich durch diese Aneignung fremde Arbeit zu unterjochen.[304] Die Sache ist eindeutig: Weder in der „sozialistischen Gesellschaft“ des Übergangs, schon gar nicht in der kommunistischen Überflußgesellschaft wird es nach den Vorstellungen von Marx und Engels Marktverhältnisse, Konkurrenz um Märkte und Produkte, Austauschformen irgendeiner Art geben. Marx läßt es gerade für die „Übergangsgesellschaft“ in seiner Kritik des Gothaer Programmentwurfs am deutlichsten werden, wenn er selbst die Ausgabe der nicht handelbaren „Anteilscheine“

299 Ders., Das Kapital ... Erster Band, a.a.O., S. 102.
300 Ders., Grundrisse ..., a.a.O., S. 92.
301 Ebda., S. 174.
302 Engels, Der Ursprung ..., a.a.O., S. 110.
303 Ders., Juristen-Sozialismus, a.a.O., S. 499.
304 Marx/Engels, Manifest ..., a.a.O., S. 477.

über geleistete Arbeitszeit noch als mit den „Muttermalen der alten Gesellschaft" behaftete Verkehrsformen charakterisiert.[305] Auch das Geld müsse verschwinden. Eine Wirtschafts- oder Handelskommune, die das Geld bestehen lasse, werde durch die unweigerlich wiedererstehende „hohe Finanz" erneut deren Beherrschung unterworfen und habe damit keine Überlebenschance.[306]

Es ist schon eine erstaunliche Diskrepanz, die hier festgestellt werden muß. In der Sphäre der Produktion sehen Marx und Engels durchaus die Notwendigkeit verschiedener Maßnahmen des Übergangs, unterschiedlicher Geschwindigkeiten. Der Vergesellschaftungsgrad ist – bezogen auf die verschiedenen Fabriken, Produktionszweige (Industrie, Handwerk, Landwirtschaft) und Volkswirtschaften – unterschiedlich entwickelt, so daß die Umwälzung darauf Rücksicht nehmen muß. Selbst hinsichtlich der Veränderungen der verschiedenen Formen, in denen Arbeit stattfindet und gesellschaftlich honoriert wird, sind ihre Vorstellungen noch durchaus konkret zu nennen. Ja, Engels hat sogar auf der ganz abstrakten Ebene durchaus eine Vorstellung davon, daß das wohl „irgendwie" auch für die Zirkulationssphäre werde gelten müssen. Denn er schreibt, daß erst dann, wenn alle produktiven Sektoren in den Händen der Nation zusammengedrängt seien, das Privateigentum von selbst weggefallen und damit das Geld *überflüssig geworden* sei, die Produktion so weit vermehrt und die Menschen so weit verändert, daß auch die *letzten Verkehrsformen* der alten Gesellschaft fallen könnten.[307] Was es aber in der Zirkulationssphäre bedeutet, wenn vergesellschaftete und privatwirtschaftlich organisierte Sektoren, solche mit oder ohne Geld *nebeneinander* existieren, darüber finden sich keinerlei Überlegungen bei Marx und Engels.

Der allgemeine und ausschließliche Regelungsmechanismus der Zirkulationssphäre der neuen Gesellschaft, den sie beschreiben, ist nicht der des Austauschs, der Steuerung durch Angebot und Nachfrage, sondern der der Verteilung: Verteilt werden die Arbeitskräfte auf die verschiedenen Zweige der Produktion, verteilt werden die für diese Produktion notwendigen Produktions- und Arbeitsmittel, und verteilt werden die zur individuellen Konsumtion hergestellten und bereitgehaltenen Produkte. Immer wieder betonen Marx und Engels, daß es auf der einen Seite um „direkt gesellschaftliche Aneignung" im Bereich der Produktion und auf der anderen um „direkt individuelle Aneignung" hinsichtlich der Lebens- und Genußmittel geht.[308] Charakteristisch für die „sozialistische Gesellschaft" ist ein neuer Verteilungsmodus, mit dem man zunächst einmal anfängt, und danach beginnt die Suche nach der allgemeinen Tendenz, worin sich die Weiterentwicklung bewegt.[309] Engels lehnt es ab, darüber zu spekulieren, wie eine zukünftige Gesellschaft etwa

---

305 Marx, Kritik des Gothaer Programms, a.a.O., S. 20.
306 Engels, Herrn Eugen Dührings ..., a.a.O., S. 284, 290.
307 Ders., Grundsätze ..., a.a.O., S. 374.
308 Vgl. u.a. ders., Herrn Eugen Dührings ..., a.a.O., S. 261.
309 Ders., Brief an Conrad Schmidt ..., a.a.O., S. 436.

die Verteilung des Essens und der Wohnungen regeln werde. Dies führe direkt in die Utopie. Das, was man nur feststellen könne, sei, daß bestimmte Aneignungsformen der alten Gesellschaft unmöglich geworden seien.[310] Er spottet über den „Juristen-Sozialismus", der sich einbilde, die Marxsche Werttheorie solle den Verteilungsmaßstab der künftigen Gesellschaft abgeben.[311]

Solange der Übergang zur kommunistischen Überflußgesellschaft noch nicht vollzogen sei, sollte allerdings nach Auffassung von Marx – er ließ sich also insoweit zu weitergehenden Festlegungen „hinreißen" – die Arbeitszeit weiterhin den zentralen Berechnungsmaßstab für die Zuteilung der Konsumtionsmittel abgeben. Die Produzenten würden danach papierne Anweisungen über ihre Arbeitszeit erhalten, mit denen sie aus den gesellschaftlichen Konsumtionsvorräten ein entsprechendes Quantum an Produkten entziehen könnten. Nach Abrechnung aller nötigen Abzüge (für gesellschaftliche Vorleistungen usw. – Marx listet sie im einzelnen auf) werde der einzelne so exakt das zurückerhalten, was er an Arbeit gegeben habe. Voraussetzung ist, daß man von vorne herein über die Stundenzahl übereinkommt, die für die materielle Produktion notwendig ist. Diese Zuweisung von Arbeitsanteilscheinen geschieht aber nur scheinbar entsprechend der alten Geldkapitalfunktion. Diese verschwindet nämlich unter den neuen Verhältnissen. Die Anweisungen sind schon deswegen kein Geld, weil sie nicht zirkulieren. Form und Inhalt sind auch deshalb andere, weil niemand etwas anderes als Arbeit geben und nichts in das Eigentum, außer individuellen Konsumtionsmitteln, übergehen kann. Die sich in diesen Regelungen ausdrückende *formale* Gleichheit ist noch keine materiale, denn sie bezieht sich nur auf den gleichen Maßstab. Arbeit ist aber eigentlich – da jeder unterschiedliche Fähigkeiten besitzt – ein Maßstab der Ungleichheit. Erst unter den entwickelten Verhältnissen könne gelten: Jeder nach seinen Fähigkeiten, jedem nach seinen Bedürfnissen![312]

3.17 Die Überlegenheit der „sozialistischen Produktionsweise"

Diese Perspektive – so glaubten Marx und Engels – sei keine Phantasterei oder Utopie. Schon bei der gegenwärtigen Entwicklung der produktiven Kräfte – so hoffte Engels – genüge bereits diejenige Steigerung der Produktion, die mit der Tatsache der Vergesellschaftung der Produktivkräfte selbst gegeben sei, d.h. die Beseitigung der aus der kapitalistischen Produktionsweise entspringenden Hemmungen und Störungen, der Vergeudung von Produkten und Produktionsmitteln, um bei allgemeiner Teilnahme an der Arbeit die Arbeitszeit auf ein nach jetzigen

310 Ders., Zur Wohnungsfrage, a.a.O., S. 285.

311 Ders., Juristen-Sozialismus, a.a.O., S. 499.

312 Marx, Das Elend der Philosophie, a.a.O., S. 104; ders., Kritik des Gothaer Programms, a.a.O., S. 19ff.; ders., Das Kapital ... Zweiter Band, a.a.O., S. 358.

Vorstellungen geringes Maß zu reduzieren. Die Befreiung der Ökonomie aus den Banden der kapitalistischen Produktionsweise erschien ihm dann als die *einzige* Vorbedingung einer *ununterbrochenen, stets rascher fortschreitenden* Entwicklung der Produktivkräfte und damit einer praktisch *schrankenlosen* Steigerung der Produktion selbst. Mit der Eliminierung der Krisenhaftigkeit der kapitalistischen Produktionsweise und deren Folgen wie Überproduktion und periodischer Kapitalvernichtung, mit der Aufhebung der Konkurrenz, der „Anarchie" der Warenproduktion und des Marktes sollte die sozialistische Gesellschaft also ihre ungeheure ökonomische Überlegenheit beweisen können. „Es ist der Sprung der Menschheit aus dem Reich der Notwendigkeit in das Reich der Freiheit."[313]

Wir haben dieses Kapitel mit einer kurzen Einführung in die geschichtsphilosophischen Grundlegungen des Herangehens von Marx und Engels an die Fragen von Struktur und Entwicklung menschlicher Gesellschaften eingeleitet. Mit einer ähnlich zentralen, mehr in die Zukunft weisenden philosophischen Passage wollen wir es abschließen. Engels hebt darin das Bedeutsame und Revolutionäre an der Hegelschen Philosophie heraus, daß sie der Endgültigkeit aller Ergebnisse des menschlichen Denkens und Handelns ein für alle Male den Garaus gemacht habe. Die Wahrheit liege danach nurmehr im Prozeß des Erkennens selbst, in der langen geschichtlichen Entwicklung der Wissenschaft, die von niederen zu immer höheren Stufen der Erkenntnis aufsteige, ohne aber jemals durch das Herausfinden einer absoluten Wahrheit zu dem Punkt zu gelangen, wo sie nicht mehr weiter könne. Gleiches gelte nicht nur für die Philosophie, sondern für alle anderen Gebiete. Und er fährt fort:

„Ebensowenig wie die Erkenntnis kann die Geschichte einen vollendenden Abschluß finden in einem vollkommnen Idealzustand der Menschheit; eine vollkommne Gesellschaft, ein vollkommner ‚Staat' sind Dinge, die nur in der Phantasie bestehn können [...] Wie die Bourgeoisie durch die große Industrie, die Konkurrenz und den Weltmarkt alle stabilen, altehrwürdigen Institutionen praktisch auflöst, so löst diese dialektische Philosophie alle Vorstellungen von endgültiger absoluter Wahrheit und ihr entsprechenden absoluten Menschheitszuständen auf. Vor ihr besteht nichts Endgültiges, Absolutes, Heiliges [...]"[314]

---

313 Engels, Herrn Eugen Dührings ..., a.a.O., S. 274; ders, Die Entwicklung ..., a.a.O., S. 226. Es ist eine gängige, aber nichtsdestoweniger fatale und desorientierende Legende auf Seiten vieler linker Theoretiker, eine derartige Überlegenheitsannahme nur der leninistischen Variante des Sozialismus zuzuschreiben und den Effizienzvorsprung marktverfaßter Ökonomien primär auf den Raubbau an Mensch und Natur zurückzuführen. Narr und Roth meinen in diesem Sinne: „Anzunehmen, es lasse sich eine andere Form finden, die mit der kapitalistischen auf ihrem eigenen Felde und mit ihren eigenen Effizienzkriterien konkurrieren und sie überholen könne, gehört zu den kapitalen Irrtümern Lenins und der auf ihn bezüglichen ‚Ismen'." (Narr/Roth 1996, S. 286) Dies ist, wie die zitierten Passagen von Marx und Engels zeigen, bedauerlicherweise nichts als „linker Selbstbetrug"!

314 Ders., Ludwig Feuerbach und der Ausgang der klassischen deutschen Philosophie (1888), MEW, Bd. 21, S. 267.

4 Praxis und Theorie: Für welche (Fehl-)Entwicklungen tragen Marx und Engels Verantwortung?

Wenn wir uns nun der Frage zuwenden, inwieweit es in den analytischen und strategischen Überlegungen von Marx und Engels Ansatzpunkte gibt, die für den in der Sowjetunion (und den ihr folgenden anderen „realsozialistischen" Ländern) beschrittenen Weg Leitlinien und Orientierungspunkte bieten, die für dessen Scheitern mit verantwortlich sind, so sind dazu vorweg eine Reihe einschränkender Hinweise zu machen. Es kann nochmals nicht deutlich genug unterstrichen werden, daß insbesondere die verschiedenen ökonomischen Umorientierungen der Bolschewiki in den ersten anderthalb Jahrzehnten nach der Oktoberrevolution nicht ausgearbeiteten *theoretischen Konzepten* folgten, sondern *konkrete* Antworten auf *konkrete* Schwierigkeiten darstellten. Sie erfolgten häufig völlig überstürzt und wurden erst nachträglich „theoretisiert". Daraus ergibt sich wiederum, daß vielfach nicht zu unterscheiden ist, ob eine Maßnahme aus dem Grunde in die Tat umgesetzt wurde, weil man von ihrem „sozialistischen" Charakter im Sinne der an Marx orientierten Perspektive überzeugt war, oder ob es sich nur um den Versuch nachträglicher „marxistischer" Legitimierung handelt. Wir haben es zudem heute leichter, aufgrund von (natürlich auch weiterhin nicht vollständig edierten) Werkausgaben der Systematik des Marxschen Denkens einschließlich seiner Widersprüche nachzuspüren, während den Akteuren im zweiten und dritten Jahrzehnt dieses Jahrhunderts nur eine begrenzte Auswahl an Schriften zugänglich war. Es bedürfte – wie schon einleitend angedeutet – noch einmal einer besonderen Untersuchung, um herauszufinden, welche Texte von Marx und Engels den führenden Bolschewiki überhaupt bekannt waren und in welcher Weise sie von ihnen rezipiert wurden. Dabei würde man mit Sicherheit feststellen, daß es dazwischen nochmals einen „Filter" gegeben haben dürfte, nämlich den des zeitgenössischen „Marxismus", also die etwa durch Karl Kautsky popularisierten Fassungen der Marxschen Schriften.

All dies kann und will die vorliegende Arbeit nicht leisten. Die Fragestellung lautet vielmehr umgekehrt: Welche Anteile des – dazu noch in sich vielfach widersprüchlichen – Denkgebäudes von Marx und Engels über den Weg zur und die Ausgestaltung einer „sozialistischen" Gesellschaft bzw. Ökonomie hätten – wenn sie denn den Bolschewiki bekannt gewesen sein sollten – als Wegweiser für den von ihnen beschrittenen Weg dienen können? Und daran anknüpfend: Was sind also die Bestandteile dieses Denkgebäudes, die durch die konkreten, praktischen Erfahrungen dieses Jahrhunderts als überholt, falsch, irreführend oder gar gefährlich zu gelten haben – und welches sind die, die für diejenigen, die Marx und Engels noch nicht so umstandslos mit der untergegangenen Sowjetunion gleich mit auf den Müllhaufen der Geschichte verbannen wollen, weiterhin kritisch zu behandelnde, aber noch brauchbare Anknüpfungspunkte für „sozialistische" Lösungen für das 21. Jahrhundert bieten könnten?

Zurück zu Marx. Wir hatten die komprimierte Zusammenfassung seiner (und Engels') Vorstellungen mit einigen „Kernsätzen" zu seiner Geschichtsphilosophie eingeleitet. Sie liefert uns bereits eine erste – möglicherweise aber allzu leichte – Antwort. Wer wollte bestreiten, daß eine naheliegende Antwort auf das „Jahrhundertexperiment Sowjetunion" die ist, daß die ihr voraufgegangene (russisch-)kapitalistische Gesellschaftsformation schon deswegen nicht untergehen konnte, weil erst die Produktivkräfte entwickelt waren, für die sie selbst weit genug war, und deshalb auch noch keine neuen Verhältnisse an ihre Stelle treten konnten? Diese Antwort würde uns viel Mühe ersparen, und sie ist im Kern sicherlich auch zutreffend. Sozialismus, so wie ihn sich die Vertreter des zeitgenössischen „wissenschaftlichen Sozialismus" dachten, sollte den Übergang aus „reifen" Verhältnissen markieren, die durch einen hohen Grad der Steigerung der gesellschaftlichen Produktivkräfte gekennzeichnet waren. Es dürfte heute unbestritten sein, daß dies für das zeitgenössische Rußland nicht galt. Es ist dies ja gerade der Grund, warum schon bald von einer Revolution gegen das „Kapital", aber eben nicht das produktive oder Finanzkapital, sondern gegen die Schrift „Das Kapital" von Karl Marx die Rede war (Antonio Gramsci).[315]

Diese Grundeinsicht der notwendigen Voraussetzung gesellschaftlicher Reichtumsproduktion hatte eine logischerweise damit verknüpfte subjektive Seite: Angestrebt wurde nach der gesellschaftlichen Umwälzung eine von den Menschen selbst gemeinsam und planmäßig betriebene Industrie, und dies setzte notwendig Menschen voraus, deren Anlagen – so hieß es bei Marx und Engels – nach allen Richtungen hin entwickelt sind. Weder bei der übergroßen Mehrheit der russischen Bevölkerung, den Kleinbauern und Landarbeitern, noch bei der gesellschaftlichen Minderheit des Industrieproletariats, konnte davon ernsthaft die Rede sein. Wenn wir uns mit dieser sehr summarischen Antwort gleichwohl nicht zufrieden geben, dann hat dies zunächst einen einfachen, ähnlich pauschal zu nennenden Grund: Geschichte verläuft nicht nach den Konzepten theoretischer Lehrbücher ab. Zudem muß man sich der Tatsache stellen, daß die Mehrheit der russischen Bevölkerung – die entrechteten Bauern, die kriegsmüden Soldaten, die ausgebeuteten Arbeiter – auf radikale Veränderungen drängte, also im eigentlichen Sinne des Wortes eine revolutionäre Situation vorlag. Es ging also weniger um das „Ob", sondern mehr um das „Wie" dieser revolutionären Veränderung, um deren Ziele und Inhalte.

Marx und Engels hatten sich wiederholt dagegen gewandt, Revolutionen zu „machen", sie lehnten die putschistischen Tendenzen in der Arbeiterbewegung ab.

315 Vgl. Gramsci 1917/1991.

Aber dieser Vorwurf gegen die Bolschewiki, der auch zeitgenössisch sofort von anderen sozialistischen Richtungen unter Berufung auf Marx erhoben wurde (Bakunisten-Putsch), trifft nicht das eigentliche Problem. Wenn wir uns dem „Wie" zuwenden, dann muß die Frage im Mittelpunkt stehen, ob die unmittelbar in Angriff genommenen Ziele den realistisch eingeschätzten Möglichkeiten und Gegebenheiten entsprachen. Wir haben dabei nicht zu entscheiden, ob Lenins theoretischer Ansatz, daß die Kette des Imperialismus zunächst an ihrer schwächsten Stelle – sprich: dem russischen Zarismus – reißen werde, gegenüber den bisherigen Vorstellungen auch von Marx und Engels, daß der Umschlag aufgrund der Reife der Verhältnisse zuerst in den hochentwickelten Ländern erfolgen werde, zutreffender ist. Sie hatte zumindest eine gewisse aktuelle Evidenz für sich, woraus sich allerdings keinerlei Antworten auf die damit verbundenen – hier erörterten – Fragen ergaben. Zu leugnen ist dessen ungeachtet nicht, daß alle zeitgenössischen Sozialisten im Anschluß an Marx und Engels vom notwendig internationalen Charakter einer sozialistischen Revolution ausgingen, Lenin eingeschlossen. Deshalb waren seine ersten Übergangsvorstellungen auch auf eine baldige Ankoppelung der Revolution im rückständigen Rußland insbesondere an das fortgeschrittenere Deutschland (nach dem dortigen Sieg der Revolution) ausgerichtet. Immerhin gab es auch bei Marx und Engels hin und wieder Prognosen, die darauf hinausliefen, daß Rußland eine Revolution bevorstehe und also ein entsprechendes Signal von dort ausgehen könne.[316]

Würde also danach die europäische Revolution folgen, so glaubte Lenin ja, daß Rußland von den anderen Nationen lernen und profitieren könne. Nicht nur für das „Alleinbleiben" gab es bei Marx und Engels keine Rezepte. Auch ihre Hinweise über Inhalt und Formen der internationalen Zusammenarbeit können nicht anders als mager bezeichnet werden. Mehr als die Aussage, daß es sich weder um eine lokale, noch eine nationale, sondern um eine soziale Aufgabe handele, deren Lösung vom praktischen und theoretischen Zusammenwirken der fortgeschrittensten Länder abhänge, war bei ihnen nicht zu haben. Dies klang zwar in seiner Abstraktheit recht eingängig, war aber hinsichtlich seiner praktischen Umsetzbarkeit alles andere als konkret.

Was also hätten die Bolschewiki tun sollen, als die europäische Revolution ausblieb, sie isoliert blieben? Die Macht wieder abgeben? Aber an wen? Schließlich war das zaristische Rußland kein demokratischer Staat mit ständigem Wechsel zwischen Regierung und Opposition gewesen, schließlich hatten die führenden Bolschewiki mehr Zeit in Gefängnissen als in der Duma, dem Parlament, verbracht. Es gab deshalb wohl nur eine sinnvolle alternative Perspektive, die 1918 von den Menschewiki vertreten wurde und auch in einer Minderheitsgruppe der bolschewistischen Partei um Sinowjew und Kamenjew Anhänger hatte: die Machtteilung im Rahmen einer breiteren Koalitionsregierung mit anderen Gruppen und Parteien,

316 Vgl. die einzelnen Nachweise bei Schöler 1991a, Bd. 1, S. 69f.

insbesondere der Partei der Sozialrevolutionäre und nicht nur ihrem linken Flügel, wie es ja de facto das Ergebnis der Wahlen der Nationalversammlung nahelegte (mit den Bolschewiki als Siegern in den Städten und den Sozialrevolutionären als stärkster Partei auf dem Land). Dies hätte einen langsameren Prozeß des Sich-Herausarbeitens aus den alten Verhältnissen bedeutet, hätte das Eingehen gesellschaftlicher Kompromisse erfordert, wäre aber zugleich mit breiterer gesellschaftlicher Zustimmung und mit Sicherheit weit weniger Opfern verbunden gewesen.

4.1 „Abkürzungsperspektiven" und zentralistisch-staatskapitalistische Übergangsformen

Wenn die Bolschewiki – getrieben von Lenin – dennoch eine andere Perspektive wählten, dann hatte dies wohl nicht nur etwas mit einem seinen theoretischen Auffassungen oft eigenen Voluntarismus zu tun, sondern auch damit, daß eine bestimmte Lesart der Marxschen Theorie (vor allem auch bei Engels) immer wieder den bald bevorstehenden „naturnotwendigen" Zusammenbruch der kapitalistischen Ökonomie prognostizierte. Wenn dem aber so war, daß dieses System mit voraussagbarer Sicherheit auf seinen Zusammenbruchs- und damit Umschlagspunkt zutrieb, dann konnte es – so glaubte man wohl – sicherlich nichts schaden, wenn man dieser Tendenz ein wenig nachhalf. Letztlich ist hierin ein durchaus zwiespältiges politisches Erbe des oben dargestellten widersprüchlichen Analysezusammenhangs bei Marx zu sehen. Die Überlegungen, die auf ein Bewußtsein einer nicht endlichen Beschränktheit der kapitalistischen Ökonomie aufgrund der Möglichkeit zur beständigen Entwicklung neuer Bedürfnisse und Geschäftszweige und zur Entwicklung von Methoden intensiver Ausdehnung der Produktionstätigkeit schließen lassen, wurden von Marx *nicht* bzw. nur zum Teil publiziert, während vor allem Engels mehr als einmal das bevorstehende Ende dieser Produktionsweise in Aussicht stellte.

Wir finden einen weiteren Anknüpfungspunkt für das konkrete Vorgehen der russischen Revolutionäre in der Marx-/Engelsschen Analyse und Bewertung der kapitalistischen Vergesellschaftungsformen. Als gewissermaßen Höhepunkt bereits gesellschaftlicher, also hochgradig arbeitsteiliger Produktion galten ihnen der moderne Trust und die Aktiengesellschaft. Sie würden zeigen, daß die Funktion des einzelnen Kapitalisten überflüssig geworden, eine direkt gesellschaftliche Leitung der Produktion möglich sei. Für das zaristische Rußland als ganzes galt sicherlich die Beurteilung eines im wesentlichen noch zurückgebliebenen, „halbzivilisierten", erst in Ansätzen industrialisierten Landes. Die Besonderheit bestand allerdings darin, daß in den Städten bzw. Branchen, wo sich bereits eine Industrie entwickelt hatte, deren Organisationsgrad bereits sehr weit fortgeschritten war. Der Schwerpunkt lag hier beim industriellen Großbetrieb. Hatten nun nicht Marx und Engels gerade diese Art der Produktion auf großer Stufenleiter als notwendiges Durchgangsstadium zu einer sozialistischen Ökonomie bezeichnet? Lag es nicht nahe, da in diesen Aktiengesellschaften nach deren Auffassung bereits die Aufhebung des Kapitals als Privateigentum (noch innerhalb der alten Produktionsweise) vollzogen war und sich die Funktion der Unternehmensleiter vorgeblich nur noch auf eine lockere und meist oberflächliche Kontrolle beschränkte, diese „sozialistischen“ Vorstufen nun durch Auswechslung der Personen auf den „Kommandohöhen“ in eine staatskapitalistische Form zu bringen und weiterzutreiben?[317]

Dem erreichten Stand der Konzentration und Zentralisation des russischen Kapitals entsprach spiegelbildlich der Zustand der russischen Arbeiterklasse. Auch sie war bereits in einem hohen Maße „organisiert“, was nicht primär ihren politischen Organisationsgrad meint. Die überwiegende Mehrzahl der russischen Arbeiter war in Betrieben mit mehr als 500 Beschäftigten konzentriert. Da es sich vielfach noch um relativ junge Unternehmen handelte, war der Bestand des angeeigneten und weitergegebenen Funktionswissens sicherlich noch nicht sehr entwickelt, aber auf der anderen Seite stellte der hohe Grad der Homogenisierung in denselben Arbeitsstätten ein erhebliches Aktions- und Kräftepotential dar. Hatte sich also nicht auch hier – noch nicht im nationalen Maßstab, aber in den Zentren wie Petersburg und Moskau (die Weiten des russischen Landes hatte auch die Zarenherrschaft wenig interessiert) – die Voraussage von Engels in nucleo bereits bewahrheitet, nämlich die Herausbildung einer zahlenmäßig starken, durch ihre Arbeitsbedingungen homogenisierten Arbeiterklasse, der auf der Kapitalseite nur eine verschwindend geringe Zahl von Unternehmenseignern, Betriebsleitern und Managern gegenüberstand? Mußte es nicht verlockend sein, auch hier der Geschichte etwas vorzugreifen und den weiteren Weg für das ganze Rußland etwas abzukürzen?

Wir können an dieser Stelle also festhalten, daß es durchaus Anknüpfungspunkte bei Marx und Engels dafür gab, einen derartigen Weg zu beschreiten und dazu noch weiter daran zu arbeiten, den erreichten Grad der Zentralisierung auszubauen. Auch Marx hielt ja die nationale Zentralisation der Produktion für ein sinnvolles und notwendiges Durchgangsziel hin zu einer anderen Produktionsweise. Praktisch stellte sich allerdings bald heraus, daß das notwendige Personal zur Übernahme dieser neuen und offenbar doch verantwortungsvolleren Positionen fehlte. Schlimmer noch: Da man dieses Problem natürlich gesehen hatte, unternahm man den Versuch, möglichst viele der alten Betriebsleiter zu halten – sie sollten nur unter den neuen Bedingungen entsprechend den Vorstellungen und Anweisungen der neuen politischen Führung arbeiten und mit einem Facharbeitergehalt zufrieden sein (eine Maßregel, die ebenfalls auf Marxsche Vorschläge zurückgeht). Aber sie ließen sich entweder nicht halten oder wurden – weil in ihrer alten Funktion erlebt, erlitten und gehaßt – von den Arbeitern einfach weggejagt. Die Zerstörungen durch Krieg und Bürgerkrieg taten ein übriges. Letztlich ist so nicht auseinanderzuhalten, welche Resultate auf welche Maßnahmen bzw. auslö-

317 Vgl. zu den darin steckenden Illusionen auch Peters 1993, S. 309f.

sende Momente zurückzuführen sind, wie hoch also der eigene Anteil am Produktionsniedergang aufgrund des Nichtfunktionierens der ersten wirtschaftspolitischen Maßregeln der Sowjetregierung zu veranschlagen ist. Daß sie aber im wesentlichen fehlschlugen, daran besteht in der historisch-wissenschaftlichen Debatte kein Zweifel.

Wir hatten bereits darauf hingewiesen, daß die Bolschewiki ihr Regierungsamt nicht mit einem ausgearbeiteten Sozialisierungsprogramm antraten, geschweige denn das Ziel einer möglichst umgehenden Verstaatlichung aller Zweige von Industrie, Dienstleistungssektor und Handel im Auge hatten. Sowohl bei Engels als auch bei Marx gab es ja zugleich auch Überlegungen, die auf das Beschreiten eines langsameren Weges hinzielten. Engels' Übergangsprogramm sah das Fortbestehen eines öffentlichen und eines privaten Sektors während einer Übergangsperiode vor; Marx hatte in einer frühen Schrift davon gesprochen, daß die Lösung der Eigentumsfrage vor allem den Sinn habe, die Aufhebung derjenigen Kollisionen zu bewirken, die sich aus der Entwicklung der großen Industrie, des Weltmarkts und der freien Konkurrenz ergäben. Beides hätte ein vorsichtiges Vorgehen nahegelegt. Die Bolschewiki wurden jedoch mit aller Wucht von den spontanen Betriebsübernahmen und der Zunahme der Zahl herrenlos gewordener Fabriken aufgrund des Weglaufens oder Wegjagens der alten Eigentümer und Leiter überrollt, vollzogen per Dekret das nach, was im realen Leben an Fakten geschaffen wurde. Auch hierbei ist festzustellen, daß aus der ursprünglichen Not später eine „marxistische" Tugend gemacht wurde. Schließlich hatte es dazu an der prominentest-möglichen Stelle, im „Kommunistischen Manifest", geheißen, das Proletariat werde in der Revolution seine politische Herrschaft dazu benutzen, der Bourgeoisie nach und nach alles Kapital zu entreißen, alle Produktionsinstrumente in den Händen des Staates zu zentralisieren. Marx hatte es selbst als das letzte Ziel der proletarischen Revolution bezeichnet, daß sie kein Privateigentum an der Erde und an den Produktionsmitteln bestehen lassen werde. Wo nun die Bourgeoisie diese Herrschaftspositionen selbst aufgab – was anders konnte nun die Aufgabe des sowjetischen Staates sein? So, wie die Sache konkret ablief, konnte zwar von „nach und nach" keine Rede sein, aber das hatte man schließlich nicht selbst zu verantworten.

Schwieriger wurde es allerdings hinsichtlich der „marxistischen" Legitimationserfordernisse der Bolschewiki, wenn es um die Frage des weiteren Umgehens mit diesem Staatsapparat ging. Schließlich war Lenin und anderen bekannt, daß Friedrich Engels die Perspektive des Absterbens des Staates entworfen hatte. Ja, gerade seine Ausprägung als „bürokratisch-militärische Maschine" war es ja, deren Zerstörung bei den zuallererst zu treffenden Maßnahmen ganz oben stehen sollte. Weil wir es an anderer Stelle[318] bereits in aller Detailliertheit getan haben, sei hier nur summarisch darauf verwiesen, daß Lenin gerade auf das theoretisierende Überdecken *dieser* offensichtlichen Diskrepanzen die größte Mühe verwandte. Die

318 Schöler 1991a, S. 267ff.

wichtigste Differenz liegt sicherlich darin, daß Lenin Engels' Auffassung von der kurzen Übergangsperiode ignorierte und erkennen ließ, daß er von einer durchaus langen Übergangszeit einer „Diktatur des Proletariats“ ausging. Wenn bei ihm auch von einer „Diktatur des Proletariats und der armen Bauernschaft“ die Rede ist, also zunächst potentiell durchaus einer Mehrheitsherrschaft, so lassen Formulierungen aus dem Jahr 1919 darauf schließen, daß nunmehr die reale Situation einer Minderheitsherrschaft nicht nur akzeptiert, sondern auch zur geradezu typischen Charakteristik der Übergangsepoche umgewidmet worden war. Nun schreibt er nämlich: „Das Proletariat muß zuerst die Bourgeoisie stürzen, sich die Staatsmacht erobern. Dann muß es diese Staatsmacht, das heißt die Diktatur des Proletariats als Werkzeug seiner Klasse gebrauchen, um die Sympathie der Mehrheit der Werktätigen zu gewinnen.“[319]

Es liegt in dieser Logik nahe, daß nunmehr – sicherlich in klarem Gegensatz zu den Auffassungen von Marx und Engels, aber gleichwohl unter Berufung auf sie – das Schwergewicht dieser zeitlich nicht mehr beschränkten Diktatur auf ihre repressive Seite gelegt wurde, eine Seite, die ja eigentlich als erste hatte „abgeschnitten“ werden sollen. Nun rechtfertigte Lenin auch die Vereinbarkeit zwischen diesem neuen, „dem sowjetischen (d.h. dem sozialistischen) Demokratismus und der Anwendung der diktatorischen Gewalt einzelner Personen“.[320] Und ganz in diesem Sinne wurde diese Herrschaft jetzt endgültig mit nackter, ungezügelter, gewaltsamer Machtausübung identifiziert: „Die revolutionäre Diktatur des Proletariats ist eine Macht, die erobert wurde und aufrechterhalten wird durch die Gewalt des Proletariats gegenüber der Bourgeoisie, eine Macht, die an keine Gesetze gebunden ist.“[321]

In seinen Bemerkungen zum Tode von Karl Marx hatte Friedrich Engels sich in einer Weise über den Staat geäußert, die zumindest Anknüpfungspunkte in diese Richtung zu bieten schien. Er hatte davor gewarnt, den Staat als einzig vorfindlichen zentralen Organismus gleich zu zerstören. Mit ihm müsse das siegreiche Proletariat seine eroberte Macht geltend machen, seine kapitalistischen Gegner niederhalten und die ökonomische Revolution der Gesellschaft durchsetzen. Wie so viele Äußerungen gerade von Engels ist auch diese äußerst zwieschlächtig. Zum einen bot sie Interpretationsspielraum in die beschriebene Leninsche Richtung, ohne sicherlich dessen schrankenlosen gewaltorientierten Deutungen zu entsprechen oder diese gar intendiert zu haben. Zum anderen kann sie nur im Zusammenhang seiner sonstigen Äußerungen gelesen werden, und erst dadurch wird sicherlich ihre letztliche Unvereinbarkeit mit einer auf längere Dauer angelegten staatlichen Gewaltmaschine in den Händen einer kleinen proletarischen Avantgardepartei überdeutlich.

---

319 Lenin, Die Wahlen und die Diktatur des Proletariats (16. Dezember 1919), LW, Bd. 30, S. 253.
320 Ders., Die nächsten Aufgaben der Sowjetmacht (1918), LW, Bd. 27, S. 259.
321 Ders., Die proletarische Revolution und der Renegat Kautsky (1918), AW, Bd. 3, S. 97f.

Aber Engels hatte eben auch gerade in einer seiner populären Frühschriften, den „Grundsätzen des Kommunismus", ausgerechnet da, wo er relativ konkret die Maßregeln eines langsamen Übergangsprogramms hin zu einer neuen Wirtschafts- und Gesellschaftsordnung entwarf, die spannende Frage offengelassen, in welchem Umfang in dieser Phase noch ein besonderer Staatsapparat aufrechterhalten werden solle und müsse. Denn wenn er davon ausging, daß noch eine Zeitlang staatliches und privates Produktiveigentum nebeneinander existierten, die Perspektive aber die des Nach-und-nach-Entreißens des Produktivkapitals aus den Händen der Bourgeoisie blieb, dann stellte sich natürlich schon die Frage nach einer längeren Lebensdauer des Staates, wenn auch nicht in der zeitlich unbegrenzten Perspektive wie bei Lenin.

Wir hatten bereits in der Einführung erläutert, warum wir uns diesem Problem in seinen demokratie-praktischen wie -theoretischen Aspekten nicht eingehender widmen wollten. Zu offensichtlich erscheint uns hier die aus der Not geborene Zwangssituation der russischen Revolution und damit letztlich ihr gesamter Weg einer nicht-demokratischen, ökonomische Prozesse nachholenden Entwicklungs- bzw. Erziehungsdiktatur zu sein. In welcher Weise Lenin dies „theoretisierend" rechtfertigte, haben wir gezeigt. Die genannten Differenzen durften allerdings auch nicht unerwähnt bleiben, wenn wir den Zusammenhang zu einer Reihe weiterer Maßregeln des Übergangs begreifen wollen sowie deren Rückkopplungen zu Überlegungen, wie sie schon von Marx und Engels angestellt wurden. In seinen „Grundsätzen des Kommunismus" hatte Engels u.a. auch die Bildung industrieller Armeen für die Agrikultur als Übergangsmaßregel propagiert. Hier ist die Parallele zu dem, wozu die Sowjetregierung sich in den ersten Hungerjahren genötigt sah, allerdings allenfalls eine begriffliche. Engels dürfte die Situation im Auge gehabt haben, daß es aufgrund der noch niedrigen Stufenleiter der landwirtschaftlichen Produktion notwendig sein werde, das Ernteaufkommen durch zusätzliche Arbeitskräfte zu erhöhen. Seine Absage an die Einrichtung von „Arbeitsheeren" (neben den schon existierenden disziplinierten Kriegs- und Beamtenheeren) ließ deutlich erkennen, daß es hier nur um eine Art Hilfsprogramm, aber auf selbstbestimmter und freiwilliger Basis, gehen sollte. Die „Arbeiterheere" des frühen Sowjetrußland unterschieden sich davon allerdings gewaltig. Auf dem Lande wurden sie im wesentlichen zur gewaltsamen Requirierung von Getreide für die hungernden Städte eingesetzt. Mit Hilfsprogrammen für die agrarische Produktion hatten sie nichts zu tun, sie waren Ausdruck des nackten Überlebenswillens eines Staates, der seine hungernden Städte nicht mehr versorgen konnte.

In den Fabriken führte Trotzki ein System der „Militarisierung der Arbeit" ein, das an Unterordnungszwang und Arbeitsdruck den verhaßten kapitalistischen Methoden in nichts nachstand, sie bisweilen an Intensität durchaus übertraf. Deshalb ist auch hier – wenn überhaupt – die Parallele eine andere. Es war – wenn man so will – die auf die Spitze getriebene Verwirklichung dessen, wovon Engels nur karikierend und durchaus harmlosere Verhältnisse meinend geschrieben hatte:

„Wahlzwang durch staatliche Vorgesetzte statt durch Fabrikaufseher – schöner Sozialismus!" Wer wollte die verzweifelte Situation bestreiten, in der sich die Sowjetregierung mitten im Bürgerkrieg und einem sich auflösenden Land befand, dessen Produktion unaufhaltsam daniederging? Es zeigte sich zudem bald, daß die spontan entstandenen rätedemokratischen Betriebsleitungen nicht in der Lage waren, diesen Niedergang aufzuhalten, es also anderer Formen der innerbetrieblichen Organisation und Leitung bedurfte, um wenigstens ein Minimum an Produktion wieder in Gang zu bringen. Zum schlimmsten aber, was aus „marxistischer" Sicht theoretisch zu Papier gebracht wurde, gehören die Versuche von Trotzki und anderen, dieses aus der Not geborene Zwangssystem der „Militarisierung der Arbeit" als Maßregel eines „sozialistischen" Aufbaus zu beschreiben.

Summarisch kann man davon sprechen, daß diese erste Phase nach der russischen Revolution – abgesehen von ihren rätedemokratischen Impulsen, die bald abebbten und von den Bolschewiki unter dem Druck des ökonomischen Niedergangs auch zurückgedrängt wurden –, wenn erkennbar, dann nur von den Vorstellungen von Marx und Engels geprägt war, bei denen die Konzentrations- und Zentralisationstendenzen des Kapitals im Mittelpunkt standen, deren Anregungen für genossenschaftliche, also möglicherweise dezentral orientierte ökonomische Organisationsformen aber so gut wie keine Rolle spielten. Es ging um die Besetzung der Kommandohöhen der Wirtschaft, um das Vorantreiben des gesellschaftlichen Organisationsgrades der Produktionsmittel. Die „Zentralisation" der Produktionsmittel in den Händen des Staates war vollzogen worden. Man schien also auf dem Weg zu dem zu sein, was Marx und Engels als die Herstellung „unmittelbaren Gesellschaftseigentums" beschrieben hatten. Bereits hier erwies sich ein strategisches Defizit in deren Gedankengebäude als äußerst fatal.

4.2 Das Ausblenden ökonomischer Vermittlungsinstanzen

Sie hatten nämlich keinerlei praktikable Überlegungen dafür hinterlassen, wie nun die Beziehungen der verschiedenen Produktionseinheiten zueinander geregelt werden sollten, geschweige denn die der Produzenten zu denen des Handels bzw. der Konsumenten und Endverbraucher. Was bedeutete unmittelbar gesellschaftliches Eigentum? Sicher nicht, daß Betriebsangehörige Material mit nach Hause nahmen, das aktuell nicht gebraucht wurde, weil sowieso andere Zulieferungen stockten und man damit das karge Familieneinkommen etwas aufbessern konnte, wie es unter dem Druck der Verhältnisse zur traurigen Wirklichkeit wurde. Wer sollte aus dem Stand regeln, wer wem was zu liefern hatte? Der neue Modus nach Marx und Engels sollte ja nicht mehr im alten Sinne auf Wert- und Vergleichsgrößen basieren, sondern ausschließlich nur noch einer der Verteilung sein; Verteilung der Produktions- und Investitionsmittel auf die verschiedenen Produktionszweige und Fabriken, der Arbeitenden auf die Produktionseinheiten, der Erzeugnisse der Produktion an die Konsumenten.

Eine derartige „Verteilungsgesellschaft“ ist aber funktionierend nur dann vorstellbar, wenn es von dem jeweils zu verteilenden *zu viel* gibt, wenigstens zu verteilende Produktionsinstrumente und Investitionsmittel, zu verbrauchende Konsumtionsmittel für den täglichen Bedarf, und wohl auch ausreichend – dazu noch ausreichend qualifizierte – Arbeitskräfte. Diese Vorstellung mag angesichts der konkreten Mangelsituationen, der jeweiligen Unterausstattung der jungen Sowjetrepublik in allen diesen Bereichen fast absurd klingen und war es in der Praxis natürlich auch. An dieser Stelle wird endgültig deutlich, daß alle Überlegungen von Marx und Engels wirklich von einer entwickelten kapitalistischen Gesellschaft als Vorstufe der sozialistischen, also von einer Gesellschaft des Überflusses, des bereits vorhandenen hohen gesellschaftlichen Reichtums ausgingen, ausgehen mußten. Wir werden noch auf die Frage zurückkommen müssen, ob eine derartige Vision einer Gesellschaft, die „unmittelbar“ gesellschaftlich besitzt und verteilt, selbst für derartig entwickelte Verhältnisse sinnvoll und praktikabel sein kann. Für die Mangelgesellschaft des nachrevolutionären Rußland waren diese Überlegungen von Marx und Engels nichts als ein Danaergeschenk.

Teils aufgrund der spontanen Ereignisse, teils aufgrund „sozialistischer“ Überzeugungen räumten die Revolutionäre (die Arbeiter in den Fabriken wie die politischen Akteure an den Schreibtischen) all das beiseite, was als Regelungsinstanzen und Antriebskräfte des alten Wirtschaftsmechanismus funktioniert hatte: den Markt, die Ware-Geld-Beziehung, den Zwischenhandel, die Konkurrenz zwischen den Unternehmen, die Gewinnorientierung (oder auch: den Profit) der Unternehmen, deren Verpflichtung zu einer betrieblichen Rechnungsführung oder Bilanzierung, die Differenzierung der Einkommen als internes Steuerungs- und Antriebsmoment. Über jede einzelne dieser Maßnahmen ließe sich dann trefflich streiten, wenn ein funktionierender neuer Modus zur Hand gewesen wäre, der an die Stelle des alten hätte treten können und der mit den anderen – verbleibenden oder neuen – kompatibel gewesen wäre. Davon kann – unterm Strich – keine Rede sein.

4.3 Die „Abschaffung“ des Marktes

Bezogen auf diese sehr praktischen Konsequenzen, erweist es sich durchaus als fatal, daß Marx und Engels dem Marktgeschehen und seinen unterschiedlichen Ausprägungen und Funktionen derartig wenig Aufmerksamkeit geschenkt hatten. Sicherlich hatte Marx die „Leitsternfunktion“ des Marktes, die Oszillation der Marktpreise, ihre Ausgleichsfunktion nüchtern-sachlich beschrieben, ohne allerdings irgendwelche Konsequenzen daraus für etwaige Übergangsperioden abzuleiten. Die Konsequenzen blieben auf einer formallogisch durchaus nachvollziehbaren, allerdings zugleich sehr abstrakten Ebene: Solange Tauschwerte existieren, also

Mehrwertproduktion stattfindet, deren überschüssige Anteile privat angeeignet und damit erneut *Lohn*arbeiter beschäftigt werden können, besteht die Tendenz zu einer Reorganisierung der alten, „kapitalistischen“ Funktionsmechanismen auf kleinster Stufenleiter (schließlich – nach welchen auch immer vorgestellten Zeiträumen – erneut endend in Konzentration und Zentralisation des Kapitals und entsprechender ungehemmter Machtausübung).

Mit diesem zunächst allenfalls abstrakt bedeutsamen Wissen war allerdings am Beginn einer – wenn überhaupt, dann nur langsam vorstellbaren – Übergangsperiode nahezu überhaupt nichts anzufangen. Es gab vor allem keine Antwort auf eine Situation, die sich eigentlich gerade für Friedrich Engels selbst als Problem hätte stellen müssen. Er ging ja in seinem Übergangsprogramm davon aus, daß weiter auf der Basis von *Lohn*arbeit produziert werden würde, nur sollte man eben die verbliebenen privaten Fabrikanten zwingen, die gleichen höheren *Löhne* wie im öffentlichen Sektor zu zahlen.[322] Damit würde also durchaus noch Mehrwert produziert und privat angeeignet, gäbe es weiterhin unternehmerische Konkurrenz und müßte im Zweifel auch noch eine funktionierende Ware-Geld-Beziehung existieren. Es wundert aber gerade bei Engels nicht, wenn innerhalb dieser Übergangsmaßregeln kein Wort über den Bereich der Distribution fällt, seine möglichen Vermittlungsinstanzen. Das ist zwar alles andere als logisch und konsequent, erschließt sich aber aus dem Verständnis, das er an anderer Stelle über den Handel entwickelt hatte. Da war nämlich nur vom Parasiten- und Schmarotzertum die Rede, d.h. Engels hatte überhaupt kein Verständnis für eine sinnvolle Eigenfunktion entsprechender Vermittlungsinstanzen. Die „konsequent-inkonsequente“ Antwort konnte deshalb auch hier nur „Verteilung“ heißen, was allerdings angesichts der gemischtwirtschaftlichen Übergangssituation keinerlei Realitätstauglichkeit besitzt.

Es gilt noch einen weiteren Aspekt in die Überlegungen mit einzubeziehen. Bei Marx und Engels ist in diesem Zusammenhang im Gegensatz zur sonstigen Differenziertheit ihres Denkens eine erstaunliche Einseitigkeit des Blickwinkels festzustellen. Mit der bereits beschriebenen formallogischen Akribie wird der Nachweis erbracht (und werden auch fast empört zweifelnde Anfragen zurückgewiesen), daß bereits die Wiederzulassung von Kategorien wie Lohn und Preis auf niedrigster Stufe unweigerlich die „ganze alte Scheiße“ von vorne beginnen lasse, die Keime zur Restauration „kapitalistischer“ Verhältnisse in sich trage. So scharf ihre Besorg-

322 Wir können an dieser Stelle nur darauf hinweisen, daß Engels wie selbstverständlich von höheren Löhnen im öffentlichen Sektor ausging. Das kann zweierlei Gründe haben: Einmal kann es ausdrücken, daß im öffentlichen Bereich die bisherige Herabdrückung der Löhne auf ein Minimum als Ausdruck des kapitalistischen Ausbeutungszusammenhangs aufgehoben werden sollte. Dies würde noch nichts über eine zukünftige Entwicklung aussagen. Zum anderen könnte darin eine Beurteilung liegen, die die feste Überzeugung ausdrückt, daß der öffentliche Sektor mit einer höheren Arbeitsproduktivität zu produzieren in der Lage ist und deswegen auch höhere Löhne zahlen kann. Letzterer Gesichtspunkt würde der Auffassung entsprechen, daß die gesellschaftliche Produktion gegenüber der kapitalistisch-despotischen die rationalere, die effektivere sei.

nisse auf dieser Seite sind, so sorglos sind sie hinsichtlich der mit der Konzentrations- und Zentralisationstendenz auf großer Stufe verbundenen Gefahren. Dies ist sogar noch zu verharmlosend formuliert. Derartige Gefahren werden erst gar nicht gesehen. Weil ihnen Aktiengesellschaften, erst recht aber Trusts und staatliche Betriebe als positiver Ausdruck einer der ökonomischen Entwicklung innewaltenden unausweichlichen Vergesellschaftstendenz erscheinen, in denen sich die kapitalistische Leitung als obsolet erweist und die deshalb fast umstandslos in „gesellschaftliche" Leitung übernommen werden können, kommt ihnen nicht der Gedanke, daß auch in diesen „Errungenschaften" der kapitalistischen Produktionsweise ein zwieschlächtiges Erbe stecken könnte. Abgesehen von sehr allgemeinen, nicht in einen solchen Zusammenhang gestellten Überlegungen über genossenschaftliche Produktion (wir werden darauf noch näher zu sprechen kommen), stellen sie keine Überlegungen darüber an, ob und inwieweit es in derartigen Großorganisationen Verselbständigungstendenzen geben könnte, Autarkiebestrebungen, innere Bürokratisierungs- und Erstarrungsvorgänge, Probleme einer vernünftigen und überschaubaren Steuerung interner wie externer Vorgänge, mangelnde Flexibilität, stagnative Tendenzen aufgrund fehlenden Außendrucks und eigener Monopolstellung, Innovationsträgheit, Verschwendungs- und Ausschußproduktion mangels effektiver Kontrolle usw. Auch auf diesen Zusammenhang werden wir – aus naheliegenden Gründen – zurückkommen müssen.

So waren also die russischen Revolutionäre von „marxistischer" Seite in bezug auf ein wirtschaftspolitisches Übergangsprogramm ziemlich allein gelassen, war ihr Hin und Her der ersten Jahre als Versuch, das sich jeweils auftuende größte Loch zu stopfen, nicht mehr als naheliegend. Der erste wirklich grundlegende Versuch eines homogenen Neuansatzes wurde denn auch erst zu Beginn der zwanziger Jahre mit der Neuen Ökonomischen Politik gestartet. Wir hatten bereits beschrieben, daß sie zunächst als Versuch einer neuen staatskapitalistischen Offensive und Restabilisierung startete, die allerdings mangels ausländischer Beteiligungen fehlschlug. Erst danach, nachdem also der vermeintlich „klassisch-marxistische" Weg des staatskapitalistischen Übergangs keine Aussicht auf Realisierung versprach, wurden Maßnahmen eingeleitet, die man (sicherlich überspitzt formuliert) auch auf den Nenner bringen könnte: Weg von Marx und Engels! Natürlich ist dies nur die halbe Wahrheit, aber ein Stück Realitätsgehalt steckt schon darin. Denn die Reprivatisierung bestimmter Wirtschaftssektoren, insbesondere aber die Wiedereinführung des Handels und der Ware-Geld-Beziehung ließen sich kaum auf die beschriebenen allgemeinen Vorschläge von Marx und Engels zurückführen.

Dies ist deswegen nur die halbe Wahrheit, weil man den Versuch unternahm, zu gesellschaftlichen Zuständen zurückzukehren, die zumindest gewisse Ähnlichkeiten mit dem Übergangsprogramm von Engels hatten, das er allerdings schon in den 40er Jahren in einer Schrift entworfen hatte, die nicht zu den weitestverbreiteten gehört haben dürfte. Sie liefen auf ein Wirtschaftssystem mit gemischten Eigentumsformen hinaus. Die faktisch vollzogene Komplettverstaatlichung der ökonomischen Beziehungen und Strukturen wurde partiell rückabgewickelt, die Sowjetregierung stellte Zustände wieder her, für die die Formel vom „Nach und nach"-Entreißen der Produktionsmittel überhaupt nur einen Sinn machte. Anders insbesondere als Engels hatte Lenin aber begriffen, daß eine derartige gemischtwirtschaftliche Struktur der unterschiedlichsten Vermittlungsformen bedurfte (und an dieser Stelle hieß es nun: weg von Marx und Engels): Wiedereingeführt wurden die Ware-Geld-Beziehung, privat organisierte Marktverhältnisse, private Kleinbetriebe und Handelsunternehmen, ein geregelter Austausch aufgrund realer Preise zwischen den Bauern und der Stadt bzw. dem Staat.

4.4 Das Ausblenden zivilgesellschaftlicher Vermittlungsinstanzen

Das Programm der NÖP legte ein weiteres Paradoxon zutage. Es war – verglichen mit der voraufgegangenen Periode – ein Programm der ökonomischen Liberalisierung. Die Marxschen Warnungen vor einer Wiederentstehung der kapitalistischen Mechanismen hatten angesichts des erlebten ökonomischen Desasters ihren Schrecken verloren. Diese ökonomische Liberalisierung ging aber wiederum mit einer politischen Verengung einher, vollzogen die Bolschewiki doch nun durch Verbot der letzten verbliebenen konkurrierenden Parteien auch formell den vorher nur faktisch und als Übergangsmaßregel deklarierten Zustand einer Einparteidiktatur. Mit der Marxschen Vision der Erweiterung gerade auch der politischen Freiheiten des Individuums in der neuen, sozialistischen Gesellschaft hatte das natürlich nichts zu tun. Es gab auch kaum ernstzunehmende Versuche, dies entsprechend zu rechtfertigen. Der Begründungszusammenhang ist auch weniger ein demokratietheoretischer, sondern entspringt vielmehr aus dem konkreten Verständnis der Möglichkeit und der für unausweichlich gehaltenen Notwendigkeit einer Kontrolle der ökonomischen Prozesse. Wenn es schon notwendig war – so glaubte man –, die Zügel der ökonomischen Mechanismen locker zu lassen, dann mußten sie politisch um so fester angezogen werden, damit die Lage kontrollier- und steuerbar blieb.

Jenseits der Beurteilung dieser Entwicklung unter dem Gesichtspunkt demokratischer Rechte, die eindeutig negativ ausfällt, hat diese Vorgehensweise – nicht kurz-, aber langfristig – einen zusätzlichen kontraproduktiven Folgeeffekt. Faktisch läßt sich nämlich – kurzfristig – für die zwanziger Jahre trotz Fraktionsverbots innerhalb der alleinherrschenden Partei, trotz Verbots anderer Parteien, trotz des Fehlens einer pluralen Medienlandschaft durchaus noch eine intensive gesellschaftliche Debatte über Entwicklungsvorstellungen und -ziele feststellen. Nicht umsonst gelten diese zwanziger Jahre bis heute auch als die kulturell und künstlerisch interessanteste Phase der gesamten Existenzperiode Sowjetrußlands bzw. der Sowjetunion. Im Unterschied zu offen demokratischen Strukturen mußten allerdings alle Auffassungen, Vorschläge, Artikulationen von Interessen sozialer Gruppen durch den Filter der herrschenden Partei hindurch, konnten sich also nicht frei, ungestört daneben und selbst organisieren. Solange dies von oben geduldet wurde, gab es noch so etwas wie „demokratische Debatte auf kleiner Stufenleiter". Darüber hing aber unübersehbar seit 1921 das Damoklesschwert des Fraktionsverbots (und schwerwiegender noch des Verbots alternativer parteipolitischer Betätigung), d.h. der Impuls, der aus einer derartigen Debatte entspringen kann, konnte jederzeit unterbunden werden. Es dauerte schließlich auch kein Jahrzehnt, bis – noch vor der eigentlichen, neuerlichen ökonomischen Umwälzung – diese Möglichkeiten innerparteilicher Richtungsdebatten rabiat beendet wurden. Die somit schon früh, noch mit Förderung und Billigung Lenins, eingeleiteten demokratischen Restriktionen hatten den ökonomischen Effekt, daß bald nicht mehr über alternative Entwicklungswege gestritten werden konnte.

Schlimmer noch: Die jeweiligen sozialen Gruppen und Interessen verloren nach und nach jedwede Möglichkeit zur Artikulation ihrer spezifischen Sonderinteressen, ohne deren Austragung und Bündelung keine Gesellschaft dynamische Tendenzen befördern kann. Gewerkschaften und Genosssenschaftsverbände wurden bereits in der Phase der zwanziger Jahre zunehmend an die kurze Leine genommen, ihre Funktion verkehrte sich aus eigenständigen Interessenvertretungsorganen sozialer Gruppen in die von Transmissionsriemen der Partei in diese Gruppen hinein. Es veränderte sich also fundamental die Richtung ihres Handelns. Soziale Beziehungen, deren widerstreitende Interessenkonstellationen in geregelten, nicht gegängelten Formen zu einem dynamischen Moment gesellschaftlichen Fortschritts werden können, verlieren so ihre Korrektivfunktion. Ökonomische Effizienz lebt ja gerade auch von Suchbewegungen, die ohne unterschiedliche Akteure mit unterschiedlichen Interessen alleine von oben kaum organisierbar sind.

Nicht mit einem Schlag, nicht in kürzester Zeit, sondern schleichend, Schritt für Schritt verlor Sowjetrußland, verlor die Sowjetunion den eigenständigen Unterbau bzw. die Zwischeninstanzen zwischen Staats- und Parteiapparat auf der einen und den ökonomischen Strukturen bzw. den in ihnen agierenden Individuen auf der anderen Seite. Sie verlor lebendige, autonome zivilgesellschaftliche Strukturen.[323] Für die konkrete Art und Weise ihrer Eliminierung hatten Marx und Engels mit Sicherheit nicht das Rezeptbuch geliefert. Aber sie hatten auch kein Handwerkszeug, keine konkreten Anweisungen dafür hinterlassen, wie deren Funktionsweise sowohl in einer Übergangsgesellschaft wie auch in einer entwickelten „kommunistischen" Gesellschaft hätte aussehen können. Schlimmer noch: Die Formel von der „unmittelbaren" gesellschaftlichen Produktion, Verteilung und Aneignung legte

---

323 Es gehört schon ein gerüttelt Maß an Zynismus dazu, diesen Prozeß nicht nur zu negieren, sondern sogar umgekehrt in den angeblich fortwirkenden bzw. neu entstandenen zivilgesellschaftlichen Strukturen, und zwar solchen „bürgerlichen" Charakters, „die sich gleichsam vom politischen [sprich „proletarischen", U.Sch.] Überbau selbständig machten", das Zerstörungspotential für diesen Überbau zu identifizieren; so Fülberth 1998, S. 124.

Schlußfolgerungen nahe, daß es dieses ganzen Instrumentariums unabhängiger Akteure, Verbände, Interessengruppen und Vermittlungsinstanzen (einschließlich der Marktmechanismen) selbst in einer Gesellschaft des Übergangs nicht mehr bedürfe. Denn Ziel war ja schließlich eine Gesellschaft, in der die letzten Verkehrsformen der alten Gesellschaft schon bald sollten wegfallen können.

Diese Ausschaltung der Möglichkeiten freier, autonomer Interessenartikulation in oder quer zu sozialen Gruppen konstituiert zugleich weitere Funktionsdefizite der sowjetischen Ökonomie mit. Dadurch, daß es keine Foren für eine eigenständige Artikulation und Bündelung der Verbraucherinteressen gab, die gesamte Plankonzeption seit der Stalin-Ära zudem durch und durch produktions-, d.h. angebotszentriert war, blieb die vorgegebene „Tonnen-" oder Wachstumsideologie auch die einzige Richtgröße für die betrieblich handelnden und entscheidenden Akteure. Sie waren keinerlei direkter Kritik oder gar angedrohter oder vollzogener Abnahmeverweigerungen von Anwendern oder Endverbrauchern ihrer Erzeugnisse ausgesetzt, was möglicherweise einen Anreiz zur Produktumstellung oder -verbesserung, zu technischer Optimierung und Effektivierung in Richtung auf deren Interessen herausgefordert hätte. Nicht die Ansprüche der Benutzer oder Verbraucher standen am Ausgangspunkt von (sowieso häufig ausbleibenden) Produktinnovationen, nicht die ökonomischen Resultate induzierten Prozeßinnovationen, sondern Richtgröße blieb alleine die Einhaltung vorgegebener Mindestnormen. Da sich die Erzeuger dazu vielfach noch in der Rolle von Angebotsmonopolisten befanden, waren sie gegen kritische Einflüsse von außen faktisch immun.

4.5 Ein widersprüchliches Erbe: genossenschaftliche Produktion ohne Konkurrenz

Mit Sicherheit standen auch bei den Überlegungen zur Neuorientierung auf Basis genossenschaftlicher Produktion zu Beginn der NÖP-Phase die konkreten ökonomischen Schwierigkeiten, das Gefühl, am Ende einer Sackgasse angekommen zu sein, am Ausgangspunkt der Neukonzeptionierung. Und die Brücke zum Marxschen Denken – nämlich die ausdrückliche Bezugnahme auf dessen späte Überlegungen zur Genossenschaftsfrage – erfolgte theoretisch bei Lenin auch erst in einem zweiten Schritt. Aber immerhin: Durchaus im Gegensatz zur „staatskapitalistisch-staatssozialistischen" Phase, in der für die Definition dessen, was Sozialismus ausmache, schon die kurze Formel „Elektrifizierung plus Sowjetmacht" ausreichte, definierte Lenin nun Sozialismus als ein System zivilisierter Genossenschafter. Dazwischen lag sicherlich ein großer – praktischer wie gedanklicher – Schritt. Er kommt damit gerade den späten Überlegungen auch von Engels sehr nahe, der ja von der allmählichen Überleitung der gesamten Produktion in genossenschaftliche gesprochen hatte. Marx und Engels selbst hatten bedauerlicherweise die Chance nicht genutzt, anhand des Problems der genossenschaftlichen Produktion ihre umstandslose Positivbewertung des übernahmefähigen kapitalistischen Großbetriebs einer Überprüfung zu unterziehen. Der Gedanke der genossenschaftlichen Produktion drückt für sie zunächst einmal nur aus, daß die nationale Produktion unter Beteiligung aller Gesellschaftsmitglieder vonstatten gehen und die Leitung der Produktion im jeweiligen gesellschaftlich übernommenen Großbetrieb durch die Assoziation freier und gleichgestellter Produzenten erfolgen sollte.

Diese Vorstellung sagt aber nur etwas über das Verhältnis der einzelnen Arbeitenden zueinander (und zum Fehlen einer von ihnen getrennten kapitalistischen Leitung) aus. Es sagt jedoch nichts aus über das Verhältnis der verschiedenen Produktionsstätten bzw. verschiedener Sektoren der Produktion zueinander. Dazu bemerkt Engels kurz und knapp, daß ja die Assoziation die Konkurrenz ersetze, worin keine wirkliche Antwort auf die angeschnittenen Fragen liegt. In diesem Konzept ist also nicht daran gedacht, daß – was ja denkbar wäre – verschiedene selbstverwaltete Betriebskollektive um die besseren Produkte, Verfahren, Lösungen, Innovationen ringen, in dieser Hinsicht also durchaus weiter in einem Konkurrenzverhältnis stehen und sich dadurch gegenseitig anstacheln, zu mehr Effektivität, Rationalität in der Art ihres Produzierens vorantreiben. Im Gegenteil, gerade eine solche möglicherweise äußerst produktive Konkurrenz schlossen sie in Auseinandersetzung mit anderen – bürgerlichen wie sozialistischen – Vertretern des Genossenschaftsgedankens ausdrücklich aus. Eine Föderation selbstverantwortlicher Wirtschaftskommunen, so das Argument, führe in die Konkurrenz, zu armen und reichen Kommunen, und das könne man nicht wollen. Das Argument ist uns bereits bekannt. Es ist die in anderer Form sich ausdrückende Angst vor der Wiederherstellung der alten, hergebrachten Funktionsformen wie Mehrwertaneignung und Neueinleitung kapitalistisch geprägter Akkumulation.

Die Sorge mag abstrakt berechtigt sein, aber sie geht auch hier mit einer merkwürdigen Naivität und Blindheit einher, was die andere Seite der Medaille betrifft. Sicher stellt es ein Problem dar, wenn sich innerhalb einer solchen Föderation die eine Kommune erfolgreicher entwickelt als die andere. Die Gründe dafür können ja auch der unterschiedlichsten Natur sein. Es kann an der besseren Arbeitsmotivation liegen, an den besseren Ideen, an der besseren Qualität der zugelieferten Rohstoffe oder Halbfertigwaren, an den unterschiedlichen klimatischen Bedingungen, am pfiffigeren Marketing, der rationelleren Betriebsführung usw. usw. Es ist allerdings naiv zu glauben, derartige Probleme würden sich ohne Konkurrenz nicht einstellen und ohne Auswirkungen bleiben. Sie alle treten auch unter Bedingungen eliminierter Konkurrenz auf, ihre Erscheinungsformen sind nur andere, und sie müssen deshalb auch anders gelöst werden. Diese notwendig anderen Lösungen werfen aber neue, nicht weniger gravierende Schwierigkeiten auf. Der Ausgleich des Gefälles führt ja dazu, daß im Wege des Verteilungsmodus diejenigen, die weniger oder schlechter produzieren, notwendig zu Lasten der Motivierteren, Erfolgreicheren, vielleicht auch nur durch die äußeren Umstände Begünstigten bei der Zuteilung der Resultate des insgesamt Produzierten begünstigt werden. Das wird diese nur dann gleichgültig lassen, wenn sich daraus für sie keine erkennbaren oder gar dauerhaften Nachteile, Einbußen, überflüssige Rücksichtnahmen oder andere Zurücksetzungen ergeben.

Davon kann wiederum nur die Rede sein, wenn die Reichtumsproduktion ein Niveau erreicht hat, wo es darauf sowieso nicht mehr ankommt. Braucht aber die existierende (Übergangs-)Produktionsweise noch die wechselseitige Stimulation, das Suchen nach besseren, erfolgreicheren, effektiveren Formen des Produzierens, dann wirkt sich ein Verteilungsmodus, der die weniger Erfolgreichen in den Augen der anderen „belohnt", eher lähmend aus. Die Geschichte der Sowjetunion ist ja voll der Versuche, über indirekte Leistungsanreize, sei es in der „Stachanow-Bewegung", sei es durch Formen „sozialistischen Wettbewerbs", diese Funktionsdefizite wenigstens ansatzweise auszugleichen. Auch an dieser Stelle wird nochmals einsichtig, daß die Vorstellungen von Marx und Engels über „sozialistische" oder „kommunistische" Verteilungsverhältnisse viel mit der Vision einer in weiter Zukunft liegenden herrschaftsfreien Überflußgesellschaft zu tun hatten, nichts dagegen mit den unausweichlich auftretenden Problemen einer notwendig noch entwicklungsbedürftigen, in Widersprüchen lebenden (und möglicherweise gerade durch sie weiter vorwärtskommenden) Übergangsgesellschaft.

Das in weiten Bereichen umgesetzte NÖP-Programm der Bolschewiki sah den Fortbestand staatlichen Eigentums an der Großproduktion vor und förderte den genossenschaftlichen Zusammenschluß in der reprivatisierten Kleinproduktion und im Kleinhandel. Die ökonomischen Daten dieses Programms eines vorsichtigen, langsamen Übergangs deuteten an, daß hiermit ein potentiell erfolgreicher Weg eingeschlagen worden war. Sicherlich blieb aber dabei weiter unklar, wohin denn dieser Übergang zielte, ob nicht die aus der Not geborenen und überstürzt herbeigeführten Zustände der ersten Jahre (auf einer entwickelteren Stufe) doch als das anzustrebende Fernziel bestehen blieben. Das Paradoxe war also, daß sich der neu eingeschlagene Weg gerade da als erfolgreich erwies, wo er sich von den vermeintlich gesicherten „marxistischen" Erkenntnissen abwandte, was aber – angesichts der eigentlich für richtig erachteten Perspektive einer zentralisierten Ökonomie ohne Privatkapital und ohne Marktverhältnisse – eigentlich nicht sein durfte. Neben den bereits beschriebenen Widerständen innerhalb der bürokratischen Apparate dürfte hier ein weiterer Schlüssel dafür liegen, warum jedweder Reformansatz in der Geschichte der Sowjetunion, der auf die stärkere Entfaltung von Marktbeziehungen in gemischtwirtschaftlichen Eigentumsformen zielte, immer wieder an der eigenen Unentschlossenheit und Halbherzigkeit scheiterte.

Wir hatten bislang das Problem der Landwirtschaft noch weitgehend ausgeklammert. Marx und Engels favorisierten auch hier das nationale Eigentum an Grund und Boden und orientierten auf eine Übernahme des bisherigen privaten Großgrundbesitzes durch miteinander kooperierende Genossenschaftsbauern bzw. ihre Bewirtschaftung als Staatsgüter. Einer Übergabe dieser Ländereien in Eigentum der assoziierten Landarbeiter erteilten sie eine eindeutige Absage. Sie befürchteten das Wiederentstehen einer besonderen Klasse von Landeigentümern, denen dann die ganze Gesellschaft in ihrer Nahrungsmittelversorgung ausgeliefert sei. Im Grundsatz entsprach dem sicherlich auch ursprünglich das Programm der Bolschewiki. Gleichwohl vollzog sich die Revolution auf dem Lande nach dem Oktober 1917 auf andere Weise. Zum einen ereignete sich Vergleichbares zu dem in den Städten: Die besitzlosen Bauern nahmen das Versprechen, ihnen werde Land gegeben, beim Wort und nahmen sich die entsprechenden Anteile der großen Güter einschließlich des Inventars gleich selbst. Zum anderen hatten die Bolschewiki auch Rücksicht auf ihren zeitweiligen Koalitionspartner, die Linken Sozialrevolutionäre zu nehmen, denen die Interessen der Kleinbauern näher standen. Die entsprechenden Dekrete verbanden deshalb zweierlei miteinander: Der Boden wurde zum Staatseigentum erklärt, gleichwohl erfolgte im wesentlichen eine Zu- und Verteilung des Landes an die besitzlosen Landarbeiter und Kleinbauern. Die befürchtete Zersplitterung des bäuerlichen Grundbesitzes und der agrarischen Produktion wurde so zum Faktum.

Die Zwieschlächtigkeit der vollzogenen Umwälzung drückte sich aber nicht nur darin aus. Die Tatsache, daß den Bauern der von ihnen bearbeitete Boden nur de facto, nicht aber dem Rechtstitel nach gehörte, erleichterte zunächst einmal die Requirierungen in der Phase der Hungersnöte in der Zeit des „Kriegskommunismus". Wären die Bauern auch formell Eigentümer des Bodens gewesen, wäre zumindest die Legitimierung dieser Maßnahmen bedeutend schwerer gefallen. Das formell staatliche Eigentum bildete auch die Grundlage für die zunächst festgelegten Formen des Naturaltauschs, denn auch dieser brauchte keine entsprechende wertbezogene Festlegung. Erst die Reinstallierung wirklicher Marktbeziehungen zwischen Stadt und Land stellte das Verhältnis der Bauern zu den Abnehmern ihrer Produkte wieder auf eine rechtlich einigermaßen abgesicherte Grundlage. Aber schon in der zweiten Hälfte der zwanziger Jahre flammte angesichts der sog. Preisschere die Debatte über eine stärkere „Abschöpfung" des auf dem Lande erzeugten Mehrprodukts wieder auf, bis hin zu den Vorstellungen über die Landwirtschaft als Ausbeutungsobjekt einer nach innen gerichteten Kolonisierung. Von einer verläßlichen Perspektive, innerhalb derer die selbst arbeitenden Kleinbauern als die quasi natürlichen Bündnispartner der Arbeiterklasse betrachtet worden wären, in deren Eigentumsverhältnisse nicht gegen ihren Willen gewaltsam eingegriffen werden dürfe – wie es Friedrich Engels als Maxime ausgegeben hatte –, *und sie auch so zu behandeln*, kann angesichts all dieser Maßnahmen wirklich keine Rede sein.

Zur endgültigen Pervertierung der Genossenschaftsidee kam es allerdings erst in der Phase der Zwangskollektivierung unter Stalin. Millionen zu „Kulaken" deklarierte Klein- und Mittelbauern mußten ihre Höfe verlassen, wurden umgesiedelt, einem mörderischen Prozeß der zwangsweisen Kollektivierung unterworfen. Es hieße Marx und Engels nun wirklich Gewalt antun, wollte man sie für dieses brutale, terroristische Vorgehen verantwortlich machen. Nicht gegen den Willen der

Kleinbauern – so Engels – sollte in deren Eigentumsverhältnisse eingegriffen werden. Seien sie noch nicht von den Vorzügen der genossenschaftlichen Organisationsform überzeugt, müsse ihnen eine verlängerte Bedenkzeit auf ihrer Parzelle gewährt werden, so hatte seine Perspektive ausgesehen. Auch bei den Groß- und Mittelbauern setzte er auf eine allmähliche, freiwillige Form des Übergangs zur genossenschaftlichen Zusammenlegung. Enteignungen konnte er sich nur beim Großgrundbesitz als unverhüllt kapitalistischem Betrieb vorstellen. Mit Stalins Kollektivierungsprogramm war Lenins „Diktatur des Proletariats", die an keine Gesetze gebunden ist, wahrscheinlich auf weit grausamere Weise Wirklichkeit geworden, als selbst der es sich hatte vorstellen können. Mit „Sozialismus" als freiem und freiwilligem Prozeß der „Selbstbefreiung aus Ausbeutung und Unterdrückung" hatte das hingegen nichts mehr zu tun. In den Kolchosen bestimmten die ehemals selbständigen Bauern auch nicht über Arbeitsprozesse und -ergebnisse mit, sondern wurden mit ihrer Arbeitskraft zu nackten Ausbeutungsobjekten.

4.6 Steckengebliebene Aufhebung überkommener Formen der Arbeitsteilung

Einen Schlüsselgesichtspunkt des Denkens von Marx und Engels bildet sicherlich der der Teilung der Arbeit und ihrer perspektivischen Aufhebung. Nach ihrer Auffassung sollte die gesellschaftliche Umwälzung ja gerade nicht primär dazu dienen, eine neue Verteilung der Arbeit an andere Personen zu bewerkstelligen, sondern sie sollte erstmalig in der Geschichte die „Art der Tätigkeit" verändernd in den Mittelpunkt rücken. Ziel war demnach u.a. (verkürzt ausgedrückt) die Aufhebung der hergebrachten Trennung von Hand- und Kopfarbeit, von Oben und Unten im Arbeitsprozeß, der Aufteilung der einzelnen Gesellschaftsmitglieder in nur für jeweilige spezialisierte Tätigkeiten qualifizierte Produzenten. Der ehemalige Architekt sollte zeitweilig die Karre schieben müssen, der ehemalige Karrenschieber die Tätigkeit des Architekten erlernt haben und mit ausüben können und dürfen, ein jeder sollte über den Wechsel aus der einen in die andere Tätigkeit – und sei es am selben Tage – frei entscheiden dürfen. Es liegt auf der Hand, daß auch diese Vision nur die für eine weit entwickelte Überflußgesellschaft sein konnte. Aber es wäre schon zu fragen, inwieweit in der jungen Sowjetunion wenigstens Schritte erkennbar waren, die in diese Richtung zielten.

Sicherlich muß an dieser Stelle auf die Verallgemeinerung der sog. polytechnischen Ausbildung hingewiesen werden. In der Sowjetunion (wie in den anderen „realsozialistischen" Ländern) gab es ferner einschneidende Maßnahmen zur Verbesserung der Ausbildungsmöglichkeiten und des Hochschulzugangs gerade für Kinder aus der Arbeiterklasse (auch wenn dies aufgrund von Mangellagen und Engpässen oftmals mit Diskriminierungen der Angehörigen anderer Klassenherkunft und später zudem der klientelhaften Bevorzugung von Abkömmlingen des

Partei- und Staatsapparats einherging). Aber auf der allgemeinen Ebene der Produktion hatte es sich ja sehr schnell gezeigt, daß man der Betriebsleiter, Manager, Ingenieure und Spezialisten händeringend bedurfte, um den stockenden Produktionsprozeß überhaupt wieder in Gang zu bringen. Entsprechend ergriff man Maßnahmen, sie wieder – unter Gewährung entsprechender Privilegien – in den Produktionsprozeß zurückzuholen. In den Anfangsjahren Sowjetrußlands waren die beschriebenen Vorstellungen von Marx und Engels wenigstens noch Bestandteil von Überlegungen für eine fernere Zukunft. Je mehr Zeit ins Land ging, und je mehr alle Kräfte auf den Prozeß des Einholens und Überholens des kapitalistischen Westens konzentriert wurden, um so mehr verloren sich derartige Visionen in den sowjetsozialistischen Vorstellungen und Perspektiven. Davon, daß diese Vision in den gut siebzig Jahren der Geschichte der Sowjetunion ernsthaft in Angriff genommen worden wäre, kann keine Rede sein.

Angesichts des fortdauernden Hase-und-Igel-Spiels mit den westlichen industriekapitalistischen Ländern gilt dies im übrigen auch für die Perspektive eines – langsameren oder schnelleren – Abbaus der für die „notwendige" Arbeit aufzuwendenden Zeit. Auch hier behielt der Westen in zweierlei Hinsicht die Nase vorn: in der – sicherlich zwieschlächtig zu beurteilenden – Ausnutzung der Arbeitstätigkeit bzgl. ihrer Intensität und damit auch der Arbeitsproduktivität (dies schließt Formen der „Arbeitshetze" wie solche der intelligenteren und rationelleren Produktion ein); und in der in den einzelnen Branchen auch aufgrund größerer gewerkschaftlicher Gegenmacht durchgesetzten stärkeren Verkürzung der wöchentlichen und Lebensarbeitszeit bzw. der Jahresurlaubszeiten (allerdings auch hier wiederum mit dem Negativpol einer Arbeitszeitverkürzung „auf Null" für immer größere Massen von Arbeitslosen). Je länger die Sowjetunion existierte, um so weiter entfernte sich die Vision einer materiellen Reichtumsproduktion, die das „wahre Reich der Freiheit" (Marx) weiter und weiter auf Kosten des Reichs der Notwendigkeit, also des produzierenden Arbeitsprozesses, ausgedehnt hätte.

Wir hatten in unserem zweiten Kapitel der besonderen Situation der Frau in der sowjetischen Gesellschaft angesichts der Schwerpunktsetzung auf die ökonomischen Umgestaltungsprozesse keine besondere, eigene Aufmerksamkeit gewidmet. Darin eingeschlossen wären notwendigerweise sehr viel allgemeinere Untersuchungen über die Formen auch der Reproduktion des täglichen Lebens der bzw. in der Sowjetgesellschaft gewesen. Dies kann die vorliegende Arbeit nicht ernsthaft leisten. Gleichwohl ist es uns sinnvoll erschienen, diesem Aspekt in der Darstellung der Auffassungen von Marx und Engels einen eigenen Abschnitt zu widmen. Das hat folgende Gründe: Es wäre sicherlich völlig inakzeptabel, den Lebenszusammenhang der Hälfte der Bevölkerung einfach auszublenden. Die Geschlechterfrage erweist sich zudem selbst in ihrer relativen Vernachlässigung (also spiegelverkehrt) als für das Denken von Marx und Engels in gewissem Sinne zentral. Auch daraus lassen sich nämlich Schlüsse für bestimmte Entwicklungen der sowjetischen Gesellschaft ziehen, die wenigstens in ihren Oberflächenerscheinungen so weit als bekannt vorausgesetzt werden können, daß unsere Überlegungen an dieser Stelle nachvollziehbar sein sollten. Hinzu kommt, daß wir uns im Schlußkapitel der Frage zuzuwenden haben werden, auf welche Herausforderungen „sozialistische Politik" heute, am Übergang zum 21. Jahrhundert, Antworten zu geben hätte. Es dürfte wohl niemand bestreiten, daß jedweder ernsthafte Versuch, derartige Antworten zu geben, den veränderten Geschlechterbeziehungen und den daraus resultierenden Anforderungen Rechnung zu tragen hat. Und dies gilt – ohne daß es schon jetzt der näheren Erläuterung bedürfte – für die gesamte Grundfrage gesellschaftlicher Teilung und Verteilung von Arbeit, Arbeit aber diesmal in einem sehr viel weiteren Sinne verstanden denn als nur bezahlte Erwerbsarbeit.

Wenn wir von einem auch kulturellen Aufbruch der jungen Sowjetunion in den zwanziger Jahren gesprochen haben, dann schließt dies sicherlich auch die Neugestaltung der Geschlechterbeziehungen ein. Auf gesetzlichem Wege wurde zunächst die formelle Gleichberechtigung beider Geschlechter dekretiert, die Frauen erhielten gleichen Zugang zu allen Ausbildungen und Berufszweigen. Mutterschutz- und Arbeitsschutzbestimmungen für Frauen wurden ausgebaut. Freie Eheschließung und -auflösung wurden möglich gemacht, die Zwangsverheiratung der Mädchen durch ihre Väter zurückgedrängt. Insbesondere in den ersten Jahren entwickelten sich freiere Lebens- wie Sexualbeziehungen zwischen den Partnern, alternative Formen des Zusammenlebens wurden ausprobiert und zunächst auch gefördert. Bereits nach wenigen Jahren wurde diese – später auch hin und wieder als Phase der „Zügellosigkeit" denunzierte – Experimentierphase, die auch die herkömmlichen Familienstrukturen und -abhängigkeiten in Frage gestellt hatte, wieder in „ruhigere" Bahnen gelenkt. Die Familie erhielt ihren alten, stabilisierenden Stellenwert zurück. Was blieb, waren die Veränderungen im Arbeitsleben. Frauen waren plötzlich in allen Berufen – auch bisherigen reinen Männerdomänen – anzutreffen. Trotz des Grundsatzes „gleicher Lohn für gleiche Arbeit" stellte sich aber bereits Mitte der zwanziger Jahre heraus, daß Frauen im Durchschnitt weiter schlechter bezahlt wurden.

Abgesehen von der kurzen ersten Phase, änderte sich allerdings nichts an der „klassischen" Arbeitsteilung, daß die Frau weiterhin – selbst wenn sie auch einer Berufstätigkeit nachging – zumindest primär für Hausarbeit und Kinderbetreuung (jenseits des sich ausbreitenden Systems insbesondere betrieblicher Kinderhorte und -gärten) zuständig blieb. So kristallisierte sich ein gesellschaftliches Gesamtbild heraus, dessen Wesenszüge so zu charakterisieren sind: eine weitgehende Integration der Frauen in den gesellschaftlichen Produktionsprozeß; ihre formelle Gleichstellung per Verfassungsrecht; die Erleichterung ihrer „Doppelrolle" als Berufstätige und Haushaltsverantwortliche durch öffentliche Kinderbetreuungseinrichtungen; das Fortdauern dieser ihrer Doppelrolle ohne wirkliche Einbeziehung der Männer in den Aufgabenbereich der Haus- und Kinderbetreuungsarbeit; die kontinuierliche Abnahme des Frauenanteils, je höher die Hierarchieebene angesiedelt ist, in nahezu allen gesellschaftlichen Bereichen; letzteres gilt insbesondere für die Schaltstellen im Staats- und Parteiapparat sowie in den Leitungen der Unternehmen. Dieses Bild hat sich über die Jahrzehnte erhalten und stabilisiert[324] und bestimmte auch noch die gesellschaftliche Lage beim Zusammenbruch des „realsozialistischen“ Systems.[325]

Der frühe kulturelle, u.a. auch gegen die herkömmlichen Institutionen von Ehe und Familie aufbegehrende Aufbruch kann sich durchaus auf die entsprechenden kulturhistorisch-kritischen Darlegungen bei Friedrich Engels stützen. Er hatte ja eine Perspektive angedeutet, in der die herkömmliche Familie (sicherlich auch wegen ihrer Autoritätsstruktur) ihre Funktion als Stützpfeiler der Gesellschaft dadurch verlieren solllte, daß insbesondere die Kindererziehung – aber mehr und mehr auch alle sonstigen Haushaltstätigkeiten – zu öffentlichen Aufgaben werden sollten. Abgesehen von einem bald ausgebauten Netz betrieblicher und öffentlicher Kinderbetreuungseinrichtungen, blieb von dieser Vision in der sowjetischen Realität nicht viel übrig. Die eingeschliffene Rollenverteilung der Geschlechter wurde nicht wirklich angetastet. Hierzu hätte es des Ausbaus öffentlicher Wäschereien, der Experimente mit Einküchenhäusern (wie singulär im „Roten Wien“ der Zwischenkriegszeit praktiziert) und der Einrichtung und gezielten Förderung von Dienstleistungsunternehmen zur Besorgung der privaten Haushaltsarbeiten bedurft. Da dies alles nicht passierte und zudem die mentalen und habituellen Prägungen für die herkömmliche Rollenverteilung insbesondere bei den Männern nicht aufgebrochen wurden, blieb es bei der faktischen Alleinzuständigkeit der Frau.

Sicher, Engels hatte eine mögliche andere Perspektive gewiesen. Aber daran, daß mangels weiterer Veränderungen diese einseitig zu Lasten der Frauen gehende Rollenverteilung zementiert wurde, hatte auch sein Denkansatz einen Anteil. Denn in der schon der urkommunistischen Gesellschaftsformation (wenn es sie denn so je gab) als naturgesetzlich zugeschriebenen Aufteilung: der Mann hat die Zuständigkeit „draußen“, die Frau „drinnen“, im Besorgen des Haushalts, steckt ein Ansatz, der ein darüber hinausgehendes Denken blockiert. Woher nahm Engels die Gewißheit, daß dies bereits am Beginn der Menschheitsgeschichte so war, worauf stützte sich die alternativlose Vorstellung, daß dies unter anderen Bedingungen ebenso bleiben müsse, es sei denn, diese „natürliche“ Arbeitsteilung werde durch andere *gesellschaftliche* Regelungen ersetzt? Engels (und mit ihm für eine lange Zeit die sozialistische Bewegung überhaupt) sitzt an dieser Stelle nichts anderem als seiner eigenen, männlich-kulturellen Prägung in einer seit Jahrtausenden patriarchalisch dominierten Welt auf, die ein Denken über die dadurch gezogenen Grenzen blockiert. Dadurch blieb im sozialistischen Denken sowohl dieser Zeit als auch später die „Befreiung der Frau“ immer primär an ihre Eingliederung in den Arbeitsprozeß gekoppelt, war der Blick auch hinsichtlich der geschlechtsspezifischen

324 Vgl. dazu den noch immer instruktiven knappen Überblick bei Schmiederer 1967 sowie für den gesamten Zeitraum bis heute unter dem Gesichtspunkt der Frauenbewegung Köbberling 1993 bzw. für eine kürzere Periode, konzentriert auf die Situation in Moskau: dies. 1997.

325 Siehe etwa Petrakow 1988.

Arbeitsteilung auf „gesellschaftlich-industrielle“ Lösungen fixiert. Blieben diese – aus welchen Gründen auch immer – aus, zeigte sich bald, daß es an einem Bewußtsein zu einem weitergehenden Abbau dieser die Frauen diskriminierenden Rollenverteilung *zu Lasten der Männer* weitgehend fehlte. So, wie die Perspektive einer Aufhebung der hergebrachten Formen der „despotischen“ Teilung der Arbeit im Produktionsprozeß in der Geschichte des Sowjetsozialismus verloren ging, so verliefen deshalb auch erste, allenfalls in kleinen Ansätzen erkennbare Versuche des Aufbrechens der geschlechtsspezifischen Arbeitsteilung in den sowjetsozialistischen Ländern im Sande.

4.7 Folgewirkungen der Vorstellung von „unmittelbarer Planung und Leitung“

Kehren wir zum Bereich der Produktionsprozesse zurück. Wir hatten gesehen, daß es vor allem die durch die „Preisschere“ ausgelösten Disproportionalitäten waren, die Stalin in der Zentrale der Macht (nach Ausschalten der jeweiligen rivalisierenden Fraktionen) zu seinem abrupten Schwenk, zur Änderung der Funktionsweisen und Organisationsformen der Ökonomie, veranlaßten. Ohne daß er es selber ausdrücklich so gerechtfertigt hätte, vollzog er – auf weit brutalere und „konsequentere“ Weise, als der es angedacht hatte – den Plan Preobraschenskys einer kolonialisierenden Ausbeutung und Auspressung der Landwirtschaft zugunsten des forcierten Ausbaus der Großindustrie. Schauen wir auf den Sektor, auf den dieser Prozeß zielte: die Schwerindustrie. Zunächst ist nochmals darauf zu verweisen, daß dieser Industriezweig in den ersten Jahren nach dieser Wende nominell hohe Wachstumsraten aufwies, deren Berechnungsgrundlagen hinsichtlich der damit verbundenen Vergeudungen und seiner Opfer aber nach außen hin nur schwer zu durchschauen waren. Relationsgröße blieb – und darin lag zugleich eine gewisse Tragik der Situation – die Lage in den westeuropäischen (und nordamerikanischen) Industriestaaten, und die durchlebten gerade die Phase ihrer schwersten und anhaltendsten Wirtschaftskrise. Daß also zumindest von der Seite der quantitativen Ergebnisse dieses Aufbauprozesses für viele Sozialisten anderer Länder eine gewisse Faszination ausging, ist nur in diesem Zusammenhang verständlich und erklärlich. Hier hat allerdings ein anderer Zusammenhang zu interessieren. Wir haben zu untersuchen, ob sich für das, „was“ hier produziert wurde und in welchen Organisationsformen, schließlich ob sich für den sich dabei neu herausbildenden Wirtschaftsmechanismus Bezugspunkte in den Vorstellungen von Marx und Engels finden.

Beginnen wir mit dem, was produziert wurde. Zu einem wesentlichen Antriebsmoment der wirtschaftlichen Entwicklung wurden gigantische Großprojekte: Staudämme, Eisenbahnanlagen, Traktorenwerke, Werkzeugmaschinenfabriken usw., für die wiederum in großem Maße Kohle- und Ölförderungsanlagen, Stahl-

und Chemiewerke aus dem Boden gestampft werden mußten. Dies geschah jeweils unter der Begleiterscheinung riesiger Umsiedlungen von Arbeitskräften, für die völlig neue Wohn- und Schlafstädte errichtet wurden. Zu einem zunächst erheblich vernachlässigten Bereich verkam die Konsumgüterindustrie. Die zugeteilten und „verschobenen" Größen an Arbeitskräften, Produktionsanlagen, Investitionsmitteln waren gewaltig. Hinsichtlich des Charakters der Produkte und der Art ihrer Herstellung ist relativ einfach festzustellen, daß sie sich durch nichts von den entsprechenden Vorbildern der industriekapitalistischen Systeme unterschieden. Die immer wieder angestellten Vergleiche unter dem Begriff der ursprünglichen Akkumulation, der damit ja auch insbesondere in der ersten Phase in England verbundenen ausgesprochen gewaltsamen, gewalttätigen Form, sind also absolut zutreffend. Für den „sozialistischen" Charakter sprach für den zeitgenössischen Außenbeobachter allenfalls, daß es der Stalinschen Propaganda durchaus in gewissen Grenzen gelang, so etwas wie einen Aufbaumythos und eine Massenbegeisterung für eine vermeintlich bessere Zukunft zu erzeugen. Viele glaubten, die Strapazen für eine bessere Zukunft ihrer Kinder ertragen zu können und zu sollen. Auf dieser Stufe einer „nachholenden Industrialisierung" aber die Marxschen Kategorien eines veränderten Anspruchs an den Inhalt von Produkt und Art der Tätigkeit anzuwenden, ginge wohl an der Realität vorbei.

Allerdings hatten Marx und Engels davon gesprochen, daß künftig alle Produktionszweige durch die ganze Gesellschaft, für gemeinsame Rechnung und (vor allem) nach einem gemeinsamen Plan betrieben werden sollten. Sicherlich gab diese Vorstellung nichts für den *konkreten* Planvoluntarismus unter Stalin her. Aber auch hier zeigt sich zumindest eine gewisse Fernwirkung des Grundansatzes, der für die Ökonomie der neuen Gesellschaft glaubte, sämtlicher Wertkategorien entsagen zu können. Übermäßig vereinfacht, ließe sich sagen, daß die Vorausberechnungsversuche von Gosplan anhand von Arbeitszeiteinheiten der etwas realistischeren Sicht von Marx entsprachen, während der alle vorausberechneten, eher restriktiv-realistischen Planansätze über den Haufen werfende Stalin sich auf den spottenden Engels hätte berufen können, der den „Juristen-Sozialisten" Begriffsverwirrung vorhielt, weil sie glaubten, noch von einer sozialistischen Werttheorie sprechen zu müssen.

Aber jenseits dieses sicherlich überstrapazierten Vergleichs hatten Marx und Engels eindeutig die Perspektive einer planenden und nur noch verteilenden Wirtschaft zunächst auf der Basis von Staatseigentum gewiesen. Gosplan hatte schon den Versuch unternommen, einen – wie Marx im dritten Band des „Kapital" geschrieben hatte – Produktionsplan im Voraus zu entwerfen, ihn nach den vorhandenen Produktionsmitteln einzurichten, wozu natürlich auch die Arbeitskräfte gehörten. Entsprechend sollte die Verteilung der Arbeitskräfte und der Produktionsmittel in die verschiedenen Geschäftszweige hinein erfolgen. Nochmals: Die Grundorientierung für eine solche Planung findet sich bei Marx und Engels, auch wenn diese sich wohl angesichts der konkret vollzogenen, voluntaristischen, in diesem Sinne kaum noch „plan"vollen Ausgestaltung mit Grauen abgewendet hätten.

Marx und Engels hatten durchaus auch den Weg dafür gewiesen, die Planwirtschaft im Gefolge eines revolutionären Bruchs „von oben" einzuführen und durchzusetzen. Damit geriet eine andere Perspektive von vorne herein völlig aus dem Blickfeld, wie sie später vor allem von Emil Lederer aufgezeigt wurde: das langsame Hineinwachsen in eine Planwirtschaft, das sich für ihn als ein langsamer, organischer Prozeß darstellte und das sich nach seiner Auffassung aus den Schwierigkeiten und Widersprüchen der bestehenden Produktionsweise selbst entfalten würde. Dieser Entwicklungsprozeß – so Lederer – werde zahlreiche Phasen in sich einschließen. Und er hielt ihn für durchaus kompatibel mit freien Unternehmungen.[326] Dieser Weg war aber theoretisch durch Marx und Engels selbst verstellt und wurde praktisch spätestens in den letzten Verstaatlichungswellen zunichte gemacht.

Natürlich ergeben sich auch eine Reihe weiterer Diskrepanzen, Teilaspekte, für die Marx und Engels nicht verantwortlich gemacht werden können. Der Hinweis von Engels, daß dieser Prozeß „unter Beteiligung aller Gesellschaftsmitglieder" erfolgten solle, hatte sicherlich nicht einen weitest möglich ausgedehnten, gewaltsam herbeigeführten Arbeitszwang im Hinterkopf, wie dies in der stalinistischen Sowjetunion durchgesetzt wurde. Vielmehr muß dies angesichts der immer neu erfolgenden Beschreibung einer „Assoziation freier und gleicher Produzenten" als die Vorstellung aufgefaßt werden, daß jeder einzelne Produzent auch an der Planung und Lenkung teilhaben sollte. Auch davon konnte selbstverständlich in der Stalinschen Sowjetunion keine Rede sein.

Eine weitere Diskrepanz – allerdings zugleich der Unkonkretheit der Marx-/Engelsschen Auffassungen selbst geschuldet – eröffnet sich da, wo es um die Frage geht, auf welcher Ebene die Planungsinstanzen zu lokalisieren wären. Wir hatten gesehen, daß Marx und Engels hierzu höchst Widersprüchliches hinterlassen haben. Angesichts des notwendig internationalen Charakters der prognostizierten Umwälzung müßte es ja eigentlich eine internationale Planungsebene geben (sie äußern sich dazu aber nicht), auf der zentralen nationalstaatlichen Ebene dürfte nach ihren Vorstellungen aber in jedem Fall „gesamtgesellschaftliche" Planung stattzufinden haben. Die Äußerungen gerade von Engels verweisen darauf, daß auch an eine dezentralisierte Form gedacht war, was zudem gleichermaßen den Charakter einer „unmittelbar gesellschaftlichen" wie den einer demokratischen, den einzelnen beteiligenden Planung unterstreichen, eine derartige Beteiligung erst ermöglichen würde. Engels hatte es der Gemeinde zugewiesen, selbst zu berechnen, was sie mit ihren Mitteln zu erzeugen vermöge und in welchem Verhältnis dies wiederum zu den von ihr verausgabten Konsumtionsmitteln stehen könne. Eine derartige Verlagerung von eigenständigen Planungsentscheidungen nach

326 Vgl. Lederer 1932, S. 5ff.

unten war in dem unter Stalin entstandenen sowjetischen Planungsmodell nicht vorgesehen, geradezu ausgeschlossen.

Wir hatten im voraufgegangenen Kapitel herausgearbeitet, daß sich in der Stalinschen Ära ein System der Wirtschaftsplanung und -leitung herausgebildet hatte, dessen wesentliche Strukturmerkmale in den folgenden Jahrzehnten nahezu unverändert bleiben sollten (was insbesondere den Bereich des Planungssystems betrifft). Betrachten wir also abschließend noch einmal die verallgemeinerungsfähigen Charakteristika dieses Systems mit Blick auf die Zukunftsvorstellungen von Marx und Engels. Als erstes Charakteristikum hatten wir das „zentralistische" Element in diesem Planungsprozeß genannt. Diesbezüglich ist nicht zu leugnen, daß einmal deren positives Anknüpfen an den Ergebnissen des kapitalistischen Konzentrations- und Zentralisationsprozesses und zum anderen ihre Vorstellung von einer unmittelbar gesellschaftlichen Planung und Leitung der ökonomischen Tätigkeiten sehr konkrete Anhaltspunkte für diese Entwicklung der sowjetischen Ökonomie boten.

Mit dem Attribut der „direktiven" Planung war der Umstand der absoluten Verbindlichkeit der festgelegten Plankennziffern ausgedrückt worden. Dazu hatten sich Marx und Engels nicht direkt geäußert. Deshalb kann man dazu allenfalls ihre Vorstellung in Beziehung setzen, daß diese Planung unter breiter Beteiligung der einzelnen assoziierten Produzenten stattfinden sollte. Diese steht aber ganz offensichtlich geradezu im direkten Gegensatz zur ausschließlich direktiven Planumsetzung. Beteiligung würde nämlich bedeuten, daß Informationen, Konzeptionierungen, Festlegungen immer in beide Richtungen verlaufen, von unten nach oben und von oben nach unten, also ein in beide Richtungen durchlässiger und kommunizierender Prozeß hergestellt wird. Der sowjetische Planungsprozeß verlief jedoch im wesentlichen als Prozeß mit einer Zielrichtung, der von oben nach unten.

Das Charakteristikum „administrativ" kennzeichnete die Methoden der Wirtschaftspläne. Administrative Indikatoren setzen absolute Planaufgaben, stellen also keine ökonomischen Relationen her. Sie korrespondieren zudem mit einem weiteren Strukturmerkmal, dem der „naturalwirtschaftlichen Ausrichtung". Auch hier konnten wir sehen, daß die Vernachlässigung von Wertgrößen für einen künftigen, sozialistischen Planungsprozeß vor allem bei Engels einer solchen Planvariante durchaus Vorschub leisten konnte. Daß die sowjetischen Planziele zugleich nochmals in Wertgrößen ausgewiesen wurden, ändert daran wenig. Es handelte sich hierbei um nicht mehr als um interne Vergleichs- und Verrechnungseinheiten, denen schon intern keine realistische Wertberechnung als Basis entsprach, von der auch immer wieder voluntaristisch abgewichen werden konnte und deren Unhaltbarkeit sich spätestens da erwies, wo es um ihre Transformation in reale Wertgrößen gehen mußte, nämlich je mehr sich die Sowjetunion Weltmarktprozessen und den dortigen Austauschprozessen öffnete.

Wenn auch die „Detailliertheit" des Planungsprozesses zunächst aus einer Mangelsituation herrührte, hat auch sie in gewisser Weise einen Bezugspunkt in der Vorstellung von einer „unmittelbar gesellschaftlichen Leitung" der Produktion. In dem Moment nämlich, wo der Planungsprozeß nicht durch Formen der Dezentralisierung entkoppelt, entzerrt wird, führt dies unausweichlich zu der in den „realsozialistischen“ Ländern feststellbaren Hypertrophie der Planvorgaben und Anweisungen, ein Gesichtspunkt, der eigenständig mit zur Lähmung der Produktionsprozesse beitrug und die Eigeninitiative und Phantasie der betrieblichen Produktionseinheiten blockierte.

Während Marx und Engels mit Sicherheit nicht für die „relativ kurzen Planperioden“ (als weiteres Charakteristikum sowjetischer Planung) verantwortlich gemacht werden können, gilt es das Merkmal der „Wachstumsfixiertheit“ der Planziele noch einmal genauer zu untersuchen. Zu diesem Gesichtspunkt gehören die an anderer Stelle erwähnte Dominanz von Umfangkennziffern, das Horten von Rohstoffen und Materialien aufgrund des Systems „fondierter“ Zuteilung ökonomischer Ressourcen und die projektierte Steigerung des Produktionspotentials vorwiegend in Form der Neuerrichtung oder der Erweiterung von Anlagen und in nur geringem Umfang durch modernisierende Erneuerung bestehender Anlagen. In all diesen Charakteristika des sowjetischen Planungs- und Entwicklungsmodus drückt sich auch aus, daß es weder bei Marx und Engels, noch in der ihnen folgenden sowjetischen wissenschaftlichen Debatte (geschweige denn in der Praxis) ausgearbeitete Konzepte für Mechanismen gab, die eine ressourcenschonende, effektive Form des Produzierens hätten in Gang setzen können. Die „kapitalistischen“ Mechanismen der Konkurrenz und des Marktes waren abgeschafft worden, aber es war nichts an deren Stelle getreten, das in vergleichbarer Weise, unter den neuen Bedingungen, einen alternativen Entwicklungmodus in Gang gesetzt und befördert hätte. Auch hier erwiesen sich Marx und Engels als eher schlechte Ratgeber.

Sicherlich: Sie hatten in allgemeiner Form – bezogen auf die kapitalistische Produktionsweise – die verschiedenen Möglichkeiten einer extensiven und einer intensiven Steigerung oder Verbesserung der Produktionstätigkeit gesehen und herausgearbeitet. Aber dabei waren sie auch stehen geblieben. Wie dieser Modus in einer „sozialistischen Ökonomie“ ohne Konkurrenz aussehen könne, diese Frage beantworteten sie nicht. Es klingt wie die Suche nach dem „Ei des Kolumbus“, wenn die sowjetische Wirtschaftsdebatte seit den sechziger Jahren von der Wunderformel geprägt ist, nun müsse der Übergang zur intensiven Form der erweiterten Reproduktion in Angriff genommen werden. Bis in das Ende der Gorbatschow-Ära hinein durchzieht dieser Appell die Debatten wie ein roter Faden. Aber über den Appell kam man nicht hinaus, es gelang nicht, den gordischen Knoten durchzuschlagen. Es gelang nicht, weil eine bürokratisierte, verknöcherte Wirtschaftslenkung an die Stelle konkurrierender ökonomischer Akteure getreten war, deren Träger ihr Einmaleins in den Phasen des „heroischen Aufbaus“ in der Stalin-Ära gelernt hatten. Die im Westen durch die zunächst wachstumshemmende, aber letztlich Modernisierungsprozesse vorantreibende Ölpreiskrise in Gang gesetzte neue Dynamik, zudem angetrieben durch die in den kapitalistischen Marktökonomien „natürlichen“ Konkurrenzverhältnisse (und seien sie auch noch so vermachtet), fanden in den sowjetischen Ökonomien keine den neuen Verhältnissen angepaßte Entsprechung.

Es gab ihn nicht, den Mechanismus, der aus dem existierenden System heraus diese neue Dynamik hätte in Gang setzen können, es sei denn, man wäre bereit gewesen, Strukturprinzipien infragezustellen und zu ersetzen, die bislang als strukturbestimmend für das System als solches galten und deshalb nicht zur Disposition gestellt werden durften. Der bürokratische Widerstand tat ein Übriges. Als diese „heiligen Kühe" an der Wende zu den neunziger Jahren erstmalig zur Disposition standen, war es bereits zu spät.

4.8 Die Vernachlässigung des Mensch-Natur-Verhältnisses

Zu dem hier behandelten Zusammenhang gehört auch das Problem der in den „realsozialistischen" Systemen angerichteten ökologischen Zerstörungen und Verwüstungen, die denen der entwickelten kapitalistischen Ökonomien nicht nur in nichts nachstanden, sondern diese vielfach noch weit übertrafen. Marx und Engels hatten demgegenüber sicherlich gedanklich ein anderes Verständnis von einer möglichst schonenden, die Gesetzmäßigkeiten in der Natur beachtenden, von ihnen lernenden Produktionsweise entworfen. Zunächst ist festzustellen, daß von einer Rezeption dieser Gedanken in der sowjetischen Gesellschaft so gut wie nichts bemerkt werden kann. Gerade aber die zentralistische Plangigantomanie führte zu Beherrschungsphantasien (man denke an die Atomkraftwerke, deren bedenklichen Sicherheitsstandard und die Katastrophe von Tschernobyl) und zu einem Machbarkeitswahn (man denke an die Flußumleitungen und die unglaublichen Folgen der Versalzung und des dramatischen Absinkens des Wasserspiegels am Baikal-See), die bzw. der die ökologischen Folgen des eigenen Handelns schlichtweg ausblendete. Gerade hier erwies sich also der positiv besetzte Zentralisierungsgedanke als ein echtes Hindernis, zu anderen, umweltverträglichen Projektplanungen zu gelangen. Eine ähnlich verheerende Rolle spielte das vorherrschende Verständnis einer extensiven Produktivkraftentfaltung, das notwendigerweise auf der Vernutzung von immer mehr und nicht weniger an zugeführter Energie und verarbeiteten Rohstoffen basierte. Von einem möglichst rationellen Umgang mit der Natur kann bei einer solchen Produktionsweise logischerweise keine Rede sein.

Schließlich darf ein letzter Gesichtspunkt in diesem Zusammenhang nicht ausgeblendet bleiben. Die Wende hin zur gesellschaftlichen Sensibilisierung für eine ökologische Belange berücksichtigende Art des Produzierens im Westen (die beileibe noch nicht weit genug geht) speiste sich aus zwei Zusammenhängen. Auf der einen Seite bildete der durch die Ölpreiskrise in den siebziger Jahren ausgelöste Paradigmenwechsel ein wichtiges Antriebsmoment. Auf der anderen Seite ist der erreichte Stand einer neuen, restriktiveren Umweltschutzgesetzgebung, sind die erreichten Erfolge in Richtung auf umweltschonendere Produktionsverfahren nicht denkbar ohne den wachsenden Einfluß einer außerparlamentarischen Umweltschutzbewegung im Westen, deren Ziele erst mit einiger Zeitverzögerung auch Anklang in den unterschiedlichsten politischen Parteien fanden. Die Freiräume für das Entstehen einer Gegenöffentlichkeit, in diesem Sinne das Funktionieren zivilgesellschaftlicher Strukturen, ermöglichten es mit, daß die kapitalistischen Ökonomien in Richtung eines anderen Entwicklungspfades gedrängt werden konnten – eine Entwicklung, die allerdings auch im Westen noch in den Anfängen steckt, beileibe noch nicht abgeschlossen ist oder gar schon unumkehrbar wäre. Das Fehlen autonomer zivilgesellschaftlicher Strukturen, das Fehlen einer freien kritischen Öffentlichkeit ließ in den „realsozialistischen" Ländern keine Korrektive zu, die die katastrophischen Auswirkungen etwa der genannten gigantomanen Prestigeprojekte hätten verhindern können. Wir haben gesehen, daß genau an dieser Stelle auch das Denken von Marx und Engels eine bedeutsame Leerstelle hinterlassen hat.

4.9 Überlegenheit der sozialistischen Produktionsweise oder innovationsuntaugliche Mangelwirtschaft?

Streifen wir einen letzten Gesichtspunkt: Anhaltende Disproportionen, Verzögerungen bei der Zulieferung, Lieferungen nicht paßgenauer Halbfertigprodukte und Schwierigkeiten ähnlicher Art reproduzierten immer neu den Zustand einer Mangelwirtschaft und beförderten in den großen Kombinaten das Bestreben zu größtmöglicher Autarkie. Dieser Prozeß erhielt in den siebziger Jahre (mit kleinen zeitlichen Unterschieden) in verschiedenen „realsozialistischen" Ländern einen letzten Schub durch die endgültige Eliminierung von Resten kleiner privatwirtschaftlicher Unternehmungen und Handwerksbetriebe und eine nochmalige Zusammenfassung und Konzentration in größeren Kombinaten. Z.B. auch in der DDR wurde dies als der letzte große Sieg des „sozialistischen" Eigentums und seiner überlegenen Organisationsformen gefeiert. Gerade auch am Beispiel der DDR ist besonders detailliert und anschaulich untersucht worden[327], daß dabei die Fertigungstiefe nochmals deutlich verlängert wurde. Nahezu jedes Kombinat entwickelte eigene Softwareprogramme, um die – für die damalige DDR – mit riesenhaften Summen geförderte Mikroelektronik nutzen zu können. Die jeweiligen Programme waren so gut wie nicht miteinander kompatibel, verschlangen deshalb nochmals ungeheure Summen und erfanden jeweils das Rad mehrfach neu. Die hergestellten Produkte konnten aber auf diese Weise mit den entsprechenden im Westen nicht annähernd konkurrieren, weil diese – wenigstens hinsichtlich der Grundlagen – in arbeitsteiliger Form, innerhalb derer man sich an gewissen gemeinsam verabredeten Grundstandards orientierte, hergestellt wurden. Das soll nur anhand eines einzigen Beispiels illustriert werden: Noch 1970 hatte die DDR auf dem Gebiet der Feinmecha-

327 Voskamp/Wittke 1990.

nik/Optik einen Exporterlösüberschuß pro Einheit/Lieferung gegenüber der BRD von zehn Prozent. Ende der achtziger Jahre hatte sich das Verhältnis mehr als umgekehrt, ihre Erlöse betrugen gerade noch ein Drittel gegenüber denen der BRD. Diese Differenz hatte sich gerade dort am weitesten vergrößert, wo die Qualität der Erzeugnisse von der Mikroelektronik abhängig war.[328]

Mit Marx hat dieser besondere Aspekt nur insoweit etwas zu tun, als nach seiner Auffassung ja der in der kapitalistischen Ökonomie erreichte Stand der *gesellschaftlichen* Arbeitsteilung (also nicht der despotischen im Betrieb) beibehalten und – so muß man seine Auffassung sicher deuten – auch weiter ausgebaut werden sollte. Es ist schon mehr als ein paradoxes Ergebnis von mehreren Jahrzehnten „realsozialistischer" Entwicklung, es ist auch mehr als die Ironie der Geschichte, daß parallel zur Entwicklung einer neuen Schlüsseltechnologie wie der Mikroelektronik, die die Art des Produzierens sicherlich ebenso revolutioniert hat und weiter revolutionieren wird, wie es der Webstuhl oder die Dampfmaschine taten, die vermeintlich fortgeschrittenere Gesellschaftsformation, die sich auf die Fahnen geschrieben hatte, durch eine planmäßige Verteilung der gesellschaftlichen Ressourcen die gesellschaftliche Arbeitsteilung rationaler und effektiver zu gestalten, de facto den schon einmal erreichten Grad gesellschaftlicher Arbeitsteilung zurückschraubte und gegenüber der vermeintlich überholten, unrationellen Formation endgültig ins Hintertreffen geriet.

In diesem Zusammenhang ist ein weiterer Aspekt bedeutsam.[329] Der Modernisierungsschub im Westen veränderte auch in breitem Umfang die bisherige Struktur der Arbeitsbeziehungen. Hatten noch in den 50er und 60er Jahren die Prinzipien einer hocharbeitsteiligen tayloristischen Produktionsgestaltung als Verkörperung von Effizienz schlechthin gegolten, wurden diese nunmehr einer weitgehenden Revision unterzogen. An deren Stelle trat nun ein Set von Maßnahmen wie die Verbreiterung von Aufgabenzuschnitten, die Erhöhung von Kompetenzen, die Erweiterung von Verantwortung und Autonomiespielräumen in der Fertigung. Die Notwendigkeit dafür ergab sich aus dem zunehmenden Einsatz komplexer und anspruchsvoller Fertigungstechnik sowie der Verschiebung der Produktpalette in Richtung auf neue und kompliziertere Erzeugnisse. Die Reaktion der DDR-Planinstanzen, ebenfalls mit den Problemen der Durchsetzung neuer, z.T. aus dem Westen eingeführter Technologien befaßt, war genau gegenläufig. Mit einer Reform der Kennziffern und Lohnsysteme wurde der Versuch gemacht, eine Perfektionierung des zentralistisch-bürokratischen Kontrollzugriffs zu erreichen. Auf der

328 Vgl. Maier 1989.

329 Vgl. Voskamp/Wittke 1990. Da uns entsprechend detaillierte Untersuchungen über die Struktur der Arbeitspolitik der Sowjetunion nicht vorlagen, wird hier nochmals auf die außerordentlich instruktive Untersuchung über die entsprechende DDR-Entwicklung zurückgegriffen. Bei allen Differenzen im Detail dürften sich die Grundlinien der jeweiligen Prozesse vergleichbar darstellen.

betrieblichen Ebene reagierte man mit einer weiteren Ausdifferenzierung der Arbeitsteilungsstrukturen.

Wir brauchen dem nicht im Detail weiter nachzugehen. Bedeutsam an dieser Stelle ist die Parallelität der Prozesse in den Bereichen gesellschaftlicher wie innerbetrieblicher Arbeitsteilung. Gerade in der immer weiteren Spezialisierung des einzelnen Arbeitenden hatte Marx ein Moment der Entfremdung, seiner immer weiteren Entfernung vom Produkt seiner Tätigkeit gesehen. Seine Perspektive lief auf die Aufhebung dieses entfremdeten Verhältnisses hinaus, das er an die despotische kapitalistische Leitung innerhalb des Fabriksystems gekoppelt sah. Auch hier erleben wir den paradoxen Prozeß, daß sich dort, wo die Aufhebung derartig entfremdeter Verhältnisse in den gesellschaftlichen wie den innerbetrieblichen Prozessen programmatisches Leitbild hätte sein sollen, die zunächst aus Gründen der Effizienzsteigerung übernommenen, auf der Zergliederung von Arbeitsabläufen beruhenden (also hocharbeitsteiligen und im Marxschen Sinne „despotischen"), „kapitalistischen" Arbeitsmethoden des Taylorismus nicht nur tendenziell nicht wieder abgebaut, sondern sogar noch verfeinert und vertieft wurden. Die neuen Produktions- und Produktanforderungen im „kapitalistischen" Westen hingegen zwangen diesen im gleichen Zeitraum (zumindest tendenziell in der Marxschen Richtung) zu einem Zurückschrauben dieser entfremdeten Formen des Arbeitsprozesses.[330]

Der bürokratische Staatssozialismus war damit – das dürften gerade die Vergleiche zur Entwicklung im Westen wie zu den Ursprungsintentionen von Marx und Engels eindrucksvoll gezeigt haben – endgültig an das Ende seiner Entwicklungsfähigkeit angelangt. Die Reformanläufe der achtziger Jahre mit ihren wiederholten Versuchen, Momente der Dezentralisierung, der betrieblichen Verantwortung und Rechnungsführung, der vorsichtigen Entwicklung von Konkurrenzbeziehungen und der Implementierung von Marktelementen (alles Maßnahmen gegen den „staatssozialistisch-zentralistischen" Teil des Marx-/Engelsschen Erbes) konnten aus dieser Stagnation und dem wachsenden Rückstand auf dem Weltmarkt keinen Auf- und Ausbruch mehr bewirken. Dieses „Modell" ist damit endgültig gescheitert, selbst wenn es hier und da (Tendenzen dazu gibt es angesichts der katastrophalen Wirtschafts- und Versorgungslage in der Russischen Föderation und auch in anderen Teilstaaten der ehemaligen Sowjetunion) Versuche geben sollte, ihm neues Leben einzuhauchen. Es ist nicht an der „bösen" kapitalistischen Umwelt gescheitert, der die Sowjetunion in der Phase der gewaltsam vorangetriebenen nachholenden Industrialisierung mit ihren hohen Wachstumsraten recht nahe „auf den Pelz gerückt" war, sondern an seinen eigenen inneren, systemisch bedingten Entwicklungsblockaden. Als sich die Phase des extensiven Wachstumsprozesses im Westen

330 Es muß an dieser Stelle allerdings darauf hingewiesen werden, daß dies nur eine Richtung und Möglichkeit anzeigt, die zudem nur für einen Teil der Beschäftigten gilt, also nur dort, wo diese hochmodernen Technologien in den Arbeitsprozeß eingeführt werden.

wie im Osten dem Ende zuneigte, erfüllten sich nicht die Voraussagen vom Niedergang des in sein „Fäulnisstadium" eingetretenen Kapitalismus. Während dieser den Übergang zu einem neuen Akkumulationstypus schaffte, drohte dem sowjetischen Modell der Übergang von der Stagnation in den Absturz.

Dies, und nichts anderes, hat die politischen Revolutionen bewirkt, die die Akteure und Protagonisten dieses Modells zum Abtritt von der historischen Bühne zwangen. Der rapide Zerfall der einstmals „mächtigen" KPdSU, ihr Auseinanderbrechen in Personen, Grüppchen und Parteien jedweder politischen Schattierung (seien sie chauvinistisch-nationalistisch, neoliberal, sozialdemokratisch oder neostalinistisch), ist zudem ein untrügliches Indiz dafür, daß es für den Fortbestand dieses „Modells" auch keinerlei tragfähigen ideologischen Kitt, keine strategischen Konzepte, geschweige denn mitreißende Zukunftsentwürfe, mehr gab. Der „tönerne Koloß" war auch im Zentrum seiner Macht, dem Parteiapparat, bis auf die bröckelnden Grundmauern ausgehöhlt. Darin liegen auch die Gründe, warum seine Verabschiedung von der historischen Bühne nicht als dramatischer, blutiger, letzter großer „Klassenkampf" ausgetragen wurde (womöglich noch kriegerisch zwischen den Weltmächten des Kalten Krieges), sondern letztlich „relativ" undramatisch und leise (was noch nichts über die Dramatik seiner „Nachwehen" aussagt).

Dieses „Modell" des sowjetischen Staatssozialismus ist nicht die Verwirklichung der Vorstellungen und Visionen von Marx und Engels über eine neue, freie sozialistische Gesellschaft gewesen. Aber seine Begründer und Akteure haben sich jenseits aller hier herausgearbeiteten Differenzen und Unzurechenbarkeiten an einer ganzen Reihe von Gedanken, Vorschlägen und Prognosen orientieren können, wie sie auch von Marx und Engels entwickelt worden waren. Mit dem Sowjetsystem sind also nicht Marx und Engels gleich mit untergegangen, historisch widerlegt worden, sondern – wie wir gezeigt haben – nur eine Reihe ihrer gedanklichen Ansätze. Bevor wir uns daranmachen, dies – jenseits der konkreten (sowjet-)russischen Bedingungen – verallgemeinernd herauszuarbeiten, müssen wir allerdings noch zwei weitere Schritte tun. Erstens muß untersucht werden, wie es heute im Angesicht eines nunmehr weitgehend (wieder-)hergestellten kapitalistischen Weltmarkts (von dem selbst die Staaten mit verbliebenem „sozialistischen" Anspruch wie China, Kuba und das hungernde Nordkorea nicht mehr vollends abgekoppelt sind) um die Brauchbarkeit der Analyse der kapitalistisch geprägten Gesellschaftsformation durch Marx und Engels bestellt ist. Darauf waren wir ja mit Blick auf die Besonderheiten des erst wenig entwickelten „Kapitalismus" im zaristischen Rußland nur in aller Kürze eingegangen. Und zweitens werden wir die Fragestellung mit einzubeziehen haben, welche Auswirkungen die zugleich erfolgten Entwicklungen und Veränderungen in den kapitalistischen Zentren des Westens für die Bewertung dieses analytischen Instrumentariums wie der daraus bei Marx und Engels entwickelten strategischen Schlußfolgerungen haben.

5 *Eine Auswertung: Was bleibt vom Denken von Marx und Engels nach dem „Jahrhundertexperiment" Sowjetunion?*

Es dürfte verständlich sein, daß hier nicht ernsthaft auch nur annähernd der Versuch gemacht werden kann, eine komplette Bestandsaufnahme für des theoretische Werk von Marx und Engels vorzulegen. Insoweit stellen die nachfolgenden Überlegungen eine – wenn nicht gerade willkürliche, so aber doch notwendig subjektive, aus den eigenen gedanklichen Erwägungen erwachsene – kritische Sichtung dar, die (das dürfte aus sich heraus verständlich sein) in einem möglichst nahen Bezug zu dem im dritten Kapitel vorgenommenen Versuch einer systematisierenden Darstellung der Marx-Engelsschen Transformationsvorstellungen stehen wird.[331] Insgesamt gilt, daß wir immer genau zu unterscheiden haben werden, ob es um jeweilige philosophische, ökonomische, historische oder rein methodische Grundannahmen oder um kontextgebundene Äußerungen von Marx und Engels geht.

Das, was wir den „Kern" der Marxschen Geschichtsphilosophie genannt haben, scheint uns zunächst in seiner allgemeinen Form des Herangehens an gesellschaftliche Entwicklungsprozesse weiterhin durchaus wegweisend zu sein. Es stellt eine Art methodische „Grundanleitung" dar, der Entwicklung innergesellschaftlichen Widerspruchspotentials nachzuspüren, und dies geschieht auf Basis der Anerkennung einer grundlegenden Prägung jedweder Gesellschaften durch die Bedingungen ihrer materiellen Produktion und Reproduktion. Jenseits dieser allgemeinen Zustimmung müssen aber präzisierende Einschränkungen gemacht werden. Schon der Satz: „Es tritt dann eine Epoche sozialer Revolution ein." lädt zu mißverständlichen Interpretationen ein. Er ist sicherlich geeignet, den bisherigen Fortgang der Geschichte in ihren großen Etappen zu erklären, den Entwicklungsprozeß der Menschheit durch verschiedene Formationen und Produktionsweisen erklärbar zu machen, allerdings muß dabei bezüglich des darin enthaltenen „Nacheinanders" schon jetzt auf gewisse notwendige Vorbehalte hingewiesen werden.

Wird dieser Satz aber – wie immer wieder geschehen – als eine Art Automatismus interpretiert, und zwar für die Jetztzeit in der Weise, daß die kapitalistische Entwicklungsdynamik mit Naturnotwendigkeit auf ihren Endpunkt und damit ihren Umschlagspunkt hinausläuft, dann würde man erneut schwerwiegenden Illusionen aufsitzen, geschweige denn begreifen, daß manche dieser bisherigen

331 Eine Reihe wichtiger neuerer Arbeiten beschäftigen sich mehr mit der philosophischen und methodologischen Seite und fortwirkenden Aktualität des Marxschen Werkes; vgl. u.a. Negt 1992a; Fleischer 1992/1993/1996; Conert 1994 sowie einige Beiträge in General/Jäger 1994.

„sozialen Revolutionen“ für Prozesse von Jahrhunderte währender Dauer stehen. Immerhin gehen alle ernsthaften Wirtschaftshistoriker wie -theoretiker davon aus, daß sich die bürgerlich-kapitalistische Produktionsweise etwa seit dem 14. Jahrhundert in Europa herauszubilden begann. Die Umstandslosigkeit, mit der innerhalb „sozialistischer“ Theoriebildung vielfach unterstellt wurde, daß eine den „Kapitalismus“ ablösende Formation innerhalb einiger Jahrzehnte durchgesetzt werden könne, verkennt den bei Marx und Engels selbst beschriebenen langandauernden Prozeß der Herausbildung der „bürgerlichen Produktionsweise“ über mehrere Jahrhunderte hinweg.

5.1 Deutungsvarianten kapitalistischer Entwicklung

Insofern sollte und muß dieser eingangs zitierte Satz eher als Beschreibung vollzogener sozialer Revolutionen gelesen und gewertet und zudem in den Zusammenhang mit einem weiteren zentralen Gedanken gestellt werden: nämlich daß eine Gesellschaftsformation nie untergeht, bevor alle Produktivkräfte entwickelt sind, für die sie weit genug ist. Die kapitalistische Gesellschaftsformation hat zumindest in den letzten Jahrzehnten bewiesen, daß die extensiv angelegte fordistische Massenproduktion mit tayloristischer Arbeitsorganisation noch nicht – wie häufig prognostiziert – ihr letztes Entwicklungsstadium darstellt, daß sie zu weiterer innerer Dynamik aus sich selbst heraus in der Lage ist. Damit ist auch noch nichts darüber gesagt, auf welche neuen Widersprüche sich dieser Akkumulationstypus hin entwickelt, geschweige denn, daß sich darin nun ein vermeintlich „letztes“ Stadium dieser Produktionsweise ausdrücke.

Verabschiedet werden müssen also zunächst einmal alle die Interpretations- und Prognoseansätze, die – in den unterschiedlichsten Formen von Monopoltheorien bzw. der Theorie eines „staatsmonopolistischen Kapitalismus“ – in Anknüpfung an Marx und Engels in der Konzentrations- und Zentralisationstendenz des Kapitals bereits den entscheidenden Gesichtspunkt eines nicht mehr innerhalb des Systems auflösbaren Widerspruchs sahen. Es handelt sich nämlich nicht um einen linearen Prozeß der Konzentration und Zentralisation.[332] Genau auf eine solche Tendenz weisen aber alle die Teile des Werkes von Marx und Engels selbst, in denen dieser

332 Natürlich kann und soll hier nicht geleugnet werden, daß gerade die späten neunziger Jahre einen erneuten Schub internationaler Kapitalverflechtung zu verzeichnen haben, in diesem Sinne also die Tendenz der Marx-/Engelsschen Analyse durchaus bestätigen. Seien es Großbanken in den USA oder Europa, seien es die Autokonzerne Daimler und Chrysler, seien es britische Pharmaunternehmen – ein neuer Konzentrationsprozeß ist das gemeinsame Kennzeichen all dieser Beispiele als einer Antwort auf die Globalisierung. Der Chef der US-Kartellbehörde verweist zudem darauf, daß die Größenordnungen beständig wachsen. Sei vor kurzem noch eine Fusion im Umfang von einer Milliarde Dollar als riesig empfunden worden, sei dies heute (1998) Routine, seien Fälle bis zu 20 Mrd. Dollar zu entscheiden; vgl. Spiegel vom 4.5.1998.

Prozeß als sich noch im Kapitalismus vollziehende Form der Herausbildung „vergesellschafteter" Vorstufen (in Aktiengesellschaften, Trusts oder Staatsbetrieben) zu sozialistischen Produktionsformen gedeutet wird. Indem die sozialistische Bewegung sich vielfach gerade auf diesen Teil des kapitalistischen Widerspruchszusammenhangs konzentrierte, bekam sie zwar das Problem der Zentren wirtschaftlicher Macht in den Blick (was sich auch in den theoretischen Ansätzen der „Kommandohöhen" ausdrückte), sie übernahm damit aber zugleich – praktisch im Osten, nur theoretisch-programmatisch im Westen – häufig die Illusionen über die Vorzüge einer zentralisierten Form der Wirtschaftsweise unter Ausblendung des Nutzens von Konkurrenzmechanismen gleich mit.

Auch aus diesem Zusammenhang resultiert entsprechend ein gewisser praktischer wie theoretischer zentralistischer Regulierungsfanatismus im sowjetischen System wie bei Teilen der westlichen Linken. Wie widersprüchlich sich die Situation letzterer dabei darstellte, läßt sich anhand dieses Problems der Monopolisierung eindrucksvoll illustrieren. Wollte man diesem Denkpfad von Marx und Engels folgen, dann wäre es eigentlich konsequent gewesen, deren Hinweis zu befolgen und sich nicht künstlich gegen die in der kapitalistischen Produktionsweise enthaltene Dynamik zu stemmen, und sei sie – so schrieben sie ja – auch noch so zerstörerisch. Gerade dort aber, wo der Herausarbeitung der Bedeutung kapitalistischer Monopole theoretisch eine besondere Aufmerksamkeit gewidmet wurde und die Übernahme derartiger „Kommandohöhen" einen zentralen programmatischen Bestandteil bildete, stand zugleich der „Kampf gegen das Monopolkapital" besonders hoch im Kurs, wurde etwa auch eine einschränkende Kartellgesetzgebung gefordert, die ja eigentlich nur den erreichten Vergesellschaftungsgrad „künstlich" zurückschrauben würde.

Gleichwohl verliert dadurch die Marxsche Analyse der der kapitalistischen Produktionsweise innewohnenden Tendenzen und Gesetzmäßigkeiten nicht ihre generelle Aussagekraft. Marx zeigt völlig zutreffend das aus dem „Zwangsgebot" einer immer weiteren Vervollkommnung der Maschinerie resultierende Aussortieren eines wachsenden Anteils nicht mehr gebrauchter Arbeitskräfte, die Tendenz zur Entwicklung einer „industriellen Reservearmee". Dieser Begründungszusammenhang findet in der gesellschaftlichen Realität der kapitalistischen Zentren am Ausgang dieses Jahrhunderts eine glänzende (wenn auch traurige) Bestätigung. Marx spürt dieser Grundtendenz zudem anhand der einzelnen Durchgangsstadien des kapitalistischen Krisenzyklus nach – wir hatten dessen Verlaufsphasen schon beschrieben –, und auch dieser Teil seiner analytischen Untersuchung kapitalistischer Wirtschaftsstrukturen gibt – von hier nicht zu untersuchenden Modifikationen abgesehen – „kapitalistische" Wirklichkeit bis heute zutreffend wieder.

Innerhalb dieses allgemeinen Zusammenhangs behält natürlich auch die Beschreibung der in der kapitalistischen Ökonomie real vor sich gehenden Konzentration und Zentralisation ihre analytische Bedeutung. Aber sie ist eben zunächst nur die Beschreibung einer allgemeinen Tendenz, die kein linearer Prozeß ist, sondern es gibt dazu durchaus Gegentendenzen und Phasen, in denen es sogar zu einer Zurücknahme bereits erreichter Konzentrationsvorgänge kommt. Die breite Zurücknahme eines bereits erreichten Grades von Konzentration und Fertigungstiefe in den siebziger Jahren ist hierfür ein eindrucksvolles Beispiel. Zumindest in wiederum ganz allgemeiner Form hatten Marx und Engels die Gründe dafür schon aufgezeigt. Innerhalb der kapitalistischen Produktionsweise existiert die Möglichkeit beider Formen der Ausdehnung gesellschaftlicher Reproduktion: auf extensive wie auf intensive Weise. Wir hatten bereits gezeigt, daß dieser Zusammenhang intensiver Reproduktion notwendig mit einer weiteren – von Marx allerdings nur in einer Vorstudie zu Papier gebrachten – Einsicht korrespondiert: der beständigen Herausbildung neuer Geschäftszweige und damit des neuen Starts auf kleiner Stufenleiter der Produktion (was in einem Stadium weitgehender Befriedigung der gesellschaftlichen und individuellen Grundbedürfnisse nur als die – und sei es „künstliche" – Weckung neuer Bedürfnisse vorstellbar ist). Ist dies aber ein beständiger Prozeß, so gibt es keine „naturnotwendige" Schranke kapitalistischer Produktion – und auch keine Zusammenbruchstendenz –, die nur noch durch eine soziale Revolution überwindbar ist (und deren letzte Beförderung durch eine politische Revolution zu bewerkstelligen wäre).

So sehr, wie die Beschreibung der Konzentralisations- und Zentralisationstendenz eine Verengung des Blicks nahelegt, so sehr öffnet Marx mit der bereits frühzeitig erkannten Differenzierung zwischen extensivem und intensivem Reproduktionszusammenhang wieder den Blick für hochaktuelle Tendenzen der kapitalistischen Produktionsweise. Erst mit Blick darauf wird ihre neuerliche dynamische Entwicklung erklärbar. Ohne daß es Marx selbst in einen direkten Zusammenhang seiner Betrachtungen gebracht hätte, liegt darin zudem eine unmittelbare systematische Verbindung zu seinen und Engels' durchaus hellsichtigen und ihrer Zeit weit vorauseilenden Vorstellungen über dann eben nicht nur die Notwendigkeit, sondern auch die Möglichkeit einer die Natur schonenden und ihre Gesetze beobachtend erlernenden Produktionsweise. Marx und Engels sind deshalb mitnichten die Wanderprediger und Begründer eines durch und durch technikoptimistischen, „fortschritts"gläubigen, aber letztlich naturzerstörerischen Industrialismus, sondern, genau betrachtet, liefern sie schlüssige Vorüberlegungen in Richtung auf eine ökologische, ressourcenschonende Produktionsweise. Engels weist vielfach auf die Notwendigkeit hin, die längerfristigen Folgen des Produzierens auf die natürliche Lebensumwelt zu erkennen und zu beachten, begründet also – um einen neueren Begriff zu verwenden – das zwingende Postulat „nachhaltiger Entwicklung".

Die eigentliche Schranke der kapitalistischen Produktion liegt für Marx in dem Widerspruch einer Produktion nur um ihrer selbst willen, statt als bloßes Mittel einer sich stetig weiterentwickelnden Gestaltung ihres Lebensprozesses durch die Gesellschaftsmitglieder selbst. Die Konsequenz daraus ist, daß der sich in den Produktivkräften ausdrückende allgemeine Reichtum bzw. das darin steckende Wissen dem einzelnen arbeitenden Individuum als etwas Fremdes und Ausgangspunkt seiner eigenen Armut und nicht seines – materiellen wie geistigen – Reichtums gegenübertritt. Die Aufhebung dieses Widerspruchs ist also nur denkbar, wenn es zu einer Verkopplung von Individuum und den in den Produktionsprozessen steckenden materiellen wie geistigen Potenzen kommt. Für den heutigen Gebrauch anders ausgedrückt: Es ginge um eine Art der Produktion, in der das Individuum mit einem entwickelten Wissens-, Kenntnis- und Ausbildungsstand an der gesellschaftlichen Produktion beteiligt ist und diese Gesellschaft den dadurch erzielten Reichtum auch anders, wenn man so will: gerechter, verteilt.

5.2 Die notwendige Neuinterpretation der „Eigentumsfrage"

Bezogen auf die sich in den kapitalistischen Großunternehmen ausdrückende „gesellschaftliche" Produktion wäre diese Überlegung dahingehend neu (und damit auch über die Intentionen von Marx hinausgehend) zu konkretisieren, daß nicht mehr primär die Frage des Eigentums dieser Produktionseinheiten als solches im Zentrum des Interesses zu stehen hätte, sondern die Einräumung der Möglichkeit zur Gestaltung des Arbeitsprozesses durch die sich miteinander verständigenden Produzenten selbst, also ein eher mittelbarer Eingriff in das absolute Verfügungsrecht über dieses Eigentum. Wir hatten bereits gesehen, daß der mit der mikroelektronischen Veränderung der Produktionsstrukturen verbundene Prozeß der gleichzeitigen Veränderung der Arbeitsstrukturen hierzu Ansatzpunkte noch in der bestehenden kapitalistischen Produktionsweise liefert. Dies sind allerdings nur die Tendenzen, die sich aus den Notwendigkeiten der neuen Produktionsformen selbst ergeben. Die Durchsetzung „gesellschaftlicher" Formen der Produktion müßte demgegenüber und darüber hinaus bedeuten, daß die demokratisch strukturierte Gesellschaft für das, was produziert werden soll und darf und wie es produziert werden soll und darf – etwa bezogen auf zulässige Emissionen oder Energieverbrauch –, Zielrichtungen angibt und Vorgaben macht (Auflagen, Gebote, Verbote, Steueranreize usw.). Für die Arbeitenden in dem Betrieb selbst ginge es um eine Ausweitung ihrer Mitsprache- und Mitentscheidungsbefugnis in Richtung auf die konkrete Ausgestaltung dieser Vorgaben, insbesondere in Richtung auf die Entwicklung von Produktionsverfahren und Arbeitsstrukturen, die auf der breitest möglichen Aneignung des für den Produktionsprozeß erforderlichen Wissens durch die Produzenten selbst und auf kooperativen statt arbeitsteilig-fragmentierten Arbeitsformen basieren.

Damit wird die früher innerhalb der „marxistischen" Linken wie bei Marx und Engels selbst im Zentrum stehende Eigentumsfrage[333] nicht jeglicher Bedeutung

333 Im „Manifest" hatte es dazu entsprechend geheißen: „In allen diesen Bewegungen heben sie [die Kommunisten] die Eigentumsfrage, welche mehr oder minder entwickelte Form sie auch ange-

beraubt. Aber sie wird einem anderen Primat untergeordnet. In bezug auf das allgemeine Ziel würde zunächst der Grundsatz fallen müssen, alles oder möglichst weite Bereiche des produktiven Kapitals in „gesellschaftliches" (und damit vielfach zunächst staatliches) überführen zu wollen. Vielmehr wäre diese Frage von einer anderen Seite aufzurollen, wie sie einmal von Friedrich Engels selbst aufgeworfen wurde. Auch er hatte zwar davon gesprochen, daß die Gesellschaft von den modernen Produktionsmitteln offen und ohne Umschweife Besitz ergreifen müsse (was hier, streng juristisch ausgedrückt, sicherlich den Eigentumstitel mit einschließen soll), allerdings – so schränkte er ein – nur von solchen, die bereits jeder anderen Leitung entwachsen seien. Denkt man diesen Nebengedanken grundsätzlich wie angesichts der Erfahrungen in diesem Jahrhundert mit dem Sowjetsozialismus zuende, dann kann es keinesfalls mehr die sinnvolle Perspektive einer „Durchsozialisierung" aller Produktionsmittel geben.

Unmittelbares Ziel wäre konsequenterweise eine Wirtschaft gemischter Eigentumsformen, in der für die unterschiedlichen Sektoren, Branchen und Dienstleistungsbereiche jeweils gesellschaftlich zu entscheiden wäre, in welchem Bereich es zum Beispiel Staatseigentum, ein staatliches oder öffentliches Monopol geben soll und muß bzw. wo privatwirtschaftliche oder gemischtwirtschaftliche Konkurrenz im Sinne der erzielten Produktionsergebnisse oder der Vielfalt der angebotenen Dienstleistungen eindeutigen Vorteil mit sich bringt. Darin läge die Übertragung des Engelsschen Gedankens auf die heutigen Verhältnisse (erwähnen wir als Beispiele zur Illustration etwa die Gewährleistung einer gewissen Grundversorgung im öffentlichen Verkehrswesen, die Herstellung gefährlicher Güter oder das Betreiben lebensnotwendiger Versorgungseinrichtungen).

Öffentliches Eigentum kann im Rahmen gemischtwirtschaftlicher Strukturen zudem die wichtige Aufgabe haben, eine Korrektivfunktion gegenüber privatwirtschaftlicher monopolistischer Preisbildung wahrzunehmen (wäre also in diesem Falle gerade nicht selbst mit einer neuen Monopolstellung auszustatten). Hinzuweisen ist in diesem Zusammenhang auf den Österreicher Otto Bauer. Er hat, soweit wir es überblicken können, nicht in kritischer Auseinandersetzung mit, sondern gerade *in Anknüpfung* an Marx und Engels diesen Gedanken am eingehendsten weiterverfolgt, die Sozialisierungsfrage von der Bedarfsstruktur her zu prüfen, sie also nicht a priori aufgrund vermeintlicher „Überlegenheit" gesellschaftlichen Eigentums und der strukturell begründeten Ausschaltung „kapitalistischer" Eigentumsformen flächendeckend anzugehen. Bauer hielt es gerade für einen Vorzug derartiger gemischtwirtschaftlicher Strukturen, daß das öffentliche Eigentum in ihnen seine strukturelle Überlegenheit erst würde beweisen müssen.[334]

---

nommen haben möge, als die Grundfrage der Bewegung hervor." Marx/Engels, Manifest ..., S. 495.

334 Vgl. dazu eingehender Schöler 1995a.

5.3 „Kapitalismus" als Totalität und Markt – über Marx und Braudel

Es gibt einen weiteren – mit der analytischen Herangehensweise von Marx und Engels an die kapitalistische Produktionsweise verknüpften – Zusammenhang, aus dem heraus wir glauben, die bis jetzt gefundenen Ergebnisse unterstreichen zu können. Es handelt sich um den Zusammenhang der *historischen* Herausbildung dessen, was im Denken nach Marx „Kapitalismus" genannt wird. Er und Engels haben diesen Begriff unseres Erachtens mit gutem Grund nicht verwendet, weil insbesondere Marx klar gesehen hat, daß es sich zwar mittlerweile um die vorherrschende und dynamischste Produktionsweise handelte, diese aber sicher auch in den entwickelten Ländern noch nicht alle Lebensbereiche, geschweige denn schon alle Winkel dieses Globus erreicht und durchdrungen hatte. Marx hat gerade für die Zirkulationssphäre das Faktum beschrieben, daß sich in ihr der Kreislauf von Waren und Produkten der verschiedensten sozialen Produktionsweisen miteinander kreuzten. Gleichzeitig stand allerdings für ihn fest, daß das für die kapitalistische Produktionsweise bestimmende industrielle Kapital dazu dränge, sich als Prinzip allen Produzierens durchzusetzen, zu einer „Totalität" zu werden.

Wer wollte bestreiten, daß diese Analyse, die dazu noch richtigerweise den Nachweis führt, daß das Kapital keine staatlichen oder nationalen Grenzen kennt, dazu drängt, auf dem gesamten Globus einen kapitalistisch dominierten Weltmarkt herzustellen, einen hohen Grad von Aktualität und Evidenz für sich beanspruchen kann. Gerade nach dem Zusammenbruch des sowjetischen Staatensystems erleben wir ja eine ungeheure Beschleunigung von Prozessen in Richtung auf einen solchen umfassenden Weltmarkt und entsprechende Entgrenzungen (die allerdings auch noch andere, später zu untersuchende Gründe haben). Mehr denn je gewinnt damit auch die Prognose von Marx und Engels an Aktualität, daß sich das „Herausarbeiten" aus den alten, kapitalistischen Verhältnissen nur als gemeinsamer Prozeß in den wichtigsten entwickelten Ländern vollziehen kann. Die Erfahrung der Beschränktheit nationalstaatlichen Handelns, wie sie auch die ökonomisch durchaus bedeutenden europäischen Nationalstaaten im Angesicht internationaler Wechselkursschwankungen, Zinsentwickungen und Kapitaltransfers, der Abkopplung der Finanzmärkte von den zugrundeliegenden Produktionssphären und der Möglichkeit des „Exports" von Arbeitsplätzen machen, verweist eindeutig und alleinig auf eine Perspektive, wie sie schon von Marx gewiesen wurde: die der internationalen Kooperation in Richtung auf neue gesellschaftliche Verhältnisse. Nochmals: Zunächst sind alle diese Prozesse auf einer allgemeinen Ebene eine glänzende Bestätigung des Analytikers Marx und zeugen von der Aktualität seines Denkansatzes.

Bei näherer Betrachtung sind allerdings gewisse Abstriche zu machen. Zu problematisieren ist unseres Erachtens die bei Marx und Engels immer wieder vorfindliche Neigung, die in durchaus als widersprüchlich erkannten Entwicklungsprozessen auch zu Recht als dominierend analysierten Kräfte, Faktoren oder „Gesetzmäßigkeiten" in der Perspektive in eine „Totalität" zu verwandeln. Konkret: Die

Tatsache, daß das mehrwertproduzierende industrielle Kapital die Tendenz zur Konzentration und Zentralisation sowie die weitere Tendenz in sich trägt, sich als Prinzip allen Produzierens durchzusetzen, führt bei ihnen zu der (die Gegentendenzen ausblendenden) unhaltbaren Prognose, daß es an einem vorgestellten zukünftigen Punkt alleinig übrigbleibt, zu einer Totalität wird. Die Konkurrenz ist damit „von selbst" verschwunden, der Markt wird gar nicht erst abgeschafft, er „fällt einfach weg". Dieser Prognose einer aus der Eigendynamik der Entwicklung entspringenden Totalität entspricht es dann logischerweise, die neue Gesellschaft und Produktionsweise nur noch als eine zu denken, in der ebenfalls nichts mehr übrig ist als eine „Totalität" gesellschaftlicher Produktionseinheiten auf einem hohen Konzentrations- und Zentralisationsgrad, die sich allerdings keinerlei Konkurrenz mehr machen (müssen), deren Leitung die Produzenten selbst übernehmen und die auf dieser Basis Produktionsmittel (Maschinen, Arbeitskräfte usw.), Investitionsmittel und Konsumtionsgüter verteilen.

Neuere Forschungen haben jedoch gezeigt, daß dieser Drang zur „Totalität" mit einigen Fragezeichen zu versehen ist, auch wenn dabei die von Marx beschriebene, der ökonomischen Entwicklung innewohnende *Tendenz* zur Ausbreitung des industriellen Kapitals nicht bestritten zu werden braucht.[335] Diese Untersuchungen unterscheiden sich von der Marxschen Herangehensweise insofern, als sie nicht die der kapitalistischen Wirtschaftsweise innewohnenden Gesetzmäßigkeiten zum Ausgangspunkt der Untersuchung nehmen, sondern das Marktgeschehen als älteres Funktionsprinzip gesellschaftlicher Reproduktion. Während also Marx den Mikrokosmos der einzelnen Arbeits- und Tauschvorgänge und die darin zum Ausdruck kommenden Funktionsprinzipien an den Anfang seiner Untersuchung stellt, hat Fernand Braudel gleich den Makrokosmos historischer Marktentwicklung mit im Blick. Erst auf der Basis der Analyse dessen, was Markt historisch war und heute ist, in welchen unterschiedlichen Funktionsformen er auftritt, wird die weitere Frage untersucht, worin dabei das Neue der kapitalistischen Produktionsweise oder des „Kapitalismus" zu sehen ist. Braudel unterscheidet – vereinfacht ausgedrückt – zwei verschiedene Ebenen der Marktwirtschaft, die sich in einem langen historischen Prozeß herausgebildet haben: auf einer unteren städtische oder dörfliche Märkte, Läden und Hausierer, auf einer höheren Ebene Messen und Börsen.[336] Die untere Ebene repräsentiert für ihn eher das, was er das einfache, materielle Leben nennt, nur die höhere die eigentliche Marktwirtschaft. Letzere habe allerdings ihre Netze über das alltägliche materielle Leben in seiner Gesamtheit ausgebreitet und dieses Netzwerk aufrechterhalten. Erst über der eigentlichen Marktwirt-

---

335 Wir folgen hier der Einfachheit halber der Gedankenführung eines kürzeren Schlüsseltextes, Braudel 1986, der auf die weit ausführlicheren und detaillierteren Darlegungen und Nachweise in den im folgenden angegebenen Arbeiten zurückgreift und diese zusammenfaßt: Braudel 1985/86, 3 Bde.; vgl. auch in eine ähnliche Richtung weisend Wallerstein 1985.

336 Braudel 1986, S. 27f.

schaft habe sich dann gewöhnlich der Kapitalismus entfaltet. Man könne auch sagen, daß sich die Ökonomie der gesamten Welt wie eine Abfolge von Höhenunterschieden auf einer Reliefkarte darstellen lasse.[337]

Diesen unterschiedlichen Ebenen entsprechen zugleich Unterschiede in der Art des Austausches. Der eine sei alltäglich und basiere auf Konkurrenz, weil er einigermaßen transparent sei. Braudel nennt als Beispiele das Fortexistieren von Kleingewerbe und Handwerk auch in den industriellen Zentren bis in die heutige Zeit hinein. Der andere, die höhere Form, sei komplex und an Herrschaft orientiert. Beide Typen würden weder durch die gleichen Mechanismen noch durch die gleichen Individuen bestimmt. Nicht in der ersten, sondern in der zweiten liege die Sphäre des Kapitalismus. Dieser entfalte sich nämlich zuerst an der obersten Spitze der Gesellschaft. Dies verweist bereits darauf, daß Braudel „Kapitalismus" anders definiert als Marx die „kapitalistische Produktionsweise". Bevor wir auf diese Unterschiede näher eingehen, sei aber zunächst noch darauf verwiesen, daß er Marx insoweit folgt, als er diesen Kapitalismus zwar einerseits für ein Privileg von wenigen hält, dieser aber andererseits nicht ohne die aktive „Komplizenschaft" der Gesellschaft denkbar sei. Er sei zwangsläufig eine Realität der sozialen und politischen Ordnung und sogar eine Realität der Zivilisation. In gewisser Weise müsse die gesamte Gesellschaft mehr oder weniger bewußt die kapitalistischen Werte akzeptieren – aber eben nicht immer. Die „Durchdringungstendenz" wird also ähnlich wie bei Marx gesehen. Braudel unterscheidet aber stärker hinsichtlich der relativen Autonomie der jeweiligen Bereiche des Ökonomischen, des Politischen, des Kulturellen und des Hierarchisch-Gesellschaftlichen.[338]

Diese Unterscheidung hat eine aktuelle wie eine historisch-kritische Bedeutung. Die aktuelle verweist mit der Herausarbeitung dieser relativen Autonomien auf die Bedeutung des Erhalts derartiger „nicht-ökonomisierter" Strukturen, deren mangelhafte Wertschätzung und Beachtung durch Marx und Engels wir bereits anhand des Stichwortes der „zivilgesellschaftlichen Strukturen" diskutiert hatten. In unserem Zusammenhang ist aber der andere Aspekt von ebenso zentraler Bedeutung. Die Forschungsergebnisse Braudels zeigen uns nämlich, daß es Gründe gibt, warum sich der „Kapitalismus" auf einem bestimmten historisch-kulturellen Boden, auf der Grundlage bestimmter Bedingungen in einem Land oder einer Region entfalten konnte und in anderen trotz größter Anstrengungen nicht. Dies gilt z.B. trotz des Vorhandenseins technischer Erfindungen, die eigentlich Produktionsformen auf kapitalistischer Stufenleiter hätten möglich machen können, die aber nicht genutzt werden, u.a. weil die entsprechenden Gesellschaften (beispielsweise Kleinasien oder China) im gleichen Zeitpunkt gewisse Vorbedingungen nicht herausgebildet hatten, etwa einen weitgehenden Frieden in der sozialen Ordnung bzw. eine Schwäche oder Nachsicht des Staates gegenüber der neuen Aneignungsform von Eigentum.

337 Ebda., S. 36f.
338 Ebda., S. 58ff.

Verallgemeinert in den Worten Braudels: „Der Kapitalismus braucht eine Hierarchie." Es sei eben nicht der Kapitalismus, der die Hierarchien erfinde – ebensowenig wie er den Markt oder den Konsum erfunden habe –, er benutze sie nur. In der langfristigen Perspektive der Geschichte sei er deshalb auch erst ein später Gast.[339]

Dieser Hierarchie im Innern entspricht eine Hierarchie im Äußeren. Braudel veranschaulicht an der Entwicklung seit dem 14. Jahrhundert, daß es seitdem ununterbrochen „Weltwirtschaften" gegeben hat, zeitweilig nebeneinander existierend, daß diese aber immer zugleich ein Zentrum ausgebildet hatten, dessen Standort über die Jahrhunderte mehrfach wechselte. Er beleuchtet es anhand des Beispiels der Zeit um 1650: Die „europäische Weltwirtschaft" habe aus Gesellschaften bestanden, die einander überlagerten, die nebeneinander bestanden und von einer bereits kapitalistischen – nämlich der holländischen – Gesellschaft bis hin zu solchen reichten, die auf Leibeigenschaft und Sklaverei basierten. Der Kapitalismus lebe gerade von dieser gleichmäßigen Abstufung: Die äußeren Zonen ernähren die mittleren und vor allem das Zentrum. Und was – so fragt er – sei das Zentrum, wenn nicht die Speerspitze, der kapitalistische *Überbau* der gesamten Konstruktion? Ebenso aber wie das Zentrum von den Lieferungen der Peripherie abhänge, hänge diese von den Bedürfnissen des Zentrums ab, welches den Ton angibt. Es sei immerhin Westeuropa gewesen, daß die Sklaverei nach antikem Vorbild weitergetragen und innerhalb der Neuen Welt gleichsam wiedererfunden sowie aufgrund ökonomischer Imperative in Osteuropa die zweite Leibeigenschaft „induziert" habe.

Der Kapitalismus sei deshalb – mit Wallersteins These – die „Erfindung" einer ungleichen Welt. Um sich entwickeln zu können, brauche er die Komplizenschaft der internationalen Wirtschaft. Er sei das Produkt der autoritären Organisation einer Region, die sich offensichtlich zu sehr ausgedehnt habe. „Interne" und „externe" Gründe für die Entstehung des Kapitalismus greifen so ineinander: Nicht jeder kann die Welt ausbeuten. Dazu bedarf es einer Machtstellung, die sich über einen langen Zeitraum entwickelt hat. Aber sie wird verstärkt durch die Ausbeutung anderer Länder. Aus dieser Beschreibung einer bestimmten Hierarchie innerhalb der Weltwirtschaft und der jeweiligen Interdependenz von unterschiedlichen Produktionsweisen folgert eine gewichtige Differenz zu Marx' Blick auf die historische Abfolge von Produktionsweisen: Es gibt also keinen aufsteigenden Ablauf nach dem Modell Sklaverei, Leibeigenschaft, Kapitalismus, sondern – zumindest phasenweise – eine Synchronie, eine Gleichzeitigkeit.

Damit kommen wir zur beschreibenden Definition dessen, was für Braudel diesen Kapitalismus eigentlich ausmacht: Er basiert zunächst auf einer Ausbeutung der internationalen Ressourcen und Möglichkeiten, d.h. er existiert im Weltmaßstab, zumindest ist er auf die gesamte Welt ausgerichtet. Er stützt sich nach wie vor auf faktische oder legale Monopole und umgeht die „Organisation", d.h. den Markt. Bis

339 Ebda., S. 68.

hierhin gibt es wohl keine tiefgreifenden Differenzen zu Marx. Braudel konnte aber zeigen, daß letzteres keine neue Qualität dieser Produktionsweise ausmacht. Und nun kommen wir zur entscheidenden Differenz: Der Kapitalismus durchdringt auch heute keineswegs die *gesamte* Volkswirtschaft oder die *gesamte* arbeitende Gesellschaft. Er zwinge weder die eine noch die andere in sein eigenes, angeblich perfektes System. Trotz enormer Ausweitung der kapitalistischen Wirtschaft finde man selbst in Europa weiterhin eine Menge an Selbstversorgungsproduktion; viele kleine Handwerksbetriebe und zahlreiche Dienstleistungen würden weiterhin nicht von der volkswirtschaftlichen Gesamtrechnung erfaßt. Auf der mittleren Ebene, der der eigentlichen Marktwirtschaft, existierten weiterhin die strengen, ja teilweise brutalen Gesetze des Wettbewerbs. Und erst auf diesen beiden Ebenen „schwimme" der hochkarätige Kapitalismus, er repräsentiert den Bereich des großen Profits, der keinem Wettbewerb mehr unterworfen ist. Gerade durch die Betrachtung dieser unterschiedlichen Ebenen kommt Braudel zu dem für ihn zwingenden Ergebnis der Unterscheidung zwischen Kapitalismus und Marktwirtschaft.[340]

Es fällt natürlich sofort auf, daß der Marxsche Begriff der kapitalistischen Produktionsweise sehr viel weiter greift als der Begriff des „Kapitalismus" bei Braudel. Und es dürfte schwer zu leugnen sein, daß er mit der Entdeckung und Beschreibung eines *Strukturprinzips*, nämlich der Mehrwertproduktion aufgrund der Herausbildung von „industriellem Kapital", systematische Vorzüge hat. Dieser Vorzug geht aber da wieder verloren, wo Marx – entgegen seinen eigenen Analysen von widersprüchlichen Zusammenhängen (denken wir nur an die *beständig* neue Reproduktion auf kleiner Stufenleiter) – daraus eine Tendenz in Richtung auf *Totalität* beschreibt. Während Braudels Kapitalismusbegriff weniger systematisch ist, es reale Abgrenzungsschwierigkeiten gibt, festzulegen, wo die eine Sphäre aufhört und die andere beginnt (und dabei wird es mit Sicherheit Übergänge und Überlagerungen geben), bietet er auf der anderen Seite jedoch eine Reihe unschätzbarer Vorzüge. Er schärft unser Verständnis von den kulturellen, strukturellen und historischen Voraussetzungen der Herausbildung einer kapitalistischen Produktionsweise.

Warum gelang dies gerade in England, warum nicht unter anderen, scheinbar nicht minder entwickelten Verhältnissen? Wie müssen diese strukturellen Voraussetzungen, wie muß die Hierarchie beschaffen sein, damit sich die kapitalistische Produktionsweise etablieren kann? In welchem Interdependenzverhältnis stehen (kapitalistisches) Zentrum, Zwischenzonen und (noch ganz oder teilweise durch andere Produktionsweisen geprägte) Peripherie zueinander? Wie verhält es sich mit dem Verhältnis von kapitalistischer Produktionsweise und den *verschiedenen* Formen, Ausprägungen des Marktgeschehens, und zwar auch im historischen Prozeß? Erst mit Braudels und nicht mit Marxens Herangehensweise bekommen wir in den Blick, daß sich „kapitalistische" Gesellschaften historisch auf ganz unterschiedli-

---

340 Ebda., S. 97ff.

chen Traditionen von Arbeitsorganisation und Arbeitsethos herausgebildet haben und herausbilden. Sie unterscheiden sich durch verschiedene kulturelle Normen der Autorität und Kooperation und durch verschiedene historische Modernisierungserfahrungen. Dies zeigen neuere Untersuchungen für den ostasiatischen Raum, dessen Entwicklungsgang gegenüber dem europäischen eine Reihe wichtiger Differenzen und Besonderheiten aufweist, aber gleichwohl im Grundsätzlichen durchaus als „kapitalistisch" zu begreifen und zu beschreiben ist. In chinesischen Unternehmen etwa läßt sich sogar das reibungslose Nebeneinander von Moderne und Magie beobachten.[341]

Es ist – zumindest auf der begrifflichen Ebene – schon ein kurioses Paradoxon, daß Braudel für seine *offenere* Herangehensweise, die zugleich mehr Fragen zu beantworten vermag, den hermetischeren Begriff „Kapitalismus" verwendet, während sich die hermetischere Sichtweise von Marx der offeneren Formulierung von der „kapitalistischen Produktionsweise" bedient. Eine ganze Reihe der genannten sinnvollen Differenzierungen gerät aus dem Blick, wenn man – Marx folgend – der kapitalistischen Produktionsweise aus strukturell-systematischen Gründen den unaufhaltsamen Drang zur Totalität zuweist, die dann nicht mehr am historisch-empirischen Material überprüft zu werden braucht. Man braucht sich überhaupt nicht dazu durchzuringen, den Marxschen Begriff und seine strukturelle Herleitung der kapitalistischen Produktionsweise nun zugunsten des Braudelschen, schwerer zu fassenden Begriffs von „Kapitalismus" aufzugeben (es gibt eine Berechtigung beider Betrachtungs- und Herangehensweisen), um gleichwohl einen doppelten Vorzug des Braudelschen Zugangs erfassen und aufnehmen zu können: Wir behalten das Nebeneinander unterschiedlicher Produktionsweisen und -formen im Blick, und uns eröffnet sich die Möglichkeit einer Betrachtung der relativen Autonomie von Marktprozessen und ihrer Besonderheiten, Vorzüge und Schwierigkeiten.

Denn genausowenig, wie sich eine lineare Konzentrations- und Zentralisationstendenz historisch-empirisch feststellen läßt, genausowenig hat bereits eine kapitalistische Durchdringung und Vermachtung aller Marktverhältnisse und -prozesse stattgefunden. Bleiben wir – bevor wir uns näher den Marktverhältnissen zuwenden – noch einen Moment bei der mit ersterer Tendenz verbundenen Eigentumsfrage. Marx wies ihr jenseits der späteren stärker begrifflich-systematischen Antworten, die auf eine Totalabschaffung des „bürgerlichen Eigentums" hinausliefen, in einer frühen Schrift eine recht praktische Aufgabe zu: Die Eigentumsfrage lösen heiße, die Aufhebung derjenigen Kollisionen zu bewirken, die aus der großen Industrie, der Entwicklung eines Weltmarkts und der freien Konkurrenz hervorgegangen sind, z.B. die Kollisionen des Kreditwesens und die Spekulationen in Nordamerika. An dieser Stelle bewegt er sich in seiner Herangehensweise auf derselben Ebene wie Braudel. Es geht also nicht etwa um die Aufhebung der Konkurrenz als solcher

341 Vgl. Heilmann 1996 unter Bezugnahme auf Redding 1996.

oder als Selbstzweck, sondern um das, was sich ein „Stockwerk" höher abspielt, was sich – aus ihr hervorgegangen – im Bereich der großen Industrie und des Kreditwesens abspielt. Daraus ließe sich die für heute offene Frage entwickeln (über den *anderen* Marx hinaus), mit welchen politischen und ökonomischen Maßregeln die verheerenden Auswirkungen eines ungezügelten „Kapitalismus" auf dieser Ebene begrenzt, eingedämmt oder gar beseitigt werden könnten.

Zurück zum Markt: Ebensowenig also, wie die Antwort auf eine nicht durchgehend konzentrierte und zentralisierte Produktionsweise deren vollständige „Sozialisierung" in einer neuen, primär aufgrund bewußt *gesellschaftlicher* Entscheidungsprozesse und nicht mehr vorrangig aufgrund *anonym-profitgesteuerter* Selbstverwertungsprozesse des Kapitals produzierenden Gesellschaft sein kann, kann die Antwort auf nicht vollständig kapitalistisch durchdrungene Marktverhältnisse die komplette Abschaffung bzw. das schlichte Wegfallen von Marktverhältnissen sein. Was aufgrund der Fixierung von Marx und Engels auf das vermachtete Verhältnis von zentralisierter kapitalistischer Produktion und Markt als eigenständige Bereicherung und Leistung des Marktes aus dem Blickfeld geriet, wird so in der Braudelschen Betrachtungsweise erst wieder transparent: In einem mehrere Jahrhunderte dauernden Prozeß fungierte die Marktwirtschaft in Europa als Bindeglied zwischen den beiden Welten der Produktion und der Konsumtion. Und sie bildete zugleich eine Triebkraft, einen begrenzten, aber vitalen Bereich, von dem Anstöße, Energien, Innovationen, Initiativen, neue Bewußtseinsformen, Wachstum und sogar Fortschritt ausgingen.[342] Sie aufheben oder abschaffen zu wollen hieße Mechanismen beseitigen, die in hohem Maße zur Rationalität, Effektivität und Bedürfnisbefriedigung im Rahmen ökonomischen Handels beitragen.

5.4 Subjekte gesellschaftlicher Veränderungen: der Abschied vom Industrieproletariat

Mit der Frage der Subjekte gesellschaftlicher Umwälzungen und Veränderungen sind innerhalb der Marxschen Vorstellungen unmittelbar das Thema „Teilung der Arbeit" und der Weg ihrer Aufhebung angesprochen. Marxens Differenzierung in die verschiedenen Formen gesellschaftlicher bzw. betrieblicher Arbeitsteilung hat nichts an Aktualität verloren. Die Trennung der Produzenten von dem Wissen, das im Produktionsprozeß steckt – diesen Zustand aufzuheben erscheint weiterhin als ein durchaus sinnvolles gesellschaftliches Projekt. Wir haben nun im dritten Kapitel näher untersucht, daß bei Marx und Engels dabei zwei Tendenzen noch relativ unvermittelt nebeneinander stehen: die eine einer zunehmenden materiellen und geistigen Verelendung der großen Masse der Produzenten (einschließlich derer, die als „industrielle Reservearmee" aufgrund des fortschreitenden Rationalisierungs-

342 Braudel 1986, S. 23.

prozesses aus der Produktion hinausgeworfen, aussortiert werden); und die andere einer wenigstens der Tendenz nach sich noch innerhalb der alten Verhältnisse vollziehenden zunehmenden „Aneignung einer Totalität von Produktionsinstrumenten" und damit die „Entwicklung einer Totalität von Fähigkeiten in den Individuen selbst". Wir haben diese beiden bei Marx und Engels nicht wirklich miteinander verbundenen Tendenzen auch in den Zusammenhang der Fragestellung gebracht, ob die prognostizierte Umwälzung der kapitalistischen Produktionsweise nun das Werk der massenhaft erniedrigten und entrechteten Proletarier sein könne und werde oder aber das Ergebnis eines Herausarbeitens aus den alten Verhältnissen aufgrund der auch realen Aneignung ihrer Produktionsinstrumente durch die allseits entwickelten Individuen. Marx und Engels haben uns mit der Antwort letztlich alleine gelassen. Die Antwort der russischen Revolution basierte jedoch ohne Zweifel auf der ersten Variante.

Wir haben heute den Vorteil, uns genauer den historischen Entwicklungsgang anschauen zu können. Wir werden dies allerdings hier nur in aller (deshalb auch stark vereinfachenden) Kürze tun können. Gleichwohl dürfte der Zusammenhang dabei klarer werden. Die historische Entwicklung der kapitalistischen Produktionsweise schien dieser ersten Variante (und damit auch insoweit dem russischen Weg) Recht zu geben, als sich in den folgenden Jahrzehnten das sog. Modell fordistischer Massenproduktion bei gleichzeitiger hocharbeitsteiliger tayloristischer Arbeitsorganisation weltweit immer mehr durchsetzte. Selbst in der Sowjetunion wurde es als quasi-neutrales Instrument der Produktivitätssteigerung angepriesen und angewendet, ohne daß man deshalb den „sozialistischen" Charakter der eigenen Produktionsverhältnisse in Frage gestellt sah. Die Entfernung des einzelnen Arbeiters von einer erkenntnismäßigen Durchdringung (geschweige denn Beherrschung) des Gesamtproduktionsprozesses nahm auf diese Weise deutlich zu.

Gleichzeitig erfolgte eine Homogenisierung der Arbeiterklasse innerhalb dieser Verhältnisse dadurch, daß eine weiter wachsende Zahl von Arbeitern in immer größeren Fertigungshallen unter den gleichen bedrückenden und entwürdigenden Arbeitsverhältnissen beschäftigt wurde. Dies kam zudem dem politischen bzw. gewerkschaftlichen Organisationsgrad zugute. Die Kampfkraft, der Kampfeswille und vor allem das Bewußtsein eigener Stärke der Arbeiterschaft in diesen Großbetrieben wuchsen beträchtlich. Es schien sich also die Prognose von Engels zu bewahrheiten, daß die Entwicklung darauf hinauslaufe, daß einer wachsenden Zahl entrechteter Arbeiter bald eine immer geringer werdende Zahl von Kapitalmagnaten (auch aufgrund des Konzentrationsprozesses) gegenüberstehen werde.

Bis zum großen Börsenkrach 1929 und der ihm folgenden tiefgreifenden Weltwirtschaftskrise hielt sich auch durchaus die „industrielle Reservearmee" in den hochindustrialisierten Ländern in Grenzen, weil der Prozeß extensiver Ausdehnung der Produktion ohne erkennbare Rückschläge voranzuschreiten schien. Sicherlich bildete mittlerweile die so beschriebene Arbeiterklasse in den entwickelten Industriestaaten gemeinsam mit anderen lohnabhängigen Zwischenschichten (Angestellten, kleinen Beamten usw.) die deutliche gesellschaftliche Mehrheit. Die prognostizierte Möglichkeit einer demokratischen Umwälzung aufgrund der „Erkenntnis der eigenen Klassen- und Interessenlage“ war also keine Fiktion mehr, sondern durchaus gesellschaftliche Realität geworden. Allerdings galt auch schon für diese Phase, daß andere Prägungen „längerer Dauer“[343] die sich aus der eigenen Klassenzugehörigkeit und Interessenlage vermeintlich natürwüchsig ergebende politisch-sozialistische Orientierung überlagerten. Die Einbindung in ältere kulturelle Bindungen oder Milieus (seien sie religiöser, regionaler, mentaler oder sprachlich geprägter Art) verhinderte – neben der parteipolitischen Zersplitterung der sozialistischen Arbeiterbewegung – eine „Homogenisierung“ politischer Interessenartikulation und -vertretung bzw. (um eine früher gebräuchliche Formel zu verwenden) den Wandel von der Klasse „an sich“ zur Klasse „für sich“. Die große Weltwirtschaftskrise warf Millionen von Arbeitern aus dem Arbeitsprozeß und bewirkte zugleich eine politische Radikalisierung bei vielen Arbeitenden wie Arbeitslosen.

Die Zerstörungen des Zweiten Weltkrieges hatten jedoch zur Folge, daß in ganz Europa – angekurbelt durch enorme Finanzmittel aus den USA – ein länger andauernder Wiederaufbauprozeß erneut die Krisenhaftigkeit des ökonomischen Systems für einige Zeit in den Hintergrund rücken ließ. In dieser Prosperitätsphase wurde erneut – und letztmalig – ein entsprechend hoher Beschäftigungsstand erreicht. Mit ganz wenigen Ausnahmen wie in England, Belgien und den Vereinigten Staaten stellten in diesem Zeitpunkt die Industriearbeiter wahrscheinlich einen höheren Anteil an der gesamten Erwerbstätigenbevölkerung in der industriellen und der in einer Industrialisierung begriffenen Welt als je zuvor. Aber selbst zu diesem Zeitpunkt hatte die ökonomische Entwicklung – anders als es das „Kommunistische Manifest“ angenommen hatte – noch keine Mehrheit der Gesamtbevölkerung zu Industrieproletariern gemacht.[344]

Erst Mitte der sechziger Jahre zeigten sich in Deutschland erste, noch schwache Anzeichen eines Konjunkturrückgangs und des Wiederaufkommens von Arbeitslosigkeit. Seit den siebziger Jahren erleben wir dann den zunächst nur langsam merklichen, sich aber in den neunziger Jahren spürbar beschleunigenden Übergang zu einem neuen, auf die Basis mikroelektronischer Steuerung gestützten und mit neuen Informations- und Kommunikationstechnologien verknüpften *intensiven* Akkumulationstypus, der aufgrund eines enormen Rationalisierungspotentials in der Lage ist, weitaus rohstoff- und ressourcenschonender, aber eben auch deutlich weniger arbeitsintensiv zu produzieren. Selbst wenn man aktuellen Prognosen, daß in nicht allzu ferner Zukunft nur noch 20 Prozent der arbeitsfähigen Bevölkerung in

343 Die Kategorie der „langen Dauer“ ist ein prägender Schlüsselbegriff für die französische Historikerschule um die Zeitschrift „Annales“, der auch Braudel zuzurechnen ist. Sie hat sich im Rahmen einer vorrangig Sozial- und Mentalitätsgeschichtsschreibung als erste der Aufgabe gestellt, derartigen Prägungen „langer Dauer“ im Geschichtsprozeß nachzuspüren; vgl. hierzu u.a. Honegger 1977; Erbe 1979

344 Hobsbawm 1998.

der Lage sein werden, alle nötigen Produkte für die gesamte Weltbevölkerung herzustellen[345], für eine Übertreibung hält, ist damit die aktuelle Tendenz kapitalistischer Produktivkraftentwicklung gleichwohl zutreffend beschrieben. Sie bietet die Möglichkeit, mit immer weniger Menschen immer vielseitigere und intelligentere Produkte bei Zufuhr immer weniger Rohstoffe zu produzieren. Die Folgen für die „Teilung der Arbeit“ sind auf zweierlei Ebene zu beobachten. Zum einen können wir im Arbeitsprozeß selbst die bereits beschriebene Kompetenzerweiterung für einen Teil der Arbeitenden feststellen, die gewachsenen Anforderungen an intelligente, vielseitige Produzenten – oder, um mit Marx zu sprechen, die Tendenz zur Entwicklung einer „Totalität von Fähigkeiten in den Individuen selbst“.

Zugleich erleben wir, wie trotz aller keynesianischen Konjunkturprogramme auf der einen Seite (der der nachfrageorientierten Schule folgenden Politik), trotz aller Sparpakete, Anstrengungen zur Senkung der Arbeitskosten und der Reduzierung von Unternehmenssteuern auf der anderen Seite (der der angebotsorientierten Schule folgenden Politik) die Massenarbeitslosigkeit in den Zentren des Westens erheblich zugenommen hat. Dort, wo sie wieder ein Stück zurückgedrängt werden konnte, hat zugleich etwas stattgefunden, was wir in heutigen Worten als die Ausdehnung des Bereichs der „bad jobs“ im Dienstleistungssektor bezeichnen, deren man in den USA oder England gleich mehrere braucht, um davon sein Leben bestreiten zu können.

Es sind zwar – so der ehemalige Arbeitsminister der Clinton-Regierung Robert Reich – mittlerweile mehr Menschen beschäftigt als noch in den achtziger Jahren, zugleich aber sind die Ungleichheiten in der Erinnerung der meisten Amerikaner größer als je zuvor.[346] Ähnlich kraß drückt es einer der prominentesten amerikanischen Ökonomen, Paul Krugman aus: „Wir schaffen zwar Jobs wie kaum ein anderes Land und siedeln erfolgreich Hochtechnologien an, die USA sind gleichzeitig aber ein zunehmend grausamer Ort für Menschen am unteren Ende der Gesellschaft. Es ist für Europäer schwer nachzuvollziehen, wie brutal unser System wirklich ist. Wie niedrig die Löhne sind. Wie wenig Unterstützung es für Arbeitslose gibt und welch ungeheure Ausmaße die Kluft zwischen Arm und Reich annimmt.“[347]

In den Worten von Marx hieß das, daß ein solcher Prozeß fortschreitender Verwissenschaftlichung und Rationalisierung des Kapitals es erlaubt, einen stets größeren Teil der Arbeiterklasse unproduktiv zu verwenden und so namentlich die alten Haussklaven unter dem Namen „dienende Klasse“ wie Bedienstete, Mägde, Lakaien usw. stets massenhaft zu reproduzieren. Wer wird nicht dabei an die deutsche Debatte erinnert, über Steuererleichterungen die Beschäftigung von Hausangestellten zu fördern bzw. zu erleichtern – wie man sieht, keine allzu „moderne“ Strategie zur Bekämpfung der Arbeitslosigkeit!

---

345 Vgl. etwa Martin/Schumann 1996.

346 Vgl. für die USA seine außerordentlich kritische Bilanz: Reich 1997.

347 Krugman 1997.

Wenn wir hier im wesentlichen *zwei* der neueren Tendenzen herausgearbeitet haben, die von anspruchsvolleren Anforderungen an die Arbeitenden im Arbeitsprozeß und die des Ausgesondertwerdens, dann darf dabei natürlich nicht vergessen werden, daß damit die früher dominierende Variante, die der eher anspruchslosen Tätigkeit im Rahmen tayloristisch-fordistischer Produktionsabläufe, nicht einfach von der Bildfläche verschwunden ist. An dieser Stelle ging es uns nur um eine mögliche „Auflösung" des unvermittelten Nebeneinanders zweier von Marx und Engels beschriebener Tendenzen, die zumindest mit der lange Zeit in der Arbeiterbewegung verfolgten Strategie der organisatorischen und politischen Vereinheitlichung der Arbeiterklasse auf der vorgestellten Basis von weitgehender Interessenidentität nicht in Übereinstimmung zu bringen war. Erst die jetzt erlebte moderne Form von Produktivkraftentwicklung zeigt zum einen den Realitätsgehalt der von Marx dargelegten *verschiedenen* Tendenzen, die gleichzeitig vor unseren Augen ablaufen, zum anderen die Unhaltbarkeit der beschriebenen Strategie spätestens mit dem Ende der Dominanz des Akkumulationsmodus der fordistischen Massenproduktion.

Es gibt also heute selbst bei der klassischen „sozialen Frage" keinen eindeutigen, unmittelbaren Zusammenhang mehr von Problemlage, Interessenerkennung, Interessendurchsetzung und Problemlösung (wenn es ihn denn je gegeben hat). Dies läßt sich auch nochmals anhand der heute existierenden unterschiedlichen Interessenstrukturen selbst zeigen: Welche Möglichkeit *gemeinsamer* Interessenwahrnehmung haben Arbeitnehmer in Arbeit und Arbeitslose? Seit Jahrzehnten kommt diese auch innergewerkschaftliche Debatte nicht wirklich von der Stelle (sieht man von den vollzogenen Schritten zur Arbeitszeitverkürzung ab). Wie läßt sich eine gemeinsame Interessenvertretung zwischen denjenigen herstellen, die – einseitig ausgebildet und in noch tayloristischen Arbeitszusammenhängen stehend – an ihren Arbeitsplätzen in „alten" Industrien festhalten wollen und denen innerhalb ihrer Gewerkschaft, die auf die Zukunft „moderner" Umstrukturierung setzen? Schließlich: Worin liegt die Interessenidentität desjenigen, der seinen Job bei Opel in Rüsselsheim verliert, mit dem Arbeiter des geschlossenen Wartburg-Werks, der den Job im neuen Opel-Werk in Eisenach bekommt? Ganz abgesehen von denjenigen Arbeitern in Deutschland, die ihren Arbeitsplatz durch Arbeitsplatzverlagerungen ins Ausland aufgrund von „Billiglohnkonkurrenz" verlieren – kann es Interessenidentität geben oder doch Interessenverknüpfung jenseits des (nicht gering zu achtenden) Appells an „internationalistische" Solidarität mit ihren Konkurrenten in Polen oder Malaysia?

Jenseits der verschiedenen heutigen Debatten um die Herausbildung und Veränderung unterschiedlicher Milieus, die eine Menge zum Verständnis der Binnendifferenzierung sozialer Gruppen beitragen[348], bzw. der in modernen Gesellschaften

348 Vgl. dazu u.a. Oertzen 1994a; Vester u.a. 1993 im Anschluß an die immer noch grundlegende Arbeit Bourdieu 1982.

feststellbaren verschiedenen Prozesse der „Individualisierung“[349], auf die an dieser Stelle nur verwiesen werden kann, kann also bereits anhand der von Marx selbst prognostizierten Prozesse nachvollzogen werden, daß der auch von ihm und Engels immer wieder beschriebene Zusammenhang einer zur gesellschaftlichen Mehrheit werdenden, an innerer Homogenität zunehmenden und durch das Erkennen ihrer Interessen „zu sich selbst kommenden“ Arbeiterklasse und einer entsprechend von ihr zu vollziehenden politisch-sozialen Revolution so keine Grundlage mehr hat. Die Zeit des „geschichtlichen Berufs“ der Arbeiterklasse, wie es Engels pathetisch formulierte, ist seit einiger Zeit vorbei. Dies gilt im übrigen natürlich genauso für alle Übergangsvorstellungen einer „Diktatur des Proletariats“, seien sie nun als kurze oder längere Transformationsphase gedacht. Hobsbawm, der zu denselben Schlüssen kommt, bezieht den seines Erachtens in dieser Hinsicht in Marxens Werk steckenden Irrtum auf dieses selbst zurück:

„Marx’ Vorstellung von einem Proletariat, das von seinem Wesen her bestimmt sei, die ganze Menschheit zu befreien und durch seinen Sturz des Kapitalismus die Klassengesellschaft zu beenden, bringt eine Hoffnung zum Ausdruck, die er in seine Analyse des Kapitalismus hinein gelesen hat, ist jedoch kein Schluß, den diese Analyse zwingend nahelegt.“[350]

Bevor wir diesen Gesichtspunkt mit einem derartig klaren Schlußbefund verlassen, muß noch eine den Zusammenhang erweiternde Überlegung mit eingeführt werden, damit uns das Problem nicht wieder an anderer Stelle einholt. Es wäre ja nun – angesichts der Ausbreitung der kapitalistischen Produktionsweise fast über den ganzen Globus hinweg – eine Neuinterpretation im Anschluß an Marx in der Weise denkbar, daß nunmehr auch die Sichtweise auf das, was Arbeiterklasse ist, nicht mehr nur in nationalen Grenzen gedacht und analysiert werden dürfe. Zunächst erscheint eine solche Herangehensweise doch durchaus logisch, mit den Prognosen von Marx und Engels vereinbar und wird auch tatsächlich hier und dort argumentativ vorgebracht[351] bzw. als offene Möglichkeit angedeutet.[352] Danach repräsentieren die verelendeten und ausgebeuteten Massen in der ehemaligen Dritten Welt (und wohl überwiegend auch der ehemaligen Zweiten Welt) das internationale Proletariat der neunziger Jahre des 20. Jahrhunderts, und die kapitalistischen Zentren stehen ihnen als ausbeutende Beherrscher gegenüber.

Zunächst sei vorweggeschickt, daß eine derartige Analyse oder Sichtweise sehr viel mit Lenin, aber letztlich wenig mit Marx und Engels zu tun hat. Lenin hat im Rahmen seiner Untersuchungen über die sog. „Arbeiteraristokratie“ ein vergleichbares Paradigma entwickelt und versuchte daraus zu begründen, warum die

349 Vgl. dazu insbes. Beck 1986. Es ist aus den von uns entwickelten Zusammenhängen heraus durchaus verständlich, daß auch Beck in Marx einen der „entschiedensten Individualisierungstheoretiker“ erblickt; ebda., S. 131.

350 Hobsbawm 1998.

351 Vgl. z.B. Schneider 1992, S. 52ff.

352 Deppe 1998, S. 7.

„verbürgerlichte", korrumpierte Arbeiterklasse in den kapitalistischen Zentren die Revolution verrate. Dem Denken von Marx und Engels entspricht dies deswegen nicht, weil sie den Ansatzpunkt der Transformation ja gerade nicht an der Peripherie, sondern in den entwickelten Zentren sahen. Aus entwickelten Verhältnissen heraus sollten entwickelte Individuen die gesellschaftlichen Geschicke selbst in die Hand nehmen. Das hier kritisch diskutierte Paradigma würde aber allenfalls auf etwas Ähnliches wie die Oktoberrevolution hinauslaufen, allerdings unter nochmals weitaus schlechteren Voraussetzungen und Bedingungen. Anders als im zaristischen Rußland sind dazu jedoch weder die revolutionären Voraussetzungen (es sei denn, man charakterisiert jedwede Situation von Hunger, Massenarmut und Deprivation als „revolutionär"[353]) noch die organisierten Träger erkennbar. Zudem: Welches wären nicht nur die Träger, sondern auch die Ziele und die Adressaten dieser Umwälzung? Wie sähen ihre Aktionsformen aus, auf welchem Boden würde der „sozialistische Entscheidungskampf" zwischen verarmten Massen der ehemaligen Dritten Welt und den kapitalistischen Zentren ausgetragen? Es gibt keine erkennbar sinnvollen Antworten auf diese Fragen.[354]

Und ein letztes: So unbestreitbar die Tatsache ist, daß der immense Reichtum und die extensive Ausdehnung der kapitalistischen Produktionsweise auch auf dem Rücken und auf Kosten der breiten Masse in den sog. Entwicklungsländern zustande gekommen ist, aus ihren Ländern Bodenschätze und Rohstoffe zusammengeraubt und weggeplündert wurden, so sehr ist fraglich, ob ein sich der Mikroelektronik und der modernen Informations- und Kommunikationstechnologien bedienender „Kapitalismus" der vermehrt intensiven Reproduktion dieser „Ausbeutung" heute überhaupt noch bedarf. Es gibt die zwar diskussionsbedürftige, aber dafür – sollte sie zutreffen – nicht minder traurige These, daß ein ganzer Kontinent wie Afrika aufgrund dieser neueren Entwicklungen *selbst als Ausbeutungsobjekt* nicht mehr taugt, geschweige denn – zumindest zur Zeit – als Absatzmarkt interessant wäre. Und dies gilt gerade auch deshalb, weil wir – wenn wir Braudels Hinweis im Auge behalten haben – feststellen müssen, daß sich dort aus einer Reihe verschiedener, hier nicht im einzelnen diskutierbarer Gründe in weiten Bereichen selbst die mittlere Ebene (kapitalistischer) Marktbeziehungen noch nicht wirklich entwickelt hat, sich dort die Produktions- und Austauschformen verschiedener Formationen weiter durchkreuzen. Gerade aus diesen Verhältnissen aber nun die Anstöße und die Subjekte einer neuerlichen sozialistischen Umwälzung zu erwarten, hätte zwar wenig mit den Analysen von Marx und Engels zu tun, hieße aber in erheblichem

353 Um Mißverständnissen vorzubeugen: Es geht hier argumentativ nicht um eine etwaige Verharmlosung dieser grausamen Lage ganzer Regionen auf unserem Globus, sondern nur um die Frage, ob sich daraus bereits eine im Sinne von Marx und Engels revolutionäre Lage ableiten läßt.

354 Kurz kommte zwar in seiner Analyse zu ähnlichen Ergebnissen wie wir, schwelgt aber da, wo es um die Perspektiven geht, gleichwohl in Phantasien vom gerade in der Peripherie ausbrechenden „Weltbürgerkrieg" im Rahmen „blinder Gewaltausbrüche"; vgl. Kurz 1991, S. 190f., 230.

Umfang erneut Illusionen über Entwicklungswege und -möglichkeiten zu verbreiten, wie sie bereits mit der Oktoberrevolution versucht wurden und gescheitert sind.

Das hier gefundene Ergebnis über das Ende der Orientierungsmöglichkeit auf eine proletarische Revolution hin führt uns erneut vor Augen, daß die – bei genauerer Hinsicht – differenzierteren Analysen von Marx und Engels ihre eigenen hin und wieder zu linearen Prognosen dementieren. Wir kommen also auch an dieser Stelle allenfalls mit einem eher beiläufig formulierten Hinweis weiter, der eigentlich nicht im Zentrum ihrer Prognosen stand. Da heißt es nämlich, daß sich auch unter den anderen gesellschaftlichen Klassen vermöge der Anschauung der Stellung dieser Klasse (der Arbeiterklasse) das Bewußtsein über die Notwendigkeit einer gründlichen Revolution bilden könne. Hier wird also kein Interessenstandpunkt formuliert, sondern ein Standpunkt möglicher *Einsicht* in die Notwendigkeit von Veränderungen. Wir werden darauf zurückkommen.

So viel steht fest: Der einfache Gegensatz zwischen „Kapital und Arbeit" konstituiert nicht mehr in unmittelbarer Weise (und vor allem alleine) die gesellschaftlichen Widersprüche und Gegensätze. Wie aber sieht es nun mit der in diesem Zusammenhang zu diskutierenden geschlechtsspezifischen Arbeitsteilung aus? Der von Marx und Engels „geschichtsphilosophisch" entwickelte Anspruch, die Produktion und Reproduktion der menschlichen Lebenswelt im Bereich der Arbeit wie in der Familie ins Blickfeld zu nehmen, wird von ihnen ernsthaft-analytisch nur für ersteren Bereich eingelöst. Das korrespondiert mit einer Sichtweise, die wir schon bei der Prüfung ihrer „Verantwortlichkeit" für die Entwicklungen in der Sowjetunion gestreift hatten. Sowohl in der Vorstellung einer „naturwüchsigen" Arbeitsteilung zwischen Mann und Frau als auch in der (entsprechend durchaus „konsequenten") Zuweisung von Pflichten nur an letztere „im Privatdienst der Familie" taucht ein Verständnis auf, aufgrund dessen der breitere Unterdrückungszusammenhang im Verhältnis der Geschlechter nicht gesehen werden kann.

Wir können hier nur darauf verweisen, daß nicht nur Engels' Feststellung einer ursprünglichen naturwüchsigen Arbeitsteilung in der Forschung mindestens umstritten ist, sondern daß auch der von ihm festgestellte „Umschlagspunkt" vom Mutterrecht (also einer Art Matriarchat) zum Patriarchat von den neueren Ergebnissen der Forschung nicht gedeckt wird.[355] Hierin drückte sich allenfalls eine Matrilinearität bezüglich der Vererbungsregel aus, ansonsten ist das Patriarchat mit seinen unterschiedlichen kulturell, religiös, ökonomisch, habituell, mental und sexuell geprägten Formen der Unterdrückungen, Zurückstellungen, Abhängigkeiten und Zwängen für Frauen wohl weitaus älter, als von Engels angenommen. Da es diese älteren und zudem ganz unterschiedlichen Ausprägungen von Unterdrückung der Frau gibt, die bis in unsere auch heute noch weitgehend patriarchalische Ge-

355 Vgl. etwa Göttner-Abendroth 1989.

sellschaft hinein reichen[356], ist es weder logisch noch wahrscheinlich, daß mit der ökonomischen Überlegenheit des Mannes etwa dessen Vorherrschaft in der Ehe „von selbst“ wegfalle, wie Engels noch gemeint hat.

Sicher: Die Erkenntnis ist zutreffend, daß die Eingliederung der Frau in den Arbeitsprozeß eine größere ökonomische Unabhängigkeit herstellt. Auch eine Ausweitung der öffentlichen Verantwortlichkeit im Bereich von Kindererziehung, Altenpflege usw. würde zu einer wirklichen Entlastung führen, wobei auch hier ihre Prognosen, es gebe eine Tendenz zur „industriellen“ Übernahme von Hausarbeitsfunktionen, an der Realität vorbeigingen. Aber dies alles ändert nichts daran, daß derartige Aufgaben künftig als Verpflichtung *beider* Geschlechter begriffen werden müssen, soll die umfassende Befreiung der Frau aus fortbestehenden Abhängigkeiten und gesellschaftlichen Zurücksetzungen sowie ihre wirkliche Gleichstellung in der Beziehung der Geschlechter Wirklichkeit werden. Es dürfte auch fraglich sein, ob die von Marx und Engels propagierte völlige Zurückdrängung der Familie im Bereich der Kindererziehung auf dem heutigen Erkenntnisstand noch eine sinnvolle Perspektive bleiben kann. Mit Familie ist dabei der elterliche Zusammenhang mit der Erziehung gemeint, denn die traditionellen Familienstrukturen befinden sich ja in unserer Zeit aufgrund einer Reihe von Gründen und Prozessen wenn nicht in Auflösung, so doch in einem Übergang zu neuen, anderen und vielfältigeren Lebensformen. Die weitgehende Abkopplung der Kinder von unmittelbaren, ganz persönlichen Bezugspersonen und die Auflösung dieser Beziehungen durch einen allgemeineren gesellschaftlichen Zusammenhang dürfte jedoch aus der Sicht heutiger Untersuchungen über emotionale Voraussetzungen des Kindeswohls keine ernsthaft weiterzuverfolgende Perspektive bieten.

Erörtern wir in diesem Zusammenhang einen letzten Gesichtspunkt. Erst die im Gefolge der Studentenrevolte Ende der sechziger Jahre neu wachsende Erkenntnis (in den zwanziger Jahren war man da schon weiter als in den fünfzigern), daß sich eine Befreiung *beider* Geschlechter auch in einer Veränderung ihrer Sexualbeziehungen ausdrücken muß, ist zumindest Friedrich Engels nicht wirklich bewußt gewesen. Solange die Freiheit der Frau nur darin besteht, zwischen „Hingabe“ und „Hingabeverweigerung“ zu wählen, kann von einer auf beiden Seiten freien und ungezwungenen Sexualität keine Rede sein.

Zusammengefaßt läßt sich auch für den Bereich der Geschlechterbeziehungen festhalten, daß ihre Fixierung auf die in der kapitalistischen Gesellschaftsordnung auftretenden Abhängigkeiten, Zwänge und Unterdrückungsverhältnisse Marx und Engels dazu verleitet, deren Aufhebung bzw. Wegfall an die Überwindung dieser konkreten Wirtschaftsordnung zu koppeln. Dies entspricht weder deren älterer historischer Existenz noch der Tatsache, daß sich Unterdrückung der Frauen in weit mehr Facetten ausdrückt als in bloßer ökonomischer Abhängigkeit. Sozialisti-

---

356 Siehe allgemein zu diesem Zusammenhang u.a. Reimers 1994; Schissler 1993.

sche Politik heute muß also in diesem wie in anderen Punkten eindeutig über Marx und Engels hinausgehen.

Noch schwieriger als in der sozialen bzw. der Geschlechterfrage gestaltet sich die Suche nach den Trägern von Veränderung im Bereich ökologischer Gefährdungen. Wie bestimmt sich das Subjekt der Durchsetzung einer grundlegenden Umwälzung – weniger dramatisch und mit einem heute gängigen Begriff ausgedrückt: des Umsteuerns in Richtung auf einen ökologischen Umbau der Industriegesellschaft? Das schlichte Auswechseln der „kapitalistischen" Elite durch eine proletarische Avantgardepartei, das hat die Geschichte gezeigt, reicht dafür nicht aus. Mit ihrer Konzentration auf die kapitalistische Form der Naturzerstörung verbleiben aber Marx und Engels auf einer ähnlichen Ebene der Antwort. Sicher, sie sind für diese konkrete sowjetische Ausprägung insofern nicht verantwortlich, als es bei ihnen um eine *gesellschaftliche* Steuerung und Lenkung der Produktionsprozesse gehen sollte, nicht um eine neuerliche zentralistisch-despotische. Gleichwohl verstellt der Blick nur auf die kapitalistische Form den Zusammenhang zum historisch bereits zuvor stattfindenden Raubbau des Menschen an der Natur, sei er nun mehr oder weniger systematisch gewesen.

Dieser verweist uns darauf, daß die bloße Veränderung hin zu – als *gesellschaftliche* Form des Produzierens verstandenen – neuen, sozialistischen Verhältnissen noch keine schlüssige, zwingende Antwort auf die Frage bietet, worin denn das Antriebsmoment für eine andere Art des Produzierens ohne schädliche Natureingriffe liegt. Naturzerstörung ist nämlich durchaus auch als bewußter, kollektiver Prozeß denkbar, wobei sie ja zudem heute vielfach in der Form nur mittelbarer (also zunächst gar nicht bewußt herbeigeführter), erst später auftretender Folgen von anderen Entscheidungen auftritt (was bereits Engels wohl ansatzweise bewußt gewesen ist). Während sich die Durchsetzung einer ökonomischen bzw. sozialen Revolution noch aus der Erkenntnis eigener unmittelbarer Interessen beschreiben läßt, gilt dies für eine ökologische Revolution (oder Richtungsänderung) wegen der fehlenden Unmittelbarkeit des Interessenbezugs mit Sicherheit so nicht. Geht es um unmittelbare Arbeitsplatzinteressen (etwa aktuell im Braunkohletagebau), erweisen sich die abhängig Beschäftigten aus verständlichen Gründen oftmals als Bremser für aus ökologischen und Modernisierungsgründen notwendige Veränderungen. Wir werden also im Schlußteil weiter danach zu fragen haben, aus welchen Ressourcen und Subjekten künftige unabweisbar notwendige Veränderungen hervorgehen könnten.

5.5 Überlegungen zur Zukunft der Arbeit

Beschließen wir unsere Überlegungen zum Gesichtspunkt gesellschaftlicher Arbeitsteilung mit einem Blick auf Marx' und Engels' Prognosen über die Zukunft der Arbeit in der neuen Gesellschaft. Auch wenn man angesichts der heute erkennbaren Entwicklungen nicht so weit gehen mag, der Vorstellung, daß es jedem Menschen möglich sein werde, täglich zu entscheiden, ob er morgens jagen, nachmittags fischen, abends Viehzucht betreiben und nach den Essen kritisieren will, eine auf absehbare Zeit realistische Verwirklichungschance zuzubilligen, wird man nicht umhin können, den Marxschen Überlegungen zur Arbeit und Arbeitszeit dennoch eine außerordentliche Aktualität zuzusprechen. Marx und Engels haben die ökonomischen Tendenzen herausgearbeitet, aufgrund derer es im Rahmen eines dynamischen Prozesses intensiver Entwicklung der Produktion möglich ist, die gesellschaftliche Reichtumsproduktion bei abnehmender Beschäftigtenzahl erheblich zu steigern. Daraus und aus den Anforderungen zur Veränderung des Geschlechterverhältnisses ergibt sich eine notwendige und zwingende Herausforderung zur radikalen Neuverteilung von Arbeit. Nicht mehr Arbeitsintensivierung und Überstunden auf der Basis eines Vollzeitarbeitsverhältnisses für eine schrumpfende und Nichtarbeit für eine wachsende Zahl von Menschen kann die Perspektive sein, sondern radikale Umverteilung, damit alle, die wollen, Arbeit und Einkommen haben sowie entsprechende disposable time, die sie – je nach Bedarf – zur Zerstreuung, Weiterbildung oder für die verbliebenen häuslichen Tätigkeiten nutzen können.

Nicht mehr bezahlter Vollzeitarbeitsplatz des Mannes auf der einen und Hausfrauendasein oder Teilzeitjob plus Kindererziehung und Hausarbeit auf der anderen Seite kann das Leitbild der Geschlechterbeziehung der Zukunft sein, sondern die gleiche Verantwortung beider Geschlechter auf der öffentlichen wie auf der privaten Seite der Reproduktion. Dies kann nur radikale Verkürzung insbesondere der *täglichen* Arbeitszeit für beide bedeuten, damit die verschiedenen Aufgaben für beide nebeneinander wahrnehmbar werden. Und es bleibt in diesem Zusammenhang weiter richtig, daß das Angebot öffentlicher Einrichtungen erweitert werden muß, damit auch Hausarbeit und Kindererziehung nicht zu einer erdrückenden Last werden, die eine Teilnahme und Teilhabe am öffentlichen Leben unmöglich macht.

5.6 Marx und Engels: eine erste Bilanz

Wir haben sicherlich in diesem wie in dem voraufgegangenen Kapitel zu viele Einzelgesichtspunkte gestreift, als daß eine auch nur die wesentlichsten Punkte umfassende Zusammenfassung dessen, was von Marx und Engels bleibt, und dessen, was als überholt, falsch oder widerlegt beiseitegelegt werden muß, möglich erschiene. Wir werden sie deshalb an dieser Stelle auch nur in einer größtmöglichen Verallgemeinerung versuchen können. Vorweggeschickt werden muß ferner die Bemerkung, daß sich bei unseren Untersuchungen die eingangs nur behauptete Widersprüchlichkeit bestätigt hat, an einigen Stellen auch mangelnde Kohärenz von Analyse und Prognose sowie sich widersprechende Positionsbestimmungen im

Werk von Marx und Engels. Und wir haben schon da hinzugefügt: Wie könnte es auch anders sein!

Als weiterhin weitgehend brauchbar hat sich unseres Erachtens ihre konkrete Untersuchung und Analyse der Funktionsbedingungen und Bewegungsgesetze der kapitalistischen Produktionsweise erwiesen. Dies schließt die Analyse der verschiedenen Formen der Teilung der Arbeit ein (einschließlich eines zutreffenden, wenn auch die Probleme reduzierenden Blicks auf die Geschlechterbeziehungen), den daraus entspringenden Entfremdungszusammenhang sowie die Freilegung der der kapitalistischen Produktionsweise innewohnenden Krisenzyklen. Klarer als in anderen ökonomisch-theoretischen Ansätzen wird im Marxschen Denken die Tendenz zu einem globusumspannenden kapitalistischen Weltmarkt entwickelt.

Es liest sich darüber hinaus wie eine Beschreibung der heutigen Problemlagen, wenn Marx die Janusköpfigkeit des „Fortschritts" seiner Zeit beschreibt. Neben einer real vorhandenen Tendenz zur Konzentration und Zentralisation, die allerdings nicht linear verstanden werden darf, gilt dies vor allem auch für die Aufdekkung der verschiedenen Formen extensiver und intensiver Erweiterungsmöglichkeiten der Produktion. Aus letzterem Zusammenhang ergibt sich wiederum die Tendenz zu massenhafter „Freisetzung" von Arbeitskräften auf der einen und einer Höherqualifizierung der in modernen Produktionsprozessen benötigten eher zahlenmäßig abnehmenden Arbeitskräfte auf der anderen Seite. Intensive Formen der erweiterten Reproduktion beinhalten zudem die Möglichkeiten zu einer ressourcenschonenden, rational mit der natürlichen Lebensumwelt umgehenden, von deren Gesetzmäßigkeiten lernenden Produktionsweise. Marx und Engels liefern durchaus Anhaltspunkte für die Notwendigkeit eines Umsteuerns in Richtung auf eine ökologische, nachhaltige Weise der Produktion.

Der Ausbruch aus den alten Verhältnissen wird aber erst dann möglich, wenn die Bedingungen dafür reif sind, d.h. erst unter entwickelten kapitalistischen Verhältnissen einer „Überflußproduktion". Als Anknüpfungspunkte bieten sich daher heute allenfalls noch die Teile ihres Werkes an, die auf das „Herausarbeiten" aus den alten Verhältnissen, nicht auf ihr (vermeintlich revolutionäres) Umstürzen gerichtet sind. Ein künstliches Abkürzen dieses Prozesses trägt notwendig die Voraussetzungen für das eigene Scheitern in sich. Wir haben im einzelnen gezeigt, worin diese beim gescheiterten Staatssozialismus sowjetischer Prägung lagen. Anders aber, als Marx und Engels es selbst häufiger prognostizierten, vollzieht sich die Überwindung der kapitalistischen Produktionsweise nicht aus einer homogenisierten, zur gesellschaftlichen Mehrheit gewordenen und ihre Interessen wahrnehmenden Industriearbeiterklasse heraus. Spätestens mit dem Ende der Dominanz der extensiv ausgerichteten fordistischen Massenproduktion entfaltet sich eine – von Marx implizit analysierte – Differenzierung im gesellschaftlichen „Arbeitskörper" (einschließlich der Arbeitslosen), die dieser Perspektive endgültig die Grundlage entzieht. Der „Arbeiterbewegungs-Sozialismus" hat damit sein Ende erreicht.

Die Bewegungsgesetze des Kapitals drängen allerdings weiter zu schrankenloser Ausdehnung, es etabliert sich als Weltmarkt und überwindet jedwede nationale oder funktionale Schranken. Damit sind für „moderne" sozialistische Politik nur noch Formen internationaler Kooperation bei der Überwindung „alter" Verhältnisse denkbar. Jenseits dieser sinnvollen Herausarbeitung der der kapitalistischen Produktionsweise innewohnenden Tendenzen erweisen sich die Prognosen von Marx und Engels da als verhängnisvoll, wo sie aus der Erkenntnis von Bewegungsgesetzen in linearer Prognose die Entstehung einer alten wie neuen Totalität voraussagen. Dadurch verkennen sie den systematischen Zusammenhang schon der Herausbildung dieser Produktionsweise in Überkreuzung und Verschränkung mit anderen weiterexistierenden Produktionsweisen. So entgeht ihnen auch das Verständnis für das Zusammenwirken von Zentren und Peripherie in diesem Prozeß.

Als besonders fatal erweisen sich diese eher vereinfachenden Schlußfolgerungen aus differenzierenderen Analysen da, wo sie den Prozeß der Konzentration und Zentralisation als schon „vergesellschaftete" Formen der Produktion in eine Richtung fortschreiben, die ein „staatsfixiertes", zentralistisches und bürokratisches Modell nur vermeintlich „gesellschaftlicher" Lenkung und Planung der Produktion und Reproduktion wenigstens möglich machte (wenn auch sicherlich nicht in allen seinen Ausprägungen zu verantworten hat). Der vorgestellten zukünftigen „Totalität" einer zentralisierten kapitalistischen Produktionsweise wurde nun spiegelbildlich eine entsprechende „sozialistische" gegenübergestellt. Die auch gedanklich eher wenig anspruchsvolle Orientierung auf Prozesse der „unmittelbaren" Leitung und Verteilung innerhalb dieses Prozesses verstellte völlig den Blick auf eine Reihe von Mechanismen der alten Gesellschaft, deren positiver Funktionszusammenhang für eine dynamische Entwicklung von Wirtschaft und Gesellschaft nicht verzichtbar ist: zivilgesellschaftliche Strukturen, Konkurrenzmechanismen als Antriebsmotor für Effizienzentwicklung, Marktbeziehungen als rationale Vermittlungen zwischen den verschiedenen Ebenen von Produktion und Konsumtion. Diese reduzierte Sicht auf komplexere gesellschaftliche Beziehungen hat mit dazu beigetragen, daß sich der sowjetische „Sozialismus" nicht aus seiner Phase extensiver Entwicklung, nicht aus der dieser folgenden Erstarrung und Stagnation hat befreien können.

Marx und Engels zogen mit dieser Reduktion auch nicht die Konsequenzen aus der hin und wieder analytisch herausgearbeiteten Notwendigkeit einer Übergangsperiode mit entsprechenden vorsichtigeren Maßregeln und Zwischenschritten. Deshalb verbleibt zunächst der allgemeine Befund, daß aus einer in weiten Teilen noch immer aussagefähigen Analyse gesellschaftlicher Wirklichkeit keine konsistente Überwindungsstrategie für die zutreffend als zerstörerisch und ausbeuterisch (gegenüber Mensch und Natur) erkannten Tendenzen der kapitalistischen Produktionsweise entwickelt wurde. Dies gilt sowohl für die vielbeschworene „proletarische Revolution" als auch für ihre Vorstellungen „unmittelbarer gesellschaftlicher Produktion". In dieser Hinsicht – bezogen auf die Perspektiven einer Übergangs-

wie der neuen Gesellschaft – bieten Marx und Engels nur in vereinzelten, dem Hauptstrang ihres Gedankengangs teilweise zuwiderlaufenden Überlegungen auch für heute noch brauchbare Anknüpfungspunkte.

Dies gilt – ausgehend von der Ist-Analyse – zunächst für die von Marx früh geäußerte inhaltliche Bestimmung der Bedeutung der Eigentumsfrage, die wir als den Gedankengängen Braudels nahekommend bezeichnet haben. Nicht „Gesamtabschaffung" der kapitalistischen Produktion steht danach auf der Tagesordnung, sondern die Begrenzung bzw. Ausschaltung der an der obersten Spitze des industriellen wie des Finanzkapitals hervorgerufenen Kollisionen und Verwerfungen. Die Antwort kann auch nicht – dem Prinzip der spiegelverkehrten Totalität folgend – die Totalverstaatlichung der vorgefundenen Ökonomie sein, sondern für jeden Bereich ist – mit Engels – zu prüfen, ob er der Leitung im kapitalistischen Modus entwachsen ist, ob also gesellschaftliche Interessen eine andere Leitung erfordern. Marktbeziehungen und Konkurrenzmechanismen fallen weder weg, noch sind sie einfach abzuschaffen[357], sondern ihre von Marx im einzelnen beschriebene rationale Funktion ist im gesellschaftlichen Interesse zu nutzen und zu entwickeln. Dies gilt auch für die Konkurrenz zwischen Staats-, öffentlichem, genossenschaftlichem und Privateigentum, dazu für die Konkurrenz zwischen verschiedenen Gruppen „assoziierter Produzenten". Marx' und Engels' Orientierung auf genossenschaftliche oder – wenn man so will – gesellschaftliche Produktionsformen, die sie in ihren Funktionsmechanismen jedoch allzu knapp abgehandelt haben, kann – allerdings entschlackt von der gleichzeitigen zentralistischen Tendenz – gleichfalls ein wichtiger Anknüpfungspunkt sein. Schließlich bleibt festzuhalten, daß die von ihnen in der Frage von Arbeit und Arbeitszeit gewiesenen Perspektiven (im Angesicht von Massenarbeitslosigkeit, nachfordistischer Produktion und Herausforderungen durch das Geschlechterverhältnis) nichts an Aktualität verloren haben.

357 Auch Eric Hobsbawm kommt zu dem Schluß, daß die Marxsche Utopie einer nicht marktförmigen, nicht geldgesteuerten kommunistischen Gesellschaft nicht länger aufrechterhalten werden könne; Hobsbawm 1992, S. 61.

6 *Erste Deutungsversuche in und nach dem Zusammenbruch*

Die Bilanz für ein Denken mit und nach Karl Marx und Friedrich Engels fällt also außerordentlich gemischt aus. Ähnlich „gemischt" präsentiert sich uns das Bild der Debatten bereits im Gefolge der Selbstaufgabe der DDR und der innerdeutschen Prozesse noch vor dem Auseinanderfallen der Sowjetunion und der dortigen Abkehr von jedweder Suche nach „sozialistischen" Auswegen. Werfen wir nur beispielhaft einen Blick auf die Debatte, die sich über einige Monate hinweg im Mitgliedermagazin der Sozialdemokraten vollzog. In ihr finden wir bereits nahezu alles an möglichen Reaktionen auf den welthistorischen Umbruch und die verbliebenen Perspektiven für sozialistische Politik, noch bevor überhaupt genügend Zeit für eine nüchtern-distanzierte Bestandsaufnahme vergangen wäre: Abgesänge, Triumphgeschrei und erste vorsichtig-kritische Fragestellungen wie Neudefinitionsversuche.[358] Nur die Position des trotzigen Festhaltens ist nicht in dieser Debatte, aber durchaus in der einen oder anderen Variante in anderen linken Publikationen zu finden.[359] Die Debatte wurde durch einen ehemaligen „Marxisten" eröffnet, der nunmehr zu der summarischen Schlußfolgerung kam, daß jedwede Idee auch „dritter Wege" zwischen Kapitalismus und realem Sozialismus perspektivlos geworden sei, da sich nie eine Bevölkerungsmehrheit (im Osten wie im Westen) für sie entscheiden werde. Fukuyamas Theorie des „Endes der Geschichte" hatte also bereits ihre Apologeten auf sozialdemokratischer Seite gefunden. Sozialistische Politiktheorie, so hieß es dann weiter, mache – sei es bei Marx oder Gramsci – das Dilettieren zum System.

Die Antworten erfolgten aus den unterschiedlichsten Perspektiven. Ein besserer Kenner der Zustände in den osteuropäischen Ländern prognostizierte, daß dort angesichts des wahrscheinlicheren Ausbleibens goldener marktwirtschaftlich-kapitalistischer Zustände die Suche nach „dritten Wegen" schon bald wieder beginnen könne. Zudem sei „Planwirtschaft", die es in anderen Formen auch im Westen gebe, etwas anderes als „realer Sozialismus". Angesichts ungelöster globaler Probleme und Herausforderungen bleibe das Denken über Systemgrenzen hinaus praktisch notwendig und sittlich geboten. Eine andere Antwort sah weniger den alternativlos gewordenen Kapitalismus, sondern den „Reformsozialismus" als historischen Sieger über den gescheiterten Marxismus-Leninismus. Dem setzten andere

---

358 Vgl. u.a. Maldaner 1990; Mappes-Niediek 1990; Heimann 1990b; Trentini/Grünupp/Stark 1990; Schöler 1991b; Hombach 1991; Grebing 1991; siehe ferner Vogel 1992; Kasperek 1992; vgl. auch die betont optimistische Variante bei Ristock 1991 und eine eher vorsichtig-skeptische bei Thierse 1990.

359 Vgl. etwa Doerenberg 1997; Czichon 1991; Fülberth 1991/1998; Gerns 1991a/b; Jung 1991a/b und zur Kritik Hoegemann 1992.

wiederum entgegen, daß es auch für den „demokratischen Sozialismus" um eine Neudefinition gehen müsse, und zwar für die Bedingungen des 21. Jahrhunderts. Diese müsse positiv an den Chancen der Individualisierungsprozesse anknüpfen und Vergesellschaftung nicht mehr als Instrument, sondern als Ergebnis des Mitteleinsatzes zur Verbesserung der allgemeinen Lebensqualität fassen. In weiteren Beiträgen wurde kritisch diskutiert, in welchem Ausmaß auch sozialdemokratisch geprägte Vorstellungen einer neuen Wirtschafts- und Gesellschaftsordnung vom Scheitern des sowjetischen Systems tangiert seien oder nicht. Sie reichten von Einschätzungen, letzteres habe mit den westlichen Sozialismus-Vorstellungen überhaupt nichts zu tun gehabt, bis zu solchen, „der Sozialismus" habe nirgendwo funktioniert, „alle Varianten" seien gescheitert. Mit letzterer Auffassung korrespondierte die, „Sozialismus" im Westen könne man nur noch als Gemütsbewegung definieren, auf die manche einfach noch nicht verzichten könnten. Gerade in einem solchen Verzicht komme aber ein gewachsenes sozialdemokratisches Selbstbewußtsein zum Ausdruck.

Aus diesen Beiträgen läßt sich zunächst einmal die große Irritation herauslesen, die der Zerfall des realsozialistischen Systems auch in der westlichen Linken bis weit in die Sozialdemokratie hinein ausgelöst hatte.[360] Zumindest in den nicht nur selbstbewußt bis selbstgerecht geschriebenen ersten Einschätzungen kommt zum Ausdruck, daß man – ohne es bereits genauer theoretisch fassen zu können – wenigstens ansatzweise bereits begriffen hatte, daß dieser historische Umbruch jenseits aller unbestreitbaren Differenzen der eigenen Positionen und Zielbestimmungen zum sowjetischen „Sozialismusverständnis" auch daran nicht so einfach und spurlos werde vorübergehen können. Gerade unter denjenigen, die auch im Westen an dem Versuch der schwierigen Gratwanderung zwischen dogmatisch erstarrtem „Marxismus-Leninismus" auf der einen und einem über die Jahrzehnte hinweg zunehmend weniger kapitalismuskritischen „sozialdemokratischen Reformismus" festgehalten und sich um eine kritische Lesart des „Marxismus" bemüht hatten, setzte – wenigsten in Teilen – zunächst eher eine Suchbewegung im Wege des Entwickelns (selbst-)kritischer Fragen ein.[361] Ohne hier auch nur in Ansätzen nochmals die breite Palette dieser Fragerichtungen wiedergeben zu können oder zu wollen (die vorliegende Arbeit liefert in gewisser Weise eine ganze Reihe erster Antworten), läßt sich die generelle Richtung bzw. das Zentrum, um das viele dieser Fragen kreisen, doch knapp skizzieren.

Ausgangspunkt ist eine Betrachtungsweise, die „Sozialismus" (in Anschluß an Marx, aber durchaus in Verbindung zu einer Reihe anderer sozialistischer Denkrichtungen) nicht als bloße Beschreibung einer bestimmten Bewegung bzw. nur

360 Vgl. auch die herausfordernd formulierte Polemik gegen die Sozialdemokratie bei Gallo 1991 bzw. die Aufforderung zu schärferer selbstkritischer Vergewisserung bei Schuon 1990.

361 Vgl. die in unterschiedlichen Publikationen erschienenen, aber in vergleichbare Richtungen zielenden Fragenkataloge bei Görg 1992b und Albers/Schöler/Wolf 1992.

einer an Grundwerten orientierten regulativen Idee, in dem Sinne also einer „beständigen Aufgabe“, gefaßt hat. In diesem Verständnis definierte „Sozialismus“ zugleich auch eine neue, andere, alternative Wirtschafts- und Gesellschaftsordnung, in der nicht mehr das kapitalistische Prinzip der Kapitalverwertung den dominierenden gesellschaftlichen Antriebsmodus ausmachen sollte. „Sozialismus“ stand damit zwar nicht für einen etwaigen „Endzustand“, aber gleichwohl für eine (Übergangs-)Gesellschaft, deren Ökonomie eine „grundsätzlich“ andere Entwicklungsrichtung nehmen sollte. Es dürfte unmittelbar einsichtig sein, daß sich innerhalb einer solchen Denkrichtung mit dem Ende der „realsozialistischen Systeme“ notwendigerweise die größten Fragen auftaten, während diejenigen, die – aus welchen Gründen auch immer – das Prinzip kapitalistischer Akkumulation für alternativlos und unersetzbar, allenfalls durch gesellschaftliche Eingriffe in seinen schlimmsten Auswüchsen notwendigerweise für korrekturbedürftig hielten, sich nicht zwingend einer neuen Herausforderung gegenübergestellt sahen.

Für erstere aber lauteten die offenen Fragen im Kernpunkt so: Was bedeuteten die gescheiterten Versuche innerhalb des sowjetischen Modells, eine zentralistische Planwirtschaft mit Momenten dezentraler Marktsteuerung und Konkurrenzmechanismen zu verbinden? Gab es überhaupt (in einem an Marx orientierten Gesellschaftsverständnis) denkbare Kombinationsmöglichkeiten gesellschaftlicher Planung unter Beibehaltung von Marktprozessen? Welches Prinzip erhält den Vorrang bzw. setzt sich durch: das der (gesellschaftlich-sozialistisch verstandenen) Planung oder das der (kapitalistisch-konkurrenzgetriebenen) Marktverhältnisse? Gibt es definierbare Grenzen zwischen dem, was im Westen „soziale Marktwirtschaft“ genannt wird (und die Dominanz der Kapitalverwertung als Antriebsmoment beibehalten hat) und der nur vorgestellten, modellhaft entwickelten und zumindest in der Sowjetunion nicht realisierungsfähigen „sozialistischen Marktwirtschaft“ (mit dem Primat „gesellschaftlicher“ Regulierung), oder sind diese fließend? Ist vielleicht die Frage schon falsch gestellt, läßt sich ein derartiger Unterschied erst gar nicht herausarbeiten, reduziert er sich auf ein akademisches Interesse, dem in der Realität keine festzumachenden Kategorien mehr entsprechen? Und angesichts der eigenen, nicht immer theoretisch wie an der Realität überprüften Denktradition stellte sich natürlich die Frage: Was hat das alles mit Marx und Engels zu tun, lassen sich die entstandenen Fragen mit ihnen beantworten, oder verweisen die Erfahrungen des Scheiterns des sowjetischen Modells gerade auch auf einen notwendigen Abschied von Marx?

Für letztere Frage haben wir bereits eine – allerdings außerordentlich vielschichtige – Antwort gefunden; nicht jedoch für den in mehreren Fragen beschriebenen Grundzusammenhang des möglichen Zusammenwirkens oder der Alternative von „Markt und/oder Plan“ in einer vorgestellten Gesellschaft ohne Ausbeutung und Unterdrückung. Denn darin besteht ja das Dilemma, und zwar auf schärfere Weise, als manche es bislang zu sehen vermögen oder sich eingestehen wollen: Die existierende Form unseres Lebens, wie wir produzieren, austauschen und konsumieren, wie wir uns gegenüber unseren Mitmenschen wie gegenüber der bzw. als Teil der Natur verhalten, und egal wie wir diese Lebensweise nennen (ob mit oder ohne „Ismus") – sie führt zur Zerstörung der Ozonschicht der Erde, sie schafft einen bedrohlichen Treibhauseffekt, sie verändert die klimatischen Bedingungen durch den Raubbau an den tropischen Regenwäldern, sie vergiftet Meere, Seen und Flüsse, sie bedroht unzählige Generationen nach uns durch die Strahlung von Atomkraftwerken, sie erzeugt massenhafte Armut und Kindersterblichkeit in den „unterentwickelten" Kontinenten, sie produziert Massenvernichtungsmittel und Kriegswerkzeug, mit denen Völker vernichtet, Kontinente menschenleer gebombt werden können, sie katapultiert Abermillionen Menschen in den „entwickelten" Zonen aus dem Arbeitsprozeß und versetzt sie in dauerhafte Arbeitslosigkeit, obwohl zugleich ungeheurer Reichtum produziert und aufgehäuft wird, sie beläßt die Frauen weltweit in Abhängigkeit einer männerdominierten Arbeitsteilung zwischen den Geschlechtern.

Mit welchen Mitteln, Methoden wird es aber möglich sein, den weiter existierenden Traum von Freiheit, Gleichheit, Geschwisterlichkeit, dem diese Zustände täglich, stündlich ins Gesicht schlagen, wieder stärker ins Bewußtsein der Menschen und einer Realisierung näherzubringen? Es ist der Traum der Moderne, der französischen wie der amerikanischen Revolution, und seine Grundwerte werden weit über die sozialistische Bewegung hinaus akzeptiert, sind Bestandteil christlich-demokratischen wie sozialdemokratischen oder sozialistischen Gesellschaftsverständnisses. Diejenigen, die sich 1989 oder 1991 zunächst einmal als Sieger der Geschichte sahen, waren es ja einerseits wirklich. Sie hatten in vielfältiger Weise gegenüber dem doktrinären Parteikommunismus und seinem tönernen Gesellschaftsmodell Recht behalten. Und sie waren es auf fatale Weise zugleich doch wieder nicht, weil die Geschichte nicht stehenbleibt. Selbst in seiner krudesten, deformiertesten Form hatte nämlich dieser „Sowjetsozialismus" auch als Bestandteil eines Gleichgewichts fungiert, innerhalb dessen es in den entwickelten kapitalistischen Ländern möglich geworden war, durch korporatistische und andere sozialstaatliche Regeln die früher geltenden *ungehemmten* Formen der Kapitalverwertung im Interesse der abhängig Beschäftigten auf ein durchaus erträgliches Maß zurückzuschrauben.

Seit 1917/18 gab es wenigstens die Drohung[362], daß die mächtig gewordene Arbeiterbewegung auch andere, umwälzendere Formen der gesellschaftlichen Umgestaltung ergreifen könne. Das zumindest den quantitativen Ziffern nach lange Zeit scheinbar im Aufholen begriffene sowjetische System blieb inmitten Europas ein warnendes Menetekel vor allzu ungehemmter Durchsetzung reiner Kapitalverwer-

362 Man lese nur die eine oder andere Rede selbst Friedrich Eberts, der gegenüber der Seite der Kapitalvertreter hin und wieder darauf verwies, daß man – bei weniger Entgegenkommen – sich immer auch die „bolschewistische" Variante vor Augen halten solle; vgl. die Nachweise bei Schöler 1991a, Bd. 1, S. 87.

tungsinteressen. Es ist kein Zufall und hängt unmittelbar mit diesen Veränderungen zusammen, daß sich nun, nach dem Zusammenbruch, nahezu alle Phantasie mancher Vertreter von Arbeitgeber- und Industrieverbänden (und ihrer Interessenvertreter in der Politik) im Rahmen der – keineswegs nur ideologischen – Debatte um die Auswirkungen der Globalisierungsprozesse darauf richtet, Deregulierungsschritte einzuleiten, Sozialstandards abzubauen und hemmungslos die Bedingungen reiner Kapitalverwertung ohne Rücksicht auf die sozialen Folgen auszubauen.

Damit ist der „Sozialstaatskompromiß“ selbst in den Ländern des „rheinischen Kapitalismus“ mit seinem besonderen Augenmerk auf funktionierende Sozialbeziehungen durchaus grundsätzlich in Frage gestellt. Parallel zum Abbau sozialpolitischer Auffangregeln stehen auch erneut diejenigen bereits erreichten „Errungenschaften“ zur Disposition, die – sei es als umweltschützende Gebote, Verbote und Auflagen, sei es als positive Anreize zu ressourcenschonenden Produktionsverfahren – den Weg in eine ökologisch verträgliche Produktionsweise zu weisen schienen. Es stellt sich also jenseits der früheren Fundamentalalternative „Plan und/oder Markt“ aus sehr realen und praktischen Gründen *für alle* politischen Strömungen und Parteien der Linken erneut die Frage nach dem Verhältnis von gesellschaftlichen Zielvorgaben und ihrer Durchsetzung (also planerischen oder regulierenden Elementen) im Verhältnis zu den „naturwüchsig“, ungehemmt ablaufenden Prozessen kapitalistischer Akkumulation im Rahmen einer mehr oder weniger vermachteten Marktwirtschaft.

Für eine ganze Reihe von Autoren (die prinzipiell an einer Grundorientierung am Denken von Marx und Engels festhalten) steht dabei fest, daß die Perspektive einer zukünftigen Gesellschaft nur in einer neuen Kombination von planerischen wie Konkurrenz- und Marktmechanismen liegen kann. Conert, der dem gebräuchlichen Begriff einer „sozialistischen Marktwirtschaft“ eher skeptisch gegenübersteht, hält gleichwohl das „kapitalistische Konkurrenzsystem“ als notwendige Bedingung der einzigartigen Dynamik der Produktivkraftentwicklung und folglich der hypertrophen Effizienz der gesellschaftlichen Arbeit (mit zugleich vielfältigen destruktiven Wirkungen) für nicht substituierbar.[363] Nicht Plan oder Markt – meint Schneider – sei heute noch die Frage, sondern wer mit welchen Prioritäten in welchem Interesse plane. Das Ziel der sozialistischen Bewegung war es und sei es noch, der universellen Vermarktung von Gütern und Dienstleistungen, von Mensch und Natur entschiedene Grenzen zu setzen. Die für die kapitalistische Produktionsweise charakteristische Zweck-Mittel-Bestimmung müsse umgekehrt werden. Da es auf der betriebswirtschaftlichen Ebene keinen effizienteren, leistungsfähigeren und innovativeren Wirtschaftsmechanismus gebe, könne das Ziel auch nicht Ersetzung des kapitalistischen Wirtschafts*systems* durch ein alternatives lauten, sondern nur,

---

363 Conert 1990a, S. 254, 273; vgl. auch ähnlich Altvater 1990.

das Wirtschaftshandeln wieder gesamtgesellschaftlichen, sozialen, ökologischen und ethischen Zielen dienstbar zu machen.[364]

Und auch Oertzen sieht eine Schlüsselfrage in der Auflösung der Identifikation von Markt und Kapitalismus, ohne sich dabei aber explizit auf Braudel zu beziehen. Die Frage laute, ob deren Verbindung aufgelöst werden könne, ob ein ökonomisches Marktsystem auch unter anderen Gesellschaftsstrukturen als der kapitalistischen möglich sei. Die historische Erfahrung habe in der Tat gelehrt, daß in weiten Bereichen der Ökonomie unter den Bedingungen einer komplizierten, arbeitsteiligen, modernen Industriewirtschaft der Preis- und Qualitätswettbewerb selbständiger Unternehmungen auf dem Markt ein konkurrenzlos sparsames, effizientes, elastisches und bedürfnisgerechtes ökonomisches System der Produktion und Verteilung sei. Es sei aber denkbar und praktisch möglich (auch gegen gewisse Vorstellungen in den Theorien von Marx und Engels), solche gesellschaftlichen, d.h. nicht-kapitalistischen Rahmenbedingungen zu schaffen, daß die in großen Teilen der Wirtschaft fortbestehende Preis- und Qualitätskonkurrenz selbständiger Unternehmungen nicht mehr Selbstzweck sei, sondern bloßes „Mittel für eine stets sich erweiternde Gestaltung des Lebensprozesses für die Gesellschaft der Produzenten" (Marx).[365]

Die drei genannten Auffassungen stehen nur stellvertretend für die Hauptrichtung innerhalb des Diskurses derjenigen, die sowohl eine generelle Absage an Marxsche Theorie als auch eine solche an sozialistische Zielvorstellungen ablehnen. Daneben gibt es allerdings auch andere Auffassungen, mit denen wir uns noch exemplarisch auseinandersetzen werden. Worauf an dieser Stelle aufmerksam gemacht werden muß, ist die Tatsache, daß es auch innerhalb des beschriebenen „modernen marxistischen" Diskurses keine klar definierten Vorstellungen dafür gibt, was nun genau das *kapitalistische* Gepräge ausmacht. Conert argumentiert hier begrifflich näher anhand der strukturellen Kategorien von Marx und weist dem Konkurrenzsystem „kapitalistischen" Charakter zu. In die gleiche Richtung zielt es, wenn Schneider dafür die Zweck-Mittel-Bestimmung in den Mittelpunkt rückt, also Produktion um der Mehrwert- oder Profiterzielung willen.

Oertzen nimmt dies auch als Ausgangspunkt, geht aber darüber hinaus. Er faßt „Kapitalismus" als Gesellschaftsordnung, die weit über die Ökonomie im engeren Sinne hinausreiche und als die „gesellschaftlichen Rahmenbedingungen" zu fassen sei, „unter denen der Markt funktioniert". Dazu gehörten die Eigentumsverfassung, das Erb- und Steuerrecht, der Grad der ökonomischen und sozialen Gerechtigkeit oder Ungleichheit, die Machtstruktur der Gesellschaft und der politischen Ordnung, das Werte- und Erziehungssystem – kurz: die gesellschaftliche Klassenstruktur. Diese ganz andere, nicht an den Mikroprozessen der Kapitalverwertung ansetzende Betrachtungsweise erinnert nur vordergründig an die verschiedenen Ebenen

---

364 Schneider 1992, S. 396ff.; zur Kritik dieser Arbeit vgl. Knobloch 1992; Lieber 1992; Schütt 1992.
365 Oertzen 1990, S. 190ff.

bei Braudel, unterscheidet sich von dessen Sicht insofern, als Oertzen „Kapitalismus“ viel weiter, nämlich als Rahmen für alle Ebenen faßt, was mehr einschließt als nur das „obere Stockwerk“. Wenn man so will, sind bei ihm die konkreten Markt- und Konkurrenzmechanismen in ihren Funktionen zunächst neutral, entfalten sich jeweils unterschiedlich, ob sie „kapitalistischen“ oder „gesellschaftlichen“ Rahmenbedingungen unterworfen werden.

Diese bisher behandelten, trotz ihrer Unterschiede sicherlich in dieselbe Richtung wie unsere bisherige Untersuchung weisenden Ansätze haben allerdings gemeinsam, daß sie – mehr oder weniger kritisch gegenüber Marx und Engels entwickelt – die Notwendigkeit einer Verbindung von Elementen gesellschaftlicher Planung mit Konkurrenz- und Marktmechanismen und die – aus ihrer Sicht – Alternativlosigkeit einer solchen Übergangsperspektive aufzeigen, ohne dies aber schon theoretisch neu zu fassen, ohne Genaueres über die Verteilung der verschiedenen Eigentumsformen innerhalb einer so gedachten „gemischten“ Wirtschaft auszusagen, ohne wirklich klar die Grenzen zur sog. „sozialen Marktwirtschaft“ herkömmlicher Prägung zu bestimmen bzw. gar den Nachweis der Funktionsfähigkeit einer solchen – nun müssen wir den Begriff doch verwenden – alternativen „sozialistischen Marktwirtschaft“ zu führen. Ohne bereits sagen zu können, ob dieser Anspruch überhaupt eingelöst werden kann, ist es deshalb zunächst notwendig, sich näher die theoretischen Ansätze anzuschauen, die sich – kritisch wie positiv –, *ausgehend von den sowjetischen Erfahrungen der späten achtziger Jahre und den Umbrüchen nach 1989*[366], eingehender mit derartigen „Modellen“ auseinandergesetzt haben.

6.1 „Der Kollaps der Modernisierung“ (Robert Kurz)

Kurz' zentraler Ausgangspunkt ist die Marxsche Kritik des Warenfetischs und seiner Auswirkungen auf die Arbeitsbeziehungen. Während in der Periode des Merkantilismus und des Handwerks noch für den Austausch von sinnlichen Produkten produziert worden sei, werde dies in der kapitalistischen Periode durch die bewußtlose Durchsetzung unsinnlicher Produktion von Mehrwert ersetzt. Im Vordergrund des Austauschs auf dem Markt steht nunmehr die Realisierung des Ge-

---

366 Hieraus ergeben sich für uns eine Beschränkung auf neuere Arbeiten sowie eine Beschränkung im Sinne einer rein exemplarischen Behandlung in Richtung auf deutlich unterscheidbare Interpretationsansätze und strategische Vorschläge. Natürlich hätten auch eine ganze Reihe anderer Arbeiten eine kritische Sichtung und Würdigung verdient, so etwa Hirsch 1990. Außer Betracht bleiben ferner – mit Ausnahme von Kurz – Arbeiten solcher Autoren, die bereits vor 1989 die Perspektive der bewußten Aufrechterhaltung von Marktbeziehungen im sozialistischen Sinne für eine Fehlorientierung hielten und sich darin auch durch die Folgeereignisse bestätigt sahen; vgl. etwa Mandel 1973, S. 26 (wo er von der „absurden Formel ‚sozialistische Marktwirtschaft“ spricht) und ders. 1990.

winns, d.h. der Verwandlung toter Arbeit in Geld.[367] Steckt hierin sicherlich eine – auch über Marx hinausgehende – Reduzierung der Komplexität der auf den Märkten bzw. über Marktprozesse vermittelten Vorgänge, so ist Kurz da wieder beizupflichten, wo er – mit Marx – den Konflikt zwischen gesellschaftlichem Inhalt und ungesellschaftlicher, bewußter Form der Arbeit selbst als Basiskonflikt der Moderne in den Mittelpunkt stellt und die Fixierung des „naiven Arbeiterbewegungs- und Klassenkampf-Marxismus“ auf den zwischen „Arbeit“ und „Nichtarbeit“ kritisiert. Konsequenterweise zeigt er, wie sich daraus auch bei Lenin eine Kritik an „den Kapitalisten“ statt an der Kapitalfunktion entwickelte.[368] Daran sei aber auch Marx selbst mit seiner „Affirmation“ der Arbeiterbewegung und eines entsprechenden „Klassenstandpunktes“ nicht schuldlos, diese widerspreche aber im Grunde seiner eigenen Kritik der Politischen Ökonomie, die gerade jene Arbeiterklasse nicht als ontologische, sondern vielmehr als vom Kapital selber konstruierte soziale Kategorie enttarne. In den entwickelten kapitalistischen Ländern habe sich entsprechend der Zweck der alten Arbeiterbewegung erfüllt, sie sei zum „banalen Moment der Konkurrenz“ in der bürgerlichen Gesellschaft geworden.[369] Kurz’ Kritik ist hier falsch und richtig zugleich. Sie ist richtig, weil – wie wir gesehen haben – Marx verschiedene Tendenzen innerhalb des kapitalistischen Produktionsprozesses offengelegt hat, deren eine gerade nicht auf das „Subjektwerden“ der ausgebeuteten und entrechteten Arbeiterklasse hinauslief. Gleichwohl ist diese Arbeiterklasse mehr als eine „soziale Kategorie“ mit ausschließlich transitorischer, um nicht zu sagen: sich selbst auflösender, schließlich zum banalen Moment verkommender Tendenz.

Für Kurz hatte die kapitalistische Produktivkraftentwicklung am Ausgang des ersten Weltkriegs nicht nur in Rußland, sondern auch im Westen noch bei weitem nicht ihre Krisenschwelle erreicht. Die entsprechenden Revolutionen (einschließlich der Oktoberrevolution) hätten deshalb noch zur Durchsetzungsgeschichte des warenproduzierenden Systems gehört. Ihr rationelles Element sei die Emanzipation der Massen *zur* modernen Lohnarbeit, nicht aber *von* dieser gewesen.[370] Für das Sowjetsystem geht er für die gesamte Zeit seiner Existenz (also nicht nur für die Zeit der NÖP) von der Existenz eines „geplanten Markts“ aus, der alle Grundkategorien des Kapitals – Lohn, Preis und Profit (betriebswirtschaftlichen Gewinn) – bestehengelassen habe, ein doch hinsichtlich der „Werthaltigkeit“ dieser Kategorien ziemlich waghalsiger Befund. Es gehöre damit selbst zum bürgerlichen warenproduzierenden System und habe diese historische Vergesellschaftungsform nicht durch eine andere abgelöst, sondern lediglich eine andere Entwicklungsstufe innerhalb ein und derselben epochalen Formation dargestellt, nämlich ein vorbürgerli-

367 Kurz 1991, S. 18f.
368 Ebda., S. 40, 45.
369 Ebda., S. 74, 89.
370 Ebda., S. 49, 75.

ches, steckengebliebenes Übergangsregime zur Moderne. Die vermeintlich geschaffene „neue sozialistische Gesellschaft" sei tatsächlich nichts als die nachholende Zwangsrekrutierung einer modernen Arbeiterklasse unter Staatsregie gewesen. Für ihn stellt deshalb der Niedergang dieses Systems auch eine Befreiung dar, aber eine Befreiung nur von der Illusion eines arbeitsgesellschaftlichen, kapitalimmanenten Sozialismuskonzepts, das, historisch bedingt, lediglich einen Seitenzweig bürgerlicher Modernisierung hervorgebracht habe, der nun aussterbe wie der Neandertaler. Es handele sich im Vergleich Ost-West aber nur um einen Vergleich zwischen zwei in unterschiedlichem Grade verfallenen Ruinen der Moderne.[371]

Es ist hier nicht der Ort, wo erneut die Kategorien der systematischen Einordnung und Charakterisierung des sowjetschen Weges diskutiert werden sollen. Uns interessieren diese Gedankengänge hier nur insoweit, als aus ihnen Schlußfolgerungen für die – vergröbert gesprochen – Markt-Plan-Debatte gezogen werden.[372] Der Hinweis auf zwei Ruinen zeigt ja bereits, daß er auch die westliche Moderne an einem point of no return angekommen sieht. Sie hat sich aus ihren noch unterentwickelten Geld- und Marktverhältnissen, die für ihn nichts anderes als der Ausdruck relativ gering entwickelter, noch nicht allseitig ineinandergreifender Arbeitsteilung sind, herausgearbeitet. Die Menschheit sei heute damit konfrontiert, daß sie durch die selbstgeschaffenen Produktivkräfte hinter ihrem Rücken auf der inhaltlich-stofflichen wie technischen Ebene bereits *kommunistisch* vergesellschaftet worden sei. Dieser objektive Zustand eines Kommunismus sei schon da, er sei das Allernächstliegende in der Wirklichkeit selbst, freilich in verkehrter, negativer Form, nämlich als verkehrter Kommunismus der Sachen, als globale Vernetzung des Inhalts der menschlichen Reproduktion. Und darin liege zugleich der letztendliche Krisengrund für das gesamte warenproduzierende Weltsystem, und zwar in allen seinen Teilen: im historischen Rückgang der abstrakten „Arbeits"substanz infolge der konkurrenzvermittelt erreichten Produktivität, der „Produktivkraft Wissenschaft".[373]

Genaugenommen beschreibt Kurz hier eine sich selbst aufhebende, auflösende Tendenz des kapitalistischen Prozesses. Die warenproduzierende Ökonomie steuert nur noch sich selbst, bedarf der Menschen nicht mehr, wirft sie aus dem Arbeitsprozeß hinaus, macht bereits heute aus der übergroßen Mehrheit der Weltbevölkerung, insbesondere in der sog. Dritten, in Kürze aber auch der Zweiten Welt wegen des Scheiterns ihrer nachholenden Industrialisierung, Geldsubjekte ohne Geld. Diese leiden nicht mehr an der frühkapitalistischen Ausbeutung, sondern an deren Ausbleiben, sie sind dafür uninteressant geworden. Wir können bei Kurz eine Herangehensweise studieren, die gerade das, was wir an Marx und Engels kritisiert

---

371 Ebda., S. 20f., 48, 160.

372 Kurz' Ansatz der nachholenden Modernisierung ist zwar im Grundsätzlichen zutreffend, im Beispiel auch bezogen auf die nachträgliche Erzeugung einer Arbeiterklasse, des vermeintlichen „Subjekts" der sozialistischen Umwälzung. Seine Kennzeichnung als geplanter Markt unter Beibehaltung der genannten Kategorien geht aber an der sowjetischen Wirklichkeit vorbei.

373 Ebda., S. 29, 254, 265.

haben, radikalisiert und auf die Spitze treibt. Bei ihm werden verschiedene Seiten eines Prozesses, deren Zusammenhang genauer zu beleuchten wäre, in einem Topf verrührt – und heraus kommt hinter dem Rücken der Akteure etwas völlig Neues, ein Kommunismus der Sachen.

Der Gedankengang ließe sich – aufgrund der Verwissenschaftlichung der Produktion – zumindest für die entwickelten Länder noch abstrakt-gedanklich nachvollziehen. Aber wieso gilt dies auch da, wo bereits die nachholende Industrialisierung scheitert bzw. gescheitert ist – auch dort ein Kommunismus der Sachen? Der Gedanke ist absurd. Die Tendenz zur Verwissenschaftlichung der Produktion selbst wird wiederum bereits als Totalität gesetzt, deshalb bedarf es auch keinerlei genauerer Untersuchung mehr, in welchem Umfang sie sich bereits durchgesetzt und entsprechend verselbständigt hat, zudem ist von Gegenkräften zunächst keine Spur. Auf der Ebene der „Werttransfers" führt diese merkwürdige Vermischung verschiedener Prozesse zum endgültigen widersprüchlichen Durcheinander. Zum einen meint Kurz, der Anteil der auf dem Weltmarkt zu den Gewinnern gehörenden Unternehmen gehe auf Kosten der Verlierer. Die Argumentation drückt also zunächst durchaus so etwas wie ein Abhängigkeits-, wenn nicht gar Ausbeutungsverhältnis aus. Das Paradoxon liegt aber da, wo er zu Recht erkannt hat, daß ganze Regionen der „3. Welt" selbst aus der Ausbeutung herausfallen. Irgendwo aber muß der Transfer nun doch herkommen. Wir erfahren es – „anderswo"her:

„Wenn nun der Wertransfer aus den produktivitätsschwachen Regionen der Großverlierer in die Zentren des Weltmarkts nicht mehr auf dem Effekt des Billiglohns und auf der massenhaften ‚Ausbeutung' menschlicher Arbeitskraft beruht, sondern auf der *indirekten* Abschöpfung anderswo erzeugten Mehrwerts durch die überlegene und nicht mehr einholbare Produktivität, dann läßt sich dieser Transfer von den Verlierern zu den Gewinnern logischerweise nicht beliebig fortsetzen."[374]

Kurz kann sich also nicht entscheiden bzw. kann nicht wirklich begründen, wo der vermeintliche anderswo erzeugte Mehrwert eigentlich herkommt und auf welche Weise er „indirekt" abgeschöpft wird. Da, wo die konkreten Beziehungen zwischen Zentrum und Peripherie auf dem Weltmarkt konkret werden müßten, versinkt die Argumentation im Nebel. Wir werden noch sehen, daß dies auch bezüglich der Akteure gilt. An der hier behandelten Stelle ist davon die Rede, daß sich – wegen des Schrumpfens des Spielraums für weitere Transfers dieser Art – der Verteilungskampf in die OECD-Länder selber verlagert. So konkret, wie später die apokalyptischen Visionen werden, deren Subjekte erstaunlicherweise dann doch wieder eher im Süden verortet werden, so diffus fallen hier die Einschätzungen aus: „Gewiß findet dies nicht in idealtypischer Reinheit statt, sondern in einer widersprüchlichen und teilweise auch wieder rückläufigen Gesamtbewegung."[375] Verstanden?

---

374 Ebda., S. 239.
375 Ebda.

Das Wort „Arbeitszeitverkürzung", das ja bezogen auf die Analyse einer zunehmenden Verwissenschaftlichung der Produktion unmittelbar in der Logik der Marxschen Argumentation liegen würde, kommt dagegen in Kurz' Gedankenführung nicht ernsthaft vor. Er kennt nur die eine, die zerstörerische Seite des Prozesses, nicht aber die in der kapitalistischen Entwicklung liegenden evolutionären Emanzipationspotentiale. Da wir in seinen Prognosen und Ausblicken eine wahre Orgie von Weltuntergangs- und Chaosszenarien staunend und ängstlich durchzittern dürfen, sind natürlich derartige kosmetische Korrekturen nicht gefragt. Enthüllt wird nämlich zunächst – unbarmherzig – die „Haltlosigkeit sämtlicher Marktwirtschaftsprogramme".[376] Da wir gerade an einer „kollektiven Selbstmordaktion im Weltmaßstab" teilhaben, vor dem globalen Zusammenbruch eines sterbenden Weltsystems stehen, der sich als Horror- und Terrorvision eines beginnenden Weltbürgerkriegs entfesselt und noch in diesem Jahrhundert (er muß sich beeilen, er hat nur noch wenig Zeit) in ein dunkles Zeitalter von Chaos und Zerfall gesellschaftlicher Strukturen eintritt, wie es noch niemals in der Weltgeschichte dagewesen ist – aus all diesen Gründen ist es heute sinnlos geworden, noch über einzelne „Reformen" zu diskutieren, solange dies nicht in einer Perspektive der radikalen Abschaffung der modernen Ware und ihres Weltsystems geschieht. Kurz denkt nur in Kategorien des Zerfalls, der Zerreißprobe, der Sprengung. Was wir erleben werden, ist ein Zusammenbruchsfeuerwerk der internationalen Finanzmärkte.[377]

Dieses Weltuntergangsszenario läßt wahrlich kein Denken in kleineren Schritten, Reformanläufen bzw. Übergangsgesellschaften zu. Die Lösung, wir möchten fast sagen, die „Heilung" ist nur in großem Maßstab zu erwarten. Sie liegt in der Totalabschaffung der Zirkulation, des Geldes und der Institution des Marktes überhaupt. Damit freilich entfiele – so folgert Kurz – ebenso logischerweise auch die Notwendigkeit, ja überhaupt die Möglichkeit des Staates, weil dieser im Prozeß der Moderne nichts anderes ist als das immanente Widerspruchsmoment des warenproduzierenden Systems. Da die moderne Arbeitsgesellschaft als Ganzes am Ende ist, sind es auch ihre Basiskategorien der Waren- und Geldform. Deren Aufhebung wird und muß sich auf Weltmarktebene vollziehen.[378] Da die Krise nun den Westen erreicht hat, dieser aber keinen Ausweg in einem abermaligen Modernisierungsschub mehr hat, gibt es nur den erneuten Wechsel vom monetaristischen zum etatistischen Pol – ein Paradigma, das Kurz als historische Wechselfolge aufzuzeigen versuchte –, nunmehr aber als zunehmende etatistische Notstandsverwaltung des zusammenbrechenden globalen Systems, als „staatsterroristischen Endzeit-Etatismus", der nur die leere Hülle der Ware-Geld-Beziehung aufrechtzuerhalten

376 Ebda., S. 265.
377 Ebda., S. 87, 229f., 253, 257, 270f.
378 Ebda., S. 78, 98, 149.

suche, selbst um den Preis einer gewaltsamen Elendsverwaltung, die in Schreckensherrschaft und schließlich absolute Selbstvernichtung umschlage.[379]

Kurz muß geahnt haben, daß ihm die bange Frage nach einem möglichen Ausweg gestellt werden würde, daß es jemanden interessieren könnte, wie denn nun die radikale Abschaffung von Arbeit, Ware, Geld, Wert, Markt und Staat „praktisch" zu bewerkstelligen wäre, zudem von wem, da doch die Arbeiterklasse als bloß noch „banales Element" der Konkurrenz als Subjekt von der historischen Bühne verschwunden ist. Da aber diese Frage „bloß rhetorisch, pejorativ und abwehrend" gestellt sei, weist Kurz sie gleich entrüstet zurück. Im Prinzip könne sie natürlich in einem gesellschaftlichen Diskurs und Praxisprozeß durchaus zu konkreten Resultaten führen. So muß er den Nebel nicht lüften, der sich immer dann ausbreitet, wenn es um die Gegenbewegung zu den vergleichsweise immer sehr konkret und plastisch beschriebenen apokalyptischen, nur einer Zielrichtung folgenden Zusammenbruchsszenarien geht. Dann spricht er selbst vom „Nebelfeld" eines beginnenden geschichtlichen Übergangs, der in unbekanntes Terrain führe. Die Krise wäre nur zu überwinden, wenn der bloßen Krisenverwaltung eine bewußte gesellschaftliche Aufhebungsbewegung entgegenträte, die diese Apparate der etatistischen Notstandsverwaltung, die bereits ihre „steinerne anonyme Behördenfratze" zeigten, wohl auch mehr oder weniger gewaltsam überrennen müßte. Diese Apparate – der ansonsten so heftig kritisierte Lenin läßt grüßen – müßten zerbrochen werden.

Dafür notwendig sei eine „gelingende Massenmobilisierung für eine neue und bewußt formulierte gesellschaftliche Alternative", die aber erst einmal erarbeitet werden müsse. Diese Auffassung steht wiederum in einem kaum vermittelten Kontrast zur Prognose eines beginnenden Weltbürgerkrieges „auf allen Ebenen", also in den Zentren wie in der Peripherie, in dem es keine festen Fronten mehr gebe, sondern nur noch „blinde" Gewaltausbrüche.[380] Was hier noch wie eine neutrale Beschreibung möglicher – bewußtloser – Reaktionen daherkommt, erweist sich an anderer Stelle durchaus als die klägliche Perspektive, die Kurz selbst anzubieten hat. Die einzig richtige Antwort auf die neue kapitalistische Unverschämtheit bestehe in einer rabiaten sozialen Massenrevolte und der „Entfesselung von Arbeitsverweigerung, Leistungsverweigerung, Konkurrenzverweigerung".[381] Wer Menschen, die um ihre konkreten Lebens- und Überlebensbedingungen ringen, nicht mehr als derartiges Verweigerungsgewäsch anzubieten hat, diskreditiert sich allerdings nur selbst.

Kurz hat neben seinem undifferenzierten Weltuntergangsszenario, dessen Eindimensionalität in der prognostizierten Entwicklungsrichtung er zu Unrecht mit Marx begründet (dem es niemals eingefallen wäre, die Selbstvernichtung der Menschheit als nahezu alternativlose und fast widerspruchsfrei auf ihren Endpunkt

379 Ebda., S. 236.
380 Ebda., S. 172, 230, 260f., 272.
381 Ders. 1997.

zutreibende Vision zu beschreiben), keine realitätstüchtigen Prognosen oder Perspektiven anzubieten, geschweige denn Lösungen. Der Anonymität und Unabänderlichkeit des Prozesses, den er beschreibt, entspricht die Ohnmacht der Subjekte, deren Motivationen oder Einsichten in die Bedingungen und Perspektiven eines möglichen Handelns er nicht wirklich benennen kann. Die Kategorien der Arbeit (deren Zwangscharakter er in Anknüpfung an Marx zunächst treffend zum Ausgangspunkt genommen hatte) wie der Ware oder des Geldes werden selbst zu abstrakten Mystifikationen, denen nur noch das Abstrakt-Schlechte innewohnt, die damit zugleich selbst zu den eigentlichen Trägern und Repräsentanten der apokalyptischen Perspektive werden.

Hatte Marx noch in einer vereinfachenden Umkehrung aus sich im Kapitalismus herausbildenden Produktionseinheiten eines höheren Vergesellschaftungsgrades spiegelbildlich auf die Möglichkeit ihres Umschlagens bzw. ihrer Überführung in „unmittelbar" gesellschaftliche Produktion geschlossen, so ergibt sich bei Kurz aus der weitgehenden Abschaffung von Arbeit in der Negation bereits die Möglichkeit kommunistischer Zustände. Wie die aber in einer Welt aussehen, deren übergroße Mehrheit der Bevölkerung gerade nicht unter Bedingungen von Reichtumsproduktion, sondern vielfach immer noch der des einfachen Austausches leben, bleibt in dem schon mehrfach angesprochenen Nebel verborgen. Kurz' Analyse mag den Vorteil haben, daß sie mit dem Aufzeigen der einen oder anderen Tendenz (die wiederum bei ihm zur „Totalität" wird) Gefahren aufzeigt, die mit Sicherheit in dem augenblicklichen Entwicklungsweg der Menschheit angelegt sind. Sie offenbart aber mit ihrem Anknüpfen an den von uns gerade kritisierten Anteilen der Marxschen Theorie und Prognosen und ihrer zum Teil karikierenden Radikalisierungen nichts weiter als die Ohnmacht eines Diskurses, der aus den Erfahrungen des Ostens wie des Westens in diesem Jahrhundert keine andere Lehre als die der sofortigen und ersatzlosen Abschaffung von Märkten und der Ware-Geld-Beziehung zu ziehen vermag.

6.2 „Marktwirtschaft und Sozialismus" (Joachim Bischoff/Michael Menard)

Schauen wir uns also eine Arbeit an, die sich gegenüber Kurz auf dem genau entgegengesetzten Pol positioniert. Für Bischoff/Menard ist es gerade die unhaltbare Gleichsetzung von kapitalistischer Konkurrenz und Markt, die zu der politischen Blockade der Linken geführt hat. Das klingt vielversprechend. Ihre Untersuchung fußt auf der Grundannahme, daß sich bereits aus der Gleichsetzung von gesellschaftlichem Eigentum und unmittelbar gesellschaftlichem Charakter der Arbeit unvermeidlich der für das staatssozialistische System charakteristische Gegensatz von Demokratie und gesellschaftlichem Eigentum ergeben habe. Was hier zutreffend beschrieben wird, entwickelt sich aber nicht etwa anhand der Kritik an den dafür bei Marx und Engels gelegten Grundlagen, sondern beruft sich dafür sogar – so hat es wenigstens den Anschein – auf diese selbst. Staatseigentum an den Produktionsmitteln, so heißt es dann weiter recht apodiktisch – und Demokratisierung der Produktion schließen sich aus. Nun läßt sich zwar auch die Möglichkeit denken, daß auf der Basis von Staatseigentum eine weitgehende Dezentralisierung und Demokratisierung im Inneren der Produktionseinheiten, verstanden als Wirtschaftsdemokratie, eingeführt würde, aber gleichwohl ist die Tendenz der Argumentation sicherlich richtig. Wie wir an anderer Stelle bereits kurz angemerkt haben, ignoriert diese Auffassung aber schlichtweg die Tatsache (und zwar im Wege *verkürzten* Zitierens), daß Engels das Staatseigentum zwar nicht als die Lösung des Konflikts, wohl aber als sein Mittel bezeichnet hatte.[382]

Summarisch kommen die Autoren zu dem zutreffenden Schluß, daß der Zusammenbruch des Staatssozialismus zeige, daß eine soziale Steuerung der Ökonomie ohne Marktwirtschaft nicht möglich sei. Als Kronzeugen dafür werden staunenswerterweise aber gerade Marx und Engels aufgefahren. Marx habe, so wird zunächst einmal frank und frei behauptet, durchaus Vorstellungen über den Übergang von der kapitalistischen zu einer marktsozialistischen Gesellschaftsformation gehabt.[383] Daß sich im gleichen Band (ohne auf der Titelei wirklich klar kenntlich gemachte unterschiedliche Autorenschaft) die genau entgegengesetzte Behauptung findet, scheint die Autoren nicht weiter gestört zu haben. Da heißt es nämlich in einer Anmerkung, zwar könnten in der Transformationsperiode längere Zeit Ware, Geld und Märkte existieren. Allerdings dürfte es keine „marxistische" Begründung für einen „Marktsozialismus" geben.[384] Schauen wir also näher dahin, wo der Versuch unternommen wird, den marktsozialistischen Übergangstheoretiker Marx vorzustellen.

Die Autoren berufen sich vor allem auf die Stellen bei Marx, in denen von der Herstellung des „individuellen Eigentums" auf der Grundlage der Errungenschaften der kapitalistischen Ära die Rede ist. Marx wird dabei zunächst einfach paraphrasiert (ohne seine Autorenschaft für diesen Gedanken kenntlich zu machen). Erst später erfahren wir, daß hier Marx zu uns gesprochen hat. Aber selbst dort, wo er dann ausgiebig zitiert wird, werden Schlüsse gezogen, die sich kaum auf Marx zurückführen lassen (etwa die einer „Pluralität von Eigentumsstrukturen") und auch nicht durch Textstellen belegt werden. Im übrigen wird der historische Zusammenhang, aus dem heraus dieser Begriff bei Marx und Engels Verwendung fand, schlichtweg ignoriert, genauso wie deren Ausführungen darüber, daß es sich um eine Eigentumsform unwiderruflich der Vergangenheit handelt. Indem auf diese Weise Marx und Engels zunächst einmal gründlich mißverstanden werden, kann dann darauf eine Argumentation aufgebaut werden, in der nun dieses „individuelle

382 Bischoff/Menard 1990, S. 11, 18, 154; zur Kritik vgl. u.a. Jünger 1991.
383 Ebda., S. 165.
384 Ebda., S. 37, 61.

Eigentum" plötzlich seine Ausgestaltung in der Form von Genossenschaften, Belegschaftseigentum und Pacht, also in Wirklichkeit von gesellschaftlichem Eigentum, erhält. Später stehen allerdings individuelles und gesellschaftliches Eigentum wiederum unvermittelt nebeneinander, ohne daß ihr Unterschied gekennzeichnet wäre. Marx und Engels, die in Auseinandersetzung mit anderen genossenschaftlich-sozialistischen Vorstellungen gerade diese Konkurrenz von unterschiedlichen Kooperativen gegeißelt hatten, werden nun auf einmal und ohne Umschweife zu deren Protagonisten. Die Herstellung „individuellen Eigentums" hat allerdings nach Auffassung der Autoren noch eine zweite segensreiche Wirkung: Sie befreit den Gewinn von dem „kapitalistischen" Gegensatz zu den Lebensbedingungen der Beschäftigten.[385]

Was damit gemeint ist, begreifen wir erst, wenn wir an anderer Stelle nachlesen, worin nach deren Auffassung der eigentliche kapitalistische Gegensatz besteht. Das alte sozialistische Ziel ist danach die Aufhebung der „Kapitaleigenschaft" der Produktionsmittel. Auch dies wird implizit als der Auffassung von Marx und Engels entsprechend ausgegeben. Die hatten aber von der – letztendlich restlosen – Aufhebung allen „Privateigentums" gesprochen, was sich bei genauerem Hinsehen als ein nicht zu unterschätzender Unterschied erweist. Bischoff/Menard wollen uns – sicherlich mit guten Gründen – zeigen, daß zwischen Waren- und Kapitaleigenschaft durchaus getrennt werden könne. Das ist diskussionswürdig, könnte die Funktionsbedingungen einer „sozialistischen Marktwirtschaft" mit konstituieren, hat aber letztlich mit den von Marx und Engels vorgezeichneten Perspektiven nichts zu tun. Umstandslos wird nämlich diese „Aufhebung der Kapitaleigenschaft" zu einer völlig offenen Mischform erweitert, einer „– wie auch immer ausgestaltete[n] – Verbindung von Arbeit und Miteigentum an den Produktionsmitteln". Von der Marxschen Abschaffung der Arbeit und „unmittelbarem" Eigentum ist da nicht mehr viel übrig geblieben.[386]

Und immer noch in vermeintlicher Übereinstimmung mit Marx und Engels wird behauptet, es sei durchaus möglich, daß Unternehmen, die im Besitz ihrer Belegschaft stünden (wobei eine Vielzahl von Eigentumsformen denkbar sei), auf den jeweiligen Märkten in Wettbewerb träten, ohne daß sich die negativen Resultate einer überwiegend auf kapitalistischer Gewinnsteuerung basierenden Ökonomie durchsetzten. Dies ist nun allerdings eine geradezu kühn zu nennende Auslegung der Marx-Engelsschen Vorstellungen. Wir hatten im dritten Kapitel gezeigt und wollen es hier nicht wiederholen, daß sie in jedweder Form weiterexistierender Konkurrenz- oder Wertformen den Nucleus der Wiederentstehung kapitalistischer Aneignungsformen auf kleiner Stufenleiter sahen und deshalb derartigen Übergangsformen völlig ablehnend gegenüberstanden. Die Autoren biegen sich Marx nun dadurch zum „Marktsozialisten" zurecht, daß sie ihn – eingeleitet durch die

385 Vgl. ebda., S. 38f., 57, 140.
386 Ebda., S. 45, 54.

Worte: *wir* behaupten – mit dem Satz zitieren, der Markt sei der allgemeine Ausdruck für die Zirkulationssphäre überhaupt im Unterschied zur Produktionssphäre. In dieser Nacktheit zitiert, legt der Satz allerdings eine Interpretation nahe, als habe Marx den Markt völlig neutral gesehen, woraus die Autoren auch die Schlußfolgerung ziehen, die spezifische Produktionsweise bestimme Struktur und Vermittlungsformen des Marktes, der als solcher überhaupt noch keine Aussage über die ihm zugrundeliegenden Produktionsverhältnisse zulasse. Das erlaubt den schönen Schluß: Kann die Kapitaleigenschaft der Produktionsmittel aufgehoben werden, existieren Marktverhältnisse, Innovation und Wettbewerb bei gleichzeitiger wirksamer sozialer Steuerung und Kontrolle.[387]

Nochmals: Die Gedankenführung scheint uns durchaus in eine richtige Richtung zu weisen. Ähnlich, wie es bei der Unterscheidung der verschiedenen Ebenen bei Braudel angelegt ist, geht es auch hier um die Suche nach Vermittlungsformen zwischen einer Produktionsweise mit unterschiedlicher Eigentumsstruktur, mit Konkurrenzmechanismen auf der Basis einer Marktstruktur. Es geht aber nicht, dies einfach auf Marx und Engels zurückzuführen, für die es angesichts der weit fortgeschrittenen und sich vollendenden kapitalistischen Durchdringung des Marktes darauf ankam, diesen mit der kapitalistischen Produktionsweise selbst abzuschaffen. Genauer ausgedrückt: Mit der Durchsetzung unmittelbaren gesellschaftlichen Eigentums innerhalb einer Produktion auf großer Stufenleiter, d.h. überhaupt der Voraussetzung der neuen ökonomischen Formation, würde der Markt, würden alle Markt- und Konkurrenzmechanismen „von selbst" entfallen. So sahen es Marx und Engels. Es ist richtig und legitim, nach anderen Vermittlungsformen jenseits dieser Unmittelbarkeit zu suchen. Aber in einer schlüssigen, konsistenten Fassung ist dies nur gegen Marx und Engels, nicht mit ihnen möglich.[388]

Anders als und im diametralen Gegensatz zu Kurz liefern die Autoren aber eine ganze Reihe sinnvoller Überlegungen zu Ausbruchsmöglichkeiten aus der jetzigen kapitalbestimmten Produktionsweise. Sie zeigen, daß sich innerhalb des jetzigen System selbst bereits eine Reihe von Ansatzpunkten einer gesellschaftlichen Steuerung herausgebildet habe, die weiter auszubauen wären. Ihre Zielvorstellung richtet sich auf eine Wirtschaftsordnung, in der demokratisierte Wirtschaftsunternehmen, gesamtgesellschaftliche Steuerung und sozialstaatliche Regulierungspolitik miteinander verknüpft werden. Dabei müsse zwar auf eine umfassende Vorausplanung verzichtet werden, aber dies bedeute keinen generellen Verzicht auf gesellschaftliche Steuerung und Kontrolle. Eine derartige bewußte Gestaltung des Produktionsprozesses beinhaltet nach ihrer Auffassung, daß die Gesellschaft in ihrer Willens-

387 Ebda., S. 57.

388 Die Autoren haben später gemeinsam mit anderen den erneuten Versuch unternommen, die „Sozialismus-Konzeption" von Marx und Engels anhand der Kategorien Gemeineigentum und Markt zu charakterisieren, kommen dort aber nicht zu neuen, überzeugenderen Ergebnissen; vgl. SOST 1993.

bildung die Prioritäten ihrer Entwicklung festlegt und diese durch Methoden indikativer Wirtschaftslenkung umsetzt. Es bedürfe der „vorherbestimmenden Kontrolle“ (Marx), welche die Regulierungskräfte der Gewinnsteuerung in glattere Bahnen lenke (für letzteres wäre Marx wiederum nicht zu haben gewesen). Unter der Voraussetzung von demokratisierten Unternehmensverfassungen könne mit den wichtigsten schon vorhandenen Steuerungsmethoden – einer Kreditpolitik in einem zweistufigen Banksystem, einer Fiskal- und Steuerpolitik, einer aktiven Arbeitsmarktpolitik und einer regionalen Struktur- und Beschäftigungspolitik – eine Marktkoordination aufrechterhalten werden, die sowohl die negativen Implikationen der (wir würden hinzufügen ausschließlichen oder dominanten) kapitalistischen Gewinnsteuerung als auch die gewaltigen Fehlentwicklungen einer umfassenden Planwirtschaft vermeide.[389] Bischoff/Menard liefern also durchaus einen wichtigen Beitrag über mögliche Elemente der konkreten Ausgestaltung eines „Transformationsprogramms“, das aber eben nur aus sich selbst heraus und nicht etwa aufgrund einer Herleitung aus der „marxistischen“ Theorie überzeugt. Im Gegenteil: Es kann seine theoretische Legitimation nur dadurch finden, daß zentrale Bestandteile der Marx-/Engelsschen Transformationsvorstellungen – sei es aus Unkenntnis, sei es durch bewußtes Ausblenden oder Zurechtbiegen – schlichtweg ignoriert werden.

6.3 „Von Marx zum Markt“ (Wlodzimierz Brus/Kazimierz Laski)

Ein derartiger Vorwurf kann der Arbeit von Brus und Laski nicht gemacht werden. Ähnlich den in unserem dritten Kapitel herausgearbeiteten Ergebnissen legen sie ihrer Untersuchung den – knapp entwickelten – Befund zugrunde, daß der „marxistische“ ökonomische Diskurs von einer abstrakten Logik geprägt sei, die die Vereinbarkeit einer rationalen sozialistischen Wirtschaft mit der Fortexistenz eines Marktes ausschließe. Sie verursachen zwar insofern selbst gewisse Schwierigkeiten einer genaueren Unterscheidung, als sie in diesen Diskurs auch andere, sich an Marx und Engels orientierende Ökonomen mit einbeziehen. Dies beeinträchtigt aber letztendlich die Schlüssigkeit ihrer Darlegungen nicht wirklich. Sie stellen ihrer Untersuchung zunächst eine zentrale Einführung über die „Überlegenheitserwartungen“ voran, die innerhalb des „marxistischen“ Diskurses mit einer sozialistischen Ökonomie verknüpft waren. Er sei mit der Vorstellung angetreten, auf gesellschaftlicher Ebene die Voraussetzungen für eine substantielle und methodische Rationalität des ökonomischen Verhaltens zu schaffen.

Der erste Vorteil liege – in dieser theoretischen Annahme – darin, daß auf makroökonomischer Ebene Ineffizienzen beseitigt werden könnten, die aus der Verfolgung von Zielen resultieren, die nur aus mikroökonomischer Sicht vernünftig

389 Bischoff/Menard 1990, S. 11, 39, 56f.

sind. Dazu zähle z.B. auch die Internalisierung externer Kosten, etwa solcher für den Umweltschutz. Im Rahmen einer derartigen „hierarchischen Zielstruktur“ erscheinen die nachrangigen nur als Mittel für die Erreichung höherwertiger Ziele. Die Kriterien des rationalen Verhaltens der Subsysteme (Sektoren, Branchen, Unternehmen) sind entsprechend denen, die für das System insgesamt gelten, untergeordnet. In diesem Sinne korreliert eine zentrale Planung mit dem unmittelbar gesellschaftlichen Charakter der Arbeit und dem Übergang des menschlichen Verhaltens vom Prinzip der Konkurrenz oder Rivalität zu jenem der Kooperation von Assoziierten. So wachsen homo oeconomicus und homo socialis zu einer Einheit zusammen. Der zweite Gesichtspunkt der prognostizierten Überlegenheit ist der der Aussicht auf *Vollbeschäftigung* der menschlichen und materiellen Ressourcen. Sie löse die Absurdität des gleichzeitig auftretenden Überflusses an Kapital und Bevölkerung ab, die nicht aus einer Sättigung der Bedürfnisse resultiere, sondern aus dem periodisch auftretenden Mangel an einer effektiven Gesamtnachfrage. Dies beruht also auf der Annahme, der Sozialismus könne das leidige Problem der gleichzeitigen Existenz von überschüssigem Kapital, unterbeschäftigten Arbeitskräften und unbefriedigten Konsumbedürfnissen lösen.

Daraus ergibt sich auch die dritte Überlegenheitsannahme, nämlich daß der Sozialismus bei der Allokation der Ressourcen zur Erreichung bestimmter Ziele überlegen sei. Dies korrespondiert mit der weiteren – vierten – Annahme, daß – da die Produktion nicht mehr von konkurrierenden Unternehmern beherrscht sei, die das Publikum zum Kauf von z.T. unnützen Waren bewegen – die neue Möglichkeit einer entsprechend genauen Bestimmung der Produktionsziele die Wirtschaft rationaler und effizienter mache. Und es bestehe fünftens die Vorstellung, daß die Aufhebung der Entfremdung des einzelnen Produzenten zu einer Erhöhung der Arbeitsmotivation führe und so positives und kreatives Verhalten fördere. Die Suche nach Effizienz und Neuerungen erfolge im Sozialismus also auf der Basis einer Integration des Eigeninteresses in das gemeinschaftliche. Und schließlich erleichtere – sechstens – die Aufhebung der kommerziellen Geheimhaltung die Verbreitung technischen und organisatorischen Wissens, den Austausch von Erfahrungen und Informationen. Erläuternd muß hinzugefügt werden, daß sich dies alles – wie zutreffend auf Marx und Engels zurückgeführt wird – mit der Vorstellung verbindet, daß der Sozialismus auf einen reifen Kapitalismus folgen werde.[390]

Die Autoren kontrastieren diese – weitgehend zutreffend referierten – Überlegenheitsannahmen eines „marxistischen“ ökonomischen Diskurses mit dem Entwicklungsprozeß der „realsozialistischen“ Ökonomien. Unabhängig von der Zugrundelegung sowjetischer bzw. US-amerikanischer Daten kommen sie dabei für die Phase nachholender Entwicklung zu dem Ergebnis, daß die Sowjetunion sowohl beim Pro-Kopf-Produkt wie auch bei der wirtschaftlichen Struktur den Rückstand gegenüber den Industriestaaten verringern konnte. Diese Ziele wurden insbe-

---

390 Brus/Laski 1990, S. 15ff.; zur Kritik vgl. Heise 1990; Richter 1992.

sondere im Wege einer raschen Schaffung bzw. bedeutenden Expansion der industriellen Basis der Wirtschaft erreicht, speziell im Bergbau, bei Eisen und Stahl und im Schwermaschinenbau. Diesem nur auf den ersten Blick positiven Befund stellen sie einen anderen zur Seite: Die dieser Entwicklungsstrategie zugrundeliegenden Pläne stellen nach ihrer Auffassung einzeln und in der Summe hinsichtlich der Kosten dieses Wachstums keine tauglichen Instrumente dar. Die tatsächlichen Kosten überstiegen die geplanten Zahlen bei weitem. Die Inputintensität (an Arbeitskräften, Material und Kapital) war beträchtlich höher als in den Industrieländern bzw. solchen mit einem ähnlichen Entwicklungsniveau wie der Sowjetunion; dies betrifft insbesondere den Grad der Material- und die Dynamik der Kapitalintensität. Dieser Weg wurde zudem mit einer längeren Konsumeinschränkung in der ersten Periode erkauft, die auch später nicht wieder ausgeglichen worden sei, allenfalls ein Stück „kompensiert" durch Arbeitsplatzsicherheit, eine gleichmäßigere Einkommensverteilung und das Fehlen der enormen Vermögensdifferenzen wie in den westlichen Industrieländern.[391]

Brus und Laski halten allerdings die Unterscheidungskriterien zur Kennzeichnung einer extensiv ausgerichteten Wachstumsphase gegenüber der folgenden (vergeblich einen Intensivierungsschub anstrebenden) für nicht genau und aussagekräftig genug. Sie verweisen darauf, daß es partiell durchaus Intensivierungsanstrengungen gab, die auch umgesetzt wurden, sowie auf die Tatsache, daß gleichzeitig aus dem Westen entsprechende Technologien importiert und in die ökonomischen Prozesse implantiert wurden. Deshalb sprechen sie für diese Periode von einer „konservativen Modernisierung", die begrifflich ebenfalls das Fehlen eines Drangs nach Veränderung ausreichend zum Ausdruck bringe. Trotz immenser Ausgaben, trotz eines entwickelten Ausbildungssystems, trotz der Abschaffung der kommerziellen Geheimhaltung habe jedoch keine eigene technologische Entwicklung stattgefunden. Da die Arbeit 1988 fertiggestellt wurde, konnten die Autoren noch zu dem Befund kommen, daß dies zwar keine „aufregende Entwicklungsperspektive für rückständige Länder" darstelle, aber auch keine schlechte. Dies gelte vor allem unter der Annahme, daß die Gefahr, die diesen Ländern drohe, nicht die des ökonomischen Zusammenbruchs, sondern die eines sehr langsamen Wachstums sei. Natürlich sind wir aus heutiger Sicht „klüger". Allerdings wiesen die Autoren schon damals darauf hin, daß daraus keine Bewertung abzuleiten sei, diesen Entwicklungstypus auch nur zeitweise für angemessen zu halten. Dafür seien die vielfältigen Kosten und Opfer schlichtweg zu hoch gewesen.[392]

Wir können hier nur die gewichtigsten Gründe nennen, die sie für die diagnostizierte (Fehl-)Entwicklung verantwortlich machen. Zwar sei – so die sich mit unseren Befunden deckende Einschätzung – nicht jede einzelne Maßnahme in der Frühphase primär ideologisch geprägt gewesen, aber man habe durchaus Verstaat-

---

391 Ebda., S. 46ff.

392 Ebda., S. 50ff., 70f.

lichung und Zentralisierung immer als ein „Mehr“ an Sozialismus gewertet, in Marktmechanismen nur bedauerliche vorübergehende Konzessionen gesehen. Die „marxistische“ Vision des Sozialismus habe zudem eine entsprechende Kosten- und Nutzenbewertung alternativer Maßnahmen ignoriert, die – anstelle der Preise in einer Marktökonomie – die gesellschaftlichen Wertungen hätten wiedergeben und den Entscheidungsbefugten möglichst unabhängige Wahlparameter liefern können. Da die sog. Preise im existierenden Kommandosystem keine eigene Aussagekraft entfalten konnten (was Kurz in seiner Analyse schlichtweg ignoriert), sei als einzige ökonomische Referenzgröße der Weltmarktpreis geblieben. Schließlich habe die Informationsschwäche der Kommandowirtschaft in einer direkten Wechselwirkung zur Schwäche ihrer Anreize gestanden. Als solche hätten nur Akkordlöhne und Manageranreize zur Verfügung gestanden, nicht aber wettbewerbsbedingte Anreize oder solche, die sich aus der Konsumwahl entwickeln.[393]

Bevor Brus und Laski uns ihre eigenen Überlegungen und Schlußfolgerungen über die Möglichkeiten einer funktionierenden, effektiven marktsozialistischen Ökonomie präsentieren, bieten sie uns eine detaillierte und präzise Führung durch die theoretischen wie praktischen Versuche einer Begründung bzw. Gestaltung marktsozialistischer Ökonomien. Es ist, bezogen auf das Verständnis ihrer eigenen Schlußfolgerungen, unerläßlich, dies wenigstens in knappen Zügen mit- und nachzuvollziehen. Sie schildern die theoretische Fundierung einer möglichen Abkoppelung effizienter Ressourcenallokation vom System der Eigentumsverhältnisse an den Produktionsfaktoren Anfang dieses Jahrhunderts durch den bürgerlichen italienischen Nationalökonomen Enrico Barone. Sie verweisen allerdings selbst gleich darauf, daß dies zwar im theoretischen Modell vorstellbar ist, jedoch praktisch kaum lösbare Probleme aufwirft.

Sie zeigen, wie u.a. Oskar Lange in den dreißiger Jahren darauf sein „marxistisch“ verstandenes Modell eines Marktsozialismus in Auseinandersetzung mit Vertetern der neoklassischen Schule wie Ludwig von Mises und Friedrich A. von Hayek aufbaute. Es basiert generell auf öffentlichem Eigentum an den Produktionsmitteln. Eine Schlüsselrolle innerhalb dieses Modells kommt der zentralen Planbehörde zu, deren Aufgabe es ist, das zu ersetzen und zu simulieren, was in einer kapitalistischen Marktökonomie durch die Einzelvorgänge auf dem Markt selbst konstituiert wird. Sie prüft die Preise nach einem „Trial and Error-Verfahren“, setzt das Investitionsvolumen der Wirtschaft fest (über das Investitionsgüterangebot und einen Zinssatz, der die Nachfrage der einzelnen Sektoren diesem Angebot angleicht) und verteilt eine soziale Dividende, d.h. den Überschuß der Nettoeinnahmen der verstaatlichten Unternehmungen über die Investitionsausgaben. Das Modell enthält zwei echte Märkte, die für Konsumgüter und Arbeitskräfte, und einen simulierten innerhalb der Produktionssphäre. Die Einrichtung eines Kapitalmarktes lehnte Lange ab. Er wird nur simuliert und wirkt über den Preis des

393 Ebda., S. 59, 66f.

Kapitals, d.h. den Zinssatz. Im übrigen wird die Gesamtrelation der Löhne zu den Preisen und Steuern zentral festgelegt.

Ihr Fazit gegenüber diesem Modell, auf das sie früher eigene marktsozialistische Arbeiten[394] aufgebaut hatten, fällt heute eher skeptisch aus. Theoretisch sei es Lange wohl gelungen zu zeigen, daß eine zentrale Planbehörde die Funktion eines Preisauktionators ausüben und auch für eine effiziente Allokation der Ressourcen sorgen könne. Insofern könne der Marktsozialismus rein theoretisch betrachtet eine Alternative zur vollständigen Konkurrenz darstellen. Probleme ergeben sich aber aus zweierlei Gesichtspunkten: Zum einen basiere das Modell auf der Übernahme der neoklassischen Gleichgewichtsthese. Es werde selbst inkohärent, wenn diese nicht stimmig sei. Zum anderen erwüchsen die Unsicherheiten gerade aus seinem Charakter einer normativen Theorie, d.h. es versuche die Regeln, die die Arbeitsweise eines Marktsozialismus steuern, normativ vorzuschreiben. Daraus resultieren genuine Schwierigkeiten, die auch die Geschichte des Sowjetsozialismus begleitet und geprägt haben. Es liefert keine klaren Antworten hinsichtlich der Motivationsbestimmung der einzelnen Akteure, etwa von Planern und Managern. Während in einem genuinen Marktprozeß die partizipierenden Akteure von ihrem spezifischen Wissen und ihren Möglichkeiten Gebrauch machen können und wollen, ihr Handeln mit Risiko innerhalb dieses Prozesses selbst belohnt oder bestraft wird, bleiben diese Indikatoren im Langeschen Modell unbestimmt. Dies führt zu einer weiteren Schwäche: Der Konflikt zwischen den gegenwärtigen Gleichgewichtsbedingungen und den Erfordernissen eines rapiden Strukturwandels werde nicht gelöst. In einem späten Brief an seine Kritiker hat Lange selbst eingeräumt, daß sein Modell einen zu statischen Charakter habe.[395]

Innerhalb der „realsozialistischen" Ökonomien gab es im wesentlichen zwei ernsthaftere Anläufe, einen Ausbruch aus dem Kommandosystem in Richtung auf eine an Langes Vorstellungen orientierten Marktsozialismus zu erreichen, mit dem sog. Neuen Ökonomischen Mechanismus (NÖM) ab Ende der sechziger Jahre in Ungarn und dem sog. „Selbstverwaltungssozialismus" in Jugoslawien ebenfalls in den sechziger Jahren. In beiden Reformanläufen wurden zugleich Anstrengungen unternommen, um aus gewissen – anhand des Langeschen Modells beschriebenen – Blockaden herauszukommen. Brus und Laski schildern ausführlich die jeweiligen Reformverläufe. Darauf können wir an dieser Stelle nur verweisen. Wir wenden uns nur ihren daraus gezogenen verallgemeinernden Schlußfolgerungen zu. Der mit dem ungarischen Konzept einer „zentralen Planung mit reguliertem Marktmechanismus" verbundene Versuch, markttypische Institutionen innerhalb des Staatssektors zu installieren, müsse als gescheitert gelten. Der Ausschluß des Kapitalmarkts aus einem solchen Konzept habe dazu geführt, daß sich ihre Rolle zumeist in einer

394 Vgl. z.B. Brus 1972/1986.

395 Brus/Laski 1990, S. 76ff.; vgl. zu diesem theoretischen Ansatz im Anschluß an Marx insbes. Lange 1969 und 1977.

neuen Form bürokratischer Koordination erschöpfte, trotz der Abschaffung der obligatorischen Produktionsziele bzw. der Rationierung der Kapitalgüter. Ohne weitere komplemetäre Faktoren blieben derartige Maßnahmen wirkungslos. Die marktbezogenen Institutionen seien im großen und ganzen faktisch weiter nur als Instrumente des Plans eingesetzt worden, verschieden zwar von den Instrumenten der vorangegangenen Kommandowirtschaft, aber letzten Endes doch zum gleichen Zweck und mit denselben Ergebnissen.[396]

Das jugoslawische Experiment sei hingegen insofern weiter gegangen, als hier Erfahrungen mit dem Versuch der Abschaffung der administrativen Lohnkontrolle und der Einführung bestimmter Formen eines Kapitalmarktes gemacht wurden. Mit der Reform war das Ziel verbunden, die Allokation der Investitionsressourcen dem Markt zu überlassen, also die Verantwortung für die erweiterte Reproduktion vom Staat auf die Unternehmen zu verlagern, also von der politischen in die ökonomische Sphäre. Insofern kam auch den Banken bei der Vermittlung dieser Ressourcen eine entscheidende Rolle zu. Die innerhalb dieses Reformprozesses auftretenden Schwierigkeiten können hier nur in Stichworten benannt werden: starke Aufsplitterung der Volkswirtschaft, Wachstumsverlangsamung, galoppierende Preisinflation, wachsende Arbeitslosigkeit, mangelhaftes Funktionieren des Arbeitsmarkts, starke regionale Disproportionalitäten und Differenzen in der Eigentumsstruktur, Entstehen von „closed shops" der Erfolgreichen. Nur ein Aspekt sei auch mit der Begründung etwas ausführlicher wiedergegeben: Die Autoren erläutern die in ihren Konsequenzen weitreichende These, daß die Arbeiter eines jugoslawischen Unternehmens vom Standpunkt ihres Eigeninteresses ein rationales Verhalten an den Tag legten, wenn sie sich weniger an einer kollektiven Reinvestition des Überschusses als an einer Verteilung in Form von persönlichem Eigentum interessiert zeigten.[397] Die im „marxistischen Diskurs" für möglich gehaltene Integration des Eigeninteresses in das gesellschaftliche entwickelte sich also auch nicht unter autonomeren Bedingungen größerer betrieblicher Entscheidungsfähigkeit und der Selbstbestimmung der Belegschaft.

Kommen wir zu den verallgemeinernden Schlüssen, die Brus und Laski aus diesen Erfahrungen ziehen (immer auf der Basis des Weiterexistierens staatlichen bzw. öffentlichen Eigentums an den Produktionsmitteln). Erstens halten sie es für erforderlich, daß sich ein derartiger Marktsozialismus in jeder Beziehung als Geldwirtschaft ausbildet und über einen Güter-, Arbeits- und Kapitalmarkt verfügt. Alle bisherigen Reformversuche hätten gezeigt, daß sich als unmittelbare Ursache der Ineffizienz des Wirtschaftslebens die hartnäckige Fortdauer der weichen Budgetrestriktion festmachen lasse. Unerläßlich sei also die volle Abhängigkeit der Unternehmensleistung von den eigenen Einnahmen. Ein solches Unternehmen müsse aber dann auch die Möglichkeiten erhalten, alle für sein Überleben und seine Ent-

396 Ebda., S. 120.
397 Ebda., S. 121ff., 135.

wicklung verfügbaren Ressourcen auszuschöpfen, was die Möglichkeit zu Investitionsentscheidungen mit einschließe, auch solche, die auf Produkt- und Prozeßinnovationen hinauslaufen – innerhalb und außerhalb der Firma wie auch innerhalb und außerhalb der Branche. Die wichtigsten Formen des dafür unerläßlichen Kapitalmarkts – so verarbeiten sie die Schlußfolgerungen Janos Kornais aus den ungarischen Erfahrungen – seien direkte Kreditbeziehungen zwischen Firmen, die Depositen- bzw. Kommerzbankgeschäfte, der Obligationen- bzw. Anleihemarkt und der Aktienmarkt. Aufgrund der notwendigen Schwankungen im Investitionsverhalten (und natürlich im Rahmen einer harten Budgetrestriktion der Möglichkeit von Konkursen) sei – temporäre – Arbeitslosigkeit im Marktsozialismus unvermeidlich. Sie könne aber über fiskal- und geldpolitische Maßnahmen (z. B. eine allgemeine Kapitalabgabe) in Grenzen gehalten werden.[398]

Entgegen der Marxschen Ineinssetzung von Eigentum und Verfügungsrecht, einem wichtigen Eckpfeiler für die „Unantastbarkeit" bei der Handhabung des staatlich-öffentlichen Eigentums im Sowjetsozialismus, sei ein wirklicher Marktsozialismus auf eine Unterscheidung zwischen Eigentum, Management und Unternehmertum angewiesen. Da die nötige volle Unabhängigkeit eines Unternehmens unvereinbar mit staatlichem Eigentum sei, bestehe die Lösung nur in einer scharfen Trennung vom Sektor des Staates als einerseits regelsetzender Körperschaft und zentraler Größe im Rahmen der makroökonomischen Politik und andererseits dem ja formell weiter verstaatlichten Unternehmenssektor. Dabei sei es noch vergleichsweise einfach und zumindest vorstellbar, daß ein Staat, der sich an diese Trennungsregel hält, den „sozialistischen Manager" durch ein geeignetes Bündel von Anreizen zu einem ähnlich rationalen Verhalten wie unter kapitalistischen Marktbedingungen veranlaßt.

Problematischer sei dies hinsichtlich der – davon allerdings nicht ganz klar zu trennenden – Unternehmerfunktion, der (im Schumpeterschen Sinne) Sphäre der „kreativen Zerstörung", des hohen Risikos und der Ungewißheit. Der Marktsozialismus habe bisher keine Anwort auf die notwendige eigenständige Rolle eines „principal agent". Bei einem in diesem Sinne agierenden sozialistischen Manager bestehe – weil er nicht sein eigenes Kapital aufs Spiel setze – die Gefahr entweder eines zu sorglosen oder eines zu vorsichtigen Agierens. Eine Lösungsmöglichkeit im Rahmen des Fortbestehens staatlichen Produktiveigentums sehen die Autoren deshalb allenfalls in der Form der privaten Verpachtung spezifischer Arten von Kapital und Boden gegen eigenes Risiko. In einer derartigen Variante eines „Unternehmersozialismus" ziehe sich der Staat in die Position eines passiven Nutznießers, sozusagen eines Rentiers seines eigenen Eigentums zurück und überlasse – gegen eine vertraglich vereinbarte Abgabe und die Anerkennung der vom Grundbesitzer üblicherweise festgelegten Bedingungen wie etwa der Erhaltung des Ver-

398 Ebda., S. 141ff., 155ff., 171; vgl. dazu u.a. Kornai 1980.

mögenswertes – alle anderen Eigentumsrechte an den privaten Pächter, der damit auch für sämtliche Risiken verantwortlich werde.[399]

Die Autoren beurteilen die Realisierungschancen wie die Vorteile einer derartigen Neustrukturierung auf der Basis des Ende der achtziger Jahre noch vorhandenen Ist-Zustandes der „realsozialistischen" Ökonomien außerordentlich skeptisch. Einmal seien die Chancen, das Verhalten der Staatsbetriebe mehr den Erfordernissen eines effektiven Marktmechanismus anzugleichen, um so besser, je größer der Abstand eines solchen Betriebes vom staatlichen Eigentum im traditionellen Sinne sei. Ferner sei zunehmend die Einsicht gewachsen, daß es auch im Inland eines nicht-staatlichen Umfeldes bedürfe, um aus den Staatsunternehmen wirkliche eigenständige Betriebe zu machen, also die gleichberechtigte Konkurrenz privater und kooperativer Unternehmen, um der Selbstgenügsamkeit des staatlichen Sektors entgegenzuwirken. Zusammengenommen führten diese Gesichtspunkte aber zur unvermeidlichen Rückkehr zu der Frage, die schon in den dreißiger Jahren am Beginn der Kritik gegenüber dem Marktsozialismus gestanden habe: Welche Vorteile bringt es, mit enormen Anstrengungen Staatsbetriebe zu einer Imitation des Verhaltens privater Unternehmen zu bewegen?

Brus und Laski machen sich ihre Antwort darauf nicht leicht, führen eine Reihe von Argumenten an, die die weitgehende Aufgabe des Staatseigentums nicht völlig unproblematisch erscheinen lassen. Erstens nennen sie den Gesichtspunkt, daß ein handlungsfähiger Staat, der für die Schaffung sozialer Sicherheit eintrete, eine humane wie materielle Infrastruktur schaffen wolle, die Einnahmen aus dem Unternehmenssektor benötige. Dagegen stehe natürlich die Möglichkeit, diese über Steuern und Kapitalabgaben einzutreiben. Zweitens biete der staatliche Sektor andere Eingriffsmöglichkeiten zur Wahrnehmung der makroökonomischen Rolle in Richtung auf Vollbeschäftigungspolitik. Drittens bestehe auf diese Weise die stärkere Möglichkeit, Einfluß auf die Größenverteilung von Einkommen und Vermögen zu nehmen, insbesondere zur Mäßigung der übergroßen Rentiereinkommen und der Kapitalgewinne, die aus dem bloßen Besitz stammen und in keinem Bezug zu konkreten wirtschaftlichen Aktivitäten stehen. Allerdings, so lautet ihr Fazit, erscheint das (private oder kooperative) nichtstaatliche Unternehmen aus dem Blickwinkel der reinen Logik eines entwickelten Marktmechanismus als der natürlichere Bestandteil des Unternehmenssektors auch im Marktsozialismus. Deshalb sahen sie auch 1988 die langfristige Perspektive innerhalb eines solchen Systems nur in einer gemischtwirtschaftlichen Struktur. Anzustreben sei eine unvoreingenommene Prüfung der sozio-ökonomischen Angemessenheit der Eigentumsstruktur unter sich laufend verändernden Umständen. Abzulehnen seien nicht jedwede Formen öffentlichen Eigentums, aber jegliche Spielart doktrinärer Prinzipienreiterei.[400]

399 Ebda., S. 176ff., 185ff.
400 Ebda., S. 193ff.

Unabhängig von der Betrachtung der Realzustände der Ökonomien Osteuropas am Ausgang der achtziger Jahre gehen ihre generellen Schlußfolgerungen noch weiter. Unter Verabschiedung von eigenen früheren Positionen erteilen sie der weiteren Suche nach neuen normativen Wirtschaftsmodellen eine Absage. Mit den aus den konkreten Erfahrungen gewonnenen Anforderungen an einen funktionierenden Marktsozialismus seien die bisherigen ökonomischen Unterscheidungskriterien zwischen Kapitalismus und Sozialismus hinfällig geworden. Verglichen mit einer privaten Marktwirtschaft – so schreiben sie in ihrem nachträglich verfaßten Vorwort von 1990 –, würde ein weiter auf staatlichem Eigentum beruhender Marktsozialismus fast keine Vorteile, aber viele Nachteile mit sich bringen. Gegenüber der ursprünglichen „marxistischen" Annahme zeige sich, daß der fortgeschrittene Kapitalismus keinerlei Anzeichen für seinen erwarteten Übergang zum Sozialismus aufweise, während der reale Sozialismus – je „reifer", desto mehr – gezwungen sei, aus dem kapitalistischen Zeughaus zu borgen. Der Rekurs auf den (und die Erfahrungen mit dem) Marktsozialismus bedeuten ihrer Auffassung nach, daß der Sozialismus tatsächlich überhaupt nicht mehr als ein in sich schlüssiges System zu betrachten ist. Das impliziere nicht das Abgehen von einer Reihe anderer „sozialistischer Grundsätze": Chancengleichheit, Vollbeschäftigung, soziale Fürsorge usw. Indem Teilbereiche der Wirtschaft der Marktkoordination entzogen würden und genügend Raum für makropolitische Maßnahmen vorgesehen sei, auch für eine langfristige Planung, halte dieses sich neu herausbildende Konzept eines „Marktsozialismus" an der Überzeugung fest, daß es ein gesellschaftliches Gesamtinteresse gibt, das sich nicht auf die Summe der individuellen Eigeninteressen reduzieren läßt. Sein neues ansprechendes Moment sei das seiner Offenheit und Flexibilität.[401]

Wir haben uns mit dieser Analyse von Brus und Laski so ausführlich beschäftigt, weil sie unseres Erachtens eine Reihe von wichtigen Ergebnissen liefert, ohne die sozialistische Politik unter Auswertung der Erfahrungen dieses Jahrhunderts mit Blick auf die Perspektiven für das nächste Jahrhundert nicht wird weiterkommen können. Dies gilt trotz des zu beachtenden Aspekts, daß ihre Analyse noch unter dem Leitgesichtspunkt steht, die Chancen für Ausbrüche aus der Blockadesituation der „realsozialistischen" Ökonomien am Ausgang der achtziger Jahre zu sondieren, die Ausgangslage also eine völlig andere ist als die, für die entwickelten westlichen Industrieländer am Ausgang der neunziger Jahre nach den Chancen und Perspektiven einer sozialistischen Orientierung zu fragen. Wir können diese Schlußfolgerungen folgendermaßen zusammenfassend auflisten:

– Die auf der Grundlage der Arbeiten von Oskar Lange in den verschiedensten Varianten vorgelegten theoretischen Anstrengungen zur Konstruktion eines Marktsozialismus auf der Basis eines ausschließlichen Sektors staatlichen (oder öffentlichen) Produktiveigentums und einer zentralen Planinstanz, die Markt-

---

401 Ebda., S. 199ff.

und Preisvorgänge simuliert, liefert keine konsistente, nochmals wiederholens- oder nachahmenswerte Variante eines konstruierten sozialistischen Modells.

- Ein solches Modell löst auch in der Praxis eine Reihe von Fragen nicht, die innerhalb einer nicht nur simulierten Marktökonomie aufgrund der ihr eigenen Funktionsmechanismen eine – wenn auch mit vielen unliebsamen Begleiterscheinung versehene – Antwort finden: insbesondere die Koordination der Wirtschaftssubjekte, die Motivation der Handelnden (der einzelnen Produzenten wie der Manager), das Principal-Agent-Problem, die Entwicklung innovationsfördernder und betriebliche Rationalität erzwingender Konkurrenzmechanismen.
- Die Schlußfolgerung daraus kann nur lauten, daß die aufgetretenen Probleme auch künftig nur im Rahmen einer gemischten Eigentumsstruktur gelöst werden können. Die von den Autoren geforderte „unvoreingenommene Prüfung der sozio-ökonomischen Angemessenheit der Eigentumsstruktur unter sich laufend verändernden Umständen“ kann nur auf das hinauslaufen, was wir – unter Anknüpfung an eine Nebenbemerkung von Friedrich Engels – bereits an anderer Stelle festgehalten hatten: Öffentliches oder staatliches Eigentum ist kein Wert an sich, sondern nur da angebracht, wo die Wahrnehmung der entsprechenden Aufgabe der Leitung eines privaten Unternehmens entwachsen ist, wo etwa zwingende öffentliche Interessen einen staatlichen Monopolanbieter unter entsprechender Kontrolle oder öffentliches Eigentum als sinnvolle Konkurrenz zu privaten Produzenten erfordern.
- Die Charakterisierung und Ausgestaltung dessen, was die Autoren im Unterschied zur Summe der individuellen Eigeninteressen als gesellschaftliches Gesamtinteresse bezeichnen, erfordert ein über das heute im Westen erreichte Maß weit hinausgehendes Definieren und Umsetzen von gesellschaftlichen Zielvorgaben auf den verschiedensten Ebenen, an denen sich der unmittelbar wirtschaftliche Sektor abzuarbeiten hätte.

6.4 „Geld im Sozialismus“ (Hajo Riese)

Wenn wir trotz der bereits festgehaltenen Ergebnisse eine weitere Arbeit in unseren Untersuchungszusammenhang mit hineinnehmen, dann deshalb, weil sie den Anspruch erhebt, auf eine Reihe von Funktionsdefiziten der beschriebenen marktsozialistischen Konzeptionen alternative Antworten geben zu können. Riese stimmt zunächst mit den vorgenannten Autoren darin überein, daß das Scheitern des realen Sozialismus mit in der Unmöglichkeit begründet liegt, als gestaltete, konstruktivistische Wirtschaftsordnung in Konkurrenz mit einer historisch gewachsenen bestehen zu können. Man müsse aber (hinsichtlich der Frage der „Verantwortlichkeit“) Marx zugute halten, daß er nicht von einer Vorstellung ausgegangen sei, der Sozialismus werde sich in einer Systemkonkurrenz zum Kapitalismus durchsetzen. Im übrigen gebe es bis heute keine spezifische, eigene ökonomische

Theorie des Sozialismus, vielmehr seien die unterschiedlichen Varianten auf je spezifische Weise an Varianten der liberalen Ökonomie gebunden. Dies sei mit ein Grund dafür, daß die Unterschiede vielfach auf die verschiedenen Grade des Staatsinterventionismus reduziert worden seien. Wolle man aber die Systemfrage betonen, so heiße dies, die Eigentumsfrage in die ökonomische Theorie zurückzuholen. Diese Verknüpfung ergibt sich daraus, daß das Eigentum einen Zinsanspruch begründet, der im Kapitalismus durch private Aneignung, im Sozialismus durch gesellschaftliche Aneignung realisiert bzw. im Kontext der Planungsökonomie eliminiert wird. Sozialismus im bisherigen Sinne ist für Riese eindeutig Planungsökonomie. Innerhalb dieses Systems nehme die Planung die Stelle des Geldes als Garant der Kohärenz und damit der Funktionsfähgkeit des ökonomischen Systems überhaupt ein. Aus seiner Sicht ist Sozialismus sowohl als Planungs- wie als Marktökonomie denkbar, was allerdings für ihre jeweilige Funktionsweise und Kohärenz unterschiedliche Anforderungen mit sich bringt.[402]

Er selbst argumentiert, grundsätzlich gesehen, auf der Basis eines monetär-keynesianisch geprägten Paradigmas. Deshalb kritisiert er die marktsozialistischen Konzeptionen insofern, als sie mit der Akzeptanz der neoklassischen Norm der Effizienz zugleich die Verletzung der keynesianischen Norm eines durch Knapphalten von Geld gesteuerten Ressourcenüberschusses in Kauf nehmen. Damit könne aber der Marktsozialismus die Mangelwirtschaft nicht beseitigen. Wirkliche Planungsökonomie bedeute hingegen Mengenplanung der Zentrale bei administrierten Preisen. In der keynesianischen Theorie erscheine die Güterhortung deshalb auch nicht als Funktionsdefizit eines geplanten Sozialismus, sondern geradezu als sein Funktionsprinzip, da diese an die Stelle der Hortung von Geld im Kapitalismus trete. Aus diesem Grunde betrachtet er die Versuche der sowjetischen Perestroika, Marktelemente in den Planungsprozeß zu implementieren, eher kritisch. Sie seien zwar in einer Überflußwirtschaft wie dem Kapitalismus wirksam, könnten aber nicht einfach auf eine Mangelwirtschaft wie den Sozialismus übertragen werden. Mangel- und Überflußwirtschaft könnten nicht gleichzeitig existieren. Die Folge sei die Herausbildung einer – marktförmigen – Schattenwirtschaft. Planungsbereich und Schattenwirtschaft könnten aber nur dann unabhängig voneinander bestehen, wenn sie nicht miteinander verflochten seien, was – wegen des „law of one price“ – faktisch unmöglich sei.[403]

Die Inkohärenz des marktsozialistischen Konzepts von Lange resultiert für Riese insbesondere daraus, daß die Zentrale als Auktionator an der Unmöglichkeit scheitere, eine Güterhortung der Betriebe zu unterbinden. Daran ändere auch die Einführung der Signalfunktion von Preisen nichts. Informationsprobleme zwischen Betrieben und der Zentrale seien durchaus keine Gründe für diese Güterhortung, diese sei vielmehr systemlogisch und verschwinde auch bei vollständiger Informa-

---

402 Riese 1990b, S. 3ff.

403 Ebda., S. 28ff., 50ff.

tion nicht. Der größte Irrtum innerhalb der älteren (Langeschen) Schule des Marktsozialismus besteht danach in der Annahme, daß Sozialismus bedeuten könne, Marktmechanismen zu simulieren.[404]

Kornai (als Vertreter der jüngeren Schule) biete demgegenüber insofern im Sinne der neoklassischen Theorie den richtigeren Ansatz. Er erkläre den Sozialismus insoweit für ineffizient, als er auf falschen, während der Kapitalismus effizient sei, weil er auf richtigen Preisen beruhe. Ihm sei aber da nicht zu folgen, wo er diese unterschiedlichen Wirtschaftssysteme ebenfalls divergierenden methodischen Ansätzen zuordne. Zentrale Mengenplanung und ökonomische Effizienz schlössen sich nämlich aus, weil die Allokationsfunktion der Preise an Mengenreaktionen gebunden sei, die nur die individuellen Agenten, allen voran die Betriebe, vornehmen könnten. Kornai versuche zwar, indem er den Kapitalmarkt an die Stelle der nationalen Planung setze, eine harte Budgetrestriktion zu erreichen. Dies gelinge aber deshalb nicht, weil sich nicht etwa die weiche Budgetrestriktion, sondern die Güterhortung einer Kontrolle durch Planung entziehe. Kapitalmärkte seien, anders als es diese jüngere Schule des Marktsozialismus annehme, deshalb auch keine ausreichende Bedingung für eine harte Budgetrestriktion.[405]

Der Schluß daraus kann nach Auffassung von Riese nur darin liegen, die Funktionsbedingungen einer Planungsökonomie durch die einer Geldwirtschaft zu ersetzen. Der Wechsel vom Verkäufermarkt zum Käufermarkt verlange nämlich ein Knapphalten des Geldes, das an die Stelle der Güterhortung eine Geldhortung setze. Die Geldpolitik müsse die Stelle der Kohäsionsfunktion der Mengenplanung der Zentrale übernehmen, und zwar indem sie einen Zinsanspruch konstituiere, dessen marktlogische Fundierung aus dem Knapphalten von Geld resultiere. Damit stelle sich zugleich die Frage der Vereinbarkeit freier Kapitalmärkte mit einem Sozialismus, der eine gesellschaftliche Aneignung des Zinsanspruchs begründe. In dieser Hinsicht stelle sich die Eigentumsfrage. Die Konsequenz daraus liegt in der Preisgabe der bisherigen Monobank zugunsten eines zweistufigen Banksystems, das die Geldversorgung und die Kreditgewährung voneinander trennt. Die Zentralbank bedarf zugleich der Autonomie vom Staat, um unabhängig ihre Ziele durchsetzen zu können. Der „Sozialismus“ drücke sich in der gesellschaftlichen Aneignung des Zinsanspruchs aus, insofern sei zwar ein Kreditmarkt, nicht aber ein Vermögensmarkt möglich. Nur bei Ausschaltung der Gläubigerkonkurrenz – so Riese – sei die gesellschaftliche bzw. staatliche Aneignung dieses Zinsanspruchs realisierbar. Hingegen würde eine unter Effizienzgesichtspunkten dezentral ausgerichtete monetäre Ökonomie (also eigentlich eine weniger „autoritäre“ Lösung) eine Gläubigerkonkurrenz ein- und entsprechend die generelle „Vergesellschaftung“ des Zinsan-

---

404 Ebda., S. 63ff., 73.

405 Ebda., S. 68ff.

spruchs ausschließen. Die ist in diesem Modell folglich nur als verstaatlichter Zinsanspruch zu realisieren.[406]

In einem wirklichen Marktsozialismus müsse also das Primat der Wirtschaftspolitik von der Planungspolitik auf die Geldpolitik übergehen. Im keynesianischen Paradigma sei nämlich Sozialismus insofern immer auch Marktsozialismus, als hier die Aufhebung der tradierten Dichotomie von Markt- und Planwirtschaft zugunsten der von Geld- und Planwirtschaft vorherrsche. Innerhalb der Planökonomie hingehen bedeute die Implementierung von Marktmechanismen das Entstehen einer Zweitökonomie als Krankheitsherd, der sich im Ungleichgewicht der Ware-Geld-Beziehungen ausdrücke. Während sich Planungsökonomie und Konvertibilität der Währung widersprächen, sei diese in einem wirklichen Marktsozialismus gerade die Konsequenz einer gesunden Geldverfassung, hergestellt durch das Knapphalten und die Regulierung der Geldmenge.[407]

Rieses Resumée – noch inmitten des sowjetischen Reformprozesses geschrieben – stellte diesem keine Prognose, wirklich lebensfähig zu sein: Der Scylla einer Planungsökonomie, die beschränkte Entwicklung, mangelnde Effizienz und nichtexistierende Käufermärkte einschließe, stehe die Charybdis eines Reformkonzepts gegenüber, das sich der Täuschung hingebe, das Kohärenzproblem unterlaufen bzw. von der Eigentumsfrage loslösen zu können. Die ökonomische Theorie könne deshalb nicht mehr als den tiefsitzenden Anspruch des Sozialismus, den fortgeschrittenen Kapitalismus einzuholen, als bloßen Voluntarismus decouvrieren, der keine Stütze in den Funktionsbedingungen einer sich wie auch immer auf Sozialismus berufenden Wirtschaftsordnung finde. Denn der Konstruktivismus, eine Wirtschaftsordnung zu setzen, finde eine unüberwindbare Grenze darin, auf die Erfahrungen einer sich spontan entwickelnden Wirtschaftsordnung angewiesen zu sein.[408]

Rieses Arbeit hinterläßt einen durchaus zwiespältigen Eindruck. Sie vermag sicherlich gewisse Inkohärenzen innerhalb der verschiedenen Paradigmen marktsozialistischer Konzepte offenzulegen. Allerdings bündelt sie alle Erkenntnis letztlich in der einen Perspektive: dem Übergang zu einer monetären Steuerung. Damit bleibt aber eine ganze Reihe weiterer Frage offen: Wie soll die Eigentumsstruktur des produktiven Sektors innerhalb eines solchen Marktsozialismus aussehen? Ist sie als gemischtwirtschaftliche Struktur gedacht? In welchem Verhältnis stehen die verschiedenen Eigentumsformen zueinander? Wie wird über die Verwendung des staatlich durchgesetzten „gesellschaftlichen“ Zinsanspruchs entschieden? Was sind – jenseits der Fixierung auf die neoklassische Herkunft des Paradigmas – die Antriebsmomente für betriebliche Effizienz und Innovation? Riese liefert darauf keine Antworten.

---

406 Ebda., S. 73ff., 83ff.

407 Ebda., S. 92, 116, 120, 135.

408 Ebda., S. 136.

Der Untertitel seiner Arbeit – „Zur theoretischen Fundierung von Konzepten des Sozialismus" – verweist letztlich wohl auch nur auf die Dekonstruktion bisher vorliegender Fundierungen, an deren Stelle keine eigene tritt (jenseits der Herausarbeitung der Alternativlosigkeit einer monetär-keynesianischen Steuerung, die aus seiner Sicht in einer kapitalistischen wie einer sozialistischen Ökonomie alternativlos ist). Antworten auf die sich innerhalb gemischtwirtschaftlich strukturierter Übergangsökonomien herausbildenden Fragen liefert diese Arbeit also nicht wirklich. Derartige Vorstellungen des Realisierens solcher Übergangsökonomien würden im Zweifel auch als innerhalb des eigenen Paradigmas nicht kohärent abgelehnt. Der eigene Schluß Rieses läßt offen, ob er darin – jenseits des Methodenstreits – im Angesicht der mit den realen kapitalistischen Marktwirtschaften verbundenen Probleme überhaupt eine sinnvolle Aufgabe sieht.

6.5 „Sozialisierung des Marktes" (Diane Elson)

Einen gegenüber den bisher vorgestellten theoretischen Ansätzen völlig neuen Weg versucht Diane Elson zu beschreiten. Sie hält die schon in den achtziger Jahren geführte Debatte um Markt oder Plan für zu abstrakt und auf beiden Seiten von zu großen Einseitigkeiten geprägt. Denjenigen, die wie der inzwischen verstorbene Ernest Mandel an einer Planwirtschaftsvariante festhielten und auf Marktprozesse glaubten verzichten zu können, hält sie vor, daß sich Warenproduktion nicht einfach auf Kaufen und Verkaufen reduzieren lasse. Der Preismechanismus ist auch nach ihrer Auffassung ein für eine sozialistische Ökonomie unverzichtbares Instrument der Koordination. Gegen die Theoretiker einer sozialistischen Marktwirtschaft wendet sie hingegen ein, daß sie den Markt als zu neutral betrachteten, übersähen, daß auch dieser, um im Sozialismus zu funktionieren, erst „sozialisiert" werden müsse. Ihre Antwort lautet also nicht, daß Preise und Sozialismus a priori kompatibel sind, sondern daß die sozialen Beziehungen zwischen Käufern und Verkäufern so verändert werden müssen, daß sie nicht mehr antagonistisch sind. Die charakteristischen Momente eines derartig veränderten Marktes lauten deshalb: Der Preisbildungsprozeß muß öffentlich sein, nicht von Unternehmen kontrolliert; und die Information muß geteilt werden, wobei der Nexus des Vertrauens, der Gegenseitigkeit und des goodwill die Grenzen setzt, innerhalb derer der Markt operiert, und nicht dem Markt untergeordnet wird.[409]

Mit dieser Konzentration des Blickes auf die Funktionsformen und Machtstrukturen des Marktes lenkt Elson bewußt den Blick weg von der bisherigen Fixierung der sozialistischen Debatte auf die Eigentumsformen der Unternehmen. Das Eigentum sei nur insofern von Bedeutung, als es Implikationen für die Bedingungen der Produktion und Reproduktion der Arbeitskraft habe. Der grundlegende Anta-

409 Elson 1990, S. 60, 85f.

gonismus zwischen Käufer und Verkäufer bestehe demgegenüber zwischen Haushalten als Verkäufern und Unternehmen als Käufern von Arbeitskraft. Dies müsse verändert werden, so daß der Prozeß der Produktion und Reproduktion der Arbeiskraft zur unabhängigen Variable werde, der sich der Akkumulationsprozeß anpasse. Die Lösung liegt für Elson darin, daß den Haushalten ein Basiseinkommen zur Verfügung gestellt wird[410], ohne dafür Arbeitskraft an Unternehmen außerhalb verkaufen zu müssen, selbst wenn diese in öffentlichem Eigentum stehen. Dieses Basiseinkommen müsse die Lebensexistenz auf einem niedrigen, aber würdigen Niveau garantieren. Erst auf dieser Basis hätten die Haushalte die freie Entscheidung darüber, ob sie (zusätzlich) ihre Arbeitskraft an Unternehmen verkaufen wollen. Natürlich liege die Möglichkeit der Ausstattung eines solchen Basiseinkommens in armen Agrargesellschaften niedriger als in einer reichen Industriegesellschaft. Dazu gehöre aber generell, die Bereiche Gesundheitsdienste, Ausbildung, Wasser und Hygiene als öffentliche Dienste kostenlos zur Verfügung zu stellen. Das Geldeinkommen soll danach als Grundausstattung in bezug auf ausreichende Nahrung, Kleidung, Wohnraum und Haushaltswaren für den allernotwendigsten Lebensstandard ausgestaltet sein. Damit die Chance der Haushalte zur Teilnahme an den öffentlichen Vorgängen gewährleistet ist, gehört zu dieser „Grundausstattung" ferner der freie Zugang zu Informationsnetzen wie Druck, Telefon, Fotokopierer, Fax, Computer usw. Dieser freie Zugang zu Informationen gilt ihr als eine wichtige Grundvoraussetzung bzw. notwendige Bedingung für das Funktionieren einer Sozialisierung des Marktes.[411]

Das sog. „Trittbrettfahrerproblem" beantwortet Elson durch die parallel zu dem Grundeinkommen vorgesehene Verpflichtung für gesunde Erwachsene, unbezahlte Hausarbeit durch Pflege und Besorgungen für diejenigen zu leisten, die nicht mehr für sich selbst sorgen können. Wer bereits – etwa familiär – für eine junge, alte, kranke bzw. behinderte Person sorge, werde davon ausgenommen. Jeder muß also unbezahlte Gemeinschaftsarbeit leisten, wodurch das Ziel sozialistischer Feministinnen, die Sozialisation der Haushalts- und anderer unbezahlter Hausarbeiten, mit vorangebracht werde. Der Vorteil liege zudem darin, daß diese Arbeiten so nicht völlig aus dem Haushalt herausgezogen würden, denn die bisherige Zielrichtung nur auf öffentliche Einrichtungen habe die Vorteile persönlicher Abgeschiedenheit, eines Raumes für sich allein und der individuellen Pflege nicht oder wenn, dann nur negativ gesehen.

Elsons Ausführungen über die Organisationsformen des produktiven Sektors bleiben eher vage. Ihr Hinweis auf die bisherige Überschätzung der Eigentumsfrage und einige andere Bemerkungen lassen darauf schließen, daß sie von einer Struktur gemischter Eigentumsformen ausgeht. Genauer beschäftigt sie sich allerdings nur

---

410 Dies ist im übrigen ein Gedanke, der schon in „utopisch-sozialistischen" Zukunftsentwürfen des vergangenen Jahrhunderts, etwa bei Edward Bellamy, eine Rolle gespielt hat; vgl. B. Novy 1998.

411 Elson 1990, S. 86f.

mit dem Sektor öffentlicher Unternehmen. Diese müßten von den Belegschaften selbst geleitet werden. Dabei müsse es ein Recht auf Arbeit für diejenigen geben, die bei solchen öffentlichen Unternehmen beschäftigt sind, ihre Grundlöhne müßten durch einen sozialisierten Arbeitsmarkt festgelegt werden (mit der Folge eines Bedeutungsverlustes und anderer Aufgabenzuweisungen für die Gewerkschaften). Management durch die Belegschaft sei die Voraussetzung dafür, daß die Personalkosten nicht als bloße Kosten betrachtet würden, die minimiert werden müssen. Sie sieht zwar den Zusammenhang zu den Fragen Innovation und Leistungsmotivation, glaubt aber keinen Grund erkennen zu können, warum derartige Unternehmen nicht in gleicher Weise produktivitätssteigernd wirtschaften könnten – die Produktivitätszuwächse in mehr Freizeit und Geld umsetzend. Diese Steigerung erfolge dann aber nicht mehr durch Arbeitsintensivierung und Abstriche an den Gesundheits- und Sicherheitsmaßnahmen bzw. durch Entlassungen.

Da es sich um Belegschaftsmanagement für öffentlich genutzte Anlagen handelt, sieht Elsons Vorschlag ein Amt für die Regulierung der öffentlichen Unternehmen vor, dessen Aufgabe nicht darin bestehe, Produktionsziele festzulegen und Produktionsmaterial zu verteilen, sondern bestimmte demokratisch festgelegte Normen für die Nutzung öffentlicher Anlagen durchzusetzen, um zu verhindern, daß sich die Angestellten die Anlagen zur Nutzung für sich selbst aneignen. Dieser „Regulator" würde also die Eigentumsrechte gegenüber den Nutzungsrechten vertreten. Derartige öffentliche Unternehmen würden ihr Material und ihre Ausrüstung auf sozialisierten Märkten ein- und ihre Produkte dort verkaufen. Normalerweise sollten sie sich selbst finanzieren, mit Ausnahme derjenigen, die kostenlose Dienste lieferten und aus Steuermitteln finanziert würden. Kapitalmärkte mit Übernahmen und Bankrotten sind in dieser Konstruktion ausgeschlossen. Vielmehr liegt in der Verantwortung dieses Regulators auch die Aufgabe der Rekonstruktion solcher Unternehmen. Wird ein Unternehmen zahlungsunfähig und muß saniert werden, wird gleichwohl niemand entlassen. Der Regulator muß dann bei der Ausarbeitung von Plänen helfen, um den Angestellten vergleichbare Arbeitsplätze in anderen Unternehmen anzubieten oder ihnen nach einer Umschulung neue Arbeitsplätze zu verschaffen. Teams von Arbeitern könnten beim Regulator die Erlaubnis beantragen, ein neues öffentliches Unternehmen zu gründen und sich dafür (gegen Zinsen) öffentliche Gelder zuweisen lassen.[412]

Einer inflationären Entwertung des in Geld festgelegten Basiseinkommens glaubt Elson gerade durch die vorgeschlagenen Mechanismen einer Sozialisierung des Marktes begegnen zu können. Wie also sehen diese aus? Ein sozialisierter Markt, so der Vorschlag, wird von öffentlichen Körperschaften getragen, die mehr aus der Besteuerung der Unternehmen und Haushalte finanziert werden als aus ihren Umsätzen. Er ist ein Markt, in dem die Mechanismen von goodwill und Gegenseitigkeit stärker als bislang ausgebildet sind, und zwar indem sie in öffentli-

412 Ebda., S. 89f.

che Informationsnetze mit allgemeinem Zugang überführt werden. Derartige Netze würden über Sekretariate verfügen, die aus Steuergeldern und nicht durch den Verkauf ihrer Dienstleistungen finanziert werden. Der Vorteil des bisherigen Marktes liege nämlich nur darin, wie er zur Initiative anreize, hingegen biete er den Nachteil, daß er Schranken für die Verbreitung von Informationen errichte. Ein sozialisierter Markt erlaube ebenfalls die Initiative, die ein wesentliches Kennzeichen einer Gesellschaft freier Menschen sei, aber schaffe auch neue Wege und Motive für individuelle Initiativen, die dem Gemeinwohl dienten. Der Vorschlag sieht die Einrichtung von Lohn-Preis-Kommissionen vor, deren Aufgabe zunächst in der Schaffung von materiellen Einrichtungen für den Austausch von Informationen über die Bedingungen von Käufen und Verkäufen zwischen den Unternehmen wie auch zwischen Unternehmen und Haushalten liegt. In einer industrialisierten Ökonomie könne dies durch die Einrichtung eines öffentlichen elektronischen Marktes geschehen.

Dabei würden einmal die Stückpreise erfaßt sowie die Grunddaten über die Preisbildung. Der Unterschied zur Jetztsituation liege darin, daß die Unternehmen als Voraussetzung für die Zulassung zum öffentlichen Markt zur Offenlegung von Informationen auf der Grundlage standardisierter Kostenrahmen gezwungen würden. Aufgabe der Kommission ist es ferner, die Bildung der Preise und Löhne zu lenken, und zwar indem sie Preis- und Lohnnormen schafft und die Informationen liefert, die es Käufern und Verkäufern ermöglichen, selbst die Preise und Löhne auf dezentralisierte Weise zu überwachen. Mit steuerlichen Maßnahmen und Sanktionen werde es möglich sein, die Befolgung der Normen zu fördern und Abweichungen zu bestrafen. Im Rahmen dieses Konzepts bliebe also die Entscheidung über das Niveau und die Zusammensetzung der Produktion sowie über die Materialauswahl bei den Unternehmen, zur Vermeidung makroökonomischer Probleme und zur Schaffung der Möglichkeit der Restrukturierung werde ihnen aber der Preisbildungsprozeß nicht mehr vollständig überlassen.[413]

Elson stellt sich daneben die Installierung verschiedener – z.B. branchenbezogener – Käufer-Verkäufer-Netze vor, die sich auf Informationen über Lagerhaltung, Kapazitäten, Entwürfe und Spezifikationen zu konzentrieren hätten. Sie würden die Grundlage für einen dezentralisierten sozialen Planungsprozeß bilden, in dem die Implikationen der Investitionspläne verschiedener Einheiten vor dem Abschluß der Pläne eingeschätzt werden könnten. Deren Sekretariate könnten mit einer nationalen Planungsagentur in Austausch treten, um eine abgestimmte Gesamtstrategie für die nationale Ökonomie zu schaffen. Einer solchen bedürfe es nämlich trotz der anzustrebenden Dezentralisierung weiter, um festzulegen, welche Sektoren expandieren und welche abnehmen sollen, wieviel für Investitionen und wieviel für Konsum angesetzt werden solle, schließlich welche Engpässe behoben und welche als Grenze akzeptiert werden sollten. Im Konsumgüterbereich wird zur Stärkung der

---

413 Ebda., S. 88, 91f., 98.

relativ schwachen Stellung der Haushalte ein Verbraucherverband vorgeschlagen, der als „Netz-Koordinator“ zwischen Haushalten und Unternehmen aus Produktion, Groß- und Einzelhandel von Konsumgütern und Dienstleistungen fungiert. Seine Aufgabe ist die Lieferung von Informationen über die Qualität der Güter und Dienste, über die Bedingungen, unter denen diese erbracht werden, sowie über ihre möglichen Auswirkungen auf die Umwelt.[414]

Innerhalb dieses institutionellen Gefüges käme einer sozialistischen ökonomischen Koordination nicht die Aufgabe zu – wie in den meisten Planmodellen –, ein von vornherein bestehendes Gleichgewicht (noch vor Beginn der eigentlichen Produktion) zwischen Angebot und Nachfrage herzustellen. Dies sei ein unmögliches Ziel. Vielmehr liegt das Ziel in einem Koordinationsprozeß, der Arbeitslosigkeit und Inflation vermeiden helfen soll, während er gleichzeitig Produktivitätszuwächse und die Befriedigung der menschlichen Bedürfnisse fördere. Die ökonomische Gesamtplanung nimmt dabei allerdings nur die Form einer Leitlinie an, einer Vision der Zukunft, nicht einer Vorgehensweise der detaillierten Zuweisung materieller Inputs. Die Planer im Zentralbüro für Wirtschaftsplanung könnten sich dabei auf die Informationsnetze von Käufern und Verkäufern von Schlüsselressourcen stützen, um alternative Szenarien zu entwerfen, von denen eines durch einen demokratischen politischen Prozeß ausgewählt werden würde. Fiskalische wie monetäre Politik würden in diesem Rahmen eine wichtige Rolle spielen, ebenso wie die Marktkoordinaten der Gegenseitigkeit, des goodwill und der Überzeugungsarbeit.[415]

Wir haben bereits einige Probleme innerhalb dieses Konzepts angedeutet. Elson spricht zwar davon, daß „die Abschaffung des Kapitals“ die entscheidende Vorbedingung dafür sei, daß die von ihr genannten allgemeinen Garantien (Basiseinkommen, Grundsubstanz kostenloser öffentlicher Versorgung) Bestandteil einer sozialistischen Ökonomie werden könnten.[416] Was genau diese Abschaffung der Kapitaleigenschaft aber auszumachen hätte, diskutiert sie nicht, es liegt allerdings auch nicht im Zentrum des Interesses ihres Beitrags, der unsere Aufmerksamkeit mehr auf die Marktbeziehungen richtet. Insofern sollten wir auch primär die in diese Richtung zielenden Anregungen aufnehmen und abwägen. Zunächst erscheint uns ihre Überlegung, dem Faktor Arbeit/Arbeitskraft ein Stück seines „Zwangscharakters“ zu nehmen, in die richtige Richtung zu weisen. Wir wollen hier nicht näher diskutieren, ob die Perspektive eines garantierten Basiseinkommens für alle Bürgerinnen und Bürger eines Landes schon für weniger entwickelte Agrargesellschaften einen realistischen Hintergrund hat. Das ist mit guten Gründen zu bezweifeln. Schließlich ist hier die „Ersetzung“ von Arbeit durch intelligente Technologie in der Produktion auch noch nicht entsprechend weit fortgeschritten.

---

414 Ebda., S. 94, 101.
415 Ebda., S. 103.
416 Ebda., S. 88.

Für entwickelte (Nach-)Industriegesellschaften, auf die die schon einmal genannte Prognose der Erzeugung der notwendigen Produkte mit nur noch einem Fünftel der arbeitsfähigen Bevölkerung vor allem bezogen ist, liegt darin aber durchaus eine überlegenswerte Perspektive. Hier hat auch die gesellschaftliche Reichtumsproduktion ein Niveau erreicht, das eine entsprechende Umverteilung möglich erscheinen ließe. Auf dem Hintergrund aktueller sozialpolitischer Debatten muß dabei Elsons Koppelung dieses Basiseinkommens mit der kostenlosen Zurverfügungstellung sozialer Dienste unbedingt im Auge behalten werden. Schließlich gibt es auch in wirtschaftsliberalen Kreisen Überlegungen zur Einführung eines „Bürgergeldes“ (also im Grundansatz durchaus kein originär „sozialistischer“ Gedanke), das allerdings an die Stelle bisheriger sozialer Absicherungen treten soll und damit mit einer *Privatisierung* von sozialen Risiken einhergehen würde. Die Koppelung würde zudem (da nicht an eine kostenlose soziale Grundversorgung gebunden) zu einer drastischen Absenkung des Niveaus sozialer Sicherung für sog. Normalverdiener (und alle unterhalb dieses Niveaus) führen. Darin kann keine sinnvolle Perspektive liegen.

Ohne Elsons Vorschläge im einzelnen diskutieren zu wollen, scheinen uns auch die Überlegungen zu einer Koppelung dieses Basiseinkommens an die Übernahme gesellschaftlicher Pflichten durchaus überlegenswert, da in Gesellschaften, die fortschreitenden Individualisierungsprozessen unterliegen, Pflege-, Versorgungs- und Betreuungsaufgaben nicht mehr alleine auf der Basis kollektiver Lösungen verwirklicht werden können. In ihrem Vorschlag liegt auch ein moderner Ansatz für eine Antwort auf die fortbestehende geschlechtsspezifische Arbeitsteilung und für ihre Überwindung unter Einbeziehung beider Geschlechter.

Elsons Vorschläge zur „Sozialisierung“ des Marktes erscheinen uns allerdings mit einer Reihe von Illusionen behaftet zu sein. Zunächst beruhen sie auf der Annahme, daß es Käufer wirklich interessiert, daß sie sich die Zeit nehmen und zudem wirklich über ein Basiswissen verfügen, um aus der Fülle und Flut von Informationen über Preisentwicklung und -gestaltung das herauszufiltern, was sie für ihre Kaufentscheidung benötigen.[417] Im Zweifel dürften schlichte Kosten-Nutzen-Erwägungen weiterhin im Vordergrund stehen. Diese bestimmen auch heute überwiegend das Käuferverhalten, sei es aus Desinteresse, sei es aus Unkenntnis, sei es aus Gründen der Rationalität des begrenzten persönlichen Budgets. Ziel der von Elson vorgeschlagenen Kommissionen und Netzwerke müßte es ja sein, dem „besseren“ Produkt, hergestellt unter „humaneren“ Bedingungen, in einem ökologisch verträglichen Verfahren, ohne zu erwartende Folgeschäden für die natürliche Lebensumwelt usw. durch Offenlegung aller Informationen zum Durchbruch, zum Erfolg zu

417 Die Delphi-Studie geht eher vom Gegenteil aus: Auch in Zukunft werde lediglich eine Minderheit der Verbraucher über ein ausreichendes Wissen zu Gesundheit und Ernährung verfügen, um z.B. die Informationen der Lebensmittel-Kennzeichnung zu verstehen und entsprechend zu handeln; vgl. Delphi 1998, S. 28.

verhelfen, um damit über ein entsprechendes Käuferverhalten Druck auf die herstellenden Unternehmen auszuüben. Wir wollen nicht bestreiten, daß dies in begrenztem Umfang möglich wäre.

Allerdings dürften die Unternehmen jenseits der geforderten Standardisierung, die die heute vorhandene gigantische Vielzahl von Produktlinien, Produkten, Größen-, Qualitäts- und Designunterschieden, von Produktionsverfahren und Normierungen kaum realistisch erfassen und für den Käufer durchschaubar machen könnte, weiterhin genügend Möglichkeiten besitzen, überzogene Gewinnspannen mit entsprechenden Besonderheiten zu legitimieren, „unverträgliche" Produktionsformen zu verschleiern. Wir halten es für den Endabnehmer letztlich nicht für möglich, sich innerhalb dieser Vielfalt von Kennzeichnungen wirklich zurechtzufinden. Insofern wird es beim Vorteil desjenigen Herstellers bleiben, der – aufgrund welcher Rationalisierungs"erfolge" auch immer – entweder das billigste Produkt anbietet oder aber für wohlhabendere Käuferschichten sein Design oder Label als trendbestimmend durchzusetzen in der Lage ist. Und wir wollen schlußendlich nicht verhehlen, daß Elsons Vorschläge trotz des Verweises auf die Möglichkeiten der Computerisierung eine gewisse Gefahr einer neuerlichen Bürokratisierung, in diesem Fall der Kommissionen und Netzwerke, in sich bergen, denen die Gefahr drohen würde, in der Flut der zu sammelnden Daten und Informationen zu erstikken.

Was an Elsons Ansatz (über die anregende Überlegung zu einem generellen Basiseinkommen, verknüpft mit kostenlosen öffentlichen Diensten, hinaus) bleibt, ist der wichtige Hinweis darauf, daß auch in einer „sozialistischen Marktwirtschaft" die Vermachtung von Märkten, die allerdings – und daran krankt ihr Ansatz – nicht nur ein Problem mangelnder Abnehmer- und Käuferinformation ist, zunächst einmal fortbesteht, also Mechanismen gefunden werden müssen, die sowohl kleinere Anbieter als auch von Informationen abgekoppelte Abnehmer besser schützen. Ihre Vorschläge lösen das aber nur teilweise ein. Die deutschen Erfahrungen mit Verbraucherschutzorganisationen zeigen im übrigen, daß manches von dem, was Elson als *öffentliche* Einrichtungen vorschlägt, auch als Initiative aus der Gesellschaft selbst heraus entstehen und wirksam werden kann. In die richtige Richtung gehen ferner ihre – knappen – Überlegungen zu den Inhalten gesellschaftlicher Planung in einer marktsozialistischen Ökonomie, die nicht mehr Produktions- und Mengenvorgaben zu machen, sondern gesellschaftliche Leitziele und Leitorientierungen zu entwickeln hätte, an denen sich die Marktteilnehmer abzuarbeiten haben.

6.6 „Sozialistische Marktwirtschaft" (Kurt Nemitz)

Hatten wir uns bisher mit Arbeiten beschäftigt, die an der Wende der neunziger Jahre nach einer Neuorientierung in Richtung auf sozialistisch verstandene ökonomische Gesellschaftsentwürfe (unter Verarbeitung der sowjetischen Erfahrungen) suchten, so ergreift Nemitz anläßlich des Untergangs der „realsozialistischen" Systeme die Gelegenheit, um an unerledigte ältere Konzepte von „sozialistischer Marktwirtschaft" zu erinnern.[418] Soll es nämlich – wie ja Brus/Laski letztendlich nahelegen – um Versuche gehen, „sozialistische Marktwirtschaft" im Rahmen einer gemischtwirtschaftlichen Struktur zu denken, kann durchaus auf ältere Arbeiten zurückgegriffen werden. Hatten Theoretiker wie Oskar Lange oder Janos Kornai ihre Vorstellungen noch auf der Basis durchgehend vergesellschafteten bzw. staatlichen Eigentums an den Produktionsmitteln entwickelt (und insofern auf Marx zurückgeführt), so fußt ein anderer Strang marktsozialistischer Konzepte auf der theoretischen Vorarbeit u.a. Franz Oppenheimers[419]. In dieser Tradition des „freiheitlichen" oder „freien" Sozialismus sind von vorneherein unterschiedliche Eigentumsformen und der Gedanke der Konkurrenz integrale Bestandteile einer alternativen Wirtschaftsverfassung. In diese Richtung gehören die Arbeiten solcher Theoretiker wie Eduard Heimann[420] oder Alfred Weber[421]. Selbst ein gemeinhin als „bürgerlich" eingestufter Wirtschaftstheoretiker wie Joseph Schumpeter hat Vorstellungen entwickelt, die deutliche Parallelen zu den genannten Autoren und ihren Arbeiten aufweisen.[422] Die wohl komprimierteste und die unterschiedlichen Ansätze konzeptionell zusammenfassende Darstellung dieser Vorstellungen von „sozialistischer Marktwirtschaft" hat Nemitz ein Jahr nach Verabschiedung des „Godesberger Programms" der SPD selbst vorgelegt. Wir können diese Konzeptionen deshalb weitgehend anhand seiner Arbeit studieren.

Sie faßt zunächst fünf Ordnungsprinzipien der sozialistischen Marktwirtschaft als für dieses Konzept konstitutiv zusammen:

- Das Prinzip der universellen Orientierung: Die sozialistische Wirtschaftspolitik soll an der Gesamtheit aller gesellschaftlichen Aufgaben orientiert sein.
- Das Prinzip des sozialen Pluralismus: Die sozialistische Marktwirtschaft basiert auf einer gemischten Wirtschaftsordnung, d.h. der Vielfalt der Unternehmenstypen, auf Privatwirtschaft und Gemeinwirtschaft.
- Das Prinzip der Minimalplanung: In der sozialistischen Marktwirtschaft treten bei grundsätzlicher Dominanz des Rahmenplanes die Planungselemente nur insoweit in Erscheinung, als der Wettbewerb seine Aufgabe nicht erfüllt.
- Das Prinzip des qualifizierten Eigentums: Privateigentum verpflichtet zu sozialem Gebrauch; Mißbrauch wird durch gesellschaftliche Kontrolle unterbunden. Überführung in Gemeineigentum ist ein Mittel gesellschaftlicher Kontrolle.
- Das Prinzip der ausgleichenden Verteilung: Das Verteilungsproblem wird in der sozialistischen Marktwirtschaft unter dem Gesichtspunkt des Vorranges ständi-

418 Nemitz 1993.
419 Oppenheimer 1913, 1919.
420 Vgl. u.a. Heimann 1922/1931/1932/1954/1975.
421 Mitscherlich/Weber 1946.
422 Vgl. sein bekanntestes Werk Schumpeter 1950.

ger Bemühungen zur Aufbesserung der Lebenslage der wirtschaftlich schwächsten Schichten gelöst.[423]

Schauen wir uns die Ausgestaltung dieser Prinzipien genauer an. Die Grundüberlegung des Konzepts geht von einer notwendigen, ständig neu zu überprüfenden und jeweils an den Notwendigkeiten der Gesamtaufgabe orientierten Verbindung von Planung (d.h. plangebundener Koordination) und Wettbewerb (d.h. marktmäßiger Koordination) aus, einem echten Komplementärverhältnis. Daraus ergibt sich also keineswegs ein Einbau von Rudimenten des Wettbewerbs in ein System der Planung oder umgekehrt ein Einbau von Planungselementen in ein Wettbewerbssystem, sondern es handelt sich um eine Verbindung qualitativ gleichwertiger Elemente. Dabei liegen die optimalen Funktionsbedingungen für die Planung im makroökonomischen Raum und für den Wettbewerb in den mikroökonomischen Beziehungen. Eduard Heimann spricht von einem gemischten System, das sich aus „nichttotalitärer Planung" und einem „nichtkapitalistischen Markt" zusammensetzt. Diesem Modell liegt die – sicherlich zutreffende – Auffassung zugrunde, daß sich jede konkrete Wirtschaftsordnung aus den verschiedensten Elementen, teils marktwirtschaftlicher, teils planwirtschaftlicher Natur, zusammensetzt. Bei den sogenannten reinen Formen der „Zentralverwaltungswirtschaft" (sprich: Planwirtschaft) und der „Marktwirtschaft" handele es sich nämlich nur um Idealtypen, die so nie in der Realität aufträten. Alle Realtypen seien vielmehr gemischte Systeme, die mehr oder weniger Elemente der einen oder anderen Form enthalten.[424]

Das, was hier Planung genannt wird, knüpft an der existierenden volkswirtschaftlichen Gesamtrechnung an, will sie aber nicht nur ex post, als Beobachtung der Wirtschaftsvorgänge, sondern auch ex ante in der Form des Nationalbudgets als Grundlage und Maßstab für die Koordinierung der Wirtschaftspolitik eingesetzt wissen. Sie werde so aus einem reinen „Orientierungsbudget" zu einem „Planungsbudget". Eine besondere Rolle bei den lenkenden Maßnahmen kommt hier den Instrumenten aus dem „Werkzeugkasten" der keynesianischen Theorie zu, etwa einer antizyklischen Finanzpolitik und öffentlichen Investitionen. Planung wird in diesem Zusammenhang als etwas „völlig wertneutrales" verstanden. Sie beginne schon mit der Aufstellung des Einzelplans innerhalb der Hauswirtschaft. Der Einzelhaushalt entstehe aus den Überlegungen des individuellen Planens. Verstärktes individuelles Planen werde dabei verstärkte Rationalität zur Folge haben. In der gesamten Volkswirtschaft, also der Summe der Einzelwirtschaften, werde dann die Grenze der individuellen Planung überschritten. Durch überindividuelles Planen werde die individuelle Ratio erweitert, und man gelange zu einer höheren Ebene der Rationalität.[425]

---

423 Nemitz 1960, S. 62.

424 Ebda., S. 72f., 82f., 89.

425 Ebda., S. 77f., 118f.

Was sich hier betont unideologisch liest und zunächst einmal den Vorteil in sich birgt, auf die Realität von Planungsprozessen in jedweder Form wirtschaftlichen Handelns hinzuweisen, erweist sich bei genauerem Hinschauen hinsichtlich des Verhältnisses von individuellem und gesamtwirtschaftlichem Planen als nicht schlüssig. Diese Sicht blendet nämlich aus, daß beide Prozesse unterschiedlichen Kriterien von Rationalität folgen. Das, was im betriebswirtschaftlichen Interesse des Einzelakteurs rational ist, kann sich als gesellschaftlich völlig irrational, schädlich erweisen. Gesamtwirtschaftliche Planung ist also notwendig ein „Mehr“ gegenüber der Summe der einzelwirtschaftlichen Planungen, und sie ist auch notwendig ein „Anderes“, muß neben dieser Rationalität liegende ökonomische wie soziale, kulturelle oder ökologische Interessen mit einbeziehen. Schließlich hat sie einen anderen Zeithorizont. Einzelwirtschaftliche Rationalität erstrebt den unmittelbaren Ertrag, gesamtwirtschaftliche Planung muß längerfristige Auswirkungen mit einkalkulieren.

Das in diesem Zusammenhang bedeutsame „Prinzip der Minimalplanung“ beinhaltet zunächst, daß nicht die Voraussicht aller Detailprobleme des ökonomischen Prozesses, sondern nur Grundlinien in der Investitionstätigkeit und der Einkommensverteilung geplant werden sollen. Dadurch wird auch die Entstehung eines riesigen bürokratischen Apparats vermieden. Darüber hinaus ist dieses Prinzip durch drei wesentliche Bestandteile gekennzeichnet:

– Die plangebundene Koordination tritt – bei grundsätzlicher Dominanz des Rahmenplanes – gegenüber der marktmäßigen Koordination erst dann in den Vordergrund, wenn die Herstellung eines den Zielen der Wirtschaftspolitik entsprechenden Gleichgewichts durch den Wettbewerb nicht mehr gewährleistet wird.
– Ist durch die Wirkungslosigkeit des Wettbewerbs die Anwendung der plangebundenen Koordination notwendig geworden, so hat bei ihrer Durchsetzung diejenige Methode den Vorzug, die den kleinsten Eingriff in das Marktgefüge mit sich bringt.
– Werden zur Durchsetzung einer plangebundenen Koordination Eingriffe in das Marktgefüge geplant, so liegt die Beweispflicht für die Notwendigkeit dieser Maßnahme bei der zwangsanwendenden Stelle.[426]

Diese Grundsätze gelten deshalb, weil man innerhalb dieses Konzepts davon ausgeht, daß die Marktteilnehmer die jeweilige, konkret beste Lösung im Prozeß der Konkurrenz herausfinden können und werden. Funktioniert dies nicht, gibt es eine abgestufte Folge von Eingriffen: Marktbeeinflussung (etwa durch Qualitätskontrollen und Standardisierungen); Marktintervention (etwa durch Einflußnahme auf die Lagerhaltung); Marktregulierungen (etwa durch Festpreise und Quoten). Konkurrenzverhältnisse werden bzw. der Wettbewerb wird dabei aber nicht – wie im Liberalismus – als *Ziel* verstanden, sondern nur als ein wirtschaftspolitisches *Instrument*, aber eben nicht nur als der „vielleicht widerwillig engagierte Aushilfsdiener

426 Ebda., S. 105, 121.

eines zentralistischen Modells", sondern als für den Sozialismus unabdingbares Lenkungsmittel.[427] Der Wettbewerb muß sich also in jedem Fall innerhalb der Schranken der volkswirtschaftlichen Rahmenplanung vollziehen, wobei gleichzeitig vorauszusetzen ist, daß jede Möglichkeit genutzt wird, um den wettbewerbswirksamen Bereich der Volkswirtschaft auszudehnen. Innerhalb dieses Bereichs bleibt der Markt, so schrieb auch 1947 Richard Löwenthal, unentbehrlich für die Ausübung der Wahlfreiheit der Konsumenten zwischen den Gütern, die ihnen bei gegebenen Einkommen zugänglich sind, und damit für die Verteilung der Produktivkräfte zwischen den einzelnen Konsumgüterindustrien. Er bleibt gleichfalls unentbehrlich für den Wettbewerb der Industrien um die einzelnen Produktionsfaktoren und damit für den Kostenvergleich zwischen verschiedenen möglichen Methoden der Produktion.[428]

Schauen wir uns nun noch etwas genauer das an, was innerhalb dieses theoretischen Zusammenhangs unter einem „sozialistischen" Markt verstanden wird. Ein solcher, so wiederum Eduard Heimann, würde nicht durch autonome Wirtschaftskräfte auf der Suche nach Profit bestimmt werden, sondern er würde im sozialen Sinne „entkapitalisiert", das heißt er würde den in möglichst verschiedenen Formen organisierten Kräften der Gesellschaft übergeben: den Genossenschaften, den Gemeindeunternehmen, den autonomen Korporationen und den Privatunternehmen, bei denen Konkurrenz, Arbeitsrecht und öffentliche Kontrolle den Expansionsmitteln unverantwortlicher Macht Grenzen setzen.[429] Innerhalb dieses Systems kommt also einmal dem Sektor der gemeinwirtschaftlichen und genossenschaftlichen Unternehmungen eine besondere Rolle zu. Diese bieten die Möglichkeit, durch eine vorrangig an der Bedarfsdeckung orientierte Betriebspolitik die Masse der Verbraucher vor Preisüberforderungen zu schützen. Das also, was bei Elson primär durch eine Verbesserung von Information und Marktzugang erreicht werden soll, wird hier gerade durch Elemente von Machtbegrenzung sowie die Einrichtung eines stark gemeinwohlorientierten Sektors zu erreichen versucht. Daneben sollen diese Organisationsformen den Zweck verfolgen, auf andere Weise nicht einübbare gemeinschaftsorientierte Verhaltensformen wie den Dienstgedanken, den genossenschaftlichen Gemeinschaftsgeist und den Selbsthilfewillen zu fördern.[430] In der grundsätzlichen Orientierung auf einen Ausbau genossenschaftlicher Organisationsformen hat diese Auffassung also durchaus Berührungspunkte zu den Vorstellungen von Marx und Engels. Sie unterscheidet sich da, wo sie die Genossenschaften in ein Geflecht unterschiedlicher Eigentumsformen der Produktionsmittel innerhalb eines Marktsystems einbettet, sie also durchaus auch in Konkurrenz

427 Ebda., S. 123; Schiller 1955, S. 12.
428 Löwenthal 1947, S. 206.
429 Heimann 1954, S. 43.
430 Nemitz 1960, S. 92.

zueinander treten läßt, während Marx und Engels ja diese Konkurrenz gerade ausgeschaltet sehen wollten.

Eine zweite wichtige Kategorie innerhalb einer solchen sozialistischen Marktwirtschaft stellt der Preis dar. Er tritt in den unterschiedlichsten Formen auf: als frei gebildeter Marktpreis, als an einem Richtsatz orientierter Marktpreis, als Höchstpreis oder Mindestpreis, als öffentlich festgesetzter Monopolpreis, in den Formen des Tarifs, der Gebühr oder in anderen Formen. Die Rationalität der Wirtschaftsrechnung dieses Systems basiert daher vor allem auch auf der Interdependenz aller jener Preise, auf der Knappheitsanzeige durch den Preis. Auch in diesem Zusammenhang kommt also dem gemeinwirtschaftlichen Sektor eine bedeutende Rolle zu – oder, wie es Nemitz ausdrückt: Diese gemischte Wirtschaftsordnung enthält in ihrer geschichtlichen Realität zweifellos bereits mehr Elemente gemeinwirtschaftlicher Prägung, als gewöhnlich angenommen wird.[431] Der Zusammenhang ist verständlich. Gelingt es nicht, diesen Sektor entsprechend auszubauen, kann auch der dadurch angestrebte Verbraucherschutz nicht erreicht werden, setzen sich – wenn zudem die vorgesehenen Maßnahmen des Kartellrechts und der öffentlichen Kontrolle nicht greifen – die Monopolisierungstendenzen über den privatwirtschaftlichen Sektor durch.

Das Stichwort „öffentliche Kontrolle" markiert eine weitere Säule innerhalb dieses Konzepts. Mit einem ganzen Bündel von Maßnahmen soll wachsender Monopolbildung und dem Übergreifen von wirtschaftlicher Macht auf politische Entscheidungsprozesse entgegengewirkt werden. Wir können sie hier nur als Stichworte auflisten:

- die Erweiterung der Publizitätspflicht von Großunternehmen;
- die Ordnung der Interessenvertretungen im vorparlamentarischen Raum (Lobbys);
- die öffentliche Kontrolle des Arbeitsprozesses;
- der Ausbau des Systems der öffentlich gebundenen Unternehmen;
- der Ausbau der Mitbestimmung;
- eine wirkungsvolle Kartell- und Monopolaufsicht;
- die öffentliche Förderung mittlerer und kleinerer Unternehmen;
- Maßnahmen der Steuer-, Finanz-, Zoll- und Kreditpolitik;
- Maßnahmen preispolitischen und allgemein betriebswirtschaftlichen Charakters;
- die Ausgestaltung des Wirtschaftsstrafrechts;
- Maßnahmen der Investitionspolitik;
- die Überführung von Unternehmen in Gemeineigentum.[432]

Dieser Katalog von Einzelmaßnahmen beruht auf einem Verständnis der Sozialpflichtigkeit des Eigentums, wie sie das Grundgesetz der Bundesrepublik Deutschland festlegt. Eigentum gilt danach nicht mehr – wie in der bürgerlich-

431 Ebda., S. 103.
432 Ebda., S. 137ff.

liberalistischen Anschauung – als ein in sich selbst gerechtfertigtes, schrankenloses „geheiligtes und unverletzliches" Recht, sondern erscheint vielmehr als ein dem einzelnen von der Allgemeinheit anvertrauter Spielraum der Privatinitiative, anvertraut in der Erwartung eines sozialen Gebrauchs, jederzeit entziehbar, wenn diese Erwartung sich nicht erfüllt, also als ein bedingtes und begrenztes Recht.[433]

Als letztes Mittel für den Fall, daß von diesem Eigentum nicht in sozial verantwortlicher Weise Gebrauch gemacht wird, kommt innerhalb des Katalogs auch die Sozialisierung in Frage. Ihr Ziel ist aber nicht – wie in der Marxschen Logik – die Aufhebung der Marktbeziehungen, sondern sie wird als eines der Mittel betrachtet, diesen Markt zu „entkapitalisieren" und im sozialistischen Sinne (wieder) funktionsfähig zu machen. Das geschieht nicht dadurch, daß aus Betrieben neue bürokratische Apparate gemacht werden, sondern die sozialisierten Teile müssen in der Sphäre freien, spontanen wirtschaftlichen Handelns erhalten werden. Sozialisierung wird dabei nur insoweit durchgeführt, als dies zur Herbeiführung oder Erhaltung der Funktionsfähigkeit der Volkswirtschaft im Sinne einer „freiheitlich-sozialistischen" Wirtschaftspolitik zwingend notwendig erscheint. Hierfür können politische Gesichtspunkte maßgeblich sein, etwa da, wo das Privateigentum zum politischen Herrschaftsinstrument geworden ist und zur Unterdrückung der Freiheit und der Selbstbestimmung führt. Zum anderen und vor allem sind hier ökonomische Gründe maßgebend, etwa bei der Grundstoffwirtschaft, weil nur auf diese Weise eine dem volkswirtschaftlichen Bedarf entsprechende Versorgung mit Roh- und Grundstoffen (Kohle, Eisen, Stahl, Energie) gesichert werden könne. Daneben tritt die Zielorientierung des Ausbaus der Mitbestimmung, da nur durch „Wirtschaftsdemokratie" verhindert werden kann, daß sich das in der Wirtschaft entwickelnde Eigenleben verselbständigt, das große Gefahren für den Aufbau einer wahren Demokratie mit sich bringt, solange eben nicht auch dort die Grundsätze demokratischer Legitimation und Kontrolle Anwendung finden.[434]

Das „Prinzip der ausgleichenden Verteilung" schließlich verfolgt zwei Ziele: Erstens – wie bereits genannt – will man die Aufbesserung der Lebenslage der wirtschaftlich schwächsten Schichten erreichen. Und zweitens, gedanklich damit verbunden, sollen dadurch nach dem Grundsatz „Gleicher Start für alle" jedem die gleichen Ausgangsbedingungen im volkswirtschaftlichen Wettbewerb eingeräumt werden.[435] Während ersteres Ziel sowohl unter dem Gesichtspunkt sozialer Gerechtigkeit wie auch volkswirtschaftlich unter dem der Kaufkraftstärkung durchaus vernünftig erscheint, sind bei letzterem Illusionen unverkennbar. Auch in den späten fünfziger Jahren hatte die bundesrepublikanische Wirtschaft bereits einen Or-

---

433 Ebda., S. 144f. mit Bezug auf den sozialdemokratischen Rechtslehrer Gustav Radbruch.

434 Ebda., S. 157ff.; vgl. zur Geschichte der verschiedenen Sozialisierungstheorien insbes. Novy 1978; siehe auch Wernitz 1966 sowie die gute dokumentarische Zusammenstellung bei Konegen/Kracht 1975.

435 Ebda., S. 165.

ganisationsgrad erreicht, bei dem von der Herstellung „gleicher Startchancen“ für alle nicht ernsthaft mehr gesprochen werden konnte. Dieser Zielvorgabe liegt zudem die illusionäre Annahme zugrunde, als gäbe es so etwas wie einen vorgestellten „Tag X“, an dem die einzelnen Wirtschaftssubjekte unter möglichst gleichen Startbedingungen auf dem Markt gegeneinander antreten. Als Mittel zur Herstellung von mehr sozialer Gerechtigkeit und zur Begrenzung ökonomischer Macht ist sicherlich eine Politik ausgleichender Vermögens- und Einkommensverteilung sinnvoll und notwendig. Wirklich gleiche Startchancen wird sie nicht herstellen können.

Gegenüber allen bisher behandelten Konzeptionen liefert das hier vorgestellte am ehesten Ansatzpunkte für einen vorsichtigen, schrittweisen Ausbruch aus der dominierenden Logik kapitalistischen Wirtschaftens unter Beibehaltung von Marktverhältnissen, die aber nicht nur als vorgegebener, selbstverständlich funktionierender Handlungsrahmen gesehen werden. Innerhalb dieses Konzeptes gibt es durchaus ein Bewußtsein für die Gefahr einer Vermachtung von Marktverhältnissen, der durch das beschriebene Set von Maßnahmen immer neu begegnet werden muß. Die Frage des Eigentums und der Sozialisierung wird nicht unter dem Gesichtspunkt eines bereits erreichten „Vergesellschaftungsgrades“ beantwortet, der als „reifes Verhältnis“ den Übergang zu Staatseigentum möglich macht und die Vorstufe zu einer fortschreitenden Zentralisierung der Produktion bildet, sondern Sozialisierung verfolgt andere Zwecke: Bestimmte Bereiche, die für die allgemeine Versorgung lebenswichtig sind, werden aus dem Markt herausgenommen. Und Machtpositionen, die das Funktionieren des Marktes be- oder verhindern, werden durch Sozialisierung beseitigt, abgebaut und dadurch erst die Marktmechanismen wieder funktionsfähig gemacht. Ansatzpunkt ist also hier der „Kapitalismus“ im Sinne des Großkapitals und der großen Finanz, die „oberste Ebene“ im Sinne von Braudel, und nicht etwa das generelle Ausschalten des „kapitalistischen Akkumulationsprinzips“ im Sinne von Marx.

Flankiert von Maßnahmen wirtschaftsdemokratischer Zielrichtung und einer gerechteren Einkommens- und Vermögensverteilung, zielt dieses Modell auf eine bessere Durchsetzung gesellschaftlicher Interessen gegenüber den sich aus der kapitalistischen Sphäre entwickelnden Sonderinteressen. Diese gesellschaftlichen Interessen werden formuliert und festgelegt innerhalb einer gesellschaftlichen Rahmenplanung, die aber keinerlei direkt produktionsanleitende bzw. in Produktionsprozesse dirigistisch eingreifende Aufgaben hat, sondern Leitlinien setzt, die den Rahmen für das Handeln der Wirtschaftssubjekte abstecken. Mit der Installierung eines besonderen, wachsenden Sektors der Gemeinwirtschaft, verschiedener Formen öffentlichen Eigentums und von Genossenschaften sollen einmal Verbraucherinteressen (gegenüber monopolistischen und überzogenen Preisen der Privatwirtschaft) geschützt und solidarischere Formen der Kooperation im Wirtschaftsprozeß eingeübt werden.

Erscheint uns ein solches Konzept zunächst einmal im Hinblick auf seine Offenheit und Flexibilität, seine Möglichkeit, sich evolutionär aus den alten Verhältnissen herauszuarbeiten eine Reihe von Vorteilen zu bieten, so müssen doch eine Reihe kritischer Anmerkungen gemacht werden, die allerdings zum Teil mit seinem zeitlichen Kontext zusammenhängen. Es enthält „blinde Stellen" in bezug auf die Herausforderungen der Geschlechterfrage und der Ökologie. Weder werden mögliche Zielvorstellungen oder gar Akteure in diesem Zusammenhang genannt, noch werden die sich aus der ökonomischen Funktionsweise selbst ergebenden Herausforderungen in dieser Hinsicht erkannt und in die Lösungsvorschläge mit einbezogen. Der stark auf Verteilung (von Macht wie von Vermögen und Einkommen) ausgerichteten Strategie mangelt es zudem an einer realistischen Einschätzung der Elemente des kapitalistischen Krisenzyklus und daraus folgend einer Unterschätzung des Problems von Massenarbeitslosigkeit bei entsprechender Überbewertung der Bewältigungschancen mit Hilfe des keynesianischen Eingriffsinstrumentariums.

Sie ist noch von hohem Optimismus in bezug auf die Chancen einer weiteren Ausweitung des gemeinwirtschaftlichen und genossenschaftlichen Sektors[436] getragen, eine Perspektive, die in der Folgegeschichte der Bundesrepublik eher Schiffbruch erlitten hat. Diese *Realgeschichte* der gemeinwirtschaftlichen Unternehmungen und ihres Niedergangs muß zwar noch kein endgültiges Argument gegen eine derartige Strategie als solche sein. Allerdings fehlt bisher eine theorie- wie realgeschichtliche Aufarbeitung der Erfahrungen und Lehren dieses Niedergangs und Scheiterns, so daß entsprechende Schlußfolgerungen bislang schwer zu ziehen sind. Und schließlich basiert die gesamte Strategie auf der Vorstellung der weitgehenden Regelungs- und Eingriffsmöglichkeit im nationalen Rahmen. Die Schwierigkeiten, die sich für eine derartige Politik im Rahmen eines weiter expandierten Weltmarktes mit entsprechendem Fallen von Grenzen und der daraus folgenden Interdependenzen und Restriktionen für nationalstaatliches Handeln ergeben, werden – verständlicherweise – noch nicht gesehen.

6.7 „Die Zukunft des Marktes" (Elmar Altvater)

Genau hier setzt hingegen die Arbeit von Altvater an. Heute sei – so seine Grundüberlegung – Markt in erster Linie Weltmarkt, und vom Markt zu sprechen, ohne seine Globalität zu berücksichtigen, sei Rede am Thema vorbei. Auf dieser Folie untersucht er auch das Scheitern der realsozialistischen Gesellschaften. Sie hätten sich von Anfang an einem unlösbaren Widerspruch unterworfen. Die Planwirtschaft habe mit den ihr zur Verfügung stehenden Mitteln des konzentrierten Ein-

---

436 Zur Aktualität der Genossenschaftsidee hat Hirst 1991 einige – jedoch allzu abstrakt entwickelte – Gedanken formuliert.

satzes von Ressourcen dem vorgegebenen Modell der bürgerlich-kapitalistischen Welt in Richtung auf Fortschritt, Rationalisierung und Emanzipation nachgestrebt, sich aber zugleich aus dem Medium Weltmarkt abgekoppelt, in dem sich gerade und einzigartig die ökonomische Dynamik entfalte, die die Maßstäbe der angestrebten Modernisierung erzeuge. Herausgekommen ist so auch von Anfang an nur eine „halbe Revolution“. Umgestaltet wurden die Methoden gesellschaftlicher Regulierung, das politische System, die ökonomische Planung, hingegen blieben die „Technostruktur“, die Arbeitsorganisation, die Produktionsmethoden und die Konsumstandards innerhalb des vom Westen vorgegebenen Vorbilds stecken.[437]

Die Arbeit gibt mehrere, nicht ganz eindeutige Antworten in bezug auf die Gründe dieses Scheiterns. Einmal lassen Formulierungen, die zaghaften Ansätze in Richtung auf eine Reform des Regulationsmechanismus am Ende der „extensiven“ Phase seien repressiv zunichte gemacht worden, darauf schließen, daß Altvater eine Reformierbarkeit, einen Ausbruch aus dieser Blockade für möglich hielt. An anderer Stelle ist jedoch generell von der Reformunfähigkeit dieser Systeme die Rede.[438] Anders als andere Autoren legt er zudem das Schwergewicht stärker auf den Bereich der politischen Partizipation. Das unzulängliche Funktionieren der ökonomischen Planung ist danach weniger auf die Abschaffung der Marktmechanismen als darauf zurückzuführen, daß der zentrale Plan immer als eine Machtressource der Partei- und Staatsbürokratie benutzt worden ist und entsprechend niemals vergesellschaftete Planung war, in deren Prozeß die gesamte Gesellschaft aktiv und partizipativ einbezogen gewesen wäre. Der Mangel an Demokratie und dessen Kehrseite, der überschießende Autoritarismus von Partei und Staat, haben das mangelhafte Wirken des Plansystems verursacht.

Wir wollen nicht bestreiten, daß dieser Gesichtspunkt mit eine Rolle gespielt hat. Allerdings dürften eine Reihe primär ökonomischer Gründe und solche struktureller Natur – wie wir im zweiten Kapitel gezeigt haben – einen größeren Einfluß auf das Scheitern des Übergangs von der extensiven zu einer intensiven Form des Wirtschaftens gehabt haben. Legt die Formulierung Altvaters, die jeweiligen – im einzelnen beschriebenen – Plandefizite (die wir im zweiten Kapitel ebenfalls detailliert kennengelernt haben) seien so lange nicht behebbar, solange das institutionelle System die Partizipation von Produzenten und Konsumenten ausschließe, eine Interpretation nahe, das Plansystem hätte nach seiner Auffassung gut und gerne auch ohne Marktelemente auskommen können, verweisen andere Passagen darauf, daß er letztlich doch eine funktionsangepaßte Kombination beider Steuerungselemente befürwortet.

Planung und Produzentendemokratie (Selbstverwaltung), so heißt es da, würden zwar einerseits die Funktion des Marktes als Findungs- und Abstimmungsmecha-

437 Altvater 1991c, S. 16ff.; zur Kritik dieser Arbeit vgl. Brakemeier 1991 sowie – in den Schlußfolgerungen allerdings wenig überzeugend – Goldberg 1991.

438 Vgl. die unterschiedlichen Passagen ebda., S. 20, 35, 48, 50.

nismus von ökonomischen Entscheidungen ersetzen. Auf der anderen Seite sei allerdings der Markt innerhalb eines komplexen demokratisierten Systems der Regulation ökonomischer und gesellschaftlicher Verhältnisse unverzichtbar, denn nicht alle ökonomischen Prozesse seien planbar. Zudem existierten die Menschen in einer arbeitsteiligen Gesellschaft nicht nur als Produzenten, sondern sie blieben auch Konsumenten, die hoffnungslos überfordert wären, jede alltägliche Konsumentscheidung als politischen Wahlakt artikulieren zu müssen.[439] Ohne Marktabstimmung könne also auch eine arbeitsteilige nicht-kapitalistische Gesellschaft nicht funktionieren. Auch ein „Verein freier Menschen" (Marx) komme als Massengesellschaft nicht ohne die verdinglichte „Zurückspiegelung" der Gesellschaftlichkeit in den Waren und im Geld aus. Es geht also auch nach Altvater um einen integrierten Zusammenhang von Markt, Demokratie und Plan. Markt und Plan sind demnach keine Gegensätze. Die zentrale Planung könne vielmehr indikativ auf makroökonomische Rahmengrößen beschränkt bleiben, und viele Entscheidungen auf Mikroebene könnten über den Marktmechanismus koordiniert werden. Altvater argumentiert hier noch auf der Basis des Istzustandes der durchgehend verstaatlichten Ökonomie der Sowjetunion, wenn er den wirklichen Unterschied zu einer kapitalistischen Marktwirtschaft historisch mit der Durchsetzung eines Ensembles von marktförmiger und nicht-marktförmiger Regulation, kombiniert mit demokratischer Partizipation auf allen Ebenen, umschreibt. Das könnte also auch gemischte Eigentumsstrukturen implizieren, wird aber letztendlich nicht ganz deutlich entwickelt.[440]

Altvater, auf dessen genaueres Verständnis von „Markt" wir noch zu sprechen kommen, warnt allerdings vor einer zu großen Markteuphorie als Folge des Scheiterns der realsozialistischen Systeme. Dadurch werde nämlich die Tatsache verdrängt, daß Märkte und politische Regulation (also das „westliche Modell") keineswegs geeignet sind, die Instabilitäten und Krisen des Geldes zu bewältigen, die Unterentwicklung und das Elend in weiten Teilen der „Einen Welt" überwinden zu helfen oder die zugespitzten Widersprüche zwischen ökonomischer und ökologischer Rationalität zu lösen. Ohne einen kulturellen Hinter- und Untergrund, der sich erst in vielen Jahrzehnten und vielen innergesellschaftlichen Auseinandersetzungen sedimentiere, seien die marktförmigen Regulationsmechanismen unvollkommen und unzureichend. Der zugleich stilisierte Gegensatz von Markt und Plan sei aber eine falsch gestellte Alternative.[441]

Um dies zu verstehen, müssen wir uns näher anschauen, wie Altvater die Wirkungsmechanismen von Märkten und des (kapitalistischen) Weltmarkts beschreibt. Das Marktsystem stellt für ihn in seiner Allgemeinheit zunächst einen „ingeniösen

439 Ein Einwand, der sich insbesondere auch gegen die „überbürokratisierten" Vorschläge Elsons vorbringen läßt.

440 Ebda., S. 356ff.

441 Ebda., S. 343ff.

Mechanismus" der Verstreuung von Verantwortung in der Gesellschaft dar, so daß sie nicht mehr in einem – geographischen, sozialen oder politischen – „Locus" identifiziert werden kann. Marktsysteme haben dabei die Fähigkeit, höchst elastisch auf historische Herausforderungen zu reagieren, sind also grundsätzlich reformfähig, was ihnen die Anpassung an historisch wechselnde Verhältnisse ermöglicht. Eine Marktwirtschaft ist ein „fantastisches Ensemble" von Formen und Methoden der effizienten Vergesellschaftung: Der Markt ist ein sozialer Ort, auf dem Tauschpartner aufeinandertreffen, um Waren in der Regel gegen Geld zu tauschen. Ja – historisch gesehen – wird der Markt geradezu zur gesellschaftlichen Instanz der Erzwingung eines Überschusses, der Profiterzielung, was ihm sein dynamisches Moment verleiht. Allerdings ist er nach Altvaters Verständnis gleichwohl als Ordnungsprinzip nicht (und auch nicht das der Makroplanung) eindeutig an kapitalistische oder sozialistische Formen der Vergesellschaftung gebunden. Entsprechend gebe es sowohl Vorstellungen von der „Makrorationalisierung" kapitalistischer als auch solche der „Vermarktwirtschaftlichung" sozialistischer Gesellschaften.[442]

Gegenüber diesen rationalen, positiven Momenten des Marktgeschehens gibt es jedoch eine notwendige Kehrseite: Eine Marktwirtschaft ist von ihrer Natur aus mit Kurzsichtigkeit geschlagen. Entscheidende und handelnde Wirtschaftssubjekte stehen auf dem Standpunkt der Gegenwart und können gerade so weit blicken, wie es der Diskont erlaubt. Während die Orientierung auf den größtmöglichen Zinsertrag keinen Zeithorizont kennt, sind zukunftsträchtige Entscheidungen (vor allem über Investitionen) durch Unsicherheit geprägt. Folglich sind Instabilitäten der marktgesteuerten Wirtschaftsprozesse unvermeidlich. Zudem heißt Ware sein, isoliert und daher vereinzelt, individualisiert zu werden. Dies bedeutet aber häufig nichts anderes als die Zerstörung der ökologischen Vernetzungen. Altvater schildert das beeindruckende Beispiel, daß etwa bei der Vernutzung von Teilen tropischer Regenwälder 98 Prozent des Ökosystems zerstört werden, um zwei Prozent der Biomasse eines Waldes zu nutzen. In indianischen Produktionsweisen ist dieses Verhältnis aber genau umgekehrt gewesen, nur zwei Prozent wurden als nicht verwertbar „links liegengelassen". Mit diesem unverantwortlichen Raubbau an natürlichen Ressourcen gehen – wie das Beispiel zeigt – also zugleich ältere „soziale Kompetenzen der Anpassung an ökologische Bedingungen" verloren, werden von der industriegesellschaftlichen Kultur erdrückt oder bestenfalls nur überlagert.[443] Das Beispiel veranschaulicht eindrucksvoll, welch fragwürdige Inhalte mit unseren gängigen Begriffen der „Entwicklung", des „Fortschritts" und der „Zivilisation" transportiert werden.

Aber – unabhängig davon – ist an dieser Stelle fraglich, ob Altvater in den begrifflichen Zuordnungen präzise argumentiert, ob dies wirklich Funktionsdefizite „des Marktes" sind, anders ausgedrückt, ob sich der Antrieb für diese Destruktiv-

442 Ebda., S. 32, 37, 74f.
443 Ebda., S. 81, 293f.

kräfte wirklich aus der Zirkulationssphäre herleiten läßt. An anderer Stelle heißt es nämlich weitaus treffender und präziser, daß „Profitstreben und Akkumulation von Kapital" eine Dynamik erzeugen, die vor- wie nachkapitalistische warenproduzierende Gesellschaften nicht aufweisen. Im 20. Jahrhundert sei die kapitalistische Dynamik nach der weitgehenden Ausschöpfung der natürlichen Ressourcen nur noch als Prozeß der ökologischen Degradation in einem Ausmaß fortzuführen, das für die Lebensbedingungen der Menschheit bedrohlich werde oder es bereits ist.[444]

Der zutreffenden genaueren Verortung des Antriebsmomentes für diese Zerstörungstendenz in der Produktionssphäre steht an dieser Stelle eine neuerlich zu problematisierende Aussage zur Seite. Altvater sieht einen unmittelbaren – und letztlich innerhalb der bestehenden Logik aussichtslosen – Zusammenhang zwischen Ressourcenerschöpfung und fortschreitender ökologischer Zerstörung. Er begründet dies damit, daß auch in der Ökonomie die Gesetze der thermodynamischen Physik Geltung hätten. Danach steige in jedem Fall bei der Stoff- und Energietransformation aus einer Form, über die wir verfügen (z.B. Erz) in eine andere, die wir brauchen (z.B. Eisen, Stahl, Blech), die Entropie, d.h. die transformierten Stoffe stehen nicht ein zweites Mal zur Verfügung, es sei denn, es werde neu Energie aufgewendet, um sie in den Zustand hochwertiger, nutzbarer Stoffe und Energien zurückzubefördern – ein undurchführbares Unterfangen. Angesichts begrenzter Ressourcenbestände und beschränkter ökologischer Tragfähigkeit des Ökosystems Erde würden sich ökologische Grenzen in soziale und schließlich auch in ökonomische Rationalitätsschranken verwandeln. Die kapitalistische Akkumulation sei also keineswegs grenzenlos, auch wenn die „propagandistische Tendenz" des Kapitals keine Grenze anerkenne.[445] Auch wenn Altvater im weiteren davon spricht, daß dies „nicht automatisch" erfolge, wird hier der Eindruck nahegelegt, die kapitalistische Produktionsweise komme damit – nicht, wie früher angenommen, an eine nicht überwindbare Schranke innerhalb des Widerspruchs von Produktivkräften und Produktionsverhältnissen, sondern – an eine unüberwindbare Grenze der ökologischen Venutzung von Ressourcen und Energie.

Wir halten dies für anzweifelbar. Zum einen sind Zweifel angebracht, ob die Anwendung der genannten Gesetzmäßigkeit innerhalb eines *geschlossenen* Systems der Physik wirklich so ohne weiteres auf das offene der Ökonomie übertragbar ist. Die „nachfordistische" Produktivitätsentwicklung ermöglicht zudem (was Altvater in seiner Arbeit selbst zeigt) das weitere Voranschreiten in Richtung auf eine stärker resourcenschonende Produktion. Das System hat also bereits selbst in Teilbereichen auf vorsichtige und sicher noch unzureichende Weise Möglichkeiten für ein Umschalten auf eine andere Rationalität eröffnet. Zum anderen deuten neuere Untersuchungen zumindest eine realistische Möglichkeit an, durch eine zukünftige Erhöhung des Ausnutzungs- und Wirkungsgrades von Material und Energie um

444 Ebda., S. 92f.
445 Ebda., S. 93, 297.

den „Faktor vier", d.h. im Rahmen einer „Effizienzrevolution", eine nochmalige Steigerung in der Dynamik dieser Trendumkehr bewirken zu können.[446]

Die schon im Denken von Marx selbst angelegte Falsifizierung der These seiner Nachfolger von der unüberwindlichen Schranke in der kapitalistischen Produktionsweise – wir haben darauf schon mehrfach hingewiesen – sollte unseres Erachtens auch nicht im Wege einer neuen „ökologischen Grenze", wie sie bei Altvater angedeutet wird, wieder neu aufleben. In gewissem Sinne widerspricht dies auch seiner eigenen – noch darzustellenden – Annahme, daß grundsätzlich ein „ökologischer Kapitalismus" vorstellbar sei. Daß die Dynamik der kapitalistischen Produktionsweise und die ihr innewohnenden Destruktionskräfte diesen Globus gleichwohl zum Kollaps bringen können, ist damit beileibe nicht ausgeschlossen. Aber dies ist eben nur eine der Möglichkeiten, der wiederum einige – von Altvater selbst beschriebene – Tendenzen zuwiderlaufen.

Mit den über den Markt vermittelten ökologischen Destruktivkräften ist allerdings ein Gesichtspunkt angesprochen, der für die Marktkritik von Altvater zentral ist. Der Markt ist nämlich da als Allokationsmechanismus ungeeignet, wo es um die Verteilung „positioneller Güter" geht. Dies bedeutet, daß bei begrenzten Ressourcen eben nur eine begrenzte Anzahl der die Ressourcen beanspruchenden Güter produziert und das auf ihren Gebrauchswert zielende Bedürfnis ebenfalls nur in diesen Grenzen befriedigt werden kann. Werden diese Grenzen überschritten, verliert die Ware ihre Gebrauchswerteigenschaft und wird unverzüglich wertlos. Gängigstes Beispiel hierfür ist das Auto, das schon bei seiner Produktion gewaltige Ressourcen- und Energiemengen und bei seiner Konsumtion als Gebrauchswert Straßen- und Parkfläche, also Raum und ebensoviel Luft, um die Schadstoffe emittieren zu können, verbraucht. Eine entsprechende Automobildichte wie in den USA und Westeuropa in allen Ländern der Erde gedacht, würde den Treibhauseffekt so erhöhen, daß das Leben auf der Erde insgesamt bedroht wäre.

Über den Marktmechanismus und mit dem Medium des Geldes lassen sich die Konsumtion, die Verteilung und die Akkumulation von positionellen Gütern, also auch von Produkten an der ökologischen Grenze, aber nicht regulieren, da sie gar nicht erst den Charakter der individuell in Freiheit konsumierbaren Ware erhalten. Wenn alle Menschen den Gebrauchswert Automobil ihr eigen nennen wollten, ginge er für alle, auch für die, die ihn jetzt nutzen, verloren. Ohne Wachstumsmöglichkeiten (noch mehr Autos) müssen Kriterien der Verteilung zur Geltung kommen, die Gerechtigkeit nicht mehr nur als Ergebnis von Marktprozeduren definieren. Die Prinzipien der Zuteilung positioneller Güter können nur mit ethischen Normen begründet werden und müssen politischen Vorgaben als Resultat komplexer Abstimmungsprozesse folgen. Es ergibt sich also aus diesem Zusammenhang ein Zwang zur gesellschaftlichen Regulierung neben dem Marktprozeß.[447]

---

446 Vgl. Weizsäcker/Lovins/Lovins 1995.
447 Altvater 1991c, S. 68, 99, 297.

Nicht nur, aber auch aufgrund dieser Überlegungen kommt Altvater zu dem Schluß, daß Marktwirtschaften nur dann „überlegen“ sind, wenn sie politisch-institutionell reguliert werden, d.h. wenn sie einer – so bezeichneten – „minimalen“ Definition von „Sozialismus“ entsprechen. Wir fügen hinzu: beim Vorrang gesellschaftlicher Entscheidungsfindung vor einzelwirtschaftlicher profitgesteuerter Rationalität. Historisch gesehen, habe es im übrigen nie wirklich „reine Marktwirtschaften“ gegeben, sie waren immer in dieser oder jener Weise durch die Gesellschaft politisch reguliert. Ihren Vorteil entfalten sie aber nur dann, wenn die Gesellschaft nicht unter Mangel leidet und sich über die Wertrationalität verständigt, so daß der instrumentellen Rationalität im Regelwerk des Marktes Raum geschaffen werden kann.[448]

Marktwirtschaft ist für Altvater – wir haben bereits darauf hingewiesen – nur zu erfassen als Weltmarktwirtschaft. Es ist ein Weltmarkt für Güter und Dienste, für Kapital (oder für „Produktionsstandorte“), für Geld und Kredit. Der Weltmarkt ist der Ort ökonomischer Reproduktion des globalen Kapitalverhältnisses und gleichzeitig Ort der politischen Organisation von Hegemonie. Auf den Weltmärkten werden die Preise fast aller Waren bestimmt. Die erfolgreiche Anpassung an diese exogen gesetzten Bedingungen hat nun relativ wenig mit dem Funktionieren von (Binnen-)Märkten zu tun; im Gegenteil, sie ist davon abhängig, in welchem Ausmaß es Nationen gelingt, mit politischer Macht das Wirken der Weltmarktzwänge zu kontrollieren. Der Erfolg der Industrieländer und der Mißerfolg von Ländern der Dritten Welt oder Osteuropas beruhe eben auf dem (ökonomischen) Machtgefälle zwischen ihnen und nicht auf der mehr oder weniger gelungenen Anwendung marktwirtschaftlicher Prinzipien. Altvater macht darauf aufmerksam (die sich einstellende Erinnerung an Braudel ist nicht zufällig), daß sich ein derartiger Weltmarkt immer nur im Rahmen eines Machtgefüges mit einem dominierenden Zentrum entwickelt. Dieses entsteht aufgrund komparativer Vorteile bei der Produktion von Spitzenprodukten, der Fähigkeit, die Versorgung der eigenen Wirtschaft und der der verbündeten Nationen mit strategischen Rohstoffen kontrollieren und die internationalen Devisen- und Finanzmärkte dadurch regulieren zu können, der Etablierung des nationalen Geldes als Weltgeld und der Funktion des nationalen Finanzsystems als Weltfinanzzentrum. Die nationale Volkswirtschaft muß dazu auch groß genug sein, um als „Lokomotive“ die Entwicklung der Weltwirtschaft stimulieren zu können. Das Land muß eine militärische Überlegenheit aufweisen, und von dieser Nation müssen kulturelle und ideologische Impulse in die gesamte Weltgesellschaft ausgehen. Daraus wird dann eine hegemoniale Ordnung, wenn die genannten Bedingungen in einem internationalen Institutionensystem verankert werden und die anderen Nationen dieses Regelwerk akzeptieren.[449]

448 Ebda., S. 86f., 339.
449 Ebda., S. 97, 137f.

Weltmarkt beinhaltet also eine hegemoniale Struktur, die immer zugleich Dominanz einschließt. Es sind nun die internationalen Geld- und Kreditbeziehungen, die den Rahmen dafür abstecken, in welchem Ausmaß sich Wachstum und Wohlstand einzelner Länder und Regionen entwickeln können. Innerhalb derartig vermachteter Weltmarktstrukturen wird Industrialisierung selbst zu einem positionellen Gut. Das, was Braudel mit der Interdependenz von Peripherie und Zentrum beschreibt, wird hier eindrucksvoll anhand der Verschuldungsproblematik der sog. Entwicklungsländer (wie der osteuropäischen) illustriert. Eine Gesellschaft kann aber nicht ökonomische Unabhängigkeit erreichen, ohne die monetären Beziehungen zu den Handelspartnern zu beherrschen. Die dafür nötige harte Währung setzt die komparative Schwäche der Währung anderer Länder voraus. Immer mehr hat in den letzten Jahrzehnten die Bedeutung monetären Wachstums gegenüber der realen Akkumulation zugenommen. Nicht das Land hat die starke Währung, das besonders produktiv ist und daher hohe Überschüsse in der Handelsbilanz erwirtschaftet, sondern dasjenige, das seine Währung für Kapitalanleger besonders attraktiv macht. Damit geht eine erhöhte Krisenanfälligkeit einher, von der sich mittel- und langfristig kein in den Weltmarkt integrierter nationaler Raum abschirmen kann. Altvater führt eine Menge beeindruckender Zahlen an (u.a. über den rapide gewachsenen Anteil an Finanzanlagen gegenüber Realinvestitionen), die diese Tendenz in Richtung auf einen „Kasino-Kapitalismus" unterstreichen. Die Schuldenkrise stranguliert vor allem die sog. Entwicklungsländer in einer Weise, die ihnen einen eigenständigen Ausweg aus ihrer Situation unmöglich macht.[450] Deren „Ausbeutung" beruht also nicht mehr – wie schon Kurz richtig gesehen hat – auf dem Import billiger Rohstoffe und der Ausnutzung billiger Arbeitskräfte, sondern einem internationalen Schuldenregime, das eigenständige Entwicklung nicht mehr zuläßt.

Wo aber liegt der Ausweg? Altvater hält ihn nur in Richtung auf eine „Re-Moralisierung" der Wirklichkeit für denkbar, im Wege der Anwendung ethischer Prinzipien bei der Allokation und Verteilung von Ressourcen. Die Integration in den Weltmarkt ist sonst nichts anderes als die Unterwerfung unter das Regime von Ungleichmäßigkeit und Ungleichzeitigkeit, unter die Mechanismen der ungleichen Entwicklung, der finanziellen Instabilitäten und des Werttransfers. Erforderlich ist deshalb eine umfassende Entschuldung der Länder der „Dritten Welt". Sie könnte – jenseits des ethisch-moralischen Impulses, der überhaupt erst wieder die Voraussetzungen für eigenständige Entwicklung zu schaffen hätte – mittel- oder langfristig sogar positive ökonomische Effekte mit sich bringen. Eine Entschuldung könnte nämlich durchaus ein Signal zur neuerlichen Stimulierung der weltwirtschaftlichen Dynamik bedeuten.[451]

---

450 Ebda., S. 100f., 129, 158f., 219.
451 Ebda., S. 231, 346.

Altvater sieht einen unmittelbaren Zusammenhang zwischen dieser Form eines primär „monetären Wachstums" und den bereits beschriebenen ökologischen Gefährdungen. Ersteres sei ohne die gegenwärtige Nutzung erschöpflicher Ressourcen auf Kosten der zukünftigen Nutzung durch kommende Generationen gar nicht möglich. Gegenwärtig entfalten sich die Widersprüche zwischen Ökologie und Ökonomie auf fünferlei Weise: Zwischen *Quantität und Qualität* insofern, als die kapitalistische Ökonomie in erster Linie als ein Prozeß der quantitativen Zuwächse von Werten (in der Geldform) erscheint, während im ökologischen System die Evolution in erster Linie als qualitative Veränderung von Energien und Stoffen stattfindet. Die Entgegensetzung von *Zeit und Raum versus Zeit- und Raumlosigkeit* resultiert daraus, daß das ökonomische System zur Beschleunigung und zur Überwindung jedweden Raumes tendiert, und zwar über die Erkennbarkeit der Folgen im Raum und in der Zeit hinaus. Während die ökonomischen Prozesse im Rahmen eines expansiven Prozesses auf *Reversibilität und Zirkularität* angelegt sind, sind in der Natur hingegen alle Prozesse der Stoff- und Energietransformation durch *Irreversibilität* gekennzeichnet. Im ökonomischen System sind der *Profit und die Profitrate* auf Realkapital und die *Zinsrate* auf Geldvermögen die Maße für den Erfolg der mikroökonomischen (und als Gesamtprozeß auch der makroökonomischen) Verwertungsprozesse. Das ökologische Maß der qualitativen Prozesse von Stoff- und Energietransformation ist hingegen die *Veränderung der Entropie*. Schließlich ist das, was im ökologischen System *rational* ist, die Erhaltung eines dynamischen Gleichgewichts, im marktökonomischen System *irrational*, es würde eine profitlose Ökonomie ohne Wachstumsprozesse bedeuten. Die Marktökonomie verlangt die fortdauernde Erzielung des (Geld-)Überschusses.[452]

Altvater betrachtet diese Widersprüche aber nicht als „naturgegeben", sie sind gesellschaftlicher Gestaltung zugänglich, erfordern jedoch eine Abkehr vom bislang vorherrschenden „verdinglichten Naturbewußtsein". Individuelle, ethisch begründete kategorische Handlungsimperative sind dabei nützlich, müssen aber durch Regeln ökologischen Handelns institutionalisiert werden: durch Umweltstandards, Standards für Produkte und Produktionsprozesse. Denn, so lautet der zutreffende Befund: Die ökologische Askese ist moralisch, aber das „Trittbrettfahrer-Verhalten" ist rational. Ist aber ein gesellschaftliches Kollektiv bereit und in der Lage, für das Kollektivgut „rekonstruierte Umwelt" zu zahlen, dann kann die Wiederherstellung der Umwelt auch zu einem Feld der Kapitalakkumulation werden. Darin liegt der Grund, warum also auch ein „ökologischer Kapitalismus" praktisch möglich und theoretisch denkbar wäre, und zwar in einer Gesellschaft, die sich den eigenen „natürlichen" Unterbau als produziertes Konsumgut ständig neu erschafft. Schon daran zeigt sich, daß die Träger von Veränderung nicht dieselben sein müssen wie die, die sich aus dem Widerspruchspotential der „sozialen Frage" entwickeln.

---

452 Ebda., S. 239, 261ff., 291.

In diesem Zusammenhang streift Altvater aber noch einen weiteren gewichtigen Gesichtspunkt. Wenn nämlich die Annahme vom Fortschritt der Produktivkräfte – wie sie auch im „Marxismus“ angelegt ist – als zentralem Feld der Auseinandersetzung bei sozialen Verteilungskonflikten aus den beschriebenen ökologischen Erwägungen aufgegeben werden muß, dann öffnet sich die Perspektive auf postmoderne, „neue“ soziale Konflikte und Bewegungen. Sie entstehen aufgrund der Tatsache, daß die monetären Kompensationsangebote für verlorene Räume und Zeiten nicht mehr ausreichen, um die Degradation der natürlichen Umwelt erträglich zu machen. Die „Rationalität“ dieser neuen Bewegungen ist deshalb auch eine andere als die der alten: Sie richtet sich auf ein Ordnungsprinzip geringstmöglicher Entropieproduktion, die Mobilisierung systemischer Intelligenz, was mehr bedeutet als die Entwicklung energie- und stoffsparender Technologien, nämlich auch die Herausbildung neuer Produktions- und Konsumformen als neue Leitbilder gesellschaftlichen Fortschritts. Systemisch intelligent ist nur eine Umgangsweise mit der natürlichen Mitwelt, die Entropiesteigerung so weit wie möglich vermeidet. Abluft, Abwasser und Abfall müssen vermieden und der Energieverbrauch so weit wie möglich gesenkt werden – nicht allein durch entsprechende Technologien, sondern durch eine „thermodynamisch effiziente Regulationsweise“.[453]

So, wie die soziale Frage die industrielle Gesellschaft bis zur Mitte des Jahrhunderts beherrscht habe, stehe heute die ökologische Frage im Zentrum, und zwar in jedem Betrieb, in jedem Land und infolge der Vernetzung von Ökosystemen, infolge der ökonomischen Durchdringung aller Räume und wegen der weltweiten Kommunikationsstrukturen in globaler Dimension. Die Auswirkungen, die dies auf marktwirtschaftliche Regulierung hat, sind nicht eindeutig, sind widersprüchlich. Zum einen, so zeigt Altvater, tendiert das entwickelte fordistische System (wir würden hier eher von einem „postfordistischen“ sprechen) zur „Individualisierung“, so daß die Kompetenz des Marktes als Instanz der Vergesellschaftung mehr und mehr gefragt ist. Zum anderen haben die ökologischen Grenzen des Produktions- und Konsummodells zur Folge, daß mehr und mehr Güter positionellen Charakter erhalten und nicht mehr rational über den Markt vermittelt werden können, d.h. eine gesellschaftliche Regulierung oder Steuerung wird notwendig.[454] Das für den Markt allgemein geltende Prinzip ökonomischer Rationalität ist also als solches „unterbestimmt“, ist auf soziale Sinngebung und die inhaltliche Füllung durch materiale kulturelle Zwecke angewiesen. Angesichts des Mangels an ökologischer Tragfähigkeit funktioniert die Ökonomie mit ihrem Knappheitsprinzip nur noch als eine „gesellschaftliche Veranstaltung“, reguliert durch Normen, die nicht aus dem ökonomischen Rationalsystem selbst generiert werden können. Die Marktwirtschaft – so schließt Altvater seine Überlegungen – entstand im Zuge der Herauslösung ökonomischer Rationalität aus gesellschaftlichen Bindungen. Angesichts der

453 Ebda., S. 260, 270, 272, 277, 282f., 366.
454 Ebda., S. 297f.

Überlastung der Ökosysteme des Planeten Erde ist gesellschaftliche Evolution heute nur noch möglich, wenn die ökonomische Rationalität in ein komplexes System der gesellschaftlichen Regulation des Umgangs mit der Natur „eingebettet" wird.

Jenseits kleinerer kritischer Anmerkungen und Korrekturen im Detail scheint uns mit Altvaters Analyse die für die *heutigen* gesellschaftlichen Bedingungen brauchbarste Untersuchung vorzuliegen, anhand derer Antworten auf die aktuellen Herausforderungen gefunden werden können. Wir teilen seine Einschätzung, daß sich mit den heutigen Weltmarktstrukturen ein notwendiger Paradigmenwechsel verbindet, verbinden muß: Insofern nämlich, als nicht mehr die von Marx und Engels systematisch in den Mittelpunkt gerückte soziale oder „Klassenfrage", resultierend aus dem Widerspruch zwischen Kapital und Arbeit, im Vordergrund stehen kann, sondern daß die Globalisierung der ökonomischen Produktions- und Austauschformen – zumindest weltweit betrachtet – die ökologische Frage und die des „Abhängens" der sogenannten Entwicklungsländer in der heutigen Priorität ganz nach vorne rückt.

In ihren Resultaten sind diese in der beschriebenen Schärfe in den vergangenen Jahrzehnten immer drastischer zutage tretenden Problemlagen sicherlich aufs Engste mit der dominierenden kapitalistischen Produktionsweise verknüpft. Gleichwohl kann die Lösung dieser Probleme nicht mehr ohne weiteres mit der der „alten sozialen Frage" in eins gesetzt werden, sie erfordert neue, eigene Strategien und eigene Träger von Veränderung. Altvaters Ausgangspunkt des Weltmarktes verweist uns zudem darauf, daß heutige Antworten nicht mehr (und schon gar nicht vorrangig) auf der Basis des nationalstaatlichen Rahmens (und seiner Regulierungsinstrumentarien) gefunden werden können, sondern daß sie auf allen Ebenen gefunden werden müssen, global und regional wie national und lokal. Es kann auch nicht mehr um das dichotomische Verhältnis von Markt und Plan gehen, denn beide „Instanzen" liefern auf je unterschiedliche Weise Methoden der Regulierung ökonomischer Prozesse. Der Unentbehrlichkeit der Preisregulierung über den Markt- und Konkurrenzmechanismus steht eine vermachtete Weltmarktstruktur gegenüber, die den Ländern der Peripherie gegenüber dem Zentrum keinerlei Entwicklungschancen läßt. Der Rationalität und Dynamik der Marktmechanismen entspricht eine notwendig „eingebaute" Kurzsichtigkeit in bezug auf Zeit und Raum, die an ökologische Grenzen stößt, deren endgültige Verletzung nur im Wege gesellschaftlichen Eingreifens, gesellschaftlicher Regulierung, gesellschaftlicher Vorgaben für das einzelwirtschaftliche Handeln verhindert werden kann. Aus der ökonomisch erzeugten ökologischen Krise erwächst also selbst eine gewisse „Vergesellschaftungsdynamik". Diese drückt sich allerdings nicht in einer unabweisbaren Notwendigkeit der Überwindung des „Prinzips" kapitalistischen Produzierens und der ihm zugrundeliegenden Eigentumsformen aus, sondern läßt sich noch innerhalb der kapitalistischen Rationalität – theoretisch wie praktisch – wenigstens als Trendumkehr einleiten.

7 Die Lehren des „kurzen 20. Jahrhunderts“: Über Marx und die sozialistische Idee im 21. Jahrhundert

7.1 Die allgemeinen Lehren aus dem sowjetischen Experiment

Es fällt schwer, sich einer Bilanzierung des sowjetischen „Jahrhundertexperiments“ zu nähern und dabei nur den Blickwinkel des strengen sozialwissenschaftlichen Analytikers und Betrachters beizubehalten. Zu hoch war zum einen die Zahl der damit in diesem Jahrhundert verbundenen Opfer – der Verhungerten, Verschleppten, Vertriebenen, Ermordeten, physisch Ausgepreßten und psychisch Vernichteten.[455] Zum anderen erfaßt eine solche Bilanzierung auch nicht die (zerstörten) Hoffnungen all derjenigen – und auch hier geht die Zahl in die Millionen –, die mit diesem Projekt die Hoffnung auf eine bessere, menschlichere und gerechtere Zukunft verbanden. Es ist für die heute lebenden Generationen kaum noch vorstellbar, mit welchem Enthusiasmus Teile der sowjetischen Bevölkerung gerade in der Phase des „Hochstalinismus“, in den dreißiger Jahren, den „sozialistischen Aufbau“ voranzubringen versuchten und dabei und dafür (mit Blick auf die nächste Generation) geradezu unfaßbare Entbehrungen auf sich nahmen. Dieser Hinweis muß vorweggeschickt werden, weil eine Bilanz, die aus sozialwissenschaftlicher Sicht nur danach fragt, was für eine aussagefähige, aktuelle Herausforderungen beantwortende „sozialistische Idee“ am Ende dieses Jahrhunderts an Lernerfahrung aus diesem „Experiment“ übrig bleibt, die beiden genannten Dimensionen nicht völlig außer acht lassen kann.

Gleichwohl haben wir uns ja entschlossen, andere, daneben liegende Fragestellungen in den Mittelpunkt zu rücken. Unser Hauptaugenmerk sollte dem Nachspüren der Funktionsbedingungen gerade eines anderen *ökonomischen* Gesellschaftsmodells gelten. Wenn wir diesem Gesichtspunkt eine Schlüsselrolle zugemessen haben, dann ja gerade auch mit Rücksicht darauf, daß es nicht etwa Massenrevolten in Zeiten größter Unterdrückung und größten Terrors waren, die das System zum Einstürzen brachten. Insoweit rückt sogar das Moment der „enttäuschten Hoffnungen“ schon wieder etwas näher, weil sich mit dem Sinken des Funktionsgrades der ökonomischen Mechanismen zugleich ein abnehmendes Engagement der Menschen selbst in diesen alltäglichen Vorgängen verband, was eben auch Ausdruck geschwundener „sozialistischer Hoffnungen“ war.

Stellen wir also die erste Frage: Was bleibt von dem sowjetischen Modell im positiven Sinne? Diese Bilanz fällt ohne Zweifel äußerst begrenzt aus, weil die jeweils

---

455 Vgl. hierzu die Debatte um das französische Werk Courtois u.a. 1998.

zu nennenden positiven Momente nicht ohne ihre jeweilige Kehrseite, ihren begleitenden Negativaspekt, benannt werden können. Die einzelnen Gesichtspunkte liegen im übrigen eher am Rande unseres eigentlichen Untersuchungsgegenstandes. Versuchen wir es gleichwohl:

- die Abwesenheit „offener" Arbeitslosigkeit – mit der Kehrseite einer verdeckten, sich ausdrückend in einer ausgesprochen unzureichenden Arbeitsproduktivität (was sich im internationalen Wettbewerb letztlich als dauerhaft destabilisierend erweisen sollte);
- eine relative soziale Sicherheit – mit der Kehrseite weitgehender politischer und sozialer Entmündigung des Einzelnen;
- ein kostenloses System der Gesundheitsversorgung – das aber mit den Jahren immer schlechter funktionierte und z.B. zur Errichtung von Sonderkrankenhäusern für die Staatselite führte;
- ein weit gespanntes Netz öffentlicher und betrieblicher Kinderbetreuungseinrichtungen – mit der Kehrseite autoritärer Erziehungsmethoden und einer früh einsetzenden Orientierung auf eine positive Hinführung zu militärischer Erziehung;
- eine weitgehende Einbeziehung der Frauen in den beruflichen Sektor – mit der Kehrseite fortdauernder Hierarchien, innerhalb derer den Frauen der Aufstieg in höchste Funktionen verwehrt blieb, sowie einer fortdauernden rollenspezifischen Zuteilung der (häuslichen) Reproduktionsarbeit fast ausschließlich an die Frauen.

Diese Liste ist sicherlich nicht vollständig. Allerdings kommt es darauf in unserem Zusammenhang auch nicht an. Von zentraler Bedeutung ist vielmehr die Tatsache, daß auch diese – wie wir gesehen haben, durchaus „zwieschlächtigen" – insbesondere sozialpolitischen Errungenschaften keine der damit verbundenen Sicherheiten auf Dauer gewährleisten konnten. Sie waren gewissermaßen auf Zeit wie „auf Pump" gewährt und standen mehr und mehr zur Disposition, je weiter die Sowjetunion (und die mit ihr verbundenen Staaten) im internationalen Wettbewerb zurückblieben und ihren inneren Lebensstandard nur noch durch Milliardenkredite des „imperialistischen" Auslands absichern konnten.

Nehmen wir also einen zweiten Bilanzierungsanlauf, diesmal allerdings stärker auf eine Gesamtbewertung des sowjetischen Experiments bezogen: Dieses Modell hat in den fast 75 Jahren seiner Existenz so gut wie keinerlei Anhaltspunkte dafür hinterlassen, wie *im positiven Sinne* der Aufbau einer – gegenüber der kapitalistischen – alternativen Wirtschafts- und Gesellschaftsordnung dauerhaft funktionieren kann. Nun läßt sich ein solches Urteil wahrlich gelassen aussprechen, nachdem sich die mangelnde Überlebensfähigkeit dieses Systems wenige Jahre zuvor durch sein endgültiges Scheitern als evident erwiesen hat. Soll unser Befund also mehr sein als eine gewissermaßen tautologische Bestätigung dieses realhistorischen Scheiterns, müssen dazu zwei ergänzende Erläuterungen gegeben werden, die es im folgenden näher zu spezifizieren gilt. Erstens ist aus unserer Sicht mit einem solchen Befund noch nichts darüber ausgesagt, ob es sich hier um ein notwendiges Scheitern *von*

Anfang an handelt. Dies ist nicht belanglos, weil dann jeweilige historische Alternativen ihren Sinn behalten. Und zweitens sagt diese Bilanzierung noch nichts über das aus, was im Umkehrschluß aus diesem Experiment in der Hinsicht gelernt werden kann, was – bezogen auf eine „sozialistische Transformation“ – so nicht und wie es nicht gemacht werden kann (und darf). Auch in dieser Hinsicht ist man nach der Durchführung eines derartigen epochalen Versuchs allemal klüger als vorher.

Schauen wir zunächst auf den Gesichtspunkt des notwendigen Scheiterns von Anbeginn an. Eine derartige Betrachtungsweise wurde innerhalb der sozialistischen Arbeiterbewegung an prominenter Stelle insbesondere von Karl Kautsky vertreten, während sein Gegenspieler in dieser Auseinandersetzung – Otto Bauer – immer auf der Offenheit historischer Situationen und der Möglichkeit von Entwicklungsalternativen beharrte.[456] Viele halten die Kautskysche Sichtweise mit dem Scheitern der Sowjetunion für historisch bestätigt.[457] Unseres Erachtens führt sie gleichwohl in eine Sackgasse. Sie muß sich nämlich nicht mehr den sich jeweils neu eröffnenden historischen Entwicklungsalternativen stellen. Hier müssen einige Andeutungen genügen: Die Oktoberrevolution selbst war – verstanden als politischer Ausdruck einer Massenbewegung unterschiedlicher sozialer Kräfte (Soldaten, Arbeiter, Bauern) – historisch kaum vermeidbar. Aber ihr Fortgang war damit nicht schon im Sinne des Ankommens an dem ausweglosen Endzustand des Jahres 1991 vorprogrammiert. Hätten sich die Bolschewiki 1918 auf eine Koalitionsregierung eingelassen, hätte die Geschichte einen anderen Verlauf genommen. Dies ist keine völlig abwegige Vorstellung. Lenin hatte für sein Konzept einer Alleinregierung zunächst keine Mehrheit in der Parteiführung. Hätten sie die ökonomische Öffnung des Jahres 1921 durch eine politische Liberalisierung flankiert, wäre ein anderer Weg möglich gewesen. Hätte sich Ende der zwanziger Jahre die Rechtsopposition in der KPdSU durchgesetzt (bzw. wären ihre Konzepte in Angriff genommen worden), hätte wohl eine Fortsetzung des neuen Wirtschaftskurses unter Beibehaltung von Marktbeziehungen stattgefunden.

Hätten schließlich die Machthaber in Moskau statt der militärischen Niederwerfung des „Prager Frühlings“ dessen Impulse für eine Öffnung des Systems und den Versuch eines ernsthaften Übergangs zu Marktbeziehungen und einer gemischten Wirtschaftsordnung genutzt, hätte es für das Experiment eines solchen Wandels *im* System entschieden mehr Zeit gegeben. Immerhin waren die „realsozialistischen“ Staaten zu diesem Zeitpunkt noch nicht derartig weit von den kapitalistischen Industriestaaten des Westens abgehängt worden, hatten noch keine den späteren vergleichbare Schuldenberge angehäuft. Und dem Westen stand seine eigene – die Transformation zu einem erfolgreicheren Entwicklungstypus ansto-

456 Vgl. dazu Schöler 1991a.

457 Vgl. u.a. Glotz 1992; Grebing 1993; Euchner 1993; und die entsprechende Antikritik bei Schöler 1995b.

ßende – Krise erst noch bevor. In jedem dieser Konjunktive steckt nicht mehr als eine – unterschiedlich große bzw. realistische – Möglichkeit. Sie zu untersuchen und zu wägen erscheint uns aber allemal produktiver, als den Versuch zu unternehmen (wie es unter Rückgriff auf die frühen Kautskyschen Zusammenbruchsprognosen sicherlich auch möglich und legitim ist), anhand der einen oder anderen schon früh erkennbaren Spezifik in der bolschewistischen Theorie und deren Übertragung auf die staatlichen Strukturen bzw. Umsetzung in praktische Politik theoretisch schlüssig das viele Jahrzehnte später erlebte Ende nachzuweisen.

Bevor wir uns näher der Frage widmen werden, welches diejenigen Momente der konkreten Ausprägung des sowjetischen Modells sind, aus denen die sozialwissenschaftliche Forschung „ex negativo" herausfiltern kann, welche Bestandteile allgemeinerer sozialistischer Theorieentwicklung es sind, auf die eine im sozialistischen Sinne gesellschaftsverändernde Linke nicht mehr zurückgreifen kann und darf, bedarf eine andere Frage einer Antwort. Wir haben an den verschiedensten Nahtstellen der sowjetischen Entwicklung zeigen können, daß die konkret ergriffenen wirtschaftspolitischen Maßnahmen in einem engen Zusammenhang mit den vorgefundenen rückständigen Strukturen des zaristischen Rußland sowie den folgenden Zerrüttungen durch Krieg und Bürgerkrieg standen. Darauf wären zwei Antworten denkbar. Einmal könnte in Erwägung gezogen werden, das Scheitern des Modells gerade auf diese zurückgebliebenen Bedingungen zurückzuführen – mit der Konsequenz, daß seine konkreten handlungsanleitenden „Rezepte" dann wiederum erneut Anwendung finden könnten, wenn die Ausgangslage besser ist. Wenn wir dies eindringlich verneinen, dann ergibt sich dies aus dem nicht widerlegbaren Befund, daß die Sowjetunion – trotz aller Schwierigkeiten und Opfer – zwar auf dem von ihr beschrittenen Weg die Phase „nachholender Entwicklung" durchschritten und den Abstand zu den reiferen kapitalistischen Industriestaaten verringert hatte, aber dann eben doch am Endpunkt dieser Phase auf ihre eigene – nicht mehr aufhebbare – Entwicklungsblockade stieß.

Eine zweite Antwort könnte lauten, diesen konkreten „nichtkapitalistischen" Weg nachholender Entwicklung all den Staaten und Nationen erneut als „Modell" anzudienen, die von den positiven Seiten der Ausdehnung des kapitalistischen Weltmarkts und der Globalisierung ausgeschlossen bleiben und auf Dauer abgehängt zu werden drohen. Der hierzu zu machende Einwand knüpft an den vorherigen an. Das sowjetische Modell kann nach Auswertung der mit ihm gemachten Erfahrungen auch für die heutigen Entwicklungsländer keines (mehr) sein, bietet es doch gerade keine Perspektive im Sinne eines Anschlusses an die modernsten Formen der Produktivkraftentwicklung – weder im ökonomischen, noch im sozialen, noch im ökologischen Sinne. Wie Brus/Laski eindringlich zeigen konnten, ist selbst die Phase nachholender Entwicklung, in der die Sowjetunion sich als *relativ* erfolgreich zeigte und in der sie den internationalen Abstand verringern konnte, mit derartig ungeheuren Opfern verbunden gewesen, daß dieser Weg nirgendwo erneut zur Nachahmung empfohlen werden kann.

Kommen wir also zu den „spiegelverkehrten" Lehren. Der Blick auf die Opfer des sowjetischen Entwicklungsweges gebietet es, die in dieser Untersuchung eher vernachlässigten Gesichtspunkte von Demokratie und Diktatur in diesem Zusammenhang an den Anfang zu stellen. Der Weg der Sowjetunion zeigt ganz eindringlich, daß alle Konzepte von Entwicklungs- und Erziehungsdiktaturen auf den „Mülleimer der Geschichte" gehören. Weder lassen sich auf diesem Wege die Menschen zu ihrem „Glück" zwingen, noch lassen sich gesellschaftliche wie ökonomische Zustände dauerhaft gewaltsam korrigieren und modellieren. Ein solcher Weg führt zu Terror und Unterdrückung, zur Etablierung dauerhafter despotischer Herrschaftsverhältnisse und bürokratischer Herrschaftsformen, die selbst Hemmnisse gesellschaftlichen wie ökonomischen Fortschritts sind bzw. dazu werden. Eine derartige Absage umschließt nicht erst den Stalinschen Terror und die stalinistische Bürokratie. Bereits Lenins Vorstellungen einer Erziehungsdiktatur und seine Parteitheorie als elitäres Konzept einer Partei von Berufsrevolutionären – später übertragen auf den gesamten Staatsaufbau – bedürfen der schonungslosen Kritik und der „Verbannung" aus dem Arsenal zu realisierender (vermeintlich „sozialistischer") Theoreme.

Mit der Demokratiefrage eng verknüpft ist die Behandlung des Sektors der zivilgesellschaftlichen Strukturen. Deren Eliminierung aus der sowjetischen Wirklichkeit, die Unterordnung aller bisherigen (mehr oder minder) freien Institutionen unter die Interessen und die Direktivbefugnisse entweder des Staates oder der von ihm kontrollierten Ökonomie, wirkte sich verheerend auf die sowjetische Entwicklung aus. Seien es konkurrierende Parteien, seien es Gewerkschaften, Genossenschaften, Verbände, kulturelle Einrichtungen, Vereine zur Vertretung der unterschiedlichsten Interessen – sie alle verloren ihr bisheriges Eigenleben und damit ihre Funktion, als Artikulatoren unterschiedlicher sozialer und kultureller Interessen einer Gesellschaft fungieren und damit zur Suche nach dem je besten unter verschiedenen Entwicklungswegen beitragen zu können. Nur unabhängige Interessenartikulation ermöglicht aber Suchbewegungen, die in modernen Gesellschaften mit ihren komplexen Anforderungen unerläßlich sind.

Nochmals verknüpft mit dem allgemeinen Gesichtspunkt der Demokratie präsentiert sich das Problem der Wirtschaftsdemokratie. In der Sowjetunion waren die ersten Ansätze betrieblicher Rätedemokratie aufgrund objektiver Schwierigkeiten wie mangelnder Aufgeschlossenheit der bolschewistischen Führung gegenüber den damit verbundenen Vorzügen wie Schwierigkeiten schnell eliminiert worden. Ab dann galt die „Demokratiefrage" in der ökonomischen Wirklichkeit als dadurch abstrakt gelöst, daß ja die weitestgehend verstaatlichte Wirtschaft nunmehr allen gehöre, Volkseigentum gebildet worden sei. Aber weder resultierte daraus eine wirklich eingeräumte Mitentscheidungsberechtigung des Einzelnen, noch entwickelte sich auf diese Weise ein Gefühl der Mitverantwortung für den Erhalt und die Pflege des sogenannten „sozialistischen" Eigentums. Das Verrotten vieler Produktionsanlagen und die immer wieder auftretende „Selbstbedienung" Einzelner an Werkzeugen, Maschinen und Produkten legen ein beredtes Zeugnis davon ab.

Die sowjetische zentralistische Wirtschafts- und Unternehmensleitung fungierte zugleich als das Gegenstück zu einer durch und durch zentralistischen Planung. Zwar war sie – historisch betrachtet – wohl in ihrer konkreten Ausprägung eher aus dem Mangel geboren worden, aber die konkrete Ausgestaltung einer möglichen dezentralen Planungsform blieb in der darauf bezogenen sozialistischen Theorieentwicklung insgesamt weitgehend ein Desiderat. Die zentralistische Planung – mit ihren besonderen Begleitattributen des Direktiven, des Administrativen, der naturalwirtschaftlichen Ausrichtung, der Detailliertheit und Wachstumsfixiertheit sowie der relativ kurzen Planperioden – generierte jedoch einen überdimensionalen bürokratischen Wasserkopf, der nicht nur keine Effektivität betrieblichen Handelns erzeugte, sondern diese zunehmend erschwerte und verhinderte. Auch diese konkrete Variante einer „Planökonomie" kann also keinerlei Zukunftsfähigkeit für künftige sozialistische Theorie- oder Strategieentwicklung beanspruchen.

7.2 Von der geplanten Staatswirtschaft zur „regulierten Marktwirtschaft"

Schließlich ist die sowjetische Ökonomie – und damit sind wir beim Schlüsselthema unserer Untersuchung angelangt – trotz des Festhaltens an Geld als Tauschäquivalent vor allem durch die Abschaffung von Märkten und die Abwesenheit realistischer, wertbezogener Ware-Geld-Beziehungen zwischen den unterschiedlichen wirtschaftlichen Akteuren gekennzeichnet gewesen. Gerade in dieser Hinsicht konnten sich die politisch Verantwortlichen am ehesten auf die strategischen Entwürfe von Marx und Engels berufen. Auch in deren Denken war die Perspektive einer Übernahme der „Kommandohöhen" kapitalistischer Vergesellschaftung in Monopolen, noch kapitalistischen Staatsbetrieben, Konzernen und Trusts vorgesehen, nach deren Übernahme in zunächst staatliches und dann gesellschaftliches Eigentum sich ein System unmittelbarer Planung, Leitung und Verteilung anschließen sollte. Das zunehmende Zurückdrängen „kapitalistischen" (sprich: privatunternehmerischen) Eigentums und seine Umwandlung in gesellschaftliches (also zunächst wiederum staatliches) lag auch in dieser Perspektive von Marx und Engels, auch wenn deren Vorstellung „gesellschaftlichen" Eigentums sicherlich genossenschaftlichen und wirtschaftsdemokratischen Formen näher kam als der des durchgängigen Staatsbetriebs im sowjetischen Modell.

Mit diesem Entwicklungsmodell waren eine Reihe schwerwiegender Probleme verbunden. Wie sich im Verlaufe der Jahrzehnte herausstellte – wir haben dies eingehend untersucht –, entfaltete dieses Modell keinen eigenen Mechanismus, der fortlaufend Dynamik, Effektivität und Rationalität im Wirtschaftsprozeß bewirkt hätte – weder im Sinne von mehr Arbeitsproduktivität, noch dem der besseren

Kapazitätsauslastung von Maschinen, noch dem des sparsamen Einsatzes von zugeführten Rohstoffen und Energie, noch dem einer Verbesserung systemischer Intelligenz in bezug auf anspruchsvollere Produkte und rationellere Fertigungsverfahren. Statt dessen entfalteten sich in diesen – kapitalistischen Trusts vergleichbaren – Kombinaten Bestrebungen zu Autarkie, d.h. zur Abkopplung von gesellschaftlicher Arbeitsteilung, stagnative Tendenzen aufgrund fehlenden Außendrucks und eigener Monopolstellung, machten sich mangels effektiver Kontrolle Innovationsträgheit, Verschwendungs- und Ausschußproduktion breit und dehnte sich eine ineffiziente Bürokratie immer weiter aus. Ein schlimmeres Zeugnis kann einer Produktionsweise, die mit dem Anspruch antrat, gegenüber der kapitalistischen die rationellere, überlegene zu sein, nicht ausgestellt werden.

Wir haben gesehen, daß alle *praktischen* Versuche, die eigentlich als systemwidrig betrachteten Elemente von dezentraler Marktsteuerung in die zentralistische Planwirtschaft zu implementieren, an der Inkonsequenz der Konzepte und des Herangehens sowie an der Festigkeit und Widerstandsfähigkeit der bürokratisch-zentralistischen Strukturen scheiterten. Oskar Lange war der erste Ökonom, der schon frühzeitig den Versuch unternahm, zumindest auf der theoretischen Ebene die Kompatibilität von Markt und Plan auf der Basis einer vollsozialisierten Ökonomie nachzuweisen (und zwar im Sinne eines an Marx orientierten theoretischen Modells). Wir haben hier nicht seinen theoretischen Streit mit den Vertretern der Neoklassik wie Friedrich von Hayek zu entscheiden. Bedeutsamer erscheint uns die praktische Erfahrungstatsache zu sein, daß es eines der Schlüsselerkenntnisse des sowjetischen Weges in diesem Jahrhundert sein muß, auch im wohlverstandenen sozialistischen Sinne gerade nicht auf eine Durchsozialisierung der ganzen Ökonomie zu setzen.

Wir haben bereits ausreichende argumentative Energie darauf verwandt zu zeigen, daß auch die Marxsche Vorstellung einer durchgehend genossenschaftlichen Produktion, bei der jedwede Konkurrenz zwischen den einzelnen ökonomischen Einheiten ausgeschaltet ist, das Effektivitätsproblem nicht löst und damit in eine ähnliche Sackgasse führt wie der sowjetische Weg. Bei Lange kommt das Problem hinzu, daß in seinem Modell Marktvorgänge simuliert werden müssen, die in einer gewachsenen Ökonomie auf organische Weise ablaufen. Brus/Laski haben in ihrer Kritik daran zu Recht darauf hingewiesen, daß die jeweiligen Akteure in einem genuinen Marktprozeß von ihren besonderen Möglichkeiten und ihrem spezifischen Wissen Gebrauch machen können und dafür „belohnt" oder „bestraft" werden, während das Langesche Modell der Simulation keinerlei derartige *Real*indikatoren kennt.

Damit bleibt die schon die Debatte der dreißiger Jahre bestimmende Frage unbeantwortet, welchen Sinn es macht, mit enormen Anstrengungen Staatsbetriebe zu einer Imitation des Verhaltens privater Unternehmen zu bewegen. Es gibt dazu nur einen gewichtigen Gegeneinwand: Eine sozialisierte Ökonomie hat das Problem der „ungesunden" Ausnutzung von Marktmacht (z.B. auch zu politischen

Zwecken) aufgrund von Monopolstellung, besonderer Vorteile, großer Kapitalkraft usw., wie es in kapitalistischen Ökonomien zwangsläufig auftritt, in gewisser Weise „gelöst". Beide Problemstellungen oder Argumente spielen sich aber auf unterschiedlichen Ebenen ab. Verkürzt ausgedrückt (weil es in dieser „Reinheit" nicht zutrifft): Während auf der einen Seite das „Brechen der Vormacht des Kapitals" mit dem Verlust effektiven Wirtschaftens erkauft wird, gewährleistet auf der anderen Seite die schrankenlose Freiheit kapitalistischer Akkumulation zwar eine rationelle und effektive Form der wirtschaftlichen Aktivitäten, bedroht aber zugleich soziale, demokratische und auch ökologische Standards.

Die wissenschaftlichen Nachfolger Oskar Langes wie Janos Kornai (und auch Brus/Laski lange Zeit selbst) haben den Versuch unternommen, den Grad an Effektivität einer vollsozialisierten Ökonomie dadurch zu erhöhen, daß sie weitergehende Vorschläge zur marktförmigen Regulierung bestimmter Bereiche innerhalb dieser Ökonomie vorschlugen (wie es z.T. auch in den Reformprozessen Jugoslawiens und Ungarns umzusetzen versucht wurde). Den zentralen Angriffspunkt bildete hierbei die sogenannte „weiche Budgetrestriktion" der einzelnen ökonomischen Einheiten, d.h. ihre mangelnde Verantwortlichkeit und die Unmöglichkeit einer Haftbarmachung für ihr jeweiliges wirtschaftliches Handeln. Ihre Vorschläge beinhalteten deshalb eine Öffnung in Richtung auf einen Güter-, einen Arbeits- und einen Kapitalmarkt, was notwendigerweise die (zumindest zeitweilige) Zulassung von Arbeitslosigkeit einschloß. Aber auch auf diese Weise – so die zutreffende retrospektive Analyse von Brus/Laski selbst – gelang es nicht, die einzelnen Akteure zu einem rationelleren Verhalten zu bewegen, das Effektivitätsproblem zu lösen.

Riese hat hierzu mit Recht darauf aufmerksam gemacht, daß eine derartige Strategie immer noch in Inkonsistenzen steckenblieb und zu einer wirklich monetär gesteuerten Ökonomie hätte fortentwickelt werden müssen. Um eine realistische Geldmengenpolitik und eine gleichzeitige verantwortliche Kreditpolitik betreiben zu können, wäre die Trennung in ein zweistufiges Banksystem (bei Trennung von Staatsbank und Kreditbanken) unabdingbar gewesen. Wir müssen es hier dahingestellt sein lassen, ob auf diese Weise mehr erreicht worden wäre als die Durchsetzung der „harten Budgetrestriktion". Denn es bleibt die von Brus/Laski aufgeworfene Frage dabei weiter unbeantwortet, auf welche organisatorisch-strukturelle Weise zugleich das sogenannte „principal-agent-Problem" hätte gelöst werden können (für das Riese auch keine Lösungsvorschläge anbot).

Wir können dies nochmals anhand des unmittelbaren Vergleichs mit dem finanzwirtschaftlichen Sektor illustrieren. Rieses Vorschlag eines zweistufigen Banksystems ist die Reaktion auf das Problem, daß eine geldemittierende Staatsbank, die zugleich Kreditbank ist, immer in der Gefahr steht, (währungs-)politische und einzelwirtschaftliche Probleme zu vermengen und damit nicht wirklich zu lösen. Dies erfordert die Trennung in geldpolitische Rahmensetzung und einzelwirtschaftliche Kreditentscheidungen. Ähnlich gelagert ist die Situation bezogen auf den produzierenden Sektor. Ist die staatliche „Agentur" identisch mit dem konkreten produzierenden Wirtschaftssubjekt, läßt sich keine an den Kriterien von Dynamik, Effektivität und Rationalität orientierte betriebswirtschaftliche Entscheidung durchsetzen, wie sie durch den Konkurrenzmechanismus erzwungen wird. Dieser ist somit in einer nationalen Ökonomie weder völlig verzichtbar noch auf die in den bisher behandelten marktsozialistischen Theorien vorgeschlagene Weise ersetzbar oder simulierbar.

Beibehaltung des Konkurrenzmechanismus heißt zugleich Beibehaltung einer „principal-agent-Funktion", wobei diese auf sehr unterschiedliche Weise wahrgenommen werden kann. Dies heißt aber zunächst vor allem – wenn wir den Gesichtspunkt des notwendigen Gegensteuerns gegen eine völlige Vermachtung von Märkten über Konzerne und Monopole mit einbeziehen – das Setzen auf eine Ökonomie *gemischter Eigentumsformen.* Privatkapitalistischer Vermachtung kann hier durch Staatsbetriebe, Gemeineigentum, genossenschaftliche oder gemeindliche Wirtschaftsbetriebe entgegengewirkt werden (neben gesetzlichen Einschränkungen über Kartellrecht u.ä.). Die Funktion des principal agent wird je unterschiedlich entsprechend der jeweiligen Unternehmensform wahrgenommen: durch den Handwerksmeister oder die Inhaberin eines kleinen Softwareunternehmens selbst; durch den Geschäftsführer einer kommunalen Wohnungsbaugenossenschaft; durch den angestellten Manager eines staatlichen Energiekonzerns ebenso wie durch die Managerin einer privaten Aktiengesellschaft.

Welche dieser jeweiligen Gestaltungs- und Rechtsformen ökonomischer Einheiten die zweckmäßigste ist, würde sich im sozialistischen Sinne nicht mehr aufgrund der abstrakten Frage „kapitalistisch" oder „staatlich-gesellschaftlich" beantworten lassen, sondern danach, wie der von diesem konkreten Wirtschaftsakteur verfolgte Zweck *im gesellschaftlichen Sinne und Interesse* am besten und effektivsten verwirklicht werden kann. Da es dabei um das Ergreifen von wirtschaftlichen Initiativen geht, kann dies nur im Ausnahmefall gesamtgesellschaftlicher Lebensbedürfnisse a priori entschieden werden. Entsprechend stünde die Organisations- und Rechtsform dann erst zur Disposition, wenn sie zwingenden gesellschaftlichen Interessen zuwiderläuft.

Übertragen wir diese Überlegungen auf die Ebene der unterschiedlichen Konzepte von „sozialistischer Marktwirtschaft", so scheint uns nach Auswertung der Erfahrungen mit dem sowjetischen Modell in diesem Jahrhundert das von der „Traditionslinie" des „freien Sozialismus" verfochtene Konzept der gemischten Eigentumsformen, wie wir es anhand der Arbeit von Nemitz vorgestellt hatten, alternativlos geworden zu sein. Mit unterschiedlichen Herleitungen und unterschiedlicher Konsistenz ihres Argumentationszusammenhangs waren ja letztlich auch Bischoff/Menard, Brus/Laski, Elson und Altvater zu einem derartigen Ergebnis gelangt.

Wie aber steht es in dieser Hinsicht mit Marx und Engels? Zunächst bleibt festzuhalten, daß ihre Vorstellung von einer unmittelbar gesellschaftlichen Produktion und Verteilung in eine historische (staatssozialistische) Sackgasse geführt hat. Sie würde selbst unter entwickelteren Voraussetzungen, als sie das zaristische Rußland bot, und unter Einbeziehung (wirtschafts-)demokratischer Strukturen erneut in eine solche führen. Sie löst – wie beschrieben – nicht das Problem der Rationalität, Effektivität und Dynamik in der Produktivitätsentwicklung, sie gibt keine wirklichen Antworten auf die Fragen der Arbeitsmotivation wie des „pfleglichen Umgangs" mit gesellschaftlichem Eigentum, und sie verhindert aufgrund der Zuspitzung bzw. Reduzierung auf die eine Produktionsform und den einen Plan das Suchen nach Alternativen. Dadurch wird es nahezu unmöglich, ein Prinzip durchzusetzen, das man heute „reflexive Modernisierung"[458] nennt und womit in allgemeiner Form umschrieben wird, daß heute Formen gesellschaftlicher wie ökonomischer Entscheidungen gebraucht werden, die man auch jederzeit wieder falsifizieren und zurückholen kann. Dies gilt in zunehmendem Maße und zuallererst für die ökologischen Folgen unserer bisherigen Wirtschaftsweise, aber auch in vielfältigen neuen Feldern der Produktivkraftentwicklung, sei es der Bio- und Gentechnologie, sei es der Medizintechnik, sei es den modernen Formen kommunikativer Vernetzung. Und natürlich müssen auch die sozialen Organisationsstrukturen wie die sozialen Auswirkungen unserer Wirtschaftsweise diesen Ansprüchen einer reflexiven Modernisierung genügen.

Sowohl die sowjetische Erfahrung wie diese verallgemeinernden Überlegungen verweisen darauf, daß „Sozialisierung" im Sinne der Vergesellschaftung von Produktionsmitteln heute kaum anders denn als organischer, langsamer, schrittweiser Prozeß denkbar ist. Wir müssen dabei nochmals an Engels' Nebenbemerkung erinnern, man dürfe nur solche Unternehmen sozialisieren, die bereits der Leitung durch die kapitalistische Organisationsform entwachsen seien. Sozialisierung kann also nur das „Herauswachsen" aus so nicht mehr tragfähigen Verhältnissen bedeuten, etwa eines Unternehmens mit monopolistischen Strukturen, dessen Produktionsformen wie Produkte erkennbar gesellschaftlichen Interessen zuwiderlaufen. Dabei wäre allerdings darauf zu achten, daß – im Sinne des notwendigen Erhalts von Konkurrenz- und Marktmechanismen (zur Gewährleistung von Suchbewegungen, Rationalität und Effizienz) – ein derartiges Unternehmen neu in die existierenden Marktstrukturen einzupassen wäre. Eine derartige, durchaus mit Engels gedachte „Sozialisierung" nun auf den von ihm und Marx beschrieben Weg der fortschreitenden Zentralisation gesellschaftlicher Produktion zu bringen, hieße gerade, nichts aus den gewonnenen Erfahrungen zu lernen.

War es das schon, was von Marx und Engels, ökonomisch betrachtet, „in sozialistischer Perspektive" bleibt? Immerhin hatten wir in unserer ersten Bilanz im fünften Kapitel festgehalten, daß wir ihre analytische Leistung in bezug auf die kapitalistische Gesellschaftsformation (nicht vollständig, aber im Grundsätzlichen) weiterhin für nicht widerlegt halten. Haben wir es also mit einer nahezu folgenlosen Analyse oder Theorie zu tun? Dieser Schluß wäre zu voreilig. Ihre Dechiffrierung der Funktionsweise kapitalistischer Mehrwertproduktion, der damit verbun-

458 Vgl. Beck/Giddens/Lash 1996.

denen Tendenzen von Konzentration und Zentralisation und der diesen Gesamtprozessen innewohnenden periodischen Krisenhaftigkeit behält ihre gültige Aussagekraft. Aber die daraus herzuleitende Antwort scheint uns nicht mehr die oben genannte sein zu können, die Marx und Engels selber gegeben haben. Nehmen wir die stärker realhistorische denn strukturell-analytische Betrachtungsweise von Braudel hinzu, dann hieße die Aufgabe einer „sozialistischen Politik", der Machtzusammenballung des „Kapitalismus" des obersten Stockwerks, der – wenn man so will – „parasitär" auf funktionierenden Marktökonomien und -gesellschaften „draufsitzt", durch *gesellschaftliche* Regulierung und Grenzsetzungen entgegenzuwirken.

Marx hatte seine Überlegungen ja selbst einmal in diese Richtung gelenkt, als er von der Ausschaltung der an der obersten Spitze des industriellen wie des Finanzkapitals hervorgerufenen Kollisionen und Verwerfungen sprach. Die Analyse des Mechanismus der kapitalistischen Mehrwertproduktion verliert also nicht ihre Bedeutung, sie erfährt nur – angesichts der Erkenntnis der Überlegenheit marktregulierter ökonomischer Prozesse – eine andere Antwort: Der Verselbständigungstendenz bzw. – wie es Marx gefaßt hätte – der „Totalitätstendenz" des kapitalistischen Akkumulationsmodus muß ein gesellschaftlicher Mechanismus entgegengesetzt werden: gesellschaftliche Regulierungen und Entscheidungen. Die Antwort aus sozialwissenschaftlicher Sicht auf die Frage einer modernen „sozialistischen Perspektive" heißt also zunächst einmal – im Braudelschen Sinne – Anerkennung der historischen Tatsache, daß der Markt als ökonomischer Funktionsmechanismus älter ist als das, was Marx und Engels als die kapitalistische Produktionsweise analysieren. Es heißt damit ferner anerkennen, daß der Markt die überformende ökonomische Struktur darstellt (also nicht der „Kapitalismus") und daß sich innerhalb dieser Struktur profitgesteuerte (d.h. „kapitalistische") und gesellschaftlich strukturierte (in diesem Sinne „sozialistische") Antriebs- und Entscheidungsmechanismen in einer beständigen Auseinandersetzung befinden. Diese Dichotomie gilt im übrigen nur in einem idealtypischen Sinne, weil durchaus vorstellbar ist, daß mit profitgetriebenen ökonomischen Prozessen gesellschaftlich erwünschte Ergebnisse erzielt werden.

Hat damit bereits das aufgehört zu existieren, was wir „Kapitalismus" zu nennen gewohnt sind? Beileibe nicht. Aber diese „beständige Auseinandersetzung" ist wiederum mit ein Grund dafür, daß wir zum einen feststellen konnten, daß sich die von Marx prognostizierte Durchdringung aller gesellschaftlichen Beziehungen und ökonomischen Produktions- und Austauschformen im Sinne einer kapitalistischen „Totalität" nicht durchgesetzt hat, nicht durchsetzen konnte. Und sie liefert zum anderen auch eine[459] Erklärung dafür, warum wir es – historisch wie aktuell – mit je unterschiedlichen Formen von „Kapitalismus" zu tun haben, sei es seine angelsächsische, seine rheinische oder seine ostasiatische Variante. Innerhalb einer Markt-

459 Wir schreiben „eine", weil es nicht die einzige ist. Vielmehr generieren auch unterschiedliche kulturelle Traditionen (u.a. solche der Arbeitsethik) je unterschiedliche Formen von kapitalistischen Gesellschaften.

wirtschaft ist es also unseres Erachtens theoretisch durchaus denkbar, daß die profitgetriebene (kapitalistische) Steuerung durch gesellschaftliche Regulierungen und Entscheidungen so weit zurückgedrängt wird, daß erstere die Dominanz verliert, zugleich aber gleichwohl in größerem Umfang Privateigentum an Produktionsmitteln fortexistiert.

Insofern ist es richtig und falsch zugleich, wenn Joachim Hirsch schreibt: „Realistischerweise muß man heute davon ausgehen, daß es nach dem Scheitern der etatistischen Revolutions- und Reformversuche dieses Jahrhunderts zum Kapitalismus derartig kein plausibles gesellschaftliches Alternativmodell gibt.“[460] Dies ist insofern richtig, als wir im Rahmen unserer Untersuchung bislang keine modellhafte Ausarbeitung dafür liefern konnten und können.[461] Es ist falsch, wenn man – wie wir – die Auffassung vertritt, daß es (aus wohlverstandenem „sozialistischen“ Interesse) gerade darauf ankommt, sich – zumindest auf dem heutigen Wissens- wie Erfahrungsstand – von derartigen Modellalternativen zu lösen.

U.a.die relative Begrenztheit der heutigen nationalstaatlichen Möglichkeiten – mit der wir uns noch genauer werden auseinandersetzen müssen – verweist uns schließlich ebenfalls darauf, daß es nicht mehr vorrangig der Hebel der „Eigentumsfrage“ im Rahmen einer solchen „Modellalternative“ sein kann, um neue Antworten auf die großen Fragen der noch zu behandelnden ökologischen Bedrohung, der internationalen Abhängigkeitsverhältnisse, die Frage der Massenarbeitslosigkeit und auch die der Geschlechterbeziehungen zu geben. Die Grundfrage lautet vielmehr, wie es auf allen diesen Feldern möglich erscheint – zunächst noch sehr allgemein gesprochen – *gesellschaftlichen* Interessen den Vorrang gegenüber jeweiligen *besonderen* Interessen stärker Geltung zu verschaffen, möglicherweise gar ihre Dominanz durchzusetzen. Wir halten es in diesem – ursprünglich „sozialistischen“ – Sinne nämlich weiterhin für notwendig, die *Dominanz* kapitalistischer Rationalität zu überwinden, weil sie für eine Vielzahl von Zerstörungen und Fehlentwicklungen auf diesem Planeten (mit-)verantwortlich ist. Aber diese Frage ist nicht mehr eine des prinzipiellen Gegensatzes von Markt oder Plan, von modellhaften Vorstellungen einer sozialistischen Ökonomie mit völlig anderen Eigentumsverhältnissen bzw. genauer Vorstellungen einer Systemgrenze, vor der noch eine „soziale Marktwirtschaft“ im Rahmen des „rheinischen Kapitalismus“ existiert und hinter der die neue „sozialistische Marktwirtschaft“ beginnt.

---

460 Zit. nach Narr/Roth 1995, S. 431 (Teil 1).

461 Narr und Roth, die die Kritik am hier zitierten Satz von Hirsch zum Ausgangspunkt eines fulminant geschriebenen und in weiten Teilen überzeugenden Plädoyers für die weiter bestehende „Notwendigkeit“ einer sozialistischen Alternative nehmen, liefern selbst auf unfreiwillig hilflose Weise den Nachweis für die Richtigkeit der kritisierten These wie unserer erläuternden Bemerkungen dazu. Sie bekennen, daß die „Verfassungsreform“ der Ökonomie die wichtigste sei, zugleich aber auch die schwierigste, ohne die aber alles, was Demokratisierung und Verwirklichung von Menschenrechten heiße, über kurz oder lang vergebens sein werde. Genau dies zu skizzieren fühlen sie sich aber selbst „überfordert“; vgl. Narr/Roth 1995, S. 453 (Teil 1), 289, 308 (Teil 2).

Eric Hobsbawm hat mit Recht das Akademische an einer derartig grenzziehenden Überlegung herausgestrichen und mit der provozierenden Frage verbunden, worin denn wohl genau der Unterschied zwischen der „sozialen Marktwirtschaft" Österreichs und der „sozialistischen Marktwirtschaft" Ungarns in den achtziger Jahren bestanden habe, welches der beiden Länder denn „sozialistischer" gewesen sei.[462] Der Anteil der staatlichen Unternehmen an der produzierenden Industrie war in Österreich vergleichbar hoch, die sog. „Staatsquote" im Rahmen des Bruttosozialprodukts ebenfalls, so daß sich die differenziertere Betrachtung auf das Ausmaß sozialer Fürsorge und Sicherheit, auf das Ausmaß innerbetrieblicher Mit- oder Selbstbestimmung sowie den Grad der Entfaltung gesamtgesellschaftlicher Demokratie zu beziehen hätte. Wahrlich eine „lohnende" (und letztlich doch akademische) Aufgabe, weil sie zwingend für die je unterschiedlichen Felder beider Länder zu unterschiedlichen Antworten führen würde und müßte.

Der Charakter zukünftiger ökonomischer Formationen wird also sinnvollerweise nicht mehr zuallererst an der Frage der Organisations- und Eigentumsformen festzumachen sein, sondern sich in der Vorrangstellung des einen oder anderen *Prinzips*, des gesellschaftlichen oder des individuell-besonderen, ausdrücken. Dafür sind zudem die jeweiligen Ebenen, für die diese Frage zu beantworten wäre, zu unterschiedlich strukturiert und gestaltet. Was würde „Sozialismus" für weltweit operierende, multinationale Konzerne bedeuten? Was bedeutet Sozialismus in den Formen ländlicher Selbstversorgungsproduktion? Die beiden Fragen deuten schon an, daß die konkreten Antworten darauf jeweils sehr unterschiedlich ausfallen müßten. Schließlich werden wir noch genauer darauf zu schauen haben, welche konkrete Ausprägung das genannte Prinzip in den Sphären haben könnte, die wir als nicht (zumindest nicht primär) durch den „kapitalistischen Grundwiderspruch" strukturiert beschrieben haben. Insoweit kann ja eine „sozialistische" Antwort auf die ökologische Bedrohung und das Geschlechterverhältnis keine sein, die auf der Folie der Dichotomie „Kapitalismus/Sozialismus" verbliebe.

Es dürfte vielleicht aufgefallen sein, daß wir in unseren Überlegungen zuletzt den Begriff der „sozialistischen Marktwirtschaft" – wo möglich – vermieden hatten. Dies hat einen guten Grund. Wir sind der Auffassung, daß dieser Begriff bereits wieder etwas transportieren würde, was derzeit realistischerweise eben nicht einlösbar ist: eben doch eine Art „Modell" einer derartig charakterisierten Formation. Wenn wir deshalb vom sozialistischen Projekt einer *regulierten Marktwirtschaft* sprechen, dann eben durchaus in einem bescheideneren Sinn. Der Formationscharakter ist damit offen, auch durchaus die Perspektive, da aus heutiger Sicht noch kein wirklicher Endpunkt im Sinne einer neuen „Großformation" benannt werden kann. Vielleicht hilft hier der Blick auf die Jahrhunderte dauernden Prozesse des Übergangs von einer zur anderen der bei Marx und Engels historisch charakterisierten Formationen – wie z.B. vom Feudalismus zum Kapitalismus. Vielleicht

462 Hobsbawm 1991b, S. 21.

können wir uns so weit vorwagen zu sagen, daß wir uns wieder in einer solchen Phase des Übergangs befinden – allerdings ohne zu sagen, wohin.

7.3 Die notwendige Neuvermessung des „Gesellschaftlichen"

Wenn wir dies eine Phase des Übergangs nennen, dann – dies sei nochmals betont – nicht, weil wir ihre heutige kapitalistische Formbestimmtheit leugnen würden. Aber jenseits dieser verallgemeinernden Klassifizierung läßt sich schon feststellen, daß im Schoße dieser alten Gesellschaft Voraussetzungen heranreifen, die über sie hinaus weisen – „Vergesellschaftungstendenzen" von oben wie von unten. „Von unten" heißt in diesem Fall: in den gesellschaftlichen Arbeitsbeziehungen. Sicher kann noch keine Rede davon sein, daß in den modernen, hochentwickelten, intelligenten Produktionsverfahren die Bedingungen „despotischer" Arbeitsteilung bereits aufgehoben wären. Aber in ihnen steckt eine Tendenz, die es erforderlich macht, daß sich die arbeitenden Individuen mehr als je zuvor den komplexen Vorgang dieses Prozesses aneignen müssen. Es ist zwar nicht „das gesamte System der Produktion", das sich der einzelne angeeignet hat, wie Marx und Engels meinten (dafür ist der Differenzierungsgrad der gesamten *gesellschaftlichen* Arbeitsteilung zu weit fortgeschritten, als daß dies heute überhaupt noch möglich wäre). Aber es ist auch nicht mehr nur die bloße Bedienung einer intelligenten Maschine, die von einer Arbeitskraft in ihrer Funktion nur noch angestellt, überwacht und gewartet wird.

Der moderne Produktionsprozeß schafft und erfordert jedoch den breit ausgebildeten, flexiblen, mit systemischem Wissen ausgestatteten arbeitenden Menschen, der zudem zu lebenslangem begleitenden Lernen angehalten wird – also entwickelte Individuen im Gegensatz zu den Lohnsklaven klassisch-kapitalistischer Gesellschaften. Die frühere bornierte und einengende Festlegung auf die eine Profession als Elektroschlosserin oder Baufacharbeiter, als „Karrenschieber" oder Architektin, wird durch die neuen Flexibilitätsanforderungen des lebenslangen Lernens potentiell aufgehoben. Die Menschen müssen sich heute fähig zeigen, breiteren Qualifikationsanforderungen zu genügen. Dies geschieht weiter unter dominierend entfremdeten Verhältnissen, einem mörderischen Arbeitsmarkt und dem Druck von Massenarbeitslosigkeit. Aber gleichwohl steckt darin ein enormes Emanzipationspotential. Aktuelle Trendanalysen gehen davon aus, daß sich diese Tendenz noch verstärken wird: Indem künftig selbständige, ganzheitliche Verantwortungsbereiche eingerichtet werden (auch um die Identifikation mit den einem beständigen Wandel unterliegenden Unternehmenszielen zu fördern), wird die Bedeutung der Mitarbeiter derartiger moderner Unternehmen weiter wachsen.[463]

---

463 So lautet die Prognose aufgrund der Befragung von hundert Experten aus Industrie, Hochschulen und sonstigen Instituten; vgl. Delphi 1998, S. 17.

Und „von oben“ heißt heute nicht – wie bei Marx und Engels –: „vergesellschaftete“ Form der Produktion im Sinne von Aktiengesellschaften und Trusts, sondern beschreibt eine Tendenz, die zwingend gesellschaftliche Entscheidungen erheischt. Unsere Produktionsweise, weltweit durchgesetzt, verwandelt auf vielfältige Weise ihre Waren in „positionelle Güter“, wie es Altvater zutreffend nennt. Seien es die Kraftfahrzeuge, deren weltweite Verbreitung und Nutzung zum Dauerstau und Kollaps des Planeten führen würden, sei es die industrielle Entwicklung in der bisherigen Form als solche – sie werden zu positionellen Gütern, bei denen die ungehemmte Ausdehnung nicht mehr verkraftbar ist, die somit gesellschaftliche Eingrenzung verlangt. Auch die im Auftrag der alten Bundesregierung erstellte Zukunftsstudie erwartet für den Zeitraum nach 2006 „Re-Regulationen“ im Sinne eines Ringens um ökologisches Wirtschaften und die Eindämmung globaler Umweltprobleme.[464] Und dieselbe Studie geht davon aus, daß sich auch der Bereich „Information und Kommunikation“ grundsätzlich immer stärker als ein globales Feld präsentieren wird, in dem man nicht mehr ohne internationale Koordinierung und ohne die Entscheidung für oder wider eine bestimmte Forschungsstruktur wird auskommen können.[465] Die genannten Beispiele zeigen zugleich, daß es hierbei um Entscheidungen geht, die dem nationalstaatlichen Rahmen alleine längst entwachsen sind (was nicht heißt, daß nicht Maßnahmen des Umsteuerns gleichwohl auch auf dieser Handlungsebene und zuallererst dort ergriffen werden müssen).

Wir können damit auf neue Weise – also z.T. anders, als Marx und Engels dies gesehen haben – „Vergesellschaftungstendenzen“ innerhalb der „alten“ Produktionsweise ausmachen, d.h. Keime des Neuen, die zugleich über sie hinaus weisen – aber auch nicht mehr. Michael Krätke hat zu Recht darauf aufmerksam gemacht, daß es die an Marx orientierte „Politische Ökonomie“ erst wieder zu erneuern gilt. Sie müsse dabei die Erfahrungen der historischen Versuche zur sozialistischen Transformation in der Sowjetunion, in Ostmitteleuropa und in Asien verarbeiten, ohne dabei auf das noch immer größtenteils ausgeschöpfte Anregungspotential der zahlreichen reformistisch-sozialistischen Experimente in Europa und anderswo zu verzichten (einschließlich all der sozialistischen Neuordnungspläne und -entwürfe schon vor Marx und Engels und der Sozialisierungskonzepte nach ihnen). Er nennt dies die notwendige Erneuerung der Politischen Ökonomie im Sinne einer Theorie des möglichen Sozialismus bzw. der Sozialismen.[466]

Was wir daran zunächst für zutreffend beschrieben halten, ist die Tatsache, daß heute von einer an Marx anknüpfenden modernen Politischen Ökonomie kaum die Rede sein kann. Dies unterstreicht all unsere immer wieder gemachten Vorbehalte im Sinne der Vorläufigkeit der Ergebnisse, zu denen wir in dieser Studie gelangt sind. Deshalb würden wir Krätkes Vorschlag im Lichte unserer bisherigen Untersu-

---

464 Delphi 1998, S. 18.

465 Ebda., S. 40.

466 Krätke 1996, S. 114ff.

chung auch etwas vorsichtiger formulieren. Die Rekonstruktion einer Politischen Ökonomie und ihre Fortführung sowohl dort, wo sie bei Marx und Engels stehengeblieben war, wie in kritischer Auseinandersetzung mit den Ergebnissen der Folgegeneration „marxistischer" Forschung müßte sich unseres Erachtens zunächst als eine solche der Übergangsformationen verstehen und entwickeln. Dies wäre ein *offeneres* Projekt, in das – wie wir noch sehen werden – eine Reihe anderer – nicht zwingend damit verkoppelter – Gesichtspunkte mit einzubeziehen wären.

Wir hatten bereits festgehalten, daß in diesem Sinne das offene Konzept „gemischter Eigentumsformen" die tragfähigsten Perspektiven zu bieten hat. Kehren wir also zu diesem auf der Basis der Arbeit von Nemitz diskutierten Konzept einer „sozialistischen Marktwirtschaft" mit gemischtwirtschaftlicher Eigentumsstruktur zurück und erörtern näher seine Chancen, Stärken und Schwächen anhand der damit verbundenen grundlegenden „fünf Ordnungsprinzipien". Sowohl die Prinzipien des „sozialen Pluralismus", des „qualifizierten Eigentums" als auch das der „ausgleichenden Verteilung" erscheinen uns im Sinne des bislang entwickelten Gedankengangs Sinn zu machen, sich mit unseren Überlegungen zu decken. Etwas eingehendere Betrachtung verdient das „Prinzip der Minimalplanung". Danach treten bei grundsätzlicher Dominanz eines nationalen Rahmenplans die Planungselemente nur insoweit in Erscheinung, als der Wettbewerb seine Aufgabe nicht erfüllt. Dem ist als Ausgangsüberlegung sicher zuzustimmen. Allerdings wird auf diese Weise nur das Verhältnis zwischen Plan und Wettbewerbern berührt. Über Planungs- und Steuerungsinstrumentarien im Sinne dezentraler Steuerung ist damit noch nichts ausgesagt. Es macht deshalb im Rahmen einer derartigen Konzeption schon Sinn, wenn ein Papier, daß sich eng an diese Vorstellungen anlehnt und im Rahmen der Programmdebatte der SPD vor 1989 vorgelegt wurde, die Einrichtung von Wirtschafts- und Sozialräten (unter Einbeziehung von Vertretern von Verbraucher- und ökologischen Interessen) auf allen gesellschaftlichen Verwaltungsebenen vorsieht.[467]

Das von uns entwickelte Moment des Gesellschaftlichen kehrt innerhalb der fünf Ordnungsprinzipen in Gestalt des „Prinzips der universellen Orientierung" wieder. Es heißt dort, die sozialistische Wirtschaftspolitik müsse an der Gesamtheit der gesellschaftlichen Aufgaben orientiert sein. Will man dieses Konzept aktualisieren, muß allerdings dieser Begriff des Gesellschaftlichen sehr viel weiter gefaßt werden, als dies bei seiner Konzeptionierung getan wurde. Die bereits diskutierten „positionellen Güter" weisen über den nationalstaatlichen Rahmen hinaus. Gleiches gilt – mit diesem Gesichtspunkt verkoppelt – für eine ganze Reihe von global auftretenden ökologischen Gefährdungen, die an nationalstaatlichen Schlagbäumen nicht halt machen. Das gesamte Konzept – wir haben darauf bereits hingewiesen – ist (aus der Zeit heraus verständlich) als nationales Umbaukonzept gefaßt, ein-

467 Vgl. Oertzen 1994c, S. 23 (der Text stammt aus dem Jahre 1988).

schließlich der darin enthaltenen wirtschaftsdemokratischen Elemente.[468] Das steckt für seine heutige Umsetzbarkeit enge Grenzen ab, weil eine Reihe der damit verknüpften Elemente keynesianischer nationalstaatlicher Wirtschaftspolitik angesichts einer globalisierten Weltökonomie heute ins Leere laufen. Aufgabe der angesprochenen „Neuen Politischen Ökonomie" müßte es also vor allem sein, die Übersetzung gesellschaftlicher Anforderungen wie der in diesem Konzept enthaltenen ordnungspolitischen Vorschläge auf die heute unabweisbar weiterreichenden internationalen Handlungsebenen zu übersetzen.

Erläutern wir die Herausforderung, die ein solches Unterfangen darstellt, noch einmal anhand eines Beispiels. Innerhalb des gemischtwirtschaftlichen Konzepts wurde einer möglichen Sozialisierung eines Wirtschaftssubjekts die Funktion zugewiesen, einen bestimmten Sektor zu „entkapitalisieren", d.h. entweder eine unabdingbare öffentliche Versorgung der Profitsteuerung zu entziehen oder aber diesen Sektor erst wieder marktfähig zu machen. Unter den Bedingungen eines globalen „Kapitalismus", in dem gerade die Großkonzerne und -banken überwiegend transnational operieren und nicht mehr an einen Standort gebunden sind, läuft ein derartiger „Sozialisierungsversuch" mit großer Wahrscheinlichkeit ins Leere. Schlimmer noch – im Zweifel vertreibt eine sozialisierungswillige Regierung mit einer derartigen Maßnahme nicht nur das Unternehmen, sondern auch die entsprechenden Arbeitsplätze ins Ausland. Man braucht nicht viel Phantasie, um zu ermessen, wieviel gesellschaftliche Unterstützung (einschließlich der der – dann ehemaligen – Beschäftigten) einer solchen Maßnahme zuteil würde. Auch aus diesen sehr realen Gesichtspunkten kann die Eigentumsfrage in einer „modernen sozialistischen Strategie" nicht mehr die ihr früher zukommende Bedeutung einnehmen.

Albers verweist – bezogen auf die neu zu verortenden Handlungsebenen – völlig zutreffend darauf, daß sich heute das zentrale Auseinandersetzungsfeld auf die europäische Ebene verlagert hat, ohne daß es dabei unterlassen werden darf, den strategischen Handlungsrahmen im nationalen Maßstab so genau wie möglich zu umreißen, ihn bis in alle Ecken und Winkel auszuschöpfen und dabei die Ebenen der Regionen und Kommunen mit einzubeziehen. Und dies alles bleibe Stückwerk, so fügt er konsequenterweise hinzu, wenn man auf grundlegende Änderungen der heutigen weltwirtschaftlichen Strukturen verzichte.[469] Die so beschriebene Aufgabe könnte ambitionierter kaum formuliert werden, verweist damit zugleich auf die Aufgaben, die vor denjenigen stehen, die das kapitalistische Akkumulationsmodell noch nicht für das letzte Wort der Geschichte halten.

Die Neuvermessung des „Gesellschaftlichen" ist zugleich nicht nur eine Frage der Handlungsebenen. In Auseinandersetzung mit den Vorstellungen von Marx und Engels zu den Themen einer ökologischen Produktionsweise sowie einer anderen Gestaltung der Geschlechterverhältnisse hatten wir zwar feststellen kön-

---

468 Das gilt im übrigen auch weitgehend noch für vorstehend zitierten Vorschlag.
469 Albers 1998, S. 18 ff.

nen, daß sie eine ganze Reihe von Anknüpfungspunkten für ein modernes Verständnis dieser Fragen liefern – aber sicher auch nicht mehr. Vor allem blieb bei ihnen – wie lange in der sozialistischen Theorietradition überhaupt – die Lösung dieser Fragen an die Überwindung der kapitalistischen Gesellschaftsformation geknüpft. Wir haben bereits eingehend erörtert, daß dies weder dem historischen Entstehungszusammenhang dieser Konflikte gerecht wird, daß sich deren gesellschaftliches Konfliktpotential auch nicht aus der Dichotomie Kapital – Arbeit herleiten läßt, noch daß die Trägerinnen und Träger von Veränderung mit denen innerhalb der „alten" sozialen Frage identisch sind bzw. sein können. Wenn also davon die Rede ist, daß „sozialistische Wirtschaftspolitik" an der Gesamtheit aller gesellschaftlichen Aufgaben orientiert sein soll, dann würde dies für heute die sinnvolle Aufgabe beschreiben, daß auf allen genannten Handlungsebenen ökologische und geschlechterbezogene Fragen und Interessen von vorneherein bei jedweder Entscheidung mit einzubeziehen wären. Aber die dadurch gestellten Aufgaben wären nicht im eigentlichen Sinne (und auch nicht von ihrem Ursprung her) originäre Bestandteile einer „sozialistischen Wirtschaftspolitik".

7.4 Unterschiedliche Subjekte gesellschaftlicher Veränderung

Warum das so ist, soll und muß anhand der Frage der „historischen Subjekte" für die – zu beobachtende, schon vor sich gehende wie die noch voranzutreibende – gesellschaftliche Transformation noch einmal genauer erörtert werden. Dies auch deshalb, weil damit erneut ein zentraler Gesichtspunkt einer an Marx und Engels orientierten Transformationskonzeption angesprochen ist. Denn diese hatten ja den sinnvollen wie ambitionierten Versuch unternommen, aus dem Widerspruchspotential der analysierten Gesellschaftsformation die Träger des Neuen herauszufiltern. Danach erschien es – nochmals arg verkürzt rekapituliert – so, daß sich die Widersprüche innerhalb der existierenden Produktionsweise in der Weise zuspitzen würden, daß sich die Produktions- oder Eigentumsverhältnisse zu einer unerträglichen Hülle für die Produktivkräfte entwickelten und von diesen gesprengt würden. Der sich darin manifestierenden sozialen Revolution werde durch eine politische Revolution des entrechteten und ausgebeuteten Proletariats zum Durchbruch verholfen.

In einer derartigen Konstellation, in der das Proletariat aufgrund der der ökonomischen Entwicklung innewohnenden Dynamik zu einer gesellschaftlichen Mehrheit geworden war, wäre mit dem Vollzug dieser Umwälzung zumindest theoretisch eine politisch-soziale Revolution vorstellbar gewesen, bei der der *Interessenstandpunkt* der handelnden Akteure den Ausgangspunkt des eigenen Handelns hätte bilden können. Ob ein solches Handeln (denkbar auf dem Höhepunkt fordistischer Massenproduktion, also der weitestgehenden Homogenisierung der Arbeiterklasse) auch realhistorisch möglich war, dürfte aus heutiger Sicht gleichwohl eher fraglich sein. Alle sozialhistorischen Untersuchungen zeigen, daß andere kulturelle und mentale Prägungen „längerer Dauer“ diejenigen Prägungen zumindest überlagern und überformen (und teilweise auch verdrängen), die sich aus der unmittelbar erlebten sozialen oder Klassenlage ergeben, so daß eine unmittelbar interessengeleitete politisch-soziale Umwälzung auch aus retrospektiver Sicht schwer vorstellbar erscheint.

Eine derartige historische Situation ist jedoch unwiederbringlich vorbei. Und daß dies so ist, hat etwas mit ökonomischen Entwicklungen zu tun, die wiederum – paradoxerweise – insbesondere von Marx selbst analysiert und vorausgesehen wurden. Die sich allmählich vollziehende Abkehr von einem extensiven, später fordistisch genannten Akkumulationsmodell und der Übergang zu *intensiven* Formen der Akkumulation sowie der Wandel von der klassischen Industrie- zu einer Dienstleistungs- und Informationsgesellschaft haben „das Industrieproletariat“ weitgehend – wenn nicht von der historischen Bühne verabschiedet, so doch – marginalisiert. Nunmehr vollzieht sich innerhalb der verbliebenen Formen „moderner“ industrieller Produktion das, was Marx und Engels eigentlich als die Voraussetzung eines revolutionären Sich-Herausarbeitens aus „beengten“ Verhältnissen angesehen hatten: die Entwicklung von intelligenten Arbeitsformen und -beziehungen, die wiederum Individuen verlangen, die sich diese systemischen Anforderungen ihres Arbeitsprozesses aneignen müssen, die also nicht mehr nur die „bewußtlosen“ Rädchen im Getriebe sind, ohne Überblick über auch nur einen Teil des Produktionsprozesses, innerhalb dessen sie tätig sind.

Wachsen also – von Marx prognostiziert – auf der einen Seite die Anforderungen an „intelligente“ Produzenten, so wächst jedoch als Kehrseite davon die Zahl derer, die innerhalb dieser Arbeitsprozesse nicht mehr gebraucht werden. Wir erleben es in jährlichen Rationalisierungs- und Schließungsrunden, daß die „klassischen“, altindustriellen Sektoren der Kohleförderung und der Stahlproduktion, des Schwermaschinenbaus und der herkömmlichen Großchemie einem unaufhaltsamen (und wegen ihrer rohstoff- und energieintensiven Produktionsweise auch sinnvollen) Schrumpfungsprozeß unterliegen. Selbst in Sektoren wie der Automobilproduktion, die weiterhin deutlich Wachstumsraten zu verzeichnen hat, wird eine immer größere Stückzahl von zugleich mit immer intelligenteren Bauteilen ausgestatteten Fahrzeugen in einer wachsenden Zahl von Modellen und Varianten von immer weniger Menschen produziert.

Gleichzeitig werden in den neuen und z.T. schnell wachsenden Sektoren der Mikroelektronik, der Informations- und Kommunikationstechnologie, der Bio- und der Gentechnik nicht in entsprechender Anzahl neue Arbeitsplätze geschaffen, um den Anstieg der Massen- und Dauerarbeitslosigkeit aufzuhalten. Viele finden individuelle Auswege nur da, wo – wie insbesondere im angelsächsischen Raum – durch Maßnahmen der Deregulierung Dienstleistungsjobs in einem Maße verbilligt wurden, daß der Lebensunterhalt vom Einkommen nur eines einzigen davon nicht bestritten werden kann. Diese Herausbildung einer wachsenden „industriellen

Resevearmee", die heute noch nicht einmal mehr als „Reserve" eine Perspektive hat, und die Verwendung vieler in neuen „dienenden" Tätigkeiten für die Reichen und die Gewinner dieses Prozesses ist von Marx klar vorausgesehen worden.

Beide Prozesse, der der Herausbildung „intelligenter", vielseitig entwickelter Arbeitnehmergruppen und der des Aussortierens einer wachsenden Zahl von Menschen aus dem Arbeitsprozeß, sind heute nicht mehr im Wege der Verständigung auf einen *gemeinsamen Interessenstandpunkt* im Sinne der von Marx und Engels gedachten proletarischen Revolution als Lösung der „sozialen Frage" zusammenzuführen. Das wäre nur denkbar, wenn sich aus den ökonomischen Abläufen und mit Hilfe politischer Eingriffe eine neue Perspektive einer „Vollbeschäftigungspolitik" auf der Basis eines „Normalarbeitsverhältnisses" entwickeln ließe. Wir halten eine solche Perspektive heute für illusionär. Diese Interessenharmonisierung gelingt schon gar nicht, wenn dieser Prozeß international gedacht wird, wenn es um die Formulierung unmittelbarer gemeinsamer Interessen zwischen denjenigen geht, deren gut bezahlte und mit sozialen Sicherungen versehene Arbeitsplätze im reichen Westen abgebaut werden, und denen, die ihre Arbeitskraft in den Ländern des Ostens oder des Südens zu einem weit geringeren Preis und ohne einen entsprechenden sozialen Regulierungsrahmen anbieten müssen.

Die Vorstellung von Marx und Engels (und mit ihnen vieler Sozialisten der folgenden Generationen), daß sich aus dem Widerspruchspotential der alten, der kapitalistischen Gesellschaft selbst die Kräfte entwickeln, die im Wege der Wahrnehmung der eigenen Interessen den Übergang zu einer höheren, gesellschaftlichen Form des Produzierens und Konsumierens durchsetzen werden, gehört der Vergangenheit an. Sie hatten darin eine Überlegenheit gerade gegenüber denjenigen gesehen, die weniger auf Interesse und mehr auf Einsicht bzw. auf ethische oder moralische Motive gesetzt hatten. Ohne diese werden aber künftig Veränderungen nicht möglich sein. Einsicht wie auch ethische und moralische Antriebsmomente sind aber nicht an soziale Gruppen oder Klassen gebunden. Wir hatten im übrigen gesehen, daß Marx dies selbst in einer Nebenbemerkung als Möglichkeit angedeutet hatte, ohne daraus weiter gehende Schlüsse zu ziehen. Es bleibt festzuhalten, daß der sich auf die Traditionen des „wissenschaftlichen Sozialismus" beziehenden sozialistischen Bewegung in dem beschriebenen Prozeß – trotz des Vorliegens einer weiterhin weitgehend klarsichtigen Analyse und Kritik der Funktionsmechanismen „kapitalistischen" Produzierens – ihr (revolutionäres) *Subjekt* abhanden gekommen ist (wie es auch vermeintlich die Geschichte der russischen Revolution und den Aufbau der Sowjetunion bestimmt hatte). Wir haben allerdings keinen Zweifel, daß Marx selbst in der Konsequenz des Weiterdenkens seiner eigenen analytischen Ansätze den „Abschied vom Industrieproletariat" vollzogen hätte.

Diesem Befund stehen auch die Auffassungen derjenigen letztlich nicht entgegen, die schon früher auf eine gewisse Inkonsistenz innerhalb des Marxschen Paradigmas hingewiesen hatten. Marxens Analyse fuße nämlich auf der einen Seite auf einem Begriff der Arbeiterklasse, der für den „gesellschaftlichen Gesamtarbeiter" stehe, während auf der anderen Seite der des Klassenbewußtseins sehr viel enger auf den sozialen Antagonismus Arbeit – Kapital bezogen sei.[470] In letzterem ist aber die notwendige Vorstellung von den unterschiedlichen Formen der „Teilung der gesellschaftlichen Arbeit" nicht enthalten, innerhalb derer eben auch Wissenschaftlerinnen, Lehrer, Technikerinnen, Ingenieure und Manager zur Gesamtheit des „gesellschaftlichen Gesamtarbeiters" gehören. So notwendig dieser Hinweis auf die darin steckende Inkonsistenz ist und so zutreffend die entsprechende begriffliche Erweiterung – es stützt unsere Skepsis hinsichtlich einer zukünftigen Perspektive von „Interessenharmonisierung" mehr, als daß es sie entkräftet. Unsere Einschätzung wird durch eine Beschreibung unterstrichen, die den Sachverhalt erst jüngst sehr anschaulich so auf den Punkt brachte:

„Darauf [auf den Streik als Unterbrechung der Produktion, U.Sch.] haben aber die Unternehmen mit grundlegenden Restrukturierungen geantwortet und inzwischen den Massenarbeiter in ‚flexible Arbeiterindividuen' zerlegt. Die großen Fabrikkomplexe sind aufgelöst und dort, wo es sich lohnte, museal konservierte Geschichte geworden. Es entstand die *‚fabrica diffusa'*, neue Technologien setzten Arbeitskräfte massenhaft frei und entließen sie in das Heer der Arbeitslosen. Flexible Produktionsmethoden durch Bildung kleiner, quasi autonomer Einheiten, die zum Teil durch marktähnliche Beziehungen, also konkurrierend aufeinander bezogen sind, steigern die Produktivität. Der Massenarbeiter jedenfalls ist seit der Umstrukturierung der Produktionsprozesse in den 70er Jahren, und zwar weltweit, passé."[471]

Die lange währende Fixierung der sozialistischen Bewegung auf *ein* Subjekt resultierte aber auch aus einer verengten Betrachtungsweise gesellschaftlicher Verhältnisse, insofern nämlich, als darin immer die gesellschaftlichen Arbeitsbeziehungen und damit soziale Kategorien des Umgangs des Menschen mit dem Menschen im Arbeitsprozeß im Vordergrund, im Mittelpunkt standen. Dies implizierte für lange Zeit eine Vernachlässigung verschiedener anderer Ebenen: sowohl die des Verhältnisses des Menschen zu seiner natürlichen Lebensumwelt (was zwar auch, aber nicht nur ein Problem der Produktionsverhältnisse ist) als auch die der menschlichen Geschlechter zueinander, deren Macht-, Abhängigkeits- und Unterdrückungsverhältnisse sich nicht nur oder gar primär über die Produktions- und Arbeitsverhältnisse vermitteln.

Für eine „sozialistische Perspektive" ist jedoch nicht nur eine gewisse Verengung in der „Subjektfrage" von Bedeutung gewesen. Die im voraufgegangenen Kapitel erörterte Untersuchung von Altvater, die hier nur stellvertretend für eine ganze Reihe anderer in eine ähnliche Richtung gehender Ansätze ausgewählt wurde, führt unseres Erachtens beeindruckend den Nachweis, daß sich auch die Zentralität eines zusammenführenden *Projektes* in Frage gestellt sieht, daß sich die Konflikt-

---

470 So z.B. zu Recht Oertzen 194a, S. 391ff.

471 Altvater 1998a, S. 144.

und Bedrohungspotentiale weltweit wie in den entwickelten Ländern im Besonderen in ihrer Bedeutsamkeit mehr und mehr von der „sozialen" auf die „ökologische" Frage verschoben, ohne erstere dadurch allerdings ersetzt zu haben. Es ist zwar die konkret vorfindliche, überwiegend kapitalistische Form der Produktionsverhältnisse, die ein Set globaler ökologischer Gefährdungen zu verantworten hat (wobei wir den Anteil der „realsozialistischen" Systeme dabei nicht verschweigen wollen), aber diese Folgen sind weder ihrer Natur nach „kapitalistisch", noch wäre ihre Beseitigung als solche nur „sozialistisch" möglich.

Dies hat Gründe auf zwei Ebenen: Der kapitalistischen Produktionsweise sind – wie wir gesehen haben – Entwicklungs*potentiale*, also Möglichkeiten, inhärent, die sich als alternativer Entwicklungspfad vorantreiben und verstetigen ließen. Sie richten sich auf eine ressourcenschonende, in diesem Sinne auch „systemisch" rationale Art des Produzierens mit geringerem Kosten- und Materialaufwand. Dazu gehören allerdings gesellschaftliche Anreize und Vorgaben, die es betriebswirtschaftlich lohnend erscheinen lassen, die (Wieder-)Herstellung des Produkts saubere, nutzbare Lebensumwelt zu betreiben. Auf einer anderen Ebene liegt das Argument, ebenfalls von Altvater gezeigt, daß die Betroffenen und die Akteure, die sich aus der ökologischen und der klassisch-sozialen Konfliktkonstellation ergeben, nicht dieselben sind, sich hier und da sogar gegensätzlich bis feindlich gegenüberstehen. Diejenigen Betriebsräte z.B. handeln im sozialen Sinne, im Sinne des Erhalts von Arbeitsplätzen für ihre Beschäftigten „rational", die sich für den Erhalt von Braunkohlekraftwerken einsetzen, obwohl von diesen erhebliche Emissionen mit schwerwiegenden Folgen für die Erdatmosphäre ausgehen. Die Widersprüche bei den Beschäftigten in Atomkraftwerken sind ähnlich gelagert.

Und diejenigen Umweltschutzinitiativen (als Teil „neuer sozialer Bewegungen") handeln *gesellschaftlich* rational, die für eine Schließung derartiger Kraftwerke kämpfen und für Energiesparmaßnahmen und den Übergang zur breiten Nutzung der Solarenergie werben. Hier gibt es keine wirkliche Verständigung auf der Ebene unmittelbarer Interessenstandpunkte. Die Beantwortung dieser Frage liegt quer zu der der sogenannten „Klassenlage". In diesem Punkt stehen abhängig Beschäftigte in Umweltschutzgruppen Seite an Seite mit Managern und Unternehmern aus Betrieben mit fortgeschrittener Technik gegen Betriebsräte aus altindustriellen Sektoren. Sie können nur auf der Basis ethisch oder moralisch begründeter *Einsicht* zueinanderfinden, die allerdings für die Beschäftigten in umweltbelastenden Unternehmenssektoren im Angesicht von Massenarbeitslosigkeit und des weitgehenden Versagens von Politik bzgl. der notwendigen Konversionsanstrengungen ein fast übermenschliches Ignorieren des eigenen unmittelbaren Interesses an materieller Sicherheit und des Erhalts des eigenen Arbeitsplatzes verlangen würde.

Innerhalb der Geschlechterbeziehungen liegen die Dinge sicherlich anders und doch in einer Hinsicht vergleichbar. Auch hier gibt es natürlich einen konkreten Zusammenhang zwischen der Ausgestaltung der gesellschaftlichen Arbeitsbeziehungen und der des Verhältnisses der Geschlechter zueinander. Die immer noch vorfindliche vielfältige Abhängigkeit von Frauen gegenüber Männern hat *auch* einen wesentlichen Grund darin, daß sie noch immer nicht in derselben Weise wie die Männer ihren Anteil am gesellschaftlichen und Arbeitsleben haben, durch Zuweisung der Haus- und Betreuungsarbeit, durch schlechtere Ausbildung und Bezahlung, durch Zurückstellung innerhalb der betrieblichen Hierarchien, durch familien- und arbeitsrechtliche Regelungen, durch ein Sozial- und Tarifsystem, das auf einem (männlichen) Haupt- bzw. Familienverdiener aufbaut usw. usw. – daß Frauen durch all dies eine eigenständige, gleichberechtigte gesellschaftliche wie ökonomische Existenz verweigert wird. Die „realsozialistischen Systeme“ haben zwar einiges in Richtung auf eine stärkere Eingliederung der Frauen in das Arbeits- und Erwerbsleben geändert. Aber sie haben die vielfältigen anderen Gründe einer gesellschaftlichen Zurückstellung der Frau unangetastet gelassen.

Es sind – nicht nur, aber auch deshalb – alle Vorstellungen hoffnungslos überholt, die davon ausgehen, daß bereits eine Veränderung in Richtung auf „sozialistische“ Produktionsverhältnisse bei entsprechenden gleichberechtigten Anteilen für die Frauen in der Lage wäre, die Probleme der Geschlechterbeziehungen zu lösen. Ohne eine Neuverteilung von Erwerbsarbeit *und* Reproduktionsarbeit in ihren vielfältigen Formen (Hausarbeit, Erziehungsarbeit, Betreuungsarbeit usw.) auf *beide* Geschlechter und das allmähliche Aufbrechen der damit verknüpften Rollenmuster in der Erziehung, der Werbung wie in der alltäglichen Praxis sämtlicher Lebensbereiche wird eine wirkliche Gleichstellung der Geschlechter nicht zu haben sein. In diesem sozialen Konflikt gibt es ein anderes „Oben“ und „Unten“, ein anderes Mit- oder Gegeneinander als in der Auseinandersetzung zwischen „Kapital“ und „Arbeit“. Es gibt nicht das eine, gemeinsame Subjekt von Veränderung. Sie wird von *den Frauen und Mädchen*, unabhängig von ihrer Schichten- oder Klassenzugehörigkeit, auch gegen ihre eigenen Männer, Lebensgefährten, Brüder, Väter, Mitschüler, Kommilitonen, Arbeitskollegen usw. durchgekämpft werden müssen. Es mag sein, daß dafür eine vorgestellte „sozialistische“ Gesellschaft die besseren Voraussetzungen böte. Eine hinreichende Voraussetzung für eine derartige Veränderung wäre sie nicht.

Zudem geht es, was viele Männer nicht begreifen (können oder wollen), nicht etwa um eine anpassende Veränderung in dem Sinne, daß sie etwas abzugeben und die Frauen etwas mehr zu bekommen hätten. Die Männer selbst sind – auch wenn dieser Begriff hier nur begrenzt paßt – zugleich selbst „Opfer“ hergebrachter Rollenver- und -zuteilungen. In einer Welt, die ihnen die Pflicht zur Stärke, zum Beschützen, zur Macht- und Karriereorientierung auferlegt, die ihnen die in Erziehungs- und Betreuungsarbeit auch steckende Aneignungsmöglichkeit sozialer Kompetenz entzieht, läßt sie in der Herausbildung – nicht weiblicher, sondern – *menschlicher* Kompetenzen verarmen und verkümmern. Dies drückt sich auch in den sexualitätsbezogenen Paradigmen der Eroberung und der Hingabe aus (wie wir sie auch bei Engels antrafen), die nicht auf partnerschaftlichen Austausch und ein in beide Richtungen zielendes Wechselspiel von Spannung, von Geben und Nehmen ausgerichtet ist. Sich den Herausforderungen der Geschlechterbeziehungen stellen kann also nicht „Nachholen“ männlicher „Entwicklung“ und Verhaltensweisen durch die Frauen bedeuten, sondern nur bewußt und gewollt herbeigeführte Veränderung auf beiden Seiten. Dies schließt freiwillige Selbstveränderung wie Mechanismen der Überzeugung und des Drucks zur Veränderung auf der Gegenseite ein.

7.5 Zwischen „Masse“ und „Netzwerk“: die neue Aufgabe von Politik

Die Herausforderungen, vor denen wir heute stehen, so viel läßt sich also bereits jetzt sagen, lassen sich also keinesfalls mehr auf die *eine soziale Frage* reduzieren, wie dies noch der „klassisch-marxistischen“ Denkweise entsprach. Es bedarf der – wenn man so will: durchaus revolutionären – Veränderungen in ganz unterschiedlichen gesellschaftlichen Sphären. Ihnen liegen jeweils unterschiedliche Konfliktlagen zugrunde, aus denen jeweils verschiedene Akteurinnen und Akteure hervorgehen werden. Es wird dabei eher den Ausnahmefall darstellen, wenn sich die eine Frage mit der anderen bündeln lassen wird. Die Auseinandersetzungen dazu finden in unterschiedlichen gesellschaftlichen „Räumen“ statt, und auch die jeweiligen Auseinandersetzungsformen werden verschiedene sein. Die Bedeutung des Vorhandenseins dieser unterschiedlichen Ebenen und Räume gesellschaftlicher Betätigung und Artikulation, in diesem Sinne entwickelter zivilgesellschaftlicher Strukturen, resultiert gerade daraus, daß sich nur in ihnen neue Initiativen entwickeln, Interessen artikulieren und Aktivitäten bündeln lassen, ohne bereits durch staatliche Strukturen oder parteiartige Organisationsformen vorstrukturiert und damit partiell gefesselt zu sein.

So wie wir festgestellt haben, daß der sozialistischen Bewegung das eine *Subjekt* abhanden gekommen ist, so läßt sich aus dem beschriebenen Befund zunächst nur der Schluß ziehen, daß ihr auch das eine, als geschlossen verstandene, unterschiedliche Interessen zusammenführende *Projekt* verlorengegangen ist. So, wie die Naturzerstörung bereits zu den Folge- und Begleiterscheinungen früherer Produktionsweisen gehört hat, so ist auch das Patriarchat weit älter als die kapitalistische Produktionsweise, wahrscheinlich auch älter als die historische Entstehung und Verfestigung von Eigentumsformen (wo Engels noch seinen Ursprung sah). Ein „instrumentelles“ Verhältnis der Naturvernutzung statt eines Lebens als Teil der Natur, das Verständnis einer „natürlichen“ Arbeitsteilung zwischen den Geschlechtern mit dem jagenden Mann und der hausversorgenden Frau statt geschwisterlicher Teilung aller Formen der menschlichen Reproduktion – diese „verkehrten“ Formen menschlichen und gesellschaftlichen Daseins haben kulturelle und mentale Prägungen hinterlassen, die – was ihre Herkunft betrifft – weit hinter die Zeit des Aufkommens des „industriellen Kapitals“ als Charakteristikum einer kapitalistischen Formation zurückreichen. Insoweit würden „sozialistische“ Gesellschaftsverhältnisse allenfalls Herrschaftsverhältnisse auf verschiedenen Ebenen verändern, die das Abstreifen dieser Prägungen leichter machen könnten, aber eben auch nicht mehr. Schon gar nicht gibt es einen Automatismus, der aufgrund „sozialistischer Produktionsverhältnisse" veränderte Geschlechterbeziehungen und ein anderes Verhalten des Menschen im Umgang mit seiner natürlichen Lebensumwelt hervorbringen würde.

Bevor wir uns der Frage zuwenden, in welcher Weise – „sozialistisch" verstandene – Politik in diesem Konglomerat unterschiedlicher Projekte und Subjekte gesellschaftsverändernder Ziele eine neue Orientierung finden könnte, sollten wir uns noch etwas genauer mit den Organisations- und Aggregationsformen in unseren modernen Gesellschaften befassen. Die Organisations- und Ausdrucksformen sozialer und politischer Bewegungen des 20. Jahrhunderts waren durch das Charakteristikum der Masse gekennzeichnet. Die Entfaltung von Massenbewegungen (als Streiks, Großdemonstrationen, Aufmärsche, Kundgebungen usw.) galt als die adäquate Ausdrucksform zum Vorantreiben sozialer und politischer Veränderungen. Massenorganisationen (Parteien, Gewerkschaften usw.) galten als die dafür angemessene Organisationsform. Mit den vorstehend beschriebenen Prozessen der Individualisierung und fortschreitenden Differenzierung in unseren Gesellschaften gelangen diese Ausdrucks- wie Organisationsformen an ihre Grenzen. Die Erosion der großen Massenparteien wie der Gewerkschaften ist nur ein Beleg dafür. Natürlich wird es weiterhin Streiks geben, natürlich werden Demonstrationen nicht aus unserer Wirklichkeit verschwinden. Aber ihre Bedeutung im Sinne der prägenden Ausdrucksform sozialer und politischer Konflikte wird weiter zurückgehen. Dies hat auch etwas mit den veränderten Kommunikationsbedingungen in einer global vernetzten Welt zu tun, in der selbst im nationalen Maßstab die Diversifizierung der Medienlandschaft in geradezu atemberaubendem Tempo zugenommen hat.

So, wie sich politische wie soziale Machtausübung im vergehenden Jahrhundert primär auf das Moment der Masse stützte (wie der Nationalsozialismus, der Faschismus und der Stalinismus zeigen, im Wege der symbolhaften Inszenierung von Massenzustimmung selbst da, wo nur kleine Eliten diktatorisch regierten), wird sich Macht in einer zukünftigen Informations- und Dienstleistungsgesellschaft, also im kommenden Jahrhundert, anders, wohl eher in der Form von Netzwerken, reproduzieren. Wir können hierbei schon jetzt sechs unterschiedliche Netzwerktypen identifizieren:[472]

Erstens: Bereits die moderne Unternehmensform entwickelt sich mehr und mehr auf diese Weise. Selbst Unternehmen, die ansonsten in der globalen Konkurrenz gegeneinander konkurrieren, gehen zeitweilige und begrenzte Kooperationsbeziehungen ein. Sie bilden „Allianzen" zur Entwicklung neuer Produkte und ihrer Vermarktung (nutzen also im kooperativen Sinne die Vorteile gesellschaftlicher Arbeitsteilung). Nationalstaatliche Grenzen spielen dabei keine Rolle mehr. Dieser

472 Ebda., S. 145f.

Trend wird auch in Forschung und Entwicklung zu neuen Unternehmenskooperationen unter Einbeziehung von Kunden und wissenschaftlichen Instituten führen.[473] Aber auch räumlich gesehen entstehen – zweitens – derartige neue Netzwerke als „Standortnetzwerke“ zwischen Unternehmen, öffentlicher Administration, sozialen Organisationen und der Wissenschaft. Derartige übergreifende Kooperationsversuche lassen sich z.B. hier und da in den neuen Bundesländern beobachten, wo mit Hilfe derartiger „cluster“-Bildung versucht wird, den Restrukturierungsprozeß der ostdeutschen Wirtschaft zu unterstützen.[474] Als dritte Form entwickeln sich „policy-Netzwerke“, in denen politische Paradigmen generiert, in einer Diskursgemeinschaft kommuniziert und als dezentral erzeugtes gesellschaftliches Wissen für übergreifende politische Entscheidungen verfügbar gemacht werden.

Viertens existieren mittlerweile – ein Phänomen, das wir noch gar nicht berührt haben – „ethnische Netzwerke“, in denen sich Angehörige ethnischer und sonstiger Peer-Gruppen in einem anderen ethnischen Umfeld geschützt bewegen können. Die fünfte Form ist die der Nichtregierungsorganisationen, die neue, internationale Kommunikationsformen entwickeln müssen, um in einer globalisierten Welt adäquat auf den Entscheidungsebenen ihrer jeweiligen Aktionsfelder präsent sein zu können. Und schließlich – sechstens – gibt es „Governance-Netzwerke“, d.h. Formen der Zusammenarbeit von staatlichen und quasi-staatlichen Organisationen, von Unternehmen und Nichtregierungsorganisationen auf der globalen Ebene selbst, ohne sich auf die im Nationalstaat vorgegebenen hierarchischen Politikformen oder auf die Marktbeziehungen des Unternehmenssektors festlegen zu lassen.

Wir sind der Auffassung, daß wir uns auch in diesen Umstrukturierungsprozessen erst an einem Anfang befinden. Über lange Zeit werden sicher noch die alten (auf „Masse“ konzentrierten bzw. gerichteten) Kommunikations- und Ausdrucksformen neben den neuen, filigran strukturierten, differenzierteren Netzwerkverbindungen weiter existieren. Welcher verallgemeinernde kommunikative Prozeß etwa durch das neue Medium des Internet hergestellt werden könnte, dazu können wir heute noch keine gesicherte Prognose wagen. Aber Altvater hat sicher Recht, wenn er schon heute feststellt, daß die „software des Netzes“ der neuen kapitalistischen Akkumulationsdynamik weit angemessener ist als die „hardware der Massen“: „Netzwerke sind locker und Massen sind dicht. Massen sind wuchtig und Netzwerke graziös und penetrant [...] Massen haben sich im Zeitalter der Globalisierung ins ‚Nebulöse‘ verflüchtigt, d.h. sie werden in Form der Netzwerke neu mobilisiert.“[475]

Der Bedeutungsverlust der Massenbewegung im traditionellen Sinne läßt sich am besten und eindrucksvollsten anhand der im „globalen Kapitalismus“ real wie in ihrer Bedeutung explodierten Finanzbeziehungen illustrieren. In welcher Weise,

473 Delphi 1998, S. 17, 63.
474 Vgl. WISA 1997.
475 Altvater 1998a, S. 146.

durch welche Mobilisierung sollten welche widerständigen (Menschen-)Massen gegen die „gewaltigen monetären Massen“[476] aufgeboten werden, die tagtäglich mit Blitzgeschwindigkeit um den ganzen Globus gejagt werden und von denen die weitreichendsten Folgen auf die ökonomische Lage und den Beschäftigungsstand ganzer nationaler Volkswirtschaften ausgehen? Eine erste Antwort bietet allenfalls das Beispiel des vorläufigen Stops eines „Multilateralen Investitionsabkommens“ (MAI) insbesondere durch den Protest international vernetzter Nichtregierungsorganisationen[477], auf das wir an anderer Stelle noch einmal zurückkommen werden. An dieser Stelle soll es nur beispielhaft als Beleg dafür dienen, daß es heute nicht mehr zwingend die Zusammenballung von Menschenmassen zur Artikulation von Protest an einem konkreten Ort sein muß (bzw. sein kann), die etwas „bewegt“ oder bewirkt, sondern daß sich derartige Auseinandersetzungen zunehmend in neuen Räumen einer „virtuellen Welt-Zivilgesellschaft“[478] abspielen.

Was also kann – „sozialistisch“ verstandene – Politik in einer derartig veränderten Lage tun, wo ist ihre neue Aufgabe? Formulieren wir es zunächst in der Negativabgrenzung ausgehend von unseren bisherigen Befunden. Sie kann sich nicht mehr als das „organisierende Zentrum“ zu homogenisierender sozialer Interessen verstehen, deren Vertretung und Durchsetzung anzustreben wäre. Nicht mehr die Mobilisierung möglichst großer „Massen“ zur Demonstration von Machtwillen und Durchsetzungsvermögen kann unter derartig veränderten Bedingungen im Mittelpunkt stehen. Und schließlich ist wohl auch die Vorstellung zu verabschieden, daß es Aufgabe heutiger „sozialistischer Politik“ im Marxschen Sinne noch sein könne, vor allem den „Klassenkampf“ in der Auseinandersetzung zwischen Kapital und Arbeit voranzutreiben und zuzuspitzen. Akzeptiert eine politische und intellektuelle („sozialistische“) Linke heute die unabweisbare Tatsache der (notwendigen und sinnvollen) Existenz verschiedener, nicht homogenisierbarer Projekte und Subjekte auf je unterschiedlichen Feldern gesellschaftlicher Auseinandersetzung (der Arbeit, der Ökonomie, der Ökologie, der Geschlechter, der Kultur, der Rassen usw.), dann muß sie selbst mit daran arbeiten, daß diese unterschiedlichen Projekte und Subjekte ihre autonomen Orte und Räume der Artikulation und Interessenwahrnehmung haben.

Sie kann und sollte also daran mitwirken, daß auf diese Weise neue Netzwerkstrukturen entstehen, innerhalb derer keine Dominanzverhältnisse im Sinne der Bedeutungshierarchie einzelner Problemfelder zulässig sein können. „Sozialistische Politik“ hätte also im modernen Sinne eher eine Mediatoren-, eine Koordinatoren- und eine Kommunikatorenrolle. Die in relativ autonomen zivilgesellschaftlichen Räumen entwickelten Zielvorstellungen wären in diesem Sinne auf den je unterschiedlichen Handlungsfeldern der Kommune, der Region, des Nationalstaats, der

---

476 Vgl. ebda., S. 149.
477 Siehe Spiegel 1998.
478 Haug 1998, S. 30.

supranationalen wie der globalen Ebene in die formalisierten politischen Entscheidungsstrukturen zu „übersetzen", und es wäre notwendig, ihnen auf diesen verschiedenen Ebenen zum Durchbruch zu verhelfen. Gegenüber dem früheren, stärker auf im sozialen Sinne interessegeleiteten Politikmodell ist diese neue Form sicherlich weit komplizierter zu bewerkstelligen, sie bietet aber zugleich den Vorteil, daß die Vorbereitung der formalisierten politischen Entscheidungsprozesse auf einer sehr viel breiteren gesellschaftlichen Basis stattfände.

Und jenseits der Versuche, Interessen künstlich oder hierarchisch zu homogenisieren, hätte sozialistische Politik auch die Aufgabe, nach Verknüpfungen unterschiedlicher Projekte wie Subjekte zu suchen, neue Räume für gemeinsame Lernerfahrungen und gemeinsames Handeln zu schaffen, verknüpfende Kommunikationsforen anzubieten, eine Aufgabe, die erst dann in ihrer Tragweite und Dimensionalität begriffen werden kann, wenn wir sie nur auf das perspektivisch zentrale Handlungsfeld zu übersetzen versuchen, den europäischen Raum mit all seinen fortbestehenden sprachlichen, kulturellen und mentalen Grenzen und Barrieren.[479] Hier kann – neben allen politischen Anstrengungen – teilweise auch die Hoffnung auf mögliche technische Durchbrüche weiterhelfen, die für das nächste Jahrzehnt erwartet werden: automatische Sprachübersetzungssysteme in Taschenformat, mit denen man sich ohne Kenntnisse der Sprache des Gesprächspartners unterhalten kann.[480] Würde dieser Durchbruch gelingen, wäre ein riesiger Schritt in Richtung auf eine Verbesserung der Voraussetzungen weltweiter demokratischer Verständigung getan.

Was aber wäre das mögliche neue verbindende Element für politisches Handeln unter den beschriebenen veränderten Bedingungen? Schließlich haben wir festgestellt, daß es nicht mehr (oder immer weniger) die sich aus gleichen sozialen Lagen ergebenden gemeinsamen Interessenstandpunkte sind, die kollektives Handeln möglich machen. Zudem ist es längst zum Allgemeingut geworden, daß sich parallel zu den Veränderungen in der Arbeitswelt in den vergangenen Jahrzehnten auch die lebensweltlich geprägten Großmilieus – wenn auch noch nicht ganz aufgelöst haben, so doch – im Prozeß der Auflösung befinden. Dies gilt für die Bindungs-, Präge- und Organisationskraft des Katholizismus ebenso wie für die klassischen Arbeitermilieus. Katholische Kirche, Gewerkschaften und Sozialdemokratie sind als Großorganisationen von ähnlichen Erosionsprozessen betroffen. Damit erodieren auch wichtige Voraussetzungen für das naturwüchsige Entstehen von solidarischen Bewußtseinsformen und Verhaltensmustern.

Wir waren bereits zu dem Zwischenergebnis gelangt, daß sich künftig politische Prozesse stärker als früher über *Einsicht* und daraus abgeleitetes Handeln vermitteln müssen. Aber dieser Befund ist noch zu abstrakt, ergibt noch kaum eine Handlungsanleitung für praktische Politik. Deren Aufgabe wird es – so unsere Prognose

---

479 vgl. Albers 1998, S. 22.
480 Delphi 1998, S. 19.

– künftig sein, an der ständigen Vermittlung von dem in einer individualisierten Gesellschaft egoistisch vorgeformten Alltagsbewußtsein des Einzelnen und seiner potentiellen Einsichtsfähigkeit in Anforderungen des Gesellschaftlichen, des Allgemeinen zu arbeiten. Wenn Solidarität keine Ressource (mehr) ist, die von selbst entsteht, muß beständig an ihrer Erzeugung gearbeitet werden. Man könnte es auch den Versuch der Vermittlung zwischen Egoismus und Altruismus nennen. Aber wie könnte das aussehen? Wählen wir einige Beispiele. Die Einsicht in die Notwendigkeit der Teilung von Arbeit könnte daraus entstehen, daß auch Gutverdienende den allgemeinen (relativen) sozialen wie ihren konkreten lebensweltlichen Frieden durch eine breite Schicht sozial Deklassierter und die Begleiterscheinungen wachsender Kriminalität bedroht, gefährdet sehen. Schritte hin zur Entschuldung der zurückbleibenden Länder könnten dadurch einsichtsfähig werden, daß andernfalls – wenn schon nicht die großen „Armutswanderungen" nach Europa, so doch – chaotische internationale Verwerfungen drohen. Am weitesten fortgeschritten ist wohl bereits ein Bewußtsein vieler, daß es erforderlich ist, die Natur zu schonen und dafür auch persönliche Einbußen hinzunehmen, um das Überleben auf diesem Globus insgesamt sicherzustellen.

Ein derartiges neues Politikmodell hat schließlich die Anstöße mit aufzunehmen und zu verarbeiten, die in den vergangenen beiden Jahrzehnten in den Debatten um „Zivilgesellschaft" und „Kommunitarismus" gegeben worden sind.[481] Beide Debatten entwickeln sich auf der Folie moderner Gesellschaften, die einer zunehmenden Individualisierung ihrer Gesellschaftsmitglieder unterliegen. Die Antwort darauf kann nun auch im sozialistischen Sinne nicht der Versuch eines neuen Homogenisierungsdrucks (über Organisationen, Parteien, Verbände u.ä.) sein, sondern nur eine kritische Neuvergewisseung über Voraussetzungen und Möglichkeiten neuer gesellschaftlicher Bindekräfte. Insbesondere die kommunitaristische Debatte gibt dabei insofern neue Anstöße, als sie das Verhältnis von Rechten *und* Pflichten des Individuums gegenüber Gemeinschaften wie der Gesellschaft als Ganzes in den Mittelpunkt des Interesses rückt. Wir haben schon anhand der Arbeit von Elson gesehen, wie derartige Anstöße im „sozialistischen" Sinne fruchtbar gemacht werden können. Gerade wenn es in unseren Gesellschaften in ihrer gegenwärtigen Verfaßtheit nahezu unmöglich erscheint, Sektoren wie Alten- und Kinderbetreuung (die früher im großfamiliären Rahmen „mit erledigt" wurden) auf gesellschaftlich vernünftige Weise zu regeln, kann die Rückkopplung gesellschaftlicher Leistungen an die Übernahme derartiger Aufgaben als Pflichten gegenüber der Gesellschaft sowohl ein Weg sein, dringende Probleme zu lösen, als auch dazu betragen, gesellschaftliches Verantwortungsgefühl neu zu entwickeln.

---

481 Ein Vergleich beider Debatten wurde jüngst von Nothelle-Wildfeuer 1998 vorgelegt; vgl. zu den widersprüchlichen Lernerfahrungen des Kommunitarismus auch die Kontroverse zwischen Meyer 1997 und Schöler 1997.

7.6 Paradigmenwechsel „sozialistischer" Strategie

7.6.1 Über „Kontinuität und Bruch"

Die Abkehr von der Zentralität der sozialen Frage bringt eine Reihe weiterer einschneidender Paradigmenwechsel mit sich, die nochmals mit Blick auf das theoretische Erbe von Marx und Engels zu diskutieren sind. Alleine schon deren Vorstellung von durchgehend vergesellschaftetem Produktiveigentum blendete einen Problemkomplex aus, den wir mit dem Begriffspaar „Kontinuität und Bruch" kennzeichnen möchten. Bereits die Bolschewiki konnten in den Jahren 1918/19 die Erfahrung machen, was es heißt, eine nationale Ökonomie weitgehend – sei es von oben, sei es spontan von unten – zu „sozialisieren". Gelungen war damit sicherlich die Lösung des „Machtproblems". Die alten herrschenden Eliten waren ihrer ökonomischen Machtpositionen beraubt. Auch darin dürfte sicherlich ein Grund mit dafür liegen, daß es trotz der zahlenmäßig kleinen russischen Arbeiterklasse und der noch kleineren herrschenden Partei in den Folgejahren keinerlei Gegenkräften gelang, die vollzogene Umwälzung wieder rückgängig zu machen. Was allerdings nicht gelöst war, war die „Organisationsfrage": Der rapide und vollständig durchgesetzte Bruch warf Probleme auf, die mangels Kontinuität nicht gelöst werden konnten. Sowohl die Versuche, die verjagten Betriebsleiter zurückzuholen und sie mit erneut höheren Gehältern zu locken, als auch die Reinstallierung von Marktbeziehungen und die Wiedereinräumung der Möglichkeit privatwirtschaftlicher Unternehmen sind Anstrengungen, bereits gestörte Abläufe zu reaktivieren, bereits gekappte Verbindungen wiederherzustellen. Sobald man allerdings glaubte, ihrer nicht mehr zu bedürfen, wurden sie erneut gekappt und zerstört.

Dies berührt einen zentralen Gesichtspunkt bisheriger „marxistischer" Theoriebildung. Revolutionäre Veränderung wurde ganz vorrangig als Problem des Umstürzens (vermeintlich) überholter Verhältnisse angesehen, als zu lösende Machtfrage, als Notwendigkeit des Bruchs mit alten Strukturen und Beziehungen. In der Rezeption des Denkens von Marx und Engels standen deshalb lange Zeit auch genau diejenigen Anteile hoch im Kurs, die eine derartige Strategie nahelegten. Daß sich die neuen Organisationsformen dann schon von selber finden würden, das hatten ja Marx und Engels selber immer wieder betont. Entsprechend weniger beachtet blieben alle die Hinweise in ihrem Werk, die stärker den evolutionären Aspekt des Sich-Herausarbeitens aus einerseits überholten, aber eben auch *reifen* Verhältnissen betonten, gerade das „Revolutionen-Machen" ablehnten, auf Verhältnisse setzten, die selbst ihre Lösungen hervorbrachten. Dieser Strang des Marx-/ Engelsschen Denkens beinhaltet strenggenommen das *Prinzip einer evolutionären Durchsetzung eines neuen, revolutionären Prinzips.*

Dieser Satz mag sich fremd und widersprüchlich anhören. Wir können ihn anhand zweier Beispiele genauer erläutern. Wenn die bisherige Art des Produzierens und Konsumierens von dem Vorrang des einzelwirtschaftlichen Interesses an größtmöglicher Profiterzielung angetrieben wird, dann wäre es durchaus eine revolutionäre Veränderung, wenn diese Dominanz durch ein anderes Prinzip gebrochen oder überformt würde, nämlich den Vorrang gesellschaftlicher Interessenbestimmung, deren Dominanz, deren Vorgaben der fortbestehende Mechanismus einzelbetrieblich rationellen (also auf bestmögliche Kapitalverwertung zielenden) Verhaltens zu folgen hätte. Diese Veränderung wäre nicht deswegen revolutionär, weil dadurch alle „Kapitalisten entmachtet", das „Kapitalverhältnis beseitigt", die „Arbeit abgeschafft" wäre, sondern weil das bisher vorherrschende Prinzip gesellschaftlicher Entwicklung (das ja auch nicht alleine existierte) durch ein anderes überformt worden wäre (dessen „Totalität" nun auch nicht – womöglich noch gewaltsam – zu verwirklichen sinnvoll wäre).

Nochmals am Beispiel der Geschlechterbeziehungen läßt sich zeigen, daß mit einer Strategie des Bruchs, der bloßen Umkehrung von Dominanz- und Herrschaftsverhältnissen wenig gewonnen wäre. Damit bleiben aber die auf andere Weise zu erreichenden Lösungen nicht weniger „revolutionär". Aber dieses Revolutionäre drückt sich nicht in einer schlichten Umkehrung oder Negation, vielmehr darin aus, daß ein *neues Prinzip* an die Stelle eines alten tritt: Eine Gesellschaft, die auf dem Prinzip der gleichrangigen Verantwortlichkeit beider Geschlechter für jedwede Form von Arbeit als produktiver, reproduktiver wie ehrenamtlich-gesellschaftlicher beruht und in der dies den Alltagsverstand und das Alltagshandeln ihrer Gesellschaftsglieder selbstverständlich prägt, hat einen durchaus revolutionären Wandel hinter sich. Er bedarf keines Umsturzes, er ist auch angesichts der dafür notwendigen, lange Zeit benötigenden mentalen und kulturellen Bewußtseinsänderungen durch keinerlei „Umsturz" herbeizuführen.

Das Ende der Zentralität der Klassenfrage wie des Paradigmas vom „revolutionären Bruch" – beides kann nicht ohne Auswirkungen auf die strategischen Optionen künftiger „sozialistischer Politik" bleiben. Waren die Auseinandersetzungen im ausgehenden Jahrhundert von der Polarisierung der Gesellschaft entlang des Gegensatzes von Kapital und Arbeit geprägt, den die sozialistische Linke zu vertiefen, dessen Polarität sie auf die Spitze zu treiben suchte, so geht mit den aktuellen innergesellschaftlichen Veränderungen eine zunehmende Desintegration und Erosion gesellschaftlichen Zusammenhalts einher, der auch vor der Binnenstruktur der beiden ehemaligen Pole nicht halt macht. Deshalb setzt sich parteiübergreifend zu Recht zunehmend die Einsicht durch, daß es heute um die neue Aufgabe des Gegensteuerns gegenüber diesen Erosionstendenzen, daß es auch auf der nationalstaatlichen Ebene um die Arbeit an einem neuen, klassenübergreifenden „Gesellschaftsvertrag" geht.[482] Aus einer gesellschaftsspaltenden Rolle – so Wolfgang Gehrke – mit der Option der Machteroberung als Klasse wechsele auch die Aufgabe der Sozialistinnen und Sozialisten in eine die Gesellschaft *integrierende* Rolle „mit dem Anspruch auf Transformation in Richtung Sozialismus". Ge-

482 Vgl. etwa Fischer 1998.

sellschaftlichkeit stelle sich dabei her über die Durchsetzung demokratischer und rechtsstaatlicher Regularien in Wirtschaft, Politik, Kultur, Verteilung von Macht und Reichtum.[483]

In derselben Perspektive liegt es, wenn die „Gruppe von Lissabon" in ihrem Bericht an den Club of Rome vier „globale Sozialverträge" vorschlägt, die von der internationalen Staatengemeinschaft zu verabschieden und durchzusetzen wären: einen Grundbedürfnisvertrag sowie einen Kultur-, einen Demokratie- und einen Erdvertrag.[484] Sicher mag man die Realisierungschancen für derartige Vorschläge globaler Verträge noch sehr skeptisch betrachten. Dafür gibt es mit Blick auf die nur schwerfällig vorankommende Realisierung bereits verabschiedeter internationaler Vereinbarungen und Dokumente (etwa die der Umweltgipfel von Rio und Kyoto) genügend Anlaß. Aber unbestreitbar scheint uns die Tatsache zu sein, daß angesichts der in diesen „Sozialverträgen" begrifflich gebündelten Herausforderungen im globalen Maßstab kein Weg daran vorbei führt, alle Kräfte in eine solche Richtung zu mobilisieren.

7.6.2 Von der „Be-" zur „Entschleunigung"

Ähnlich wie das Begriffspaar von „Kontinuität und Bruch" bedarf ein weiteres Paradigma der Marxschen Theorietradition einer kritischen Neubetrachtung: das von „Be- und Entschleunigung" im Kontext revolutionärer Veränderungen. Wenn wir es richtig sehen, war Walter Benjamin der erste, der innerhalb des „marxistischen" Diskurses das Fortschritts- und Beschleunigungsmoment revolutionärer Umwälzungsvorstellungen in Frage gestellt hat.[485] Er hat der Metapher von der Revolution als „Lokomotive" der Geschichte die der „Bremse" entgegengestellt. Uns erscheint dieser Paradigmenwechsel notwendiger denn je. Diese Notwendigkeit ergibt sich aus einer Reihe von Gesichtspunkten: Das kapitalistische Akkumulationsmodell ging mit einer ganzen Reihe von räumlichen und zeitlichen Entgrenzungen einher, deren „Rückholbarkeit" vielfach nicht mehr gewährleistet ist. Unbegrenzter Fortschritts- und Technikoptimismus hat zur Realisierung von Technologien wie der Nutzung der Atomkraft geführt, deren „Beherrschbarkeit" bezüglich der Weiterstrahlung sich auf Tausende von Jahren bemißt. Endliche Ressourcen der Natur wurden einem Raubbau unterworfen, der nicht nach der Regenerationsfähigkeit fragte, geschweige denn kreislaufwirtschaftliche Zusammenhänge beachtet hätte. Die Aufhebung des Zeitmoments in der Abwicklung ökonomischer Vorgänge – durch die modernen Kommunikationsvorgänge, innerhalb derer unvorstellbare Summen per „Mausklick" (etwa in New York) verschoben werden können – führt zu unkalkulierbaren Risiken durch Währungsschwan-

---

483 Gehrke 1998, S. 28.
484 Vgl. Grenzen 1997.
485 Vgl. Benjamin 1940.

kungen und Zinsstürze, deren Auswirkungen ganz unmittelbar Hunderttausende von Arbeitsplätzen in Europa oder Asien, also in ganz anderen Regionen, gefährden können.

Wir haben die Auffassung vertreten, daß die heutige Aufgabe nicht mehr darin besteht, die herrschenden ökonomischen Verhältnisse umzuwerfen, sondern ihre emanzipatorischen Potentiale zu entwickeln. Dies kann aber gerade nicht heißen, die beschriebenen, gleichzeitig identifizierbaren zerstörerischen Potentiale weiter zu befördern. Wielenga hat in diesem Zusammenhang eine Reihe von Fragen aufgeworfen, an denen heute nicht mehr vorbeigeschaut werden kann. Zerstört nicht der „Kahlschlag" der beständigen kapitalistischen Revolutionierung unserer Gesellschaften auch Potential für ihre „sozialistische Regeneration"? Er nennt als Beispiel – unter Berufung auf die frühen Schriften von William Morris – die Zerstörung der sozio-kulturellen Bedeutung der Handwerks-Traditionen. Und wir könnten aus dem Zusammenhang unserer Untersuchung hinzufügen: Ist nicht die Geschichte der Sowjetunion gleichermaßen ein beredtes Beispiel für die Zerstörung arbeitskultureller Traditionen, deren das heutige Rußland so dringend benötigte? Und weiter mit Wielenga: Läßt sich Zeit als Raum für menschliche Entwicklung in einer sozial-kulturell verwüsteten Landschaft realisieren? Und wo es dank neuer Wurzeln schlagender sozialer Kreativität gelingt, neue Sub-Kulturen zu entwickeln, wieviel wiederholte Zerstörung läßt sich aushalten?[486]

Die Antwort auf diese Fragen kann nur lauten: Statt Beschleunigung ist heute Entschleunigung angesagt. „Sozialistische" Politik hieße also nicht, die zeitliche und räumliche Entfesselung der Produktivkräfte zu betreiben, wie dies im Rahmen des neoliberalen Paradigmas geschieht, sondern die Umlenkung der ökologisch-ökonomischen wie der sozial-kulturellen Prozesse in einen anderen Reproduktions- und Regenerations-Umlauf. Eine solche Umsteuerung muß sich notwendig an anderen, neuen Verhaltensweisen und Wertvorstellungen orientieren, als sie bislang unser westliches „Fortschrittsmodell" prägen: Verbesserung von Lebensqualität statt Konsumsteigerung, Langsamkeit und Dauerhaftigkeit (bzw. Nachhaltigkeit) statt Beschleunigung und Entgrenzung.[487]

Nur im Rahmen eines solchen, vor allem auch kulturell verstandenen Umgestaltungsprozesses werden die ethischen und moralischen Entscheidungen im gesellschaftlichen, d.h. allgemeinmenschlichen Sinne getroffen werden können, die nötig sind, damit Industrialisierung, „Entwicklung" und „Fortschritt" auf diesem Globus nicht länger „positionelle Güter" bleiben. Damit sie es nicht bleiben, müssen die Menschen in unseren hochentwickelten (post-)industriellen Gesellschaften notwendigerweise Einschränkungen an ihrem Modell von Produktion, Konsumtion und Verteilung vornehmen, eine Veränderung, die nicht über die Mobilisierung von unmittelbaren sozialen Interessenstandpunkten zu haben ist. Nur wenn in den

---

486 Wielenga 1996, S. 129.
487 Ebda., S. 136f.

reichen, entwickelten Zentren des Westens der Prozeß des so beschriebenen Umsteuerns in Gang gesetzt wird, wird den „zurückgebliebenen“ Ländern eine andere Perspektive geboten als die einer bloßen Nachahmung dieses vermeintlich so erfolgreichen und allgemeinen Wohlstand erzeugenden „Fortschritts“modells.

7.7 Ein neues Verständnis von „marxistischem“ und „Grundwertesozialismus“

Und was heißt das für die sozialistische Idee im 21. Jahrhundert? Unsere bereits mehrfach vorgenommenen Absagen an ein Festhalten an der überkommenen strategischen Orientierung auf Interessenpolitik im Gegensatz zur Mobilisierung von ethischen und moralischen Einsichten stellt auch die Frage des Verhältnisses von klassischem „Marxismus“ und ethischen Sozialismuskonzepten neu. Alle vorstehend erarbeiteten Befunde unterstreichen mehr denn je die Brüchigkeit einer Haltung, die dem Marx-/Engelsschen Denken auch heute noch den Charakter einer wie auch immer beschaffenen schlüssigen, gar in sich geschlossenen Lehre zubilligen wollte. Mit seiner Verkoppelung jedweder gesellschaftsverändernden Perspektive mit dem sozialen Antagonismus von Kapital und Arbeit weist aber dieses Denken – aus sich selbst heraus – nicht über den strategischen Ansatz der Interessenvertretung und -durchsetzung hinaus. Eine Rekonstruktion der emanzipatorisch-gesellschaftsverändernden Impulse innerhalb dieses Denkens muß also notwendigerweise darüber hinausweisende Aspekte mit einbeziehen, wie sie sich z.B. dort finden, wo Marx und Engels die klassenlose Gesellschaft als eine solche beschreiben, in der die „freie Entwicklung eines jeden die Bedingung für die freie Entwicklung aller ist“.[488]

Selbst ein sich weiter an Marx und Engels orientierender Ansatz sozialistischen Denkens kommt also heute nicht mehr ohne eine Bestimmung gesellschaftsverändernder Ziele mit Hilfe ethischer oder moralischer Kategorien aus.[489] Nichts wäre deshalb fataler, als die lange gepflegte Trennung in einen „historisch-materialistischen“ und einen „Grundwertesozialismus“ auch heute noch als sinnvolle Alternative auszugeben.[490] Vielmehr sollten wir uns mit Grebing daran zurückerinnern, daß bereits in der frühen Arbeiterbewegung (sprich Sozialdemokratie) Vorstellungen entwickelt waren, die die Verwirklichung eines demokratischen Sozialismus nicht als geschlossenes theoretisch begründetes System, sondern als ein Ensemble von Formen gesellschaftlicher bzw. ökonomischer Organisation *und* von an den Prinzipien der sozialen Gerechtigkeit und persönlichen Freiheit orientierten

488 Marx/Engels, Manifest ..., a.a.O., S.483.

489 Vgl. in diesem Sinne schon den Versuch eines Zusammendenkens beider Aspekte bei Schöler 1987a (wobei wir eine Reihe anderer dort getroffener Aussagen für mittlerweile überholt halten).

490 So aber wohl immer noch Gehrke 1998, S. 27.

Regulationsmechanismen gesellschaftlichen Zusammenlebens aufgefaßt hatten.[491] Die Aufgabenstellung einer „historisch-materialistischen" Herangehensweise bestünde in diesem Sinne weiterhin gerade darin, die historische Bedingtheit des jeweiligen Grundwerteverständnisses herauszuarbeiten sowie die abstrakten Postulate der einzulösenden Grundwerte näher an die konkrete gesellschaftliche Wirklichkeit heranzuführen.[492]

Dabei kann es allerdings nicht etwa um erneute Relativierungen dieser Grundwerte im Sinne womöglicher zeitweiliger Dispendierungen (etwa gewisser Formen der Freiheit „zugunsten" von mehr Gleichheit oder Gerechtigkeit) gehen. Die zitierte Stelle aus dem „Kommunistischen Manifest" läßt keine Zweifel daran, daß hier die Perspektive einer umfassend verstandenen „Freiheit" gemeint war, die ihre Grenzen eben nur im Freiheitsspielraum des jeweiligen Gegenübers findet. Bereits ein Jahr vor seinem Erscheinen war zu diesem Thema in einem von Marx und Engels beeinflußten Programmartikel in einer Publikation des „Bundes der Kommunisten" in ähnlicher Grundsätzlichkeit noch sehr viel Ausführlicheres zu lesen:

„Wir sind keine Kommunisten, welche die persönliche Freiheit vernichten und aus der Welt eine große Kaserne machen wollen. Es gibt freilich Kommunisten, welche es sich bequem machen und die persönliche Freiheit, die nach ihrer Meinung der Harmonie im Wege steht, leugnen und aufheben wollen, wir aber haben keine Lust, die Gleichheit mit der Freiheit zu erkaufen."[493]

Wenn man so will, steckt darin bereits der die sozialistische Ideengeschichte schon lange begleitende Diskurs über die Grundwerte und ihr Verhältnis zueinander: Wie sind Freiheit und Gleichheit miteinander vereinbar, wie ist ihr Verhältnis zueinander? Hier ist die Aufgabenstellung „historisch-materialistischer" Forschung angesiedelt, dies anhand einer konkreten Verarbeitung gesellschaftlicher Wirklichkeit auszuloten. Greffrath hat völlig Recht, wenn er in diesem Zusammenhang den Begriff der „Gesellschaft" als eine Leitidee der bürgerlichen Aufklärung charakterisiert, deren „egalitäre Radikalisierung" im „Kommunistischen Manifest" ihren Ausdruck gefunden habe.[494] Wir kommen auf diese Weise auf unsere Überlegungen im Einleitungskapitel zurück. Das sozialistische Denken, die sozialistische Idee – auch in ihrer Ausprägung bei Marx und Engels –, ist ein Kind der „Moderne", steht in der Tradition der Ideen der französischen Revolution, ihrer Universalisierung allgemeingültiger Menschenrechte und ihres wie ein Fanal wirkenden Dreiklangs von „Freiheit, Gleichheit, Brüderlichkeit". Diese Ideale werden im sozialistischen Denken radikalisiert, über ihre im bürgerlichen Denkhorizont im Rahmen einer bloßen liberalen Vertragsfreiheit verhaftete Beschränkung und Begrenzung hinausgetrieben. Sie werden damit aber nicht „aufgehoben" im Sinne einer Auslöschung, eines

491 Grebing 1996, S. 173.
492 Vgl. in diesem Sinne weiterhin zutreffend Schöler 1987a, S. 26f.
493 Zit. nach Weber 1998.
494 Greffrath 1998.

Bedeutungszerfalls, sondern sie werden „emporgehoben", materialisiert, durch die Einbeziehung der sozialen Lebenswirklichkeit aller Individuen unabhängig von ihrer Klassenzugehörigkeit.

Lange ist der Streit darüber geführt worden, ob der „junghegelianische" Marx, der noch in derartigem „idealistischem" Denken verfangen gewesen sei, durch den „reifen" Marx der „Politischen Ökonomie" abgelöst worden sei, ob dieser sich von seinen frühen ethischen Impulsen verabschiedet habe. Wäre dem so, wäre es die Aufgabe heutiger theoretischer Anstrengungen, den frühen und den späten Marx zusammenzudenken. Ein Blick in die „Ethnologischen Exzepthefte" des „späten" Marx unterstreicht aber die Auffassung, daß dies wohl nicht ganz zutreffend ist, eine arg verengende Betrachtung wäre. Wäre dem so, wäre es nicht zu erklären, daß Marx etwa aus der Schrift von Lewis Morgan diejenigen Passagen durch Unterstreichung heraushebt und exzerpiert, in der dieser „Freiheit, Gleichheit und Brüderlichkeit" als die „Kardinalsprinzipien" der urkommunistischen Gens charakterisiert. In gleicher Weise streicht er dessen Resumée heraus: „Sie [eine höhere Stufe der Gesellschaft] wird eine Wiederbelebung sein, in einer höheren Form, von Freiheit, Gleichheit, Brüderlichkeit der alten Gentes." Und genau diesen Satz wiederholte er auch in einem späteren Briefentwurf an Vera Sassulitsch.[495]

Uns muß hier nicht näher die Frage interessieren, inwieweit diese retrospektive Zuschreibung der Leitideen der französischen Revolution des 18. Jahrhunderts zu den Verhältnissen einer sogenannten „urkommunistischen Gesellschaft" der Vorgeschichte wirklich realitätsgerecht ist. In unserem Zusammenhang ist nur von Bedeutung, wie sich nicht nur Morgan, sondern eben auch Marx ganz selbstverständlich als Kind der französischen Revolution erweist. Ihre Leitideen hatten ganz ohne Frage auch für ihn die Bedeutung ethischer Grundcharakteristika einer vorgestellten und angestrebten klassenlosen Gesellschaft der Zukunft.

Die heutige „Grundwertedebatte" ist über die zeitgenössische hinausgegangen, hat zur Verständigung darüber geführt, den Begriff der „Gerechtigkeit" an die Stelle der „Gleichheit" treten zu lassen. Und sie hat den „patriarchalischen" Begriff der Brüderlichkeit durch den der Solidarität ersetzt. Dabei ist umstritten geblieben, welchen Stellenwert gesellschaftliche Gleichheit als anzustrebendes Ziel weiterhin haben kann, ob die Trias des Grundwertekanons nicht doch um diesen Grundwert zu erweitern wäre.[496] Durchgesetzt hat sich – in der sozialdemokratischen Debatte – die Auffassung, den Grundwert der Gleichheit unter den der Gerechtigkeit zu subsumieren:

„Gerechtigkeit gründet in der gleichen Würde aller Menschen. Sie verlangt gleiche Freiheit, Gleichheit vor dem Gesetz, gleiche Chancen der politischen und sozialen Teilhabe und der sozialen Sicherung. Sie verlangt die gesellschaftliche

495 Vgl. Ito 1996, S, 43f.

496 Dies hat in der Debatte um das Berliner Grundsatzprogramm der SPD von 1989 erneut eine Rolle gespielt und wurde insbesondere von Seiten vieler Frauen eingefordert.

Gleichheit von Mann und Frau. Gerechtigkeit erfordert mehr Gleichheit der Verteilung von Einkommen, Eigentum und Macht, aber auch im Zugang zu Bildung, Ausbildung und Kultur. Gleiche Lebenschancen bedeuten nicht Gleichförmigkeit, sondern Entfaltungsraum für individuelle Neigungen und Fähigkeiten aller. Gerechtigkeit, das Recht auf gleiche Lebenschancen, muß mit den Mitteln staatlicher Macht angestrebt werden."[497]

Wir wollen hier diese Debatte nicht erneut aufnehmen und erörtern, ob bzw. inwieweit diese Subsumierung glücklich gewählt ist. Zumindest zeigt dieses längere Zitat, daß die Vorstellung dessen, was sich auf der Folie jeweiliger real- wie geistesgeschichtlicher Hintergründe an genauerer Ausgestaltung eines Grundwerteverständnisses entwickelt (sei es im sozialdemokratischen, sei es im liberalen oder konservativen Diskurs), ganz wesentlich vom Verständnis des Verhältnisses der verschiedenen Grundwerte zueinander geprägt ist. Zumindest bleibt in diesem Sinne (selbst wenn – wie hier – die Gleicheit der Geschlechter ebenfalls mit unter dem Begriff der Gerechtigkeit behandelt wird) auch die Frage weiter offen, ob „Solidarität" als eigentlicher Ersatz für „Brüderlichkeit" schon ausreichend den ganzen Umfang der Herausforderung, bezogen auf die Geschlechterverhältnisse, sinnvoll erfaßt. In *diesem* Sinne wäre wohl „Geschwisterlichkeit" in einem modernen Grundwerteverständnis möglicherweise doch ein nicht verzichtbarer Begriff.

In welchem Verhältnis universell verstandene Grundwerte, „historisch-materialistisches" Gesellschaftsverständnis und die Herangehensweise an die Erfordernisse moderner ökonomischer Entwicklung zueinander stehen, soll abschließend nochmals konkret anhand des Grundwertes der „Solidarität" erörtert werden, und zwar durchaus im Sinne unserer bisherigen Überlegungen zu den Lehren aus den Erfahrungen mit dem „sowjetischen Modell". In einem Beitrag zur sozialdemokratischen Programmdebatte der späten achtziger Jahre wurde zunächst – in „historisch-materialistischer" Tradition – herausgearbeitet, daß der Solidaritätsgedanke nicht als übernatürliches, abstraktes Menschheitsprinzip entstanden ist, sondern als Voraussetzung der Erhaltung der Lebensbedingungen und des sozialen Aufstiegs benachteiligter gesellschaftlicher Klassen. So wurde der Solidaritätsgedanke auch zur Wurzel des Klassenbewußtseins der arbeitenden Klasse in der Herausbildung der modernen bürgerlichen Gesellschaft. Aber dann heißt es weiter, über diese historische Betrachtung aktualisierend hinausweisend:

„Die geschichtliche Lage, die seine Geburt und seinen Aufstieg bestimmt hat, mag sich noch so sehr verändert haben, Konzessionen an das Konkurrenzprinzip als eines der Motoren der wirtschaftlichen Entwicklung im tagtäglichen Handeln, als Zwischenstufe der ökonomischen Weiterentwicklung der industrialisierten menschlichen Gesellschaft mögen noch so lange und noch so sehr erforderlich bleiben – solange die Sozialdemokratie ihre Identität bewahren und reproduzieren will, wird sie stets wissen müssen, daß der Solidaritätsgedanke ihr Handeln, ihre

497 Grundsatzprogramm 1989, S. 9.

Entscheidungen und ihre gesellschaftlichen Ziele bestimmen muß und auch jeweils aktuell das Gegenprinzip der Solidarität, die Auslese durch Konkurrenz, nur als Hilfsmittel bei der Verwirklichung des ihm übergeordneten Grundgedankens der solidarischen Gleichheit aller Menschen vorübergehend hinnehmen kann."[498]

Blicken wir auf den Zeithorizont, so fällt unschwer auf, daß diese Positionsbestimmung im „klassisch-sozialistischen" Sinne davon geprägt ist, das Konkurrenzprinzip eher als etwas dem sozialistischen Gedanken Fremdes zu begreifen, als „Zwischenstufe", auch wenn durchaus offengelassen wird, ob sich seine Erforderlichkeit nicht doch noch für sehr lange Zeit erweisen wird. Diese Auffassung ist vor 1989 von vielen[499] geteilt worden. Und erst eine genauere Untersuchung der Gründe des Scheiterns der „realsozialistischen" Systeme macht es wohl endgültig unabweisbar, dem Mechanismus der ökonomischen Konkurrenz mehr als eine zeitlich begrenzte Funktion innerhalb einer „Zwischenstufe" zuzugestehen. Unabhängig von dieser Begrenztheit der zitierten Auffassung erscheint uns jedoch ein anderer Gesichtspunkt bedeutsamer und auch heute noch außerordentlich fruchtbar zu sein. Wir meinen den Hinweis auf die Rolle des Konkurrenzprinzips als „Hilfsmittel bei der Verwirklichung des ihm übergeordneten Grundgedankens der solidarischen Gleichheit aller Menschen". Zum einen wird hier deutlich, daß dieser Grundwert der Solidarität im sozialistischen Sinne über eine ursprüngliche Klassengebundenheit hinausweist, dazu drängt, zum universellen Prinzip zu werden.

Zum anderen sind damit – ohne daß dies in zeitliche Abfolgeschemata gerückt wird – die beiden Pole eines Spannungsverhältnisses benannt, um dessen Ausgestaltung auch heute intensiv gerungen wird. In der klassischen sozialistischen Theoriedebatte wurden diese Pole mit den Begriffen von „Plan" und „Markt" identifiziert. Daraus entstand eine durchaus fatal zu nennende Schieflage, weil auf diese Weise die produktiven Möglichkeiten marktförmiger Regulierung aus dem sozialistischen Theoriearsenal (und mit den bekannten verheerenden Folgen aus der „realsozialistischen" ökonomischen Praxis) verbannt wurden. Die hier benannten Pole sind hingegen andere und ermöglichen ein weitaus produktiveres Umgehen mit den Herausforderungen unserer Zeit: Vorrang der „solidarischen Gleichheit aller Menschen" oder Vorrang der „Auslese durch Konkurrenz"? Ganz abstrakt läßt sich die Frage auch so formulieren: Ist die Wirtschaft im Interesse der Menschen da und hat mit ihrem Funktionieren der Gesellschaft zu dienen, oder sind die individuellen und gesellschaftlichen Interessen der Menschen den Anforderungen der ökonomischen Funktionsprinzipien nach- oder gar untergeordnet? Werden die Fragen so gestellt, ergeben sich (theoretische wie praktische) Möglichkeiten jenseits des Markt-Plan-Gegensatzes, der in dieser abstrakten Form die Frage nach den konkreten Regulierungs- und Eingriffsmöglichkeiten – im einzelwirtschaftlichen wie im gesellschaftlichen Interesse – verbaut hat, statt sie offenzulegen. Und

---

498 Abendroth 1987, S. 30f. Dies ist im übrigen der letzte von ihm vor seinem Tode verfaßte Artikel.
499 Den Autor dieser Arbeit eingeschlossen.

schließlich eröffnet der Gesichtspunkt der „solidarischen Gleichheit aller Menschen" den Blick für Problemkonstellationen, die jenseits der rein ökonomischen Sphäre liegen.

7.8 „Sozialistische Prinzipien" und künftige Herausforderungen

Versuchen wir nun, die bisherigen Ergebnisse noch einmal etwas genauer zu strukturieren. Zentral erscheint uns die Erkenntnis zu sein, daß wir es künftig mit einer Parallelität von Projekten, in diesem Sinne von „Herausforderungen", zu tun haben, die sich aus je unterschiedlichen Problemfeldern ergeben und in denen je unterschiedliche Akteure Trägerinnen und Träger von Veränderung sein können und sein werden. Hierin ist die „klassische soziale Frage" nur eine unter mehreren. In diesen jeweiligen Handlungsfeldern wird es jeweils darum gehen, die übergreifenden, zu verallgemeinernden, nicht mehr an partikulare Gruppen (oder auch Klassen) gebundenen *gesellschaftlichen* und damit vielfach sogar *Menschheitsinteressen* zu identifizieren. Diese sind methodisch nicht mehr alleine als soziales Widerspruchs- und Widerstandspotential „historisch-materialistisch" aus der gesellschaftlichen und ökonomischen Wirklichkeit herauszudestillieren, sondern sie vermitteln sich zugleich und unabdingbar im Wege der Überprüfung anhand der vorstehend diskutierten ethischen Kategorien und Grundwerte. Sie sind vor allem vielfach nur als *moralische* Impulse mobilisierbar, weil sie die Einsicht verlangen, das je individuelle oder Gruppeninteresse, das im Sinne der Befriedigung möglicherweise sogar eigener Grundbedürfnisse das absolut Naheliegende wäre, im Interesse übergreifender, eben gesellschaftlicher bzw. Menschheitsinteressen zurückzustellen.

Wir wollen deshalb an dieser Stelle den Versuch machen, den aus unserer Sicht evidenten (und zugleich dem bisherigen Gang der Bearbeitung entsprechenden) „fünf großen Herausforderungen" des 21. Jahrhunderts „sozialistisch" verstandene Prinzipien gegenüberzustellen, die unseres Erachtens eine Verknüpfung von historisch-materialistischer Gesellschaftsbetrachtung mit den genannten Grundwerten als ethischen Kategorien möglich machen. Sie könnten gewissermaßen eine Art konkretisierte Zwischenstufe zwischen der sehr abstrakten Fassung der jeweiligen Grundwerte und ganz unmittelbaren politischen Handlungserfordernissen bilden. Denn wenn wir uns die Tatsache vergegenwärtigen, daß die aus der Aufklärung entstammenden Grundwerte heute als Leitorientierungen in der Programmatik einer konservativen christlich-demokratischen Partei ebenso fungieren wie in der der sozialdemokratischen, dann benötigen sie im „sozialistischen" Sinne eine weitere Konkretisierung (nicht: Relativierung) für je unterschiedliche Handlungsfelder.

Eine konservative bzw. neoliberale Variante eines solchen Grundwerteverständnisses beantwortet heute die Herausforderung der Globalisierung von Kapitalbewegung, Produktion und Markt mit dem absoluten Vorrang des Freiheitsgedankens im Sinne einer schrankenlosen „freien Marktwirtschaft". Im „marxistischen" Diskurs wurde dem die Perspektive einer Ökonomie der Planung und Verteilung entgegengesetzt. Nach den in unserer Arbeit ausgewerteten Erfahrungen dieses Jahrhunderts halten wir es im „sozialistischen Sinne" nur noch für vertretbar, der entfesselten Kapitalbewegung im Rahmen dieser Globalisierung das „Prinzip des Vorrangs langfristiger gesamtgesellschaftlicher Interessen vor dem sich naturwüchsig durchsetzenden Kapitalverwertungsinteresse" entgegenzustellen. Nur auf diese Weise ließe sich heute der Grundgedanke der „solidarischen Gleichheit aller Menschen" auch ökonomisch verwirklichen. Und wir wiederholen an dieser Stelle nur die bereits erörterte Überlegung, daß dem Prinzip der Beschleunigung das der Entschleunigung entgegengesetzt werden muß.

Uns ist ebenso bewußt, daß die aus unseren bisherigen Überlegungen herausdestillierten allgemeinen Prinzipien, bezogen auf die ökologische, die entwicklungs- und friedenspolitische oder die Geschlechterfrage, wiederum keine „originär-sozialistischen" Prinzipien oder Handlungsimperative beinhalten. Das Prinzip nachhaltiger Entwicklung, das eines rationalen und ressourcenschonenden Umgangs mit der Natur, des Friedens, der universellen Geltung der Menschenrechte sowie das der Aufhebung des Geschlechts als gesellschaftliche Zu- und Rangordnungskategorie (aus dem sich die Forderung nach Verzicht auf jedwede Form der Diskriminierung ableitet), kann jeweils auch für andere Denktraditionen wie politische Bewegungen konstitutiv sein. Aber diese Verallgemeinerung ergibt sich denknotwendig und schlüssig aus der Tatsache, daß wir den verschiedenen Handlungsfeldern und Herausforderungen in ihren unterschiedlichen Dimensionen eine Gleichrangigkeit in ihrer Bedeutung zumessen. Das „Sozialistische" darin kann allenfalls als der Vorrang des „Allgemein-Gesellschaftlichen" bzw. des „Allgemein-Menschlichen" vor dem je „Besonderen" begriffen werden, aber auch dies eben nur in einem Verständnis, in dem „die freie Entwicklung eines jeden die Bedingung für die freie Entwicklung aller ist". Und die Aufgabe moderner sozialistischer Politik könnte in dem Versuch liegen, Verbindungslinien, Verknüpfungen zwischen den jeweiligen Projekten herzustellen, ohne jedoch der Versuchung zu unterliegen, eine neue Homogenisierung im Sinne der Unterordnung unter ein neues zentrales Leitprojekt herbeiführen zu wollen.

Aus dem Zentrum der – im klassischen Sinne – „sozialistischen" Denktraditionen stammen hingegen die Handlungsimperative für die mit der Herausforderung des „Übergangs ins Informations- und Dienstleistungszeitalter" verknüpften Aufgabenstellungen für die zukünftige Arbeitsgesellschaft und die Neujustierung der demokratischen Verhältnisse. Weder in der Tradition der Konservativen noch der der Liberalen steht der Vorrang des Prinzips möglichst gerecht und gleichmäßig verteilter gesellschaftlicher Arbeit bzw. der Vorrang demokratischer Öffentlichkeit und Beteiligung in allen gesellschaftlichen Sphären. Und bezogen auf den internationalen Maßstab, gehört das Prinzip der „internationalen Solidarität" geradezu zum klassischen Marschgepäck der sozialistischen Arbeiterbewegung, ein Imperativ, der auch dadurch nichts von seiner Gültigkeit verliert, daß sich die Arbeiterbewegung im herkömmlichen Sinne in einer tiefgreifenden Transformation befindet. Fassen wir also diese Überlegungen nochmals zusammen.

Wir stellen entgegen

- der Herausforderung der „Globalisierung von Kapitalbewegung, Produktion und Markt“ *das Prinzip des Vorrangs langfristiger gesamtgesellschaftlicher Interessen vor dem sich naturwüchsig und weltweit durchsetzenden Kapitalverwertungsinteresse,* dem Prinzip der Beschleunigung *das Prinzip der Entschleunigung;*
- der Herausforderung der „globalen ökologischen Gefährdungen“ *das Prinzip nachhaltiger Entwicklung, des rationalen, ressourcenschonenden Umgangs mit der Natur, des Vorrangs der Dauer vor der Unmittelbarkeit;*
- der Herausforderung des „Übergangs ins Informations- und Dienstleistungszeitalter“ *das Prinzip möglichst gerecht und gleichmäßig verteilter gesellschaftlicher Arbeit sowie das Prinzip einer demokratischen Öffentlichkeit und Beteiligung;*
- der Herausforderung der „Revolutionierung der Geschlechterbeziehungen“ *das Prinzip der Aufhebung des Geschlechts als gesellschaftliche Zu- und Rangordnungskategorie, das Prinzip der Geschwisterlichkeit;*
- der Herausforderung der „internationalen Schere zwischen Arm und Reich und der Gefährdung des Weltfriedens“ *das Prinzip der internationalen Solidarität, des Friedens und der universellen Geltung der Menschenrechte.*

Wir werden im anschließenden Schlußkapitel in Form eines Ausblicks für alle fünf Felder (z.T. weltweiter) gesellschaftlicher Auseinandersetzung zu zeigen versuchen, vor welchen Herausforderungen wir dabei im einzelnen stehen und welche Konkretisierung die genannten Prinzipien dabei beispielhaft erfahren können. Es sollte klar sein, daß es dabei mehr um das Aufzeigen von Richtungen für künftige Entwicklungen geht als um ein bereits klar umrissenes Alternativprogramm im Sinne einer ausgearbeiteten „sozialistischen Strategie“ für das nächste Jahrhundert.

8 Ein Ausblick: Sozialistisches Denken im Angesicht der fünf großen Herausforderungen unserer Zeit

8.1 Die Globalisierung von Kapitalbewegung, Produktion und Markt

Die Literatur zum Thema „Globalisierung“ füllt mittlerweile ganze Regale in Bibliotheken. Wir können an dieser Stelle nur auf die aus unserer Sicht wichtigsten neueren Veröffentlichungen verweisen.[500] Wir werden auch nicht den Versuch unternehmen können, die darin enthaltenen unterschiedlichen Ansätze eingehender zu diskutieren, sondern wollen nur den Versuch machen, einige im Zusammenhang unserer bisherigen Untersuchung stehende Fragen zu beantworten. Wenn heute von Globalisierung die Rede ist, dann muß es also – verglichen mit der von Marx und Engels schon für die damalige Zeit beschriebenen Herausbildung eines kapitalistischen Weltmarkts – um Problemlagen gehen, die über das früher bereits erreichte „Normalmaß“ von Internationalisierung hinausgehen, also eine neue Qualität darstellen, die auch eine derartige neue Begrifflichkeit rechtfertigen. Wir werden hierzu fünf Gesichtspunkte benennen, die es unseres Erachtens als gerechtfertigt erscheinen lassen, von einer neuen Qualität und deshalb von „Globalisierung“ zu sprechen.[501]

Hier ist wohl – auch wegen des sich bereits in den achtziger Jahren schärfenden öffentlichen Bewußtseins – zunächst (erstens) die Globalisierung der ökologischen Gefährdungen zu nennen. Wir stellen diesen Aspekt auch deshalb als ersten heraus, weil hier am offensichtlichsten auf der Hand liegt, daß dabei Antworten auf einer neuen Stufe, nämlich supranational, eben global gefunden werden müssen. Neu und zugleich global sind zudem – zweitens – die Informations- und Kommunikationstechnologien, die unser Leben bereits erheblich revolutioniert haben und dies noch weiter tun werden. Information ist nicht mehr an einen Standort und nicht mehr an Zeit gebunden, also überall und jederzeit in „Echtzeit“ verfügbar. Sie kann theoretisch wie praktisch an jedem Ort und zugleich zu jedem beliebigen Zeitpunkt abgerufen werden. Dies verändert in dramatischer Weise unsere bisherige Lebens- und Arbeitskultur. Aufgrund dieser neuen Möglichkeiten können Arbeitsvorgänge

---

500 Altvater/Mahnkopf 1996a; Beck 1997c; Cohen 1998a; DIW 1997; Forrester 1997; GWK 1997; Heilbronner 1994; Hirsch 1995; Krätke 1997; Luttwak 1994; Martin/Schumann 1996; Misik 1997b; Narr/Schubert 1994; Reich 1993; Thurow 1996; die prägnanteste Positionierung aus der Sicht eines aktiven Politikers findet sich bei Lafontaine 1996 bzw. ders./Müller 1998; vgl. im übrigen das Literaturverzeichnis im Anhang.

501 So auch GWK 1997.

auf vielfältige Weise an verschiedenen Orten auseinandergezogen und später – an einem wiederum anderen Ort – neu zusammengefügt werden. Es ist heute bereits üblich, Arbeitsvorgänge auf diese Weise zu entkoppeln, etwa wenn große europäische Flugunternehmen ihre Buchungsvorgänge von entsprechend gut ausgebildeten (aber weit schlechter bezahlten) Arbeitskräften an Computern in Indien bearbeiten lassen.

Nicht nur, aber auch durch den Wegfall des „Eisernen Vorhangs" in Europa sind auf vielfältige Weise herkömmliche ökonomische Grenzen und Schranken gefallen. Wir erleben eine Zeit einer nochmaligen spürbaren Ausdehnung der internationalen Handelsbeziehungen – der dritte in unserem Zusammenhang zu nennende Aspekt. Das Kapital, das zwar nie Grenzen, aber gleichwohl „Standorte" kannte, ist dabei auf ganz neue Weise mobil geworden. Es kann mit seinen Produktionsstätten, aber auch mit einzelnen Produktions- oder Dienstleistungsvorgängen dahin gehen, wo in seinem Sinne die Arbeitskosten und die sozialen oder ökologischen Standards am günstigsten (sprich: am niedrigsten) sind. Auch das Phänomen der Arbeitslosigkeit wird damit auf neue Weise international. Europaweit werden mehr als 20 Millionen Arbeitslose offiziell gezählt, und weltweit sind es nach Angaben der Internationalen Arbeitsorganisation (ILO) etwa 750 Millionen.[502] Eine Untersuchung von 1994 hat ergeben, daß 30 Prozent der westdeutschen Unternehmen eine Auslandsverlagerung wenigstens von Teilen ihrer Produktion ins Ausland erwägen. Nicht alle diese Planungen müssen durch die geringeren Arbeitskosten motiviert sein. Es macht vielfach durchaus Sinn, mit Teilen der Produktion andere Standorte zu besetzen, um damit den dortigen Absatzmarkt zu bedienen und entsprechend die Logistik und die Vertriebswege zu verbessern. Aber es bleibt bei der grundsätzlichen Neukonstellation, daß derartigen Verlagerungen nicht mehr die früher weitaus vielfältiger wirksamen Grenzen (Infrastruktur, Ausbildung, Transportprobleme usw.) entgegenstehen.

Gleichwohl sind es durchaus noch immer in geringerem Maße die Phänomene eines weiter ausgedehnten Arbeitsmarkts, von zunehmenden Produktionsverlagerungen sowie der ausgedehnten internationalen Handelsverflechtung selbst, worin sich – bezogen auf diesen dritten Aspekt – die neue Qualität eines solchen Globalisierungsprozesses widerspiegelt. Gut zwei Drittel aller Warenströme in unserem Wirtschaftsraum vollziehen sich weiterhin innerhalb der Europäischen Union. Daraus ließe sich sicher alleine noch keine neue Qualität ableiten. Der Zusammenhang wird jedoch dadurch heute anders gestaltet, daß ein großer Teil scheinbar nationaler und „unbeeinflußter" Produktion, wie es ihn früher aufgrund unterschiedlicher Schranken und Grenzen gab, nunmehr direkt globalen Standards ausgesetzt ist. Altvater zeigt die Zusammenhänge zutreffend so: „Die Zinsen der globalen Finanzmärkte bestimmen das Renditeniveau in Neuruppin, Ribeirao Preto und Dogsville, die Preise australischer Kohle die notwendigen Subventionen an der

---

502 Altvater 1998a, S. 142.

Ruhr, es sei denn, man schließt die Zechen und verläßt mit gesenkter Fahne – ‚Glück ab' – den Markt. Die technischen Standards der taiwanesischen Speicherchips sind für Siemens in Dresden eine Vorgabe, und an den Pentiumprozessor von Intel kann keiner ran. Die Standards des globalen Wettbewerbs werden zum ‚Muß' der Wettbewerbsfähigkeit am Standort."[503]

Die offensichtlichste Veränderung im Sinne dessen, was wir heute zu Recht „Globalisierung" nennen, liegt aber nicht auf den Sektoren Arbeitsmarkt und Produktionsverlagerung[504], sondern – viertens – auf dem Sektor der internationalen Finanzbeziehungen. Dort, auf dem Weltfinanzmarkt, hat es allerdings wahrhaft gigantische, die bisherigen Trends regelrecht sprengende Entwicklungssprünge gegeben. Zur Abwicklung des Welthandels reichten bei einem Weltexportvolumen von 3.688 Mrd. US-Dollar im gesamten Jahr 1973 täglich etwa 10 Mrd. US-Dollar. Seit den achtziger Jahren jedoch wechseln in den globalen, computerisierten Finanznetzen tagtäglich mehr als 1.000 Mrd. US-Dollar den (Geldvermögens-)Besitzer. Im April 1995 wurden täglich 1.572 Milliarden US-Dollar an den Devisenbörsen umgesetzt, davon 42 Prozent in US-Dollar, 35 Prozent in Euro-Währungen, 12 Prozent in Yen und 12 Prozent in anderen Währungen. Bei 250 Börsentagen im Jahr werden täglich rund 56 Milliarden Dollar für „reale" Geschäfte (also Handel mit Waren) umgesetzt. Das sind etwa vier Prozent der Devisentransfers im selben Zeitraum. Der große Rest von 96 Prozent dient offensichtlich der kurzfristigen Spekulation.[505]

Diese nur exemplarisch genannten Daten drücken das Ausmaß der Abkopplung des Finanzsektors vom produzierenden Sektor aus, den wir bereits zuvor unter dem zutreffenden Namen „Casino-Kapitalismus" kennengelernt hatten. Die sich aus diesem globalen Prozeß ergebenden Folgen sind allerdings weitreichender, als man sich dies etwa noch in den frühen achtziger Jahren vorstellen konnte, als Mitterrand und andere daran gingen, einen „Sozialismus in den Farben Frankreichs" in die Tat umsetzen zu wollen. Das Volumen dieser internationalen Finanztransaktionen unterläuft nämlich zunehmend die Möglichkeiten nationalstaatlicher Zins- und Geldpolitik. Allein die Auslandsguthaben der Banken sind weltweit zwischen 1980 und 1993 auf das Vierfache gestiegen. Bei diesem Umfang kurzfristig liquider Mittel kann aber die Nationale Zentralbank nicht mehr – wie es etwa noch die anhand der Arbeit von Nemitz untersuchten Vertreter des „freiheitlichen Sozialismus" im Anschluß an John Maynard Keynes vertraten – einfach die Zinssätze absenken, um Realinvestitionen profitabler zu machen und auf diese Weise neue Arbeitsplätze zu schaffen. Die genannten Daten illustrieren einen Prozeß, innerhalb dessen die Wäh-

503 Ders. 1997.

504 So auch die neueste Untersuchung des Deutschen Instituts für Wirtschaftsforschung zu diesem Thema; vgl. DIW 1997, S. 413.

505 Altvater 1998b.

rungsstabilität zu einem auf nationaler Ebene nicht mehr beherrschbaren wirtschaftlichen Risiko geworden ist.

Nicht vergessen werden darf schließlich in unserem Zusammenhang, daß alle diese globalen Vorgänge – fünftens – von einer „kulturellen Globalisierung“ (und tendenziellen Nivellierung) begleitet werden. Gerade die weltweite Verfügbarkeit der Empfangsgeräte von Informations- und Kommunikationsmedien ermöglicht die Durchsetzung kultureller, konsumtiver und modischer Trends bis in den letzten Winkel dieses Globus hinein, vermittelt das Lifestyle-Gefühl von Coca Cola, Michael Jordan und amerikanischen Seifenopern in Timbuktu oder Djakarta gleichermaßen wie in Manhattan oder Berlin. Dies bleibt nicht ohne Auswirkungen gerade auf das Gesicht der Städte und ihre gewachsenen kulturellen Besonderheiten, wie Ulrich Greiner knapp und zutreffend beschrieben hat:

„Wenn die Stadt nur noch einer der Vergnügungspunkte auf der Transit-Strecke des kosmopolitischen Flaneurs ist, dann verliert sie ihre Basis und Eigenart. In der Tat läßt sich eine gewisse Konformität nicht übersehen. Überall Hennes & Mauritz und ‚Cats‘ und Carpaccio vom Lachs, überall Benetton und ‚Phantom der Oper‘ und Warsteiner vom Faß. Stadtkultur aber geht nicht ohne den besonderen Geruch des Ortes, der aufsteigt aus seinen Gebäuden und Plätzen, und sie geht nicht ohne die Menschen, die diesen Geruch wiedererkennen, weil er schon von ihren Müttern und Großvätern eingeatmet wurde. Sie geht nicht ohne die Teilhabe derer, die die Straßen kehren und die Kanäle reinigen, nicht ohne die große Zahl der sogenannten kleinen Angestellten, weil nur sie als Ortsansässige jene Erinnerung und Solidarität aufbringen, ohne die eine Stadt nicht gedeiht.“[506]

Nochmals – zusammengenommen sind es diese fünf Aspekte, die unseres Erachtens das „Neue“ an der Globalisierung ausmachen: die ökologischen Gefährdungen, die Entgrenzung durch die neuen Informations- und Kommunikationstechnologien, das Fallen von Schranken und Grenzen für Produktion, Waren, Arbeitskräfte und Dienstleistungen, die Abkopplung des internationalen Finanzmarkts vom produzierenden Sektor und seine ungeheure Aufblähung sowie die damit einher gehende kulturelle Nivellierung und Überformung.

Von „Globalisierung“ zu sprechen macht noch aus einem anderen Grunde Sinn. Auf diese Weise läßt sich eine ökonomisch-theoretische Betrachtung mit in den Blick nehmen, die die Wirtschaftsentwicklung mit dem Instrumentarium sogenannter „langer Wellen“ zu erfassen versuchte. Sie geht auf Nikolai Kondratieff zurück[507] und wurde unter anderem von Joseph Alois Schumpeter weiterentwickelt. Fernand Braudel hat entsprechende Zyklen auch für seinen Untersuchungszeitraum der Entstehung des Kapitalismus seit dem 15. Jahrhundert feststellen können. Die Lebensdauer der Kondratieff-Zyklen wird mit etwa 50 bis 55 Jahren (oder zwei durchschnittlichen Generationen) bestimmt. Ihr Verlauf besteht aus vier Phasen:

---

506 Greiner 1996.
507 Kondratieff 1926.

Prosperität, Rezession, Depression, Erholung[508]. Für unseren Zusammenhang ist dies insofern von Bedeutung, als sich danach sowohl der augenblickliche „Standort“ als auch die weitere Entwicklung und damit die „Lebensfähigkeit“ des zugrundeliegenden Akkumulationsmodus bestimmen lassen. Kondratieff selbst hatte sich nicht umsonst immer wieder mit dem Vorwurf auseinanderzusetzen, er überzeichne die Lebensfähigkeit des kapitalistischen Systems.[509] Werfen wir aber zunächst beispielhaft einen Blick auf eine der möglichen danach vorzunehmenden Periodisierungen bis heute:

- 1. Periode: 1780 – 1840 (Frühmechanisierung: Dampfmaschine, Werkzeugmaschine)
- 2. Periode: 1840 – 1890 (Eisenbahn, Stahl, Gas, Elektrizität, Farbstoffe)
- 3. Periode: 1890 – 1940 (Schwermaschinen, Auto, Flugzeuge, Telekommunikation, Radio, Kühlschrank, Kunststoffe, Aluminium)
- 4. Periode: 1940 – 1980 (Fordistische Massenproduktion/Einzweck-Automatisierung: EDV, Radar, NC-Maschine, Penicillin, Kernenergie, Mikroelektronik, Software)
- 5. Periode: 1980 – (Informations- und Kommunikationszyklus: Super-Computer, flexible Automatisierung, Laser-Technik, Bio- und Gentechnologie, neue Energiequellen, Weltraumtechnik, neue Werkstoffe)[510]

Es wird deutlich, daß es sich bei diesen Periodisierungen um jeweilige technologische Neuerungen, Durchbrüche oder „Revolutionen“ handelte, die einen neuen Zyklus einleiteten. Die verschiedenen Phasen zeigen an, daß wir es auch bei den augenblicklichen Globalisierungsfolgen – trotz mancher aus Resignation verständlicher (an Rosa Luxemburgs berühmtes Diktum anknüpfender) Formulierung von der nach dem Ende des „Sozialismus“ nun bevorstehenden oder bereits existierenden „Barbarei“[511] – nicht mit neuerlichen Zusammenbruchstendenzen zu tun haben. Setzt man die Weltwirtschaft vielmehr als ein Austauschsystem voraus, das als System Schwingungen realisiert, dann müssen diese auch die Änderung von Gesellschaftsformationen überdauern, es sei denn, der internationale Austausch würde überhaupt und als ganzer liquidiert.[512] Dieser Zusammenhang soll für unsere Überlegungen genügen, gleichgültig, ob der vierte Kondratieff-Zyklus nun 1980 oder 1990 geendet hat oder – wie Ruben meint – noch bis zum Jahre 2007 andauert.

---

508 Vgl. u.a. Ruben 1997a; Hedtke 1990.

509 Kondratieff 1923.

510 Die Periodisierung ist durchaus umstritten, auch hinsichtlich der Zuordnung der jeweiligen technologischen Neuerungen und ihrer Bedeutung. Sie erfolgt hier nach Maier 1993, S. 812.

511 Vgl. etwa Narr/Roth 1995, S. 283 (Teil 2); Hobsbawm 1991a. In seinem großen Werk über unser „kurzes Jahrhundert“ ist sein Urteil aber schon wieder sehr viel vorsichtiger und abgewogener. Er könne sicher nicht ausschließen, so meint er nun, daß die Dinge in einem Viertel- oder halben Jahrhundert vielversprechender aussehen könnten; ders. 1995, S. 719.

512 Ruben 1997a.

Wichtig ist für unsere Überlegungen nur, daß mit dieser zyklischen Betrachtungsweise die *innovativen* Tendenzen und damit zugleich die Chancen dieser Prozesse offengelegt werden. Es erscheint uns deshalb für die Linke weitaus erfolgversprechender, hieran ihre strategischen Überlegungen anzuknüpfen, denn sich in perspektivlosen Untergangsszenarien zu ergehen.

Wenn wir uns nun der Frage zuwenden, auf welche Weise gegenüber dieser Herausforderung der „Globalisierung von Kapitalbewegung, Produktion und Markt" dem Prinzip des Vorrangs langfristiger gesamtgesellschaftlicher Interessen vor dem sich naturwüchsig und weltweit durchsetzenden Kapitalverwertungsinteresse wenigstens eine verbesserte Geltung verschafft werden kann, sind wir bei der Frage der Reichweite politischer Gestaltung angelangt. Wir haben sie ja bereits in Auseinandersetzung mit den keynesianischen monetären Eingriffsinstrumentarien gestreift. Gegenüber einem vielfach zu beobachtenden Ohnmachtsdiskurs ist zunächst darauf hinzuweisen, daß eine Reihe von Momenten dessen, was wir als Globalisierung beschrieben haben, nicht alleine dem eigengesetzlichen Wirken ökonomischer Mechanismen geschuldet ist. Die Aufkündigung des Systems fester Wechselkurse von Bretton Woods im Jahre 1973 war der erste – herausragende – politisch gesetzte Meilenstein. Die sich bald anschließende, in diesem Sinne „folgerichtige", zunächst von den USA ausgehende und dann auf Europa übergreifende Politik der Liberalisierung, Deregulierung und Privatisierung hat zugleich die Reichweite und Intensität des Wettbewerbs der Unternehmen innerhalb und zwischen den hochentwickelten Industriestaaten in bis dahin ungekannter Weise gesteigert. Wenn wir diese politisch herbeigeführten Zusammenhänge betonen, so meint dies nicht, daß die entsprechenden Folgeprozesse einfach wieder zurückgeholt werden könnten. Denn in dieser Hinsicht ist es wie mit dem Zauberlehrling: Sind die vordem gebändigten Kräfte erst einmal entfesselt, sind sie anschließend kaum wieder einzufangen und zu kontrollieren – das hatten schon Marx und Engels im „Kommunistischen Manifest" erkannt: „[...] die moderne bürgerliche Gesellschaft, die so gewaltige Produktions- und Verkehrsmittel hervorgezaubert hat, gleicht dem Hexenmeister, der die unterirdischen Gewalten nicht mehr zu beherrschen vermag."[513] Die Politik hat sich auf diese Weise selbst eines Großteils ihres eigenen Regulierungsinstrumentariums begeben und klagt nun über mangelnde Handlungsspielräume politischen Handelns.

Grundsätzlich gilt deshalb schon: Die Zeit der an den Auffassungen John Maynard Keynes' orientierten nationalstaatlichen Steuerung derartiger Prozesse ist vorbei. Für eine offene weltwirtschaftliche Konstellation sah dieser Eingriffschancen alleine in einem bewußten wirtschaftspolitischen „Nationalismus" in Gestalt von Kapitalverkehrskontrollen und politisch gesteuertem Protektionismus. Für den nationalen Steuerstaat bedeutet „Globalisierung" jedoch, daß gerade die vermögenden gesellschaftlichen Akteure – wegen der vielfach offenen Grenzen – den poten-

513 Marx/Engels, Manifest ..., a.a.O., S. 467.

tiell höchsten Globalisierungsgrad und die größte globale Mobilität besitzen und entsprechend steuerpolitisch nicht haftbar gemacht werden können. Zugleich entfallen auf die relativ am wenigsten globalen gesellschaftlichen Akteure die überproportional größten Steuerlasten. Sie sind eben noch „erreichbar".[514] Die nackten Zahlen illustrieren es: BMW führte 1988 noch 500 Millionen DM Steuern ab, 1995 zahlte die Firma in Deutschland nichts mehr. Siemens zahlte 1996 706 Millionen DM an Ertragssteuern, 1991 waren es noch doppelt so viel.[515] Jenseits aller politischen wie moralischen Bewertung dieser Situation liegt hierin der „rationale Kern" neoliberaler Regierungspolitik auch in Deutschland in den letzten Jahren, die dann alternativlos bleiben muß, wenn nicht zugleich auf internationale Zusammenarbeit und die Entwicklung internationaler Eingriffsinstrumentarien und Standards gesetzt wird.

Die Krise der asiatischen Finanzmärkte hat zu einem forcierten Nachdenken darüber geführt, in welcher Weise die entkoppelten Finanzströme wieder in kontrollierbare Bahnen gelenkt werden können. Auch der US-amerikanische Finanzminister Robert Rubin denkt über eine „neue Architektur" der globalen Finanzsysteme nach. In Japan wird regierungsoffiziell die Rückkehr zu einem System geregelter Wechselkurse (wie Bretton Woods) erwogen. Aus europäischer Sicht fordert der EU-Wettbewerbskommissar van Miert ein weltweit gültiges Wettbewerbsrecht, das nun von einer Arbeitsgruppe der Welthandelsorganisation (WTO) erarbeitet werden soll.[516] Mit Recht wird ferner die Überlegung ins Spiel gebracht, durch die Schaffung einer Weltkreditbehörde die Eindämmung des spekulativen „Casino-Kapitalismus" zu versuchen sowie durch die einer Weltkartellbehörde eine Kontrollinstanz für die zunehmend durch Zusammenschlüsse zu beobachtende Tendenz zur Vermachtung von Märkten zu schaffen.[517] Einer globalen Bankenaufsicht käme danach die Aufgabe zu, internationale Kreditregeln aufzustellen und diese gegebenenfalls (z.B. über die Bank für Internationalen Zahlungsausgleich) auch durchzusetzen.[518]

Vordringlich erscheint uns des weiteren, daß die vorhandenen supranationalen Regulierungsinstanzen anders genutzt werden, als dies bislang der Fall ist. Bislang hatten Weltbank und Internationaler Währungsfonds (IWF) ihr Hauptaugenmerk auf die Bekämpfung staatlicher Überschuldung gelegt und den verschuldeten Ländern einen harten Deregulierungskurs verordnet. Aber darin liegt – so läßt sich heute unschwer feststellen – kein Allheilmittel zu wirtschaftlicher Gesundung.

---

514 Hübner 1997. Er wendet sich mit seiner treffenden Kritik gegen Versuche – wie mit dem Memorandum 1997 –, ökonomische und politische Konzepte der siebziger und achtziger Jahre einfach fortzuschreiben.

515 Bellermann 1997, S. 23.

516 Spiegel 1998. Für eine Rückkehr zu einem System ähnlich Bretton Woods plädiert auch Herr 1998.

517 Vgl. Heuser 1998; ders./Pinzler 1998.

518 Weck 1998.

Gerade im Umgang mit Ländern der Peripherie wird es künftig statt dessen darauf ankommen, ihnen wieder mehr direkt regulierende Instrumente zuzubilligen und sie zu ermuntern, diese auch einzusetzen, um die Stabilität ihrer ökonomischen Außenbeziehungen zu erhöhen.[519] Sei es der G-7-Gipfel, seien es Weltbank, IWF, WTO oder Internationale Arbeitsorganisation (ILO) – ihre jeweilige Eingriffskompetenz ist neu zur Debatte zu stellen, inwieweit sie der Durchsetzung weltweit zu definierender menschlich-gesellschaftlicher Ziele oder nur zur Verbesserung der Verwertungsbedingungen des Kapitals im internationalen Maßstab dient.

Welche Aufgabe sich mit einer neuen Ausgestaltung der Regelwerke der supranationalen Institutionen stellt, verdeutlicht die aktuelle Auseinandersetzung um ein „Multilaterales Investitionsabkommen" (MAI), dessen Verabschiedung im Frühjahr 1998 zunächst einmal auf Eis gelegt wurde. Nicht zuletzt der Protest vieler international agierender Nichtregierungsorganisationen hatte zu diesem vorläufigen Stop geführt.[520] Mit dem MAI wird das Ziel verfolgt, Regeln für eine weltweit uneingeschränkte Öffnung der Märkte für ausländische Investoren sowie garantierte Schutzrechte ausländischer Investoren vor staatlichen Auflagen und Reglementierungen zu entwickeln. Derartigen Investoren würde künftig ein Klagerecht gegen diskriminierende Auflagen eingeräumt, wobei offen ist, ob sich dies auch auf Umweltschutzauflagen beziehen würde. Kritiker weisen mit Recht darauf hin, daß in einer Zeit, in der allenthalben über die Wiedergewinnung des Politischen im Angesicht der ökonomischen Entgrenzungen debattiert wird, auf höchster Ebene durch die Politik selbst der Deregulierungsdruck verschärft wird.[521]

Die noch offene Debatte um die Ausgestaltung eines solchen internationalen Abkommens kann und muß zu einer Verständigung darüber genutzt werden, wie weltweit verbindliche Regeln für die Aktivitäten transnationaler Investoren aussehen sollten und in welchem institutionellen Rahmen sie ausgehandelt werden könnten. Darin eingeschlossen und nicht davon zu trennen sind dann natürlich die Fragen von international verbindlichen Steuer-, Sozial- und Umweltstandards, damit dem entsprechenden Wettlauf der Unternehmen auf der Suche nach den jeweils günstigsten (sprich am stärksten „deregulierten") Bedingungen und dem der Staaten als Unterbietungswettlauf gestoppt werden kann. Die Forderung nach der Einberufung einer UNO-Konferenz über „Investitionen und nachhaltige Entwicklung"[522] erscheint uns dabei ausgesprochen Sinn zu machen. Immerhin hatte es bereits in den 70er und 80er Jahren Vorarbeiten zu einem Entwurf eines Verhaltenskodexes für transnationale Unternehmen gegeben, die aber in den 90er Jahren in den Schubladen der UNO verschwanden. Mit den Richtlinien für Multinationale Unternehmen der OECD von 1976 liegt ein – allerdings noch weitgehend unver-

519 Herr 1998.
520 Vgl. Spiegel 1998.
521 Martens 1998, S. 48f.
522 Ebda., S. 52.

bindlicher und unpräziser – Ausgangstext vor, der für die weitere Debatte genutzt werden könnte.

Erst im Gefolge einer solche Debatte könnte es auch gelingen, zu Übereinkünften über die Höhe der jeweiligen Unternehmensbesteuerung, über Zinsraten bzw. neue feste Wechselkursvereinbarungen zu kommen, die der ungehemmten Währungsspekulation einen Riegel vorschieben. Eine Maßnahme wie die „Tobin-Steuer" (eine internationale Spekulationssteuer) könnte durchaus einen Beitrag zur Abschöpfung von Spekulationsgewinnen liefern. Allerdings ist zu beachten, daß sie nur dann tatsächlich Wirksamkeit entfalten kann, wenn alle Schlupflöcher international gestopft werden können, wenn sich bisherige „Anlageparadiese" über internationale Vereinbarungen einbinden lassen.[523]

Schon die Tatsache, daß sich der größte Teil des hiesigen Waren- und Austauschverkehrs weiter im Rahmen der Länder der Europäischen Union abspielt, macht es unabweisbar, in ihr den entscheidenden Rahmen künftiger politischer Regulierung und Gestaltung zu sehen. Deshalb kann es in seiner Bedeutung überhaupt nicht unterschätzt werden, wenn hier der Ausbau zu einer wirklichen Wirtschafts- und Währungsunion gelingt. Erst ein relativ homogener Wirtschaftsraum mit einer einheitlichen festen Währung böte die Möglichkeit einer besseren (sprich gemeinsamen) politischen Beeinflussung und Gestaltung ökonomischer Prozesse. Immerhin werden in der potentiellen Euro-Zone aller EU-Mitgliedsländer knapp 40 Prozent des OECD-Bruttoinlandsprodukts (USA 33 Prozent, Japan 21 Prozent) und 30 Prozent des Welthandels (USA knapp 20 Prozent, Japan ca. 10 Prozent) erwirtschaftet. Der europäische Anleihenmarkt wird nach der Umstellung der nationalen Schulden auf den Euro weltweit einer der größten sein. Mit gut 10 Prozent liegt die Exportquote der EU-Länder über der der USA bzw. Japans (8 bzw. 9 Prozent). Mit 1,6 Billionen Dollar übersteigt auch die volkswirtschaftliche Ersparnisbildung in der Europäischen Union die der USA und Japans (1,1 bzw. 1,4 Bio. Dollar). Und auch auf den Märkten für Staatsanleihen (3,5 Bio. Dollar) und Aktien (4,5 Bio. Dollar) liegt die Europäische Union ganz vorne, nur in letzterem Fall mit 25 Prozent der weltweiten Marktkapitalisierung knapp hinter den USA.[524]

Ein derartig integrierter Währungsraum bietet also völlig andere und neue Möglichkeiten eines regulierenden politischen Eingreifens auf bislang „naturwüchsig" und ungesteuert verlaufende finanzwirtschaftliche Prozesse. Die deregulierte und entgrenzte Ökonomie könnte damit – wenn man es so ausdrücken will – wieder in einen regulierbaren politischen Raum zurückgeholt werden. Die eingangs dieses Abschnitts genannten Maßnahmen auf der Ebene der internationalen Institutionen hätten dem Ziel zu dienen, der Politik wenigstens auf der Ebene dieses Großraums, dem zudem weltweit innerhalb der Triade Nordamerika, Südostasien

523 Vgl. Jacobeit 1997.

524 Zahlenangaben nach einem Vortrag von Dr. Andreas Herschel (Deutsche Bank) am 27. Juni 1997 in Berlin [mit freundlicher Genehmigung des Referenten].

und Europa (also einer Dreiteilung nach dem früheren alleinigen Weltmarktzentrum USA) die beschriebene neue und überaus starke Stellung zukäme, auch den finanzpolitischen Handlungsspielraum zurückzugeben. Eine derartige Re-Regionalisierung des Weltmarktes, der ja die Zusammenfassung von Wirtschaftsräumen in Nord- und Mittelamerika (NAFTA) bzw. in Asien (ASEAN) entspricht, böte zudem – flankiert von Maßnahmen wie der Transport- und Energieverteuerung (auf die wir im nächsten Abschnitt noch genauer zu sprechen kommen) – anderen regionalen Wirtschaftsräumen die Chance zu eigenständiger Entwicklung, die heute beileibe nicht mehr nachholende Entwicklung heißen muß.[525]

Einer gemeinsamen europäischen Wirtschaftspolitik stellen sich eine ganze Reihe dringender Aufgaben. Produktionsverlagerungen nur aus Kostengründen werden künftig nur dann zu vermeiden sein, wenn es innerhalb dieses gemeinsamen Wirtschaftsraums zu einer Vereinheitlichung einer ganzen Reihe von Standards kommt. An erster Stelle sind hier die Grundsätze wie die Bemessungsgrundlagen der Kapital- und Unternehmensbesteuerung zu nennen. Damit ist ein eminent wichtiges Feld gesellschaftlicher Regulierung angesprochen, denn der Entwicklungsgang der vergangenen Jahrzehnte hat nicht nur zu dem beschriebenen Unterbietungswettlauf geführt, sondern zugleich auch die Staatsfinanzen aufgrund der Steuerflucht der Unternehmen drastisch zusammenschrumpfen lassen. In ähnlicher Weise stellt sich das Problem einer gemeinsamen Höhe der Zinsbesteuerung, wie sie bereits im Mai 1998 vom zuständigen EU-Kommissar Monti voranzutreiben versucht wurde.

Obwohl die europäischen Sozial- und Umweltnormen im internationalen Vergleich bereits einen relativ hohen Standard aufzuweisen haben, wird ein Voranschreiten auf diesem Weg ohne Einbußen bei der internationalen Wettbewerbsfähigkeit der jeweiligen Industrien nur dann möglich sein, wenn eine zügige Harmonisierung auf europäischer Ebene erfolgt. Insofern existiert für viele Sektoren keine unmittelbare Standortkonkurrenz mit dem amerikanischen bzw. dem asiatischen Raum, allerdings eben dramatisch innerhalb Europas selbst. Diese Harmonisierung ist im übrigen keine rein staatliche Aufgabe. Vielmehr sind hier in gleicher Weise die Tarifparteien gefordert, die in ihren Verantwortungsbereichen liegenden Regelungsbereiche in vergleichbar zügigen Verfahren unter Wahrung regionaler Besonderheiten und mit Rücksicht auf Regionen mit Aufholbedarf europäisch zu standardisieren. Dies gilt in gleicher Weise für so unmittelbar „gesellschaftliche" Regelungen wie die Verfahren der Mitbestimmung in den längst transnational agierenden Konzernen und die Entwicklung neuer transnationaler Formen der Zusammenarbeit von Gewerkschaften und Betriebsräten.

Der neuen Moderatorenrolle von Politik würde es entsprechen, wenn sie auch für den nationalstaatlichen Rahmen den wirtschaftsdemokratischen Gedanken von

525 Die hier vorgeschlagenen Maßnahmen decken sich in vielen Punkten mit denen, die von Ulrich Beck für notwendig erachtet werden; vgl. Beck 1997a/c; ähnlich auch GWK 1997.

Wirtschafts- und Sozialräten auf den unterschiedlichen Verwaltungsebenen neu aufgreifen würde. Würden diesen auf kommunaler und regionaler, auf Landes- und Bundesebene Beratungs-, Begutachtungs- und Initiativrechte gegenüber Parlamenten, Regierungen und Verwaltungen eingeräumt, ließen sich politische Entscheidungen auf breiterer gesellschaftlicher Grundlage vorbereiten. In ihnen – so die entsprechenden Vorschläge[526] – hätten neben Vertretern der Arbeitgeber und der Arbeitnehmer auch Repräsentanten von Umwelt- und Verbraucherverbänden sowie Expertinnen und Experten aus Politik, Verwaltung und Wissenschaft ihren Sitz, so daß eine frühzeitige Einbeziehung breitester Interessen möglich wäre.

Wir sehen also auch angesichts der Herausforderung der Globalisierung, daß es mit Blick auf die Herleitung unserer Fragestellungen weiterhin um die Probleme der Marktbeeinflussung und um planerische Elemente (verstanden als regulierende Gestaltung) geht, allerdings in durchaus anderer und neuer Weise, als dies in der klassischen Markt/Plan-Debatte behandelt und beantwortet wurde.

8.2 Die globalen ökologischen Gefährdungen

Wohl kaum jemand bestreitet noch ernsthaft, daß die Art und Weise unseres Produzierens und Konsumierens zu Gefährdungen geführt hat, die diesen Globus an den Rand des Kollapses bringen können. Es seien nur stichwortartig, um die Dimension dessen, worauf gesellschaftliche Antworten gefunden werden müssen, erkennbar zu machen, die größten Herausforderungen und Gefährdungen benannt: die voranschreitende Zerstörung der Ozonschicht der Erde mit der Folge globaler Erwärmung, möglichen Abschmelzens (von Teilen) der Polarkappen, Ansteigens der Meeresspiegel, Überflutung bisher bewohnter Küstengebiete und Inseln; der sog. Treibhauseffekt, u.a. hervorgerufen durch die hohe Zunahme der Verbrennung fossiler Energieträger, das Abholzen tropischer Regenwälder, verbunden mit weitreichenden Folgen für die klimatischen Bedingungen, die Zunahme von Hurricanes, Stürmen usw.; die Vergiftung und Versalzung von Binnenseen und Flüssen mit weitreichenden Folgen für die Nahrungskette (aufgrund der mittelbaren Auswirkungen auf die Meeresvegetation); das Waldsterben aufgrund „sauren Regens“ und der Übersäuerung der Böden; das Anhäufen von Müllbergen, vielfach zusammengesetzt aus nicht oder nur schwer recyclebaren anorganischen Stoffen, insbesondere in den industriellen Zentren; das massenhafte Aufstellen von Kernkraftwerken, tickenden Zeitbomben, deren „Rest“strahlung noch ungezählte Generationen nach uns zu „verwalten“ haben werden. Die Liste ließe sich fortsetzen.

Es kann in dieser Arbeit nicht darum gehen, die unzähligen Analysen auch zu dieser zentralen Herausforderung kritisch darzustellen und zu gewichten.[527] Uns

---

526 Oertzen 1994c, S. 23.

527 Einen guten Überblick bietet SPD-Bundestagsfraktion 1997b.

geht es hier nur darum, anhand einer Reihe bekannter und von uns für sinnvoll erachteter Vorschläge eine *Richtung* anzuzeigen, an der sich auch eine „moderne sozialistische Politik“ im 21. Jahrhundert zu orientieren hätte, selbst wenn eine andere ökologische Produktionsweise nicht konstitutiv zum sozialistischen Ideenkanon gehörte. Damit wird zugleich deutlich gemacht, in welch unterschiedlicher Weise wir es mit unabweisbaren Paradigmenwechseln zu tun haben, die geradezu zwingend von der herkömmlichen Markt/Plan-Dichotomie wegführen und schon aus sich heraus verständlich machen, daß die bloße lineare Fortentwicklung traditioneller sozialistischer bzw. „marxistischer“ Transformationskonzepte keinerlei Perspektive mehr bieten kann.

Die beschriebenen Fehlentwicklungen haben nicht nur, aber auch damit etwas zu tun, daß sich der Typus unserer historischen Produktivkraftentwicklung als ein solcher herausgebildet hat, der primär auf der Vernutzung fossiler Energieträger beruhte. Mit Holz, Kohle und Öl wurde geheizt, insbesondere mit Kohle wurde das Eisenerz verflüssigt, aus dem das für die industrielle Entwicklung unabdingbare Eisen und Blech sowie der Stahl gewonnen werden konnten. Schaut man auf die beschriebenen Zerstörungen und die noch nicht oder nur in Umrissen erkennbaren (aber schon aufgrund unseres heutigen Handelns für die nächsten ca. 40-50 Jahre nicht mehr revidierbaren) Folgeentwicklungen für die Biosphäre, dann ist es schon ein erschütternder Befund, wenn man zur Kenntnis nehmen muß, daß es bereits in den zwanziger Jahren innerhalb der sozialistischen Bewegung Arbeiten gab, die auf ein Umsteuern von der fossilen Energienutzung auf die Nutzung von Solarenergie und anderen nicht fossilen Energieträgern (Wind, Wasser/Gezeiten usw.) hin orientiert haben[528], ohne allerdings jemals auf praktisches Interesse im Sinne von Umsetzungsversuchen zu stoßen.

Heute ist ein derartiges grundlegendes Umsteuern unabweisbarer denn je. Es ist so zutreffend wie bezeichnend, daß alle, die in dieser Richtung in den letzten Jahren Vorschläge entwickelt haben, dabei den Begriff der Revolution verwendet haben. Dies gilt für den im Zusammenhang mit der Durchsetzung eines Prinzips der „sustainable development“ im Brundtland-Bericht genannten – sicherlich zugleich sehr unbestimmten – Begriff einer „globalen Revolution“ ebenso wie für den der „solaren Revolution“ (Elmar Altvater) bzw. den der „Effizienzrevolution“ (Ernst Ulrich von Weizsäcker). Alle diese Begriffe machen deutlich, daß ein *Bruch* mit dem bisherigen Entwicklungstrend auf der Tagesordnung steht, also die bloße vorsichtige Korrektur angesichts der schon jetzt eingetretenen Schädigungen der globalen Ökosphäre keine wirksame Regeneration mehr herbeiführen kann.

Mit letzteren beiden Ansätzen wollen wir uns kurz beschäftigen, zeigen sie doch am präzisesten die beiden Richtungen an, in denen unseres Erachtens die weitere Entwicklung gehen müßte, soll der drohende ökologische Kollaps aufgehalten bzw. verhindert werden. Mit dem Begriff der „solaren Revolution“ wird die Notwendig-

528 Vgl. Lowitsch 1929.

keit beschrieben, zu einem anderen, neuen Produktivkrafttypus überzugehen. Er steht natürlich in enger Verbindung zu dem, was wir bei Altvater in bezug auf den Entropiebegriff kennengelernt haben. Die bisherige Produktionsweise, die sich der fossilen Energieträger in einer Weise bediente, als stünden sie grenzenlos zur Verfügung und als wäre ihre fortgesetzte Vernutzung ohne Aus- und Rückwirkungen auf die Biosphäre, muß durch eine solche ersetzt werden, die sich im globalen System an einer (möglichst) herzustellenden Balance zwischen Entropieabfuhr und Energiezufuhr orientiert. Dies wird nicht möglich sein ohne eine ganz grundsätzliche Umorientierung hin zu dem Energieträger, der einerseits überreichlich vorhanden ist (auch wenn der Ausnutzungsgrad mangels ausreichender Entwicklung und Produktion von Massengütern der Transformation noch nicht ausreichend kosteneffizient ist) und dessen Vernutzung andererseits keinerlei negative Auswirkungen auf die Entropiebilanz unserer Biosphäre haben wird: die Sonnenenergie. Es dürfte einleuchtend sein, daß eine grundsätzliche Umstellung aller Lebensbereiche primär auf diesen Energieträger – sei es in der Produktion, sei es in den Haushalten – zugleich ein gigantisches Programm ökonomischer Ankurbelung beinhalten könnte und würde. Die Umstellungsanforderungen ergäben sich auf den unterschiedlichsten Feldern (Produktionsanlagen, Verkehrssystem, Fahrzeuge, Gebäude, Produktgestaltung usw.).

Wir meinen den Begriff des „gigantischen Programms“ durchaus ernst. Unsere knappe Skizzierung der verschiedenen Kondratieff-Zyklen, der sogenannten „langen Wellen“, diente ja auch der Illustration der Tatsache, daß es immer wichtige technologische Umstellungen waren, die einen neuen weltwirtschaftlichen Aufschwung mit einer wenigstens vorübergehenden deutlichen Zunahme von Erwerbsarbeitsplätzen hervorriefen. Wenn davon auszugehen ist, daß der aktuelle, mikroelektronisch geprägte „Kondratieff“ seinen Höhepunkt überschritten hat (was sich nicht zuletzt an der dramatisch wachsenden Arbeitslosigkeit ablesen läßt), dann ist der Übergang zu einem neuen Innovationszyklus unabweisbar. Wenn es der heutigen Politik (diesmal durchaus jenseits etwaiger „sozialistischer“ Prägung) mit ihren auf internationalen Konferenzen vielfach ausgesprochenen Bekundungen ernst ist, endlich dem Prinzip der „Nachhaltigkeit“ zum Durchbruch zu verhelfen, dann müßte es einer „sozialistisch“ inspirierten Politik gerade darum gehen, durch *gesellschaftliche* Vorgaben dafür zu sorgen, daß der nächste Innovationszyklus nicht einer eher zufälligen, in der Industrie entwickelten technischen Neuerung geschuldet sein wird, sondern einer politisch-gesellschaftlichen Entscheidung. Dies kann angesichts der augenblicklichen gesellschaftlichen Problemlagen nur die Entscheidung für den Bruch mit der bisherigen, auf fossiler Material- und Energievernutzung beruhenden Wirtschaftsweise und die Einleitung des Übergangs zu einer neuen solaren Energiewirtschaft sein.

Der eingangs zitierte Begriff der „Effizienzrevolution“ zielt in eine ähnliche Richtung. Anhand einer ganzen Reihe von Beispielen können von Weizsäcker und seine Mitautoren zeigen[529], daß die Produktivitätsentwicklung in den vergangenen Jahrzehnten häufig nur im Wege der Verbesserung der Arbeitsproduktivität erfolgte, während mögliche Fortschritte im Bereich des Ausnutzungsgrades bei Material und Energie nicht ausreichend genutzt wurden. Auch hierfür können sie genügend Beispiele anführen, die hinreichend nachvollziehbar machen, daß bei einer entsprechenden Umorienterung – die natürlich eine deutliche Vergrößerung der Anstrengungen im Bereich Forschung und Entwicklung erfordern würde – eine generelle Verbesserung des Ausnutzungsgrades verarbeiteter Materialien um den „Faktor vier" möglich wäre. Werden hierfür durch öffentliche Vorgaben, Finanzierungs- und Forschungsprogramme, also wiederum durch gesellschaftliche Entscheidungen, Anreize geschaffen, könnte die Abkehr von extensiven Formen der Produktion weiter beschleunigt und ein ressourcenschonender, energiesparender, intensiver Akkumulationstypus schneller vorangebracht werden. Alle dabei entwickelten Technologien erweisen sich schon heute als „Pioniere" auf dem Weltmarkt, das heißt einer solchen Strategie ist auch in bezug auf die Konkurrenzfähigkeit einer nationalen Volkswirtschaft auf dem Weltmarkt weit eher Erfolg beschieden als der eines Festhaltens an „bewährten" Formen des Produzierens.

Die durch die eingangs aufgelisteten globalen ökologischen Bedrohungen herausgeforderten Antworten sind natürlich mit diesen beiden Stichworten noch nicht ausreichend angegeben. Die reichen Industrieländer, die weiterhin für den Löwenanteil des Energieverbrauchs und der natürlichen Belastungen auf diesem Globus verantwortlich sind, werden nicht darum herum kommen, den sogenannten Entwicklungsländern zum einen Kompensationen dafür zur Verfügung zu stellen, daß diese z.B. auf die weitere Vernutzung ihrer tropischen Regenwälder verzichten können. Und sie haben letztlich im Menschheitsinteresse auch ein Eigeninteresse daran, zum anderen ihre eigene Art des Produzierens und Konsumierens mehr und mehr auf Formen der Kreislaufwirtschaft umzustellen, damit es weltweit zu ausgeglichenen Entropiebilanzen kommen kann.[530] Dies ist die *Richtung*, auf die die in den oben genannten Begriffen gebündelten Veränderungen zielen müssen, wenn dem Prinzip der nachhaltigen Entwicklung und des rationalen, ressourcenschonenden Umgangs mit der Natur zum Durchbruch verholfen werden soll.

Fragen wir nach den Akteuren und den Ebenen, auf denen die entsprechenden Veränderungen durch- und umzusetzen wären. Wir können auch hier nur Beispiele geben, ausgewiesene und detaillierte Fachliteratur dazu liegt in fast nicht mehr überschaubarer Zahl vor. Globale Bedrohungen bedürfen als Antwort global handelnder Akteure. Da es noch weit ist, bis eine immer weiter zusammenwachsende „Weltgesellschaft" zu Vereinbarungen kommt, die die Basis für eine Art „demokratischer Weltregierung" zur Regelung globaler Problemlagen ausmachen könnte, müssen Entscheidungen überall da getroffen werden, wo handelnde Akteure sich

529 Weizsäcker/Lovins/Lovins 1995.

530 Vgl. die einzelnen Darstellungen in Beckenbach/Diefenbacher 1994.

zu Verhandlungen treffen. Daß dies geschieht, ist eben auch bereits Ausdruck der Tatsache, daß sich die staatlich handelnden Akteure vor die unabweisbare Aufgabe gestellt sehen, dem schrankenlosen Voranschreiten von Umweltzerstörungen allgemein-gesellschaftliche Regelungen und Begrenzungen entgegenzustellen. Die beiden „Umweltgipfel" waren in Grenzen erste hoffnungsvolle Zeichen zumindest in der Hinsicht, daß eine größere Anzahl von Staaten begriffen hat, daß nur im Wege internationaler Vereinbarungen, gemeinsamer Standards und Zielvorgaben Probleme wie der Schutz der Ozonschicht gelöst werden können. Die konkreten Vereinbarungen blieben zwar deutlich hinter den Erwartungen und den Möglichkeiten zurück, aber gleichwohl wurde ein erster Schritt getan. Es erscheint uns unverzichtbar, daß sich – neben dieser regierungsoffiziellen Ebene – die Bemühungen verstärken und verstetigen, über Nichtregierungsorganisationen (NGO's), d.h. internationale Netzwerke von Umweltschutzgruppen, den Druck auf die offizielle Politik zu erhöhen.[531]

Jenseits des globalen Charakters der größeren Problembereiche läßt sich allerdings auch regional und national durchaus eine Menge in Richtung auf die beschriebene Umorientierung hin tun. Wir hatten im vorherigen Abschnitt bereits eingehender die europäische Ebene behandelt. Im nationalstaatlichen Rahmen gilt dies insbesondere für die angesprochenen Forschungs- unf Investitionshilfeprogramme, für handelbare Emissionsrechte, dies gilt vor allem aber auch für eine Umstellung des Steuersystems als Grundlage staatlicher Handlungsfähigkeit, als eine der zentralen Eingriffsmöglichkeiten im Sinne einer indirekten gesellschaftlichen Steuerung. Energieverbrauch und Wachstum müssen künftig entkoppelt werden, soll es wirklich zu einer Umorientierung hin zu einem anderen Typus von Energiewirtschaft kommen.[532] Die gesamte Logik unseres Steuersystems beruht auf der Besteuerung von Arbeit und Einkommen (einschließlich der Abgaben für die Sozialversicherungssysteme). Dies mochte in einer expandierenden Arbeitsgesellschaft richtig sein, verliert aber an Logik und zugleich an Substanz in einer Gesellschaft, die als Folge von Veränderungen in der Produktivkraftentwicklung mit wachsender Massenarbeitslosigkeit zu kämpfen hat. Sie entzieht sich ohne ein Umsteuern auf diese Weise ihre eigene Handlungsfähigkeit. Denn ein Steuer- und Abgabensystem, das systemlogisch nahezu ausschließlich an lebendige Arbeit geknüpft ist, setzt sich unter derartigen Bedingungen unausweichlich einem stetigen Schrumpfungsprozeß aus.

Die noch sehr zaghafte Debatte um eine „ökologische Steuerreform" zeigt die Richtung an, in die künftige Entwicklung zu zielen hätte und auf welche Weise die politische Akteure auch finanzielle Handlungsspielräume zurückgewinnen könnten (wobei die vorliegenden Konzepte erst der Einstieg, der Anfang, sein dürften).

531 So auch GWK 1997.

532 Vgl. ausführlich über Maßnahmen auf nationalstaatlicher Ebene im Rahmen einer „ökologischen Marktwirtschaft" Maier-Rigaud 1997.

Neueste Studien belegen, daß Arbeitsplatzeffekte in Höhe von bis zu 1,5 Millionen zusätzlichen Jobs möglich sind, eine „abgespeckte" Variante würde immer noch knapp 400.000 bringen. Die Klimaschutz-Ziele der Rio-Konferenz wären auf diese Weise – für die nationale Volkswirtschaft – erreichbar.[533] Die eigentliche Herausforderung liegt in der wahrhaft gigantischen Aufgabe, die ganze Logik des Steuer- und Abgabensystems in einem kontinuierlichen (und möglichst störungsfreien) Prozeß von der ausschließlichen Besteuerung und Abgabenbelastung von lebendiger Arbeit Schritt für Schritt abzukoppeln und allmählich auf die Belastung von Rohstoff-, Energie- und Materialeinsatz umzustellen. Die Steuerungswirkung wäre eine doppelte. Die im internationalen Vergleich relativ hohen Arbeitskosten würden gesenkt und die Unternehmen würden zu ressourcenschonenden und energiesparenden Produktionsverfahren angehalten. Damit dabei nicht derselbe Effekt eintritt wie bei der Belastung lebendiger Arbeit (schrumpfende Einnahmen bei Eintreten der gewünschten Steuerungswirkung, nämlich sinkender Energie- und Ressourcenverbrauch), ist zugleich eine Wiederbelebung der schon in den siebziger Jahren begonnenen Debatte über die sogenannte Wertschöpfungsabgabe als zusätzlicher Bemessungsgrundlage zwingend erforderlich. Eine Politik, die die Umsteuerung hin zu einer neuen Energiewirtschaft und die Einleitung eines dadurch geprägten neuen „Kondratieff-Zyklus" will, wird um die Einleitung eines derartigen Prozesses als Anstoß für die ökonomische Umstellung in den Unternehmen nicht herumkommen.

Das Steuersystem ist natürlich nur ein – wenn auch zentraler – Gesichtspunkt innerhalb eines gesamtgesellschaftlichen Umsteuerungsprozesses. Allerdings wird eine derartige ökologische Steuerreform einen Prozeß beschleunigen, innerhalb dessen die Produktionsverfahren wie die Produkte selbst in Richtung auf eine größere ökologische Verträglichkeit und die sich aus einer Kreislaufwirtschaft ergebenden Anforderungen umgestellt werden. Dies kann zudem auch auf anderen Wegen befördert werden. Was angesichts der sowjetischen Erfahrungen sicherlich ausscheidet, sind staatliche Vorgaben für Produkte und Produktionsverfahren. Statt dessen ist es erforderlich, daß in weit stärkerem Umfang als bisher gesellschaftliche Ziele festgelegt werden, anhand derer sich die einzelnen Marktteilnehmer, d.h. die Unternehmen, abzuarbeiten hätten. Damit ist gerade nicht die Zunahme staatlicher Bürokratie gemeint. Nehmen wir das Beispiel der Schadstoffemission bei Kraftfahrzeugen zur Illustration unseres Gedankens. Statt einen Katalysator vorzuschreiben (also sogar die konkrete Technik), wäre es weit sinnvoller gewesen, die konkrete Zielvorgabe als Gebot festzulegen (mit Prämierungen für weitere Unterschreitungen) und die Ausarbeitung der dafür sinnvollsten Techniken den Forschungs- und Entwicklungsabteilungen der Unternehmen und deren größerer fachlicher Kompetenz, Kreativität und Phantasie zu überlassen. Die Katalysatorpflicht hat sogar Entwicklungen gehemmt. Keramikmotoren, die keinen Katalysator benötigen,

533 Vgl. Wille 1997a/b.

wurden nicht vorrangig weiterentwickelt, obwohl ihr Kraftstoffverbrauch weit unter dem herkömmlicher Motoren liegt, nämlich mit zwei Litern noch unterhalb des vielzitierten Drei-Liter-Autos.[534] Das Beispiel illustriert eindringlich, wie die Aufgabenverteilung auf sinnvolle Weise aussehen könnte: Auf Seiten der Politik werden *Rahmenvorgaben, Ziele* aufgrund gesellschaftlicher Anforderungen festgelegt, während es den Marktteilnehmern und ihrem überlegenen know how wie ihrer Kreativität überlassen bleibt, die dafür beste und effektivste Lösung zu finden.

Zeigen wir das, was wir meinen, an einem anderen Beispiel: Jeder spricht davon, daß die Automobildichte bei uns nicht weltweit übertragen werden kann (im Sinne Altvaters ein „positionelles Gut" darstellt). Gleichwohl produziert unsere Automobilindustrie munter weiter drauflos, was im wohlverstandenen Eigeninteresse jeder dieser Firmen liegt. Solange aber die Politik auch aus dem wachsenden Verkehrschaos und den Dauerstaus im eigenen Land nicht die Konsequenz zieht, gesellschaftliche Vorgaben für ein anderes Verkehrssystem zu machen, bleibt es bei dieser höchst unverträglichen Fortschreibung des jetzt geltenden Trends. Eine solche Vorgabe könnte etwa darin bestehen, einen bereits vor Jahren von Frederic Vester entwickelten Vorschlag aufzugreifen. Er sieht vor, das jetzige Bahnsystem so umzustellen, daß in den neuen Waggons im unteren „Geschoß" Kleinfahrzeuge transportiert werden können (die „quer" hineingefahren werden), während die Passagiere „oben" befördert werden.[535] Das herkömmliche Auto würde innerhalb dieses neuen Systems abgelöst von einem kaum Schadstoffe entwickelnden bzw. Energie verbrauchenden Gefährt für den kleinräumigen Verkehr, während der Ferntransport über ein besser ausgebautes Bahnsystem abgewickelt würde. Auch darin läge ein riesiges „Konjunkturprogramm", das zugleich erheblich zur Entlastung unserer Umwelt beitragen würde. Aber es ist kein politischer Wille erkennbar, die dafür notwendigen Entscheidungen als Vorgaben zu treffen, obwohl den Pionieren einer solchen Entwicklung ungeahnte Möglichkeiten auf den Weltmärkten offenstünden.

Über derartige Entwicklungsentscheidungen, durch steuerliche Umstellungen und Anreize, durch Vorgaben für Schadstoffgrenzen, durch Gebote und Verbote, durch die Festlegung von Kreislaufprozessen (Rücknahme- und Recyclingpflicht von rohstoffintensiven Produkten usw.) bestehen eine Vielzahl von Handlungsoptionen, mit denen auch im nationalen und regionalen Rahmen *gesellschaftliche* Entscheidungen getroffen werden können, die dem marktwirtschaftlichen Prozeß voraufgehen, ihn strukturieren und das Umsteuern auf eine ökologisch verträgliche Produktionsweise befördern können.

In diesem Sinne sind auch alte wirtschaftsdemokratische Ansätze neu auf ihre Tauglichkeit zu überprüfen, in diesem Sinne zu positiven Veränderungen beitragen zu können. Bereits zu Anfang des Jahrhunderts wurden Überlegungen entwickelt,

---

534 Delphi 1998, S. 57.
535 Vester 1990, 1992.

die „Bänke“ der Mitbestimmung zu erweitern, damit die betrieblichen Vertretungen zum einen von allzuviel Betriebsegoismus abgehalten würden und zum anderen die Interessen von Abnehmerindustrien und Verbrauchern mit in die Entscheidungsfindung eingehen könnten.[536] Diese Grundgedanken erscheinen uns mit Blick auf die Anforderung einer Umstellung auf eine ökologische Produktionsweise höchst aktuell zu sein. Innerhalb der Unternehmen könnte die Ausweitung der Mitbestimmung über Produkte und Produktionsverfahren dazu beitragen, daß das knowhow der Arbeitenden besser einbezogen (also als Faktor auch für ökologische Innovation erkannt und ernst genommen) und damit der Konsens über die Art und Weise des Produzierens auf eine breitere Grundlage gestellt wird. Auch darin liegt eine ungeheure Verschleuderung von produktiven Ressourcen: Deutschland liegt bei der Zahl von Patentanmeldungen insgesamt wie bei solchen aus dem Kreis der Belegschaften um Längen hinter Japan und den USA zurück.

Ökologische Kreislaufwirtschaft wird nicht ohne ein verändertes Verhalten der Endabnehmer, der Konsumenten, erreichbar sein. Daß sich hier bereits in den vergangenen Jahren ein durchaus grundsätzlicher Bewußtseinswandel vollzogen hat, läßt sich am veränderten Verhalten gegenüber dem Hausmüllaufkommen beobachten. Die Bereitschaft zur Mülltrennung und -vermeidung ist in einem Ausmaß gewachsen, daß frühere Prognosen über das Müllaufkommen korrigiert werden mußten und mittlerweile Entsorgungsfirmen um das verbliebene Aufkommen konkurrieren, Großanlagen Sorgen hinsichtlich ihrer Auslastung haben, Müll aus diesem Grund zu einem teuren „Gut“ zu werden droht. Dies ist ein deutliches Zeichen dafür, daß auf nicht unbedingt politisch spektakuläre Weise, gleichwohl aufgrund von *Einsicht* (und nicht in erster Linie aufgrund eines Interessenstandpunktes zustande gekommene) ethische und moralische Verhaltensformen entwikkelbar sind, ein gesellschaftliches Verantwortungsbewußtsein deutlich zugenommen hat.

Das nur beispielhaft dargestellte und beileibe nicht vollständige Set von Maßnahmen und Handlungsmöglichkeiten auf den unterschiedlichsten Ebenen dürfte verdeutlicht haben, daß es innerhalb dieses Herausforderungsrahmens der ökologischen Umsteuerung für eine („sozialistische“) Politik, die auf den Vorrang des Gesellschaftlichen setzt, genügend Ansatzpunkte und Handlungsfelder gibt, die jenseits der früher zentralen „Eigentumsfrage“ bzw. der zentraler Planung liegen.

8.3 Der Übergang ins Dienstleistungs- und Informationszeitalter

Wir hatten schon im letzten Abschnitt angesprochen, welche tiefgreifenden Veränderungen für unsere Arbeits- und Lebensweise mit der Einführung und zunehmenden Durchsetzung der modernen Informations- und Kommunikationssysteme

536 Vgl. genauer Schöler 1995b über entsprechende Vorschläge Otto Bauers.

einhergehen. Alle statistischen Daten belegen für die entwickelten Industriestaaten des Westens in den vergangenen Jahrzehnten einen kontinuierlichen Rückgang des Anteils der industriellen Arbeit an der Gesamtzahl der Beschäftigten wie an dem Gesamtaufkommen innerhalb des Bruttosozialprodukts. Damit entleert sich zugleich der Begriff „Industriestaaten" mehr und mehr hinsichtlich seines bisherigen Bedeutungsgehalts. Die sog. „alten" Industrien des Bergbaus und der Eisen- und Stahlproduktion, klassisches Rückgrat früherer industrieller Entwicklung, verlieren immer mehr an Boden und sind vielfach nur noch durch dauerhafte staatliche Subventionierung aufrechtzuerhalten. Ihr Anteil unterliegt gleichwohl einem kontinuierlichen Schrumpfungsprozeß. Diese Entwicklung ist besonders in den angelsächsischen Ländern weit vorangeschritten, da hier die Politik der Deregulierung staatliche Überbrückungshilfen weitgehend ablehnte und „dem Markt" den Zerstörungs- und Reorganisationsprozeß überließ. Neue Arbeitsplätze entstanden hier zum einen in modernen technologieorientierten Bereichen, zum anderen in den eher produktionsunabhängigen Dienstleistungen. Der Rückzug des Staates aus einer Reihe von Sektoren sozialer Sicherung ließ auch hier die Entwicklung privater Anbieterstrukturen zu. In den Ländern des „rheinischen Kapitalismus", also solchen, die stärker auf die Einbeziehung der Sozialpartner in ökonomische Entscheidungsprozesse setzen, verläuft dieser Prozeß sehr viel langsamer, unter größerer Beachtung sozial abgefederter Übergänge, aber eine gewisse Grundtendenz in diese Richtung ist auch dort erkennbar.

Im Vergleich zu den bis in die siebziger Jahre dominierenden industriekapitalistischen Strukturen wird man wohl perspektivisch von einem „postindustriellen" Zeitalter zu sprechen haben. Eine Renaissance schwerindustrieller Strukturen erscheint weder wahrscheinlich noch – unter ökologischen Gesichtspunkten – wünschenswert. Das Zeitalter des Fordismus geht seinem endgültigen Ende entgegen.[537] Welches allerdings die *dominierende* Struktur sein wird, die der neuen Formation ihr Gepräge geben wird, läßt sich aus heutiger Sicht erst schwer ablesen. Dies hängt neben der ökonomischen Eigendynamik dieses Prozesses nicht zuletzt davon ab, inwieweit es den politischen Instanzen gelingt, diesen aktiv zu beeinflussen und mit zu gestalten. Diese neue Formation läßt sich ebenso als vorrangig ökologische Kreislaufwirtschaft wie als Dienstleistungs-, Medien-, Informations-[538] oder Wissensgesellschaft vorstellen. Angesichts unserer Auffassung, daß es in Übergangsperioden wie der augenblicklichen eher angeraten erscheint, allzu voreilige Festlegungen zu vermeiden, erscheint es uns auch nicht sinnvoll, eines der genannten Momente nun als Haupt- bzw. einziges Charakteristikum herauszustellen. Die wahrscheinlichste (und vielleicht auch wünschenswerteste) Variante ist sicherlich die eines funktionalen und dynamischen Mixes aus den genannten Faktoren. Wel-

537 So auch Cohen 1998b.

538 Ein außerordentlich instruktiver historischer Überblick über die Entwicklung der Informations- und Kommunikationstechnologien findet sich bei Mosdorf 1997.

cher sich schließlich möglicherweise gar als formationsprägend durchsetzen wird, hängt neben der nicht genau prognostizierbaren ökonomischen Dynamik u.a. eben auch von politischen Weichenstellungen ab, wie wir sie im vorigen Abschnitt als Möglichkeiten skizziert haben.

Auf längere Sicht zeichnet sich allerdings – so viel läßt sich heute schon sagen – eine Entwicklung ab, in der innerhalb des verbliebenen industriellen Sektors die Dynamik weiter von der Suche nach neuen Werkstoffen, Materialschonung, geringem Energieeinsatz und intelligenter Steuerung wie intelligenten Endprodukten bestimmt sein wird. Insoweit liegen in dieser Entwicklung also zunächst einmal riesige Potentiale für gesellschaftliches Fortkommen (um den zwieschlächtig gewordenen Begriff des „Fortschritts" zu vermeiden) und Innovation. Sei es in der Mikroelektronik selbst, in den Kommunikations- und Übertragungstechniken, in der Verkehrstechnik, in der Bio- und Gentechnik, in neuen Umwelttechnologien, in neuen Verfahren der Medizintechnik – auf allen diesen Feldern wird es durchaus „Entwicklung", wird es durchaus auch Arbeitskräftezuwachs geben. Insofern sind die Anstrengungen einer jeden nationalen Ökonomie, auf diesen Feldern führend oder wenigstens mit dabei zu sein, aus Gründen innerer Entwicklung wie der Teilhabe am Weltmarkt unausweichlich, absolut notwendig. Es dürfte aber mehr als fraglich sein, ob damit der gleichzeitige Arbeitsplatzverlust in den „klassischen" industriellen Strukturen langfristig kompensiert werden kann.[539] Selbst für die in Deutschland noch mit einem hohen Beschäftigtenstand produzierende Automobilindustrie wird prognostiziert, daß ihr bald der Übergang zur praktisch vollautomatischen Produktion bevorsteht.[540] Beck rechnet zudem (wohl zutreffend) damit, daß der Dienstleistungssektor dem industriellen schon bald insofern folgen wird, als auch hier eine neue Rationalisierungswelle anstehe. Er verweist dazu beispielhaft auf die weitreichenden Pläne der Banken in Richtung auf Telebanking. Auch die Telekom plane – bei Ausbau ihres Angebots – die gleichzeitige Einsparung von 60.000 Stellen.[541]

Wie wir in den vergangenen Jahren eindringlich beobachten können, wirft dieser Prozeß bislang ungelöste Fragen für die Beschäftigungsstruktur derartiger postindustrieller Gesellschaften auf. Selbst wenn man alle bislang ergriffenen Maßnahmen zur Bekämpfung der Arbeitslosigkeit für weitgehend unzureichend hält, selbst wenn manche dieser Maßnahmen sogar eher kontraproduktive Effekte nach sich zogen – es bleibt die unabweisbare Tatsache, daß auch die klassische neokeynesianische Strategie der Nachfragesteigerung vor noch ungelösten Problemen steht, zwischenzeitlich auch in Angriff genommene Ankurbelungsprogramme mit

539 Über die Auswirkungen dieser Entwicklung auf den Arbeitsmarkt gibt es eine Reihe differenzierter Untersuchungen, auf die hier nur verwiesen werden kann; vgl. Boes 1997; Bosch 1997; Welsch 1997.

540 Delphi 1998, S. 40.

541 Beck 1997b.

kurzfristigen Wachstumsschüben zugleich neue Rationalisierungsanstrengungen ausgelöst haben, aufgrund derer ein dauerhafter Zuwachs an Beschäftigung nicht erreicht werden konnte. Hatte Marx noch das periodische Entstehen einer industriellen Reservearmee mit den zyklischen Krisen kapitalistischer Produktion erklärt, muß nun schon sein Erklärungsansatz intensiver Produktivkraftausdehnung herangezogen werden, um das Festschreiben einer strukturellen Sockelarbeitslosigkeit auf hohem Niveau erklären zu können. Allen aktuellen Debatten um die richtige Strategie zur Bekämpfung der Arbeitslosigkeit haftet insofern etwas „Altbackenes“ an, als dem Publikum vielfach immer noch suggeriert wird, es gehe weiterhin um die alte Schlachtordnung einer vorrangig angebots- oder vorrangig nachfrageorientierten Politik, als deren Folge sich der Abbau von Arbeitslosigkeit quasi von selbst einstelle. Alle politischen Vorschläge, die weiterhin die Illusion vermitteln, als sei über neues und größeres Wachstum ein Abbau der Massenarbeitslosigkeit erreichbar, müssen zunächst einmal unter Verweis auf die empirischen Befunde der vergangenen beiden Jahrzehnte in das Reich der Illusion verwiesen werden.

Denn alle empirischen Daten belegen (was aber trotzdem von der offiziellen Politik noch kaum zur Kenntnis genommen wird), daß es keinen unmittelbar positiven Zusammenhang zwischen Wirtschaftswachstum und Beschäftigung (mehr) gibt, daß der Sockel der Arbeitslosigkeit vielmehr trotz Wachstumsphasen kontinuierlich angewachsen ist. Während zwischen 1993 und 1997 in Deutschland die Umsätze der Industrie in Deutschland von 1.920 Mrd. DM auf 2.186 Mrd. DM stiegen, sank im gleichen Zeitraum die Zahl der Beschäftigten von 7,54 auf 6,31 Millionen. [542] Afheldt hat gezeigt, daß es in der Geschichte der Bundesrepublik in jeder Aufschwungphase nur lineares Wachstum gegeben hat.[543] Bereits darin ist – schon im Rahmen des „normalen“ Rationalisierungspotentials – der Schrumpfungsprozeß des „Arbeitskörpers“ angelegt. Selbst in den europäischen Ländern, die in den vergangenen Jahren eine positivere Beschäftigungsentwicklung hatten als Deutschland, ist nicht das Arbeitsvolumen in Stunden, sondern wegen der Zunahme von Teilzeitarbeit (Niederlande) bzw. der Reduzierung von Lebensarbeitszeit

---

542 Angaben des Statistischen Bundesamtes; zit. nach Frankfurter Rundschau vom 19. Mai 1998; vgl. auch die Daten in Kommission 1997, Teil II, S. 13f. mit der Schlußfolgerung: „Dabei zeigt sich im historischen Rückblick, daß in Westdeutschland in konjunkturellen Abschwüngen der Einsatz von Arbeit im Wertschöpfungsprozeß sinkt und im nachfolgenden Aufschwung die Kapitalausstattung zunimmt. Auf diese Weise beschleunigte bislang jede Rezession die Ersetzung von Arbeit durch Kapital und Wissen, erhöhte also die Kapital- und Wissensintensität der Wirtschaft.“ (ebda., S. 15).

543 Afheldt 1994, S. 22ff.; so auch Kommission ebda., S. 20f. Priewe versucht zwar unter dem zutreffenden Titel „Arbeit für alle in Hülle und Fülle“ zu zeigen, daß dies nicht so sein müsse, kann aber – jenseits der Tatsache, daß es eigentlich genügend Felder für sinnvolle Erwerbsbeschäftigung gäbe – die hier wiedergegebenen und mit Zahlen belegbaren Fakten nicht wirklich widerlegen; vgl. Priewe 1998.

(Dänemark) die Erwerbstätigenzahl gestiegen.[544] Für wachsende Beschäftigung würde man hingegen exponentielles Wirtschaftswachstum benötigen, einen Prozeß, der allenfalls im Rahmen einer systemischen Umstellung (wie der genannten im Sinne einer völligen Umstellung der Energieträger), d.h. der Einleitung eines neuen „Kondratieff-Zyklus", gelingen könnte und zugleich auch ökologisch tolerierbar wäre. Aber selbst dann wäre nur mit einem vorübergehenden neuen Beschäftigungsschub zu rechnen, der in der zweiten Phase des Zyklus erneut durch erhöhte Rationalisierungsanstrengungen zurückgedrängt würde.

Es gibt deshalb heute nicht mehr „die eine" richtige Strategie, die zu mehr Beschäftigung führt bzw. die die vorhandene Arbeit möglichst gerecht auf alle diejenigen verteilt, die am Erwerbsleben und den damit verbundenen Möglichkeiten gesellschaftlicher Teilhabe Anteil haben wollen. Es gibt allenfalls einen Mix notwendiger Maßnahmen, deren Erfolg im einzelnen schon gar nicht garantiert werden kann, weil die Interdependenzen mit außenwirtschaftlichen Entwicklungen zu groß und mögliche Rückkopplungseffekte zumeist im Voraus nur schwer kalkulierbar sind. Diese Gleichung hat heute zu viele Unbekannte. Deshalb kann auch nur gesagt werden, daß jede einzelne Maßnahme für sich genommen und aus sich selbst heraus ihre Begründung finden muß, die selbst dann nicht obsolet wird, wenn der *unmittelbare* positive Arbeitsmarkteffekt nicht eintritt. Wir können dieses Maßnahmebündel, das weder Vollständigkeit noch hinsichtlich der Reihenfolge eine richtige Gewichtung beansprucht, nur in knappen Stichworten umreißen:

Die Wahrnehmung gesellschaftlicher Verantwortung für die Schaffung bezahlter Erwerbsarbeit und ihre gerechte Verteilung gebietet es, daß die Politik sich weiterhin durch die Auflage von öffentlichen Investitionsprogrammen in gesellschaftlichen Zukunftsfeldern engagiert, um auf diesem Wege Anstöße für privatunternehmerische Initiative zu geben. Dazu gehören nicht nur finanzielle Maßnahmen, sondern zugleich öffentliche Weichenstellungen in zentralen Zukunftsfeldern (anderes Verkehrssystem, Umstellung auf regenerative Energien usw.) als „mittelbare" Beschäftigungsprogramme. Maßnahmen zur Senkung der Arbeitskosten (insbes. der sog. Lohnnebenkosten), wie wir sie anhand der Umstellung auf ein ökologisch ausgerichtetes Steuer- und Abgabensystem diskutiert haben, werden ohne Zweifel positive Arbeitsmarkteffekte nach sich ziehen. Das umschließt den perspektivischen Abbau der Ankopplung der überwiegenden Zahl der Steuern und Sozialabgaben nur an den Faktor „lebendige Arbeit" (Besteuerung von Material- und Energieeinsatz, nichtinvestierten Gewinnen, Heranziehung nicht arbeitsintensiver Unternehmen zur Mitfinanzierung sozialer Sicherungssysteme). Sicherlich ohne meßbare Ergebnisse werden eine verstärkte Förderung von Forschung und Innovation sowie das Anstoßen einer neuen Bildungsoffensive (die die weit zurückhängenden Lehr- und Lerninhalte auf den neuesten Stand bringt und eine entsprechende technische Ausstattung der Schulen und eine intensive Weiterquali-

544 Schirmer 1998, S. 9.

fizierung der Lehrerinnen und Lehrer erreicht) bleiben, aber dies sind mittelfristig angelegte Effekte, ohne die eine moderne Beschäftigungspolitik nicht wird auskommen können. Den veränderten Anforderungen, die sich aus dem heutigen Berufsleben ergeben, entspricht die Entwicklung von Weiterbildungsprogrammen im Rahmen eines Konzepts „lebenslangen berufsbegleitenden Lernens".

Waren letztere Maßnahmen mehr auf den Menschen bezogen, bedarf es dazu weiterer Anstrengungen, die die Beschäftigungsbedingungen von der Seite der Unternehmen her verbessern. Dies ist nicht (mehr) nur Sache der Unternehmen selbst, sondern gesellschaftlich verantwortliche Politik hat auch hier die Aufgabe, Rahmenbedingungen so zu verbessern, daß dort beschäftigungswirksame Entscheidungen getroffen werden können. Dazu gehören Existenzgründungsprogramme für technologieorientierte Neugründungen von Unternehmen, und dazu gehört die Bereitstellung von Fonds zur Vergabe von Risikokapital (unter Einbeziehung von Mitteln auch der Privatbanken).

Nur da, wo trotz aller Anstrengungen von Unternehmensseite und trotz unterschiedlicher Hilfen gesellschaftlicher Arbeitsbedarf und Arbeitskräfteangebot auf privatwirtschaftliche Weise nicht zusammengebracht werden können, muß – wenigstens übergangsweise – über die Installierung eines öffentlichen Non-profit-Beschäftigungssektors zur Vergabe von Arbeiten im Umwelt- und Sozialbereich an schwer vermittelbare und Langzeitarbeitslose nachgedacht werden. Die Akzeptanz dauerhafter Massenarbeitslosigkeit ist mit einem Verständnis der „solidarischen Gleichheit aller Menschen" nicht vereinbar. So problematisch Maßnahmen zur weiteren Ausweitung des sogenannten „zweiten Arbeitsmarkts" insofern sind, als hier vielfach die Wiedereingliederungsfunktion in Richtung auf den ersten nicht gelingt, so unverzichtbar erscheint uns dieser doch insbesondere dann, wenn die begleitenden Weiterqualifizierungsmaßnahmen wieder ausreichend finanziell abgesichert werden. Um diese „Brückenfunktion" zu verbessern, könnten degressiv abnehmend gestaltete Lohnkostenzuschüsse bei der Einstellung von Arbeitslosen zu einem neuen wirksamen Instrument werden.

Eine solidarische Arbeitsmarktpolitik wird unter den von uns aufgezeigten heutigen Bedingungen nicht um weitere Anstrengungen zur besseren Verteilung und damit zur Verkürzung von Arbeitszeit herumkommen. Einen wirksamen Einstieg in moderne, flexible Formen von Arbeitszeitverkürzung bieten Arbeitszeitkonten, innerhalb derer neue Formen des flexiblen Arbeitszeiteinsatzes, bezogen auf Tages-, Wochen-, Jahres- und Lebensarbeitszeit, im Interesse der Arbeitnehmerinnen und Arbeitnehmer wie der Unternehmen ausgehandelt und ausprobiert werden können (einschließlich von Sabbaticals, vorübergehender Teilzeit, Bildungsschleifen usw.). Wird diese Perspektive innerbetrieblich gewählt und angeboten, ergeben sich auch neue Chancen für ein verstärktes Angebot von Teilzeitarbeit auf *allen* Ebenen, ein Instrument, das in erheblichem Maße zum Abbau der Arbeitslosigkeit in den Niederlanden beigetragen hat. Ein solcher Weg kann aber nur dann beschritten werden, wenn gleichzeitig die sozialen Sicherungssysteme (insbesondere die Rentenversicherung) auf die damit verbundene Abkehr vom „Normalarbeitsverhältnis" umgestellt werden, d.h. eine Kompensation für das sinkende Rentenniveau im Wege von Grundsicherungselementen erfolgt.[545] Und natürlich gehört zu einem derartigen Konzept flexibler Arbeitszeitverkürzung der Abbau des Riesenberges an Überstunden, die weiterhin jährlich in privaten wie in öffentlichen Unternehmen und Verwaltungen geleistet werden.

Verbleiben wir noch für einen Moment bei dem Generalthema Arbeitszeit und Veränderung der Arbeitsstruktur. Wenn es stimmt, daß heute eine Strategie, die nur über weitere Wachstumsanstöße Arbeitslosigkeit verringern will, ins Leere läuft, dann kommt eine Gesellschaft, die weiter auf eine angemessene Berücksichtigung aller ihrer Mitglieder an den Prozessen der Reichtumsproduktion setzt, um eine neue dramatische Anstrengung zu einer anderen Verteilung von Arbeit, also auch weitere drastische Arbeitszeitverkürzung nicht herum. Steigende Massenarbeitslosigkeit und politische Deregulierung haben auch in Deutschland die Armut wieder auf die Tagesordnung gesetzt. Und sie ist zumeist mit Arbeitslosigkeit als ihrem Ausgangspunkt verbunden. Nach einer Studie des Caritasverbandes aus dem Jahre 1993 sind in Deutschland – entsprechend den internationalen Standards – fast 9 Millionen Menschen als arm zu bezeichnen.[546] Gleichzeitig explodiert die Zahl der Einkommensmillionäre. Angesichts einer fehlenden staatlichen Armuts- bzw. Reichstumsberichterstattung, wie sie mittlerweile auch von den beiden großen Kirchen eingefordert wird, fehlt aber immer noch eine genauere datenmäßige Erfassung.[547]

Bezogen auf die Arbeitsstrukturen, ist von der Tatsache auszugehen, daß die neuen Technologien bereits heute zu einer erheblichen Erosion des sogenannten Normalarbeitsverhältnisses geführt haben. Mit mobilen Einheiten der Textverarbeitung, des Telefons, des Telefaxes, des E-Mails und anderer Dienste hat die Arbeit ihren Standort verloren. Die Trennung von Zuhause und Arbeitsstätte ist potentiell und für viele auch schon real aufgehoben. Neben anderen Elementen eines allgemeinen Prozesses gesellschaftlicher Individualisierung[548] ist hierin potentiell eine zunehmende Individualisierung im Arbeitsprozeß angelegt, wobei dies nicht unbedingt mit fehlender Kommunikation gleichzusetzen ist. Diese findet vielmehr – und zwar durchaus vielfältiger als früher – auf andere und neue Weise statt, ist allerdings nicht mehr primär auf eine Face-to-face-Kommunikation angewiesen. Sie kann und wird aber zugleich mit neuen Arbeitsformen einhergehen, wobei die Übergänge von abhängiger Arbeit und Selbständigkeit fließend werden, was neue schwerwiegende Probleme für die sozialen Sicherungen aufwirft. Scheinselbständigkeit ist schon heute eine in ihrer Bedeutung zunehmende Realität. Die „virtuelle

545 Vgl. zu den Umbauerfordernissen der sozialstaatlichen Systeme Döring 1997.
546 Bellermann 1997, S. 27.
547 Vgl. SPD-Bundestagsfraktion 1997a.
548 Vgl. nochmals insbes. Beck 1986.

Fabrik", die ohne festen Standort und ohne feste Belegschaften auskommt, ist keine utopische Zukunftsmusik mehr. Bereits zwischen 2005 und 2012 – so die Delphi-Studie – wird die dominante Unternehmensform nicht mehr durch einen festen Standort und durch feste Mitarbeiter gekennzeichnet sein. 30 Prozent der Mitarbeiter würden dann bereits knapp die Hälfte ihrer beruflichen Zeit an Telearbeitsplätzen zu Hause verbringen.[549]

Eine Strategie, die ähnlich der Auseinandersetzung um die 35-Stunden-Woche in den achtziger Jahren nur auf eine lineare Durchsetzung der weiteren generellen Reduzierung der Wochenarbeitszeit setzen würde, würde schon heute den vorangeschrittenen Veränderungen nicht mehr gerecht.[550] Eine neue Strategie verlangt vielmehr vielfältigere, flexiblere Antworten auf unterschiedliche Anforderungen und Bedürfnisse, die für verschiedene Funktionen und Gruppen auch völlig unterschiedlich ausfallen müssen. Gleichwohl bleibt es grundsätzlich gesehen richtig, daß eine Verbesserung der Beschäftigungslage ohne weitere Reduzierung der täglichen und wöchentlichen Arbeitszeit in vielen Sektoren nicht erreichbar ist. Insbesondere der hohe Beschäftigungsverlust für arbeitende Frauen in Ostdeutschland und das bei weitem nicht ausreichende Niveau der Integration der Frauen in den *bezahlten* Arbeitsprozeß beleuchten die Dringlichkeit weiterer derartiger Schritte. Ohne eine Veränderung der Arbeits- wie der Arbeitszeitstrukturen wird eine weitere Verbesserung der gesellschaftlichen Stellung der Frau in unseren Gesellschaften nur schwer und langsam vorankommen. Aufwertung von Reproduktionsarbeit kann dabei nicht heißen, daß es bei den alten Zuständigkeitsverteilungen bleibt und an die Stelle der unbezahlten Hausfrauenehe nun ein bezahlter Sektor von Frauenarbeit tritt. Erst wenn die Tätigkeiten im Haus und außerhalb der Hauses, in der Privat- und der öffentlichen Sphäre auf beide Geschlechter gleich verteilt sind, werden die Frauen in allen gesellschaftlichen Hierarchien ihren angemessenen Platz einnehmen können.

Alle bisher angestellten Überlegungen dürften bereits haben deutlich werden lassen, daß wir zwar einerseits die Zeit des „Normalarbeitsverhältnisses" für abgelaufen halten[551], aber andererseits nicht auf eine Perspektive setzen, die die „sozialistischen" Aspekte dieser Entwicklung gerade daran festmacht, daß viele Menschen endgültig aus dem Sektor abhängiger Arbeit und Ausbeutung ausgegliedert werden, die Perspektive also in einer Freizeitgesellschaft sieht, in der viele durch ein staatlich gewährtes Grundeinkommen alimentiert werden. Sicherlich ist es notwendig – worauf Diane Elson mit einigen ihrer Vorschläge hingewiesen hat –, in unseren reichen Gesellschaften künftig gewisse Grundversorgungselemente wenig-

549 Delphi 1998, S. 19.

550 Dies wird auch zunehmend in den Gewerkschaften so gesehen; vgl. jetzt IG Metall 1998.

551 So lauten im übrigen – trotz völlig unterschiedlicher Schlußfolgerungen – auch die Befunde zweier jüngst vorgelegten Zukunftsstudien; vgl. Kommission 1996, Teil I, S. 11f.; Zukunftskommission 1998, S. 14.

stens für alle Bedürftigen kostenlos bereitzustellen. Daß es hierbei wiederum um eine gesellschaftliche Auseinandersetzung von ungeheurer Dramatik geht, beweist ein vergleichender Blick auf die Vorschläge der bayerisch-sächsischen Zukunftskommission. Künftig steht dabei nicht mehr und nicht weniger als die Sozialstaatlichkeit als solche auf dem Spiel, einschließlich so wichtiger bisheriger öffentlicher Aufgaben wie Bildung und Kultur. Die „Miegel-Kommisision" ist im diametralen Gegensatz zu unseren Überlegungen der Auffassung, daß gerade die „unvollständige Deregulierung, Liberalisierung und letztlich Privatisierung" der „großen wachstums- und damit beschäftigungsträchtigen Bereiche von Kommunikation, Verkehr, Gesundheit, Kultur, Unterhaltung oder Ver- und Entsorgung" die eigentliche Bremse weiteren Fortschritts darstellt.[552] Eine derartige Rundum-Privatisierung liefe allerdings ganz wesentlich auf eine neue Klassenspaltung unserer Gesellschaft hinaus.

Aber auch eine Perspektive von „links", die nur auf die Befreiung *von* Arbeit setzte, wie dies in den Überlegungen von André Gorz immer wieder anklingt[553], würde auf Dauer eine gesellschaftliche Klassentrennung zementieren, die nicht ohne Auswirkungen auch auf die demokratischen Strukturen bleiben könnte. Dies wäre die Utopie der 20-Prozent-Arbeitsgesellschaft, in deren Rahmen und Personenkreis Entscheidungen vorbereitet und getroffen würden, während für den Rest der 80 Prozent nur eine öffentliche Minimalalimentierung und „Ruhigstellung" über die vielfältigsten medialen Angebote bliebe, allerdings ohne demokratische Mitgestaltungs- und Mitentscheidungsbefugnisse. Dann würde das Wirklichkeit, was die „Delphi-Studie" als denkbare Negativvariante so beschreibt:

„Zur psychologisch-zwischenmenschlichen Dimension der Folgeprobleme kommen verteilungspolitische Komponenten hinzu, wenn zum einen einer kleinen Minderheit die reale Welt (z.B. Reisen, Sport, Einkaufen) vorbehalten bleibt und der Mehrheit lediglich eine virtuelle Realität wie elektronische Supermärkte geboten wird. Zum anderen können auch die diskriminierenden Wirkungen des Pay-TV die gesellschaftlichen Klassenunterschiede weiter verstärken."[554]

Verkürzung von Arbeitszeit bedeutet aber in jedem Falle zugleich Zunahme von freier Zeit, anders genannt: von Freizeit. Die heute Lebenden können wahrscheinlich kaum noch ermessen, welchen ungeheuren Zugewinn an Lebensqualität die seit dem letzten Jahrhundert und den Bedingungen der Frühindustrialisierung erfolgten Verkürzungen der Tages- und Wochenarbeitszeit für die Arbeitenden gehabt haben. Nicht umsonst galt es Marx und Engels geradezu als Markstein für die Durchsetzung des „sozialistischen Prinzips", sollte die Durchsetzung des Achtstundentages gelingen (selbstverständlich mit dem Samstag als Regelarbeitstag). Ein Drittel Arbeit, ein Drittel Freizeit, ein Drittel Schlaf – dies galt noch zu Beginn

552 Kommission 1997, Teil II, S. 22.
553 Vgl. Gorz 1990/1991a/b.
554 Delphi 1998, S. 46.

dieses Jahrhunderts zu Recht als große soziale Utopie. Abgesehen von gestreßten Managern und vielen Hochqualifizierten, für die selbst die 40-Stunden-Woche eine Illusion ist, weil sie beständig mehr arbeiten müssen, aber zugleich mit hoher Kompetenz und vielfach auch Arbeitszufriedenheit arbeiten, ist gerade für weite Bereiche industrieller Arbeit (wenn wir das noch immer nicht gelöste Problem immer neuer Überstunden einmal außer acht lassen) eine wöchentliche Arbeitszeit von unter 40 Stunden bei einer Fünftagewoche zu einer durchaus angenehmen Realität geworden.

Damit nimmt natürlich zugleich die Bedeutung des Freizeitbereichs zu, der, weniger als sich Marx das wohl in seinen Phantasien vorgestellt hat, vom Philosophieren und Kritisieren oder gar von politischem Engagement geprägt ist, vielfach nicht einmal von verständlicher Muße. Die Freizeit selbst ist zu einem Sektor der Vermarktung und der „Industrie" geworden, bei dem insbesondere den elektronischen Medien eine immer gewichtigere Rolle zugewachsen ist. Eine beträchtliche Zahl von Stunden ist es, die die Deutschen jeden Alters insbesondere vor dem „Flimmerkasten" Fernsehen verbringen, vor allem für die heute Jugendlichen wird die Bedeutung neuer medialer Angebote über CD-Rom und das Internet zunehmen. Bislang haben sich diese neuen Medienangebote allerdings noch nicht breit durchgesetzt. Zwar besitzen etwa 20 Prozent der Deutschen mittlerweile einen Computer, und 12 Prozent nutzen ihn auch zu Hause. Aber nur zwei Prozent begeben sich einmal pro Woche auf die „globale Datenautobahn". Bei den Jugendlichen sind es knapp ein Viertel, die sich in ihrer Freizeit mit dem Computer beschäftigen, und die vielfach überschätzten Videospiele finden nur bei jedem siebten Gefallen.[555]

Trotz dieser eher nüchternen Zahlen muß man kein Prophet sein, um vorauszusagen, daß die modernen Kommunikationstechnologien insgesamt betrachtet einen der größten Wachstumsmärkte ausmachen werden. Sie sind eben nicht nur für die Freizeitgestaltung von Bedeutung, sondern sind zugleich Teil einer umfassenden Neustrukturierung und Modernisierung unserer gesamten (post)industriellen Arbeitswelt. Wissen und Information spielen eine immer größere Rolle, und entsprechend nimmt die Bedeutung ihrer Träger und Transportmittel zu. So wie sich früher das Telefon und heute das Fax-Gerät flächendeckend durchgesetzt haben, werden es morgen die unterschiedlichsten Online-Dienste der Datenübertragung sein. Die nationalen Volkswirtschaften, die auf diesen Innovationsfeldern die Nase vorn haben, werden auch am ehesten in der Lage sein, ihre eigene Zukunft selbst zu gestalten. Schon jetzt lassen sich dabei eine Reihe von Neuerungen absehen, die unsere nähere Zukunft prägen werden: die digitale Kompression, das interaktive Fernsehen, das Bildtelefon, die Verschmelzung aller Sparten der Telekommunikation, die weitere Computerisierung neuer Dienste via Satellit und Kabel, Multimedia. Damit läßt sich sowohl mittelfristig ein weiterer Wachstumsschub, zugleich

---

555 Obmann 1997.

aber auch ein daraus resultierender Kostensenkungsdruck vorhersagen.[556] Damit wird – in einem späteren Zeitpunkt – auch in diesem Sektor erneut der Rationalisierungsdruck auf die dort neu geschaffenen Arbeitsplätze zunehmen.

Summarisch betrachtet, haben die Medien in den heutigen Gesellschaften einen enormen Bedeutungszuwachs erfahren. Ein in beiden Sektoren zu beobachtender Konzentrationsprozeß hat in den letzten Jahren bei den elektronischen Medien zu einer Zunahme von Programmen, bei den Printmedien hingegen zu einem eher schrumpfenden Angebot geführt. Die frühere Dominanz zweier öffentlich-rechtlicher Anbieter von Fernsehprogrammen ist – der amerikanischen Entwicklung folgend – durch eine wachsende Zahl privater Anbieter ergänzt worden, deren Anteil zumindest eine zeitlang kontinuierlich anstieg. Augenblicklich deutet sich aber auch auf dem elektronischen Markt eine neue Konzentrationswelle an, sarkastisch als „Marktbereinigung" beschrieben.[557]

Was zunächst einmal als ein Ausdruck von Vielfalt und Konkurrenz zu begrüßen war und ist, erweist sich allerdings bei genauerem Hinsehen als ein durchaus zwieschlächtiges Modell des „Fortschritts". In Gang gekommen ist nämlich weniger ein Wetteifer um die besten Konzepte, die anspruchsvollsten Programme und die kritischste Form der Information und Berichterstattung. Vielmehr diktieren Werbeanteile und Einschaltquoten die Programmgestaltung, und insbesondere die großen privaten Anbieter über- oder unterbieten sich (je nach Geschmack) gegenseitig in „Infotainment", in weitgehend niveaulosen Spielshows und der Präsentation entweder US-amerikanischer oder deren Strickmuster folgender selbstgedrehter „Soap-Operas", in denen gesellschaftliche Wirklichkeit mehr klischeehaft denn kritisch-unterhaltend dargeboten wird.

Da diesen Sendern der den öffentlich-rechtlich verfaßten Anstalten vorgegebene gesellschaftliche Programmauftrag fehlt, gibt es bislang auch wenig Druck in Richtung auf Veränderung, der insoweit nur von einer Konsumentenöffentlichkeit ausgehen kann, die ihre anders gelagerten Wünsche durch „Weiterzappen" oder Abschalten kundtun können. Dies ist die einzige Form, in der es der Selbstverantwortung der Individuen überlassen bleibt, selbst darüber zu entscheiden, ob entsprechende niveaulose Angebote weiter angeboten werden oder nicht. Eine Gesellschaft, deren Mitglieder im Rahmen der Erweiterung von Informations- und Bildungsmöglichkeiten in den letzten Jahrzehnten „mündiger" geworden sind, wird also nicht den Weg beschreiten, die vielfach auch wohltuende und notwendige Konkurrenz gegenüber „öffentlich-rechtlicher" Beamtenmentalität, Innovationsunlust und mangelndem Kostenbewußtsein wieder abzuschaffen, sondern sie wird die Bedingungen von Konsumentendemokratie verbessern und die (etwa im Bereich der Werbung) tendenziell immer vorhandenen Strukturnachteile ihrer öffentlich-

556 Vgl. Glotz 1995, S. 37.
557 TV-Sender 1997.

rechtlichen Anstalten ausgleichen und ihnen die nötigen Bedingungen für ein Bestehenkönnen innerhalb dieses Wettbewerbs einräumen.

Sowohl dieser Gesichtspunkt als auch ein weiterer nötigen allerdings zu einer durchaus grundlegenderen gesellschaftlichen Debatte über die Bedingungen und die Grenzen medialer Macht am Ausgang dieses Jahrhunderts. Der weitere neue Gesichtspunkt ist der, daß die Bedeutung der Medien für den politischen Sektor in ungeheurem Maße zugenommen hat.[558] Politik findet so gut wie nicht mehr aus sich selbst heraus statt, sondern vielfach nur noch als Inszenierung[559]. Wird ein bestimmtes Ereignis, eine politisch handelnde Person, ein Programm oder eine Forderung nicht gleich in eine Botschaft umgearbeitet, symbolisiert und inszeniert und findet keine entsprechende Resonanz und Vermittlung über insbesondere ein elektronisches Medium, dann ist es so, als hätte es diese(s) überhaupt nicht gegeben. Es sind nicht mehr Parteien allein, die im Rahmen ihrer demokratischen Willensbildung Männer und Frauen für wichtige gesellschaftliche Funktionen nominieren, sondern innerhalb dieser Nominierungsverfahren haben die Medien ihr eigenes (Macht-)Wort mitzureden. Dies ist so lange sogar richtig und vernünftig, wie auf diese Weise vorhandene reale innergesellschaftliche Stimmen und Stimmungen transportiert werden. Dies ist aber nur die eine Seite der Medaille. Die andere kann in Ländern besichtigt werden, in denen die Eigendynamik einer erst begrenzt demokratisch kontrollierten Mediengesellschaft schon weiter vorangeschritten ist, sei es in den USA oder in Italien.

In den USA hat nur noch derjenige eine Chance, sich für ein höheres politisches Amt durchzusetzen, der in der Lage ist, die nötigen Werbemillionen von Firmensponsoren aufzutreiben, die nötig sind, um einen entsprechenden Medienwahlkampf zu bestreiten. Wirtschaftliche Macht hat damit allemal das Primat vor der Artikulation und Entfaltung von Interessen unterschiedlicher gesellschaftlicher Gruppen. In Italien schien sich Mitte der neunziger Jahre bereits als „futuristisches Menetekel" das abzuzeichnen, was wohl eher als Schreckensvision einer „kompletten" Mediengesellschaft anzusehen wäre. Der für das politische Spitzenamt antretende Politiker war zugleich Eigentümer der drei wichtigsten Fernsehanstalten. Der Übergang in das Zeitalter der „Telekratie", verstanden als eine vermachtete, demokratiegefährdende mediale Manipulationskonstellation schien nahezu unaufhaltsam. Nun, Silvio Berlusconi hat zwar die erste Runde in diesem gesellschaftlichen Machtkampf für sich entscheiden können, aber die zweite hat er verloren, obwohl sein Gegenspieler Romano Prodi mit – vergleichsweise – geradezu „vorsintflutlichen" Wahlkampfmethoden (Wahlkreisbereisung mit einem Kleinbus und öffentliche Veranstaltungen in Sälen und auf Marktplätzen) der medialen Übermacht zu begegnen suchte. Das Beispiel Italien zeigt, daß es keinen Automatismus des Zu-

558 Vgl. zu den damit verbundenen Gefahren eingehend Buchwald 1997 und eher auf die Chancen ausgerichtet Scharping 1995.

559 Vgl. Meyer 1993.

sammenspiels von wirtschaftlicher Macht, medialer Überrepräsentanz und politischem Erfolg gibt. Wenn man so will, ist dort zugleich ein Lehrstück über die Bedingungen und die weiter verbliebene Möglichkeit einer Demokratie von unten sogar gegen den Widerstand und die Interessen geballter Medienmacht aufgeführt worden.

Gleichwohl bleibt es eine Tatsache wichtiger gesellschaftlicher Veränderung der letzten Jahrzehnte, daß die Medien zu einer Art „vierten Gewalt" im Staate geworden sind. Dies muß unter dem Gesichtspunkt von Machtverteilung und Machtbalance in einer demokratischen Gesellschaft kein Grund zur Beunruhigung sein. Es ist durchaus vorstellbar und möglich (und in Teilen auch sicherlich schon vollzogen), daß die Medien diese ihre größer gewordene Rolle im Rahmen der bisherigen Machtverteilung zwischen Legislative, Exekutive und Jurisdiktion wahrnehmen und dadurch die bestehende Machtbalance um einen weiteren Träger erweitert wird. Es scheint allerdings so, als ob dem in der Ausgestaltung des verfassungsrechtlichen Gefüges noch nicht ausreichend Rechnung getragen worden wäre. Die bisherige Verfassungskonstruktion regelt die Machtbalance zwischen den traditionellen drei Gewalten. Die Bedingungen und Grenzen medialer Machtkontrolle, ihr Wechselverhältnis zu den anderen Sektoren ist noch nicht ausreichend austariert. Je weiter wir in ein mediales Zeitalter voranschreiten, um so wichtiger erscheint es uns, daß die gesellschaftlichen Träger hier die rechtlichen Grenzziehungen vornehmen. Auch das wäre Aufgabe von gesellschaftlich verantwortlicher Politik, die über das Beklagen eigener Kompetenzverluste und das Ausgeliefertsein gegenüber Medienmacht konstruktiv hinausginge.

Dies beschreibt die Aufgabe für den Umgang von Politik insbesondere mit den elektronischen Medien in ihrer Funktion als Programmanbieter und Sender. Auf der anderen Seite werden sich dadurch, daß der Einzelne mit Hilfe neuer Medien (Internet, E-mail usw.) selbst zum „Sender" werden kann, die Kommunikationsstrukturen auch für demokratische Entscheidungsprozesse verändern, worin durchaus Chancen liegen.[560] Die Delphi-Studie prognostiziert, daß mit Hilfe von Computersimulationen künftig eine weit verbesserte aktive Bürgerbeteiligung in behördlichen Prozessen (bei Ämtern, im Gemeinderat usw.), zum Beispiel bei Bebauungsplänen, möglich werden wird. Der gesamte Bauprozeß werde dann in einem vernetzten (Tele-)Informationsverbund unter Einbezug aller Beteiligten abgewickelt.[561] Eine solche Perspektive unterstreicht allerdings die von Diane Elson entwickelten Forderungen, jedem den – möglichst kostenfreien – Zugang zu den entsprechenden Medien und Diensten einzuräumen, damit er seine öffentlichen Beteiligungsmöglichkeiten wahrnehmen kann. So wie Bildung in einer demokratischen Gesellschaft kein Privileg sein darf, darf dies künftig auch nicht der Zugang und die Beherrschung der Bedienungstechnik moderner Kommunikationsmedien sein.

560 Eine Abwägung von Chancen und Gefahren findet sich bei Kaiser 1998, S. 6f.
561 Delphi 1998, S. 18.

8.4 Die Revolutionierung der Geschlechterverhältnisse

Zumindest in Westdeutschland haben sich die Geschlechterverhältnisse in den vergangenen drei Jahrzehnten in einer Rasanz und einer Dramatik gewandelt, wie zuvor sicher in mehreren Jahrhunderten nicht. Die Studentenrevolte der späten sechziger Jahre hatte sich zwar zunächst als Rebellion gegen die Elterngeneration entfaltet, die vielfältigen und verknöcherten, auf Hierarchie statt auf Kompetenz und Überzeugung setzenden Autoritäten in Familie, Schule, Hochschule und Kirche in Frage gestellt. Der kulturelle Wandel ergriff aber sehr bald auch die verschiedenen Ebenen der Mann-Frau-Beziehung. Mit der Familie geriet die Ehe als Institution in die Krise, insbesondere in ihrer Form als Hausfrauenehe, in der – idealtypisch überzeichnet – der eine Teil für das Geldverdienen, die Karriere, die gesellschaftliche Anerkennung, die Binnenautorität und auch für die Gestaltung der sexuellen Wünsche und Praktiken zuständig war, während dem anderen die Hausarbeit, gegebenenfalls die Kinderversorgung, die emotionale Wiederaufrichtung des gestreßten Partners, die Vermittlung von Unterordnung und die Zurverfügung-Stellung des Körpers zur Lustbereitung als Aufgaben verblieb.

Diese auch von den beiden christlichen Kirchen als „gottgegeben" vermittelte Mann-Frau-Hierarchie wurde von den revoltierenden Studenten frontal aufs Korn genommen und damit ein kultureller Wandel eingeleitet, dessen Auswirkungen bis heute anhalten. Wir können auch hier nur Stichworte nennen, die Veränderungen markieren, die ohne diesen Aufbruch nicht denkbar gewesen wären: Zunahme von Frauenerwerbstätigkeit, Abschaffung der entsprechenden formellen Genehmigung durch den Ehegatten (gleiches gilt für Rechtsgeschäfte von Hausfrauen), Ausweitung öffentlicher Kinderversorgungseinrichtungen, Reform des Scheidungsrechts weg vom Verschuldensprinzip, Reform des Abtreibungsrechts, Debatte über frauendiskriminierende Werbung und Pornographie, sexuelle Selbstbestimmung der Frau, Bestrafung der Vergewaltigung in der Ehe, eigenständige Frauenzeitschriften jenseits der Kinder-Küche-Kirche-Themen, feministische Wissenschaft, Gleichstellungsprogramme zur Verbesserung der Frauenquote im Arbeitsleben, Quotierungsbeschlüsse der Parteien zur Anhebung des Frauenanteils in Gremien und Parlamenten usw. usw. Es ist also eine Menge auf den Weg gebracht worden. Gleichwohl läßt sich in den verschiedensten gesellschaftlichen Bereichen noch immer eine deutliche Unterrepräsentanz von Frauen feststellen, und zwar um so offensichtlicher, je höher man auf der Leiter der Hierarchie nach oben schaut. Sowohl ihre noch immer nicht wirklich aufgebrochene Doppelverantwortung für Beruf und Haushalt als auch fortwirkende mentale, kulturelle und habituelle Prägungen versperren Frauen bis heute den Weg zu wirklicher Gleichberechtigung.

Zugleich hat sich aber in diesen wenigen Jahrzehnten die soziale Struktur unserer Gesellschaft ebenfalls dramatisch gewandelt. Der schon länger fortschreitende Prozeß der Urbanisierung hat – sieht man einmal von den verbliebenen traditionalen Reststrukturen in manchen ländlichen Bereichen ab – die ehemalige Mehrgenerationenfamilie als Lebenseinheit aufgelöst. Aber auch die sich daran anschließende und zeitweilig dominierende Kleinfamilie auf der Basis der Hausfrauenehe unterliegt einem erheblichen Erosionsprozeß. Gerade auch die dazu gewonnene ökonomische Freiheit der Frauen, verbunden mit der geringeren Bindungswirkung der Ehe, u.a. aufgrund der neuen Scheidungsregeln, hat mit dazu beigetragen, daß Ehen und partnerschaftliche Beziehungen heute weitaus häufiger, gerade auch von Frauen, aufgelöst werden. In den Städten ab 300.000 Einwohnern dominieren in Deutschland nicht mehr die Familien-, sondern die Single-Haushalte, einschließlich der vielen Alleinerziehendenhaushalte, in denen in der Regel eine Frau mit einem oder mehreren Kindern zusammenlebt.[562] Zudem erleben wir einen zunehmenden Alterungsprozeß dieser Gesellschaft, in der auch immer mehr ältere Menschen – sei es mangels Familie, sei es, weil sie die teuren Altenheimplätze nicht bezahlen können – alleine und vielfach vereinsamt leben. Gerade hier droht – manchmal im Rahmen einer durchaus mit ehrenwerten Motiven geführten Debatte über die nötige anerkennende (nicht etwa materielle) Aufwertung der ehrenamtlichen Betreuungsarbeit von Frauen – ein neuerlicher Rückschritt in Richtung auf eine Zuteilung von Reproduktionsarbeit ausschließlich an Frauen.

Trotz aller beschriebenen Veränderungen und Verbesserungen sind eine Reihe gesellschaftlicher Strukturen bei weitem noch nicht auf diese neue Situation eingestellt. Die Bezahlung in Industrie, Dienstleistung und Verwaltung geht immer noch von einem sog. Familieneinkommen aus, mit dem ein potentieller (männlicher) Familienernährer entlohnt wird. Entsprechend sind weite Bereiche des Steuerrechts ausgestaltet. Sie bedürfen also dringend einer anpassenden Veränderung an diese längst völlig neu gestalteten gesellschaftlichen Realitäten. In den Systemen sozialer Sicherung, insbesondere der Rentenversicherung, sind erst die ersten „Pflänzchen" einer anderen Gestaltung erkennbar, etwa das System auf eigenständige Rentenansprüche von Frauen unter Anrechnung von Erziehungszeiten auszurichten. Generell wird jedoch sowohl in bezug auf die Arbeitslosigkeit wie auf die finanzielle Krise der sozialen Sicherungssysteme primär eine Debatte geführt, die sich an der möglichen oder gewünschten Wiederherstellung des (männlichen) Normalarbeitsverhältnisses orientiert.[563]

Wir haben schon im vorherigen Abschnitt beschrieben, daß dies weder möglich noch wünschenswert ist. Die von uns für nötig erachtete Orientierung auf weitere, flexibel gestaltete Formen der Arbeitszeitverkürzung führt unweigerlich dazu, daß bisherige ge- und unterbrochene Frauenerwerbsbiographien zu einem Normalfall für alle Arbeitenden werden, soll die gleichrangige Verantwortung beider Geschlechter für Erwerbs- und Reproduktionsarbeit Wirklichkeit, soll der unhaltbare

562 Vgl. zu diesen Prozessen Peuckert 1996; siehe auch Hobsbawm 1998.

563 Dies gilt im übrigen auch noch für weite Teile des 1997 von der SPD vorgelegten mittelfristig ausgerichteten rentenpolitischen Alternativkonzepts zu den Vorschlägen der damaligen CDU/CSU/FDP-Bundesregierung.

Zustand von Millionenarbeitslosigkeit langsam abgebaut werden. Da gerade die Rentenversicherung aber zusätzlich unter dem Druck der demographischen Entwicklung steht, bedarf es auch hier gravierender Strukturreformen, die diesen Veränderungen Rechnung tragen. Dies muß nicht – wie vielfach auch diskutiert – zu einer Kombination einer (geringen) Grundsicherung mit einer ansonsten generellen Privatisierung der Risiken des Alters, der Krankheit oder der Pflege führen. Bleiben wir bei der Rente: Es sind durchaus Modelle denkbar, in denen eine derartige steuerfinanzierte allgemeine Grundsicherung als Basis fungiert, auf die dann ein beitragsbezogenes System mit Leistungs- wie Ausgleichselementen (z.B. für Erziehungszeiten) aufbauen würde. Unabdingbar erscheint allerdings, daß jedwede Neuregelung zur Ausgestaltung einer *eigenen* Rentenanwartschaft von Frauen führt, die eine Lebensgestaltung ohne materielle Abhängigkeit von einem etwaigen Lebenspartner ermöglicht. Es ist also durchaus zutreffend, wenn innerhalb der neuen Frauenbewegung die Auffassung vertreten wird, daß gerade die Krise der Arbeitsgesellschaft eine ganze Reihe von Ansatzpunkten und Herausforderungen für eine „feministische Reform“ bietet.[564]

Wir haben diese Beispiele aus dem Arbeitsleben und den Systemen sozialer Sicherung nur stellvertretend für den weiter vorhandenen riesigen Bedarf an gesellschaftlichen Regelungen angeführt, die sich sowohl aus den vollzogenen Veränderungen in den Geschlechterbeziehungen ergeben, als auch wieder auf diese zurückwirken und weitere Veränderungen bewirken sollen. Im übrigen ist die Debatte um die Geschlechterbeziehungen weit über die enge Beschränkung auf die Mann-Frau-Beziehungen und die Konzentration auf den Produktions- und Reproduktionsbereich hinausgewachsen. Feministische Forschung hat sich dem Zusammendenken von Rasse, Ethnizität und Geschlecht zugewandt. Daraus werden neue Standpunkte für die eigene Einordnung in hegemoniale Diskurse wie Strukturen entwickelt. Dabei geht es um den Verzicht auf Identitäten aus sozialen Kategorisierungen wie Rasse, Klasse, Geschlecht oder sexueller Orientierung.

Angelehnt an die französische „Konstruktivismus“-Debatte, wird die Geschlechterkategorie selbst als Konstrukt, das durch kulturelle Faktoren entsteht, infrage gestellt. Damit, so erläutert es Barbara Stiegler, wird weder die Gleichheit noch die Ungleichheit der Geschlechter als Grundposition gesetzt, sondern das Geschlecht wird als Ergebnis klassifizierenden Denkens und nicht als Ausdruck der Natur bestimmt. Kategorien wie Geschlecht, Alter, Nationalität oder Rasse werden als kulturelle Zuschreibungen gefaßt, die nicht in einer natürlichen oder biologischen Ordnung verankert sind. Für Männer und Frauen heißt das, daß nicht danach gefragt wird, wie sie sich unterscheiden, sondern danach, wie die Mechanismen aussehen, durch die die Zuordnung zum Geschlecht hervorgebracht wird

564 Jung 1996, S. 1020.

bzw. durch welche Mechanismen die Kategorie Geschlecht zu einer so machtvollen Kategorie wird.[565]

Es mag sein, daß derartige Neuüberlegungen für diejenigen, die sich nicht innerhalb dieses Diskurses bewegen, zunächst außerordentlich befremdlich klingen. Sie werden aber durchaus nachvollziehbar, wenn wir uns anschauen, wie innerhalb dieses Ansatzes das, was als Weiblichkeit in der symbolischen Praxis unserer Gesellschaft definiert ist, infrage gestellt wird. Für viele Frauen stimmen nämlich eine ganze Reihe gängiger Zuordnungen nicht oder nicht mehr: Weiblichkeit wird in den kulturellen Bildern oft an Mutterschaft gebunden; sie wird häufig mit Heterosexualität verknüpft; sie wird oft mit der Unterdrückung durch die patriarchale Kultur gleichgesetzt; sie wird vielfach mit sogenannten weiblichen Eigenschaften verbunden. Auf ganz unterschiedliche Weise entsprechen Frauen nicht diesen Bildern (z.T. auch Klischees), was im übrigen natürlich auch für das Verhältnis von Männern zu den entsprechend definierten symbolischen Praxen und Bildern der klassischen Männerrolle gilt. Daran knüpft sich die Vorstellung, daß jeder Mensch in seinen Anlagen und Möglichkeiten, sich zu entwickeln, sehr vielseitig ist und daß über die Zuordnung zu einem Geschlecht vieles von diesem Potential abgetrennt und abgeschnitten wird. Im Gegensatz zur an die Geschlechter geknüpften „Differenztheorie“ ist bei diesem Ansatz jede Verkürzung auf eine „Frauenfrage“, bei der es darum geht, daß Frauen gegenüber Männern etwas nach- oder aufzuholen haben, ausgeschlossen. Gleichstellung in diesem Sinne hieße also, daß das Geschlecht als Ausschluß- oder Bevorzugungsgrund nicht mehr herangezogen werden sollte und daß es auch kein entscheidender Faktor zur Erklärung unterschiedlicher Lebenslagen und Positionen mehr wäre. Darin steckt die Vision, daß es weder weibliche noch männliche Orientierungen, Wertvorstellungen und Normen (mehr) gibt, sondern daß sich diese an anderen Maßstäben als den Geschlechtsbildern festmachen.[566]

Innerhalb dieses Ansatzes gibt es den interessanten Versuch, eine Parallelisierung zu den gesellschaftstheoretischen Auffassungen von Marx und Engels herzustellen. So wie diese die Klassen, bestimmt durch konkrete Formen des Eigentums und der Verfügung darüber, der Aufhebung zutreiben wollten, wolle die neuere feministische Theorie das Geschlecht, das an eine bestimmte Subjektform gebunden sei, aufheben. Sei es für Marx der Staat gewesen, den das Proletariat stürzen sollte, um seine Persönlichkeit durchzusetzen, müßten die Frauen in dieser Logik die Trennung von Öffentlichkeit und Privatheit, der Produktion von Lebensmitteln und der Produktion des Lebens aufheben. Als reale Tendenzen in diese Richtung werden die Reproduktions- und Gentechnologien gesehen, die auch einen Angriff auf das Konzept der Generationen darstellten.[567]

565 Stiegler 1996, S. 1002f.
566 Ebda., S. 1003, 1005f.
567 Hausen 1996, S. 1009.

Nun hatten wir bereits erhebliche Zweifel daran geäußert, ob die Marxsche Perspektive einer „Aufhebung" des Staates zu den realistischen und umsetzungswürdigen Aspekten seines theoretischen Erbes gehören könne. Insoweit wollen wir auch der hier zuletzt entwickelten Parallelisierung nicht weiter nachgehen. Der Grundansatz dieser feministisch-konstruktivistischen Theorie erscheint uns allerdings durchaus fruchtbar, um aus realen Blockaden in der Debatte um die Geschlechterbeziehungen herauszufinden. Männer- wie Frauenrollenmuster geraten so als überwindungsbedürftig in den Blick. Und der Ansatz führt in der Erweiterung auf andere Fragestellungen zu einer – notwendigen – Radikalisierung des eigenen Denkansatzes. Zeigen wir es an zwei Beispielen: Neuere „Männlichkeitsforschung" verweist uns auf den Zusammenhang, daß etwa Ethnizität in einem hohen Maße durch Geschlechterverhältnisse konstituiert wird, wie u.a. anhand sich ethnisch gebärdender kriegerischer Auseinandersetzungen – Beispiel Ex-Jugoslawien – nachvollzogen werden kann. Und ähnlich, wie der „Subjektcharakter" des Geschlechts aufzuheben wäre, bedürfte eine wirklich „revolutionäre" Veränderung des Verhältnisses der Menschen zur außermenschlichen Natur der Zerstörung der (männlichen) Subjektform, innerhalb derer die Natur bislang nur als Objekt aufgefaßt und „behandelt" wird.[568]

Im Rahmen einer solchen Herangehensweise eröffnet uns die neuere feministische Theorie – ohne daß wir alle beschriebenen Ausgangsüberlegungen übernehmen müßten, die Chance, auf allen Feldern gesellschaftlicher Auseinandersetzungen „naturgegebene" Symbole, Bilder und Strukturen zu hinterfragen und zu entschlüsseln. Kornelia Hauser zeigt die Richtung in Frageform an. Es werde, so meint sie, viel soziale, theoretische und politische Phantasie gefordert sein, um die Frage so zu stellen: „Welche transparenten anstelle von unbewußten Regulationsweisen müssen wir erfinden, wenn Klasse, Rasse und Geschlecht keine mehr sein sollen, keine mehr sind?"[569] Wir fügen hinzu: So alt, wie das Patriarchat ist, so bedürfen auch die mit ihm einhergehenden mentalen, kulturellen und habituellen Prägungen eines beständigen und beharrlichen Wandels „langer Dauer", eines fortwährenden Bohrens dicker Bretter. Veränderung wird allerdings dann um so leichter sein, je mehr Männer selbst begreifen, daß dafür auch von ihnen alltäglich und dauerhaft Veränderung abverlangt wird, durch die sie aber zugleich einen Zugewinn nicht etwa an vorgeblich weiblichen Verhaltensweisen, sondern an *menschlichen* Qualitäten erreichen können. Gerade im Verhältnis der Geschlechter zueinander können Veränderung und Selbstveränderung nur Hand in Hand gehen. Daß dies kein konflikt- und widerspruchsfreier Prozeß ist, verdeutlicht ein Blick auf neuere Untersuchungen über die im Wandel befindlichen Rollenbilder. Zwar wünschen sich heute viele Männer der jüngeren und mittleren Generation selbstbewußte Frauen als

568 Ebda., S. 1010ff.
569 Ebda., S. 1012.

Partnerinnen, die zugleich finanziell unabhängig sind. Zugleich haben sie aber Angst vor ihnen und reagieren mit Sexualstörungen, d.h. zeitweiliger Impotenz.[570]

Die „Fortschritte“ auf diesem Weg der Rollenveränderungen sind also nur auf einem dornigen Weg zu beschreiten und – quantitativ gesehen – immer noch gering bemessen. Zwar befindet sich das alte Rollenbild vom „starken Mann“ allmählich in Auflösung, aber es ist noch völlig offen, was an dessen Stelle tritt. Eine aktuelle „Männerstudie“ hat für Deutschland herausgefunden, daß nur noch etwa ein Fünftel der Männer die Auffassung vertritt, daß Erwerbsarbeit Männersache und Haushalt samt Kinderbetreuung Frauensache sei. Umgekehrt ist es aber auch noch nicht mehr als ein Fünftel, das mit dem Begriff eines „neuen Mannes“ klassifiziert werden könnte. Beunruhigen muß dabei, daß das traditionelle Rollenbild bei den unter 30jährigen wieder stärker im Kommen ist. Die große Masse – so fand die Untersuchung heraus – sucht sich die „Rosinen“ der jeweiligen Rollenzuordnung heraus, nutzt – ohne sich selbst zu ändern – die Vorteile der Emanzipation.[571] Diese Befunde legen es eindringlich nahe, erreichte erste Verbesserungen durch verbindliche gesetzliche Regelungen zu fixieren und auszubauen. Dies gilt insbesondere für alle die Normen, die sich – wie z.B. der Erziehungsurlaub, dessen obligatorische Aufteilung überfällig ist – auf die gemeinsame Verantwortung gegenüber den Kindern wie gegenüber anderen Reproduktionstätigkeiten bezieht.

8.5 Die internationale Schere zwischen Arm und Reich und der Weltfrieden

Nennen wir auch hier unter Verweis auf die an anderer Stelle in Fülle nachzulesenden Daten[572] nur die wichtigsten Befunde in Stichworten: Die sog. „entwickelte“ Welt, die um 1900 erst ca. 15 bis 20 Prozent und heute etwa ein Drittel der Weltbevölkerung ausmacht(e), verfügte 1950 über ein fünfmal, 1970 über ein siebenmal, 1985 über ein zwölfeinhalbmal so großes Bruttosozialprodukt wie der Rest der Welt. Das Pro-Kopf-Bruttosozialprodukt der zehn reichsten Länder war Anfang der neunziger Jahre 58 mal so hoch wie das der ärmsten zehn.[573] Das reichste Fünftel der Weltbevölkerung lebt von 82 Prozent, das ärmste Fünftel aber nur von 1,5 Prozent des Welteinkommens. 358 Milliardäre verfügen über ein Einkommen, das das Gesamteinkommen von 45 Prozent der Weltbevölkerung übersteigt. Ganze zehn Vermögensmilliardäre besitzen mehr, als das Nationaleinkommen der ärmsten 48 Länder zusammen ausmacht. Etwa die Hälfte der Menschen lebt in Staaten mit einem durchschnittlichen Pro-Kopf-Einkommen von unter 500 DM, etwa eine

570 Rodenstock 1998.
571 Rolle 1998.
572 Vgl. nur beispielhaft Hauchler 1995.
573 Hobsbawm 1991a, S. 22.

Milliarde in absoluter Armut und etwa eine halbe Milliarde unter Bedingungen ständigen Hungers. Von den Kindern, die in diesen Ländern zur Welt kommen, sterben 15 Prozent, bevor sie fünf Jahre alt werden. Um die ärgste Armut zu beseitigen – so schätzt der Bericht des Entwicklungsprogramms der Vereinten Nationen – bräuchte es eine stetige Umverteilung der global erzielten Gewinne in Richtung auf einen Zugang aller Menschen zu grundlegenden sozialen Dienstleistungen. Die Kosten werden mit – verglichen mit der Leistungsfähigkeit der reichen Staaten – eher gering zu veranschlagenden 80 Milliarden Dollar bemessen.[574]

89 Ländern geht es heute wirtschaftlich schlechter als noch vor zehn Jahren. Das Einkommensniveau in 70 Entwicklungsländern liegt unter dem der sechziger und siebziger Jahre.[575] Große Teile des Kontinents Afrika sind in ihrem Entwicklungsstand seit den achtziger Jahren erneut stark zurückgeworfen worden. Sie lohnen sich mittlerweile nicht einmal mehr als „Ausbeutungsobjekt" oder als Absatzmarkt für international operierende Konzerne. Vielfach haben korrupte nationale Eliten die Früchte früherer erfolgversprechender Aufbauphasen in die eigenen Taschen umgelenkt. Insbesondere die Länder Lateinamerikas drohen angesichts der Strangulierung durch das internationale Schuldenregime zu ersticken. Obwohl auf dieser Erde genügend Lebensmittel produziert werden, in den reicheren Regionen sogenannte „Überproduktionen" zur Preisstabilisierung vernichtet bzw. Prämien für die Stillegung genutzter Flächen gezahlt werden, grassiert in den ärmeren Regionen der Hunger. Aufgrund des Vorrangs für mittlerweile längst gescheiterte Industrialisierungsprojekte ist in vielen Regionen der Erde die früher funktionierende regionale Subsistenzwirtschaft zusammengebrochen. Seuchen haben erneut in einem bedrohlichen Umfang zugenommen. Hunger, Wassermangel, Bodenerosion, u.a. klimatisch bedingte Naturkatastrophen vertreiben die Menschen aus ihrer angestammten Umgebung, fördern die Armutswanderung. Selbst arme Länder Afrikas werden zu Aufnahmelagern für Hunderttausende von Flüchtlingen, die dem Hunger und der Verfolgung innerhalb ethnischer Konflikte entfliehen. 40 bis 50 Millionen Menschen, so lauten die Schätzungen, befinden sich weltweit auf der Flucht. [576] Diese Konflikte drohen sich zu Kriegen um fruchtbare Böden und Wasser, um die einfachsten Überlebensbedingungen auszuweiten.

Auch diese Aufzählung ist nicht vollständig, trägt exemplarischen Charakter. Uns ist die Tatsache bewußt, daß mit dieser besonderen Herleitung von Kriegsgefahr nicht alle diejenigen Gründe benannt sind, die zu Auslösern von kriegerischen Auseinandersetzungen zwischen Nationen, Völkern und einzelnen ethnischen Gruppen werden können. Dies würde wiederum eine eigene Untersuchung erfordern, für die hier nicht der Raum zur Verfügung stehen kann. So viel kann allerdings innerhalb unseres Zusammenhangs festgehalten werden: Lange Zeit waren

574 Vgl. Spieker 1997; UNDP 1996; Simonitsch 1997.
575 Simonitsch 1996.
576 Vgl. Opitz 1997.

Kriege die „adäquate“ Form zur Durchsetzung politischer und ökonomischer Macht- und Herrschaftsinteressen. Kriege wurden vielfach um Rohstoffe, Handelswege und Einflußsphären geführt. Die Veränderungen der (primär) kapitalistischen Weltökonomie haben dieses „Bedürfnis“ nach militärischer Machtsicherung stärker in den Hintergrund treten lassen. Rohstoffsicherung hat zumindest für die entwikkelten Industriestaaten nicht mehr die ihnen früher zukommende Bedeutung (der Golfkrieg sollte als Krieg auch um die Sicherung des Zugangs zu großen Erdölreserven allerdings nicht vergessen werden).

Die Grenzen des Welthandels sind weitgehend weggefallen, und Herrschaft vermittelt sich vorrangig und unmittelbar über ökonomische Machtstellungen selbst, ist zudem angesichts der neuen Mobilität des Kapitals nicht mehr primär an die nationalstaatlichen Grenzen gebunden. Der Fall des „Eisernen Vorhangs“ hat zudem den wichtigsten Grund für die militärische und nukleare Hochrüstung durch den Wegfall der bisherigen Blockkonfrontation beseitigt. Damit ist die Kriegsgefahr nicht einfach verschwunden, aber – die Beispiele des Zerfalls Jugoslawiens, des Auflösungsprozesses der Sowjetunion oder der kriegerischen Konflikte in Zentralafrika zeigen es – die Entstehungsursachen sind heute vielfach andere und müssen differenzierter betrachtet werden. Ihre Gründe liegen zumindest zu einem gewichtigen Teil in der Frage begründet, ob ein Teil eines Landes den Anschluß an „Entwicklung“, z.B. für Ex-Jugoslawien an die westeuropäische Entwicklung, bekommt oder nicht. Und Kriege entstehen heute gerade dort, wo um die einfachsten Bedingungen des Überlebens gerungen wird, insbesondere auf dem afrikanischen Kontinent.

Eigenständige Entwicklung wird aber gerade durch das vorherrschende internationale Schuldenregime verunmöglicht. Helfen kann den meisten der armen Länder auf diesem Globus nur eine radikale Entschuldung im Wege eines Schuldenerlasses. Zudem bedarf es einer stärkeren Überprüfung und Kontrolle der Instrumentarien von Internationalem Währungsfonds und Weltbank, die bei der Vergabe von Krediten Auflagen machen, die im Wege einer äußerst restriktiven Haushaltspolitik vielfach zu einer dramatischen Verschärfung der sozialen Konflikte in den Nehmerländern geführt haben. Die reichen Industriestaaten werden nicht umhin kommen, im Rahmen der internationalen Vereinbarungen in bezug auf die globale Reduktion von Schadstoffen und Emissionen zum Schutz der Ozonschicht und zur Verringerung des Treibhauseffekts an die armen Länder einen Ausgleich für ihre überproportionale Vernutzung von Energie und Rohstoffen auf diesem Globus zu zahlen. Nur auf diese Weise kann auch der klimatisch verheerende weitere Raubbau an den tropischen Regenwäldern aufgehalten werden. Erforderlich ist ferner eine dramatische Verteuerung des Transports, insbesondere von Lebensmitteln, im Rahmen einer stärkeren Energiebesteuerung. Nur auf diese Weise besteht die Chance, daß sich regionale Subsistenzwirtschaften rekonstruieren lassen, weil die weltweite Präsenz von „McDonalds-Filialen“ kein Garant für eine ausreichende Ernährung der Gesamtbevölkerung auf diesem Globus ist.

Alle genannten Maßnahmen laufen den *unmittelbaren* Interessen nicht etwa nur irgendwelcher „kapitalistischer" Konzerne, sondern den Interessen der breiten Bevölkerung in den westlichen Ländern am Erhalt ihres vergleichsweise luxuriösen Lebensstandards zuwider. Es gibt keinen Impuls unmittelbarer eigener Interessenwahrnehmung, der die Bevölkerung eines solchen Landes zwänge, ihre eigene Regierung zu einem derartigen Handeln zu bewegen. Es braucht also die Einsicht in die Bedürfnisse der hungernden und lebensbedrohten Menschen anderer Kontinente, die allenfalls mit eigenen *langfristigen* Interessen am Erhalt unserer gemeinsamen Biosphäre verknüpfbar ist. Der Hinweis darauf, daß auch uns bald die Armutswanderungen erreichen, unterschätzt die zu überwindenden Distanzen, sowohl was die räumliche als auch was die kulturelle und mentale Dimension betrifft. Es bedarf also auch hier der Einsicht über unmittelbare eigene Interessen hinaus, wie sie besonders in vielen – wie wir heute sagen – „Eine-Welt-Initiativen" vorhanden ist. Nur wenn über diese Initiativen die Aufklärung über das reale Elend vorangetrieben und der Druck auf die eigenen Regierungen erhöht wird, haben moralische Prinzipien der Solidarität und der Hilfe eine Chance. Der Grundwert der auch international verstandenen und praktizierten Solidarität in der weltweiten Arbeiterbewegung stellte schon immer eine moralische Ressource dar, deren Substanz sich nicht aus ganz unmittelbaren Eigeninteressen speiste. Solidarität stellt deshalb ein ungeheures Gut dar, das zu nutzen bei den künftigen Auseinandersetzungen um eine gerechtere Weltwirtschaftsordnung, die den zurückgebliebenen Kontinenten ihre eigenen Entwicklungschancen zurückgibt, unerläßlich sein wird.

8.6 Schlußbemerkung: Über die „Aufhebung" des Marxschen Denkens

Rekapitulieren wir zunächst noch einmal in aller Kürze, was wir aufgrund der heutigen Bedingungen und der Herausforderungen des kommenden Jahrhunderts als mögliche alte wie neue *Prinzipien der sozialistischen Idee* herausgearbeitet hatten:

- das Prinzip des Vorrangs langfristiger gesamtgesellschaftlicher Interessen vor dem sich naturwüchsig und weltweit durchsetzenden Kapitalverwertungsinteresse bzw. das Prinzip der Entschleunigung statt der Beschleunigung;
- das Prinzip nachhaltiger Entwicklung, des rationalen, ressourcenschonenden und energiearmen Umgangs mit der Natur, des Vorrangs der Dauer vor der Unmittelbarkeit;
- das Prinzip möglichst gerecht und gleichmäßig verteilter gesellschaftlicher Arbeit sowie das Prinzip einer demokratischen Öffentlichkeit und Beteiligung;
- das Prinzip der Aufhebung des Geschlechts als gesellschaftlicher Zu- und Rangordnungskategorie oder anders ausgedrückt: das Prinzip der Geschwisterlichkeit;
- das Prinzip der internationalen Solidarität, des Friedens und der universellen Geltung der Menschenrechte.

Wer wollte bestreiten, daß – so verstanden – die sozialistische Idee auch im nächsten Jahrhundert noch eine ausreichende Zahl von Aufgaben zu bewältigen hat. Weder ist die „alte" soziale Frage erledigt, noch sind Fortschritte bei den neu ins Bewußtsein gerückten Aufgaben (denn wirklich neu sind sie ja nicht) wie der eines anderen Umgangs mit unserer natürlichen Lebensumwelt und der Neubestimmung des Verhältnisses der Geschlechter zueinander schon weit genug gediehen. Allerdings hat die soziale Frage ihre Zentralität innerhalb des sozialistischen Projekts verloren. Ja, selbst die Rede von *einem* solchen Projekt ist schon falsch, denn die sich aus den beschriebenen fünf großen Herausforderungen ergebenden Aufgaben bilden weder eine Einheit, noch kreisen sie um eine zu verallgemeinernde Aufgabenstellung. Vielmehr überschneiden und überlagern sie sich, und ihre Lösungsperspektiven harmonisieren nicht notwendigerweise miteinander. Mehr denn je werden wir so an Jürgen Habermas' Zustandsbeschreibung einer „neuen Unübersichtlichkeit" erinnert. Die alte Linke hat mit einem mehr oder weniger geschlossenen theoretischen Denkgebäude eines „wissenschaftlichen Sozialismus" ihr *Projekt* und mit einer im sozialen Prozeß sich homogenisierenden, zu ihrer selbst und den eigenen Interessen findenden Arbeiterklasse ihr *Subjekt* verloren. Eine neue Linke kann und wird es nur dann (und in der Weise) geben, wenn in ihr die Pluralität der Projekte wie der Subjekte akzeptiert ist und diese zu einem produktiven und befruchtenden, Homogenisierungsversuchen widerstehenden Nebeneinander finden.

Das hört sich möglicherweise leichter an, als es ist. Insbesondere für den Teil der Linken, der sich – im Osten wie im Westen und wie kritisch auch immer – an der vermeintlichen Schlüssigkeit des Denkgebäudes eines „wissenschaftlichen Sozialismus" orientiert hat, wird es nicht leicht fallen, die Suche nach dem neuen integralen Gesamtprojekt aufzugeben und sich mit der *Notwendigkeit* der Autonomie verschiedener Problemzusammenhänge und der daraus erwachsenden Aufgaben anzufreunden. Gleichwohl führt kein Weg daran vorbei, wenn man die in dieser Arbeit gestreiften, historisch je unterschiedlich gewachsenen und – je nachdem – ökonomisch, politisch, sozial, kulturell, religiös, mental oder habituell geprägten Formen von Unterdrückung, Ausbeutung, Diskriminierung und Entrechtung in ihrer jeweiligen Besonderheit ernst nehmen will. Mit dieser neuen Unübersichtlichkeit korrespondieren notwendigerweise entsprechende Ungleichzeitigkeiten.

Was ist damit gemeint? In den achtziger Jahren schien es so, als sei zumindest in der alten Bundesrepublik die alte soziale Frage in ihrer Bedeutung stark an den Rand gedrängt worden. Auch auf der Ebene politischer Artikulation meldeten sich zahlreicher und lautstärker sog. „neue soziale Bewegungen" zu Wort: Friedensbewegung, Anti-AKW-Bewegung, Frauenbewegung. Vom Ende der alten Formen der Politik, möglicherweise gar der Parteiendemokratie, war die Rede. Selten wurde in einem Zeitraum von mehreren Jahren eine derartig breite Mobilisierung von Menschen für politische und gesellschaftliche Interessen erreicht. Die Ereignisse nach 1989, die deutsche Vereinigung, der Niedergang des sowjetischen Herrschaftssystems, das Wiederanwachsen der Massenarbeitslosigkeit haben diese Themen in den 90er Jahren stärker in den Hintergrund treten lassen. Nun ist vielfach – wiederum allzu voreilig – vom Niedergang und endgültigen Ende dieser sozialen Bewegungen die Rede. Dabei sind auch ihre Themen beileibe nicht erledigt, sie werden nur überlagert durch andere, plötzlich wieder oder neu in den Vordergrund rückende Problemkonstellationen. Dies kann in wenigen Jahren erneut völlig anders aussehen. Nicht Abgesänge für Themen und Aufgaben stehen auf der Tagesordnung, sondern das Sich-Einlassen auf diese Unübersichtlichkeit und Ungleichzeitigkeit.

Und was bleibt in diesem Zusammenhang von Marx und Engels? Wir hatten hoffentlich im fünften Kapitel ausreichend zeigen können, daß auch die Abgesänge auf diese beiden großen Denker reichlich voreilig waren bzw. sind. Peter Glotz hatte schon Recht, wenn er vor nicht allzu langer Zeit die SPD zu einer neuen Reformanstrengung aufrief und dies mit dem Hinweis verband, daß wir wohl bald schon wieder etwas mehr von Marxscher Analyse brauchen werden: „Der Marxismus als fertiges System von Antworten ist so tot wie die Nationalökonomie. Der Marxismus als kritische Denkmethode, der sich mit neuen Problemen wie der Globalisierung und der Unterwerfung von Sozialstaaten unter staatenlose Finanzmärkte auseinandersetzen muß, ist nötiger denn je."[577] Marx und Engels haben zudem geistiges Gedankengut auf unterschiedlichen Ebenen und in verschiedenen Wissenschaftsdisziplinen hinterlassen: der Ökonomie, der Philosophie, der historischen und kulturhistorischen Betrachtung, dazu allerhand politische Überlegungen und Prognosen und nicht zuletzt eine besondere Methode historisch-dialektischer Wirklichkeitsaneignung, vor der nichts dem fragenden, kritischen Zweifel ausgespart bleibt.

Unsere eigene Untersuchung hat sich nur auf einen geringen Ausschnitt dieses Gesamtwerks bezogen und beziehen können, galt insbesondere den Schlußfolgerungen, die aus dem Scheitern des sowjetischen Jahrhundertexperiments auch für die sich an Marx und Engels orientierenden Vorstellungen einer sozialistischen Transformation zu ziehen sind. Es liegen erste weitere Arbeiten vor, die sich in kritischen Neuaneignungen Marx von einer anderen Seite nähern.[578] Wir haben in unserer Untersuchung zeigen können, daß insbesondere ein zentraler Teil der Marxschen Kapitalismusanalyse einschließlich der daraus gefolgerten Perspektiven für die Ausgestaltung einer neuen Ökonomie unmittelbarer gesellschaftlicher Produktion, Leitung und Verteilung einer Revision bedarf. Mit ihm fallen auch große Teile der politischen Perspektiven und Prognosen, die Marx und Engels daran knüpften.

Alleine dies macht es noch unabweisbarer, als es schon bei unseren Eingangsüberlegungen geschah, Marx und Engels von jeglichem „Ismus" zu befreien. Eben-

---

577 Glotz1996.

578 Vgl. etwa Negt 1992 über das philosophische Erbe von Marx.

sowenig, wie Max Weber einen „Weberismus" begründet hat und begründen mußte, um als wegweisender Denker unseres Jahrhunderts Geltung beanspruchen zu können, bedürfen Marx und Engels für die Bedeutsamkeit und fortdauernde Wirksamkeit eines Großteils ihrer geistigen Anregungen eines solchen „Marxismus". Sie werden damit auch nicht zu Denkern, denen allenfalls noch das Interesse historischer Vergleichsstudien über Sozialutopien des 19. Jahrhunderts gelten kann. Zu offensichtlich verweisen vor allem die ökonomischen und sozialen Verwerfungen am Ausgang dieses Jahrhunderts noch immer auf die Grundansätze der Marxschen Denktradition. Über eine lange Periode hinweg galt das Denken von Marx und Engels wissenschaftlich wie symbolisch als die Verkörperung der revolutionären Bedrohung für die Beharrungskräfte der „alten" Gesellschaft mit ihren Privilegien wie Rechten. Diesen Nymbus hat es verloren und mußte es verlieren. Marx und Engels sind heute gewissermaßen auf das „Normalmaß" anderer Geistesgrößen der Jetztzeit wie vergangener Perioden „zurechtgestutzt".

Es wird ihnen besser bekommen als die bisherige vielfache Überstilisierung, Kanonisierung, die ihre politischen wie wissenschaftlichen Nachfolger allzu häufig die eigene Anstrengung zur geistigen Verarbeitung der neuesten Entwicklungen auf der wissenschaftlichen Höhe ihrer Zeit vergessen ließ. So wird es wieder möglich werden, wie es 1923 schon Otto Bauer gefordert hatte, die Denkansätze der unterschiedlichsten Wissenschaftsdisziplinen wie Denkschulen mit dem Denken von Marx und Engels zu verknüpfen und damit notwendig über deren Horizont und Kenntnisstand hinauszugehen. Das Ziel bliebe also die „Aufhebung" dieses Denkens im dreifachen (Hegelschen) Sinne: das Hoch- und Emporheben, das Aufbewahren und Sichern (Vergewissern) und das Auflösen und Überwinden.

„Ein Gespenst geht um in Europa ..." – mit diesem Satz haben wir unsere Arbeit eingeleitet. Der Kommunismus als Parteibewegung hat seinen Schrecken verloren. Selbst dort, wo er – sei es in Rußland, in Frankreich oder in Bulgarien – unter dem alten oder mit neuem Namen weiter parteiförmig auftritt, hat er sich von zentralen Dogmen, die einmal seine besondere Existenz zu rechtfertigen hatten, verabschiedet: der Diktatur des Proletariats, der Einparteienherrschaft, dem „demokratischen" Zentralismus (der, mit Rosa Luxemburg gesprochen, immer nur ein bürokratischer war), der zentralistischen Planwirtschaft ohne Marktbeziehungen und Produzentendemokratie. Aber auch deren Identifikation mit dem Denkgebäude von Marx und Engels – sei sie aus Unkenntnis, irrtümlicherweise oder böswillig erfolgt – gehört der Vergangenheit an. Weder der „Kommunismus", noch „Marx' Gespenster" (Jacques Derrida[579]) irrlichtern heute noch als revolutionäre Bedrohung durch den Schlaf des europäischen Wohlstandsbürgers. Man mag dies bedauern – aber darin liegt auch eine Chance. Denn derjenige Strang des Denkens von Marx und Engels, den wir – bei aller Widerspüchlichkeit – am ehesten für entwicklungsfähig halten, ist der der Überwindung überkommener, überholter Verhältnisse aus ihren

579 Vgl. Derrida 1996.

eigenen Potentialen heraus. Nicht mehr Überrennen, Überrumpeln, revolutionärer Umsturz stehen am Ende dieses Jahrhunderts auf der Tagesordnung, sondern Entwicklung der Eigenpotentiale der vorhandenen Ökonomien und Gesellschaften in Richtung auf eine ökologischere, sozial gerechtere, beide Geschlechter einbeziehende Produktionsweise, die gerade nicht auf ihre Antriebskräfte für Effizienz und Neuerung verzichtet. Nur auf diese Weise können unsere Gesellschaften den Verheißungen der französischen Revolution von mehr Freiheit, Gleichheit und Geschwisterlichkeit (statt Brüderlichkeit) nähergebracht werden.

Die Dekonstruktion des „Mythos Marx" führt nicht, wie manche meinen[580], zur Notwendigkeit einer endgültigen Verabschiedung von Marx und Engels. Aber eines gilt schon: „Ein Gespenst verschwand in Europa". Mit dem Schrecken des Parteikommunismus ist die „Allmächtigkeit" der Lehre von Marx und Engels verschwunden, deren Kanonisierung und Ikonisierung zu Säulenheiligen der sozialistischen Bewegung. Auf diese Weise könnten sie sich allerdings als lebendiger erweisen, als mancher Prophet vom „Ende der Geschichte" glaubte und als es den triumphierenden Apologeten der ungezügelten, „freien" Marktwirtschaft und der Alternativlosigkeit einer schrankenlosen „Allmacht des Geldes" lieb sein dürfte. Den Leitstern bildet dabei aber weniger eine bereits klar umrissene, sich aus den alten, kapitalistisch verfaßten ökonomischen Verhältnissen abzeichnende neue sozialistische Wirtschafts- und Gesellschaftsordnung, sondern der „kategorische Imperativ" des jungen Marx, alle Verhältnisse umzuwerfen, „in denen der Mensch ein erniedrigtes, ein geknechtetes, ein verlassenes, ein verächtliches Wesen ist".[581]

---

580 Lübbe 1996.

581 Marx, Zur Kritik der Hegelschen Rechtsphilosophie, a.a.O., S. 385.

9 Literatur

Abendroth, Wolfgang (1973), Sozialgeschichte der europäischen Arbeiterbewegung, Frankfurt/M.

ders. (1974), Der theoretische Weltkommunismus, in: Hofmann 1974, S. 223ff.

ders. (1987a), Russische Revolution und europäische Arbeiterbewegung, in: Schöler 1987, S. 69ff.

ders. (1987b), Warum Solidarität?, in: Albers, Detlev/Neumann, Kurt (Hrsg.), Über Irsee hinaus! Zur Kritik am Programmentwurf der SPD, Berlin, S. 29ff.

Afanassjew, Jurij (Hrsg.) (1988), Es gibt keine Alternative zu Perestrojka: Glasnost, Demokratie, Sozialismus, Nördlingen

Afheldt, Horst (1994), Wohlstand für niemand. Die Marktwirtschaft entläßt ihre Kinder, München

Aganbegjan, Abel (1989), Ökonomie und Perestrojka. Gorbatschows Wirtschaftsstrategien, Hamburg

Ahlberg, René (1976), Die sozialistische Bürokratie. Die marxistische Kritik am etablierten Sozialismus, Stuttgart/Berlin/Köln/Mainz

Albers, Detlev (1983a), Den Marxismus historisch denken, in: Aktualisierung Marx'. Argument Sonderband 100, Berlin, S. 35ff.

ders. (1983b), Versuch über Otto Bauer und Antonio Gramsci. Zur politischen Theorie des Marxismus, Berlin

ders./Peter, Lothar (1986), Natur, Technik, Sozialismus – eine ideengeschichtliche Skizze, in: Zeitschrift für Sozialistische Politik und Wirtschaft (SPW) H. 30, S. 45ff.

ders. (1987), Sozialismus im Westen. Erste Annäherungen: Marxismus und Sozialdemokratie, Berlin/Hamburg

ders./Schöler, Uli (1988), Glasnost, Perestroika und Neue Ökonomische Politik, in: SPW H. 44, S. 503ff.

ders. (1989), Perestroika und demokratischer Sozialismus, in: ders./Deppe/Stamm 1989, S. 48ff.

ders./Deppe, Frank/Stamm, Michael (Hrsg.) (1989), Fernaufklärung. Glasnost und die bundesdeutsche Linke, Köln

ders. (1990), 1989 - 1917: Diesseits des Sozialismus, in: Gewerkschaftliche Monatshefte (GMH) H. 12, S. 766ff.

ders./Schöler, Uli/Wolf, Ulrich (1992), Alle Welt im Umbruch – die Linke auch?, in: SPW H. 64, S. 40ff.

ders. (1996), Wie weiter mit dem Berliner Programm der SPD?, in: Thierse 1996, S. 195ff.

ders. (1998), Sozialdemokratische Zukunft – Arbeit an der Vision aus eigener Kraft, in: Cap, Josef/Fischer, Heinz (Hrsg.), Rote Markierungen für das 21. Jahrhundert, Wien, S. 13ff.

Albert, Michel (1992), Kapitalismus contra Kapitalismus, Frankfurt/M.

Alexandrowa, Olga/Vogel, Heinrich (1991), Die reaktionäre Wende in der Sowjetunion, in: Europa-Archiv H. 4, S. 103ff.

Altrichter, Helmut (Hrsg.) (1986), Die Sowjetunion. Von der Oktoberrevolution bis zu Stalins Tod, Bd. 1: Staat und Partei, München

ders.,/Haumann, Hans (Hrsg.) (1987), Die Sowjetunion. Von der Oktoberrevolution bis zu Stalins Tod, Bd. 2: Wirtschaft und Gesellschaft, München

Altvater, Elmar (1990), Markt oder Plan – eine falsche Alternative, in: Heine, Michael u.a. (Hrsg.), Die Zukunft der DDR-Wirtschaft, Reinbek, S. 28ff.

ders. (1991a), Karl Marx aus der Verformung retten und vor Verbannung bewahren, in: Frankfurter Rundschau (FR) vom 27. Februar 1991

ders. (1991b), Rezension [Conert 1990], in: Politische Vierteljahresschrift H. 4, S. 752f.

ders. (1991c), Die Zukunft des Marktes. Ein Essay über die Regulation von Geld und Natur nach dem Scheitern des „real existierenden" Sozialismus, Münster

ders./Mahnkopf, Birgit (1996a), Die globale Ökonomie am Ende des 20. Jahrhunderts, in: Widerspruch. Beiträge zur sozialistischen Politik (Zürich) H. 31, S. 19ff.

ders. (1996b), Grenzen der Globalisierung. Ökonomie, Ökologie und Politik in der Weltgesellschaft, Münster

ders. (1997), Tempelritter und andere harte Männer, in: Freitag vom 27. Juni 1997

ders. (1998a), Masse und Macht im Zeitalter der Globalisierung, in: Leviathan H. 1, S. 133ff.

ders. (1998b), Wer reitet den Tiger der Weltfinanzen?, in: Freitag vom 16. Januar 1998

Babst, Stefanie (1991), Die neuen sowjetischen Parteien und Gruppierungen – ein systematischer Überblick, in: Zeitschrift für Parlamentsfragen H. 1, S. 89ff.

Bacia, Horst (1995), „Die Geschichte ist eine launische Dame". Den letzten Präsidenten der Sowjetunion drängt es in die Politik zurück, in: Frankfurter Allgemeine Zeitung (FAZ) vom 13. März 1995

Balibar, Etienne (1992), Europa nach dem Kommunismus, in: Das Argument H. 191, S. 7ff.

Bauer, Otto (1921), Der „neue Kurs" in Sowjetrußland, in: ders. 1976, Bd. 2, S. 427ff.

ders. (1923), Marx als Mahnung, in: ders.1980, Bd. 9, S. 45ff.

ders.(1936), Zwischen zwei Weltkriegen?, in: ders. 1976, Bd. 4, S. 49ff.

ders. (1975ff.), Werkausgabe, 9 Bde., Wien

Beck, Ulrich (1986), Risikogesellschaft. Auf dem Weg in eine andere Moderne, Frankfurt/M.

ders. (1996), Die Subpolitik der Globalisierung. Die neue Macht der multinationalen Unternehmen, in: GMH H. 11, S. 673ff.

ders./Giddens, Anthony/Lash, Scott (1996), Reflexive Modernisierung, Frankfurt/M.

ders. (1997a), Die Globalisierung gestalten. Thesen aus Ulrich Becks neuem Buch, in: Die Zeit vom 29. August 1997

ders (1997b).: Mythen in Lohntüten. Der Kapitalismus vernichtet seine Legitimation, in: Süddeutsche Zeitung (SZ) vom 23. Juli 1997

ders. (1997c), Was ist Globalisierung?, Frankfurt/M.

ders. (1997d), Weltrisikogesellschaft, Weltöffentlichkeit und globale Subpolitik, Wien

Beckenbach, Frank/Diefenbacher, Hans (Hrsg.) (1994), Zwischen Entropie und Selbstorganisation. Perspektiven einer ökologischen Ökonomie, Marburg

Becker, Jens (1994), Oktoberrevolution in der Kritik der Sozialdemokratie, in: Sozialismus H. 1, S. 64f.

Behrens, Fritz (1992), Abschied von der sozialen Utopie, Berlin

Bellermann, Martin (1997), Der Grundwert der sozialen Gerechtigkeit und die gesellschaftliche Realität im vereinten Deutschland, in: perspektiven ds H. 1, S. 17ff.
Benhabib, Seyla (1997a), Das demokratische Projekt im Zeitalter der Globalisierung, in: Nida-Rümelin/Thierse 1997, S. 48ff.
dies. (1997b), Die gefährdete Öffentlichkeit, in: Transit. Europäische Revue H. 13, S. 26ff.
Benjamin, Walter (1940), Über den Begriff der Geschichte, in: ders., Gesammelte Schriften Bd. 1, Frankfurt/M. 1991, S. 691ff.
Bergmann, Theodor (1992a), Perspektiven des Sozialismus am Ende der Stalin-Ära, in: Fehrmann/Neumann 1992, S. 41ff.
ders. (1992b), Schnelles Ende eines kurzen Jahrhunderts. Nachdenken über das Scheitern der Reformversuche Gorbatschows, in: Sozialismus H. 6, S. 53ff.
ders. (1996), Einige Gedanken zur Geschichte des Marxismus, in: Haug/Krätke 1996, S. 14ff.
Beyerstedt, Horst-Dieter (1987), Marxistische Kritik an der Sowjetunion in der Stalin-Ära (1924-1953), Frankfurt-M./New York
Beyme, Klaus von (1988), Reformpolitik und sozialer Wandel in der Sowjetunion (1970 - 1988), Baden-Baden
ders. (1994), Systemwechsel in Osteuropa, Frankfurt/M.
Bialas, Wolfgang (1992), Rezension [Sichtermann 1990a], in: Das Argument H. 191, S. 119f.
Bischof, Henrik (1991), Führt der Weg der Perestroika zur bürokratischen Diktatur?, in: FR vom 22. und 23. August 1991 (2 Teile)
Bischoff, Joachim/Menard, Michael (1990), Marktwirtschaft und Sozialismus. Der Dritte Weg, Hamburg
ders. (1992), Warum ist die „zweite russische Revolution" gescheitert?, in: Sozialismus H. 6, S. 49ff.
Bisky, Lothar (1995), Freiheit oder Sozialismus?, Berlin
Blackburn, Robin (1991), Fin de siècle: Socialism after the crash, in: New Left Review H. 2, S. 5ff.
Bobbio, Norberto u.a. (1993), What's left? Prognosen zur Linken, Berlin
ders. (1994), Rechts und Links. Gründe und Bedeutungen einer politischen Unterscheidung, Berlin
Boes, Andreas (1997), Die Veränderung der Arbeit wird ausgeblendet, in: FR vom 1. März 1997
Bomsdorf, Falk (1992), Ein neuer Putsch oder: Wer gewinnt das russische Machtspiel?, in: FR vom 18.und 19. August 1992 (2 Teile)
Bonschab, Thomas (1997), Marktsozialismus als neues Gesicht. Perspektive auf eine alternative Wirtschaftsordnung unter Neubestimmung der politischen Kultur, in: FR vom 16. März 1997
Bosch, Gerhard (1997), Die Auswirkungen der neuen Informationstechnologien auf die Beschäftigung. Eine Technik sucht Anwendung, in: WSI-Mitteilungen H. 3, S. 150ff.
Bourdieu, Pierre (1982), Die feinen Unterschiede. Kritik der gesellschaftlichen Urteilskraft, Frankfurt/M.
ders. (1997), Gegen die blinde Logik der Ökonomie, in: Barets, Paul/Bourdieu, Pierre, Mobilisierung gegen den Neoliberalismus, Hamburg, S. 1ff.

Bracher, Karl Dietrich (1991), Vom Aufstieg und Fall des Sozialismus, in: Stuttgarter Zeitung vom 28. September 1991
Brakemeier, Heinz (1991), „Subalterner“ Kapitalismus. Elmar Altvaters Prognose: „Die Zukunft des Marktes“, in: FR vom 18. Dezember 1991
Brandt, Willy (1990), Die Zukunft des demokratischen Sozialismus, in: Zukunft 1990, S. 17ff.
ders. (1991), Zu früh und zu pauschal von einer Renaissance gesprochen, in: FR vom 17. September 1991
Braudel, Fernand (1985/86), Sozialgeschichte des 15.-18. Jahrhunderts, Bd. 1: Der Alltag, Bd. 2: Der Handel, Bd. 3: Die Weltwirtschaft, München
ders. (1986), Die Dynamik des Kapitalismus, Stuttgart
Breitschwerdt, Marcus (Hrsg.) (1989), Eine Chance für Gorbatschow?! Ergebnisse und Perspektiven der sowjetischen Reformpolitik, Augsburg
Brie, André (1991), Die Perestroika ist tot! Es lebe die Perestroika!, in: Blätter für deutsche und internationale Politik (BfdiP) H. 10, S. 1248ff.
ders. (1994), „Einzig aussichtsreich ist die Idee eines libertären Sozialismus“ (Interview), in: SPW H. 79, S. 46ff.
Brie, Michael (1989), Die Tendenz zu Stagnation und Fäulnis gehört zu seinem Wesen, in: FR vom 21. Dezember 1989
ders. (1990), Wer ist Eigentümer im Sozialismus?, Berlin
ders. (1991a), Marxismus und administrativer Sozialismus, in: Das Argument H. 188, S. 507ff.
ders. (1991b), Quadratur des Kreises. Die sowjetische Wirtschaftsreform – sechs Widersprüche und keine Lösung, in: Freitag vom 4. Oktober 1991
ders. (1992), Chaos ohne Hoffnung. Der Zerfall der Sowjetunion, Brennspiegel globaler Krisen, in: Freitag vom 3. Januar 1992
ders./Böhlke, Ewald (1992), Rußland wieder im Dunkeln. Ein Jahrhundertstück wird besichtigt. Mit Beiträgen von Petra Stykow und Rainer Land, Berlin
ders./Klein, Dieter (Hrsg.) (1992), Zwischen den Zeiten. Ein Jahrhundert verabschiedet sich, Hamburg
Brücker, Herbert/Kreuder, Thomas (1990), Die neosozialistische Linke, in: Die Neue Gesellschaft/Frankfurter Hefte (NG/FH) H. 6, S. 550ff.
ders. (1991), Rationalitätsdefizite sozialistischer Wirtschaftsmodelle, in: Gorholt/Kunz 1991, S. 168ff.
Brunkhorst, Hauke (1990a), Die Intellektuellen – am Ende der Geschichte?, in: NG/FH H. 4, S. 320ff.
ders. (1990b), Sozialismus, Komplexität und Moral, in: ebda. H. 12, S. 1130ff.
Brus, Wlodzimierz (1972), Wirtschaftsplanung. Für ein Konzept der politischen Ökonomie, Frankfurt/M.
ders. (1986), Socialist Ownership and Political System, London
ders./Laski, Kazimierz (1990), Von Marx zum Markt. Der Sozialismus auf der Suche nach einem neuen Wirtschaftssystem, Marburg
Bucharin, Nikolaj (1921/1970), Ökonomik der Transformationsperiode, Reinbek
Buchwald, Manfred (1997), Medien-Demokratie. Auf dem Weg zum entmündigten Bürger, Berlin

Burmester, Siegfried (1995), Plan-Markt-Effizienz. Ein Praktiker über Grundfehler bürokratischer Kommandoökonomie und die Alternative einer sozialistischen Unternehmerwirtschaft, Berlin

Burtin, Jurij (1991), Ist Michail Gorbatschow ein Förderer der alten Nomenklatura?, in: FR vom 2. April 1991

Carr, Edward Hallett (1980), Die russische Revolution. Lenin und Stalin 1917-1929, Stuttgart/Berlin/Köln/Mainz

Cassel, Dieter (1989), Schattenwirtschaft in kapitalistischen und sozialistischen Wirtschaftssystemen, in: ders. u.a. (Hrsg.), Inflation und Schattenwirtschaft im Sozialismus. Bestandsaufnahme, Erklärungsansätze und Reformvorschläge für die Volksrepublik Polen, Hamburg

Chamberlin, William Henry (1958), Die russische Revolution (1917-1921), 2 Bde., Frankfurt/M.

Cohen, Daniel (1998a), „Fehldiagnose Globalisierung". Die Neuverteilung des Wohlstands nach der dritten industriellen Revolution, Frankfurt/M.

ders. (1998b), Zu den Verlierern gehören unqualifizierte Arbeiter in reichen Ländern, in: FR vom 4. Mai 1998

Conert, Hansgeorg/Eichwede, Wolfgang (1976), Produktionsverhältnisse und Arbeiterklasse in der UdSSR, Hannover

ders. (1981), Sozialistische Marktwirtschaft und gesellschaftliche Selbstverwaltung, in: Leviathan H. 2, S. 242ff.

ders. (1985a), Probleme der Sowjet-Ökonomie, in: Sozialismus H. 3, S. 35f.

ders. (1985b), Die Linke und der reale Sozialismus, in: ebda., H. 9, S. 58ff.

ders. (1985c), Gorbatschows Wirtschaftspolitik des indirekten Zentralismus, in: Das Argument H. 154, S. 847ff.

ders. (1987), Die „neuen Methoden des Wirtschaftens". Zum Entwurf eines neuen Betriebsgesetzes in der UdSSR, in: Sozialismus H. 6, S. 56ff.

ders. (1988), Parteiherrschaft und Sowjetmacht. Probleme der Reform des politischen Systems in der UdSSR, in: ebda. H. 10, S. 38ff.

ders. (1990a), Die Ökonomie des unmöglichen Sozialismus. Krise und Reform der sowjetischen Wirtschaft unter Gorbatschow, Münster

ders. (1990b), Gorbatschows Perestrojka in der Sackgasse?, in: Vorwärts. Sozialdemokratisches Magazin H. 8, S. 8ff.

ders. (1991a), Lage und Perspektive der sowjetischen Wirtschaft, in: WSI-Mitteilungen H. 8, S. 508ff.

ders (1991b), Über die ökonomische Reformfähigkeit der Sowjetunion. Durchsetzungs- und Funktionsbedingungen marktwirtschaftlicher Institutionen und Prozesse, in: BfdiP H. 2, S. 190ff.

ders. (1991c), Überlegungen zur Analyse der Ursachen des Scheiterns der sowjetischen Perestroijka, in: Der Trümmerhaufen als Aussichtsturm, Marburg, S. 43ff.

ders. (1992a), Auf dem Weg zum Kapitalismus. Die Russische Föderation, in: Sozialismus H. 3, S. 58ff.

ders. (1992b), Krise und Reform der sowjetischen Wirtschaft, in: Fehrmann/Neumann 1992, S. 53ff.

ders. (1993), Die GUS in den Fängen des IWF. Die Beziehungen der sowjetischen Ökonomie zum Weltmarkt 1971-1991, in: ebda. H. 1, S. 69ff.
ders. (1994), Epochenphänomen Marxismus. Eine Auseinandersetzung mit Helmut Fleischer über die Aktualität von Marx, in: ebda., S. 27ff.
Courtois, Stéphane u.a. (1998), Das Schwarzbuch des Kommunismus. Unterdrückung, Verbrechen und Terror, München
Csigos-Nagy, Bela (1988), Sozialistische Marktwirtschaft, Wien
Czempiel, Ernst-Otto (1991), Weltpolitik im Umbruch. Das internationale System nach dem Ende des Ost-West-Konflikts, München
Czichon, Eberhard (1991), Fragwürdiger Paradigmenwechsel, in: Marxistische Blätter H. 4, S. 73ff.

Dahrendorf, Ralf (1983), Die Chance der Krise. Über die Zukunft des Liberalismus, Stuttgart
ders. (1989a), Der Schmerz des Übergangs, in: Die Zeit vom 11. August 1989
ders. (1989b), Das sonderbare Ende des Sozialismus, in: Die Zeit vom 4. August 1989
ders. (1996), Die Quadratur des Kreises. Ökonomie, sozialer Zusammenhalt und Demokratie im Zeitalter der Globalisierung (Ein Gespräch), in: BfdiP H. 9, S. 1060ff.
Damus, Renate (1986a), Die Legende von der Systemkonkurrenz, Frankfurt-M./New York
dies. (1986b), Wirtschaftsreformen in der UdSSR?, in: links H. 198, S. 24f.
Delphi (1998), Delphi '98. Umfrage. Studie zur globalen Entwicklung von Wissenschaft und Technik, Karlsruhe
Demirovic, Alex (1991), Ist die DDR an Marx gescheitert? Kritische Anmerkungen zu Michael Brie, in: Das Argument H. 188, S. 519ff.
Deppe, Frank (1993), Kapitalismus und Demokratie. Ist die Marxsche Kritik der Politik überholt?, in: Sozialismus H. 9, S. 44ff.
ders. (1995), Politik am Ende des 20. Jahrhunderts. Bilanz und Perspektiven, Hamburg
ders. (1997), Fin de siècle, Köln
ders. (1998), Ein „Gespenst" geht um ... 150 Jahre „Manifest der Kommunistischen Partei", in: Sozialismus H. 3, S. 4ff.
Deppe, Rainer/Dubiel, Helmut/Rödel, Ulrich (Hrsg.) (1991), Demokratischer Umbruch in Osteuropa, Frankfurt/M.
Derrida, Jacques (1995), Marx' Gespenster, Frankfurt/M.
Deutschmann, Christoph (1996), Marx, Schumpeter und Mythen ökonomischer Rationalität, in: Leviathan H. 3, S. 323ff.
Dietz, Barbara (Hrsg.) (1984), Zukunftsperspektiven der Sowjetunion. Programm und Wirklichkeit, München
Ditfurth, Christian von (1998), Ostalgie oder linke Alternative. Meine Reise durch die PDS, Köln
DIW (1985), Deutsches Institut für Wirtschaftsforschung, Wirtschaftsreformen in Osteuropa: Effizienzsteigerung oder Sackgasse?, DIW-Wochenbericht Nr. 8 vom 1. Februar 1985, S. 91ff.
dass. (1986), Zur Lage der sowjetischen Wirtschaft am Beginn des 12. Fünfjahrplans 1986 bis 1990, DIW-Wochenbericht Nr. 17 vom 24. April 1986, S. 201ff.

dass. (1987), Wende zum Positiven in der UdSSR? Zur Wirtschaftslage 1986/87, DIW-Wochenbericht Nr. 15 vom 9. April 1987, S. 201ff.

dass. (1993), Die wirtschaftliche Lage Rußlands. Monetäre Orientierungslosigkeit und realwirtschaftlicher Aktionismus, DIW-Wochenbericht Nr. 42 vom 21. Oktober 1993, S. 579ff.

dass. (1997), Globalisierung: Falle oder Wohlstandsquelle?, DIW-Wochenbericht Nr. 23 vom 6. Juni 1997, S. 413ff.

Dobb, Maurice (1973), Die Diskussion in den zwanziger Jahren über den Aufbau des Sozialismus, in: Hennicke 1973, S. 82ff.

Doerenberg, Stefan (1997), Oktoberrevolution – Epochenwechsel oder Weg in die Sackgasse?, in: Beiträge zur Geschichte der Arbeiterbewegung (BzG) H. 3, S. 3ff.

Döring, Diether (1997), Die Reformprobleme des deutschen Sozialstaats, in: Zukünfte H. 21, S. 15ff.

Dolata, Ulrich (1997), Das Phantom der Globalisierung, in: FR vom 30. Januar 1997

Draheim, Hans-Georg (1994), Fritz Behrens Thesen über den Sozialismus, in: Sozialismus H. 11, S. 62ff.

Drexler, Alexander (Hrsg.) (1985), Modernisierung der Planwirtschaft. Konzepte, Trends und Erfahrungen in Osteuropa, Göttingen

Dürrenmatt, Friedrich (1991), Menschheit im Universum der Katatrophen. Der Marxismus, die Furcht und der Tod – Was die Welt Gorbatschow verdankt, in: FAZ vom 12. Januar 1991

Duka, Alexander (1992), Das neue politische Spektrum in Rußland, in: NG/FH H. 2, S. 107ff.

Eichwede, Wolfgang (1988), Bürgerrechtsbewegung und neue Öffentlichkeit in der UdSSR, in: Osteuropa H. 1, S. 18ff.

ders. (1993), Stalinismus und Modernisierung, in: Faulenbach/Stadelmeier 1993, S. 40ff.

ders. (1994), Der Schirinowski-Effekt, Reinbek

ders. (1996), Stabilität in Widersprüchen?, in: Osteuropa H. 9, S. 843ff.

Eloy, Geoff (1998), Socialism By Any Other Name? Illusions and Renewal in the History of the Western European Left, in: New Left Review H. 227, S. 97ff.

Elson, Diane (1990), Markt-Sozialismus oder Sozialisierung des Marktes?. in: Prokla H. 78, S. 60ff.

Engelbrecht, Uwe (1987), Kreuzzug gegen Bürokraten. Moskau öffnet der Demokratie die Schleuse, in: Vorwärts, Nr. 6 vom 7. Februar 1987, S. 26ff.

Englert, Klaus (1995), Die Gerechtigkeit ist kein Gespenst. Rundgänge eines Philosophen oder: Warum Jacques Derrida liebevoll Karl Marx dekonstruiert, in: FR vom 11. Juli 1995

Eppler, Erhard (1992), Was ist im Osten gescheitert?, in: Vorwärts. Sozialdemokratisches Magazin H. 1, S. 28

Erbe, Michael (1979), Zur neueren französischen Sozialgeschichtsforschung. Die Gruppe um die „Annales", Darmstadt

Erler, Gernot (1990), Die Haß-Explosion in Transkaukasien. Zu Eigenheiten und Hintergründen eines für Gorbatschow kaum lösbaren Konflikts, in: Sozialdemokratischer Pres-

sedienst Nr. 21 vom 30. Januar 1990, S.3ff. (Teil 1) und Nr. 22 vom 31. Januar 1990, S. 4f. (Teil 2)
ders. (1996), Globalisierung und die Zukunft der dritten Welt, in: Thierse 1996, S. 300ff.
Erlich, Alexander (1971), Die Industrialisierungsdebatte in der Sowjetunion 1924-1928, Frankfurt/M.
Euchner, Walter (1993), Rezension [Schöler 1991a], in: Politische Vierteljahresschrift H. 1, S. 189ff.
Eyl, Doris/Voigt, Karsten D./Winkler, Ruth (Hrsg.) (1990), „Links in Deutschland", Marburg

Faulenbach, Bernd (1991), Zur Position der demokratischen Linken angesichts des Zusammenbruchs des Kommunismus, in: GMH H.2, S. 119ff.
ders./Stadelmeier, Martin (Hrsg.) (1993), Diktatur und Emanzipation. Zur russischen und deutschen Entwicklung 1917 - 1991, Essen
ders. (1997), Erfahrungen des 20. Jahrhunderts und politische Orientierung heute, Essen
FAZ (1991), Gegen Stalinismus – für Reformen. Sozialdemokratische Elemente im neuen Parteiprogramm der KPdSU, in: FAZ vom 9. August 1991
Fehrmann, Eberhard/Neumann, Frank (Hrsg.) (1992), Gorbatschow und die Folgen. Am Ende eines Zeitalters, Hamburg
Ferenczi, Caspar/Löhr, Brigitte (Hrsg.) (1987), Aufbruch mit Gorbatschow? Entwicklungsprobleme der Sowjetgesellschaft, Frankfurt/M.
Fetscher, Iring (1996), Globalisierung und Nachhaltige Entwicklung, in: Thierse 1996, S. 263ff.
Fichter, Tilman (1997), Konrad Löw legt Karl Marx auf die Couch, in: NG/FH H. 5, S. 471ff.
Fisahn, Andreas (1993), Aufklärung und „realer" Sozialismus, in: Sozialist H. 3, S. 21 ff. (Teil 1), H. 4, S. 27ff. (Teil 2), H. 5/6, S. 44ff. (Teil 3)
Fischer, Joschka (1998), Für einen neuen Gesellschaftsvertrag. Eine politische Antwort auf die globale Revolution, Köln
Flechtheim, Ossip K. (1991), Hat der Sozialismus noch eine Zukunft?, in: perspektiven ds H. 4, S. 312ff.
Fleischer, Helmut (1972), Normativistisches und materialistisches Verständnis der sozialistischen Transformation, in: Praxis H. 3/4, S. 269ff.
ders. (1992), Lebendiges und Totes im Denken von Karl Marx, in: Das Argument H. 194, S. 501ff.
ders (1993), Epochenphänomen Marxismus, Hannover
ders. (Hrsg.) (1994), Der Marxismus in seinem Zeitalter, Leipzig
ders. (1996), Den „Fall Marx" historisch bearbeiten, in: Haug/Krätke 1996, S. 27ff.
Forrester, Viviane (1997), Der Terror der Ökonomie, Wien
Forum (1997), Forum Eine Welt der SPD (Hrsg.), Globalisierung und Eine-Welt-Politik, Bonn
Frölich, Paul (1949), Zur Krise des Marxismus, Hamburg
Fülberth, Georg (1988), Diskussionsbeiträge, in: Konkret 1988, S. 38ff.
ders. (1991), Sieben Anstrengungen, den vorläufigen Endsieg des Kapitalismus zu begreifen, Hamburg

ders. (1992), Erledigte Fragen, in: Marxistische Blätter, H. 2, S. 36ff.
ders. (1998), Das Ende als Chance? Überlegungen zum tendenzellen Fall der sozialistischen Bewegung 1988-1998, Bd. 1, Hamburg
Fuhr, Eckhard (1991), Ein schrecklicher Irrtum. Peter von Oertzen und der Kommunismus, in: FAZ vom 28. August 1991
Fukuyama, Francis (1992), Das Ende der Geschichte, München
Funken, Klaus (1976), Die ökonomischen Voraussetzungen der Oktoberrevolution. Zur Entwicklung des Kapitalismus in Rußland, Zürich/Frankfurt-M.
Furet, Francois (1991), Die letzte der Revolutionen, in: Die tageszeitung (TAZ) vom 30.August 1991
ders. (1996), Das Ende der Illusion. Der Kommunismus im 20. Jahrhundert, München

Gallo, Max (1991), Das Versagen der Sozialdemokratie. Der Kommunismus ist am Ende – Was wird morgen sein?, in: TAZ vom 7. September 1991
Gehrke, Wolfgang (1998), Sozialismus im 21. Jahrhundert, in: SPW H. 100, S. 27ff.
Geiger, Stefan (1991), Die Rechte sitzt es besser aus. Denkversuche zur Zukunft des Sozialismus von André Gorz bis Thomas Meyer, in: Stuttgarter Zeitung vom 9. August 1991
Gelbard, Arye (1992), Verstaatlichung führt nicht mit Sicherheit zu Sozialismus ebenso wie das Bestehen von Marktbeziehungen ihn nicht gefährdet, in: Konrad 1992, S. 70ff.
Gellner, Ernest (1992), An den Ruinen des großen Wettstreits, in: Merkur H. 8, S. 647ff.
ders. (1995), Mangel an Profanem. Der Marxismus als säkulare Religion, in: Merkur H. 3, S. 185ff.
General, Regina/Jäger, Michael (Hrsg.) (1994), Marx mega out? Streitgespräche, Berlin
Gerns, Willi (1991a), Niederlage und Zukunft des Sozialismus, in: Marxistische Blätter H. 6, S. 76ff.
ders. (1991b), Sozialismusbild der Perestroika, ebda., H. 4, S. 35ff.
Geyer, Dietrich (Hrsg.) (1991), Europäische Perspektiven der Perestroika, Tübingen
ders. (1992), Zerfall und neuer Nationalismus. Als die Klammer des russischen Imperiums fiel. Ein Vergleich mit früheren Umbruchszeiten, in: FAZ vom 2. Mai 1992
Giddens, Anthony (1997a), Jenseits von Rechts und Links. Die Zukunft radikaler Politik, Frankfurt/M.
ders. (1997b), Wir müssen ein neues System suchen (Gespräch), in: Freitag vom 9. Mai 1997
Globalisierung (1996), Globalisierung der Wirtschaft, Standortwettbewerb und Mitbestimmung, Gesprächskreis Arbeit und Soziales der Friedrich-Ebert-Stiftung Nr. 70, Bonn
Glöckner, Eduard (1989), Gorbatschow – Reformator ohne Gefolgschaft oder politischer Führer mit langem Atem, in: Breitschwerdt 1989, S. 189ff.
Glotz, Peter (1990), Hat Ludwig Erhard Karl Marx besiegt?, in: Vorwärts H. 6, S. 12
ders. (1992a), Despotischer Sozialismus. Hat Gorbatschow Karl Kautsky widerlegt? [Rezension Schöler 1991a], in: FAZ vom 20. Oktober 1992
ders. (1992b), Die Linke nach dem Sieg des Westens, Stuttgart
ders. (1995), Chancen und Gefahren der Telekratie, in: NG/FH H. 1, S. 32ff.
ders. (1996), Glotz ruft SPD zur Reform auf. „Marxismus als kritische Denkmethode ist nötiger denn je“, in: Der Tagesspiegel vom 17. November 1996
ders (1997), Editorial, in: NG/FH H. 7, S. 579

ders. (1998), Neue Lust auf Reformen, in: Die Woche vom 8. Mai 1998
Görg, Christoph (1992a), In der Trümmerlandschaft: Nach dem Ende des Sozialismus, in: links H. 260, S. 12ff
ders. (1992b), Macht der Untertitel noch einen Sinn?, ebda., H. 262, S. 10f.
Göttner-Abendroth, Heide (1989), Das Matriarchat. Geschichte seiner Erforschung, Stuttgart u.a.
Götz, Christian (1992), Haben die „Linken" abgedankt?, in: Sozialismus H. 11, S. 32ff.
Goldberg, Jörg (1990), Globalisierung des Weltmarktes und wachsende Entwicklungsunterschiede, in: SPW H. 56, S. 12ff.
ders. (1991), Die Unvereinbarkeit von Markt und Ökologie, in: Freitag vom 20. September 1991
Gorbatschow, Michail (1987a), Perestroika. Die zweite russische Revolution. Eine neue Politik für Europa und die Welt, München
ders. (1987b), Über die Umgestaltung und die Kaderpolitik der Partei. Referat auf dem Plenum des ZK der KPdSU. 27. Januar 1987, in: ders. 1989, S. 351ff.
ders. (1987c), „Zurück dürfen wir nicht". Eine kommentierte Auswahl der wichtigsten Reden von 1984-1987. Hrsg. von Horst Temmen, Bremen
ders. (1989), Reden und Aufsätze zu Glasnost und Perestroika, Bindlach
ders. (1990a), Die sozialistische Idee und die revolutionäre Umgestaltung [Artikel aus der Prawda vom 26. November 1989], in: Sozialismus H. 1, S. 29ff.
ders. (1990b), Die Welt der Zukunft und der Sozialismus, in: Zukunft 1990, S. 8ff.
ders. (1995a), Erinnerungen, Berlin
ders. (1995b), „Rußland ist sehr empfindlich" (Interview), in: Die Zeit vom 31. März 1995
ders./Sagladin Vadim/Tschernjajew, Anatoli (1997), Das Neue Denken. Politik im Zeitalter der Globalisierung, München
Gorholt, Martin/Kunz, Norbert W. (Hrsg.) (1991), Deutsche Einheit – Deutsche Linke. Reflexionen der politischen und gesellschaftlichen Entwicklung, Köln
ders./ Ristau, Malte (Hrsg.) (1991), Demokratischer Sozialismus. Beiträge zur Verständigung, Marburg
Gorz, André (1989), Sozialismus, Ökologie und kultureller Umbruch, in: Gorholt/Ristau 1991, S. 92ff.
ders. (1990), Eine Neudefinition des Sozialismus, in: NG/FH H. 6, S. 519ff.
ders. (1991a), Sozialismus, in: FR vom 25. Juni 1991
ders. (1991b), Und jetzt wohin?, Berlin
Gramsci, Antonio (1917/1991), Die Revolution gegen das „Kapital", in: Antonio Gramsci – vergessener Humanist? Eine Anthologie 1917 - 1936, Berlin, S. 31ff.
Granowski, Alfred (1997), Marxismus und Vision, Bonn
Gransow, Volker (1980), Konzeptionelle Wandlungen der Kommunismusforschung. Vom Totalitarismus zur Immanenz, Frankfurt/M./New York
Grebing, Helga (1991), Warum Sozialdemokraten am Sozialismus festhalten müssen, in: Zukunft (Wien) H. 7, S. 20ff.
dies. (1992), Renaissance des demokratischen Reformsozialismus?, in: Sozialistische Praxis H. 2, S. 34f.
dies. (1993), Rezension [Schöler 1991a], in: Internationale wissenschaftliche Korrespondenz zur Geschichte der deutschen Arbeiterbewegung (IWK), H. 1, S. 88f.

dies. (1996), Die Bedeutung von Grundwerten und freiheitlich-demokratischen Traditionen in der deutschen Sozialdemokratie, in: Thierse 1996, S. 171ff.

Greffrath, Mathias (1998), Das Gespenst geht wieder um, in: Die Zeit vom 5. Februar 1998

Greiner, Ulrich (1996), Total vergnügt. Stadtkultur und Unterhaltungsindustrie im Widerstreit, in: Die Zeit vom 5. April 1996

Grenzen (1997), Die Gruppe von Lissabon, Grenzen des Wettbewerbs. Die Globalisierung der Wirtschaft und die Zukunft der Menschheit, München

Grienig, Reinhard (1997), Rezension [Altvater/Mahnkopf 1996], in: Utopie kreativ H. 80, S. 90ff.

Grobe, Karl (1992), Moskaus Dritte Welt, Frankfurt/M.

ders. (1998), ... und titulieren das Ding Kommunistisches Manifest, in: FR vom 23. Februar 1998

Grotzky, Johannes (1991), Herausforderung Sowjetunion. Eine Weltmacht sucht ihren Weg, München/Zürich

Grundsatzprogramm (1989), Grundsatzprogramm der Sozialdemokratischen Partei Deutschlands. Beschlossen vom Programm-Parteitag am 20. Dezember 1989 in Berlin, Bonn

GWK (1994a), Grundwertekommission beim Parteivorstand der SPD, Ermutigung zur Politik. Gesellschaft in der Krise, Bonn

dies. (1994b), Dem Fortschritt eine neue Richtung geben. Ökologische Solidarität und dauerhafte Entwicklung, Bonn

dies. (1994c), „Sozialismus" – von den Schwierigkeiten im Umgang mit einem Begriff, Bonn

dies. (1997), „Globalisierung" – Herausforderung und Chance, Bonn

Habermas, Jürgen (1990a), Die Moderne – ein unvollendetes Projekt, Leipzig

ders. (1990b), Die nachholende Revolution, Frankfurt/M.

ders. (1994), „Balance zwischen Geld, Macht und Solidarität" (Interview), in; Kölner Stadtanzeiger vom 17. Juni 1994

Halbach, Uwe (1989), Der „fünfte Punkt" – Die Bedeutung ethnischer Beziehungen und nationaler Bewußtseinsprozesse für das Nationalitätenproblem unter Gorbatschow, in: Breitschwerdt 1989, S. 99ff.

Hauchler, Ingomar (Hrsg.) (1995), Stiftung Entwicklung und Frieden. Globale Trends 1996. Fakten, Analysen. Prognosen, Frankfurt/M.

Haug, Frigga/Krätke, Michael (Hrsg.) (1996), Materialien zum Historisch-Kritischen Wörterbuch des Marxismus, Hamburg

dies. (1998), Kampf gegen den Neoliberalismus, in: SPW H. 100, S. 29ff.

Haug, Wolfgang Fritz (1983), Krise oder Dialektik des Marxismus?, in: Aktualisierung Marx'. Argument Sonderband 100, Berlin, S. 8ff.

ders. (1987), Pluraler Marxismus, Bd. 1, Berlin

ders. (1989a), Gorbatschow. Versuch über den Zusammenhang seiner Gedanken, Berlin

ders. (1989b), Die Perestroika als Revolution – wogegen?, in: Das Argument H. 176, S. 547ff.

ders. (1990), Marktsozialismus? Vorfragen zum ökonomischen Mechanismus, in: Das Argument H. 179, S. 53ff.

ders. (1991), Das Ende einer Epoche. Perestrojka, Putsch und Revolution, in: Freitag vom 30.August 1991

ders. (1993), Rezension [Schöler 1991a], in: Das Argument H. 199, S. 478f.
Haumann, Heiko (1974), Beginn der Planwirtschaft. Elektrifizierung, Wirtschaftsplanung und gesellschaftliche Entwicklung Sowjetrußlands 1917-1921, Düsseldorf
ders. (1977), Geschichte und Gesellschaftssystem der Sowjetunion. Eine Einführung, Köln
Hauser, Kornelia (1996), Vom subjektlosen Geschlecht und geschlechtslosen Persönlichkeiten, in: NG/FH H. 11, S. 1008ff.
Hedeler, Wladislaw (1993), „Ökonomisch-philosophische Manuskripte" und „Deutsche Ideologie". Zäsuren im Frühwerk, in: Marx und Engels neu gelesen. Zugänge, Analysen und Kritiken zu Werk und Wirkung, Berlin, S. 6ff.
Hedtke, Ulrich (1990), Stalin oder Kondratieff. Endspiel oder Innovation?, Berlin
Heilbronner, Robert (1994), Kapitalismus im 21. Jahrhundert, München
Heilmann, Sebastian (1996), Virtuosen der Unsicherheit. Der Geist des chinesischen Kapitalismus, in: FAZ vom 13. November 1996
Heimann, Eduard (1922), Mehrwert und Gemeinwirtschaft. Kritische und positive Beiträge zur Theorie des Sozialismus, Berlin
ders. (1931), Kapitalismus und Sozialismus. Reden und Aufsätze zur Wirtschafts- und Geisteslage, Potsdam
ders. (1932), Sozialistische Wirtschafts- und Arbeitsordnung, Potsdam
ders. (1954), Wirtschaftssysteme und Gesellschaftssysteme, Tübingen
ders. (1975), Sozialismus im Wandel der modernen Gesellschaft. Aufsätze zur Theorie und Praxis des Sozialismus, Berlin/Bonn-Bad Godesberg
Heimann, Horst (1990a), Ist das Emanzipationsprojekt Sozialismus endgültig gescheitert?, in: perspektiven ds H. 3, S. 194ff.
ders. (1990b), Sieg des Reformsozialismus, in: Vorwärts H. 12, S. 12
ders. (1991), Die Voraussetzungen des demokratischen Sozialismus und die Aufgaben der Sozialdemokratie, Bonn
ders. (Hrsg.) (1993), Sozialdemokratische Traditionen und Demokratischer Sozialismus 2000, Köln
Hein, Eckhard (1998), Karl Marx, ein klassischer Ökonom? in: Prokla H. 110, S. 139ff.
Heinsohn, Gunnar/Steiger, Otto (1993), Das Geheimnis des Zinses, Frankfurt/M.
Heise, Arne (Hrsg.) (1989), Arbeiterselbstverwaltung, München
ders. (1990), Rezension [Brus/Laski 1990], in: perspektiven ds H. 3, S. 46ff.
Heller, Agnes/Feher, Ferenc/Markus, György (1983), Der sowjetische Weg. Bedürfnisdiktatur und entfremdeter Alltag, Hamburg
Hennicke, Peter (Hrsg.) (1973), Probleme des Sozialismus und der Übergangsgesellschaften, Frankfurt/M.
Hensche, Detlef (1990a), Wie weiter? Fragen am Sterbebett des realen Sozialismus, in: Kontrapunkt H. 1, S. 6ff.
ders. (1990b), Wir wollten nichts ins gleiche Horn tuten wie Springer und Strauß, in: FR vom 2. März 1990
Herr, Hansjörg (1998), In der Währungs-Falle, in: Freitag vom 17. April 1998
Heuser, Uwe Jean (1998), Die Rückkehr des Staates, in: Die Zeit vom 5. Februar 1998
ders./Pinzler, Petra (1998), Neue Grenzen für das Kapital, in: Die Zeit vom 15. Januar 1998
Hildermeier, Manfred (1989), Die russische Revolution 1905-1920, Frankfurt

ders. (1998), Geschichte der Sowjetunion. 1917-1991. Entstehung und Niedergang des ersten sozialistischen Staates, München
Hirsch, Joachim (1990), Kapitalismus ohne Alternative? Materialistische Gesellschaftstheorie und Möglichkeiten einer sozialistischen Politik heute, Hamburg
ders. (1991), „Sozialistische Marktwirtschaft" – eine Alternative zum Kapitalismus?, in: links H. 250, S. 37f.
ders. (1992), Immer noch „Sozialistische Zeitung"?, ebda. H. 261, S. 29f.
ders. (1993), Internationale Regulation. Bedingungen von Dominanz, Abhängigkeit und Entwicklung im globalen Kapitalismus, in: Das Argument H. 198, S. 195ff.
ders. (1995), Der nationale Wettbewerbsstaat. Staat, Demokratie und Politik im globalen Kapitalismus, Berlin/Amsterdam
ders. (1996), Kapitalismus heute: global und ohne Klassen?, in: links H. 3/4, S. 21ff.
Hirst, Paul (1991), Genossenschafts-Sozialismus. Perspektiven einer vergessenen Gesellschaftsutopie, in: GMH H. 9, S. 564ff.
Hobsbawm, Eric (1991a), Apocalypse tomorrow, in: konkret H. 10, S. 18
ders. (1991b), Out of the Ashes, in: Marxism Today H. 4, S. 18ff.
ders. (1992), The Crisis of Today's Ideologies, in: New Left Review H. 192, S. 55ff.
ders. (1994), Dieser Linken fehlt der Staat (Interview), in: Sozialismus H. 11, S. 20f.
ders. (1995), Das Zeitalter der Extreme. Weltgeschichte des 20. Jahrhunderts, München/Wien
ders. (1996a), History and Illusion, in: New Left Review H. 220, S. 116ff.
ders. (1996b), „Wir haben den Sozialismus nicht, aber die Barbarei" (Ein Gespräch), in: FR vom 27. Juli 1996
ders. (1998), Anhaltende Zukunft eines Totenscheins, in: FR vom 14. Februar 1998
Hoegemann, Jörg (1992), Der reale Sozialismus war real nicht reformierbar, in: Marxistische Blätter H. 1, S. 88ff.
Höhmann, Hans-Hermann (1981), Der erstarrte Koloß. Wirtschaftspolitik und Wirtschaftsreformpolitik der UdSSR in der Ära Breschnew, in: Aus Politik und Zeitgeschichte (APuZ) Heft B 48 vom 28. November 1981, S. 23ff.
ders. (1984), Bilanz der Ära Breschnew: Wachstum und Wachstumsprobleme der sowjetischen Wirtschaft 1964 - 1982, in: Dietz 1984, S. 15ff.
ders. (1985), Sozialistische Wirtschaftsplanung: Grundlagen, Probleme, Reformperspektiven. Bericht Nr. 45 des BIOSt, Köln
ders. (1989), Ursachen, Konzepte und Perspektiven sowjetischer Wirtschaftsreformen in der Perestrojka, in: Breitschwerdt 1989, S. 41ff.
ders. (1991), Wirtschaftlicher Zusammenbruch statt Systemwechsel?, in: APuZ Heft B 16 vom 12. April 1991, S. 35ff.
Hoffer, Frank (1990), Funktionsbedingungen der sowjetischen Wirtschaft [Rezension Conert 1990a], in: Sozialismus H. 9, S. 68f.
Hofmann, Werner (1974), Ideengeschichte der sozialen Bewegung des 19. und 20. Jahrhunderts, Berlin/New York
Holz, Hans Heinz (1996), Niederlage und Zukunft des Sozialismus, Essen
Hombach, Bodo (1991), Der schmerzhafte Abschied vom Sozialismus, in: FAZ vom 7. Juni 1991

Honnegger, Claudia (Hrsg.) (1977), Schrift und Materie der Geschichte. Vorschläge zu einer systematischen Aneignung historischer Prozesse, Frankfurt/M.

Hübner, Kurt (1997), Steinzeit-Keynesianismus, in: Freitag vom 9. Mai 1997

Huffschmid, Jörg (Hrsg.) (1987), Glasnost/Perestrojka. Die Wirtschaftsreform in der Sowjetunion, Köln

IG Metall (1998), Wer Arbeit hat, denkt zur Zeit nicht an eine Verkürzung, in: FR vom 7. Mai 1998

Ingrao, Pietro (1991), „Die Geschichte der Zukunft ist noch nicht geschrieben". Pietro Ingrao über das Ende des Sowjetkommunismus und die Perspektiven der Linken (Interview), in: Sozialismus H. 10, S. 58ff.

ders./Rossanda, Rossana (1996), Verabredungen zum Jahrhundertende: eine Debatte über die Entwicklung des Kapitalismus und die Aufgaben der Linken, Hamburg

Ito, Narihiko (1996), Überlegungen zu einem Gedanken beim späten Marx, in: Haug/Krätke 1996, S. 38ff.

Jacobeit, Cord (1997), Die Realisierungschancen der Tobin-Steuer, in: NG/FH H. 5, S. 447ff.

Jakowlew, Alexander (1991), „Die Revolution von oben ist erschöpft, die Partei hat sich von ihrer diktatorischen Vergangenheit nicht getrennt", in: FR vom 30. Juli 1991

Jameson, Frederic (1992), Spätkapitalismus als Problematik des real existierenden Sozialismus, in: Das Argument H. 194, S. 519ff.

Jansen, Mechthild (1989), Ende des Sozialismus?, in: Deutsche Volkszeitung/die tat vom 8. September 1989

Johnstone, Monty (1991), Soviet Democrats overcame Stalinism's latest plot, in: Changes H. 22, S. 2f.

Jünger, Jürgen (1991), Rezension [Bischoff/Menard 1990], in: Das Argument H. 189, S. 815f.

Jung, Dörthe (1996), Die Krise der Arbeitsgesellschaft als Chance für feministische Reformen, in: NG/FH H. 11, S. 1016ff.

Jung, Heinz (1991a), Ende und Anfang, in: konkret H. 10, S. 22f.

ders. (1991b), Fluchtlinien des Sozialismus?, in: Marxistische Blätter H. 2, S. 80ff.

Jungnickel, Jürgen (1993), Die „Grundrisse zur Kritik der politischen Ökonomie". Einblick in Marx' Forschungsprogramm. Denkanstöße und offene Fragen, in: Marx und Engels neu gelesen. Zugänge, Analysen und Kritiken zu Werk und Wirkung, Berlin, S. 32ff.

Kaiser, Karl (1998), Globalisierung als Problem der Demokratie, in: Internationale Politik H. 4, S. 3ff.

Kalt, Hans (1991), Die politische Ökonomie und die Perestroika, in: Marxistische Blätter H. 4, S. 15ff.

ders. (1993), Neu beginnen mit Marx. Die politische Ökonomie und die Veränderung der Welt, Köln

Kasperek, Bernhard (1992), Sozialdemokratie ist besser als Sozialismus, in: Vorwärts H. 3, S. 11

Kassler, Wolfgang (1996), Wirtschaften im dritten Jahrtausend, Oberursel

Katzenstein, Robert (1991), Sowjetische Ökonomie [Rezension Conert 1990], in: Marxistische Blätter H. 1, S. 91f.
Kerneck, Barbara (1995), Russische Höllenkreise. Oder die Entstehung des Kapitalismus aus der Korruption, in: Kursbuch H. 120, S. 77ff.
Klein Dieter (1994), Rückwirkungen einer entschwundenen auf die zurückgebliebene Welt, in: Freitag vom 23. Dezember 1994
Klein, Horst (1995), Marxrezeption in der Sozialdemokratie [Rezension Schöler 1991a], in: Berliner Lesezeichen H. 8, S. 83ff.
Kljamkin, Igor (1989), Sowjetzeitschrift publiziert radikale Systemkritik: „Ganzes Wertesystem abreißen", in: Bundespresseamt (BPA)/Ostinformationen Nr. 46 vom 7. März 1989, S. 14
Klönne, Arno (1995), Von der zweiten in die dritte Welt? Zur politischen Ökonomie Rußlands, in: Zukunft H. 11, S. 28ff.
Kluge, Alexander/Negt, Oskar (1992), Maßverhältnisse des Politischen, Frankfurt/M.
Knobloch, Clemens (1992), Kein Abschied. Michael Schneider bilanziert den Sozialismus, in: Freitag Nr. 4 vom 5. Juni 1992
Kocka, Jürgen (1990), Umbrüche – aber ohne neue utopische Ideen, in: FR vom 7. November 1990
Köbberling, Anna (1993), Zwischen Liquidation und Wiedergeburt. Frauenbewegung in Rußland von 1917 bis heute, Frankfurt-M./New York
dies. (1997), Das Klischee der Sowjetfrau: Stereotyp und Selbstverständnis Moskauer Frauen zwischen Stalinära und Perestroika, Frankfurt/M. u.a.
Köcher, Renate (1998), Am liebsten würden die Bürger der Entscheidung ausweichen, in: FAZ vom 20. Mai 1998
Kößler, Reinhard (1979), Zur Kritik des Mythos vom ‚asiatischen' Rußland, in: Prokla H. 35, S. 105ff.
ders. (1993), Despotie in der Moderne, Frankfurt-M./New York
Kolakowski, Leszek (1994), Wir fürchten etwas Unbestimmtes. Was bedeutet der Zusammenbruch des Kommunismus philosophisch, in: FAZ vom 5. Februar 1994
Kommission (1996/97), Kommission für Zukunftsfragen der Freistaaten Bayern und Sachsen, Erwerbstätigkeit und Arbeitslosigkeit in Deutschland. Entwicklung, Ursachen und Maßnahmen, Teile I bis III, Bonn
Kondratieff, Nikolai (1923), Strittige Fragen der Weltwirtschaft und der Krise (Antwort an unsere Kritiker), in: Hedtke 1990, S. 135ff.
ders. (1926/1972), Die langen Wellen der Konjunktur, in: Die langen Wellen der Konjunktur. Beiträge zur Marxistischen Konjunktur- und Krisentheorie, Berlin, S. 133ff.
Kondylis, Panajotis (1992), Planetarische Politik nach dem Kalten Krieg, Berlin
Konegen, Norbert/Kracht, Gerhard (Hrsg) (1975), Sozialismus und Sozialisierung, Kronberg/Ts.
Konkret (1988), „Neues Denken". Was will der Generalsekretär der KPdSU? (Streitgespräch), in: konkret H. 7, S. 35ff.
Konrad, Helmut (Hrsg.) (1992), Arbeiterbewegung in einer veränderten Welt. 27. Internationale Tagung der Historikerinnen und Historiker der Arbeiterbewegung, Wien/Zürich
Kopelew, Lew (1987), Einmischung erwünscht (Interview), in: Vorwärts Nr. 6 vom 7. Februar 1987

Kornai, Janos (1980), The Economics of Shortage, Amsterdam/New York/Oxford
Korsch, Karl (1969), Schriften zur Sozialisierung, Frankfurt/M.
Kosta, Jiri/Meyer, Jan/Weber, Sibylle (1973), Warenproduktion im Sozialismus. Überlegungen zur Theorie von Marx und zur Praxis in Osteuropa, Frankfurt/M.
ders. (1974), Sozialistische Planwirtschaft. Theorie und Praxis, Opladen
ders. (1987), Apparatschiks haben den nötigen Umbau immer wieder verhindert, in: FR vom 19. Februar 1987
Kowalsky, Wolfgang/Schroeder, Wolfgang (Hrsg.) (1993), Linke, was nun?, Berlin
KPdSU (1990), Zu einem humanen, demokratischen Sozialismus. Plattform des ZK der KPdSU zum XXVIII. Parteitag, in: Sowjetunion heute H. 3, Beilage, S. Iff.
Krätke, Michael (1996), Marxismus als Sozialwissenschaft, in: Haug/Krätke 1996, S. 69ff.
ders. (1997), Globallisierung und Standortkonkurrenz, in: Leviathan H. 2, S. 202ff.
Kranold, Hermann (o.J.), Sozialisierung: Warum, Was, Wie, Wann?, [Chemnitz]
Krebs, Carsten/Reiche, Danyel (1997), Der mühsame Weg zu einer Ökologischen Steuerreform, Frankfurt/M.
Kremer, Uwe (1998), Moderner Sozialismus und Wirtschaftsdemokratie, in: SPW H. 100, S. 20ff.
Krüger, Stephan (1990), Marktsozialismus – eine moderne Sozialismus-Konzeption für entwickelte Länder, in: Heine, Michael u.a. (Hrsg.), Die Zukunft der DDR-Wirtschaft, Reinbek, S. 56ff.
Krugman, Paul (1997), „Bringt es hinter Euch". (Interview) MIT-Ökonom Paul Krugman über Globalisierung, die Europäische Währungsunion und die Politik der Deutschen Bundesbank, in: Wirtschaftswoche vom 24. April 1997
Kuczynski, Jürgen (1992), Rezension [Schöler 1991a], in: Utopie kreativ H. 19/20, S. 173f.
ders. (1993), Die Arbeiterklasse und ihr Schicksal, in: Utopie kreativ H. 37/38, S. 139ff.
Kuhlmann, Andreas (1991), Der Kampf geht weiter. André Gorz' Sozialismus ohne Sozialismus, in: FR vom 13. Juli 1991
Kunz, Norbert W. (1991), Auf der Suche nach einer neuen Utopie des Sozialismus, in: Gorholt/Kunz 1991, S. 147ff.
Kurz, Robert (1991), Der Kollaps der Modernisierung. Vom Zusammenbruch des Kasernensozialismus zur Krise der Weltökonomie, Frankfurt/M.
ders. (1992), Die Mythen wollen nicht enden. Michael Schneiders Bilanz des Sozialismus, in: FR vom 6. Juni 1992
ders. (1997), Klein mit Hut, in: Freitag vom 11.April 1997

Laclau, Ernesto (1991), What Comes After 1991?, in: Marxism Today H. 10, S. 16ff.
Lafontaine, Oskar (1990), Der Sozialismus und die neuen sozialen Bewegungen, in: Zukunft 1990, S. 34ff,
ders. (1996), Standortwettbewerb kann nicht die Lösung sein. Wirtschaftspolitik und Sozialstaat im Zeitalter der Globalisierung, in: FAZ vom 27. Juni 1996
ders./Müller, Christa (1998), Keine Angst vor der Globalisierung: Wohlstand und Arbeit für alle, Bonn
Lange, Oskar (1969), Politische Ökonomie, 2 Bde., Frankfurt-M./Wien
ders. (1977), Ökonomisch-theoretische Studien, Frankfurt-M./Köln

Laqueur, Walter (1989), Der lange Weg zur Freiheit. Möglichkeiten und Grenzen des Reformprozesses in der Sowjetunion, Frankfurt-M./Berlin/Wien

Lazis, Otto (1991), Die Perestroika als „Revolution von oben“ ist vorbei, in: Sowjetunion heute H. 5, S. 28f.

Lederer, Emil (1932), Planwirtschaft, Tübingen

Lederer, Robert (1992), Rezension [Gorz 1991], in: Das Argument H. 192, S. 313ff.

Lenin, Wladimir Iljitsch (1926), Der Imperialismus als jüngste Etappe des Kapitalismus, Wien

ders (1955ff.), Werke, Berlin [zit.: LW]

ders. (1976), Ausgewählte Werke in drei Bänden, Berlin [zit.: AW]

Leonhard, Wolfgang (1987), „Mit jedem Schritt wich die Angst“, in: Stern vom 16. Juli 1987

ders. (1990), Systemwandel in der Sowjetunion: Chancen, Grenzen, Gegenkräfte (Gespräch), in: Herder Korrespondenz H. 3, S. 117ff.

Lewin, Moshe (1988), Gorbatschows neue Politik. Die reformierte Realität und die Wirklichkeit der Reformen, Frankfurt/M.

Liberman, Evsej G. (1974), Methoden der Wirtschaftslenkung im Sozialismus. Ein Versuch über die Stimulierung der gesellschaftlichen Produktion, Frankfurt/M.

Lichatschow, Dmitri (1987), Das 21. Jahrhundert – Jahrhundert des Humanismus, Moskau

Lieber, Christoph (1992), Eine Bilanz des Sozialismus. Zu Michael Schneider „Das Ende eines Jahrhundertmythos“, in: Sozialismus H. 6, S. 58ff.

Linden, Marcel van der (1992), Von der Oktoberrevolution zur Perestroika. Der westliche Marxismus und die Sowjetunion, Frankfurt/M.

Lipietz, Alain (1997), Die Welt des Postfordismus. Über die strukturellen Veränderungen der entwickelten kapitalistischen Gesellschaften, Hamburg

Loesch, Achim von (1990), Möglichkeiten einer „sozialistischen Marktwirtschaft“ in Industriegesellschaften, in: perspektiven ds H. 3, S. 208ff.

Löw, Konrad (1996), Der Mythos Marx und seine Macher: Wie aus Geschichten Geschichte wird, Berlin

Löwenthal, Richard (1947), [Sering, Paul] Jenseits des Kapitalismus, Nürnberg

Lohmann, Karl-Egon (1983), Was hat eine marxistische Theorie des Staatssozialismus zu erklären?, in: Aktualisierung Marx'. Argument-Sonderband 100, Berlin, S. 191ff.

ders.(1985), Ökonomische Anreize im Staatssozialismus, Berlin

Lorenz, Richard (1976), Sozialgeschichte der Sowjetunion I. 1917-1945, Frankfurt/M.

Luchterhand, Galina (1992), Das kommunistische und sozialistische Parteienspektrum in Rußland, Aktuelle Analysen des BIOSt 1992/20, Köln

Lübbe, Hermann (1989), Der Konkurs wird verwaltet, in: Die Zeit vom 29. September 1989

Lukacs, Georg (1923), Geschichte und Klassenbewußtsein, Berlin

Luks, Leonid (1990), Abschied vom Leninismus – Zur ideologischen Dynamik der Perestrojka, in: Zeitschrift für Politik H. 4, S. 353ff.

Luttwak, Edward N. (1994), Weltwirtschaftskrieg. Export als Waffe – aus Partnern werden Gegner, Reinbek

Luxemburg, Rosa (1909), Einführung in die Nationalökonomie, in: dies. 1975, Bd. 5, S. 524ff.

dies. (1913), Die Akkumulation des Kapitals, in: ebda., S. 5ff.

dies. (1970ff.), Gesammelte Werke, 6 Bde., Berlin

Maier, Harry (1989), Die DDR am Scheideweg, in: Handelsblatt vom 6. Oktober 1989
ders. (1993), Die Innovationsträgheit der Planwirtschaft in der DDR – Ursachen und Folgen, in: Deutschland-Archiv H. 6, S. 806ff.
Maldaner, Karlheinz (1990), Lehren aus dem 9. November 1989, in: Vorwärts H. 8, S. 11
Mandel, Ernest (1973), Zehn Thesen zur sozialökonomischen Gesetzmäßigkeit der Übergangsgesellschaft zwischen Kapitalismus und Sozialismus, in: Hennicke 1973, S. 15ff.
ders. (1989a), Das Gorbatschow-Experiment, Frankfurt/M.
ders. (1989b), Reformgrenzen der bürokratischen Diktatur, in: Breitschwerdt 1989, S. 137ff.
ders. (1990), Zur Lage und Zukunft des Sozialismus, in: Zukunft 1990, S. 76ff.
Mappes-Niediek, Norbert (1990), Prächtige Stimmung auf der Titanik, in: Vorwärts H. 10, S. 18
ders. (1992), Das Seilziehen der Genossen. Uli Schölers Studie über den „despotischen Sozialismus“, in: Freitag vom 29. Mai 1992
Mark, Rudolf A./Böhme, Klaus (Hrsg.) (1988), Perestrojka in Theorie und Praxis. Dokumente zur aktuellen Diskussion aus der Sowjetunion, Wiesbaden
Marßolek, Inge u.a. (Hrsg.) (1995), Soziale Demokratie und sozialistische Theorie. Festschrift für Hans-Josef Steinberg, Bremen
Martens, Jens (1998), MAI – die dritte Säule weltwirtschaftlicher (De-)Regulierung, in: SPW H. 100, S. 48ff.
Martin, Hans-Peter/Schumann, Harald (1996), Die Globalisierungsfalle. Der Angriff auf Demokratie und Wohlstand, Reinbek
Marx, Karl/Engels, Friedrich (1957ff.), Werke, Berlin [zit.: MEW]
dies. (1975ff.), Gesamtausgabe, Berlin [zit.: MEGA]
Medwedew, Wadim (1989), Mehrparteiensystem ist mit Sozialismus vereinbar, in: BPA/Ostinformationen Nr. 98 vom 26. Mai 1989, S. 29
Meier, Artur (1990), Abschied von der sozialistischen Ständegesellschaft, in: APuZ Heft B 16-17, S. 3ff.
Meier, Christian (1986), Der RGW: Wirtschaftsgemeinschaft oder Instrument sowjetischer Hegemonialpolitik?, Bericht des BIOSt Nr. 24/1986, Köln
Meier-Rigaud, Gerhard (1997), Schritte zur ökologischen Marktwirtschaft, Marburg
Meissner, Boris (1985), Partei, Staat und Nation in der Sowjetunion, Berlin
ders. (1987), Gorbatschows „neue Etappe“, in: FAZ vom 28. Februar 1987
ders. (1988), Die Sowjetunion im Umbruch. Historische Hintergründe, Ziele und Grenzen der Reformpolitik Gorbatschows, Stuttgart
Memorandum (1997), Arbeitsgruppe Alternative Wirtschaftspolitik, Memorandum '97. Beschäftigungspolitik und gerechte Einkommensverteilung gegen soziale Zerstörung, Köln
Methe, Wolfgang (1981), Ökologie und Marxismus. Ein Neuansatz zur Rekonstruktion der politischen Ökonomie unter ökologischen Krisenbedingungen, Hannover
Metscher, Thomas (1992), Sozialismus als neue Kultur, in: Marxistische Blätter H. 2, S. 38ff.
Meyer, Fritjof (1998), Marx, ganz modern, in: Der Spiegel vom 16. März 1998
Meyer, Gerd (1977), Bürokratischer Sozialismus. Eine Analyse des sowjetischen Herrschaftssystems, Stuttgart/Bad Cannstatt

Meyer, Lutz (1997), Was linke Politik von den Kommunitaristen lernen kann, in: NG/FH H. 6, S. 556ff.
Meyer, Thomas (1991), Was bleibt vom Sozialismus?, Reinbek
ders. (1993), Die Inszenierung des Scheins, Frankfurt/M.
ders. (1995), Was bleibt vom Sozialismus?, in: Geschichte als Möglichkeit, Essen, S. 463ff.
ders. (1996), Der Blair-Effekt, in: Thierse 1996, S. 226ff.
ders. (1998), Die Transformation der Sozialdemokratie – Eine Partei auf dem Weg ins 21. Jahrhundert, Bonn
Miller, Susanne (1991), Sozialismus. Deutungen und Mißdeutungen, in: dies 1995, Sozialdemokratie als Lebenssinn. Aufsätze zur Geschichte und Gegenwart der SPD, Bonn, S. 351ff.
dies. (1993), Rezension [Schöler 1991a], in: Archiv für Sozialgeschichte, 33. Band, Braunschweig/Bonn, S. 720ff.
Misik, Robert (1997a), Kommunismus macht klug, in: taz vom 23. Januar 1997
ders. (1997b) Mythos Weltmarkt, Berlin
ders. (1998), 1848. Unser Marx. Das „Kommunistische Manifest" wird 150, in: NG/FH H. 3, S. 226ff.
Mitscherlich, Alexander/Weber, Alfred (1946), Freier Sozialismus, Heidelberg
Mlynar, Zdenek (1987), Kreuzweg der politischen Reform, in: Sozialismus H. 2, S. 45ff.
ders. (1989), Was kann Gorbatschow ändern? Möglichkeiten, Grenzen und Zukunft sowjetischer Reformpolitik, Freiburg
Moore, Barrington (1987), Soziale Ursprünge von Diktatur und Demokratie, Frankfurt/M.
Mommsen, Margareta/Schröder, Hans-Henning (Hrsg.) (1987), Gorbatschows Revolution von oben. Dynamik und Widerstände im Reformprozeß der UdSSR, Frankfurt-M./Berlin
dies. (1989), Politisch-moralische Legitimationsfiguren der Perestrojka – Gerechtigkeit und Wahrheit, in: Breitschwerdt 1989, S. 76ff.
Mosdorf, Siegmar (1996), Beobachtungen zur kulturhistorischen Einordnung der Informationsgesellschaft, in: Thierse 1996, S. 290ff.
Müller, Michael/Klose, Hans-Ulrich/Heimann, Gerhard/Maldaner, Karlheinz (1986), Neuordnung des sowjetischen Wirtschaftssystems und Chancen für eine zweite Stufe der Ostpolitik, Bonn
dies. (1987), „Es gibt kein zurück" – Gorbatschows Reformen – Chancen für Europa, Bonn
ders. (1988), „Eine dritte Möglichkeit existiert nicht..." Ursachen und Triebkräfte der Wirtschaftsreformen in der Sowjetunion, in: WSI-Mitteilungen H. 4, S. 226ff.
ders./Thierse, Wolfgang (1992), Vom New Deal zum Öko-Deal, in: dies. (Hrsg.) 1992, Deutsche Ansichten. Die Republik im Übergang, Bonn, S. 167ff.
Müller-Jentsch, Walther (1991), Nach dem Zusammenbruch des Staatssozialismus – Politische Lehren und Perspektiven, in: GMH H. 9, S. 548ff.

Narr, Wolf-Dieter (1991), Nach den Umbrüchen in Osteuropa – Verlust der politischen Utopie?, in: GMH H. 9, S. 555ff.
ders./Schubert, Alexander (1994), Weltökonomie. Die Misere der Politik, Frankfurt/M.
ders./Roth, Roland (1995/96), Wider die verhängnisvolle neue Bescheidenheit: Kapitalismus ohne Alternative, in: Prokla H. 100, S. 431ff. (Teil 1), H. 103, S. 283ff. (Teil 2)

Negt, Oskar (1990), Ein einig Vaterland schafft neue Mauern und Teilungen. Auf der Schädelstätte des Sozialismus: Ende oder Anfang einer Utopie, in: FR vom 17. März 1990
ders. (1992a), Karl Marx 1991, in: Kluge/Negt 1992, S. 261ff.
ders. (1992b), Das Selbstverständnis des Intellektuellen und die Krise der Linken, in: Vorgänge H. 119, S. 45ff.
ders. (1992c), Wir können nicht mehr aus geborgter Realität politisch leben, in: links H. 4, S. 25ff.
Nemitz, Kurt (1960), Sozialistische Marktwirtschaft .Die wirtschaftsordnungspolitische Konzeption der deutschen Sozialdemokratie, Frankfurt/M.
ders. (1993), Markt und Plan – Zur Entwicklung sozialdemokratischer Konzeptionen von Wirtschaftsordnung und Wirtschaftspolitik, in: Heimann 1993, S. 44ff.
Neusüß, Christel (1985), Die Kopfgeburten der Arbeiterbewegung oder Die Genossin Luxemburg bringt alles durcheinander, Hamburg/Zürich
Nick, Harry (1991), Was war „real" am Sozialismus? Zu den Ursachen für das Scheitern des „realsozialistischen" Wirtschaftskonzepts, in: Sozialismus H. 11, S. 68ff.
Nida-Rümelin, Julian/Thierse, Wolfgang (Hrsg.) (1997), Philosophie und Politik, Essen
Nolte, Ernst (1990), Nach dem Weltbürgerkrieg? Erhellung der Vergangenheit durch die Gegenwart, in: FAZ vom 17. Februar 1990
ders. (1991), Das Zeitalter des Kommunismus. Gedanken zu seinem Ende, in: FAZ vom 12. Oktober 1991
Nonnenmacher, Günther (1991), Ende einer weltgeschichtlichen Epoche, in: FAZ vom 26. August 1991
Nothelle-Wildfeuer, Ursula (1998), Zivilgesellschaft. Kommunitaristische Romantik oder sozialethisches Konzept?, in: Stimmen der Zeit H. 5, S. 329ff.
Nove, Alec (1984), An Economic History of the U.S.S.R., Harmondsworth
Novy, Beatrix (1998), Der Langschläfer West. Vor einhundert Jahren starb der Utopist Edward Bellamy, in: FR vom 22. Mai 1998
Novy, Klaus (1978), Strategien der Sozialisierung. Die Diskussion der Wirtschaftsreform in der Weimarer Republik, Frankfurt-M./New York

Obmann, Claudia (1997), Medienrevolution ist bislang ein Flop, in: FR vom 6. Mai 1997
Oertzen, Peter von (1989), Eine Entlastung – Zur Versöhnung von Plan und Demokratie, in: Albers/Deppe/Stamm 1989, S. 96ff.
ders. (1990), Was bleibt von der sozialistischen Vision?, in: perspektiven ds H. 3, S. 180ff.
ders. (1991), Lenins Kommunismus ist tot – KPdSU ist nicht reformierbar (Interview), in: Parlamentarisch-Politischer-Pressedienst (PPP) Nr. 161 vom 23. August 1991, S. 3f.
ders. (1993a), Die Arbeiterklasse und die sozialistischen Hoffnungen, in: FR vom 18. November 1993
ders. (1993b), Sozialdemokratie und Bolschewismus [Rezension Schöler 1991a], in: NG/FH H. 12, S. 1145ff.
ders. (1994a), Klasse und Milieu als Bedingungen gesellschaftspolitischen Handelns, in: Greven, Michael Th. u.a. (Hrsg.), Politikwissenschaft als Kritische Theorie. Festschrift für Kurt Lenk, Baden-Baden, S. 387ff.
ders. (1994b), Das Marxsche Gedankengut zwischen historisch Vergänglichem, Irrtum und aktuellem Anspruch, Berlin

ders. (1994c), Wirtschaftsdemokratie – Umrisse eines Konzepts, in: Werner, Harald (Hrsg.), Wirtschaftsdemokratie: Eine alte Antwort neu befragt, Bonn, S. 20ff.
ders. (1997), Bleiben wir unter unseren Möglichkeiten? Kann Marktwirtschaft auch demokratisch bestimmt sein? Visionen für das 3. Jahrtausend, in: Freitag vom 7. März 1997
Offe, Claus (1991), Das Dilemma der Gleichzeitigkeit. Demokratisierung und Marktwirtschaft in Osteuropa, in: Merkur H. 4, S. 279ff.
ders. (1994), Moderne „Barbarei": der Naturzustand im Kleinformat?, in: Journal für Sozialforschung H. 3, S. 229ff.
Olczyk, Hans-Joachim (1991), Schon wieder der dritte Weg?, in: SPW H. 59, S. 16f.
ders. (1992), Rezension [Schöler 1991a], in: SPW H. 68, S. 42ff.
Olle, Werner (1974), Zur Theorie des Staatskapitalismus – Probleme von Theorie und Geschichte in Theorien der Übergangsgesellschaft, in: Prokla H. 11/12, S. 59ff.
Onken, Werner (1993), Zur Utopie einer Marktwirtschaft ohne Kapitalismus, in: Utopie kreativ H. 37/38, S. 69ff.
Opitz, Peter J. (Hrsg.) (1997), Grundprobleme der Entwicklungsregionen. Der Süden an der Schwelle zum 21. Jahrhundert, München
Oppenheimer, Franz (1913), Die soziale Frage und der Sozialismus. Eine kritische Auseinandersetzung mit der marxistischen Theorie, Jena
ders. (1919), Kapitalismus, Kommunismus, Wissenschaftlicher Sozialismus, Berlin/Leipzig
Orlow, Boris (1985), Demokratischer Sozialismus: Irrwege, Erkundungen, Probleme, Moskau
ders. (1993), Die Lehren des sowjetischen Totalitarismus, in: Faulenbach/Stadelmeier 1993, S. 77ff.

PDS (1997), Zur Programmatik der Partei des Demokratischen Sozialismus. Ein Kommentar, Berlin
PDS (1998), Rostocker Manifest. Für einen zukunftsfähigen Osten in einer gerechten Republik, Berlin
Perestroika (1988), Perestroika und die Linke in der Bundesrepublik. Zu den aktuellen Umgestaltungsprozessen in der UdSSR, Arbeitsmaterialien des IMSF 25, Frankfurt/M.
Peter, Horst (1990), Ein Plädoyer für den dritten Weg. Zur Verantwortung der westeuropäischen Linken, in: Sozialdemokratischer Pressedienst Nr. 32 vom 14. Februar 1990, S. 1ff. (Teil 1), Nr. 33 vom 15. Februar 1990, S. 4ff. (Teil 2)
Peters, Bernhard (1993), Die Integration moderner Gesellschaften, Frankfurt/M.
Petrakow, Nikolai (1988), „Bei uns duften alle Frauen gleich" (Interview), in: Der Spiegel H. 20, S. 192ff.
Peuckert, Rüdiger (1996), Familienformen im sozialen Wandel, Opladen
Popper, Karl Raimund (1991), Ich bin ein Optimist, der nichts über die Zukunft weiß. Gegen den Zynismus in der Interpretation der Geschichte, in: SZ vom 15. Juni 1991
PPP (1990a), Parlamentarisch-Politischer-Pressedienst, Moskau: ZK-Plenum – Partei vor der Wende?, in: PPP-Hintergrunddienst Nr. 15 vom 5. Februar 1990, S. 2ff.
ders. (1990b), Moskau: Abschied vom Kommunismus?, ebda. Nr. 22 vom 21. Februar 1990, S. 1ff.
Prawda (1988), Prawda – Abschaffung der Planwirtschaft diskutiert, in: BPA-Ostinformationen vom 31. Mai 1988, S. 6f.

Priewe, Jan (1994), Was bleibt von Marx' Akkumulations- und Krisentheorie?, in: SPW H. 79, S. 16ff.
ders. (1998), Arbeit für alle in Hülle und Fülle, in: Freitag vom 24. April 1998
Pschelinzew, Oleg (1990), Für ein nationales Pachtsystem, in: Marxistische Blätter H. 4, S. 24ff.

Raith, Werner (1994), Das neue Mafia-Kartell. Wie die Syndikate den Osten eroberten, Berlin
Rauch, Renate (1992), Die Kartei hat immer recht, in: Freitag vom 20. März 1992
Redding, S. Gordon (1996), The distinct nature of Chinese capitalism, in: The Pacific Review (Routledge) H. 3
Reich, Robert (1993), Die neue Weltwirtschaft. Das Ende der nationalen Ökonomie, Frankfurt-M./Berlin
ders. (1997), Prosperität in Gefahr. Größere Ungleichheit stellt eine wachsende Bedrohung für die USA dar, in: Sozialismus H. 5, S. 28ff.
Reimers, Tekla (1994), Die Natur des Geschlechterverhältnisses. Biologische Grundlagen und soziale Folgen sexueller Unterschiede, Frankfurt-M./New York
Reinhardt, Stephan (1992), Auch nach dem Zusammenbruch: Die Grundidee von Marx bleibt aktuell. Elemente des Sozialismus muß es im Kapitalismus geben, in: SZ vom 30. September 1992 (Beilage)
Reinhold, Otto (1991), Dieser Sozialismus ist auf Dauer gescheitert, in: Der Morgen (Berlin) vom 23. Februar 1991
Reissig, Rolf (1991), Vom Niedergang zum Untergang des „realen Sozialismus", in: Deutschland-Archiv H. 4, S. 395ff.
Riberi, Lorenzo (1993), Rezension [Schöler 1991a], in: Il Pensiero Politico H. 3, S. 469ff.
Richter, Edelbert (1997), Hundert Argumente. Ein Kommentar zur Erfurter Erklärung, Weimar
Richter, Mathias (1992), Rezension [Brus/Laski 1991], in: Das Argument H. 192, S. 315f.
Riese, Hajo (1990a), Geld im Sozialismus. Zur theoretischen Fundierung von Konzeptionen des Sozialismus, Regensburg
ders. (1990b), Geld im Sozialismus, in: Prokla H. 78, S. 117ff.
Ristock, Harry (1991), Der Sozialismus hat jetzt erst recht eine Chance, in: TAZ vom 11. November 1991
Ritter, Henning (1998), Aussicht auf das große Lebensgesetz, in: FAZ vom 28. Februar 1998
Rjabov, Andrej (1993), Analyse der politischen Situation in Rußland, Anfang Frühling 1993 [Manuskript], Moskau, 6 S.
Robinson, Joan (1960), Marx, Marshall and Keynes, in: Collected Economic Papers, Vol. 2, Oxford
Rodenstock, Katrin (1998), Männer, es ist nicht mehr weit bis zum häuslichen Herd, in: Berliner Zeitung vom 16./17. Mai 1998
Rolle (1998), Die alte Rolle ist passé, doch es fehlt der neue Mann, in: FR vom 8. Mai 1998
Rorty, Richard (1998), Endlich sieht man Freudenthal, in: FAZ vom 20. Februar 1998
Roth, Paul (1991), Glasnost in der Sowjetunion, in: APuZ Heft B 16 vom 12. April 1991, S. 3ff.

Roth, Winfried (1996), Mythos Markt. Über die „sozialen Kosten der Marktwirtschaft", in: Vorgänge H. 3, S. 105ff.
Rubel, Maximilien (Hrsg.) (1984), Karl Marx und Friedrich Engels zur russischen Revolution. Kritik eines Mythos, Frankfurt-M./Berlin/Wien
Ruben, Peter (1990), Nach dem ‚rohen Kommunismus' ... (Gespräch), in: Das Argument H. 180, S. 204ff. (Teil 1) und H. 182, S. 582ff. (Teil 2)
ders. (1997a), Der Kondratieff-Zyklus schwingt ins Jahr 2007. Lange Wellen der Wirtschaftsentwicklung, in: Freitag vom 8. August 1997
ders. (1997b), Sozialismus oder Apokalypse?, in: Freitag vom 25. April 1997
Rudolph, Karsten (1993), Die Zukunft des Sozialismus im Epochenwechsel. Eine Zwischenbemerkung, in: GMH H. 12, S. 757ff.
Ruffmann, Karl-Heinz (1987), Fragen an die sowjetische Geschichte. Von Lenin bis Gorbatschow, München
Ruge, Gerd (1991), Der Putsch. Vier Tage, die die Welt veränderten, Frankfurt/M.

Sablowski, Thomas (1992), Vom Sozialismus zur radikalen Demokratie, in: links H. 262, S. 12ff.
Samsonowa, Tamara (1988), Perestrojka und Marxismus, in: Kontinent. Ost-West-Forum H. 3, S. 63ff.
Saslawskaja, Tatjana (1987), Umgestaltung beginnt mit dem Menschen, Moskau
dies. (1989), Die Gorbatschow-Strategie. Wirtschafts- und Sozialpolitik in der UdSSR, Wien
Sassoon, Donald 1996), One Hundred Years of Socialism. The West European Left in the Twentieth Century, London
ders. (1998), Fin-de-Siècle Socialism: The United, Modest Left, in: New Left Review H. 227, S. 88ff.
Schäfer, Gert (1992), Die Sozialwissenschaften und das Ende des sowjetischen Wegs zum Sozialismus, in: Leviathan H. 1, S. 83ff.
ders. (1994), Gewalt, Ideologie und Bürokratismus. Das Scheitern eines Jahrhundertexperiments, Mainz
Schaff, Adam (1990), Die unerforschten Gebiete des zeitgenössischen Sozialismus, in: Zukunft 1990, S. 41ff.
ders. (1997), Mein Jahrhundert. Glaubensbekenntnisse eines Marxisten, Berlin
Scharping, Rudolf (Hrsg.) (1995), Demokratische Medien – der Mensch im Mittelpunkt. Für eine humane und soziale Informationsgesellschaft, Marburg
Scharrer, Manfred (1990), Das letzte Wort der Geschichte, in: GMH H. 12, S. 777ff.
Schatalin, Stanislaw u.a. (1990), „Wir haben schon heute das Recht, besser zu leben". Bericht der Schatalin-Kommission, in: FR vom 11. Oktober 1990
Scheer, Hermann (1995), Vor uns die Barbarei. Alternativen zum Ende von Politik und Demokratie, München
Scheuer, Georg (1992), Vorwärts und schnell vergessen? Jahrhundert zwischen Traum und Trauma, Wien
Schiller, Karl (1955), Sozialismus und Wettbewerb, Hamburg
Schirmer, Sabine (1998), Wege aus der Beschäftigungskrise, in: Wirtschaftsbulletin Ostdeutschland H. 2, S. 6ff.

Schissler, Hanna (Hrsg.) (1993), Geschlechterverhältnisse im historischen Wandel, Frankfurt-M./New York
Schmeljow, Nikolai (1990), Wirtschafts- und Finanzreform im Zeichen der Perestroika, in: APuZ Heft B 19-20, S. 22ff.
Schmid, Josef/Tiemann, Heinrich (Hrsg.) (1990), Aufbrüche: Die Zukunftsdiskussionen in Parteien, Verbänden und Kirchen, Marburg
Schmidt, Alfred (1978), Der Begriff der Natur in der Lehre von Marx, Frankfurt-M./Köln
Schmidt, Werner (1992), Liegt unter den Trümmern des ‚realen Sozialismus' auch Karl Marx begraben?, in: Konrad 1992, S. 49ff.
Schmidt-Häuer, Christian (1986), Michail Gorbatschow. Moskau im Aufbruch, München/Zürich
ders./Huber, Mária (1987), Rußlands zweite Revolution. Chancen und Risiken der Reformpolitik Gorbatschows, München/Zürich
ders. (1993), Die Diktatur des Demokraten, in: Die Zeit vom 19. November 1993
Schmidt-Klingenberg, Michael (1997), Das Kapital ist ein Chamäleon, in: Der Spiegel H. 31, S. 76ff.
Schmiederer, Ingrid (1967), Familie und Ehe im nachrevolutionären Rußland, in: Neue Kritik H. 45, S. 47ff.
Schmiederer, Ursel (1987), Die Logik der Gorbatschowschen Reformen, in: links H. 208/9, S. 24f.
Schneider, Michael (1992), Das Ende eines Jahrhundert-Mythos. Eine Bilanz des Sozialismus, Köln
ders. (1997), Globalisierung. Mythos und Wirklichkeit, in: GMH H. 3, S. 158ff.
Schöler, Uli (1987a), Grundsätze: Sozialistische Zielperspektive oder sozialdemokratischer Wertehimmel, in: Albers, Detlev/Neumann, Kurt (Hrsg.), Über Irsee hinaus! Zur Kritik am Programmentwurf der SPD, Berlin, S. 21ff.
ders. (1987b) Otto Bauer und Sowjetrußland, Berlin
ders. (1988), Gorbatschow vorausgeahnt, in: Vorwärts vom 27. Juli 1988, S. 43
ders. (1989), Rezension [Schröder 1988], in: Internationale wissenschaftliche Korrespondenz zur Geschichte der deutschen Arbeiterbewegung (IWK) H. 2, S. 283f.
ders. (1991a), „Despotischer Sozialismus" oder „Staatssklaverei"? Die theoretische Verarbeitung der sowjetrussischen Entwicklung in der Sozialdemokratie Deutschlands und Österreichs (1917-1929), 2 Bde., Hamburg/Münster
ders. (1991b), Kapitalismus ohne Alternative?, in: Vorwärts H. 5, S. 15
ders. (1993), Die deutsche Sozialdemokratie und die russische Revolution, in: Faulenbach/Stadelmeier 1993, S. 55ff.
ders./Thierse, Wolfgang (1993), Bernstein heute [Rezension Heimann 1991], in: NG/FH H. 2, S. 186ff.
ders. (1995a), Despotischer Sozialismus, in: Historisch-Kritisches Wörterbuch des Marxismus, Bd. 2, Hamburg, S. 610ff.
ders. (1995b), Wie aktuell ist Otto Bauer?, in: NG/FH H. 7, S. 617ff.
ders. (1996), Eine historische Chance? Kann das große Schisma der Arbeiterbewegung überwunden werden?, in: NG/FH H. 1, S. 59ff.
ders. (1997), Lutz Meyers widersprüchliche „Lernanweisung", in: NG/FH H. 12, S. 1124ff.
Schöpflin George (1990), Das Ende des Kommunismus, in: Europa-Archiv H. 2, S. 51ff.

Schröder, Hans-Henning (1982), Arbeiterschaft, Wirtschaftsführung und Parteibürokratie während der Neuen Ökonomischen Politik. Eine Sozialgeschichte der bolschewistischen Partei 1920-1928, Wiesbaden
ders. (1988), Industrialisierung und Parteibürokratie in der Sowjetunion. Ein sozialgeschichtlicher Versuch über die Anfangsphase des Stalinismus (1928-1934), Berlin
Schröder, Richard (1991), Was war verkehrt an diesem Sozialismus?, in: Die Zeit vom 12. September 1991
Schütt, Peter (1992), Halbherziger Abschied vom Mythos. Michael Schneider zieht eine Bilanz des Sozialismus, in: FAZ vom 1. April 1992
Schulze, Peter W. (Hrsg.) (1974), Übergangsgesellschaft: Herrschaftsform und Praxis am Beispiel der Sowjetunion, Frankfurt/M.
ders. (1993), Jelzin braucht die Regionen, um den Kampf zu gewinnen, in: FR vom 1. Oktober 1993
Schumpeter, Joseph A. (1950), Kapitalismus, Sozialismus und Demokratie, Bern
Schuon, Karl Theodor (1990), Mitgefangen – aber nicht mitgehangen? Bemerkungen zur „schönen Wiederauferstehung" des Demokratischen Sozialismus, in: perspektiven ds H. 3, S. 174ff.
Schwengel, Hermann (1990), Das zweite Leben des Sozialismus, in: NG/FH H. 6, S. 541ff.
Schwenk, Herbert (o.J.), Welt am Wendepunkt: Zusammenbruch – Umbruch – Aufbruch, Berlin
Segbers, Klaus (1987a), Entschieden nach vorn – wohin?, in: links H. 203, S. 27ff.
ders. (1987b), Frühling in Moskau, in: ebda., H. 205, S. 26ff.
ders. (1987c), Thesen für die Tagung von „Sozialismus" über die SU-Reformpolitik (Manuskript), Frankfurt 25./26. Juli 1987, 6 S.
ders. (1988), Überlegungen zu einer Dialektik der Perestrojka, in: Das Argument H. 170, S. 475ff.
ders. (1989), Der sowjetische Systemwandel, Frankfurt/M.
ders. (Hrsg.) (1990), Perestrojka: Zwischenbilanz, Frankfurt/M.
ders. (1991a), Das autoritäre Intermezzo, in: links H. 249, S. 27ff.
ders. (1991b), Die Eskalation der Nationalitätenkonflikte in der Sowjetunion. Eine Übersicht über die Entwicklung im Jahr 1990, in: BfduiP H. 2, S. 181ff.
ders. (1991c), Kontinuität und Bruch. Zum Stellenwert des 19. August 1991, in: ebda., H. 10, S. 1167ff.
ders. (1991d), Perestrojka – Emtwicklung, Bedeutung, Aussichten, in: GMH H. 10, S. 633ff.
ders. (1991e), Das schwierige Erbe der Sowjetunion, in: Europa-Archiv H. 23, S. 671ff.
ders. (1992), Sowjetsystem, Perestrojka und Systemwechsel: Eine Krise und ihre Existenzformen. Die Postsowjetische Transformation in Rußland, Ebenhausen
ders. (1993), Die Transformation Rußlands. Zwischenbilanz, Strukturprobleme und neue Zuspitzung, in: GMH H. 9, S. 560ff.
ders. (1994), Die neuen Mehrheiten vor der alten Misere. Rußland zwischen Parlamentarisierung und Präsidialherrschaft, in: BfdiP H. 2, S. 218ff.
Semprun, Jorge (1992), Der Sieg der Oktoberrevolution war eine Katastrophe, in: Berliner Zeitung vom 25. Juli 1992
Senghaas, Dieter (1982), Von Europa lernen. Entwicklungsgeschichtliche Betrachtungen, Frankfurt/M.

Sichtermann, Barbara (1990a), Der tote Hund beißt. Karl Marx, neu gelesen, Berlin
dies. (1990b), Was heißt hier Sozialismus?, in: Freibeuter H. 43, S. 56 ff.
dies. (1992), Gebückter Gang? Die Intellektuellen und das Ende des realen Sozialismus: Schuldkoller und Gedächtniszwang sind Spielarten des Größenwahns, in: Die Zeit vom 1. Mai 1992
Sik, Ota (1989), „Prager Frühling“ und „Perestrojka“, in: Breitschwerdt 1989, S. 14ff.
Simonitsch, Pierre (1996), UN-Report räumt auf mit dem Mythos vom Segen des Wachstums, in: FR vom 16. Juli 1996
ders. (1997), UN fordern Umverteilung von Gewinnen zugunsten der Armen, in: FR vom 13. Juni 1997
Simons, Rolf/Westermann, Klaus (Hrsg.) (1997), Standortdebatte und Globalisierung der Wirtschaft, Marburg
Sinowjew, Alexander (1991), Warum ist die Perestrojka eine Katastrophe, Herr Sinowjew? (Interview), in: Frankfurter Allgemeine Magazin H. 579 vom 5. April 1991, S. 66f.
Smith, Hedrick (1991), „Wir werden daran ersticken“. Woran die sowjetische Perestroika krankt, in: Der Spiegel H. 4-8 (Teile 1-5), S. 104ff., 114ff., 126ff., 115ff., 171ff.
SOST (1993), Sozialistische Studiengruppen, Gemeineigentum und Markt. Die Sozialismus-Konzeption von Marx und Engels, in: Sozialismus H. 7/8, S. 62ff.
SPD-Bundestagsfraktion (1992), Industriegesellschaft und globale Entwicklung, Bonn
dies. (1997a), Fachtagung Armutsberichterstattung der SPD-Bundestagsfraktion am 24. Februar 1997, Dokumente Nr. 7/97, Bonn
dies. (1997b), Lust auf Zukunft. Nachhaltige Entwicklung – die sozial-ökologische Erneuerung der Gesellschaft, Bonn
SPD-Materialien (1989), Gorbatschow kommt an. Perstrojka und neues Denken – Sowjetische Dokumente, Bonn, April 1989, Nr. 2
Spiegel (1998), „Wir brauchen neue Spielregeln“, in: Der Spiegel vom 4. Mai 1998
Spieker, Manfred (1997), Die Zivilisation der Solidarität. Wohlstand und Gerechtigkeit: Leitlinien der katholischen Soziallehre für die institutionelle Gestaltung der Weltwirtschaft, in: FAZ vom 23. August 1997
Stampfer, Friedrich (1922), Das Görlitzer Programm. Erläutert von Friedrich Stampfer, Berlin
Steffen, Olaf (1991), Zur ökonomischen Krise in der Sowjetunion. Von der funktionierenden Mangelwirtschaft zur mangelhaft funktionierenden Wirtschaft, in: Osteuropa H. 4, S. 344ff.
Steinberg, Hans-Josef (1983), Karl Marx und die Sozialdemokratie, in: NG H. 3, S. 200ff.
ders. (1993), Rezension [Schöler 1991a], in: GMH H. 12, S. 786f.
Steiner, Herbert (1992), Gab es überhaupt „Sozialismus“? [Rezension Schöler 1991a], in: Wiener Zeitung vom 8. Dezember 1992
Stiegler, Barbara (1996), Ein anderer Blick auf die Geschlechterfrage, in: NG/FH H. 11, S. 1002ff.
Sternberg, Fritz (1926), Der Imperialismus, Berlin
Stojanow, Christo (1991), Das „Immunsystem“ des „real existierenden Sozialismus“, in: APuZ Heft B 19 vom 3. Mai 1991, S.36ff.
Strasser, Johano (1990a), Sozialismus 2000 oder: Die Kunst des Möglichen, in: NG/FH H. 6, S. 528 ff.

ders. (1990b), Und die Zukunft der Arbeitsgesellschaft? Ein Plädoyer wider den Abschied vom utopischen Denken, in: FR vom 8. September 1990
ders. (1991a), Leben ohne Utopie?, Darmstadt
ders. (1991b), Zwischen Hoffnung und Ernüchterung. Was bleibt vom Sozialismus?, WDR 3, Hörfunkprogramm, 30. Mai 1991 (Manuskript), 11 S.
ders. (1997), Zum Untergang verurteilt? Lester C. Thurow spekuliert über die Zukunft des Kapitalismus, in: NG/FH H. 4, S. 370ff.
Strützel, Dieter/Hesselbarth, Mario (1998), Eine Jugendsünde und ihre Folgen, in: Disput H. 3, S. 29f.
Studie (1984), Die Studie von Nowosibirsk, in: Osteuropa H. 1, S. A1ff.
Süss, Walter (1985), Die Arbeiterklasse als Maschine. Ein industriesoziologischer Beitrag zur Sozialgeschichte des aufkommenden Stalinismus, Wiesbaden
ders. (1989), Das stalinistische Erbe im Industriesystem – Ansätze zu seiner Überwindung, in: Breitschwerdt 1989, S. 58ff.
Suhr, Dieter (1988), Der Kapitalismus als monetäres Syndrom. Aufklärung eines Widerspruchs in der Marxschen Politischen Ökonomie, Frankfurt-M./New York
Sultan, Herbert (1922), Gesellschaft und Staat bei Karl Marx und Friedrich Engels, Jena
Sweezy, Paul M./Magdoff, Harry (1993), Den Kapitalismus in seiner Geschichte begreifen, in: Das Argument H. 198, S. 223ff.

Thaa, Winfried (1989), Wie demokratisch wird der reale Sozialismus?, in: Breitschwerdt 1989, S. 194ff.
Therborn, Göran (1998), The Limits of Social Democratic Admirableness, in: New Left Review H. 227, S. 116ff.
Thierse, Wolfgang (1990), Zögernde Bemerkungen zum „demokratischen Sozialismus", in: SPW H. 54, S. 38ff.
ders. (1991), „Mit dem Berliner Programm ins Jahr 2000", in: ders. 1992, Mit eigener Stimme sprechen, München, S. 194ff.
ders. (1992), Überlegungen zur Zukunft der Linken in Deutschland, in: Müller/Thierse 1992, S. 85ff.
ders. (1993a), Krise der Linken – Linke in der Krise, in: Kowalsky/Schroeder 1993, S. 122ff.
ders. (1993b), Oktober 1917 – November 1989: Sozialismus zwischen Diktatur und Emanzipation, in: Faulenbach/Stadelmaier 1993, S. 204ff.
ders. (1994), Blüms Pappkamerad. Der Marxismus ist tot, es leben die Marxismen, in: Der Tagesspiegel vom 27. Dezember 1994
ders. (Hrsg.) (1996), Ist die Politik noch zu retten? Standpunkte am Ende des 20. Jahrhunderts. Erhard Eppler gewidmet, Berlin
Thurow, Lester C. (1996), Die Zukunft des Kapitalismus, Düsseldorf/München
Timmermann, Heinz (1988), Die KPdSU und die internationale Sozialdemokratie. Akzentänderungen im Zeichen des „neuen Denkens", in: NG/FH H. 12, S. 1157ff.
ders. (1990), Die KPdSU-Reformer und die Linke in Westeuropa. Auf der Suche nach Präferenzbeziehungen zur internationalen Sozialdemokratie, in: Beiträge zur Konfliktforschung H. 3, S. 33ff.
ders. (1991), Die Volksrevolutionen in Osteuropa: Charakter, Probleme, Perspektiven, in: Gorholt/Kunz 1993, S. 9ff.

Tjaden, Karl Hermann (1990a), Mensch – Gesellschaftsformation – Biosphäre. Über die gesellschaftliche Dialektik des Verhältnisses von Mensch und Natur, Marburg

ders. (1990b), Politische Ökonomie des Sozialismus. Außer Spesen nichts gewesen?, in: Das Argument H. 180, S. 225ff.

Trautmannn, Günter (1989), Sowjetunion im Wandel. Wirtschaft, Politik und Kultur seit 1985, Darmstadt

ders. (1991), Die „Union souveräner Sowjetrepubliken“ und das neue Rußland – Wege aus der Krise der zerfallenden UdSSR, in: perspektiven ds H. 4, S. 269ff.

ders. (1994), Rußland '94 – Reformen trotz sozioökonomischer Krise?, in: ebda., H. 2, S. 77ff.

Trentini, Ute/Grünupp, Andreas/Stark, Ulli (1991), Ausbruch aus dem Labyrinth, in: Vorwärts H. 1, S. 13

Tschepurenko, Alexander (1990), Das Marxbild der Perestrojka: Zusammenbruch oder Krise des Marxismus?, in: Prokla H. 81, S. 123ff.

TV-Sender (1997), „Schierer Wahnsinn“. Zu viele Fernsehsender rangeln in Deutschland um Werbemillionen und Zuschauer, in: Der Spiegel H. 35, S. 84ff.

UNDP (1996), Entwicklungsprogramm der Vereinten Nationen (UNDP), Bericht über die menschliche Entwicklung, Bonn

Unionsvertrag (1990), Entwurf des neuen Unionsvertrags der UdSSR, in: BPA-Fernseh-/Hörfunkspiegel Ausland vom 26. November 1990, Anhang, S. 1ff.

ders. (1991), Vertrag über die Union der souveränen Republiken (Entwurf), in: Sowjetunion heute H. 3, Beilage, S. Iff.

Vester, Frederik (1990), Ausfahrt Zukunft, München

ders. (1992), Das Auto zur Vernunft bringen, in: Sozialdemokratischer Informationsdienst Umweltpolitik H. 3, S. 6ff.

Vester, Michael u.a. (1993), Soziale Milieus im gesellschaftlichen Strukturwandel. Zwischen Integration und Ausgrenzung, Köln

Vogel, Hans-Jochen (1992), Abschied vom demokratischen Sozialismus? Nein danke!, in: Vorwärts H. 2, S. 12

Vogel, Heinrich (1991), Rahmenbedingungen und Aussichten einer inneren Konsolidierung der Sowjetunion, in: APuZ Heft B 16 vom 12. April 1991, S. 15ff.

ders. (1995), Die „Mafia“ in Rußland. Gründe für die Explosion der Kriminalität, in: Internationale Politik H. 2, S. 11ff.

Vogt, Winfried (1986), Theorie einer kapitalistischen und einer laboristischen Ökonomie, Frankfurt

Vollgraf, Carl-Erich (1993), Entwicklung des Sozialismus von der Utopie zur Wissenschaft? Stichpunkte zum Vortragskonzept, in: Marx und Engels neu gelesen. Zugänge, Analysen und Kritiken zu Werk und Wirkung, Berlin, S. 42ff.

Voskamp, Ulrich/Wittke, Volker (1990), Die Kommandowirtschaft und die passive Stärke der Arbeiter. Von der Modernisierungsblockade zur Abwärtsspirale, in: FR vom 13. und 14. Dezember 1990 (Teile 1 und 2)

Wagenlehner, Günther (1960), Das sowjetische Wirtschaftssystem und Karl Marx, Köln/Berlin

Wagner, Richard (1991), Für eine Linke ohne Sozialismus, in: Freitag vom 31. Mai 1991

Wahsner, Renate (1992), Was bleibt von Engels' Konzept einer Dialektik der Natur?, in: Das Argument H. 194, S. 563ff.

Wallerstein, Immanuel (1985), Der historische Kapitalismus, Berlin

Walzer, Michael (1996), Lokale Kritik – globale Standards, Berlin

ders. (1997), Pluralismus und Demokratie, in: Nida-Rümelin/Thierse 1997, S. 24ff.

Weber, Hermann (1989), Kommunistische Bewegung und realsozialistischer Staat. Beiträge zum deutschen und internationalen Kommunismus, Köln

ders. (1992), Diktatur, Demokratie und soziale Gerechtigkeit, in: Gewerkschaftliche Umschau H. 1 (Februar), S. 31ff.

ders. (1998), Überholt und doch höchst aktuell. 150 Jahre „Kommunistisches Manifest", in: Das Parlament vom 16. Januar 1998

Weck, Roger de (1998), Wirtschaft im Größenwahn, in: Die Zeit vom 16. April 1998

Weiß. Konrad (1995), Utopien sterben, wenn sie zu Ideologien verderben, in: FR vom 4. Februar 1995

Weisskirchen, Gert (1991), Die Zeit der Dürre ist vorbei. Zur Auseinandersetzung zwischen Nomenklatur und Zivilgesellschaft in der UdSSR, in: Sozialdemokratischer Pressedienst Nr. 36 vom 21. Februar 1991, S. 1ff.

Weizsäcker, Ernst Ulrich von/Lovins, Amory B./Lovins, Hunter L. (1995), Faktor vier. Doppelter Wohlstand – halbierter Naturverbrauch. Der neue Bericht an den Club of Rome, München

ders. (1997), Erdpolitik, Darmstadt [5. aktualisierte Auflage]

Weizsäcker, Richard von (1997), Glasnost und Globalisierung, in: Die Zeit vom 15. August 1997

Welsch, Johann (1997), Die Arbeitswelt der Informationsgesellschaft, in: BfdiP H. 3, S.349ff.

Welzk, Stefan (1994), Demokratie als Entwicklungshemmnis? Die neue chinesisch-russische Modellkonkurrenz, in: BfdiP H. 10, S. 1172ff.

Wernitz, Axel (1966), Sozialdemokratische und kommunistische Sozialisierungskonzeptionen – Eine Untersuchung zur deutschen Sozialgeschichte des 19. und 20. Jahrhunderts, WiSo. Diss., Erlangen/Nürnberg

Wettig, Gerhard (1993), Das gescheiterte Experiment des Sowjet-Sozialismus, in: Außenpolitik H. 4, S. 354ff.

Wielenga, Bastiaan (1996), Revolution, in: Haug/Krätke 1996, S. 127ff.

Wille, Joachim (1997a), Öko-Steuer könnte viele Jobs schaffen, in: FR vom 22. Mai 1997

ders. (1997b), Viele Jobs bei abgespeckter Ökosteuer, in: FR vom 30. Mai 1997

Wimmer, Ernst (1991), Im fünften Jahr der Perestroika, in: Marxistische Blätter H. 4, S. 40ff.

WISA (1997), Werkstatt für Innovation, Strukturpolitik und Arbeit e.V. (WISA), Industrielle Standorte in Ostdeutschland: der Zukunft eine Chance, Berlin [Mskrpt.]

Wolkow, Genrich (1988), Rußlands revolutionäre Zukunft, wie sie Marx und Engels sahen, in: Sozialismus. Theorie und Praxis. Digest der Sowjetpresse (Moskau) H. 5, S. 12ff.

Zaleski, Eugene (1980), Stalinist Planning for Economic Growth. 1933-1952, London

Zarusky, Jürgen (1992), Die deutschen Sozialdemokraten und das sowjetische Modell. Ideologische Auseinandersetzung und außenpolitische Konzeptionen 1917 - 1933, München

Zickgraf, Hanno (1991), Schlag nach bei Bernstein. Meyers Antwort auf die Frage „Was bleibt vom Sozialismus?“, in: FR vom 14. März 1991

Ziebura, Gilbert (1993), Plädoyer für eine herrschaftskritische und internationalistische Linke, in: Kowalsky/Schroeder 1993, S. 186ff.

Zinn, Karl Georg (1993), Analyse und Kritik des Kapitalismus nach dem Zusammenbruch des „Realsozialismus“ – Zum Verständnis der Widersprüche reicher Gesellschaften, in: Heimann 1993, S, 132ff.

Zipko, Alexander (1990), Die Philosophie der Perestroika. Die Grundlagen der Reformpolitik Michail Gorbatschows, München

Zukunft (1990), Der Sozialismus der Zukunft. NG/FH-Sonderheft 1, Bonn

Zukunftskommission (1998), Zukunftskommission der Friedrich-Ebert-Stiftung, Wirtschaftliche Leistungsfähigkeit, sozialer Zusammenhalt, ökologische Nachhaltigkeit. Drei Ziele – ein Weg, Bonn

Der Autor

Uli Schöler, geboren 1953, Dr.rer.pol., Jurist und Politikwissenschaftler, früherer Büroleiter des Stellvertretenden SPD-Parteivorsitzenden Wolfgang Thierse, ist Sekretär der Grundwertekommission beim Parteivorstand der SPD und arbeitet seit 1998 als Leiter des Präsidialbüros des Deutschen Bundestages.